Γιάννης Κατσάρας

# FRUSTE

FYLATOS PUBLISHING

# FYLATOS PUBLISHING

Copyright για την ελληνική έκδοση, 2018
Εκδόσεις Φυλάτος, Fylatos Publishing
Συγγραφέας: Γιάννης Κατσάρας

Επιτρέπεται η αναδημοσίευση και η χρήση περιορισμένου και ενδεικτικού τμήματος του παρόντος έργου για λόγους σχολιασμού, κριτικής ή συγγραφικής ανάγκης. Απαγορεύεται οποιαδήποτε διασκευή, σεναριοποίηση, απομίμηση, μετάφραση και εκμετάλλευση, χωρίς τη γραπτή άδεια του εκδότη, σύμφωνα με τον νόμο.

©Εκδόσεις Φυλάτος, ©Fylatos Publishing
email: contact@fylatos.com
web: www.fylatos.com
Επιμέλεια: ©Εκδόσεις Φυλάτος
Σελιδοποίηση: ©Εκδόσεις Φυλάτος
ISBN: 978-618-5318-29-1

Γιάννης Κατσάρας
# FRUSTE

Εκδόσεις Φυλάτος
Fylatos Publishing
MMXVIII

## Αντί προλόγου

Περίεργο πράγμα η ζωή. Διακατέχεται από τη σχετικότητά της. Δεν είναι τυχαίο ότι επιστήμονες μίλησαν, έγραψαν και αφιέρωσαν τόνους σκέψης πάνω στη Σχετικότητα. Από την άλλη, περίεργως η ζωή έχει κανόνες, έχει μία ισορροπία. Κάτι σε οδηγεί σε αυτή την άποψη. Αλήθεια, τι να πιστέψουμε άραγε; Ότι όλα στη ζωή είναι σχετικά ή ότι είναι σχετικά μέχρι να ανακαλύψουμε την πραγματικότητά της.

Αφήνουμε στην άκρη ό,τι δε μας ταιριάζει ή ό,τι η αντίληψή μας δε χωράει και ερευνούμε προσεκτικά ό,τι στοιχεία έχουμε και όπου μας πάει. Έτσι ενεργούν οι σκεπτόμενοι άνθρωποι. Εκείνοι που, εκτός από τον επιούσιο, αναρωτιούνται και για άλλα. Ίσως πολυτέλεια μιας άλλης εποχής οι εσωτερικοί διάλογοι αλλά οπωσδήποτε διαχρονική ανάγκη. Δε γίνεται να σταματήσει η έρευνα. Δε γίνεται να μη μελετάμε. Ακόμα και οι πολύ φτωχοί, εκείνοι που δεν έχουν να φάνε και αυτοί σκέφτονται, προβληματίζονται και ορισμένες φορές δίνουν απαντήσεις για τη ζωή που δεν μπορούν να τις δώσουν άλλοι. Δεν είναι δυνατόν να ξεπεράσουμε τη φύση που μας έφτιαξε, ούτε τα προστάγματά της. Δεν είναι επίσης δυνατόν να παραβλέψουμε τη νόηση και τα επίγεια θαύματά της.

Η εισαγωγή αυτή χρησιμεύει όχι για να δικαιολογήσει αυτά που γράφονται στη συνέχεια, αλλά για να εξαιρεθεί ο αφηγητής από αυτά που δεν σκέφτηκε, αυτά που δε γράφτηκαν. Δεν μπορεί να μας απασχολούν όλους τα ίδια πράγματα. Υπάρχουν ωστόσο πράγματα που βάζουν τον καθένα σε σκέψεις. Από εκεί ξεκινάμε και ένα ταξίδι κάνουμε.

Πιθανόν μέσα σε αυτές τις γραφές να μη δείτε τίποτα καινούριο. Πιθανόν να δείτε πράγματα να επαναλαμβάνονται και πιθανόν να δείτε κάτι που κι εσείς το έχετε μέσα σας. Η αλήθεια είναι ότι μία ανάγνωση σε καθετί που μας αφορά, δε βλάπτει. Κατ' αυτόν τον τρόπο εύχομαι τουλάχιστον να ευχαριστηθείτε την ανάγνωση.

# Εισαγωγή

Ξύπνησε ξέγνοιαστος. Έναν ολόκληρο χρόνο κοιμάται και ξυπνά σαν πουλάκι. Ο ύπνος είναι πλέον ευχάριστος, χαλαρωτικός. Δε φοβάται. Οι σκιές της νύχτας δεν τον τρομάζουν. Ο φόβος του κλέφτη δεν τον νοιάζει. Εκείνος ο γνωστός κλέφτης που χρόνια έμπαινε στα σκοτεινά δωμάτια της ψυχής του, για να απειλήσει την ηρεμία του και τη γαλήνη. «Μάλλον βγήκε στη σύνταξη εκείνος ο κλέφτης» σκέφτεται. Βαρέθηκε να μπαινοβγαίνει σε άδεια δωμάτια, να κάνει θόρυβο, να ξυπνάει το ταλαίπωρο αγόρι που άδικα περιφέρεται τη νύχτα παίζοντας κρυφτό και κυνηγητό σε σκοτεινά μονοπάτια. Αυτό είναι κλέφτης: οι σκοτεινές του σκέψεις.

Ετοιμάζει τον καφέ του ελληνικό με γάλα όπως τον έμαθε η γιαγιά του. Δεν το αλλάζει, κάθε πρωί ίδιος. Όχι ως ανάμνηση αλλά ως βίωμα. Μια κληρονομιά πολύχρωμη, γεμάτη, μια κληρονομιά που κουβαλάει. Είναι της ζωής το μικρό βαλιτσάκι. Ούτε ξέρεις τι έχει μέσα, ούτε σε αφορά εκείνη τη στιγμή που το λαμβάνεις. Το βαλιτσάκι που σου εμπιστεύεται η ζωή, που δεν ξέρεις τι έχει μέσα και πού θα σε βγάλει.

Θα πάει στο μπαλκόνι του, εκεί θυμάται τα χρόνια που είχε να κάνει κάτι. Τον στρατό του. Χρόνια γεμάτα. Τα φοιτητικά του. Χρόνια άγια. Θυμάται...

Παρεμπιπτόντως, αυτός ο στρατός μύθος για τους παλιούς, παραμύθι για τους νέους έχει τα χαρίσματά του. Εκεί ζεις πειθαρχημένα και παλεύεις να διατηρήσεις την προσωπικότητά σου μέσα σε ένα στυλ ζωής που δε σου ταιριάζει. Αυτό κατάλαβε. Δεν έλειψε η συγκίνηση σε έναν χώρο που, από καθαρή στάση ενός κωδικοποιημένου συστήματος υπηρεσιών, έχει επιλεγεί να πολτοποιεί τον άνθρωπο εν ονόματι μιας εντολής, ενός κράτους, μιας ασφάλειας, κάποιων συσχετισμών δυνάμεων. Ποιας λογικής; Σίγουρα όχι αυτής που ο ήρωας μοιράζεται. Άλλωστε «εκεί που τελειώνει η λογική ξεκινάει ο στρατός», λέει ο λαός. Κάτι αντιλαμβάνονται και οι κοινοί άνθρωποι.

Προχωρά στο γραφείο του, ένα δωμάτιο σοβαρό, αρκετό για ν' αντέξει τις ανήσυχες σκέψεις του. Ένα γραφείο μεγάλο για να χωρέσει τις αμέτρητες σημειώσεις των σκέψεων, της έμπνευσης και των αναλαμπών, που άλλοτε έρχονται στιγμιαία και άλλοτε μέσα στο σκοτάδι. Αναζητά την αλήθεια, την ηδονή της ψυχής σε λάθη και σε πάθη. Εργαλείο, η ύλη του για να αποτυπώσει αυτά που γράφει: βιώματα, παραπτώματα, επιλογές άδικες, στρεβλώσεις άπειρες. Περνάνε χρόνια για να καταλάβει ο άνθρωπος αν είναι αφέντης του εαυτού του ή υπηρέτης των άλλων. «Καμιά φορά και η ανατροφή μετράει» σκέφτεται. Πειθαρχημένη ανατροφή εκ πρώτης όψεως, σαβούρα σκουπιδιών κατά βάθος. Μάλλον οι γονείς επέλεξαν λάθος φωτοαντίγραφο. Κάτι δεν τους κάθισε. Χάλασαν όλα στο μελάνι. Έβαλε ο καθένας δυο διαφορετικές συνθέσεις: η μία σκούρα μαύρη, για απλή εκτύπωση, και η άλλη πολύχρωμη. Τόσο πολύχρωμη που ούτε ο εκτυ-

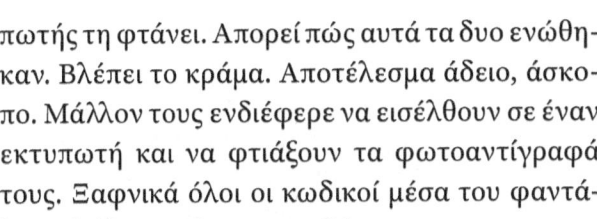

πωτής τη φτάνει. Απορεί πώς αυτά τα δυο ενώθηκαν. Βλέπει το κράμα. Αποτέλεσμα άδειο, άσκοπο. Μάλλον τους ενδιέφερε να εισέλθουν σε έναν εκτυπωτή και να φτιάξουν τα φωτοαντίγραφά τους. Ξαφνικά όλοι οι κωδικοί μέσα του φαντάζουν λάθος. Όλα τα μαθήματα προγραμματισμού λάθος.

Μια μέρα, εκεί που κάθεται στο γραφείο του, καταλαβαίνει ότι είναι ένας μικροαστός με προίκα, εμπειρίες και λάθη. Πολλά λάθη. Του απέμειναν οι εμπειρίες του. Α, ναι, και ένας εκτυπωτής που, εν τέλει, ξέμεινε και από μελάνι. Πώς να αντέξει το έρημο μηχάνημα;

Μάλλον, βέβαια, θα έπρεπε να συνεχίσει τη μελέτη του σύμπαντος, όπως την αντιλαμβάνεται μέσα από τον δικό του τρόπο σκέψης. «Μήπως είναι μπανάλ;» σκέφτεται. «Έχει άραγε κάτι καινούριο να βάλει;» Είναι Έλληνας και όλοι οι μεγάλοι λαοί πέρασαν από τον τόπο του, κομμάτι μιας παράδοσης. Τι να κάνει; Να επαναλάβει τα ίδια ή να σιωπά; Και η αλήθεια είναι ότι τη σιωπή την αγαπάει. Έμαθε να την αγαπάει και μέσα της ανακάλυψε την ισορροπία που ψάχνουν οι άνθρωποι. Ένας άλλος κόσμος. Τώρα καταλαβαίνει τη σημασία της, όχι όμως με τη διάσταση που της έδιναν οι πουριτανοί άνθρωποι. Εκείνη τη σημασία που έπνιγε μέσα της την ξεδιαντροπιά και την ανηθικότητα στην ανοχή της σιωπής των άλλων. Πόσοι βολεύτηκαν μέσα σε αυτή τη σιωπή, άραγε και πόσοι καταδικάστηκαν; Γι' αυτό την επέβαλλαν άλλωστε.

Ένας άνθρωπος που προσπαθεί να βγει όχι μόνο από το χθες αλλά και από το αύριο, το καταδικασμένο αύριο, βιώνει το σήμερα εξαρτημένος από το χθες και από το αύριο. Εξάρτηση, αρρωστημένη εξάρτηση. Πώς αποκτιέται; Μέσα από ψυχαναγκασμούς. Συναισθηματική ζωή γεμάτη από πιέσεις «των πρέπει επάνω στα θέλω» τον έχουν κάνει να μην ξέρει ποιος είναι και τι κάνει. Βέβαια δεν είναι και ο πρώτος άνθρωπος που αισθάνεται να τον καταπίνουν τα «κοινωνικά πρέπει». Εκείνα που αναμειγνύονται και με έναν, τάχα, ρεαλισμό της ζωής και γίνονται ένα κουβάρι. Λύση βέβαια υπάρχει: να κάψεις το κουβάρι και να προλάβεις. Παράτολμα πράγματα για λογικά άτομα. Λογικά για όσους ξέφρενα διεκδικούν την ελευθερία τους και την αξιοπρέπειά τους. Εκείνη που τους στερεί ο ανέκαθεν αρτηριοσκληρωμένος συντηρητισμός ενός συστήματος παρεμβάσεων, που μόνο του σκοπό έχει να πνίγει τα πλήθη μέσα στα στεγανά του. Μάζες που εύκολα χειραγωγούνται με ενοχές και παιχνίδια παράλογα, καλοστημένα για αδηφάγα αμφίβια μιας επίγειας κολάσεως.

Το μεσημέρι φτάνει, τώρα οι ρυθμοί της σκέψης χαλάρωσαν. Η ημέρα άρχισε σιγά σιγά να αφήνει πίσω τα φορτώματά της. Η συναίσθηση της αδράνειας καθιστά τον ενεργό άνθρωπο ανενεργές ηφαίστειο. Δεν υπάρχει αντικείμενο σκέψης, δράσης, δημιουργίας. Αιωρούνται μόνο σχέδια νοερά, όνειρα απατηλά και ελπίδες άσχετες. Αντιλαμβάνεστε, φαντάζομαι. Είναι σαν να κουβαλάει κάποιος ένα σακί γεμάτο και να μην ξέρει πού να το εναποθέσει, σε ποιόν να το παραδώσει για να ξεκουράσει λίγο τις πλάτες του. Συναίσθημα τρομαχτικό. Ζώντας μια καθημερινότητα άστοχη. Τι κατάληξη! Μόνο σκέψεις απελπισίας άσχημες.

Φτάνεις στην κατάθλιψη γιατί καθημερινά τρέχεις προς το μέρος της. Βρίσκεις μια απρόσωπη γαλήνη. Παραδίνεσαι σε κάτι χαοτικό, άχρωμο. Ποιος μπορεί να αντισταθεί στις δυνάμεις του χάους; Κανείς. Δένεις εκεί τη βάρκα σου και περιμένεις την τύχη, το σύμπτωμά της, την ευνοϊκή συγκυρία, ό,τι πιο εφήμερο και κενό περιεχομένου μπορεί να υπάρξει. Όρεξη να 'χεις.

Άλλοτε περιμένεις το κακό, το χειρότερο, αγνοώντας έτσι και αλλιώς ότι ούτε καλό ούτε κακό υπάρχει. Ζεις στο άπειρο. Φανταζόμενος τα μεγαλύτερα δεινά, έχεις τη δύναμη να υπομένεις τα εφήμερα. Αφού αντέχεις τον σημερινό ξεπεσμό, τα πράγματα δεν είναι και τόσο άσχημα. «Αντέχεις στην τελική» σκέφτεσαι. Μισή αλήθεια σε σχέση με τις συνθήκες που διαμορφώνονται γύρω σου. Φτάνει στα όρια μιας άρρωστης κατάντιας, τόσο ψεύτικης όσο τα γκαλά ανθρωπιστικής βοήθειας, όπου οι πλούσιοι απλώνουν τα χέρια τους σε ανθρώπινα δράματα όχι όμως γιατί αγαπούν τα θύματα, θύματα της αδικίας από άνθρωπο σε άνθρωπο, αλλά από πρόνοια για τα συμφέροντά τους. Για τέτοιο μέγεθος τρέλας μιλάμε. Η ημέρα περνάει και μαζί της περνάει και η δυστυχία.

Το μεσημέρι οι εσωτερικές συγκρούσεις αμβλύνονται. Λίγο η συναίσθηση ότι η μαρτυρική μέρα σιγά σιγά μισιάζει, αισίως τελειώνει. Σου επιτρέπει να πάρεις βαθιές ανάσες, επιβίωσης ανάσες. Το πρωινό ρίγος έχει περάσει. Αστραπιαίος πυρετός. Δεν υπάρχουν ίσως λόγια να εκφράσει κανείς τη λύπη της μοναξιάς μου. Σαφώς σε μια κοινωνία γρήγορων ταχυτήτων, όλοι οι άνθρωποι καταντούν στη μοναξιά τους. Άλλοι τη βιώνουν σε συμβιβασμένες συντροφικότητες και άλλοι στην κυριολεκτική και αδυσώπητη μοναξιά τους. Όπως και να έχει αμφότεροι δυστυχούν μέσα σε αυτή την κατάσταση.

Τελικά, τι πάει να πει «πρωί, μεσημέρι και βράδυ» όταν ζεις αιχμάλωτος; Ο νους περιστρέφεται συνέχεια στην ξεπεσμένη σου κατάσταση. Θλιβερό μεν αν και ειλικρινές. Απόδραση μόνο πνευματική γιατί ο συμβιβασμός έχει δέσει την ψυχή σου χειροπόδαρα και κρατάει το κατεστημένο της κατάντιας. Έτσι πορεύονται οι άνθρωποι όλων των ηλικιών, των συνειδήσεων και των τάξεων: σε μια κατάσταση ήπιας σήψης χωρίς έντονα συμπτώματα βρώμας. Και η ζωή πορεύεται, και μαζί της και οι εν λόγω άνθρωποι, χωρίς τελικό προορισμό παρά εκείνον του θανάτου.

Η κατάθλιψη δε μετράει ώρες. Χτυπάει ξαφνικά ή έτσι το αισθάνεσαι. Φυσικά, ζεις μέσα στην αρρώστια της με τα όποια συμπτώματα, αγνοώντας απλά ότι υπάρχεις. Εκεί που έρχεται ο μεσημεριανός ύπνος, το μεσημεριανό χαλάρωμα, εκεί ακριβώς χτυπά την πόρτα της ψυχής μια βασανιστική, ανυπόφορη, κατάθλιψη. Βαθιά πικρία για τα μελανά χρώματα της ζωής και μια μελαγχολία μεγάλη. Σε υπνωτίζει, σε βυθίζει, σε γκρεμίζει βίαια στον πάτο της. Το έζησε με τη μάνα. Βήμα βήμα, τόσο κοντά που ένιωσε κάθε παλμό της αρρώστιας, κάθε ήσυχο κάλεσμά της, κάθε μελωδικό της τράβηγμα. Δύσκολα να αντισταθείς σε τέτοιο πράγμα. Και όταν σε δένει με αυτό η αγκαλιά της, τότε δένεσαι, μπλέκεσαι με τα πλοκάμια της. Θες δε θες θα φιλοξενείς μέσα σου το βάρος της. Περιπλανιέσαι στη δίνη της όσες ώρες το απαιτεί η φάση. Αν το έχετε ζήσει, θα με καταλάβετε. Αν υπάρχει στοιχειώδης λογική, κάποια στιγμή θα τραβηχτείς δειλά προς τα έξω, ίσα ίσα να ανασάνεις τον φρέσκο αέρα της καθαρής σκέψης, της απαλλαγμένης από κάθε ίχνος παραλογισμού, μέχρι εκείνη να σε ξανατραβήξει πίσω στον μάταιο κόσμο της.

# Μέρος Πρώτο

## Ανάθεμα

Πώς γίνεται οι άνθρωποι να είναι τόσο άτυχοι στο ξεκίνημά τους; Πώς βασανίζει η ζωή τα πλάσματά της; Γιατί να δοκιμάζεις την αδικία από την ημέρα της γέννησής σου; Ποιος Θεός συνδράμει; Ποιοι άνθρωποι αποφασίζουν έτσι εγωιστικά και αστεία τη διαιώνιση του είδους τους, που το θεωρούν και είδος σπάνιο; Τέτοιο είδος επιφορτισμένο με τόση θλίψη, τόσον πόνο, τόση αδικία, τόση κακία, τέτοιο έγκλημα και ζητάμε τη διαιώνισή του...

Είναι άξιο απορίας, μετά από τα τόσα δεινά που γνώρισε η ανθρώπινη ιστορία, πόσοι τελικά άνθρωποι είναι συνδεδεμένοι με τον εγκέφαλό τους και όχι απλά και μόνο με τα ζωώδη ένστικτά τους. Κάποτε αποκάλεσαν τον Άνθρωπο «Ζώο» και παρεξηγήθηκε. Τώρα συμβαίνει το αντίθετο. Συγχύζεσαι όταν ακούς την ταύτιση του ζώου με άνθρωπο. Αλήθεια, τι υποτίμηση του ζωικού βασιλείου όταν το συγκρίνεις με τον απελέκητο άνθρωπο! Θα ήθελες να ζητήσεις συγνώμη για τους σκληρούς χαρακτηρισμούς, ίσως και για την απροκάλυπτη μεροληψία, αλλά δεν σε αφήνει μια διαπίστωση: περάσαν πολλοί αιώνες ανθρώπινης ιστορίας για να βρισκόμαστε στα ίδια επίπεδα με εκείνα που ξεκινήσαμε, σε μορφή πιθήκου και ανθρώπου. Και όμως τι άλλαξε; Πού φαίνεται η εξέλιξη της Λογικής του Ανθρώπου;

Δεν θα γίνει εδώ ανάλυση της εξέλιξης του είδους ανά τους αιώνες αλλά της Ηθικής του διάστασης. Και, ναι, ο άνθρωπος πάντα έβρισκε εργαλεία χρήσιμα για την εξυπηρέτησή του. Κάποτε ήταν το τσεκούρι, σήμερα είναι τα κομπιούτερ. Κάποτε ήταν η φωτιά, σήμερα είναι τα ηλεκτρονικά μέσα. Αυτή όμως η εξέλιξη είχε σχέση με τις χρήσεις που επέβαλαν οι ολοένα αυξανόμενες ανάγκες του καθώς και η επιθετικότητά του να τις ικανοποιήσει. Ανάγκες, ένστικτα επιβίωσης και κυριαρχίας επέβαλλαν την αναζήτηση νέων μέσων εξυπηρέτησης. Αλλά το πόσο αναπτύχθηκε η συναισθηματική λογική του ανθρώπου, αυτό παραμένει ερώτημα αναπάντητο. Ή ίσως δε χρειάζεται απάντηση γιατί σπάνια τίθεται το ερώτημα μέσα μας. Χωρίς ισορροπία στο συναίσθημα δεν υπάρχει ελπίδα ώστε να νιώσει ο άνθρωπος το μεγαλείο του είδους του. Θα παραμένει είδος απεχθές και άδειο. Ικανό για κακοήθειες, για πόνο και αδικία. Εκδικητικό εργαλείο που απλά ανασαίνει πολύτιμο οξυγόνο, που με τις πράξεις του τις δηλητηριώδεις σκοτώνει και αυτό.

Και βέβαια, προκύπτει το ερώτημα, αν τελικά αυτή είναι η φύση του ανθρώπου: σιχαμένη και άχαρη. Αν τελικά όλοι αυτοί οι ντάλιτ του πνεύματος άδικα κοπίασαν για λίγο φως στα σκοτάδια. Ακόμα και όταν ο Χριστός έγινε θρησκεία, οι οπαδοί του έγιναν εργαλείαεκφραστές των δικών τους μικροκαμωμένων στόχων. Απλά, εκεί που πριν ονομάζονταν κάπως, τώρα ονομάζονται «χριστιανοί». Μπήκε η ταυτότητα, λύθηκε το θέμα. Και το μίσος διαιωνίσθηκε ανεμπόδιστα. Ποιος έχει χρόνο να ασχοληθεί με τη σημασία του είδους, εν τέλει; Άστο να υπάρχει για να καταστρέφεται και να καταστρέφει.

Μίλησαν και πέντε αργόσχολοι φιλόσοφοι, πνευματικοί ηγέτες, προφήτες και άγιοι, δηλαδή τι άγιοι... απλά λογικά σκεπτόμενοι ήταν, με φωτεινό μυαλό και ανοιχτή ψυχή. Και αφού τα είπαν και αυτοί μια χαρά έκλεισε η ιστορία του είδους.

Έχουμε και συναισθηματικό πλούτο να αναδείξουμε. Φυσικά κάτι σε στυλ μουσειακής έκθεσης αρχαιοτήτων. Και, σαφώς, τα πολύτιμα αυτά έργα τα φυλάμε, γιατί είμαστε τόσο ανάξιοι και κακόμοιροι που δεν μπορούμε να παράγουμε πολιτισμό διαρκείας, οπότε φυλάμε τα θαύματα του παρελθόντος. Αν σκεφτεί κανείς πόσα δισεκατομμύρια ανθρώπινης σάρκας πέρασαν στους αιώνες και πόσα τελικά είναι τα σπουδαία έργα, πιθανώς θα αυτοκτονήσει από ντροπή. Ή μάλλον από δυσαρέσκεια. Μιλάμε πάντα για τις μεγάλες προσωπικότητες των αιώνων, αγνοώντας ότι αυτές ήταν ελάχιστες, τελικά, σε σχέση με την πληθώρα του ανθρώπινου δυναμικού, που ανέκαθεν πλεόναζε και υπήρχε. Είναι ευλογία ή κατάρα να ανήκεις στο είδος; Τι κερδίζουμε, αφού όλα ανάγονται σε κέρδη, από αυτήν τη σύντομη πορεία μας στο διάβα των χρόνων; Επί της ουσίας και στο σύνολο του ανθρώπινου στοιχείου και έτσι όπως εξελίσσεται η ιστορία δεν κερδίζουμε τίποτα! Και τι είναι ο ήρωας; Φιλόσοφος που αναρωτιέται; Όχι βέβαια, απλά είναι ένας ακόμη απογοητευμένος από τη θλιβερή διαπίστωση. Σαφώς θλιβερή και ελάχιστα ανατρέψιμη.

Είδος υπό εξαφάνιση, φίλοι μου, δεν είναι η αρκούδα ούτε η φάλαινα αλλά ο άνθρωπος. Και καθώς εξανίσταται ο ίδιος εξαφανίζει μαζί του και όλα τα είδη της φύσης και της φύσης του. Και ούτε καν για τιμωρία το κάνει αυτό. Απλά και ασυναίσθητα σαν φυσική συνέπεια του δικού του αφανισμού. Όταν ο ήρωάς μας ακούει για πλημμύρες, για υπερθέρμανση του πλανήτη, για μόλυνση της ατμόσφαιρας τού είναι αδιάφορο. Γιατί εκείνος σκέφτεται ότι απλά εστιάζουμε στο αιτιατό αγνοώντας την αιτία. Η παράνοια οδηγεί σε αυτή την κατάντια, που όμως πλέον δεν είναι παράλογη. Είναι απλά η φυσική συνέχεια του είδους που όλοι θέλουν να διαιωνισθεί. Ίσως τελικά γι' αυτό οι θρησκείες ομιλούν ή απειλούν για συντέλεια του κόσμου. Μήπως ο φόβος αφυπνίσει τη συνείδηση και μπει ένα φρένο στην καταστροφή. Μήπως γίνει μια αλλαγή, μία αντιστροφή της σκέψης να μας βγάλει από τη βέβαιη σήψη και την δυσοσμία της ανθρωπίλας, που διαχέεται αηδιαστικά και ανυπόφορα.

Και τίθεται το ερώτημα αν ο ήρωάς μας θέτει τελικά ηθικό ζήτημα. Σαφώς βέβαια, γιατί μέσα σε ένα πλαίσιο άναρχων κανόνων, εθνικών, υπερεθνικών, διεθνών και παγκοσμίων, είναι εξαιρετικά δύσκολο να καταλήξει κανείς στο «τι είναι αυτό που απασχολεί την ανθρωπότητα εν γένει». Κάτι που να οδηγήσει σε μια σαφή εικόνα, ικανή να θέσει πέντε, δέκα συγκεκριμένα ερωτήματα ηθικής, αφορούντα όλα τα εν ζωή και σκέψη είδη. Γιατί μέχρι σήμερα φαίνεται ότι τα ένστικτα του ανθρώπου καθορίζουν και τον γενικό κώδικα ηθικών αξιών. Η ιδιοτέλεια, το συμφέρον δεν είναι έννοιες απαραίτητα κατακριτέες γιατί συνδέονται με τη φύση του είδους, μια φύση ζώου με έναν έξτρα μηχανισμό, τον εγκέφαλο. Η ύπαρξη αυτού του εγκεφάλου, που μάλιστα από πολλούς χρησιμοποιείται και ως ακλόνητο επιχείρημα διάκρισης του ανθρώπου από τα ζώα, δε φαίνεται ωστόσο να τον έχει απομακρύνει και πολύ από τις βασικές του ανάγκες. Τι και αν μιλάμε για την πρόοδο του νου και της σκέψης, για τα επιστημονικά επιτεύγματα και την πνευματική εξέλιξη του είδους. Στην απλή καθημερινότητα παρατηρούμε μια σειρά συμπεριφορών και πράξεων, που μόνο σε πρόοδο δεν ανάγονται.

Και αν θελήσουμε να το πάμε και ένα βήμα παραπάνω, μόνο η εξακολούθηση του πολέμου ως μέσον πολιτικής επιβολής, αποδεικνύει ένα πράγμα: ότι δε διαβήκαμε τον Ρουβίκωνα της Ηθικής ούτε ένα μέτρο. Και ας έχουμε επιχειρήματα που επιθυμούν να εντάξουν την έννοια «πόλεμος» σε μια ιδιαίτερη κατάσταση, προκύπτουσα υπό εξαιρετικές συνθήκες και για ειδικές ανάγκες. Λες και είναι άλλο πράγμα ο άνθρωπος και άλλο οι πράξεις του. Υπάρχει μια ενότητα και επιχειρήματα τέτοιου είδους εξυπηρετούν ένα και μόνο πράγμα: τη συγκάλυψη της ένδειας του είδους μας.

Αλλά και αυτό, το εξειδικευμένο της στάσης του ανθρώπου ως προς τον πόλεμο, και αυτόν, τον ήρωα, καθόλου δεν τον πείθει. Γιατί πόλεμος δεν είναι μόνο η σύγκρουση κρατών σε πεδίο μάχης. Πόλεμος γίνεται παντού και σε όλα. Πόλεμος στη συνείδηση, πόλεμος στην ευαισθησία, πόλεμος στο συναίσθημα, πόλεμος στην τρυφερή ύπαρξη, πόλεμος από άνθρωπο σε άνθρωπο. Τόσο που και η υποτιθέμενη ειρηνική κατάσταση πολιτισμένων κοινωνιών να μη μοιάζει και τόσο ειρηνική.

Όταν κάποιος επιστρέφει στο σπίτι του, μετά τη δουλειά, και αισθάνεται συγχυσμένος, κακός, δυστυχισμένος, αυτό τι είναι; Απόηχος μιας ειρηνικής μέρας; Είναι σημάδι κοινωνικής γαλήνης σε κοινωνία με τακτοποιημένες σκέψεις και πράξεις που διαμορφώνουν ήσυχους και δημιουργικούς ανθρώπους ή μιας κοινωνίας που αλληλοσπαράσσεται και που τα μέλη της παλεύουν να επιβιώσουν; Να μην καταλήξουν άστεγοι και κουρελήδες, πένητες και στη ζωή τους άμοιροι; Αυτό δεν είναι πόλεμος, και μάλιστα ανελέητος, αν λάβει κανείς υπόψιν ότι διαδραματίζεται σε τάχα δήθεν αποκαλούμενες πολιτισμένες κοινωνίες; Και αλλού η ένταση του πολέμου είναι ήπια και αλλού ισχυρή, αναλόγως του μεγέθους της πίτας που αναλογεί στην κάθε ύπαρξη, στον κάθε λαό, στο κάθε κράτος. Άρα, ο άνθρωπος ζει σε μια συνεχόμενη αγωνία, σε ένα ακατάπαυστο ντελίριο ανακούφισης των πρωταρχικών του ενστίκτων. Ποιος καλλιεργεί όλη αυτή την κατάσταση; Την κληρονομήσαμε, τη δημιουργήσαμε, την επινοήσαμε, μας την επέβαλλαν, τη δεχτήκαμε, την ανεχτήκαμε ή την καλλιεργήσαμε; Ένα είναι σίγουρο: ότι ζούμε με αυτούς τους όρους και τους όρους της εξάρτησης. Αυτό άριστα μπορεί να το επιβεβαιώσει ο καθένας μας.

Έτσι, ο άνθρωπος φαίνεται να έχει κάνει επιστήμη, όχι την εξέλιξη της σκέψης και της διανόησης, εστιάζοντας πάνω σε αυτό που λέμε Πνευματική Ηθική, αλλά αντιθέτως έχει εξελίξει, παντί τρόπω, όλες τις εγκεφαλικές του δραστηριότητες προκειμένου να εξυπηρετήσει και να ανακουφίσει τις ανασφάλειες που άπτονται των πρωταρχικών του ενστίκτων. Εκεί, λοιπόν, έχει μεγαλουργήσει, έχει ξεπεράσει κάθε φαντασία.

Αυτό ίσως να μπερδεύει πολλούς σκεπτόμενους και σύγχρονους αναλυτές. Αυτή η λεπτή διάκριση, που αν τη σκεφτεί κανείς απενοχοποιημένα και χωρίς δισταγμό θα δει καθαρά ότι στο κομμάτι της ηθικής δεν κατάφερε το είδος μας και πολλά πράγματα. Αυτό δεν είναι και τόσο ευχάριστο. Και φυσικά έχει τις συνέπειες που τις βιώνει ο καθένας σε μια βασανιστική καθημερινότητα, είτε ζει σε ανεπτυγμένη, είτε σε αναπτυσσόμενη περιοχή αυτού του κόσμου. Πάντως τη δυστυχία αυτή τη ζει και την υποφέρει. Και ενώ νιώθει γεμάτος ή και άδειος από υλικά αγαθά και θέτει εαυτόν ενώπιον των αναγκών τους, συνδέοντάς τες κάποιες φορές και με τις ενδότερες πνευματικές αναζητήσεις του, καταλήγει κενός και δυστυχισμένος. Και ενώ βλέπεις πλουσίους με γεμάτες τσέπες να παρελαύνουν σε ψυχιάτρους και ψυχολόγους και την ίδια ανάγκη και από φτωχούς που απλά δεν έχουν τη δυνατότητα συμμετοχής σε ψυχικά γκαλά... παρόλα αυτά, κοινά, και οι μεν και οι δε αντιμετωπίζουν αδιέξοδα. Και αυτό απλά γιατί θέσαμε το ερώτημα σωστά, αλλά από τη λάθος πλευρά του. Το ερώτημα πάντοτε αφορούσε τη συσχέτιση του ανθρώπου με τη σάρκα του. Και είτε ικανοποιούσε τις ανάγκες του πλήρως, είτε λίγο και καθόλου, παρέμεινε το ίδιο ξεκρέμαστος στα αδιέξοδά του. Πνευματικά κυρίως αδιέξοδα, που γίνονταν και ψυχολογικά με τη σειρά τους.

# Σάρκα

Και για να μην αδικηθεί η υλική υπόσταση του ανθρώπου και οι λόγοι που καθιστούν τον άνθρωπο εμμονικά κολλημένο σ' αυτήν, καλό είναι να δούμε ξεκάθαρα τη μορφή της ύλης μέσα από τη δική μας σάρκα και να καταλάβουμε πόσο δυνατά και πραγματικά μας ενώνει με την αντικειμενικότητα, σε σημείο τέτοιο που όλη τελικά η διανόηση να έχει αφιερωθεί σε αυτήν ή σε σχέση με αυτήν.

Μήπως όταν η σάρκα ζητά να τραφεί δείχνει έλεος στο υποκείμενό της; Μήπως όταν ζητά να ικανοποιηθεί δείχνει το όριο στον αβάσταχτο καημό της; Μήπως δεν θα πολεμήσεις με θεούς και δαίμονες για να σταματήσεις αυτόν τον πόθο της για ικανοποίηση;

Μα, το κάλεσμά της είναι ισχυρό, σχεδόν ανυπέρβλητο και επιτακτικό. Δε ρωτάει. Απαιτεί. Συνεπώς, με ποιο δικαίωμα ο ήρωας επινοεί προσβολές και ξετσίπωτα σχόλια, κρίνοντας τον άνθρωπο ως ένα ζώο με καταδικασμένη τη μοίρα του να επιλέγει πάντα σε σχέση με την ύλη; Την ύλη που δεν είναι αφηρημένη, που είναι μέρος της ύπαρξής του. Την ύλη του, λοιπόν. Πώς να εναντιωθεί ή να μεταλλάξει τις ανάγκες της ύλης του, μόνο και μόνο επειδή έχει και έναν εγκέφαλο να τον συνοδεύει;

Ε, λοιπόν, δεν υπάρχει απάντηση που να αφαιρεί το δικαίωμα των υλιστών και να κατευθύνει τη συζήτηση εις βάρος τους. Και ενώ ο αγώνας κατάκτησης της γνώσης θα οδηγεί πολλούς στον έναν ή στον άλλο στοχασμό, κανείς δε θα μπορεί, με κριτήρια απόλυτης αλήθειας, να καταδικάσει τον έναν ή να επιδοκιμάσει τον άλλον. Αλλά και αν φτάσει και κάνει, ακόμα και αυτό, στηριζόμενος στην αδιαμφισβήτητη διάνοιά του ή και απλά στη διαίσθησή του, πάντα θα υπάρχει, σε όρους πραγματικότητας κάποιος, κάτι, μια κατάσταση να ανατρέψει, να απορρίψει ή να μεταβάλλει τον αρχικό στοχασμό, την αρχική του άποψη. Στον καθένα έγκειται ποια αλήθεια θα επιλέξει να εκφράσει και ποια θα τον βοηθήσει να φτάσει στα συμπεράσματά του. Αν κάνει λάθος επιλογή τίποτα δε θα ταράξει τη συνέχεια της ζωής. Απλά θα προστεθεί στη λίστα των ανθρωπίνων σφαλμάτων. Μια λίστα με μεγάλη ροή.

Εκείνο που προβληματίζει τον ήρωα είναι που, παρά τις εσφαλμένες επιλογές, ο άνθρωπος δε δείχνει τη διάθεση να αλλάξει. Και υποτάσσεται σε ντροπιαστικά πράγματα αψηφώντας άλλες επιλογές, σαν να υπάγεται σε έναν μηχανισμό διαρκούς ζημίας, διαρκούς χαλάρωσης. Τον μηχανισμό αυτό φαίνεται άλλοτε να τον τροφοδοτεί ένα σύστημα κωδικών επιβίωσης και άλλοτε ο ίδιος ο άνθρωπος σαν μια τυφλή υποχρέωση σε κάτι αδιευκρίνιστο, ανόητο, άπιαστο.

Ας πιάσουμε τη ζωή κεφάλαιοκεφάλαιο και ας δούμε ποια από αυτά μας εκφράζουν και ποια δεν μας εκφράζουν.

## Μοιρολατρία

Γνώρισμα του φτωχού, του τρελού, του άνεργου, του απελπισμένου ανθρώπου. Και φυσικά, όταν η ζωή σού έχει δείξει αυτό το πρόσωπο και δεν έχεις κάτι ουσιαστικά δεδομένο να ορίσεις, πού αλλού θα στηρίξεις την ύπαρξή σου; Γιατί ο άνθρωπος χρειάζεται κάπου να στηρίζεται. Όταν λοιπόν δεν υπάρχει στήριγμα επινοεί την Τύχη. Της δίνει διάσταση θεϊκή, γι' αυτό και ο ήρωάς μας τη γράφει με κεφαλαίο: για να τιμήσει και να σεβαστεί τους άπειρους δυστυχισμένους της ζωής.

Όλα τα εξηγούν με βάση τα σημάδια, τις συγκυρίες, τα υπερφυσικά που βέβαια εξηγούνται, αλλά όταν έχεις χάσει κάθε ελπίδα, παρερμηνεύονται. Παιχνίδι του μυαλού και η τύχη, που όταν όμως βρίσκεται κάποιος σε μια ακραία κατάσταση, είναι αναγκαίο παιχνίδι. Αν σταματήσεις να το παίζεις, μπορεί και οδηγηθείς σε πλήρη ματαίωση, πλήρη κατάθλιψη, παραίτηση και φυγή. Πόσο σκληρό είναι άραγε να ξέρεις ότι έχεις καταδικαστεί σε μια βασανιστική ζωή. Πόσο σκληρό είναι να ξέρεις ότι η συγκυρία, στην οποία τόσο πιστεύεις, δε δίνει δεκάρα τσακιστή για σένα! Ότι ακόμα και αυτή η τύχη σε πρόδωσε. Και, για να μη γελιόμαστε, η τύχη δεν έχει τίποτα να σου προσφέρει μακροπρόθεσμα όταν άλλοι έχουν προλάβει και σου έχουν χτίσει τα τείχη, όπως λέει και ο ποιητής. Αλλά έχεις μια παρηγοριά να ανακουφίσεις την ατυχία σου. Και αυτό είναι κάτι, μια μέση λύση επιβίωσης. Διά της μοιρολατρίας βρίσκουν κάποιοι το δικό τους μέτρο, τη δική τους ισορροπία.

## Αυτολύπηση

Και ποιος θα διαβάσει αυτές τις γραμμές και στο τέλος δε θα μπερδευτεί; Ο ήρωας ποσώς ενδιαφέρεται γι' αυτή σας την αγανάκτηση. Δεν έχει ούτε τον χρόνο, ούτε τη διάθεση να το σκεφτεί. Απλά βάζει από συνήθεια τον εαυτό του στη θέση σας και αναρωτιέται τι κάνει. Άραγε δεν το έχετε κάνει και εσείς αυτό ποτέ; Μήπως να ξεκινήσετε να το κάνετε; Ίσως αυτό να μας γλίτωνε από πολλές κακοτοπιές και ψυχαναλύσεις του κώλου. Να μας άφηνε περισσότερο δημιουργικό χρόνο και λιγότερο αναλώσιμο σε βλακείες και ανθρώπους, που τελικά δεν προσθέτουν τίποτε στη δική μας ζωή. Καμιά φορά αφαιρούν κιόλας, ανάλογα με τον βαθμό και την ένταση της παρέμβασης, της άστοχης παρέας.

Μπείτε μάλλον στη θέση του ήρωα. Πόσα έχει σκεφτεί για εσάς, πριν από εσάς, χωρίς να το ξέρετε. Έστω και ένα από αυτά να σας βρίσκει σύμφωνους, σημαίνει ότι σας σκέφτηκε. Σας σκέφτηκε, σας ξανασκέφτηκε, σας αφουγκράστηκε, σας πόνεσε, σας κατανόησε και, εν τέλει, σας βαρέθηκε. Σας βαρέθηκε όπως βαριέται ο σύζυγος της σύζυγό του μετά από δέκα χρόνια γάμου. Και το αντίστροφο.

Βαρεθήκατε κι εσείς τη μουρμούρα του ήρωα. Η μουρμούρα αυτή ονομάζεται αυτολύπηση. Και όποιος εφαρμόζει την τεχνική αυτή πετυχαίνει τον οίκτο. Και όποιος πετυχαίνει τον οίκτο, πετυχαίνει και τους στόχους του γιατί κάνει τον άλλο να αισθάνεται ανώτερος απέναντι στη δική του κατωτερότητα. Ο οίκτος προς τον κατώτερο μάς επιβεβαιώνει εγωιστικά. Χωρίς όμως ο εγωιστής γάιδαρος να το ξέρει, ο δεχόμενος τον οίκτο κάνει τη δουλειά του καλύτερα και με επιτυχία. Γιατί και την παρηγοριά δέχεται, τύπου τζάμπα ψυχανάλυση, αλλά και την εξυπηρέτησή του πετυχαίνει. Βλακώδης σχέση βέβαια για ανθρώπους τέτοιων ψυχολογικών παρεκκλίσεων και τέτοιων κοινωνικών συμπεριφορών. Ωστόσο δοκιμασμένη μέθοδος και άκρως επιτυχημένη σε όλα της τα μερεμέτια.

## Τρέλα

Αν ήθελε ο ήρωας να χάσει όλη του την έμπνευση θα αφιέρωνε σε αυτό το σημείο όλο του το είναι, για να εκφράσει ένα μεγάλο τίποτα. Δηλαδή θα δημιουργούσε ένα θέμα, θα προκαλούσε μία ένταση άνευ προηγουμένου και στο τέλος δε θα είχε να βγάλει κανένα συμπέρασμα για ό,τι έγινε. Και ενώ βέβαια η τρέλα είναι συγγενής πρώτου βαθμού με τον ήρωα, εκείνος επιμένει να την ανέχεται απορριπτικά και την υποβιβάζει σε γεγονός δευτερευούσης σημασίας. Αυτό είναι το απόγειο της μη αυτογνωσίας ή αλλιώς, άρνησης. Η τρέλα είναι άλλοτε δημιουργική και άλλοτε τυφώνας καταστροφών. Άλλοι έρχονται σε επαφή με την πρώτη μορφή και άλλοι με τη δεύτερη. Οι τελευταίοι είναι ήρωες, οι πρώτοι είναι καλλιτέχνες. Οι πρώτοι απολαμβάνουν όλα τα καλά της έμπνευσης και οι δεύτεροι όλα τα στραβά της διάλυσης. Δε συγκλίνει πουθενά η τρέλα παρά μόνο σε ένα πράγμα: δεν είναι προβλέψιμη, είτε στη μία, είτε στην άλλη της μορφή.

Έχει επίσης μια άλλη διάσταση η τρέλα. Επειδή ο τρελός δεν είναι απλά ένας χαρακτήρας αλλά είναι ένας χαρακτήρας σε μια μόνιμη κατάσταση, η κατάσταση αυτή του τρελού μπορεί να οδηγήσει τον υγιή χωρίς καν να το καταλάβει σε μεγάλη δίνη βασάνων και δοκιμασιών, που όλα στο τέλος συγκλίνουν στην τρέλα. Με λίγα λόγια παίζεις, χωρίς να το καταλάβεις καν, στο γήπεδο του αρρώστου και σε πολύ επιθετικό παιχνίδι. Η τρέλα σε υπνωτίζει, σε βυθίζει και στο τέλος σε γκρεμίζει. Πριν ξυπνήσεις ως υγιής έχεις κατακρημνιστεί από τα βράχια του πόνου. Όπως οι ωκεανοί έχουν άβυσσο, έτσι και η θλίψη έχει τη δική της σκοτεινή άβυσσο. Η κατάδυση είναι μακράς διάρκειας και αν φτάσεις στον πάτο, δύσκολα ξανανεβαίνεις. Είναι τόσο σκοτεινά εκεί κάτω και τίποτα, μα τίποτα, δεν έχει σημασία, μήτε ζωντανό, μήτε νεκρό στοιχείο. Πίκρα της άδικης ζωής που τον έχωσε χωρίς έλεος σε μια τέτοια δοκιμασία σκληρή. Ποιος αντέχει τέτοια μοίρα και ποιος τελικά την ανέχεται;

## Φιλοζωία

Δεν ξέρεις από πού να ξεκινήσεις και πού να τελειώσεις όταν αναφέρεσαι στη γαϊδουριά των ανθρώπων. Ας σκεφτούμε λοιπόν τα αίτια της μη φιλοζωίας και θα καταλάβουμε. Είναι φυσικό να μη μπορεί ο άνθρωπος να αγαπήσει τα ζώα όταν καλά καλά δεν αντέχει να αγαπήσει το ίδιο του το είδος. Άραγε δεν είναι τρομερή απαίτηση να ζητάς από άνθρωπο να δείξει τρυφερότητα και μεγαλοψυχία σε ζώο όταν ο ίδιος μισεί, κακοποιεί, βασανίζει, εκμεταλλεύεται, σκοτώνει, κατασπαράσσει την ίδια του τη φυλή; Δεν μπορεί κανείς να υποχρεώσει μια τέτοια ύπαρξη να αισθανθεί αγάπη για μια άλλη ύπαρξη, ενός άλλου είδους. Άσχετα βέβαια αν η ζωή έχει αποδείξει την άμεση σχέση και την ανάγκη συνύπαρξης όλων των ειδών του πλανήτη.

Δε βρίσκονται στη ζωή μας τυχαία. Και όμως ο άνθρωπος, κουβαλώντας μέσα του το κόμπλεξ και την ενοχή της σιχαμένης του υπόστασης, δε διστάζει να εναντιώνεται στα ζώα καθιστώντας έτσι τη δική του ύπαρξη ακόμα πιο μιαρή και σιχαμένη. Κάποιες στιγμές φτάνεις να πιστεύεις στην αηδία του θεού καθώς αντίκρυσε τη μικροπρέπεια και τη λιγοψυχία του ίδιου του του δημιουργήματος. Προφανώς θα τον εντυπωσίασε πολύ ο τρόπος που επέλεξε ο άνθρωπος να διαχειριστεί αυτό, το λίγο παραπάνω, που του προσέφερε για να ξεχωρίσει δημιουργικά και όχι για να διαπρέψει σε πανουργίες και βρωμιές. Γιατί τέτοια πράττει ο άνθρωπος με το ευλογημένο του μυαλουδάκι. Τέτοια και μόνο τέτοια.

## Μπέρδεμα εννοιών και αντίκτυπος σχέσεων

Δυστυχώς έχουμε φτάσει στην κατάντια να μην ξέρουμε τι εστί σεβασμός και τι εστί ελπίδα. Ανάμεσα σε πολλά άλλα που έχουν μπερδευτεί μέσα μας είναι σαφώς και αυτές οι έννοιες. Το γιατί απασχολούν τον ήρωα, αυτές συγκεκριμένα, είναι ένα εύλογο ζήτημα που άπτεται της αισθητικής του ιδεαλισμού του. Διότι, άλλο σέβομαι από φόβο και άλλο από κατανόηση και θαυμασμό. Επίσης, άλλο ελπίδα από αγάπη στην αλλαγή και άλλο ελπίδα από προσδοκία αυτοπραγμάτωσης.

Εκείνο που κάνει τη διαφορά είναι η ιδιοτέλεια και η ανιδιοτέλεια που διέπει τις διαφορετικές αυτές έννοιες. Γι' αυτό και πολύ συχνά παρουσιάζονται άνθρωποι που, ενώ δείχνουν να σέβονται και να ελπίζουν σε ιερά πράγματα, καταλήγουν μπροστά στα μάτια μας να γίνονται οι μεγαλύτεροι απατεώνες και οι καλύτεροι μεταπράτες του ιδεαλισμού. Φυσικά μπορεί να μην έχουν κάνει τη διάκριση μέσα τους ή ακόμα και να ντρέπονται να το παραδεχθούν. Αλλά το αποτέλεσμα παραμένει. Και η αλήθεια είναι ότι κανείς δεν είναι τόσο αθώος όσο τελικά δείχνει. Ας μην είμαστε αφελείς. Οι εποχές έχουν δοκιμάσει άπειρες φορές το μίγμα της ανθρώπινης σκέψης και των κινήτρων που την κατευθύνουν. Κάποτε ο ήρωας έδινε συγχωροχάρτια. Τώρα δίνει συνταγές επιβίωσης σε ευαίσθητα πλάσματα. Για να μην ξεχνιόμαστε, δεν έχει καμία σχέση με τον ιδεαλισμό ο άνθρωπος που κοιτάζει να ικανοποιεί τα άμεσά του συμφέροντα. Ακόμα πιο σιχαμερός είναι εκείνος που ενδύεται ιδεολογικές έννοιες αγνών χρωμάτων και χροιάς συναισθηματικής, προκειμένου να καρπωθεί τα οφέλη για τις ξεφτιλιστικά χαμηλές προσδοκίες του. Η αλλοίωση και η εκμετάλλευση της πνευματικής και ψυχικής ανιδιοτέλειας αποτελεί έγκλημα που καταδυναστεύει τη φύση εδώ και αιώνες. Ένα έγκλημα βάρβαρο, ανήθικο και τελείως απαράδεκτο. Είναι η αιτία της αυτοκαταστροφής και της καταστροφής των άλλων, του σύμπαντος, της ίδιας μας της ζωής σε όλα της τα επίπεδα, σε όλες της τις εκφάνσεις. Δε δικαιολογείται να παριστάνει ο άνθρωπος τον ανίδεο όταν ξέρει καλά τι κάνει και πώς το κάνει. Επίσης δεν μπορεί να κρύβεται πίσω από συναισθηματισμούς και παραληρήματα οίκτου όταν έχει καταφύγει σε τέτοιες συμπεριφορές. Ο ίδιος ο άνθρωπος καταπατά τους στοιχειώδεις κανόνες του σύμπαντος και πέραν τούτου κουβέντα δεν έχει.

## Εκλεπτυσμένη διάνοια

Άνθρωποι με ιδιαίτερο ύφος, με ιδιαίτερη σκέψη, που αντιλαμβάνονται τι κρύβεται πίσω από αυτά που λέγονται αλλά δεν τα εννοούν και εκείνα που δε λέγονται και τα εννοούν. Απίστευτη εμβάθυνση, τους λες ένα και καταλαβαίνουν δέκα πράγματα. Διαισθάνονται και μαντεύουν το επόμενο βήμα πριν καλά καλά το συμπεράνεις. Σπάνιοι άνθρωποι. Σπάνια πράγματα. Νιώθουν τον κίνδυνο, την κακία, τα βάσανα. Σε κοιτάζουν στα μάτια και βλέπουν όλα όσα έχεις περάσει και θα περάσεις. Δεν είναι συνηθισμένοι άνθρωποι. Για να τους καταλάβεις πρέπει να τους κοιτάξεις μέσα στα μάτια, εκεί που μιλάει η ψυχή. Μιλάει, και έπειτα ο νους διυλίζει και προχωρά. Με καθαρότητα σκέψης αντιλαμβάνεται αυτά που λίγοι αντιλαμβάνονται. Σπουδαίοι άνθρωποι. Η φύση τους χάρισε σπουδαία πράγματα.

## Ευαισθησία

Η αλαζονεία είναι ο εχθρός της ευαίσθητης σκέψης. Η υπερηφάνεια είναι ο μόνος τρόπος αυτοσυντήρησής της για να μην πεθάνει σε έναν πόλεμο αδίστακτο και συνεχή. Η ευαισθησία γεννάει τη λεπτομέρεια που δεν επιτρέπει το περιθώριο λάθους. Διακρίνει κάθε αδυναμία και κάθε ρίγος σκέψης. Δεν πλανάται αλλά συχνά αυταπατάται γιατί δεν αντέχει. Δεν αντέχει, όχι την ίδια της την ιδιαιτερότητα, αλλά την ασύλληπτη σκληρότητα της ανθρώπινης έξης να καταστρέφει ό,τι θεωρεί αδύναμο σε σχέση με την ενστικτώδη σκέψη.

Δε θα καταλάβω ποτέ γιατί θα πρέπει να απολογείται ο άνθρωπος με ιδιαίτερη σκέψη, αισθητική και ψυχισμό. Μένει ερώτημα αναπάντητο.

## Ταυτότητα

Η ένταξη του ανθρώπου, σε όποια κατηγορία θεμάτων και αν πρόκειται, έχει προ πολλού εξυπηρετήσει ένα σύστημα ελέγχου συμπεριφορών τακτοποιώντας τις όποιες ανάγκες του ίδιου συστήματος για χειραγώγηση. Η διάκριση που δημιουργείται από τη χρήση ταυτοτήτων θέτει την εικόνα ενώπιον της ουσίας. Συνεπώς, δεν υπάρχει λόγος να ψάχνει κάποιος για κάτι παραπάνω, εφόσον η ταυτοποιημένη εικόνα του παραπέμπει ευθέως σε όλα εκείνα τα χαρακτηριστικά που απαιτούνται για να βγάλεις τα συμπεράσματά σου. Είναι κάτι σαν να ψάχνει κανείς με λέξεις στο google. Τόσο απλό και συνάμα τόσο χυδαίο. Διαφεύγει βέβαια από ορισμένους ταχυδακτυλουργούς αυτής της έμπνευσης, η επιθυμία αλλά και η υποχρέωση της κοινωνίας που θέλει να ονομάζεται πολιτισμένη και ελεύθερη, ότι ο άνθρωπος δεν είναι ένας κωδικός πληροφορικής και πληροφοριακής γνώσης αλλά μια ξεχωριστή οντότητα που, όποια και αν είναι η φύση του δε σημαίνει ότι χάνει τη διάσταση του χαρακτήρα του, της έκφρασής του ως άνθρωπος, που δε διαφέρει από τους υπολοίπους παρά σε ορισμένα φυσιολογικά χαρακτηριστικά. Τίποτα δε θα είχε εξελιχθεί έτσι αν το σύστημα δεν επεδίωκε να δημιουργήσει κατηγορίες-κουτάκια και να παίζει κατ' αυτόν τον επαίσχυντο τρόπο με τις ζωές και τις ψυχές των ανθρώπων, διαχειρίζοντάς τους σαν μια άμορφη μάζα σκουπιδιών ανακύκλωσης. Εδώ τα πλαστικά, εδώ τα γυάλινα, εδώ τα μεταλλικά και ούτω καθεξής. Και φυσικά, κάτι τέτοιο στην ανακύκλωση ωφελεί μια χαρά αλλά όταν έχεις να κάνεις με ανθρώπους ζημιώνει μια χαρά επίσης. Από αυτά τα κουτάκια ξεκινάει και ο ρατσισμός, ο οποίος καλλιεργείται ως ένα μέτρο σύγκρισης της μιας κατηγορίας με την άλλη. Οι πιο ευνοούμενοι του παιχνιδιού, με πολλή άνεση και ιδιαίτερο ζήλο, επιδίδονται στην υποβάθμιση εκείνων που το περιτύλιγμά τους ενοχλεί την αισθητική τους. Την ποια αισθητική όμως; Μα, εκείνη που έχει προκύψει μέσα από τέτοιες ξεπεσμένες διαδικασίες. Δε σκέφτεται ο άνθρωπος της τάδε ταυτότητας με καθαρό μυαλό αλλά με μυαλό μεταλλαγμένο από κωδικοποιημένες εικόνες και έννοιες. Αν προσθέσεις και τον σπόρο του φόβου που μπαίνει ανάμεσά τους, τότε θα έχεις την καλύτερη καμπάνια εξουδετέρωσης της μιας οντότητας εναντίον της άλλης.

Αναπόφευκτα μπαίνουν στο περιθώριο άνθρωποι που δεν έπραξαν κανένα σφάλμα, καμία αμαρτία παρά μόνο αυτήν της ύπαρξής τους. Έτσι το έθεσαν οι κανόνες. Βρίσκεται λοιπόν κάποιος από την αρχή της ζωής του να τρώει λάσπη και ασταμάτητο πετροπόλεμο, χωρίς πραγματική αιτία. Δε συζητάμε βέβαια τι ψυχολογίες διαμορφώνονται με το πέρασμα των ετών μέσα από τέτοιους πολέμους. Συχνά τα θύματα, χωρίς να το συνειδητοποιούν ή ακόμα και θέλοντας να εκδικηθούν για αυτή τους την αδικία, μετατρέπονται σε βίαιους και αμείλικτους θύτες. Έτσι, χωρίς να το έχουν καταλάβει, γίνονται κοινωνοί του συστήματοςπαιχνιδιού που τους κατέστρεψε. Επίσης, οι μη προνομιούχες κατηγορίες στην απελπισία τους να γλιτώσουν τον αιματηρό ψυχολογικό πόλεμο πέφτουν και σε μια άλλη παγίδα: προσπαθούν παντί τρόπω να αντιγράψουν συμπεριφορές και χαρακτηριστικά των υποτιθέμενα ευνοημένων προκειμένου να τους αποδεχτούν. Ενδύονται, με λίγα λόγια, με αποκριάτικα κουρελόρουχα της άλλης κατηγορίας, επαιτούντες την όποια αναγνώριση. Αντιλαμβανόμενοι τη στροφή αυτή, οι προνομιούχοι του παιχνιδιού επαίρονται για την ανωτερότητά τους και αφήνουν τους «παραλήδες ξεφτιλισμένους» να νομίζουν ότι τάχα δήθεν τους ανέχονται στον κύκλο των δικών τους προσδοκιών. Τη στιγμή εκείνη θριαμβεύει η ταπείνωση της ανθρώπινης αξιοπρέπειας. Όμως η αγανάκτηση και η συνεχής ματαίωση οδηγούν πολύ κόσμο στην επιλογή της μετάλλαξης. Είναι η τέλεια παγίδα. Και ο φαύλος κύκλος δεν τελειώνει ποτέ...

Πραγματικά, είναι καλύτερα να αποδεχτεί κανείς την ταυτότητά του και να παλέψει μέσα από αυτήν παρά να κάνει τέτοια κίνηση. Καλύτερο ακόμα είναι να μην αποδεχθεί καμία ταυτότητα κανείς πάνω του και να διεκδικεί τα δικαιώματά του ως άνθρωπος και όχι ως προϊόν μιας κάποιας αλυσίδας καταστημάτων.

Καλά μελετημένος ήταν ο Χίτλερ και η παρέα του αλλά καλά και το σύστημα που τον διαδέχτηκε. Πήρε τα μαθήματά του και απλά τα τελειοποίησε με χειρουργικές μεθόδους. Το θέμα ταυτότητας δεν είναι καθόλου αστείο. Πάνω σ' αυτό χτιστήκαν μεγαλοσχήμονα σχέδια αφανισμού ανθρώπων και αξιών, που αν ίσχυαν θα μπορούσαν να διατηρούν ισορροπίες δίκαιας και ειρηνικής συνύπαρξης των εν λόγω ανθρώπων. Το παιχνίδι δε θα ήταν τόσο ενδιαφέρον αλλά και οι σημερινοί προνομιούχοι θα φάνταζαν αδιάφοροι σε περίπτωση μη εφαρμογής αυτού του παιχνιδιού. Δε θα χωρούσε επίσης η εκμετάλλευση ανθρώπου από άνθρωπο γιατί απλά δε θα υπήρχε η διάκριση. Δε συμφέρει κάτι τέτοιο και οι μεγάλοι εγκέφαλοι τακτοποιήσαν το θέμα απλά και ωραία δια της μεθόδου των ταυτοτήτων και των κατηγοριών.

## Όταν η κακοήθεια γίνεται κουλτούρα

Δε θα είχε σκεφτεί ποτέ ο αφηγητής να αναφερθεί σε αυτό το θέμα αν οι συμπολίτες του δεν τον είχαν εμπνεύσει. Δεν μπορούμε να ξέρουμε εάν είναι ντιενεικό το ζήτημα αλλά σίγουρα χαρακτηρίζει τη φυλή με έναν τρόπο εντυπωσιακό. Σε τέτοιο σημείο μάλιστα που ολόκληρη η αρχαία Ελλάδα φαίνεται να κατέρρευσε από την υπερβολική δόση κακοήθειας και ζήλειας των αντιπάλων της τότε εποχής. Και δεδομένου πλέον ότι δε χρειάζεται να φέρεις έναν ξένο για να ξεσηκωθεί η συνείδηση του κάθε ελληναρά αλλά αρκεί να τον φέρεις σε σύγκριση με κάποιον όμοιό του για να φουντώσει μέσα του κάθε μορφή κακίας και φθόνου. Η φυλή συνεπώς διαθέτει άφθονο το στοιχείο της αυτοκαταστροφής μέσα της. Στη σημερινή εποχή όμως έχει πάρει έκταση πανδημίας. Και η πανδημία αυτή έχει γίνει πολιτισμός. Αρρωστημένα πράγματα για αρρωστημένους ανθρώπους. Σε μια τέτοια εποχή δεν επιβιώνουν εύκολα πολίτες με ευγένεια, αρχές και ήθος. Δεν είναι συμβατοί με το γενικότερο κλίμα. Έτσι μάταια παλεύουν να βρουν τον δικό τους χώρο στο περιθώριο, όπου και εκεί ενοχλούν την αισθητική της «καθώς πρέπει» κοινωνίας.

Οι ντάλιτ του πνεύματος καλούνται να απολογηθούν και να τιμωρηθούν γιατί τόλμησαν να ενεργοποιήσουν την πνευματική τους υπόσταση απειλώντας έτσι τη νεκρική γαλήνη της σήψης, στην οποία έχει περιέλθει ο βρώμικος κόσμος. Κάποτε οι ευγενείς ήταν σημείο αναφοράς σε μια κοινωνία που επιθυμούσε να αναδεικνύει τις σπουδαιότητες του είδους. Σήμερα είναι η κάστα των κατατρεγμένων. Παίζει να φας και γιούχα γιατί έτυχε να ανήκεις εκεί, έστω και χωρίς να το έχεις επιδιώξει. Φροντίζει λοιπόν η κακοήθεια να τακτοποιεί την ακαταστασία που προκαλεί η ανωτερότητα ορισμένων δειγμάτων του είδους. Γιατί τέτοιοι άνθρωποι έμειναν λίγοι, τόσοι όσο να μιλάμε για δειγματισμό. Αδειάζει η κακία τον εμετό της στοχεύοντας πάντα στην ευάλωτη φύση των πνευματικά καλλιεργημένων και επιτελεί τον τρυφερό σκοπό της, τη συναισθηματική και ηθική εξόντωση των ελάχιστα εναπομεινάντων αγνών σπόρων της αλήθειας της ζωής. Συνήθως αυτή η κουλτούρα κερδίζει τους στόχους της γιατί βρίσκει τη στήριξη των πολλών. Αλλά μακροπρόθεσμα δηλητηριάζει και την ελάχιστη ελπίδα να θεραπευτεί από την ίδια της τη λέπρα. Και εδώ ο ήρωας ζητά ταπεινά συγνώμη στους λεπρούς που βίωσαν την εν λόγω αρρώστια και ουδεμία σχέση έχουν τα συμπτώματα της ασθένειας αυτής με τα πνευματικά και ηθικά συμπτώματα της ασθένειας που μας απασχολεί. Απλά, καθώς η λέπρα τρώει το δέρμα και το παραμορφώνει, έτσι και η κακοήθεια τρώει τον άνθρωπο και την κοινωνία που τον εκφράζει.

# Συναίσθημα - αντιπαραγωγικότητα

Δεν είναι καθόλου τυχαίο, θα λέγαμε, ότι στην εποχή μας οι ευαίσθητοι και οι συναισθηματικοί προκαλούν ένα είδος ανατριχίλας, κάτι σαν ρίγος στην ομαλή ροή του συστήματος. Και φυσικά δεν προκαλεί εντύπωση ότι οι ευαίσθητοι στην πλειονότητά τους δε γουστάρουν την καταπίεση και δεν εξαναγκάζονται εύκολα. Επίσης, όταν σε οδηγεί η καρδιά σου δύσκολα πείθεσαι από της σαγηνευτικές μελωδίες της λογικής. Μπορεί κάλλιστα να τις ακούει κάποιος αλλά δεν τις ενστερνίζεται κιόλας. Γιατί η καρδιά πηγαίνει τον άνθρωπο στη Φύση και στη Φύση του. Αγνοεί «τα πρέπει» και ακούει μόνο «στα θέλω». Όχι τα αρρωστημένα θέλω γιατί υπάρχουν και αυτά. Ούτε όμως και στην αρρωστημένη λογική, που ουκ ολίγο διχάζει τις ζωές των σύγχρονων ανθρώπων. Τους πείθει να γίνονται όργανα σκληρού μόχθου και γρανάζια μηχανής. Τα συναισθήματα βλάπτουν γιατί απλούστατα καθιστούν τη μηχανή μη λειτουργική.

Σε τέτοια ένδεια φτάσαμε που η ευαισθησία θυμίζει έγκλημα άξιο να τιμωρηθεί και ο ευαίσθητος, στην καλύτερη, είναι ένας γραφικός βλάκας της ζωής. Το κριτήριο του τετραγωνοποιημένου ανθρώπου έχει μπει σε όλες τις εκφάνσεις της ζωής. Ο ρομαντικός είναι ανόητος, ο ευγενικός μαλάκας, ο ευαίσθητος απλά ευάλωτος και ο αγνός, ο ηθικός είναι απλά ξεπερασμένος.

Με λίγα λόγια, το σύστημα δε θέλει το συναίσθημα, γιατί το συναίσθημα σε κάνει αντιπαραγωγικό και, κατά καιρούς, αντιδραστικό. Όταν φερ' ειπείν αδικείται κάποιος ανάβουν τα λαμπάκια ενός αισθήματος δικαίου απ' ό,τι λένε. Πράγματα επικίνδυνα για καιρούς απόλυτης χειραγώγησης και ελέγχου. Γι' αυτό και έγκαιρα και αποτελεσματικά περιθωριοποιεί όσους το εκφράζουν και εκδικείται όσους το στηρίζουν και το επικοινωνούν. Εκείνοι δε που το επικοινωνούν είναι τα μαύρα πρόβατα, οι εχθροί γιατί αφυπνίζουν συνειδήσεις, λογικές μεν κοιμισμένες δε. Ό,τι χειρότερο, εφιάλτης κανονικός για τις εποχές αυτές. Γιατί, υπάρχει μεταξύ μας μεγαλύτερος εχθρός από την ανιδιοτέλεια της ψυχής. Συνεπώς, όποιος μιλάει με λόγο που πηγάζει από εκεί κάνει τα θεμέλια της σήψης να τρίζουν από ντροπή.

# Μοίρα

Υπάρχουν δυο κατηγορίες ανθρώπων. Εκείνοι που καθορίζουν τη μοίρα τους καθώς και τη μοίρα των άλλων, και οι άλλοι που η μοίρα τους είναι καθορισμένη. Σαφώς οι δεύτεροι παλεύουν για να αλλάξουν, να βελτιώσουν ή ό,τι τέλος πάντων τους κατέβει αλλά το ίδιο το πλαίσιο μέσα στο οποίο κινούνται είναι προκαθορισμένο. Οι πρώτοι από την άλλη, λιγότεροι σε αυτή τη ζωή, μπορούν να αποφασίσουν και να χαράξουν ιστορία και τύχες όχι μόνο ανθρώπων αλλά ολόκληρων λαών. Να μετατρέψουν την καθημερινότητα από βαρετή και ισορροπημένη σε φλεγόμενη κόλαση. Καθώς και το αντίστροφο. Τυχερός βέβαια είναι όποιος μπορεί να βρεθεί στη μέση αυτής της ακαθόριστης μοίρας. Δηλαδή ακόμα και αν η μοίρα του είναι καθορισμένη να βρει τη δύναμη να την κοντράρει και να την καθορίσει. Η συζήτηση περί μοίρας, όπως είναι φυσικό, περιέχει πολλά «αν» γιατί ποτέ κανείς με σιγουριά δεν ξέρει. Έχει πάντα το στοιχείο του αβέβαιου επιχειρήματος, που αφήνει ξεκρέμαστες απορίες και σκέψεις ανολοκλήρωτες. Καλύτερα μάλλον να την αγνοεί κανείς και να την ανακαλεί μόνο όταν γεράσει και δεν υποφέρει από τις δοκιμασίες του χρόνου, που πλέον τον περιορίζει και αυτόν, και τη μοίρα του την τελειωμένη.

## Γονική αγάπη

Κανείς δεν μπορεί να πει με σιγουριά αν η αγάπη των γονιών είναι εκείνη που θα καθορίσει και την εξέλιξη της σχέσης του παιδιού με τον εαυτό του καθώς και με τα άλλα άτομα. Σίγουρα θα επηρεάσει σημαντικά ο τρόπος που αγαπήθηκες από τους πρώτους ανθρώπους που γνώρισες στη ζωή αυτή, στο πώς κι εσύ θα αγαπήσεις στη συνέχεια. Εδώ βέβαια χωρίζεται ο τρόπος σε δύο δρόμους. Δηλαδή, είτε θα αναπαράγεις το θετικό πρότυπο ή τέλος πάντων το πρότυπο και ας μην είναι και θετικό είτε αλλιώς θα το απορρίψεις και θα εφαρμόσεις τη δική σου μέθοδο. Και μπορεί η λέξη «μέθοδος» να ακούγεται άστοχη ή και άκυρη για να εκφράσει ένα συναίσθημα τόσο δυνατό αλλά σε περίπτωση που το πρότυπο είναι αρρωστημένο δεν υπάρχει άλλη επιλογή από την τεχνητή δημιουργία νέου προτύπου. Πηγάζει βέβαια όλο αυτό και από τον ίδιο τον άνθρωπο, για να μην υποτιμάμε και τη φύση του χαρακτήρα του ατόμου, αλλά σίγουρα θα θέλει και πολλή δουλειά. Εδώ λοιπόν τώρα δεν μας απασχολεί το πώς αγαπάει εκείνος που έμαθε, από το σπίτι του, να αγαπά σωστά αλλά εκείνος που δεν έμαθε, γιατί εκείνος βασανίζεται και με τη σειρά του βασανίζει. Άραγε, τι συμβαίνει όντως όταν μάθει, συνηθίσει κάποιος να αντιλαμβάνεται την αγάπη μέσω αρρωστημένων συμπεριφορών, που όμως για τον ίδιο αποτελούν τη μοναδική έκφραση αυτού του συναισθήματος; Μια διαδικασία βιωματική που σε ακολουθεί ενστικτωδώς σε όλη σου τη ζωή και σε όλες τις εκφάνσεις της. Που καθιστά τις προσωπικές στιγμές κολαστήριο και για τον ίδιο και για όσους τον/την αγαπήσουν. Κανείς δεν ξεφεύγει από το βίωμά του. Κανείς...

Ας συνεχίσουμε λοιπόν με τον προβληματικό φορέα και εκφραστή της αγάπης. Και μας ενδιαφέρει πολύ γιατί μέσα από αυτόν θα καταλάβουμε αν και εμείς οι ίδιοι είμαστε προβληματικοί, χωρίς καν να το ξέρουμε. Ο τύπος αυτός δεν αντιλαμβάνεται τι είναι σωστό και τι λάθος γιατί ποτέ δεν έζησε τον διαχωρισμό αυτό μέσα του. Αντίθετα, μάλλον, γνώρισε μόνο το λάθος οπότε αυτό και υπηρετεί. Δεν υπάρχει μέσα του σύγκριση που να δημιουργεί αντιθέσεις και να τον βάζει σε σκέψεις αυτοαμφισβήτησης της δικής του αγάπης. Περιττό να αναφέρουμε ότι, ο εν λόγω τύπος, προφανώς και δεν ξέρει καν να αγαπά τον εαυτό του τον ίδιο. Ή μάλλον τον αγαπά στρεβλά. Και, ενώ στην ουσία τον βλάπτει, εκείνος θεωρεί ότι τον περιθάλπει μια χαρά. Και χρησιμοποιούμε το ρήμα αυτό γιατί απλούστατα μια τέτοια περίπτωση δεν προσφέρει στοργή και φροντίδα στον εαυτό της αλλά μια νοσηρή περίθαλψη. Και όμως μπορεί να σέρνει το γαϊτανάκι της παράνοιας αυτής χρόνια και με απόλυτα φυσιολογικό τρόπο. Έτσι ο ήρωάς μας δεν εντυπωσιάζεται ακόμα και όταν ακούει εγκληματία να δηλώνει ότι «σκότωσε γιατί αγαπούσε». Διότι ενώ στο μυαλό του υγιούς ανθρώπου δε χωράει η λέξη σκοτώνω τη λέξη αγάπη, στο μυαλό του άλλου αποτελεί ακόμα και απαραίτητη προϋπόθεσή της. Γιατί έτσι προφανώς έμαθε να αγαπά ο ένοχος της υπόθεσης.

Αναρωτιέται ο ήρωας καμιά φορά ποιος θα έπρεπε να δικάζεται σε αυτές τις περιπτώσεις. Ο πράττων το έγκλημα ή εκείνοι που τον ανέθρεψαν ως μελλοντικό εγκληματία; Σίγουρα και οι δυο. Γιατί είναι όλοι τους εγκλωβισμένοι μέσα σε λάθος πρότυπα.

Συνήθως οι άνθρωποι που αγαπήθηκαν με λανθασμένο ή αρρωστημένο τρόπο καθίστανται συναισθηματικά ανάπηροι και ανίκανοι πραγματικά να αγαπήσουν και να αγαπηθούν. Αυτό δεν είναι καθόλου αστείο. Μια τέτοιου είδους αναπηρία δεν έχει ούτε ηθική, ούτε οικονομική αναγνώριση. Έχει μόνο μοναξιά και απόρριψη για όποιον είναι θύμα μιας τέτοιας γονικής αγάπης. Τραγικό και θλιβερό να ζεις σε έναν τέτοιο κόσμο που ούτε εσύ καταλαβαίνεις τους άλλους, ούτε εκείνοι εσένα. Ως εκ τούτου πέφτεις από τη μία προβληματική περίπτωση στην άλλη, αφού έχεις τέτοια συναισθηματική ροπή. Κάποιες φορές αναρωτιέσαι τι έφταιξε και δεν μπορείς να αγαπήσεις έναν νορμάλ άνθρωπο και η απάντηση έρχεται μόνη της, χωρίς να το καταλαβαίνεις: «ΕΣΥ φταις» Εσύ, και όχι μόνο εσύ βέβαια, αλλά περισσότερο εσύ. Εσύ που κουβαλάς μέσα σου την ασχήμια και όχι την αγάπη, τον πόνο και όχι την τρυφερότητα, την εκδίκηση και όχι τη στοργή. Εσύ που μεταφράζεις λανθασμένα τα μηνύματα που λαμβάνεις γιατί το λογισμικό σου έμαθε στο αρρωστημένο συναίσθημα. που έπειτα μεταλλάσσεται σε αρρωστημένη σκέψη και νοσηρή λογική. Και, φυσικά, αφού κανείς πια δεν αντέχει έναν τέτοιο χαρακτήρα, το θύμα επιστρέφει στην οικογένεια αφού είναι και η μόνη που του προσφέρει αυτό που οι άλλοι του στέρησαν: την επιβεβαίωση της αγάπης μέσα από τα χαλάσματά της. Και γυρίζει το θύμα γύρω από αυτήν την οικογένεια όπως γυρίζει η μύγα γύρω από τις ακαθαρσίες. Και όσο και αν επιδιώκει να φύγει, η φυσική ροπή της στρεβλής του πλέον σκέψης τον οδηγεί καταδικασμένα στην πηγή αυτή. Στην πηγή από την οποία μάταια αναζητά να πάρει αυτό που δεν έχει: δηλαδή αγάπη άδολη. Αδύνατον να κατανοήσει κανείς τι αγωνία και τι αγώνα έχει μια τέτοια ζωή. Επίσης τα άτομα αυτής της κατηγορίας, χωρίς υπερβολές, περνούν μια ολόκληρη ζωή αναζητώντας ειλικρινή αγάπη. Μέσα σ' αυτή τους την αναζήτηση γίνονται, ουκ ολίγες φορές, θύματα αρπακτικών που εκμεταλλεύονται την αδυναμία τους για να υπηρετήσουν απλά τις αδηφάγες τους ορέξεις. Και από ορέξεις άλλο τίποτα οι σημερινοί άνθρωποι. Γίνονται βέβαια και οι ίδιοι αρπακτικά γιατί δε χωράνε τα αγνά συναισθήματα μέσα τους, αφού απλά δεν υφίστανται. Σε αυτό, καταλυτικό ρόλο παίζει και η ίδια η φύση του ατόμου. Εκεί και η επιστήμη υποχωρεί. Το καθαρό μυαλό, η αγνή ψυχή ξέρει πάντα να ξεχωρίζει και, έστω και μέσα από σύννεφα, να διακρίνει τη λιακάδα της ζωής.

## Σύσταση

Τα παιδιά είναι προέκταση του εαυτού σας. Αγαπήστε τα όπως αγαπάτε τον εαυτό σας ή όπως θα θέλατε να σας αγαπούνε. Μην τους στερείτε την ιδιαιτερότητά τους. Μπορεί να διαφέρει απο τη δικιά σας, αλλά έχετε και εσείς όπως όλοι οι άνθρωποι τα ιδιαίτερα χαρακτηριστικά σας. Δε διαφέρουμε και τόσο οι άνθρωποι. Άρα αναγνωρίστε σε αυτά δικαιώματα σαν τα δικά σας. Δεν είναι ανάγκη ο επιστήμονας να κάνει τον επιστήμονα, ούτε ο τεχνίτης τον τεχνίτη. Είναι όμως ανάγκη να τα προετοιμάσετε για μια κοινωνία αλληλοσεβασμού, συμπαράστασης και πολιτειακής συμπεριφοράς ανάλογης με αυτή που εκφράζει η ισορροπία αυτών των πραγμάτων. Δεν είναι αγάπη η επανάληψη αλλά η συνέχιση της προέκτασης σας με τα δικά της συμπεράσματα. Έτσι προχωρούμε. Αλλιώς δεν πάμε μπροστά. Μένουμε στη συντήρηση και καθηλωμένοι σε ίδια σφάλματα. Δείτε την οντότητα και τη διαφορετικότητά τους όπως επιθυμείτε να βλέπουν και σε εσάς τα αντίστοιχα. Δε θέλουμε κακορυθμισμένα μηχανήματα. Θέλουμε πολίτες ανεξάρτητους και με κέντρο βάρους τον άνθρωπο, όχι τα πρότυπα αλλά το ίδιο το δημιούργημα με όλα τα θετικά του. Σκεφτείτε το και θα σας λυτρώσει από τα δικά σας τα άγχη και από τη δική τους εσφαλμένη ανάπτυξη.

# Απολογία

Όπως και σε ένα ειδικό δικαστήριο, γιατί όλα ειδικά είναι πλέον, έτσι κι εδώ ο ήρωας κρινόμενος από τους αναγνώστες θα κληθεί να κριθεί. Αμυντική η στάση του αλλά συνεπής με τη ζωή του αφηγητή, που γνώρισε την επίθεση ως δεύτερη φύση των ανθρώπων.

Η πρώτη ήταν η δική του φύση, αδιάφορη και ανεξάρτητη από κάθε είδους κρίσεις και κατακρίσεις. Σαν ένας περιπλανώμενος αστερίσκος που απλά υπάρχει. Αυτά που καταθέτει εδώ με υπερβολική ειλικρίνεια, με φόβο μη γίνει στόχος ακόμα και γι' αυτό ότι δεν είναι τάχα ειλικρινής τα καταθέτει για να αποφύγει εκείνους τους προκατειλημμένους της ζωής που πάντα αναζητούν ευκαιρίες για να αρχίσουν μία κάποια κριτική. Θέλει ο αφηγητής να μοιραστεί την εμπειρία του προκειμένου να μην υπάρχει παρεξήγηση, ως προς την αφετηρία και τη σκοπιμότητα της γραφής. Τώρα βέβαια δε χρειάζεται να μάθει κάποιος την ταπεινή καταγωγή ενός αφηγητή αλλά η περιέργεια, έμφυτη στον άνθρωπο, πρέπει να ικανοποιηθεί. Ο αφηγητής έζησε μια υποκριτικά εξευτελιστική ζωή, τόσο εξευτελιστική που η ταπείνωση έγινε ευχάριστη και αρεστή. Και δεν υπάρχει τίποτα πιο δελεαστικό στη ζωή από το να αισθάνεσαι σαν ένα μηδενικό με υπογραφή. Εκεί που άλλοι λένε παραδείγματος χάριν «ξέρεις ποιος είμαι εγώ;» εσύ να λες «δεν είμαι παρά μια ύπαρξη μηδενική». Όσο μαρτυρικό και αν ακούγεται σε ορισμένους αξιοπρεπείς, τόσο λυτρωτικό είναι για κάποιους άλλους, μη αξιοπρεπείς, που περιμένουν τη διαπίστωση αυτή για να απελευθερωθούν από κάθε είδους ενοχής, φυτεμένης από τους αξιοπρεπείς. Αυτό δεν συμβαίνει γιατί οι αξιοπρεπείς είναι οπωσδήποτε αξιοπρεπείς αλλά γιατί δεν υπάρχει άλλος τρόπος να αντιδράσει κανείς σε μια τόσο αυταρχική και τόσο επιβλητική αξιοπρέπεια όπως αυτή.

Όταν λοιπόν έρθει η στιγμή να δεχτείς ότι είσαι το απόλυτο τίποτα μιας μάταιης ζωής, εκεί ξεκινάς να ζεις τη δική σου ζωή, απαλλαγμένη από κάθε προσδοκία και από κάθε ενοχή. Καμιά φορά ο άνθρωπος πρέπει να νιώσει ότι είναι ένα τίποτα για να ανακουφιστεί. Αν λάβει ο αναγνώστης υπόψιν τη θεωρία αυτή, θα καταλάβει ότι ο ήρωας αφηγητής ουδεμία διάθεση είχε έχει και θα έχει να προσεταιριστεί την εύνοιαέγκριση του αναγνώστη αναλυτή. Γιατί, αν τον ένοιαζε η κοινωνική αποδοχή δε θα γδυνόταν έτσι, άγαρμπα, με την αποκάλυψη αυτή. Κι ενώ τα θηρία ψάχνουν στα σκοτεινά για να κάνουν την ύπαρξή τους ορατή, εμείς γινόμαστε θύματα εξ αρχής για να γλιτώσουμε τη διαδικασία αυτή και να μη χρονοτριβούμε στην άσκοπη κριτικήκατασπάραγμα.

Είναι δεδομένο ότι ο αφηγητής έχει ζήσει μια ακραία ζωή. Ο όρος «ακραία» άλλους τους δυσανασχετεί και άλλους τους διασκεδάζει. Ποιόν όμως ευχαριστεί από όλους; Κανέναν, γιατί απλά είναι μια επικίνδυνη ζωή που ρισκάρει την ύπαρξή της κάθε μέρα και ατενίζει συγχρόνως, όχι μόνο τη δική της αλλά και, των άλλων τη ζωή από μια οπτική μοναδική σε ιδιορρυθμία αλλά και σε σφαιρικότητα. Ποσώς νοιάζει τον αφηγητή η υποκειμενικότητα της άκρης, αφού εξ ορισμού η θέση αυτή δημιουργεί υποκειμενική αντίληψη. Εκείνο που τον προκαλεί είναι το πώς από μια τέτοια θέση θα σταθεί με ουσία αντικειμενική. Όχι ερμηνεύοντας τη δική του θέση αλλά αναλύοντας όλες τις θέσεις της ζωής με στάση σταθερή ως προς τις ερμηνείες.

Όποια και αν είναι η θέση σου σε αυτή τη ζωή, θα ξημερώσει η ημέρα που θα διαπιστώσεις ότι η Γη δεν είναι επίπεδη και ότι γυρίζει. Δεν μπορεί να μη γίνει η διαπίστωση αυτή. Το είδωλο είναι υπαρκτό κι εσύ καλείσαι απλά να το δεις. Και γεγονός έχει την ίδια ισχύ για όλους. Εκείνο που διαφέρει είναι το αν κάποιος έχει τελικώς φτάσει στη διαπίστωση αυτή για να κλείσει εδώ το ζήτημα.

## Πνευματικότητα

Κάτι που το κερδίζεις με αγώνα δεν το αλλάζεις, δεν το χαρίζεις, δεν το αφήνεις στη μοίρα του. Το αγαπάς, το προφυλάσσεις, το κρατάς γερά. Είναι το παιδί σου, η λατρεία της ζωής. Ίσως να είναι πολύ λίγο να εκφράζεσαι τόσο απλά για μεγάλα πράγματα αλλά μάλλον τα μεγάλα πράγματα είναι και απλά. Το να κρατάς στα χέρια σου ένα ολομέταξο υφαντό, σου δίνει τη χαρά της αφθονίας αλλά και τη βαρύτητα της ευθύνης που έχεις ώστε να μη σκιστεί το πολύτιμο εργόχειρο. Η πνευματικότητα δίνει φτερά στον άνθρωπο. Ξεπερνάει μαζί της τα τετριμμένα. Βάζει στόχους στο φεγγάρι και τα αστέρια. Κινεί τα νήματα της ανώτερης σκέψης. Περιέχει μοναδικό ήθος μέσα της. Διακρίνεται για την ιδιαίτερη αισθητική της. Δεν κοιτάζει πίσω. Στέκεται μεγαλοπρεπής στον θρόνο της. Εκπέμπει φωτεινότητα, σιγουριά και γαλήνη. Δεν επιβάλλει με τη βία αλλά με την αύρα της, με ένα άγγιγμα μυστηριακό. Σώζει την ψυχή και την ανεβάζει στα ύψη. Όμως απαιτεί θυσίες και κόπο. Δε φτάνεις σε τέτοια ύψη χωρίς να κουραστείς. Και δεν είναι ο κάθε δρόμος κατάλληλος για να φτάσεις στην κορυφή. Απαιτεί συνέπεια και πίστη στη σοφία της ζωής. Απαιτεί μελέτη, παρατήρηση χωρίς παρωπίδες, χωρίς προκατάληψη. Τα στεγανά μπαίνουν μόνο για να φιλτράρουν τη σκέψη. Διυλίζει, ξεκαθαρίζει το καλό από το κακό, το όμορφο από το άσχημο, το ανόητο από το ευφυές, τον σοφό από τον θεομπαίχτη.

Και φυσικά ο δρόμος της είναι γεμάτος δοκιμασίες, αγκάθια, τυραννίες, κακοτοπιές, είναι ένα δύσκολο ταξίδι. Όταν μπεις σ' αυτό το καράβι, δε βγαίνεις, δεν επιστρέφεις, συνεχίζεις μέχρι να φτάσεις τον στόχο σου, τον σκοπό της ζωής. Και αυτή είναι η ανταμοιβή της. Δεν είναι υλική, είναι ηθική. Ξέρεις ποιος είσαι, πού πηγαίνεις και αυτό σ' ευχαριστεί.

Όποιος εναντιώνεται στη Φύση και στη φύση του θα το πληρώσει ακριβά. Η φύση έχει τους κανόνες της και όποιος δεν τους κάνει σωστή ανάγνωση ή δολίως τους αγνοεί και τους παραβλέπει, τιμωρείται. Δεν είναι η φύση που εκδικείται τον άνθρωπο. Είναι ο άνθρωπος που με την αλαζονεία του αιχμαλωτίζει τη φύση και τη φύση του για να υπηρετήσει το πρόσκαιρο συμφέρον του. Είναι ο άνθρωπος που επιβάλλεται στη φύση για ικανοποιήσει την ιδιοτέλειά του. Εκείνη δεν αντιδρά, απλά ακολουθεί τη ροή της. Όσο μεγαλύτερη διαστρέβλωση επέλθει στη φύση και τη φύση σου, τόσο ισχυρότερο είναι το κύμα της αναστάτωσης που σε βρίσκει αργότερα. Μια αναστάτωση που άλλοτε θυμίζει δοκιμασία και άλλοτε κανονική καταστροφή. Μια καταστροφή που εμείς οι ίδιοι προκαλούμε με τις άστοχες πράξεις μας, με τον αλόγιστο εγωισμό μας. Όποιος τα βάζει μαζί της, τα βάζει με την ίδια του την ισορροπία ύπαρξης. Περιττό να αναφερθεί ότι η φύση δεν υπόκειται σε ιδεοληψίες, σε υποκρισίες, σε ψέματα, σε λογοκρισία, σε ευτελή πράγματα. Διαβάζεις τι σου λέει, το εφαρμόζεις και δεν σ' ενοχλεί ποτέ. Δε θα τη βρεις ποτέ εχθρό σου. Όταν όμως μπαζώνεις της ψυχής σου τα ρέματα και αποξηραίνεις τα φυσικά της ποτάμια για να χτίσεις ψεύτικους πύργους και πλαστά οράματα, τότε και εκείνη, χωρίς να το θέλει, μια μέρα αναζητά την αποκατάσταση της τάξης της, εκείνης που εσύ χάλασες. Το κόστος της δικής σου γκρεμίλας της είναι αδιάφορο γιατί εκείνη απλά επανάφερε τα πράγματα στη θέση τους, θέση που εσύ δε σεβάστηκες.

Κανείς λοιπόν να μη δαιμονοποιεί τη Φύση και τη φύση του γιατί απλά δυσκολεύει τη ζωή και τη ζωή του. Όταν μάλιστα φέρεται και εις βάρος των άλλων, τότε η ζημιά είναι τεράστια και την πληρώνουν όλοι, υπαίτιοι και μη υπαίτιοι. Γιατί απλά ξεσηκώνεις την οργή της που ουσιαστικά δεν είναι οργή αλλά η δική σου βλακεία το κάνει να δείχνει έτσι.

Μπορεί ο άνθρωπος για λόγους χαρακτήρα, ανατροφής, να εξελίσσεται σε ένα ον χωρίς όρια αλλά η φύση έχει τα δικά της όρια και όποιος τα προκαλεί το αντιλαμβάνεται. Δε ζούμε εξάλλου σε απεριόριστα σύμπαντα. Κινούμαστε πάντα σε έναν συγκεκριμένο χώρο και σε συγκεκριμένο χρονικό πλαίσιο. Δε γνωρίζουμε καν και για τον ίδιο τον χρόνο αν τελικά είναι άπειρος ή δεν είναι, ούτε για το σύμπαν στην ολότητά του. Σίγουρα όμως ο δικός μας χώρος και χρόνος δεν είναι άπειρος. Ξέρουμε πού κατοικούμε, τι χώρο καταλαμβάνουμε και σε ποιο χρονικό διάστημα διανύουμε την πορεία μας. Μια κουκκίδα όλο κι όλο το ατομικό γίγνεσθαι, μια μικρή στάμπα μέσα στον χάρτη. Άρα πώς έχουν ορισμένοι την απαίτηση να παρακάμπτουν τη φύση για να επιβληθούν;

Είναι αδιανόητη η βλακεία στον άνθρωπο. Δεν μπαίνει σε πλαίσια.

## Τι εστί δύναμη, κατά μία έννοια

Δύναμη είναι να έχεις το κουράγιο να αντέχεις τις αδυναμίες σου, χωρίς ενοχές και χωρίς ντροπή. Να μπορείς να παραδεχτείς την ευαισθησία σου, την αρρώστια σου, την πλευρά του εαυτού σου που δεν είναι ευχάριστη. Να τη δεχτείς και να την καταλάβεις. Και μόνο τότε, ίσως, σε αφήσει στην ησυχία σου. Ίσως αυτό να είναι και το ελιξίριο να τη θεραπεύσεις: να μάθεις ειρηνικά να ζεις μαζί της. Γιατί αυτό το «μαζί» είσαι εσύ ο ίδιος, ο εαυτός σου. Και ενώ οι ειδικοί και κάθε είδους τσαρλατάνοι μάχονται να απορρίψουν τις αδυναμίες σου, λέγοντας με έναν κομψό αλλά σαφή τρόπο ότι πρέπει να διορθωθείς, εσύ μη διορθώνεσαι. Αντ' αυτού κοίτα να αποδεχτείς τα ελαττώματά σου και μαζί μ' αυτά να μάθεις να ζεις. Και η κουβέντα τελειώνει εκεί. Τα υπόλοιπα είναι σάλτσες για να πλουτίζουν οι ...ειδικοί. Αλλά μέχρι να φτάσεις εκεί, είναι σκληρή η πορεία. Σε αυτό το διάστημα μπορεί και να κολλάνε οι ειδικοί.

# Αγάπη

Όταν οι άνθρωποι μιλάμε για αγάπη οφείλουμε να διευκρινίζουμε και το είδος της αγάπης που εννοούμε. Όταν λέμε σε κάποιον «αγάπα τον εαυτό σου» οφείλουμε να του διευκρινίζουμε ή μάλλον να προσθέτουμε σ' αυτό και τη λέξη «ανιδιοτελώς». Καθώς ζούμε σε εποχές καθαρά υλιστικές, όπου το ατομικό συμφέρον έχει δεσπόζουσα θέση στις ζωές όλων, και σε εποχές εξειδικευμένων εννοιών, δεν είναι δυνατόν να αφήσουμε αδιευκρίνιστο το είδος της αγάπης που στοχεύουμε, προκειμένου να γίνουμε καλύτεροι άνθρωποι.

Έχει προ πολλού παρέλθει η εποχή του Χριστού όπου οι λαοί, αν και σκληροί, μπορούσαν να κατανοήσουν την αγνή αγάπη. Σήμερα είμαστε σε όλα μεταλλαγμένοι. Άρα και στον τρόπο που αντιλαμβανόμαστε το συναίσθημα αυτό, καθώς και στον τρόπο που το εκφράζουμε. «Αγαπώ τον εαυτό μου» δε σημαίνει πάντα ότι τον αγαπώ με αλτρουισμό και χωρίς προσδοκίες. Συνήθως αγαπάμε εγωιστικά τον εαυτό μας. Αυτό σημαίνει ότι απλά κάνει κάποιος τα πάντα για τον εαυτό του, με κριτήριο την ικανοποίηση τη δική του και όχι την ευχαρίστηση των άλλων. Τώρα βέβαια θα ισχυριστεί κάποιος ότι «έτσι ήταν πάντα». Δεν έζησε η ανθρωπότητα ποτέ στιγμές ιδανικές για να μπορεί να αυτοκαθορίζεται ελεύθερα και απαλλαγμένη από τα βάρη των συστημικών συνειδήσεων.

Και αναφέρει ο αφηγητής τον όρο «συστημικό» αρκετές φορές. Πρώτα γιατί πάντα υπήρχε σύστημα ελέγχου και διαμόρφωσης, όχι μόνο πολιτικών και οικονομικών συνειδήσεων αλλά ακόμα και της συναισθηματικής συνείδησης των ανθρώπων. Δεν είναι κομμουνιστική πρωτοπορία η ανακάλυψη του όρου. Άλλωστε και αυτοί οι ίδιοι που τον κατακεραυνώνουν, ένα τέτοιο σύστημα επέβαλλαν, απλά με χαρακτηριστικά άλλης ιδεολογίας. Και ποσώς μας ενδιαφέρει το κάθε σύστημα, είτε από εδώ είτε από εκεί, αλλά πολύ μας ενδιαφέρει το πώς όλα αυτά μετάλλαξαν τον άνθρωπο και τον απομάκρυναν τελικά από την ίδια του τη φυσική υπόσταση απέναντι στις πραγματικές του ανάγκες. Αυτό μας εξοργίζει και δε μας αφήνει καθόλου αδιάφορους. Γιατί, σε τέτοιες κοινωνίες, δε βρίσκονται άνθρωποι να αγαπήσουν και να αγαπηθούν ειλικρινά και ανιδιοτελώς.

## Η περιπέτεια του ιδεαλιστή

Συχνά κατηγορούν τον ιδεαλιστή για αδράνεια και απραξία απέναντι στην ασχήμια και την κακοήθεια αυτού του κόσμου. Ωστόσο μας διαφεύγει ότι, ο φύσει ιδεαλιστής όπως και ο φύσει ωραίος, δεν κουβαλάνε τη φύση τους ως σκοπό που αγιάζει τα μέσα. Είναι αυτή η φύση τους και υφίσταται ως έχει. Γιατί όταν ο ιδεαλιστής επιστρατεύσει τον ιδεαλισμό του για να καταφέρει κάτι, άμεσα και εξ ορισμού μεταλλάσσεται σε σφετεριστή του ιδεαλισμού του. Συνεπώς, παύει αυτόματα να είναι ιδεαλιστής. Το ίδιο συμβαίνει και με το ωραίο και ό,τι είναι φύσει ωραίο. Από τη στιγμή που θα μετέλθει της ωραιότητάς του κάποιος για να πετύχει έναν σκοπό, όποιον σκοπό ας είναι και καλός σκοπός χάνει την ομορφιά και την αγνότητα που τον χαρακτηρίζει «ωραίο». Η ίδια η ύπαρξη του σκοπού περιέχει μέσα της την ιδιοτέλεια. Δεν μπορείς να έχεις έναν σκοπό χωρίς κάποιον λόγο συγκεκριμένο, χωρίς να περιμένεις κάτι. Γι' αυτό άλλωστε και βάζεις τον σκοπό.

Όσοι λοιπόν κρίνουν τον ιδεαλισμό με τέτοια κριτήρια, πολύ απλά δεν έχουν καταλάβει τι είναι ο ιδεαλισμός. Όσοι από την άλλη με αφετηρία τον ιδεαλισμό προσπάθησαν να καταφέρουν κάτι, πολύ απλά έγιναν το όπλο της αυτοκαταστροφής τους. Γιατί, χωρίς να το ξέρουν, στρέψαν τον εαυτό τους ενάντια στη φύση τους.

Η διαπίστωση αυτή σηκώνει πολλή συζήτηση και βάζει σε περιπέτειες πολλούς ιδεαλιστές της τωρινής και της αλλοτινής εποχής. Δεν μπορεί πολύ απλά ένας ιδιοτελής να αναγνωρίσει ιδεαλισμό σε κανέναν. Έτσι έχουν, ουκ ολίγες φορές οι άνθρωποι, παρερμηνεύσει τέτοιες υπάρξεις αναπτύσσοντας θεωρίες που καμία, μα καμία σχέση δεν έχουν με την έννοια του ιδεαλιστή. Άσε που ο ιδιοτελής πάντα θα ζηλεύει τον ανιδιοτελή ιδεαλιστή γιατί απλά ο δεύτερος είναι ελεύθερος χωρίς λόγο, χωρίς εξήγηση και χωρίς προσδοκίες. Ακούγεται σαν θείο χάρισμα και πραγματικά είναι. Το μόνο πρόβλημα του ιδεαλιστή είναι οι άλλοι που αδυνατούν να πιστέψουν σε μια φύση τόσο αγνή όσο αυτή.

Σίγουρα δεν βρίσκεις εύκολα απάντηση σε τέτοιες αναζητήσεις και μάλιστα όταν όλα σου τα ερεθίσματα έχουν δοθεί σε εποχή ιδιοτελή, όπως αυτή του αφηγητή. Είναι οι κωδικοί της σκέψης του αφηγητή απαλλαγμένοι από την ιδιοτελή του φύση για να κάνει συμφωνία με τον ιδεαλιστή; Έχει αρκετή εμπειρία για να φτάσει ο νους του εκεί; Είναι η έννοια του ιδεαλιστή τελείως υποκειμενική ακριβώς γιατί είναι σπάνιο είδος, σπάνια φύση και πάντα σε σπάνια εποχή; Η αντικειμενικότητα εξάλλου είναι η βαθύτερη ανάγκη του ιδιοτελή υλιστή να ορίσει με απόλυτη σιγουριά τα κεκτημένα της ζωής, χωρίς να αμφισβητήσει και χωρίς να αμφισβητηθεί. Είναι ένα είδος ανασφάλειας που διακατέχει τον υλιστή στο να κυριαρχεί το αντικείμενο της δικής του ύπαρξης. Εξού και η αντικειμενικότητα αναγνωρίζει σημασία στη λέξη «αντικείμενο» το οποίο όμως όταν το αναλύσεις στην ελληνική, σημαίνει κάτι διαφορετικό από αυτό που έφτασε να υποδηλώνει η λέξη.

Μήπως και ο υλιστής ρέπει στον ιδεαλισμό και δεν το ξέρει; Ή μήπως η αντικειμενικότητα είναι θεωρία του ιδεαλιστή και η υποκειμενικότητα τελικά του υλιστή; Μην ξεχνάμε πόσο αρέσει στον υλιστή να παίζει με το υποκείμενό του, δηλαδή την ύλη και την επέκταση αυτής, τον άνθρωπο. Η σκέψη αυτή είναι τόσο σύνθετη που μπερδεύει και τον ίδιο τον αφηγητή που πειραματίζεται μέσα στη ζωή. Στη συνέχεια της ζωής, γιατί η ζωή είναι μια συνέχεια στην οποία εμείς καλύπτουμε μια μικρή απόσταση. Ο χρόνος για να πειραματιστείς είναι λίγος, πόσο μάλλον για να καταλάβεις. Γι' αυτό όταν καμιά φορά λένε ότι «αρκεί μια ολόκληρη ζωή για να καταλάβεις μια αλήθεια», αν φυσικά αναφέρονται στα χρονικά όρια μιας ατομικής ζωής, τότε δε μιλάμε και για πολύ χρόνο.

Πριν συνειδητοποιήσεις κάτι, έχεις σβήσει από την πορεία αυτή. Έτσι συνεχίζουν οι επόμενοι και κανείς δεν απαντά με σιγουριά γιατί απλά κανείς δεν μπορεί να πει χωρίς το βίωμα όλης αυτής της πορείας της ζωής. Ισχυρίζονται βέβαια κάποιοι ότι οι πληροφορίες μεταφέρονται από γενιές σε γενιές αλλά δε διευκρινίζουν και το ποιες πληροφορίες μεταφέρονται και γιατί αυτές και όχι άλλες, ίσως πιο σημαντικές. Δηλαδή όσο και να προσπαθείς να βάλεις κάποιες σκέψεις σε λογική, σειρά εστιάζοντας στο βαθύτερο νόημα της ανθρώπινης ύπαρξης, πάντα μένεις με κενά ανάλυσης. Με λιγότερες απαντήσεις από αυτές που χρειάζονται για να καταλήξεις σε μια θεωρία ολοκληρωμένη. Όλη αυτή η διαδικασία επικυρώνεται από την αμφιβολία, την αμφισβήτηση ακόμα και του ίδιου σου του εαυτού. Είναι μια μηχανική λειτουργία που μάλλον υπάρχει, όχι για να τυραννά τον άνθρωπο, όπως λένε ορισμένοι, αλλά για να τον υπενθυμίζει αυτή την έλλειψη βέβαιης γνώσης άρα και αυτογνωσίας. Επομένως ο άνθρωπος δεν μπορεί να βεβαιώσει τίποτα με απόλυτη σαφήνεια. Και αυτές οι λέξεις του αφηγητή είναι σχετικές στο να εκφράσουν κάποιες σκέψεις σε μια κατάσταση σχετικότητας και στο πλαίσιο της σχέσης ατόμου/ζωής.

Φυσικά, ο διάλογος Υλιστή/Ιδεαλιστή είναι ένας φιλικός αγώνας, πνευματικά τουλάχιστον, με διάθεση εχθρική και σε γήπεδο καθόλου φιλικό. Τι μπορεί να εννοεί κανείς με αυτό βέβαια, θα εξηγηθεί. Κάθε εποχή έχει έντονο το στοιχείο της επιβίωσης και το κάθε σύστημα αυτό το πράγμα το υπενθυμίζει. Κανείς δεν μπορεί να ζήσει εάν δεν παράγει κάποιο έργο με αντίτιμο την επιβίωση. Ο υλιστής σε έχει ήδη κερδίσει. Παίζεις πλέον το δικό του παιχνίδι. Το αν θα το παίζεις με φανέλα ιδεαλιστή ή πραγματιστή ή όπως εσύ επιθυμείς, ποσώς τον ενδιαφέρει γιατί ένα είναι το σίγουρο: θα πρέπει να παίξεις για να επιβιώσεις. Και για να επιβιώσεις θα αναγκαστείς να δεχτείς τους όρους του δικού του παιχνιδιού, όρους σκληρούς που είναι αδύνατον να μη σου επηρεάσουν τη ζωή, ίσως κιόλας να στην διαμορφώσουν σε μια τέτοια εκδοχή ώστε να μην αναγνωρίζεις και την αρχική σου μορφή. Έτσι, καθόλου τυχαία, ακούγονται κατά καιρούς ιστορίες ανθρώπων που στα γηρατειά τους ή σε μια προχωρημένη ηλικία ανακάλυψαν μια δική τους ανατρεπτική αλήθεια. Και εδώ ο αφηγητής χρησιμοποιεί τη λέξη «ανακάλυψαν» γιατί είναι όντως κάτι που υπήρχε, για κάποιους λόγους χάθηκε, και επανήλθε. Και η στιγμή αυτή είναι ιερή γιατί τους θύμισε ποιοι πραγματικά είναι. Αλλά είναι και ανατρεπτική γιατί τους θύμισε, επίσης, πόσα ψέματα είπαν στον εαυτό τους οι ίδιοι, πόσες ταπεινώσεις και παρεμβάσεις δέχτηκαν, με πόσα αταίριαστα υφάσματα στολίστηκαν για να κάνουν τη ζωή τους ταιριαστή, σεπτή και κατά κόσμον αποδεκτή, πλην όμως ξένη και αλλοτριωτική στη δική τους ύπαρξη.

# Βάσανο

Κάθε άνθρωπος γεννιέται εξ ορισμού με ένα βάσανο, άλλοι με ένα άλλοι με περισσότερα. Το κουβαλάει χωρίς να το ξέρει και άλλοτε χωρίς να το θέλει. Του το φόρτωσε η ζωή από νωρίς. Μάλιστα, πολλές φορές το βάσανο ξεπερνά και τις αντοχές της ίδιας της ζωής. Για να τον λυτρώσει τον πεθαίνει. Τον σκοτώνει το ίδιο του το βάσανο για να γλιτώσει από αυτό.

Τελείως παράλογο το σκηνικό πλην όμως απολύτως υπαρκτό. Είναι τόσο θλιβερό να παρατηρείς τον άνθρωπο τον βασανισμένο που αναρωτιέσαι τι αξίζει η ζωή για εκείνον. Καμιά φορά είναι πιο ενδιαφέρον να παρατηρείς τη ζωή μιας γάτας, τη ροή ενός κύματος, το σχήμα της Γης, αν το αντιληφθείς, παρά τη φρίκη ενός βασανισμένου. Τέτοια σύγκριση βέβαια είναι μη αποδεκτή αλλά αναπόφευκτη στα μάτια του αφηγητή. Και αν λάβει κανείς υπόψιν ότι τα δύο τρίτα των ανθρώπων κουβαλούν μεγάλο βάσανο στην ψυχή, τότε ο αφηγητής θα άφηνε, αν ήταν στο χέρι του, τη γη χωρίς άνθρωπο. Και τι πρόβλημα θα υπήρχε εξάλλου; Θα γλίτωνε ο πλανήτης από την αιτία της καταστροφής του. Μα ποιος έφερε αυτό το πλάσμα στη γη; Τι επινόηση ήταν αυτή!

Και από εκεί ξεκινούν όλα. Η προσαύξηση των βασάνων οδηγεί στο λεγόμενο μαρτύριο και από το μαρτύριο στον λυτρωτικό θάνατο. Δηλαδή τόσο ευχάριστη είναι η ζωή των ανθρώπων που φτάνουν να παρακαλούν για το τέλος τους, αφού ήδη έχουν διανύσει μια πορεία δύσκολη. Και φυσικά κανείς δε θέλει να είναι στη θέση αυτή και τελικά πολλοί είναι χωρίς να το παραδέχονται.

Και γιατί να αρνηθεί κάποιος τη δυσμένεια της ζωής και την κακοτυχία του άραγε; Γιατί να μην παραδεχτεί κανείς την ήττα πάνω στην ίδια του την υπόσταση; Γιατί να ντραπεί; Για να αποφύγει μάλλον τον οίκτο, το σιχαμερό συναίσθημα που προϋποθέτει την αδικία και έρχεται ξεφτιλιστικά να την επουλώσει. Άλλοι πάλι εκμεταλλεύονται τη δεινή τους θέση για να επωφεληθούν ή και να προκαλέσουν τον οίκτο. Είναι και αυτοί θλιβεροί, αναξιοπρεπείς, απελπισμένοι. Να σεβαστεί κάποιος την ατυχία σου, ναι, να τη λυπάται όμως, έγκλημα, στυγνό έγκλημα που δικαιώνει τον εγκληματία και τον καθιστά και... ιερό. Άλλοι πάλι μετατρέπουν τον οίκτο σε πολιτική, δηλαδή σε οργανωμένο έγκλημα.

Αρκεί να σεβαστείς τον πόνο του άλλου για να τον κάνεις να νιώσει την ανθρωπιά σου χωρίς να τον ακυρώνεις ωσάν κατώτερο άνθρωπο. Ως προς την κατάσταση «βάσανο» είμαστε όλοι ίσοι. Εκείνο που διαφέρει είναι η ποσότητα των βασάνων, η ένταση και η συχνότητά τους. Όταν σέβεσαι τον πόνο, βρίσκεις τρόπο να τον ελαττώσεις, όταν όμως τον λυπάσαι κακομοιρίστικα τον κάνεις διπλό, τριπλό και τετραπλό. Ο οίκτος είναι η απόλαυση των εγωιστών. Η ζωή ενός ανθρώπου μέσα στον οίκτο είναι μια ζωή χωρίς φως. Σκέτη μούχλα. Φανταστείτε το αυτό σε συναίσθημα...

Στα μάτια του αφηγητή ο άνθρωπος είναι κάτι το εξαιρετικά ελαττωματικό, χειρότερο από μηχανή, ανελέητα περιοριστικό και προκαθορισμένο να χαλάσει στο λεπτό, να χαθεί χωρίς σταθμό. Άδειο και απαξιωτικό. Εκατομμύρια ανθρώπινου κρέατος, σάρκας, πέρασαν από τον κόσμο αυτό και όλοι χύθηκαν στον λάκκο της λήθης, παραδόθηκαν στα όρνια της λάσπης των νεκρών σκέψεων και ιδεών. Τίποτα δικό τους δεν έγινε αποδεκτό στον επόμενο σταθμό της ανθρώπινης ιστορίας, τίποτα δικό τους δεν έμεινε ικανό να υπενθυμίσει την αλλοτινή τους ύπαρξη. Ο άνθρωπος, ως ύπαρξη, ήταν, είναι και θα είναι ζωντανός. Ως ατομικότητα όμως ήταν, είναι και θα είναι νεκρός. Λίγοι μόνο αφήνουν παρακαταθήκη το πνεύμα τους σε λόγο γραπτό. Και από αυτούς λίγοι έχουν κάτι πνευματικά ορθό στον κόσμο αυτό. Αυτούς, τους ελάχιστα λίγους, τους θυμόμαστε σαν μνημόσυνο σε κάτι ιερό. Δεν τους επιβάλλει κανένα καθεστώς παρά μόνο η εσωτερική μας ανάγκη να καταλάβουμε μέσα από αυτούς τον δικό μας εαυτό.

Ποιος διαθέτει τη δύναμη να τοποθετήσει τον εαυτό του πάνω από αυτό που αντιλαμβάνεται; Ποιος αντέχει την αυτογνωσία του; Μίλησαν πολλοί αρχαίοι φιλόσοφοι για το «γνώθι σ' αυτόν», αλλά λίγοι μας επηρέασαν ουσιαστικά ως προς αυτό. Δεν είμαστε σίγουροι κατά πόσο μπορούμε να παρακάμψουμε το μη γνώθι σ' αυτόν, που συνδέεται με το πρωταρχικό ένστικτο. Είναι σαν μια πληροφορία που ακολουθεί τον άνθρωπο τόσο πιστά όσο και η ύπαρξή του. Όταν παρακάμψει αυτό το στάδιο, γίνεται πνευματικός, αλλά συγχρόνως και λιγότερο δυνατός στο ένστικτο το σωματικό. Δεν είναι βέβαιο εάν ένας τέτοιος σκοπός είναι πραγματικά επιθυμητός. Γιατί στον άνθρωπο εμφανίζεται το ένστικτο με τρόπο κυριαρχικό. Δεν είναι καταστροφικό, όπως ισχυρίζονται πολλοί πνευματικοί. Είναι και λυτρωτικό. Υποχρεώνει τον άνθρωπο να ακολουθήσει τον δικό του σκοπό.

Θα μπορούσε άραγε να υπάρχει ένστικτο πνευματικότητας; Αν και ως διαδικασία ο πνευματικός αγώνας θεωρείται κατάκτηση του νου και της ανώτερης σκέψης που αγκαλιάζει τη σοφία, παρόλα αυτά, κάτι βαθύτερο οδηγεί έναν άνθρωπο στον αγώνα αυτόν, ενώ κάποιον άλλον τον αφήνει αδιάφορο. Η πνευματικότητα είναι και αυτή μέρος της αρχικής ενστικτώδους επιβίωσης του ατόμου. Γι' αυτό και το εξελίσσει με τρόπο εντατικό σε κάθε βήμα αναγνώρισης της δικής του ύπαρξης. Το πνευματικό βίωμα δίνει ένα ερέθισμα συγκλονιστικό, απευθυνόμενο στην πρωταρχική φύση του ανθρώπου στο πεδίο αυτό. Δεν ανακαλούνται μνήμες από το παρελθόν. Ανακαλείται το ένστικτο αυτό καθαυτό. Και αυτό με τη σειρά του μας οδηγεί στον κόσμο των αθέατων συνειδήσεων, έναν κόσμο τρομαχτικά αποκαλυπτικό ως προς το εύρος των διεργασιών, των ερεθισμάτων στη διαμόρφωση μηχανισμού μετάλλαξης συναισθημάτων και σκέψεων. Με λίγα λόγια σε έναν κόσμο υπαρκτό αλλά μη ορατό. Γι' αυτό και ο καθένας ερμηνεύει τη ζωή του διαφορετικά. Με ένα ύφος ατομικό, τόσο που γίνεται μοναδικό.

Τόσες μοναδικότητες σε έναν μόνο κόσμο είναι δύσκολο να συνυπάρχουν με τρόπο ειρηνικό. Θα συγκρουστούν όπως συγκρούονται οι γαλαξίες στο σύμπαν, κι εμείς δε θα γνωρίζουμε τίποτα. Το μόνο σαφές θα είναι ότι θα παρατηρούμε τη δράση μας στον κόσμο αυτό. Αλλά δε θα είμαστε και ταυτόσημοι με τα κίνητρα της δράσης μας, σε επίπεδο πνευματικό, παρά μόνο αν η δράση αυτή προστατεύει ένα μοναδικό ένστικτο επιβίωσης: το πνευματικό.

Το να τοποθετήσει κάποιος το ταβάνι στον πάτο είναι τρελό. Παρόλα αυτά είναι ένα επίπεδο πλατύ και τα δύο και πάντα το ένα κοιτάζει το άλλο κατάματα. Αν τα αναποδογυρίσεις μάλιστα δε θα ξέρεις ποιο είναι ποιο. Σαν να έχει κάποιος εγκλωβιστεί σε έναν κύβο, όπου όλες οι επιφάνειες είναι τετράγωνες και όπου και να πέσει το αίσθημα του χώρου είναι κοινό. Δεν απαλλάσσεσαι από το ένστικτο αυτό, γεννιέσαι με αυτό. Απλά αλλάζει στον καθένα η ένταση έκφρασης σ' αυτό το πεδίο. Όσο καλλιεργείται η νόηση τόσο πιο ευέλικτα μαθαίνει κάποιος να παίζει μέσα στον εγκλωβισμένο κύβο το παιχνίδι του πνεύματος, όχι του αγίου, αλλά του δικού του. Και όσο προσαρμόζεται σ' αυτό, διευρύνει και τους ορίζοντες του κύβου, μάλλον τον χώρο γιατί τα όρια έχουν ρόλο υπαρκτό.

Δε χωράει αμφιβολία ότι η υπερβολική ανάπτυξη αυτού του ενστίκτου τον καθιστά επικίνδυνο είτε για τον εαυτό του, είτε για τους άλλους.

Έτσι, ελάχιστοι επιδιώκουν να δοκιμάσουν αυτό το παιχνίδι με σκοπό την τελειοποίησή του. Η φύση θέτει τα όρια με τον θάνατο στο άτομο αυτό, που το γλιτώνει από το χειρότερο κακό. Όποιος βγει έξω από την ατμόσφαιρα κινδυνεύει να διαλυθεί, να εξαϋλωθεί. Έτσι αναπνέουμε οξυγόνο μέσα στον χώρο που η ζωή είναι δυνατή. Όποιος πέρασε πολλά επίπεδα στην πορεία των νοητών κινδυνεύει να χάσει τη φύση του και την επαφή του με φυσιολογικό όριο πνευματικών αντοχών. Οδηγείται στην τρέλα που τον λυτρώνει με τη χαοτική της διάσταση. Δεν υποφέρει πλέον ο άνθρωπος αυτός γιατί είναι απλά χαμένος στο χάος.

Δεν σας κρύβει την αλήθεια ο αφηγητής ότι ώρες ώρες καταλαβαίνει ότι τα πράγματα δεν είναι ίσως έτσι όπως τα περιγράφει. Δηλαδή έτσι είναι αλλά και τι σημασία έχει. Μήπως τελικά και η πνευματικότητα και η ψυχολογία και η πολλή ανάλυση βλάπτουν; Όχι μόνο αυτόν αλλά και εσάς τους αναγνώστες που σας ταλαιπωρεί με αυτά που γράφει. Μήπως όποιος δεν ακολουθεί τη ζωή και τους κανόνες της, τελικά υποφέρει; Μήπως όλοι αυτοί οι σκεπτόμενοι λογοτέχνες αντιδρούσαν, όχι στο κατεστημένο της εποχής αλλά στην αδυναμία τους να συμβιβαστούν μαζί του; Βέβαια, δε σημαίνει ότι το κατεστημένο έχει και τις σωστές κατευθύνσεις. Κάνει και αυτό τις αναζητήσεις του. Γι' αυτό και εγκολπώνει τους αντιδραστικούς, που ενώ παριστάνει ότι δεν τους ακούει, δεν τους βλέπει, κατά βάθος κάτι παίρνει το αυτί του, κάτι τον προβληματίζει έστω και από καθαρή άμυνα, σε μια εισβολή πολύ μακρινή από τους κανόνες του. Γιατί, κατά καιρούς, ζήσαμε αντιδράσεις και επαναστάσεις που πνίγηκαν αλλά ο απόηχός τους άφησε μια χροιά αλλαγής στα μεταγενέστερα χρόνια. Και η αλλαγή δεν επιβεβαιώνεται πάντα, καμιά φορά απλά τη βιώνεις.

Δεν βρίσκεις λύσεις μέσα σ' αυτές τις πρακτικές. Ούτε ψυχολογία, ούτε φιλοσοφία, ούτε πνευματικότητα. Ο άνθρωπος για τον άνθρωπο. Η ζωή είναι στιγμές, μόνο στιγμές. Ή τις ζεις ή χάνεσαι μέσα στις σκέψεις των άλλων. Χάσιμο χρόνου οι τοποθετήσεις. Αν δεν ήμασταν τόσο εγωιστές, να θέλουμε να κυριαρχούμε και να επιβάλλουμε το εγώ μας, είτε μέσα από μια ιδεολογία είτε μέσα από το χάος το βίαιο χάος των τυράννων θα ζούσαμε με περισσή απλότητα, χωρίς επιτυχίες και αποτυχίες, χωρίς κανέναν φόβο για το αύριο και το μεθαύριο. Χωρίς αλλαγές που να τρομάζουν, χωρίς αιφνιδιασμούς και αναταράξεις. Θα ζούσαμε απλά τη ζωή μεστά και με ψυχραιμία ο καθένας το τέλος του. Ακόμα και αν σας βομβαρδίζουν με τα μεγάλα έργα τους και τις θεωρίες τους τις μεγάλες, εσείς γιατί δεν κοιτάτε τα άλλα; Τα ουσιώδη και πραγματικά μεγάλα;

Μήπως πλούσιοι φτωχοί δεν πέρασαν μέσα από την πορεία της ζωής; Δε έγραψαν και αυτοί τα μερίδιά τους στους αιώνες της άχρωμης γραφής; Γεμίσαμε με ένα σωρό θέσεις και αντιθέσεις, χάνοντας έτσι το νόημα της ζωής, το μεδούλι της. Νομίζουμε ότι μας ανήκει ενώ στην ουσία εμείς ανήκουμε σ' αυτήν. Ορίστε οι αιώνες της ανθρωπότητας, παρελαύνουν μπροστά σας. Ορίστε! Τους βλέπετε; Βλέπετε κομμάτι του εαυτού σας;

Κομμάτια των προγόνων σας; Σας έχουν πει ναι, αλλά εσείς δεν τα βλέπετε. Και κρίνετε με αυτά που σας έχουν πει... τόσο λίγα καταλαβαίνετε.

Δείτε με τα μάτια της δικής σας ψυχής. Δείτε με τα μάτια της δικής σας εποχής, όχι όπως σας είπαν ότι τα είδατε αλλά όπως τα βλέπετε εσείς, εσείς, εσείς. Η αλήθεια δεν κρύβεται στις λέξεις αλλά στις σχέσεις μας με τους ανθρώπους.

## Σφαιρικότητα

Αν σκαρφαλώσεις σε άλλο πλανήτη, η γη σου φαίνεται μια μπάλα, μια οντότητα μικρή σχετικά με αυτό που νομίζεις ότι ζεις. Εκεί λοιπόν αντιλαμβάνεσαι ότι τίποτα δεν είναι τόσο μεγάλο και τόσο σπουδαίο όσο φαίνεται. Θα μου πείτε βέβαια, πόσοι άνθρωποι μπορούν να σκαρφαλώσουν σε άλλον πλανήτη για να δουν τη γη από εκεί; Λίγοι και ακόμα λιγότεροι εκείνοι που θα το φανταστούν, αν και δε χρειάζεται να ανεβείς σε άλλον πλανήτη για να το καταλάβεις. Και στον δικό μας πλανήτη να παραμείνεις και να απομονωθείς σε μέρη όπου τα στοιχεία της φύσης μικραίνουν τα υπόλοιπα πράγματα και εκεί καταλαβαίνεις. Τι καταλαβαίνεις; Πρώτον ότι πού και πού πρέπει να αποτραβιέσαι από τα κοινά και μίζερα για να ξεκαθαρίζεις τα θέματα μέσα σου. Και δεύτερον ότι η απόσταση είναι πραγματικά απαραίτητη. Δηλαδή βοηθάει να βλέπεις τα πράγματα με ψυχραιμία, με άλλη οπτική, πιο καθαρά στη σφαιρικότητά τους και να μη μετατρέπεις τη ζωή σου σε βάσανο ανεξιχνίαστης σκέψης. Σου δίνει τη δυνατότητα να δεις ότι, τελικά, τα σοβαρά δεν είναι τόσο σοβαρά και τα σπουδαία δεν είναι τόσο σπουδαία.

Βέβαια δεν μπορείς να ζήσεις σε άλλον πλανήτη και να μένεις με αυτή τη σκέψη, ούτε να αγναντεύεις τη γη από τόσο μακριά για να κάνεις τέτοιες σκέψεις. Και αστροναύτης να είσαι, κάποια στιγμή επιστρέφεις. Είσαι λοιπόν υποχρεωμένος να ζεις στην μπάλα αυτή, μέσα και στον μικρόκοσμο που έχεις. Εκτός και αν αποφασίσεις να γίνεις ερημίτης, όπου εκεί η αντικειμενικότητα αποσύρεται διότι ζεις μία συγκεκριμένη μορφή ζωής: πνευματική και απαλλαγμένη από τα εγκόσμια, μα έξω από την πραγματικότητα. Καλύτερη είναι η ζύμωση στην κοινωνία από ανθρώπους που δεν ξεχνούν το παράδειγμα που αναφέραμε. Το παράδειγμα του πλανήτη. Άνθρωποι ψύχραιμοι που αντιστέκονται στα ζόρικα και, παίρνοντας μια ανάσα, επανέρχονται με την ορθολογική σκέψη ότι η ζωή δεν είναι τίποτα άλλο από ένα πέρασμα, ένα βίωμα, μία εμπειρία που καλείσαι να απολαύσεις, να αντέξεις.

Καμιά φορά και είναι σκληρό αυτό που λέω, καθότι ακόμα και στα δυσκολότερα, τα πιο έντονα, είσαι εσύ που καλείσαι να επιλέξεις αν θα τα ζήσεις με δυστυχία ή στωικότητα. Είσαι εσύ που θα επιλέξεις να χαρείς τα ελάχιστα ή να πνιγείς στα μέγιστα. Δε λέμε ότι κάτι τέτοιο είναι πάντα εφικτό. Δεν μπορεί να γίνεται, ας πούμε, πόλεμος ή να έχει πέσει λοιμός ή άλλη καταστροφή και εσύ να ευχαριστιέσαι αφού βρίσκεσαι σε μια αντικειμενικά τραγική θέση. Ωστόσο εκείνο που μπορείς, και όσο σου επιτρέπεται, είναι να έρχεσαι σε επαφή με το άγνωστο και ν' αγναντεύεις τη ζωή από απόσταση για να συνεχίζεις και να μην παρασύρεσαι εύκολα. Και αυτό είναι μάθημα ζωής.

## Ελευθερία

Δε μπορείς να μιλήσεις για ελευθερία όταν δε ζεις ελεύθερος. Είναι σαν να περιγράφεις μια ξένη λέξη που δε μεταφράζεται. Ποιος θα πει σήμερα ότι είναι ελεύθερος και ελεύθερος από τι και σε ποιον τομέα. Δεν είναι δυνατόν όταν ο άνθρωπος ζει σε συστήματα που τον έχουν υποβάλλει σε εκτεταμένη πλύση εγκεφάλου, δηλαδή σε μια στυγνή και απόλυτη παραποίηση των πληροφοριών, σε σχέση με την έννοια ύπαρξης, σε σημείο τέτοιο που δεν υπάρχει η αρχική έννοια. Και εξάλλου με τέτοια παραμορφώματα στα είδη ελευθερίας που επιτρέπονται και δεν επιτρέπονται και που καθορίζονται με βάση το κριτήριο τίνος, τον ορισμό τίνος, την αντίληψη τίνος, θα μιλήσουμε για ελευθερία; Είναι τα πράγματα τόσο συγχυσμένα και τόσο διαστρεβλωμένα που η μόνη ελευθερία που θα μπορούσε να γίνει αντιληπτή είναι η τελείως βιωματική ελευθερία. Εκείνη που αισθάνεσαι όταν οι συνθήκες είναι ιδανικές σε σχέση με αυτό που η φύση σου θεωρεί ιδανικό και σαφώς, όχι επικίνδυνο ή καταστροφικό. Μετά μπαίνεις σε άλλα μονοπάτια. Μια ελευθερία που σε γαληνεύει ή που σε απελευθερώνει απ' ό,τι νιώθεις ως δέσμευση, την όποια δέσμευση. Μια αίσθηση χαράς, ουτοπίας, νιρβάνα ίσως να είναι ελευθερία. Ίσως. Η μετάλλαξη των γνώσεων μέσα στα χρόνια που αποδόθηκε ο όρος και ο τρόπος που ο καθένας τον απέδωσε πάλι σε σχέση με το σύστημα το πολιτικοοικονομικοκοινωνικό που ζούσε και ζει, φέρνει στην επιφάνεια και μια άλλη χροιά του όρου. Σωστή, λάθος, δεν ξέρει κανείς γιατί υπάρχει πάντα μια αίσθηση υποκειμενικότητας που πηγάζει ακριβώς από τις συνθήκες. Και ειδικά στο θέμα ελευθερία, ο ρόλος της υποκειμενικότητας είναι τεράστιος γιατί απευθύνεται σε ευαίσθητες πτυχές της αισθητικής του ανθρώπου ως προς την άνεσή του να αυτοκαθορίζεται όπως τον εκφράζει, όπως του αρέσει. Ποιος θα δώσει λοιπόν ορισμό με συνέπεια, με βεβαιότητα και με επιστημονική ακρίβεια; Ο αφηγητής σίγουρα όχι.

Είναι τόση η στρέβλωση που υπάρχουν άνθρωποι που αν τολμήσεις να τους βγάλεις από τον ψυχαναγκασμό τους, είτε εξωτερικό είτε εσωτερικό, που όμως τον έχουν συνηθίσει, θα καταλήξουν κατεστραμμένοι. Η αποξένωσή τους από τον εαυτό τους είναι τέτοια που η ελευθερία πλέον τους φαντάζει ακόμα πιο ξένη. Δεν είναι καινούριο αυτό. Έχουν μιλήσει πολλοί για την έξη του ανθρώπου στα χρυσά δεσμά του. Αλλά χρυσά τα κάνει η συνήθεια, όχι η πραγματική ανάγκη του ανθρώπου. Πραγματικά καμιά φορά σκέφτεται ο αφηγητής, αν δεν υπήρχε η συνήθεια σε οτιδήποτε και ο φόβος, ίσως και να βιώναμε κάτι από αυτό που λέγεται «ελευθερία». Δηλαδή οι εχθροί της κατά ένα μέρος είναι αυτοί οι δύο παράγοντες. Γιατί, η μεν συνήθεια σε αγκιστρώνει σε κάθε κατάσταση, υγιή αρρωστημένη, δεν έχει σημασία. Σημασία έχει ότι σε αγκιστρώνει. Και ο δε φόβος σε εγκλωβίζει τελείως. Μένεις και εμμένεις στην κατάσταση χωρίς καν να γνωρίζεις σε ποια κατάσταση βρίσκεσαι. Η συζήτηση για ελευθερία εκεί πλέον δεν είναι ούτε καν υπαρκτή λέξη.

## Ηλικιωμένοι

Είναι μια κατηγορία σκέψης ή μια φυσική συνέχεια την οποία ο άνθρωπος δεν μπορεί να αντέξει. Είναι ένα ζήτημα που δε θα έμπαινε καν σε συζήτηση αν δεν είχαμε γίνει ανάπηροι στη σκέψη. Γίναμε όμως, με την βοήθεια των ρυθμών της ζωής συν τη διαστρέβλωση που υποκινεί η εμμονή στην τέλεια εικόνα που, εύλογα, αντιπροσωπεύει ο νέος και πουλάει σαν αντικείμενο, σαν προϊόν διαφήμισης και μεθοδευμένης σκέψης. Οι γέροι δεν υποφέρονται. Πρέπει όλοι να δείχνουν νέοι. Να δείχνουν φρέσκοι. Η ηλικία γίνεται ταμπού, προβληματική στην επίμονη ακατάπαυστη εξέλιξη. Η σύγχρονη οικογένεια δε θέλει γέρους, δεν τους αντέχει. Δεν αντέχει την ίδια της τη συνέχεια αφού η εποχή προστάζει δύναμη, ζωντάνια, μαχητικότητα και μια στάση ζωής που έχουν μόνο οι νέοι. Δεν υπάρχει εναλλακτική, είναι αναλώσιμοι οι γέροι. Όποιος αχρηστεύεται πεθαίνει. Η στοργή, η φροντίδα που επιβάλλει η φυσιολογική εξέλιξη του είδους καταρρέει. Η πρόωρη παραίτηση βολεύει. Δεν αποδίδεις ό,τι απέδιδες, καλύτερα να φεύγεις. Δεν αρέσεις στο σύστημα. Δεν σε ανέχεται. Είσαι βαρίδιο. Αν έχεις χρήματα όλο και κάποιος σε θέλει. Βαρίδιο είσαι πάλι αλλά με τόκο που αντέχει. Έτσι είναι οι γέροι, ποιος τους θέλει; Ποιος βλέπει τη δική του συνέχεια έτσι; Κανείς παρά ελάχιστοι που δε χαίρονται για τον αποκλεισμό αλλά δεν υπάρχει αντίλογος σε αυτή τη διάδοση σκέψης. Πέταξε τον γέρο σε ένα ίδρυμα. Βάλτον μέσα. Πάρε τα λεφτά, το ίδρυμα τα θέλει. Δε βαριέσαι, εκεί περνάει ωραία. Και όντως περνάει ωραία υπό τις δεδομένες αντιλήψεις. Καλύτερα με συνομηλίκους να είσαι παρά να σε εχθρεύονται επειδή απλά γέρασες. Έτσι γλιτώνουμε από τη θλιβερή εικόνα που μας περιμένει. Την απομονώνουμε, τη βάζουμε στην άκρη. Γινόμαστε βέβαια στον εαυτό μας ξένοι. Δεν μπορούμε όλοι να πεθάνουμε νέοι για να αρέσουμε. Ούτε να είμαστε υγιείς γέροι. Δεν πειράζει, ο πνευματικός Καιάδας εκεί είναι, περιμένει. Ό,τι άχρηστο πετιέται. Αρκεί να είμαστε νέοι. Άσχετα αν είναι άθλος να ζεις πλήρως τη φυσιολογική σου συνέχεια μέσα σε μια απόλυτα φυσική σχέση με το περιβάλλον. Απαρνείσαι τον άνθρωπο για μια εικόνα που δε θέλεις να βλέπεις. Πώς σας φαίνεται η Νέα τεχνολογία Σκέψης;

# Επιβίωση

Παρά τα φιλοσοφικά αποφθέγματα σκέψης, δεν είναι συνετό να ξεχνάμε την καθημερινότητα και τα καθημερινά θέματα. Δηλαδή είναι εύκολο να κατηγορούμε μια γυναίκα που έδωσε το σώμα της ή τα πνευματικά της χαρίσματα για να ανελιχθεί κάπου, να φτάσει ψηλά αλλά δε ρωτάμε πάντα το κίνητρο αυτής της γυναίκας και του κάθε άντρα που διολισθαίνει. Παράδειγμα έφερα, δεν τίθεται θέμα.

Είναι εύκολο να μιλάμε για ηθική αν είμαστε παπάδες, βολεμένοι, φραγκάτοι και άλλα τέτοια και εύκολο επίσης να ξεχνάμε ότι η ζωή, η επιβίωση, δεν ενδιαφέρεται για παρόμοια ηθικά ζητήματα. Όταν μπαίνεις στην παλαίστρα δεν υφίστανται τέτοια θέματα. Καλείσαι να δώσεις μάχες άνισες, ισορροπημένες, πες το όπως θες αλλά πάνω σε παλαίστρα. Εκτός από εκείνους που έχουν ζωή εξασφαλισμένη, οι άλλοι όλοι είναι στην παλαίστρα. Και βέβαια «μάχομαι» δε σημαίνει δικαιολογώ όλα τα μέσα, τις φιλοδοξίες, την αλητεία και ό,τι γεννάνε αυτά τα μέσα. Αλλά και εκείνοι που συμπεριφέρονται έτσι, το κάνουν για μια παλαίστρα.

Εκείνοι που είπαν ότι «ο σκοπός αγιάζει τα μέσα» δεν ήταν ούτε έντιμοι, ούτε ανήθικοι ούτε τίποτα τέτοιο. Απλά έβλεπαν τα μέσα επιβίωσης που είναι ακριβώς τέτοια: σκληρά, αδυσώπητα, ανελέητα. Πάντα έτσι ήταν. Και δεν αγιάζουμε εκείνους που στοχεύουν ψηλά και κάνουν στο μέγιστο χρήση τέτοιων μέσων, αλλά και από πιο χαμηλά, αν θέλετε. Η κοινωνία έχει βαθμίδες, έχει συνέχεια. Υπάρχουν στιγμές που η ιδεολογία, η αξιοπρέπεια, η καλοσύνη, η σύνεση, το μέτρο δεν εξασφαλίζουν επιβίωση με κανένα τρόπο, καμία συνέπεια. Δεν σημαίνει ότι δε χρειάζονται, ότι τα πετάμε. Δε σημαίνει όμως ότι μας εξυπηρετούν για τα αναγκαία.

Εμείς, τη ζωή την παραλάβαμε έτσι και καμία ευθύνη δε δέχομαι για την αλλαγή και άλλα όμορφα τέτοια που βλέπεις ότι δε χωράνε σε πραγματικά μεγέθη. Γιατί γίνεται πόλεμος για τα πετρέλαια; Γιατί σκοτώνονται άνθρωποι στο όνομα μιας Ιδέας; Ανάθεμα και αν υπάρχει Ιδέα. Ανάγκη επιβίωσης υπάρχει και αυτό με τη σειρά του γεννάει την Ιδέα. Την γεννάει η πίεση, ο χρόνιος καταναγκασμός, η χρόνια εκμετάλλευση. Αλλά αυτό είναι το ερέθισμα. Σκοπός είναι η καλύτερη επιβίωση και εκεί ο καθένας βάζει τα δικά του μέσα. Ό,τι μπορεί ο καθένας.

Κάθε εποχή έχει τους δικούς της κανόνες, τα δικά της συστήματα, άδικα ως επί το πλείστον και οι λαοί, οι άνθρωποι παλεύουν με ό,τι τους δίνεται, να αντέξουν. Να βγάλουν το κομμάτι τους πέρα. Όσο μπορούν, όσο αντέχουν. Ανάλογα πάντα με τις συνθήκες, τις ταγές, τις απαιτήσεις που δημιουργεί η μέρα. Εκεί δε χωράνε φιλοσοφικές αναζητήσεις. Εκεί παίζεις με ό,τι χαρτί έχεις. Με ό,τι παίζεται παλεύεις. Ιδανικά επιβιώνεις, αλλιώς φεύγεις. Τρελαίνεσαι, αποσύρεσαι, με κάποιο τρόπο φεύγεις. Έτσι φτάνουμε στο σημείο να δούμε και τους αδίστακτους ως θαρραλέους.

Γιατί έχοντας πιάσει το νόημα ξέρουν να παλεύουν. Δεν έχει σημασία το τέλος. Όλοι έχουν ένα τέλος. Χωρίς συναίσθημα αν το δεις οι ξεφτιλισμένοι αντέχουν. Δε νοιάζονται για τίποτα, για κανέναν, δε βάζουν τίποτα μέσα τους να τους τρώει, να δημιουργεί ενοχές, αναστολές και άλλα εμπόδια τέτοια, και έτσι καταπιάνονται με της ζωής, της πραγματικής ζωής τη συνέχεια. Αυτοί δε βλέπουν δίκιο και άδικο. Ζουν με γνώμονα το αίσθημα της αυτοσυντήρησης. Και δεν φταίνε αυτοί που η ζωή είναι τέτοια ή που επιλέξαν να κάνουν τέτοια ζωή. Αλλοίμονο...

Είναι κακουργηματική και ωμή η παραδοχή αυτή και με κάνει και ντρέπομαι. Δεν ξέρω όμως αν θα πρέπει κάποιος να ντρέπεται που δεν μαθαίνει από νωρίς ότι η όλη λογική, ανεξαρτήτως εποχής, ακουμπάει σε τέτοια πλαίσια. Και αναλώνεται να ονειρεύεται, να φαντάζεται, να σχεδιάζει μη λαμβάνοντας υπόψιν ότι όλα είναι πραγματοποιήσιμα και εφικτά, αλλά όχι με άγια μέσα. Όχι με ιδανικά μέσα. Απλά οι ονειροπόλοι που δεν το αντιλαμβάνονται μένουν εκτός μάχης, εκτός παλαίστρας.

Διορθώστε με αν κάνω λάθος.

## Πληρώνω σκλαβιά

Ποιος θα μας το 'λεγε ότι θα ερχόταν η εποχή που θα πληρώναμε για τη σκλαβιά μας. Ποιος θα μας το 'λεγε ότι το δικαίωμα εργασίας θα αντικαθίστατο από το δικαίωμα υποδούλωσης. Δηλαδή, είναι τόσο δύσκολη η εύρεση δουλειάς που θα πληρώναμε για να γίνουμε σκλάβοι κάπου. Τι ωραίο σύστημα! Τι προοδευτικό και τι εξέλιξη για το είδος μας! Πληρώνω για να σκλαβωθώ. Να ανήκω έστω κάπου να μπορώ να λέω ότι ανήκω κάπου κι εγώ. Πληρώνω για να αποζημιωθώ από τα κέρδη της σκλαβιάς μου, σε επίπεδο προσωπικό. Είμαι σκλάβος και χαίρομαι γι' αυτό. Πάει εκείνο το περιβόητο «εργαζόμενος». Πάει το εργάτης. Αλλά πάει και το σκλάβος με πρόσημο αρνητικό. Τώρα θέλω να ενταχθώ, θέλω να είμαι κομμάτι στο σύστημα αυτό που, με μοναδικό τρόπο, με καθοδηγεί: «Σκλαβώσου και εδώ είμαι εγώ».

Δε χρειάζεται να αναλύσω με τι κανόνες παίζεται όλο αυτό. Εννοείται ότι δε θα ελευθερωθώ. Εννοείται ότι θα χρωστώ, θα πληρώνω, θα υποφέρω, θα δοκιμάζομαι, δε θα ξεφεύγω ποτέ από αυτό.

Κι όμως, να η εποχή που θέλει τον άνθρωπο να χαίρεται γιατί εντάχθηκε στο σύστημα αυτό.

Υπάρχει και το χειρότερο: πληρώνω φόρο κεφαλικό και αυτό με κάνει να αισθάνομαι πιο τυχερός.

Αντιλαμβάνεστε τι σημαίνει όλο αυτό; Τι άνθρωπο δημιουργεί το νέο καινό; Τραγικό, φίλοι μου. Τραγικό.

## Δουλοπαροικία

Αν εξαιρέσεις το πρώτο μισό του εικοστού αιώνα που οι άνθρωποι μίλησαν για δικαιώματα και εργασιακές σχέσεις, όλες οι υπόλοιπες εποχές πολύ απέχουν από αυτές τις θέσεις. Η διεκδίκηση αφενός μεν και οι ανάγκες που προέκυψαν για παραγωγική ανέλιξη, επέτρεψαν να δημιουργηθούν αξιοπρεπείς εργασιακές σχέσεις. Η έλλειψη ανθρώπινου δυναμικού επίσης το υποβοήθησε. Οι απώλειες ανθρώπων ήταν τεράστιες στους δύο πολέμους και η άνθηση έτοιμη να κυριεύσει. Αυτά μέχρι τα τέλη του αιώνα.

Δε θα μπορούσε η φαινομενική άνθηση να αντέξει στο σημείο που θα θέλαμε να αντέχει γιατί έχει επέλθει ένας κορεσμός και, με τη σειρά της, η κατάσταση επιστρέφει σ' αυτό που οι αιώνες έχουν διαπρέψει: την εκμετάλλευση της ανθρώπινης σχέσης. Σιγά σιγά εξαφανίζονται οι όποιες εργασιακές σχέσεις και η σκυτάλη παραγωγής δίνεται σε υπόδουλες συμπεριφορές, σε αναζητήσεις επενδύσεων, σε άδειες τσέπες. Και τις λέμε «άδειες» γιατί δεν επενδύονται, μένουν έτσι. Ανέγγιχτες. Δεν ενδιαφέρονται για νέες εργασιακές σχέσεις αλλά για κέρδη που έρχονται από εκμετάλλευση με δουλικές προϋποθέσεις. Οι χώρες δεν είναι πια χώρες. Είναι παροικίες που προστατεύουν αυτό το έγκλημα, αυτές τις νέες θέσεις. Είναι παροικίες που προσαρμόζονται στις νέες προϋποθέσεις.

## Εργασία

Δεν είναι θέμα του αφηγητή αλλά απασχολεί όποιον το βλέπει έτσι. Σίγουρα ο άνθρωπος όταν δουλεύει δεν εκμεταλλεύεται ανανεώσιμες πηγές ενέργειας που κάνουν τη ζωή συμβατή με ευχάριστες σκέψεις. Φυσικά αυτό δεν είναι προτροπή για να μη δουλέψει κάποιος και δε θα άλλαζε ο κόσμος αν δε δουλεύαμε. Δε θα υπήρχε εξυπηρέτηση. Η κατανομή όμως, το είδος και ο σκοπός αυτής της εξυπηρέτησης μας ενδιαφέρει, για να ξέρουμε αν μιλάμε για εργασία και ανθρώπινες σχέσεις ή για δουλεία και άλλου είδους υποταγή. Δεν είναι αστείο και ποτέ δεν ήταν να μεγαλουργεί μια κοινωνία, ένα κράτος καταπίνοντας κόπο, σάρκες και ψυχές. Όχι ότι το αποτέλεσμα δεν είναι εντυπωσιακό αλλά ο τρόπος επίτευξης δεν μπορεί να μας αφήνει αδιάφορους, ούτε ευχαριστημένους από όλο αυτό. Το ότι χτίσαμε εντυπωσιακά κτίρια, γέφυρες και άλλες τέτοιες δημιουργίες είναι αξιοθαύμαστο αλλά και το ποιος το έχτισε και υπό ποιες συνθήκες οφείλει να μας ενδιαφέρει.

Αποικίες, ταπεινωτικές σχέσεις εκμετάλλευσης, εξαναγκασμοί δεν έλειψαν για να πλουτίζουν ορισμένοι. Οπότε ο όρος «εργασία» είναι μια εξιδανίκευση για όποιον πραγματικά αμείβεται γι' αυτό που προσφέρει, που κοπιάζει, που παρέχει. Για τους υπόλοιπους είναι ενδεχομένως μια λέξη που κάνει τον κόσμο να υποφέρει. Θες γιατί το κόστος εργασίας είναι χαμηλό και σίγουρα κάποιους συμφέρει αλλά δεν παύει να αφήνει ανέγγιχτο τον κόπο, που ο κάθε εργαζόμενος ή εργάτης προσφέρει, είτε οικειοθελώς, είτε για να ζήσει όπως πρέπει. Με αξιοπρέπεια, όπως λέμε. Και το λέμε έτσι γιατί, τέλος πάντων, εκτός από ένα διάλειμμα όπου η εργασία στη Δύση έλαβε μία αξιοπρεπή θέση, όλο το υπόλοιπο πίσω και μπρος που έρχεται δεν αφορά την ουσιαστική σημασία της δημιουργίας, του κόπου, της ηθελημένης δέσμευσης πάνω σε μια δημιουργία, σε ένα έργο, σε κάτι που, οπωσδήποτε, εξυπηρετεί τον άνθρωπο και την εξέλιξη. Μακάρι οι συνθήκες, η νοοτροπία να επέτρεπαν τέτοιου είδους προσέγγιση. Όμως δεν είναι έτσι, όλοι το ξέρουμε, δε θέλει και πολλή μελέτη. Το ζουν όλοι με την πραγματική του έννοια και, σε άλλες εποχές, το έζησαν ακόμα πιο εξαθλιωμένα και ξεδιάντροπα, εξυπηρετώντας ξεκάθαρα κυρίαρχους και συμφέροντα, είτε η εργασία εκφραζόταν μέσα από μια πολεμική μηχανή, είτε ως μια παραγωγή οικονομικού ενδιαφέροντος είτε οτιδήποτε. Κανείς δεν έφτανε να ανατρέψει αυτή την υπόδουλη σχέση. Κανείς. Και αν ακόμα η συγκυρία το επέτρεψε, μετά από δυο παγκόσμιους πολέμους που θα εξαΰλωναν παραλίγο την ανθρωπότητα και έκαναν τον πλανήτη φρικτό μέρος, η παράδοση της εξαρτημένης σχέσης επέστρεψε στις παλιές της θέσεις. Μεταξύ μας ήταν ένα θαύμα που κράτησε πολύ, δεδομένων των αντιλήψεων στις κυρίαρχες θέσεις. Οι ευημερούσες αξιοπρεπείς εργασιακές σχέσεις. Δε λέμε ότι χάριζαν λεφτά οι κεφαλαιούχοι και οι έχοντες αλλά έδιναν τουλάχιστον αυτό που πρέπει. Συν ότι η παιδεία και η εκπαίδευση συνέβαλαν σε μια στοιχειοθετημένη διεκδίκηση στο πλαίσιο της εργασιακής σκέψης. Όλα αυτά όμως τελείωσαν και τα παλιά ξανάρχισαν. Πλέον δε θέλει ο πλούσιος να μοιράζεται, δεν αντέχει ο πλανήτης να παράγει όσο θέλουμε. Δε χορταίνει ο άνθρωπος.

Γίναμε πολλοί, όπως έχω ξαναναφέρει. Νέοι, επίδοξοι δαίμονες, μπήκαν στο παιχνίδι της εκμετάλλευσης, συν την τεχνολογία και την εκπαίδευση. Για ορισμένους σαφείς λόγους η εργασία επέστρεψε στην παραδοσιακή της υπόδουλη θέση. Το αν είναι σωστό ή λάθος, το καταλαβαίνουμε, δε θέλει πολλή σκέψη. Και τότε το καταλάβαιναν αλλά το συντηρούσαν γιατί, πολύ απλά, το είχαν όπως και το έχουν υποβάλλει σε μια μορφή αντίληψης, που με κάποιον λογικό τρόπο για εκείνους που ωφελούνται, βολεύει. Όχι όμως ότι δε βλέπουν τι σημαίνει εργασία, τι σήμαινε και τι θα έπρεπε να σημαίνει. Ειδικά σήμερα στη Δύση που ξέρει, έχει ζήσει όλη αυτή την επανάσταση και ξέρει. Σε άλλες περιοχές του πλανήτη δεν άλλαξε κάτι. Ακολουθήθηκε απλά μια διάδοχη σχέση εκδούλευσης με υπόδουλους λαούς και κυρίαρχους ηγέτες. Εκεί και παιδιά δουλεύουν και δεν πληρώνονται, και άνθρωποι ψωμολυσσάνε, παλεύουν και με τα πρότυπά τους ξεσηκώνουν και τη δυτική ελίτ σε εφαρμογή μιας τέτοιας σχέσης. Τους έλειψε των δυτικών το μαστίγιο, η πολλή φτώχεια, ο διάχυτος πλούτος, η αποκλειστική κυριότητα και ιδιοκτησία σε ανθρώπινες ψυχές, ύλη, ενέργεια και ό,τι υπάρχει και γεννιέται. Τους έλλειψε και το επαναφέρουν χωρίς δισταγμό στις ανθρώπινες σχέσεις.

## Ιδεολογική ανέχεια

Υποθετικά τώρα, αναρωτιέται κανείς τι θα γινόταν αν ήμασταν όλοι φτωχοί, χαρούμενοι και δε δουλεύαμε; Τι θα άλλαζε στον κόσμο; Είναι ρομαντική υπόθεση αυτή. Είναι η θεώρηση ότι ο άνθρωπος χαίρεται και γεμίζει με την απλότητα που περιέχει ο Κόσμος και τον προδιαθέτει για ευχάριστη σκέψη. Είναι η θέα του ουρανού, για εκείνον που τον βλέπει. Η θέα της θάλασσας για εκείνον που την έχει. Είναι η συνείδηση ότι η ζωή δεν είναι παντοτινή, οπότε αξίζει να την χαίρεσαι και να μην πικραίνεσαι. Ή, να μην αφήνεις τις πίκρες να σε παρασύρουν μέσα τους. Είναι η σκέψη του συνάνθρωπου που ζει ήσυχα δίπλα μας και δεν μας χαμογελάει, καλημέρα δεν λέει γιατί έτσι έμαθε, έτσι προβλέπεται. Είναι η σκέψη ότι η καλημέρα αυτή μπορεί και να τον έσωζε, να τον έφερνε ένα βήμα πιο κοντά στην ουσία της ύπαρξης και της συλλογικής θέσης. Είναι η στάση ζωής μακριά από ιδιαιτερότητες και λεπτομέρειες, αναλύσεις και τέτοιες περιπτύξεις. Είναι «το ζήσε το σήμερα όπως έχει. Κάνε ό,τι μπορείς και αντέχεις. Μην τρελαίνεσαι με των άλλων τις απαιτήσεις, τις σκέψεις. Φρόντισε το διάβα σου να είναι όσο το δυνατόν αδέσμευτο και ελεύθερο, όσο επιτρέπουν οι περιστάσεις που ζεις και υποφέρεις». Είναι μια πιο στωική ματιά της ζωής που άλλοτε με σοβαρότητα, άλλοτε με χιούμορ, βοηθά να ξεπερνάς τα προβλήματα, να σκέφτεσαι θετικά και, τελικά, να αντέχεις.

## Ρομαντική υπόθεση

Αν ήμασταν όλοι φτωχοί και χαρούμενοι και δε δουλεύαμε, μήπως για μια στιγμή θα χαιρόταν ο άνθρωπος τον μπλε ουρανό και την πανέμορφη θάλασσα; Μήπως θα θυμόταν μια φορά ότι δίπλα του ζει κάποιος που δεν ξέρει καν το όνομά του; Μήπως έλεγε επιτέλους εκείνη τη ρημάδα «καλημέρα» που τόσα χρόνια την μπουκώνει και τη στραβοκαταπίνει; Μήπως ξανάβρισκε το χαμόγελό του για λίγο και παρατούσε τις φαντασιώσεις του στο τζόκερ; Μήπως μέσα από όλα αυτά τα «μήπως» ξανάβρισκε την αγάπη του στον ίδιο, στη φύση και στους άλλους; Τώρα βέβαια θα έλεγε κανείς ότι το επιχείρημα της φτώχειας δεν πείθει και πολύ γιατί θα μπορούσαμε κάλλιστα να τα κάνουμε όλα αυτά και με λίγο χρήμα. Με λίγο χρήμα όμως ξεκίνησε η κατρακύλα και με πολύ αποτελειώθηκε ο ματαιόδοξος άνθρωπος. Συνεπώς, αν ψάχνεις ανθρωπιά, μην περιμένεις να στη δώσει το πορτοφόλι σου. Βρες την μέσα σου και κοίτα, καημένε, να τη μοιραστείς. Κοίτα να μοιραστείς και τη φτώχεια σου, που την περνάς μόνος και έρημος. Κοίτα να βγεις από το καβούκι σου και να χαρείς τη ζωή, έτσι όπως έγινε. Κάτι έχει μείνει και για σένα. Και η εργασία καλή και δημιουργική, αλλά και η έλλειψή της αντιμετωπίζεται, αν θες, με κάποιο τρόπο. Αρκεί να διαβάζεις τα πράγματα από όλες τις πλευρές.

## Αλήθεια, τι είναι αυτό που τραβάει τον άνθρωπο στην αμαρτία;

Είναι το κάρμα του ή μια ελεύθερη επιλογή του που υπακούει στα ασυγκράτητα ένστικτά του; Όποιος απαντήσει σ' αυτό, απαντά στον εαυτό του. Είναι η ανάγκη του ανθρώπου για επιβεβαίωση ή η επιθυμία του να αυτοδοκιμαστεί, να τιμωρηθεί, να μάθει τον εαυτό του;

Ο «αμαρτωλός» απασχόλησε τον άνθρωπο, τις γραφές, τα μυθιστορήματα, την ιστορία ολόκληρη. Και όχι πάντα με την ίδια έννοια του ανήθικου ανθρώπου αλλά και εκείνου που επιλέγει, με βάση τη ζημία των άλλων, να ικανοποιεί απλά και μόνο το δικό του συμφέρον.

Με τι σχετίζεται η αμαρτία και τι τελικά κάνει τον αμαρτωλό και την εξιλέωσή του τόσο σπουδαία ώστε και η παρούσα εποχή να νοιάζεται για τον λοξοδρομημένο άνθρωπο; Και ποιος δεν είναι αμαρτωλός; Ποιος δεν είναι έτοιμος να υπακούσει σ' εκείνο το κάλεσμα της βαθύτερης ανάγκης για ικανοποίηση της προσωπικής του δόξας όπως ο καθένας την ορίζει; Ποιος αντιστέκεται σ' αυτή την ψυχική ταραχή και στη θεραπεία της που καταλαγιάζει το αμαρτωλό πνεύμα και το απαλλάσσει από τον φόβο και το μυστήριο της επανάληψης;

Αλήθεια, ακόμα και αν έχετε κατακτήσει τη δική σας ψυχή, τι δε θα δίνατε να κατακτήσετε, έστω για μια στιγμή, την ψυχή την άλλη, εκείνη που βρίσκεται μέσα σας και σας βασανίζει, σας στέλνει στον άλλο δρόμο. Ή μήπως όλα αυτά είναι παραμύθια της Χαλιμάς για να τυραννιέται ο εξ ορισμού ανήμπορος και ελαττωματικός εκ φύσεως και συνειδήσεως άνθρωπος; Ποιος ο ρόλος αυτού του παιχνιδιού και ποια η εξέλιξή του στο πέρασμα της ιστορίας, των αιώνων και της ανθρώπινης παρουσίας; Τι έλυσε τελικά η θρησκεία; Τι έσωσε από αυτή την τελείως άνιση μάχη; Μήπως επειδή τα κατάφεραν ένας, δύο, τρεις, χαρήκανε απλά και οι άλλοι; Και οι άλλοι, όλοι οι άλλοι συνεχίσαμε να ζούμε στο κολαστήριο αυτής της σκληρής δοκιμασίας, επειδή δεν ήπιαμε το φάρμακο της θρησκείας ή επειδή δεν κλείσαμε τα αυτιά στις αμαρτίες. Τις ακούσαμε, τις νιώσαμε, τις αγαπήσαμε και στο τέλος θυσιαστήκαμε για αυτές. Δεν αξίζουμε συγχαρητηρίων; Που εκτός των άλλων δε λυτρωθήκαμε ποτέ από αυτές αλλά τις αντέξαμε και τις κουβαλήσαμε μια ζωή στις πλάτες;

Δε θα βρεθούν πολλοί να συμφωνήσουν με αυτή την άποψη, αλλά πολλοί θα βρεθούν στη θέση που η άποψη αυτή περιγράφει. Και πολλοί μάλιστα ούτε θα νοιαστούν αν το έχουν ή δεν το έχουν καταλάβει, αρκεί να αμαρτήσουν για να ζήσουν άλλη μια στιγμή τα πάθη και τα λάθη τους. Γιατί, από αυτά απέκτησε νόημα η βαρετή ζωή και από αυτά έγινε σπουδαία. Όχι από την αγάπη, αλλά από τα πάθη, τα λάθη της καταστροφής. Εκείνα συντηρούν την αμαρτία και τα τόσα όσα έχουν κατά καιρούς γραφτεί για εκείνη, είτε με αυτό το όνομα, είτε με άλλο. Αυτή την ανισορροπία σχολιάζουν όλοι και παλεύουν να τη δαμάσουν με λόγια, με πράξεις, με ό,τι θες. Και όμως οι άνθρωποι παραμένουν ευάλωτοι και η ανισορροπία κρατάει και σήμερα και χθες και αύριο.

Όποιος βέβαια πιστέψει σε μια θρησκεία, ίσως να μην ξεπεράσει ποτέ την αμαρτία αλλά σίγουρα θα πετύχει μια θεραπεία. Και αν όχι σε μόνιμη βάση, σίγουρα κάποιες δόσεις ανακούφισης. Σαφώς τώρα προκύπτει το ζήτημα της φυσιολογικότητας ενός τέτοιου θεραπευμένου γιατί, ως γνωστόν, όταν κάποιος ζει με μόνιμη θεραπεία αδυνατίζει, χάνει δύναμη, αποκτά χωρίς να το καταλαβαίνει μια υγεία δέσμια της θεραπείας, δηλαδή υγεία υπό όρους, υποβασταζόμενη, εξαρτημένη. Και ο θεραπευμένος αυτό το ξέρει. Απλά αποδέχεται το φάρμακό του γιατί δεν αντέχει κάτι άλλο. Έτσι βρίσκει το φάρμακο που, τουλάχιστον, μετουσιώνει τον πόνο σε γαλήνη και απομακρύνει προσωρινά τη δυστυχία. Τουλάχιστον μαθαίνει ο ασθενής πλέον σε μια ανακούφιση που ταιριάζει με τα μέσα του, τα έξω του, χωρίς παράτολμες αλλαγές. Άλλος παίρνει τη δόση του στον εθισμό και άλλος στη θρησκεία. Κανείς όμως δε φαίνεται να γλιτώνει από την προβληματική του πορεία. Μήπως γιατί εκεί κρύβεται η ουσία, όχι στην αμαρτία αλλά στην αποδοχή της αμαρτίας ως μιας φυσικής κατάστασης ενός ατελούς ανθρώπου, που παραμένει ατελής χάρη στη φυσιολογικότητά του;

## Εμείς είμαστε οι συναισθηματικά ανάπηροι ή εκείνοι που μας περιβάλλουν;

Για να επανέλθουμε στη δική μας άχαρη εποχή και να επανασυνδεθούμε με τις συμπεριφορές των δικών μας ανθρώπων, του σημερινού υπαρκτού είδους, ένα πράγμα μπορούμε να παραθέσουμε: ότι ο συντηρητισμός είναι πιο αμείλικτος και σκληρός και από την απόλυτη διάνοια.

Αυτός λοιπόν, ο συντηρητικός άνθρωπος, δε συγχωρεί καμία ευαισθησία και τίποτα που να ξεπερνά τις συντηρητικές του αρχές. Τώρα, θα μου πείτε, ποιος είναι ο συντηρητικός άνθρωπος. Είναι αυτός που συντηρεί το χθες και απαρνείται το αύριο, σε τέτοιο σημείο που να καθιστά τον εαυτό του συναισθηματικά ανάπηρο. Άρνηση ασταμάτητη. Μάλιστα δεν είναι τυχαίο ότι ο φασισμός που είναι η ακραία αλλά και η υπαρκτή μορφή του συντηρητισμού, στέλνει και ανθρώπους στην πυρά μόνο και μόνο γιατί διαφέρουν σε όποιο επίπεδο της δικής του μη ανοχής. Το πώς δημιουργείται ο συντηρητικός είναι ένα θέμα συζήτησης, το γιατί όμως διατηρείται είναι θέμα επιλογής. Το ότι μεγαλώνουμε συνήθως, οι περισσότεροι από εμάς, σε ένα συντηρητικό περιβάλλον είναι δεδομένο. Στη σημερινή εποχή μάλιστα και τα ελάχιστα κέντρα εξέλιξης και προοδευτισμού δείχνουν μια καμπή στασιμότητας και ορισμένα ακόμα και μια κάποια ελαφριά στροφή στη συντήρηση. Μια παραίτηση απ' ό,τι είχε με τόσον κόπο και αγώνες κατακτηθεί. Σαν να κουράστηκε ο προοδευτικός να επιμένει συνέχεια ή σαν να ξεχάστηκε και να θεώρησε τη νίκη του δεδομένη. Ή και τα δύο μαζί, σε εναλλάξ εφαρμογή. Πάντως ο σταθερός, ο αμετακίνητος εχθρός του, δε φαίνεται ούτε να κουράστηκε, ούτε να σταμάτησε τον δικό του αγώνα επιβολής.

Θα μας απαντήσει επιτέλους κανείς γιατί τόση προθυμία στον αγώνα πνευματικής και συναισθηματικής υποδούλωσης και γιατί τίποτα στον αγώνα της αποδέσμευσης και της ελεύθερης σκέψης μέσα στη ζωή αυτή; Θα μας διευκρινίσει κανείς γιατί τόσο αίμα για να συντηρηθεί το σκοτάδι και να μην αποκαλυφθεί η φωτεινή πλευρά της ζωής; Θα μας βοηθήσει κανείς να ξεφύγουμε από αυτή την πλευρά μας, την αηδιαστική; Θα πάψει επιτέλους ο φόβος να μας κυριαρχεί ή μήπως ο φόβος αυτός είναι εγγενής στην ανθρώπινη ύπαρξη και οι συντηρητικοί γίνονται απλά οι υπέρμαχοι της φιλοσοφίας αυτής, καλλιεργώντας τη στέρηση έναντι της αφθονίας, την απόρριψη έναντι της αποδοχής, τη βάρβαρη τιμωρία έναντι της συγχώρεσης, τον πόλεμο έναντι της συνύπαρξης ή μήπως τελικά δε συμφέρει να αλλάξει η νοοτροπία αυτή; Εκείνο που προβληματίζει τον αφηγητή δεν είναι αυτή η φιλοσοφία αλλά οι απανταχού υποστηρικτές της και με μανία απίστευτη για τα δεδομένα του αφηγητή. Δεν είναι άνθρωποι αυτοί; Δεν έχουν στην καρδιά τους πόνο; Δε βλέπουν τι κελεύει η φύση; Καταφέραμε δηλαδή να γίνουμε επιστήμονες στη συναισθηματική τύφλωση;

Ο αγώνας για την ελευθερία δεν έχει τελειώσει και σε κάθε εποχή ο αγώνας αυτός διαφέρει γιατί διαφέρει και η τύφλωση κάθε εποχής. Από άλλο τυφλωνόταν ο άνθρωπος της εποχής των σπηλαίων, από άλλο ο άνθρωπος της δικής μας εποχής, δηλαδή της Εποχής της Πνευματικής Ξηρασίας. Τέτοιας ξηρασίας που αν δεν βρούμε «νερό», και μάλιστα σύντομα, θα ξεπέσουμε όλοι σε έναν λάκκο με φίδια που θα αλληλοτρώγονται, χωρίς να αντιλαμβάνονται ότι, στο τέλος, η εξόντωση του είδους θα είναι αναπόφευκτη. Δε χάθηκαν μόνο είδη δεινοσαύρων στην εξέλιξη της γήινης ιστορίας αλλά έχουν χαθεί και θα χαθούν και άλλα είδη μεταξύ αυτών και οι άνθρωποι. Γιατί όπως κι εκείνα τα είδη εξαφανίστηκαν κάτω από συγκεκριμένες συνθήκες, το ίδιο μπορεί να συμβεί και με το δικό μας είδος. Έτσι, μπορεί κάλλιστα η ανθρωποφάγος κοινωνία να εξαφανίσει με κάθε τρόπο, και το έχει επιχειρήσει, τα ευαίσθητα είδη και να παραμείνουν τα σαρκοφάγα είδη της σκέψης και της δράσης, που θα κατασπαράσσουν το ένα το άλλο χωρίς λόγο και χωρίς αφορμή παρά μόνο για να εξυπηρετηθεί η ανάγκη αυτή, της τροφής.

Ουκ ολίγες φορές η ανθρώπινη ιστορία προσπάθησε να εξαφανίσει τους ευάλωτους και ευαίσθητους ανθρώπους πάσης φύσεως, φύλλου και φυλής, άλλοτε επιβάλλοντας μια κοινωνική νοοτροπία συγκεκριμένου ήθους και κανόνων ηθικής, άλλοτε, όταν πια έχασε την αυτοσυγκράτησή της, με τη βία χωρίς έλεος και χωρίς ντροπή. Γιατί η ομάδα αυτή του ανθρώπινου είδους πάντα υπενθύμιζε στην άλλη πλευρά της ανθρώπινης διάστασης τους υπέρμαχους της σαρκοφάγας αντίληψης της ζωής. Αν επικρατούσαν οι ευαίσθητοι, τι φαΐ θα έχουν οι ανθρωποφάγοι της προηγμένης εποχής, που θέλει τη λεία της για το γλέντι των ολίγων και τη σάρκα έτοιμη να θυσιαστεί για να εξυπηρετήσει τις ανάγκες της. Τρέλα στα μάτια του ευαίσθητου και ευάλωτου, κανόνας επιβίωσης στη λογική του ανθρωποφάγου. Μετατρέπουν τον κόσμο σε μια χωματερή με άγρια θεριά που, από την πάλη, δε θα βγει κανείς άρτιος. Σίγουρα κανένας ευαίσθητος αλλά και νομοτελειακά κανένας φυσιολογικός άνθρωπος.

Προς στιγμήν, καμιά τέτοια συγκράτηση δεν έχουν οι ανθρωποφάγοι, καθώς η πληθώρα της ανθρώπινης σάρκας δεν τους αφήνει περιθώρια οίκτου για άλλη λύση. Αν στριμωχτούν πολύ οι χορτασμένοι αυτής της γης δεν το έχουν σε τίποτα να ενεργοποιήσουν άλλα σχέδια, πιο αποτελεσματικά από απλούς και εφήμερους συμβιβασμούς καταστροφής. Το πυρηνικό ελιξίριο, ας πούμε, συμβάλλει προς την κατεύθυνση αυτή. Είναι ένα όπλο, είναι η δύναμη στην κατοχή του αδηφάγου και είναι αρκετή για να αφανίσει τη μισή ανθρωπότητα εν μια νυκτί. Ανάλογα βέβαια με τη χρήση, μπορεί να αφανίσει και όλη την ανθρωπότητα ή μέρος αυτής. Ίσως να ήταν και ένα διασκεδαστικό παιχνίδι αυτή η οπλοκατοχή αν τους παρείχε κάποιος τη βεβαίωση ότι η δική τους ζωή θα ήταν εξασφαλισμένη από μια τέτοια επίθεση. Ή ακόμα και αν υπήρχε τρόπος τελικής διαφυγής σε μέρος της γης ή και σε άλλον πλανήτη, που να άφηνε ανέγγιχτους τους κρατούντες αυτή τη δύναμη. Προς το παρόν και μέχρι να βρεθεί ο επόμενος Αϊνστάιν που θα επινοήσει και το δεύτερο κομμάτι της λύσης γιατί το πρώτο, η δημιουργία και έμπνευση του όπλου έχει ήδη επιτευχθεί οι ανθρωποφάγοι θα περιορίζονται σε άλλα μέσα εκτόνωσης, όπως στη διάδοση θανατηφόρων ασθενειών, στην επιβολή της φτώχειας και της εξαθλίωσης που και αυτή, με τη σειρά της, οδηγεί σε αφανισμό, σε εγκληματικές πράξεις, σε μαζικές δολοφονίες, σε εξαντλητικούς ψυχολογικούς πολέμους, σε στοχευμένες στρατιωτικές συρράξεις με αναρίθμητους νεκρούς αδιάφορης προέλευσης και σε άλλες άνομες πράξεις που αναβαθμίζουν τα σαρκοφάγα. Μέχρι τότε η κοιμισμένη ανθρωπότητα θα δοκιμάζει ήπια δηλητήρια εξόντωσης, που με τον ενθουσιασμό και την αφέλεια της άγρυπνης συντήρησης από την πλευρά των προσηλυτιζομένων όλα αυτά θα εφαρμόζονται χωρίς καμία αντίρρηση και αντίδραση στην πράξη. Σχέδια ανθρώπινης πολτοποίησης κομμένα και ραμμένα στην ανθρώπινη φύση.

Μίλησε κανείς; Όχι ακόμα πάντως.

Σαφής προειδοποίηση υπάρχει και τουλάχιστον μέχρι την εξόντωση κάθε ευαίσθητης ψυχής, η προειδοποίηση αυτή θα υπάρχει. Κατά συνέπεια και η ελπίδα αλλαγής. Όταν όμως η πλευρά της συντήρησης εμείνει στην καταστροφή αυτή, θα οδηγήσει την ιστορία στην επιβεβαίωση κάθε ευαγγελικής προφητείας: κόλαση! Εκεί θα

είναι καταδικασμένοι, και οπαδοί και υπέρμαχοι, σε μια μάχη αλληλοφαγώματος και αλληλοεξόντωσης. Γιατί πλέον θα έχουν φύγει από τη μέση όλοι οι ενοχλητικοί, οι αδύναμοι και τα ανθρώπινα είδη που αντέχουν αυτή την κατάπτωση.

## Η ηθική της χαράς

Σαφώς και θα ήταν δύσκολο να φανταστεί κανείς τον χαρακτηρισμό «ηθική» σε ένα συναίσθημα τόσο αγνό όσο η χαρά. Έχει όμως και αυτή το μέτρο της, την περιγραφή της, τα καλούπια της, διαμορφωμένα μέσα στη ζωή με διαφορετικούς από τον καθένας μας τρόπους. Η ήπια αισιοδοξία οδηγεί σταδιακά στη χαρά, και μάλιστα στην πλήρη χαρά, εκείνη δηλαδή που κάνει τον άνθρωπο να αισθάνεται πλήρης με τον εαυτό του, ικανοποιημένος, γεμάτος. Η χαρά αυτή, λοιπόν, δεν κατακτιέται εφήμερα και επιπόλαια. Τέτοια χαρά μάλλον εξανεμίζεται και μαζί της και τα αίτια που έχουν οδηγήσει σε μια τέτοια χαρά. Η ηθική χαρά πορεύεται σταδιακά και με βήματα αργά. Δεν ενθουσιάζεται από πρόσκαιρα ευχάριστα γεγονότα. Δεν τα λαμβάνει σοβαρά αυτά υπόψιν. Αποστασιοποιείται προσεκτικά. Δε χάνει την ελπίδα της αλλά και τον ρυθμό της μέσα στα δύσκολα εμπόδια της ζωής. Βαστιέται δυνατά από στέρεα γεγονότα, στα οποία βρίσκει νόημα για πράγματα ουσιαστικά και όχι επιφανειακά. Θέτει το μέτρο ως κριτήριο αντίληψης στην έκφρασή της και αυτό γιατί δεν παρασύρεται εύκολα από παροξυσμούς και ευκαιριακά πανηγύρια. Ζυμώνεται και διυλίζει τα συμβαίνοντα και τα συμβάντα και κατορθώνει να διακρίνει τα αληθινά, ξεχωρίζοντάς τα από τα ψεύτικα. Πιθανόν και η αληθινή χαρά να αργεί πολύ να εμφανιστεί ή να αργεί πολύ να γίνει αντιληπτή στον καθένα ξεχωριστά, και αυτό, πολύ απλά, γιατί δεν προτρέχει να ασπαστεί σοβαρά τα αστεία. Δε βιάζεται να πείσει τον εαυτό της για να αισθανθεί καλά. Περιμένει στωικά.

Χρειάζεται αλήθεια να απολογείται κανείς γι' αυτά που νιώθει και θέλει; Έχει νόημα όλη αυτή η καταπίεση που υφίστανται οι άνθρωποι, με σκοπό τη συμβιβαστική τους συνύπαρξη με τους άλλους ανθρώπους; Και, δηλαδή, φορώντας ξένο ρούχο ή φορώντας μάσκες, για πόσον καιρό μπορείς να αντέξεις, διατρέχοντας τον κίνδυνο να κολλήσουν οι μάσκες και τα ρούχα πάνω σου και να μην ξέρεις ποιος είσαι εσύ και ποιες είναι οι μάσκες;

Υπάρχουν άνθρωποι που έχουν μασήσει τόσο πολύ το ψέμα, που τους έχει γίνει μόνιμη γεύση μέσα στο στόμα, που ακόμα και αν ορέγονται να πουν την αλήθεια, δεν τη λένε για να μη χαθεί η άλλη γεύση, αυτή της συνηθισμένης αυταπάτης. Και σαν να μην έφτανε η δική τους κατρακύλα, χρησιμοποιούν το φαγητό της δικής τους γεύσης για να πείσουν ότι αυτό είναι το σωστό γεύμα για κάθε στόμα, αφαιρώντας το δικαίωμα μιας άλλης επιλογής. Μάλιστα αποτελειωμένοι από τη δική τους συμφορά να ζουν υπερασπιζόμενοι τα δικά τους καλοβολεμένα ψέματα επιχειρούν να αναγκάσουν και τους άλλους να νιώσουν τη γλύκα της δικής τους ψευδαίσθησης, ώστε να μην τελειώσει ποτέ ο φαύλος κύκλος της παγίδευσης και αυτοπαγίδευσής τους.

Σε μια τέτοια κοινωνία η λέξη αποκτά άλλο νόημα από αυτό που πραγματικά έχει, και τα κίνητρα της κάθε συμπεριφοράς διαχέονται σε μια προσπάθεια να πεισθούν όσοι χρησιμοποιούν την ίδια λέξη με λάθος νόημα αλλά δεν τρέχει... δηλαδή αρκεί η απάτη να μη θίγει την αντίληψη του απατεώνα και το συναίσθημα του απατημένου. Ζώντας σε ένα καλοστημένο ψέμα ο άνθρωπος επιβιώνει ευχάριστα και δημιουργικά μέχρι η αλήθεια να έρθει και να σαρώσει ό,τι έχει και δεν έχει, αφήνοντάς τον γυμνό μπροστά στη δική του ένδεια, στη δική του περίλυπη θέση. Και, φυσικά, κανείς δε θα ρωτήσει γιατί αναγκάστηκε ο άνθρωπος αυτός να ψεύδεται και να χαίρεται μέσα σε ψεύτικες λέξεις. Τι τον έκανε να επιλέξει αυτή τη στάση ζωής σε αντίθεση με κάποια άλλη.

Γιατί είναι σκληρή η αλήθεια; Γιατί άραγε τόσο πολύ πονάει; Και, γιατί άραγε θυσιάσαμε την αλήθεια σε τόσο ψέμα; Γιατί δεν αποδεχτήκαμε όμορφα, απλά και ωραία την ύπαρξή της από την αρχή της ζωής και έτσι να πορευόμαστε δύσκολα αλλά και ήσυχα μαζί της. Ίσως με λίγα εφόδια αλλά επαρκή για μια πορεία αξιοπρεπούς συνύπαρξης. Ποιους βολεύουν τελικά τα ψέματα; Ίσως από εκεί ξεκινώντας μπορεί να απαντηθεί το γιατί η αλήθεια δε γίνεται αποδεκτή. Ποιος καρπώνεται χάρες και προνόμια λέγοντας ψέματα στον εαυτό και στους άλλους; Και όταν αυτός κυριαρχεί, φταίει εκείνος ή φταίνε οι άλλοι, που ενώ ξέρουν, κάθονται και ακούν σαγηνευμένοι τις απαλές νότες του ψέματος; Το ψέμα είναι αναγκαίο συστατικό επιβίωσης ή επιλογή του ανθρώπου για να εκμεταλλεύεται τον άνθρωπο; Και ποιος μας έφερε στις εν λόγω ερωτήσεις, στο να απαντάμε τέτοιο ερώτημα; Ποια σκέψη επέλεξε για τον άνθρωπο μια τέτοια τύχη που στο τέλος μόνο τύχη δε θυμίζει;

Πάντως η καλοπέραση δε γεννάει αμφισβήτηση. Όταν έχεις μια προνομιακή ζωή αδικώντας άλλους ανθρώπους δεν την αμφισβητείς, γιατί πολύ απλά δεν ξέρεις ή δε θέλεις να καταλάβεις ότι εσύ είσαι αυτός που αδικεί. Έτσι δεν θα ξεβολευτείς ποτέ. Η υποκρισία είναι σύμμαχος της καλοπέρασης γιατί προσποιείται αυτό που ακριβώς θέλεις. Γίνεται το μέσο για να παριστάνεις τον ανήξερο μέσα στην κατάσταση αυτή. Παριστάνεις ότι δεν καταλαβαίνεις για να προστατέψεις την αδικία από την οποία και εσύ έμαθες να ζεις προνομιακά. Έτσι μένουμε καθηλωμένοι σε ένα θυσιαστήριο ψυχών και σαρκών, στον βωμό μιας ελεεινής επιλογής ορισμένων φρικτών αλλά κυρίαρχων υπάρξεων. Το γιατί κυριαρχούν αυτές οι υπάρξεις και όχι οι άλλες, οφείλεται στο όπλο του φόβου που χρησιμοποιούν αυτοί που ο φόβος είναι κυρίαρχο στοιχείο μέσα τους. Και γιατί οι υπόλοιποι υποτάσσονται οφείλεται στο ότι ο φόβος είναι το πιο σκοτεινό και ζόρικο συναίσθημα της ανθρώπινης φύσης. Εκείνο που του υπενθυμίζει ότι από το άγνωστο ήρθε και στο άγνωστο πηγαίνει. Όταν όμως ο άνθρωπος εξηγήσει μέσα του το πώς ήρθε και το πού πηγαίνει και απαλλαγεί από το στοιχείο του αγνώστου, τότε ο φόβος υποβιβάζεται σε συναίσθημα τρίτης κατηγορίας, απαλλαγμένο από ένστικτα και από τεχνητές παρεμβάσεις. Γίνεται γραφικός και συνεπώς μη καταλυτικός στα θέλω του ανθρώπου. Γι' αυτό και οι φωτισμένοι άνθρωποι ψάχνουν συνέχεια να απαντήσουν «τα γιατί, τα πώς και τα πότε», μήπως και ελευθερωθούν από τα δεσμά της υποδούλωσής τους στο ψέμα και τον φόβο, που σβήνει κάθε ελπίδα για αληθινές ανθρώπινες σχέσεις, με κριτήριο το ποιος είσαι και όχι το ποιος θέλουν οι άλλοι να είσαι και όλα αυτά χωρίς να υπάρχει καθόλου το δεύτερο συνθετικό, δηλαδή το πώς το βλέπουν οι άλλοι, χωρίς επίκριση, προσδοκία αναγνώρισης ή μη αναγνώρισης, αποδοχής ή μη αποδοχής.

## Δοκιμασία

Όταν λέμε ότι «μια γενιά περνάει δύσκολα» ή όταν μάλλον το διαβάζουμε κάπου, κανείς δε φαντάζεται τι σημαίνει «δύσκολα» μέχρι να το ζήσει και ο ίδιος στη δική του πραγματικότητα, στο δικό του περιθώριο της ιστορίας. Και φυσικά η δοκιμασία αλλάζει από γενιά σε γενιά και από αιώνα σε αιώνα, αλλά το βίωμα αυτής της δοκιμασίας βασανίζει κάθε γενιά, το ίδιο μαρτυρικά και απεγνωσμένα. Κανείς δε βρίσκει λόγια να εκφράσει τον πόνο, τη θλίψη, τη ματαίωση, την ένδεια από κάθε ίχνος αξιοπρέπειας που μπορεί να νιώθει ο άνθρωπος όταν του στερούν τα βασικά για την εποχή του.

Δε θα αναζητήσουμε ποια είναι αυτά τα βασικά ούτε τα αίτια της δοκιμασίας αλλά θα εστιάσουμε στο συναίσθημα που προκαλούν τα χάλια αυτά και την απελπισία που κάνει την ψυχή να αισθάνεται μάταια την ύπαρξή της. Φανταστείτε την ψυχή που δε νιώθει τίποτε άλλο παρά τη μη εξέλιξή της, την απόλυτη στασιμότητα χωρίς διέξοδο, χωρίς ολοκλήρωση. Θα οδηγηθεί πού; Κάθε εγχείρημα αλλαγής αποβαίνει στα μοιραία, τα κακώς μοιραία. Εκείνη ωριμάζει και περιμένει την ενθουσιώδη μετουσίωσή της καρτερικά και το μόνο που λαμβάνει είναι τα αδιάφορα χτυπήματα μιας αποσάθρωσης κάθε προσπάθειας εξέλιξης μέσα στα πλαίσια της δημιουργίας. Της δημιουργίας που κάνει την ψυχή να φτερουγίζει από χαρά και ικανοποίηση. Αντ' αυτού η ψυχή λαμβάνει άρνηση και κρύα ερεθίσματα. Ό,τι χρειάζεται ένα κρέας για να μπει στην κατάψυξη να συντηρηθεί. Ένα κρέας όμως, όχι η ψυχή που αναζητά άλλα καλά για να αντέξει τα δεινά του τίποτα, της απόλυτης ανυπαρξίας. Αυτά τη θρυμματίζουν και την κάνουν βαριά και δυσλειτουργική για την αξία του ανθρώπου ως ον με νόημα και μοναδικότητα.

## Είναι η ζωή καρμικό γεγονός ή απόρροια ιδίας βούλησης;

Ερώτημα που δεν απαντούν με σιγουριά ούτε οι θρησκείες. Ή μάλλον απαντούν με έναν τρόπο που μπερδεύει ακόμα πιο πολύ το ερώτημα αυτό. Είναι η ζωή του καθενός ένα συνονθύλευμα ενεργειακής έλξης που οδηγεί σε συγκεκριμένο δρόμο τον άνθρωπο που διέπεται από αυτή ή ο άνθρωπος είναι όντως κυρίαρχος του παιχνιδιού της ζωής του; Είναι εκείνος που καθορίζει το σήμερα, το αύριο αλλά και το χθες του; Βέβαια δεν καθορίζει το πού, πώς, από ποιόν γεννιέται και βέβαια όλο αυτό ίσως και να είναι κάπως καθοριστικό. Γιατί αλλιώς είναι να γεννηθείς σε ένα κράτος πλούσιο από πλούσια μάνα και πατέρα και αλλιώς σε ένα κράτος φτωχό, από φτωχή μάνα και πατέρα. Δεν έχει όλο αυτό προκαθορίσει την τύχη του ανθρώπου; Το μόνο που δεν έχει καθοριστεί είναι το πώς θα επιβιώσει μέσα στο περιβάλλον αυτό αλλά η αρχή του, η ρίζα του, είναι δεδομένη. Ποιος το αμφισβητεί αυτό; Και πόσο μπορεί αντικειμενικά κάποιος να ξεφύγει από όλο αυτό; Ακόμα καλύτερα, πόσοι θα είναι οι ικανοί να γλιτώσουν από τη μοίρα τους στον κόσμο αυτό; Μήπως τελικά αυτοί οι λίγοι που ούτε καν το γνωρίζουν πόσο λίγοι είναι, αυτοί θα είναι και οι μόνοι που θα ελευθερώνονται από τα δεσμά της τύχης τους και θα ζουν στον δικό τους ρυθμό, σε δικό τους σταθμό ζωής; Μήπως, και να το αναλύσω όλο αυτό εδώ, θα λάβει κανείς απάντηση βέβαια και σαφή; Άλλοι λένε ότι ισχύουν και τα δύο, άλλοι ότι το ένα από τα δυο ισχύει. Κανείς δε δίνει σίγουρη απάντηση. Κανείς δεν απαντά στο ερώτημα: γιατί ζω, αναπνέω και πονώ. Γιατί δημιουργήθηκα και τι θέλω από αυτόν τον κόσμο.

Ποιος με έμαθε να σκέφτομαι και για ποιον σκοπό; Όταν φτάσει κάποιος σε ηλικία τέτοιων σκέψεων, μένει άναυδος από τα πολλά γιατί που κυριεύουν τον κόσμο. Και ένα ακόμα ερώτημα είναι «γιατί μας απασχολούν τόσο τα γιατί». Τι είναι αυτό που ψάχνει ο άνθρωπος με τα τόσα «γιατί» μέσα του. Τι απαντούν οι γενεές των ανθρώπων που μελέτησαν όλο αυτό. Πολλοί άνθρωποι μορφώθηκαν αλλά λίγοι ερεύνησαν και τόλμησαν να δώσουν σαφείς απαντήσεις, σημαντικές στην ανάγνωση του Ανθρώπου. Χιλιάδες γενεές ανθρώπων και ακόμα η ανθρωπότητα περιμένει να ακούσει κάτι νέο, φρέσκο, διαφορετικό. Τα «γιατί» δίνουν νόημα στην ύπαρξη και ίσως αυτό να είναι και το πιο ουσιαστικό. Έχοντας «γιατί» να απαντήσεις αποκτά η ζωή ενδιαφέρον, περιεχόμενο και ύφος σοβαρό, έτσι για να νομίζει κάποιος ότι κάτι σοβαρό είναι αυτή η ανθρωπότητα. Κάτι σπουδαίο, κάτι σημαντικό. Είναι; Ή απλά όλο αυτό είναι ένα παιχνίδι του μυαλού; Και τίνος μυαλού βέβαια. Όχι κάθε μυαλού. Μόνο εκείνου που σκέφτεται με έναν τρόπο διαφορετικό. Εκείνου και μόνο.

## Ρατσισμός

Όταν είσαι μικρός στην ηλικία, ο ρατσισμός έχει όνομα. Δε σε φοβάται. Είναι μετωπική επίθεση. «Ο παλιόπουστας, ο παλιοκοντός, ο χοντρός, ο γκαβός, ο κουτσός» και πάει λέγοντας, δε γλιτώνουν την επίθεση. Όταν μεγαλώσεις όμως ο ρατσισμός μεταλλάσσεται. Αποκτά μια χροιά φαινομενικά άοσμη, άχρωμη και αόρατη αλλά πιο σκληρή και από την πρώτη φάση. Μια χροιά που σαν σύννεφο καπνού σε κυριεύει μέχρι να σε πνίξει. Ο καθωσπρεπισμός της ενήλικης ζωής δεν επιτρέπει χοντράδες και προσβολές καθαρού ρατσιστικού χαρακτήρα. Κι όμως το δηλητηριώδες μεθάνιο της ντροπής αποδεσμεύεται ύπουλα και υποχθόνια και σε παραλύει αργά και σταθερά, σαν να μπαίνεις σε θάλαμο αερίων. Όταν δε η αντοχή του καθωσπρεπισμού παρέλθει, αποκτά πάλι την πρωτογενή του σκληρή μορφή, ενισχυμένη πλέον και με τη βία της ενήλικης ζωής, που δεν αστειεύεται. Και φτάνει σε τέτοια σημεία που με μεγάλη άνεση σκοτώνει ακόμα και το ίδιο το θύμα του ρατσισμού. Όλοι αναρωτιούνται «πώς έγινε» αλλά κανείς δε μετράει ποιος το ανέχτηκε, ποιος το δημιούργησε και ποιος, εν τέλει, το εξέθρεψε αυτό το τέρας, αυτό το φίδι.

Πιστεύοντας στην καλή πλευρά του ανθρώπου, κάποιος πιστεύει ότι η τάση αυτή θα ξεπεραστεί αλλά δυστυχώς δεν ξεπερνιέται η τάση αλλά ο αριθμός των θυμάτων που προκαλεί αυτή η τάση. Ένα θύμα ρατσισμού κουβαλάει πάντα μέσα του αυτή την ποταπή υπενθύμιση της αδικαιολόγητης ενοχής και αναρωτιέται τι κοινωνία είναι αυτή. Η κοινωνία δύσκολα αλλάζει στάση σε αντιλήψεις διαφορετικότητας. Αποδοκιμάζει ό,τι δεν μπαίνει σε καλούπι και με έναν δικό της ύπουλο τρόπο το καταστρέφει. Μια συμπεριφορά στρατιωτική, καθόλου ανθρώπινη, πολύ μισητή και όμως κυριαρχικά υπαρκτή. Στο μυαλό του αφηγητή δε χωράει λογική εξήγηση αλλά τελικά τη βρίσκει: δεν αντέχει ο άνθρωπος την αδυναμία του απέναντι στη φύση και στον τρόπο που τον έχει, εκείνη, δημιουργήσει.

Κάθε ελάττωμα που παραπέμπει στην υπενθύμιση αυτή τον ξενερώνει, τον υποβιβάζει και ως εκ τούτου τού είναι μη αρεστή. Δεν την ανέχεται και αφού δεν μπορεί μέσα του να την εκλογικεύσει την ξεσπάει σε μια φύση πιο αδύναμη, και αν όχι κατά ανάγκην αδύναμη, σίγουρα πιο ευαίσθητη και τελικά την τιμωρεί. Γιατί δεν μπορεί κανείς να φανταστεί άνθρωπο χωρίς ελάττωμα, χωρίς μία εικόνα διαφορετική από αυτή που επιβάλλει το στερεότυπο. Την πληρώνουν έτσι οι λίγοι και καλοί. Οι άγιοι αυτής της ζωής, που ούτε έκρυψαν, ούτε έκριναν ανεπαίσχυντη τη φύση τους αυτή. Δέχτηκαν τη φύση τους σε αρμονία με τους όρους της ζωής. Οι άλλοι, πολεμώντας τη φύση μέσα τους πολεμάνε και ό,τι μέσα τους την ενοχλεί.

Φυσικά, δε νοείται ότι οι άνθρωποι γεννιούνται ελαττωματικοί αλλά η νοοτροπία που κυριαρχεί επιβάλλει μια τέτοια εξήγηση. Οι άνθρωποι γεννιούνται απλά διαφορετικοί. Τίποτε άλλο. Η υπόλοιπη συζήτηση είναι εξ ορισμού κομπλεξική γιατί βάζει τους ανθρώπους σε μια απολογία, που δεν έχει να κάνει με την πραγματική τους φύση αλλά με την κακή σχέση ορισμένων με τον εαυτό τους. Όταν απορρίπτεις έναν άνθρωπο μπορεί και να σημαίνει ότι κάπου μέσα σου δεν αντέχεις να βλέπεις τον δικό σου καθρέφτη. Τις δικές σου αδυναμίες πιθανόν να μη μπορείς να διαχειριστείς, να πολεμάς και ως αποτέλεσμα να τις πολεμάς και σε άλλους, που θεωρείς ότι κουβαλούν με τρόπο πιο εμφανή την κατάπτυστη αυτή μορφή. Έτσι το τοποθετείς. Μικρή σημασία έχει να αναφερθεί ότι οι χαρακτήρες αυτής της αντίληψης πνίγουν συνήθως την αηδία για την ύπαρξή τους σε άλλες μορφές δικής τους δραστηριοποίησης, προσπαθώντας να ξεπεράσουν την κακή τους φύση. Έτσι ανθεί η διαφθορά του ήθους και η κακοποίηση ό,τι ωραίου υπάρχει στην ανθρώπινη ζωή. Γιατί όλο αυτό το σκατό πρέπει κάπου να εκκενωθεί. Είτε κρυφά, είτε φανερά πρέπει να εκκενωθεί. Είτε με επιβολή και αυταρχισμό μέσα από μια μορφή εξουσίας, είτε με πληρωμή τέτοια που να αποδεικνύει ότι η φύση αυτή είναι σιχαμερή και περιλαμβάνει και τιμή. Έτσι έχουμε φτάσει σε τέτοια μορφή καταπίεσης και ηθικής ένδειας που δεν μπορεί κανείς να απαλλαγεί από την ευθύνη της δικής του ντροπής. Με το να μην το συζητάει κανείς, δε λυτρώνεται. Αντίθετα καλλιεργεί την άδικη ενοχή μιας νοοτροπίας και κοινωνίας ντροπιαστικής. Γιατί ορισμένοι άνθρωποι δε θέλουν ή δεν αντέχουν τη συζήτηση αυτή.

Κοιτάνε τη θέση τους και χαίρονται με αυτή λες και η ζωή τούς έχει κάνει συμβόλαιο τιμής.

Λύστε τα δεσμά της ενοχής. Μην περιμένετε να αλλάξει η κατάσταση για εσάς, αλλάξτε εσείς την κατάσταση μέσα σας. Αποδεσμευτείτε από την ενοχή, από τη βαριά σκιά της και χαλαρώστε. Ένα σύννεφο αγάπης περιμένει να σας δροσίσει με την αλαργινή νεοφώτιστη βροχή του. Ένα ουράνιο τόξο ξεπροβάλλει από τη δική σας ψυχή, έτοιμο να μοιραστεί με όλον τον κόσμο τη χαρά του αυτή. Τη φωτεινότητα της δικής σας ψυχής δεν την αγγίζει κανείς. Την αγγίζει μόνο για να ζεσταθεί, για να νιώσει τη χαρά της στιγμής. Αναγνώστες μου καλοί, διαβάστε προσεκτικά τη στήλη αυτή. Μπορεί να σας χρησιμεύσει σε κάποια δύσκολη ώρα, εκεί που όλα μοιάζουν θαμπά και σκοτεινά λόγω μιας άτυχης και θλιβερής στιγμής. Διαβάστε προσεκτικά και νιώστε λίγη χαρά να ακουμπάει και τη δική σας ψυχή. Ακουμπήστε σε ένα όραμα, σε έναν φίλο, σε μια γυναίκα παλαβή και αφήστε τον εαυτό σας να χαρεί τη στιγμή που κι εσείς νιώσατε ευτυχισμένοι, καλοί. Μη βάζετε όρους και όρια στην προσφορά αυτή. Μοιραστείτε τη με τη σειρά σας με όποιον έχει ανάγκη να τη δεχτεί. Μην κάνετε σαν καταραμένοι. Ευλογηθείτε και ευλογήστε κι εσείς. Δε χρειάζεται να είστε μουσουλμάνοι ή χριστιανοί. Χρειάζεται όμως να είστε καλοί άνθρωποι. Δε χώρισε ο Θεός ανθρώπους σε δόγματα, χωριστήκαμε εμείς από μόνοι μας. Δεν μπορώ να φανταστώ έναν καλό αδερφό μουσουλμάνο ή ινδουιστή που να μη συμφωνεί με την παρατήρηση αυτή. Ναι, εμείς είμαστε χριστιανοί αλλά είναι και οι άλλοι συμμέτοχοι της αγάπης αυτής. Μιας αγάπης άγνωστης αλλά υπαρκτής. Μήπως και εμείς οι χριστιανοί δεν έχουμε αποξενωθεί από αυτή την αγάπη; Εκείνοι δεν είναι κοινωνοί της αγάπης αυτής και εμείς δεν είμαστε συγκοινωνοί. Μπορούμε να είμαστε προοδευτικοί και καλοί χριστιανοί. Δεν υπάρχει αντίθεση καθώς η διδασκαλία η χριστιανική είναι φύσει προοδευτική, όχι οι πολλές ερμηνείες αλλά η διδασκαλία αυτή καθαυτή. Λύστε λοιπόν την ενοχή και τα δεσμά αυτής και η επόμενη ημέρα θα σας βρει με αύρα αλαργινή.

## Τι σημαίνει «να γνωρίσεις»

Ο άνθρωπος όσο μεγαλώνει τόσο σκληραίνει. Το τίμημα της εξέλιξης αυτής είναι η ιδιαιτερότητα στη συμπεριφορά του και η μοναχικότητα στον ιδιωτικό του βίο. Κανείς δεν μπορεί να σε πείσει για την αξία μιας γνωριμίας εάν εσύ πρώτα δεν πείσεις τον εαυτό σου ότι την αξίζεις. Ακόμα και αν η γνωριμία αυτή έχει να κάνει με την ίδια σου την ύπαρξη, δε θα μπορέσεις να τη γνωρίσεις, αν εσύ ο ίδιος δεν το θελήσεις.

Βέβαια είναι δύσκολο να αντέξεις αυτή τη διαδικασία γιατί μπορεί στον δρόμο να αλλαξοπιστήσεις, να αποστασιοποιηθείς από αυτά που έχεις με τα χρόνια συνηθίσει, αλλά τουλάχιστον θα έχεις υπηρετήσει τη σημαντικότερη στιγμή στην ανθρώπινη και ατομική σκέψη: την πορεία της αυτογνωσίας όπως αυτή προκύπτει σε κάθε είδος που αυτοπροσδιορίζεται μοναδικό. Όλο το υπόλοιπο μπορείς κάλλιστα να το αγνοήσεις αν δεν συμβάλλει ουσιωδώς στον αγώνα σου να μάθεις ποιος είσαι. Αν είναι δύσκολη η συνύπαρξη με τον εαυτό σου είναι σίγουρα σκληρή και με τους υπόλοιπους ανθρώπους. Αν όμως αυτό σε ικανοποιεί, οφείλεις να το σεβαστείς και με ταπεινότητα να συνεχίσεις. Άλλωστε ποιος φαντάστηκε ότι η ευκολία είναι ταυτόσημη με την πορεία του ανθρώπου; Η ευκολία είναι πιότερο δημιούργημα της ανάγκης του να πιστεύει ότι η ζωή είναι ευχάριστη για να μπορεί να αντιμετωπίσει τις άπειρες δυσκολίες της. Είναι τόσο μεγάλος ο όγκος των μοναδικοτήτων του ανθρώπινου είδους που κανείς δεν μπορεί απόλυτα να συνταυτιστεί με κάτι που, απόλυτα, τον καθορίζει. Έτσι η ζύμωση με άλλους ανθρώπους αρχίζει να του υπενθυμίζει πόσο δύσκολες είναι της ζωής οι απαντήσεις σε σχέση με το ποιος είναι και τι μπορεί τελικά να καθορίσει ως μοναδικό είδος που είναι και αισθάνεται να είναι μέσα στη δική του φύση. Η εξέλιξη αυτής της πορείας μπορεί και να τον διαλύσει αλλά σίγουρα θα τον έχει βοηθήσει να συνειδητοποιήσει τη δική του, αλλά και των άλλων, τη θέση και τη φύση.

Όταν είσαι διαφορετικός παρατηρείς τον κόσμο ως ένα τελείως ξένο προς εσένα δημιούργημα, που μπορεί να σε τρομάξει ή και να σε βοηθήσει. Να σε τρομάξει ό,τι αυτονόητο εσύ δεν καταλαβαίνεις και να σε βοηθήσει συγχρόνως να ενταχθείς στο μη αυτονόητο για να το κατανοήσεις. Είναι σαν υπέρβαση εξωγήινης ύπαρξης να νιώσει τι ακριβώς συμβαίνει σε μια αντίστοιχη της γης. Ένας δρόμος δύσκολος να διανύσεις και χωρίς να ξέρεις που θα καταλήξει. Απλά το ένστικτό σου σε υποχρεώνει να τον διανύσεις μέχρι να καταλήξεις. Πορεία ζωής από τον απλό ως και τον πιο σύνθετο άνθρωπο.

## Η δαιμονοποίηση του χρήματος

Και δε χωρεί αμφιβολία εδώ ότι το σημερινό σύστημα αλλά και το εκάστοτε σύστημα της όποιας εποχής που στηρίχτηκε στο χρήμα και στις εν γένει οικονομικές συναλλαγές, μία πηγή είχε και από αυτή ορμώμενη επιβλήθηκε στις ανθρώπινες σχέσεις: το δούναι και λαβείν.

Στη ζωή ό,τι και αν κάνεις, σε όποια επιλογή και αν κατευθυνθείς, είτε καρπώνεσαι τα οφέλη, είτε υφίστασαι τις ζημιές. Η σχέση αυτή και εξ ορισμού αν τη μελετήσει κανείς είναι σχέση οικονομική. Δηλαδή περιέχει οφέλη και ζημιές. Όχι απαραίτητα οικονομικού χαρακτήρα αλλά με την έννοια του «χάνω-κερδίζω». Δεν πρόκειται για κατευθυνόμενη καθοδήγηση του χρήματος αλλά για εγγενή ζύμωση της ανθρώπινης φύσης. Βέβαια, η ερμηνεία που δίνει το χρήμα σε μια ίσως στρεβλή στάση του ανθρώπινου μεγαλείου, δεν είναι απαραίτητα και η δημοφιλέστερη ερμηνεία για τα χαρακτηριστικά του ανθρώπου. Ωστόσο, εκμεταλλευόμενοι τη στρέβλωση αυτή ή ίσως κατά άλλους τη φύση αυτή, οι εμπνευστές της Ύλης κατέστησαν την ύλη βασικό χαρακτηριστικό της ανθρώπινης φύσης και των κοινωνιών, επιβάλλοντας ένα μοντέλο συμπεριφοράς που αρμόζει σε διεφθαρμένες αντιλήψεις ανθρώπων που βολεύονται αλλά και ανθίζουν μέσα από αυτές.

Το χρήμα, με λίγα λόγια, σηκώνει στις πλάτες του τις δικές μας κακοτοπιές και τις αλλοιωμένες αντιλήψεις περί «ηθικού και ωραίου». Γιατί, ας μην ξεχνάμε ότι η κάστα που κυβερνά την υφήλιο δε βρίσκει παράλογο το δούναι και λαβείν, μα ούτε και τον ανταγωνισμό επιβολής του ενός ή του άλλου στο πλαίσιο όπου «κάποιος πρέπει να κερδίσει και κάποιος να ζημιωθεί». Μάλιστα το ευνοεί και το στηρίζει σαν μία κοσμοθεωρία ζωής, υπαρκτή και επιβεβλημένη. Κάπως έτσι δέχτηκε ο άνθρωπος τον καπιταλισμό και αφέθηκε να του επιβληθεί με μεγάλη ευκολία. Έτσι δέχτηκε πιο πριν από αυτόν και την εκάστοτε εξουσιαστική τυραννία. Αποδεχόμενος μία κατάσταση, που ενδεχομένως έβλεπε στη δική του φύση, επέτρεψε την κοινωνική εκμετάλλευση της κατάστασης αυτής σε άλλα επίπεδα, που ξεπερνούσαν τη δύναμή του κατά πολύ. Μάλλον αποδέχτηκε από φόβο ή ίσως από ρεαλισμό αυτό που έβλεπε ως φυσικό να συμβαίνει στην ατομική του ζωή και επέτρεψε να κυριαρχείται από αυτό για γενιές πολλές. Εάν ο νους κέρδιζε τα ένστικτα, σήμερα δε θα υπήρχε σύστημα που να αδικεί ανθρώπους και να τους κατατάσσει σε φτωχούς-πλούσιους, αδύναμους-δυνατούς, μεγάλους-μικρούς και ούτω καθεξής. Όλες αυτές οι διαβαθμίσεις ανισοτήτων και ανισομερειών απορρέουν από το γεγονός ότι επιλέξαμε να υπακούσουμε στα ένστικτα και όχι στον νου που, με την καλλιέργειά του, αμβλύνει τέτοιες διαφορές και διαφοροποιήσεις. Ωστόσο είναι και θέμα ευαισθησίας του νου και κάθε νους δεν είναι ουσιαστικά ευαίσθητος. Μπορεί να είναι δυνατός, όχι ευαίσθητος, αλλά ακόμα κι εκεί «νους» παραμένει.

Όταν οι Εγγλέζοι έλεγαν «η κοινή λογική δεν είναι τόσο κοινή» τουτέστιν Common sense is not that common, ήξεραν πολύ καλά και τι εννοούσαν και τι έλεγαν στους αδαείς εκείνων των ακροατηρίων, που εκείνοι συντηρούσαν σε αυτό το μη common επίπεδο. Αυτοί και όσοι ευνοούνται από αυτή τη θεωρία σκέψεων και ερμηνειών της ζωής και της δράσης μέσα σε αυτή. Με λίγα λόγια οι μεροληπτούντες επί των συμφερόντων που προκύπτουν από την επιβολή των ενστίκτων. Όπου τα ένστικτα και η φυσική τους ροή μετατρέπονται σε ολόκληρη επιστημονική κοσμοθεωρία, προσπαθούσα να επιβάλλει πράγματα πρωτόγονα ως πολιτισμένη αλλά και κυρίαρχη έκφραση της ανθρώπινης φύσης.

Αγαπητοί μου αναγνώστες, λυπάμαι, αλλά δεν είναι έτσι. Το πρόβλημά μας δεν ξεκινά από την ύπαρξη του χρήματος ως μέσο συναλλαγής ή ως ένας οικονομικός αντιπραγματισμός της εποχής, αλλά ξεκινά από την ψυχολογική προέκταση που έχει αποκτήσει η ύπαρξη αυτή και το πώς η προέκταση αυτή έχει ορίσει, με έναν συγκεκριμένο τρόπο, τον κόσμο και τις σχέσεις των ανθρώπων. Δεν αγνοείται σίγουρα ο ρεαλισμός που αποδίδεται στη θεωρία ζημιάς‑οφέλους για όποια κατάσταση και αν μιλάμε αλλά αμφισβητείται το κατά πόσον η σχέση αυτή είναι ικανή να υποκινεί νήματα εξουσίας και επιβολής, με σκοπό την αυτονόητη αιτιολόγησή της. Φυσικά δε θα αλλάξει τίποτα στον κόσμο αυτό αν ο ανθρώπινος νους δεν ωθήσει τα πράγματα σε μια άλλη κατεύθυνση, όπου θα αξιολογείται και το κομμάτι της ανθρώπινης νόησης ως παράγοντας σημαντικός να εξηγεί αλλιώς και να προτείνει άλλα συστήματα πιο αξιοπρεπή και λιγότερο χρηματοκεντρικά, αν γίνεται αυτό. Σαφώς και δε γίνεται να υπάρχει Άνθρωπος και Εξέλιξη χωρίς λόγο. Δεν μπορεί απλά να ζούμε επαναλήψεις ιστοριών με διαφορετικά πρόσωπα σε διαφορετικές χρονικές συγκυρίες. Κάποτε οφείλει ο άνθρωπος να επιλέξει ή τουλάχιστον να καταλάβει ότι υπάρχει συνέχεια και η συνέχειά του δεν μπορεί να είναι μόνο και μόνο η ανάλωσή του στα ίδια φθαρμένα υλικά. Αδιανόητο να δεχτούμε ότι τόσοι αιώνες ανθρώπινης ύπαρξης κύλισαν όλο κι όλο για να βλέπουμε τα ίδια λάθη επαναλαμβανόμενα. Ναι μεν τα βλέπουμε γιατί η υπέρβαση των ενστίκτων είναι δύσκολη και πολλές φορές ακατανίκητη, αλλά σίγουρα υπάρχει στον νου ορισμένων και η επόμενη σελίδα, το επόμενο βήμα της ανθρώπινης εξέλιξης. Συνεπώς το να χτίζουμε νέα σπίτια με παλιά υλικά είναι μεν μια τάση φυσιολογική γιατί αυτά ξέρουμε αυτά εμπιστευόμαστε αλλά όχι ικανή να απαντήσει στο γιατί κάθε φορά αυτά τα σπίτια καταρρέουν μπροστά στα ανθρώπινα δεινά. Ο άνθρωπος απλά εγκλωβίζεται στα ίδια ανούσια πράγματα, ανίκανος να κάνει τα βήματα που η ίδια η φύση του έδωσε. Άλλοτε από φόβο, άλλοτε από συνήθεια στον φόβο αυτό. Η νόηση δε δικαιολογεί τέτοιες καταστάσεις και δεν επιτρέπει τέτοιες συμπεριφορές.

Πολύ απλά συνδέσαμε το χρήμα με τα πρωτογενή μας ένστικτα και κάναμε μια απλή συναλλαγή ολόκληρο τρόπο ζωής και έκφρασης μέσα σε αυτή. Δεν ωφελήθηκαν πολλοί αλλά σίγουρα πολλοί υπάκουσαν τις επιταγές της ερμηνείας αυτής, καθόλου αδιάφορης, πολύ δομικής. Φυσικά η κυριαρχία του δυνατού επάνω στον αδύνατο μεταφράστηκε σε σχέση κερδίζω-χάνω και κανείς δεν προβάλλει αντίσταση σ' αυτό. Δε χρειάζονται κοινωνιολογικές, πολιτικές και οικονομικές αναλύσεις για να καταλάβουμε ότι δεν είμαστε ζώα αλλά ζώα θέλουμε να είμαστε. Η ύπαρξη Σκέψης, Νόησης, μας βάζει παρατηρητές στη ζούγκλα και όχι βασικούς πρωταγωνιστές σε αυτή. Εάν δεχτούμε ότι τελικά είμαστε ζώα και παραμείνουμε εκεί, θα πρέπει ταυτόχρονα να πάψουμε να ενδυόμεθα ως άνθρωποι, να πετάξουμε κάθε ίχνος σκέψης και να συνεχίσουμε ανενόχλητοι αυτή την πορεία. Δε θα μας νοιάζει αν θα κυριαρχήσει ο άνθρωπος-φίδι ή ο άνθρωπος-λιοντάρι έναντι στον άνθρωπο-αρνί ή άνθρωπος-πουργίτι, γιατί απλά θα έχουμε συναινέσει στη συμφωνία αυτή. Ότι ενώ μας δόθηκε η επιλογή της νόησης εμείς διατηρήσαμε τη νόηση διακοσμητική, μείναμε σε φάση πρωτογενή και ευχαριστιόμαστε ή όχι στη φάση αυτή. Δική μας επιλογή η κατάσταση αυτή. Στα ζώα ο συγγραφέας δεν αποδίδει τίποτα υποτιμητικό και αυτό πρέπει να ξεκαθαριστεί εξ αρχής. Απλά αποδίδει την εκ φύσεώς τους ιδιότητα λειτουργίας, με κυρίαρχο το ένστικτο της φύσης τους. Και αυτό δε σημαίνει ότι δεν υπάρχουν ζώα υπέροχα με ευαισθησία και ένστικτο που ξεπερνά ορισμένες φορές την ανθρώπινη ευαισθησία. Εξού και ο λόγος που πολλοί άνθρωποι βρίσκουν παρηγοριά στην παρέα των ζώων και κρίνονται και σωστοί για την παρέα αυτή. Ωστόσο έχει και ο άνθρωπος την ομογενή του κατηγορία και οφείλει να μελετήσει αλλά και να συνυπάρξει με αυτή διότι ανήκει σε αυτή. Και μάλλον υπάρχει για να έχει και μια κάποια εξέλιξη στην πορεία του αυτή. Δεν είναι εύκολο να καταλάβουμε γιατί τόσους αιώνες μόνο λίγοι άνθρωποι κατάλαβαν αυτή τη διαπίστωση ενώ οι περισσότεροι την αγνόησαν. Είναι η υπέρβαση δύσκολη; Είναι οι άνθρωποι ζώα με νου, απλά πιο ανεπτυγμένο από τα άλλα ζώα; Δεν υπάρχει ξεκάθαρη απάντηση αλλά υπάρχει σίγουρα μια ανώτερη συναισθηματική, πνευματική λογική που δεν επιτρέπει να μείνουμε στη πρωτογενή αυτή φάση.

Υπάρχει και μια προσπάθεια, ίσως λίγοι την κάνουν λιγότεροι την κατανοούν, ώστε ο άνθρωπος να εξελιχθεί και να μετεξελιχθεί με σκοπό να βρει την ολοκλήρωση της φύσης του αυτής. Αν ο συγγραφέας αστοχεί, αυτό συμβαίνει γιατί καθαρά αγνοεί και όχι γιατί μεροληπτεί. Αν κάποιος συμφωνεί, συμφωνεί και αν κάποιος διαφωνεί, διαφωνεί αλλά εμάς μας ενδιαφέρει η εξέλιξη αυτή και όχι η συντριβή της σε μια συγκρουσιακή λογική.

Εάν υπάρχει έστω και ένας σ' αυτή τη ζωή που αντιλαμβάνεται την πτυχή αυτή, προβληματιζόμενος σε σχέση με τις ασύλληπτες συμπεριφορές που συναντάμε στη σύγχρονη αλλά και προγενέστερη εποχή, τότε δε θα έχει λόγο να μην κατανοήσει τον αφηγητή και την τοποθέτησή του. Είναι ο άνθρωπος όργανο της πρωταρχικής του φύσης και εκεί τελειώνει το θέμα. Είναι δυνατόν να αποτελεί λογική εξήγηση αυτή; Εάν ναι, τότε μιλάμε για την πιο φτωχή σε προτερήματα κατηγορία είδους που γνώρισε ο πλανήτης και γενικότερα η ζωή. Δηλαδή, μιλάμε για την ύπαρξη νου με στοχοθεσία καθαρά διακοσμητική ή έστω με χρήση που δικαιολογεί μόνο πρωταρχικά ένστικτα. Χρησιμοποιούμε με λίγα λόγια σκέψης μόνο και μόνο για να εξασφαλίσουμε τροφή, νερό, αναπαραγωγή και ό,τι μέσο δικαιολογείται για τη διαδικασία αυτή, θεμιτό αθέμιτο, δε μας ενδιαφέρει γιατί δεν ταυτίζεται με καμία σκέψη ανώτερη ή ηθική. Έτσι, ακόμα και έννοιες που υπάρχουν στον νου δεν αξιοποιούνται προς κάποια κατεύθυνση αλλά απλά υπάρχουν. Κατάσταση κυριολεκτικά τραγική. Σε κάνει να εύχεσαι να ήσουν σκυλί, ή γατί, ή τέλος πάντων όχι κάτι σχετικό με την ανθρώπινη υπόσταση.

Επεκτείνεται κιόλας το επιχείρημα ακόμα παρακάτω γιατί πάνω στο χρήμα χτίστηκε μια ολόκληρη ζωή. Πόλεμοι, έχθρες, δολοπλοκίες, δεν είναι τίποτε άλλο παρά η έκφραση της αρχέγονης υπόστασης που εμείς ονομάζουμε «πρωτόγονη», άλλοι θα την ονομάσουν «κυριαρχική». Αυτό είναι ο άνθρωπος, μια σάρκα που τρώει άλλη σάρκα, μόνο και μόνο για να υπηρετεί αυτή του τη φύση. Όσο και να θέλει κάποιος να διαφωνεί, οι αιώνες της ανθρώπινης ιστορίας σε συνδυασμό με τα κεντρικά χαρακτηριστικά τους αποδεικνύουν ότι ελάχιστες εξαιρέσεις χαρακτηρίζουν τον άνθρωπο ως ον με διαφορετική διάσταση. Αλλά ποιος θα πείσει ότι δεν είναι αυτή η αλήθεια μοναδική, αφού υπάρχουν και άνθρωποι με σκοπιά διαφορετική; Επίσης, ποιος χαίρεται να βλέπει τον άνθρωπο σε πορεία τόσο δραματική; Ποιος τελικά ωφελείται από την επιλογή αυτή; Θα μπορούσε η γη να θρέψει, ίσα, όλα της τα όντα αλλά δεν κάναμε τέτοια επιλογή. Από τη μια γεμίζουν οι τσέπες με θησαυρούς και από την άλλη ζουν ή πεθαίνουν για ένα κομμάτι ψωμί. Μια ανισότητα υπαρκτή και πραγματικά τραγική, εάν σκεφτεί κανείς ότι αποτελεί σε έναν μεγάλο βαθμό απόρροια ανθρώπινης επιλογής. Αλλά πάντα ξεκινά από το ποιον ωφελεί και γιατί, εν τέλει, το διατηρεί το όλο ζήτημα στην επιλογή αυτή.

## Καταπίεση

Είναι τεράστιο το βάρος της καταπίεσης. Μόνο όταν απαλλαγείς από αυτό καταλαβαίνεις πόσο βαρύ φορτίο κουβαλούσες. Η καταπίεση δημιουργεί ένα φοβερό στρες. Δεν αφήνει το μυαλό να λειτουργήσει σωστά. Περιορίζει τον χώρο και την ελευθερία, που υπό άλλες συνθήκες θα άφηναν ξεκλείδωτο τον άνθρωπο που υφίσταται το μαρτύριο αυτό. Είναι λογικό να θέλει ο καθένας να λειτουργεί με τρόπο διαφορετικό και απολύτως σεβαστό. Όταν όμως δε συμβαίνει αυτό, ποια λύση μπορεί να φέρει επιθυμητό αποτέλεσμα; Η πίστη άραγε στον θεό ή ο διαρκής αγώνας για να γίνει αντιληπτό στον καταπιεστή, ότι προκαλεί πρόβλημα ουσιαστικό, σοβαρό, στο μηχανισμό εξισορρόπησης; Είναι ενάντια στη φύση η καταπίεση σε κάθε επίπεδο κοινωνικό, πολιτικό, σεξουαλικό, πολιτιστικό. Και ομολογουμένως ένα τέτοιο κείμενο δεν ταιριάζει σε κάποιον που προέρχεται από ανεπτυγμένο πολιτισμό αλλά μάλλον σε κάποιον που καταπιέζεται και το σκέφτεται όλο αυτό με τρόπο συγκεκριμένο και σχετικό. Σημασία δεν έχει να δηλώσω γιατί δεν πρέπει να καταπιεστώ αλλά να μη μπαίνω καν στο επιχείρημα αυτό, που υποδεικνύει πολιτισμό κατώτερο και σαφώς κομπλεξικό. Σημασία έχει ποιος επιβάλλει μία αρχή, ένα μέτρο που εξυπηρετεί το δικό του σύστημα σκέψεων και αρχών, υποβιβάζοντας και καταπατώντας όλα τα υπόλοιπα συστήματα. Φυσικά κουβέντα γύρω από το ζήτημα αυτό έχει γίνει πολλή στο παρελθόν. Όμως το πρόβλημα παραμένει άλυτο όσο άλυτο παραμένει και το γιατί ο άνθρωπος να είναι ένα ον κομπλεξικό. Είναι μάλλον απόρροια της κατάστασής του στο επίπεδο ζώου, όπου ενστικτωδώς επιθυμεί να επιβάλλεται με τρόπο αυταρχικό και κυριαρχικό, όπως ακριβώς επιβάλλεται το λιοντάρι στο δικό του περιβάλλον και όλα τα ζώα το σέβονται. Αλλά να συμβαίνει το ίδιο και στον άνθρωπο φαίνεται λίγο αδιανόητο. Και τολμώ να πω ότι κι εγώ ο ίδιος δεν αντέχω άλλο να καταπιεστώ από κανένα ανθρωποειδές, που μου επιβάλλει το καθεστώς αυτό μόνο και μόνο για να με καταπιέσει και να ικανοποιηθεί ο δικός του εγωισμός. Είτε αυτός είναι τρελός, είτε συντηρητικός, είτε αναρχικός, είτε ψεύτης, είτε κακός. Είτε όλο αυτό μαζί σε ένα φοβερό πακέτο.

Υπάρχουν χώρες όπου οι άνθρωποι αντιλαμβάνονται και σέβονται το διαφορετικό. Υπάρχει όμως και ένα πακέτο χωρών πλειοψηφικό που μπροστά στην εξουσία ενός συστήματος αρχών και αξιών, που εξυπηρετούν έναν δικό τους σκοπό, δεν ανέχεται την ύπαρξη σε οτιδήποτε διαφορετικό. Είναι λυπηρό αλλά και φοβερά αντίαρμονικό. Σε κοινωνίες τέτοιες ο κόσμος είναι καταπιεσμένος και περιορισμένος σε έναν χώρο που δεν εκφράζει το σύνολο αλλά ένα μοντέλο εγωιστικό, υποδεέστερο και σαφώς εξευτελιστικό. Δεν είναι θέμα αν η διαφορετικότητα διακρίνεται σε λάθος ή σωστό. Εφόσον υφίσταται το διαφορετικό υφίσταται και η φυσική ανοχή σε αυτό. Ό,τι δημιουργεί η φύση, είτε στρεβλό κατά τη δική μας σκοπιά, είτε μη στρεβλό, πάλι κατά τη δική μας σκοπιά, είναι υπαρκτό στη φύση και μάλλον ανεκτό ως δημιούργημα.

Σηκώνει πολύ συζήτηση αυτό το θέμα γιατί έτσι θα μπορούσαμε να ανεχτούμε και το άρρωστο ως δημιούργημα της φύσης, έστω μη ανεκτό. Οτιδήποτε υπάρχει στον κόσμο είναι απολύτως ανεκτό, εφόσον δε θέτει σε κίνδυνο άλλη ύπαρξη, εφόσον δεν προκαλεί μεγαλύτερη αρρώστια, μεγαλύτερο κακό. Και ο άνθρωπος και η φύση διορθώνουν το κακό αλλά θέλει αγώνα σε σωστή κατεύθυνση με ορθό τρόπο.

Να συζητήσουμε το πλαίσιο των δυσκολιών και να καταλάβουμε πόσο είναι δυνατόν να συνυπάρξουμε χωρίς κακό σκοπό. Και φυσικά όλος αυτός ο προβληματισμός μπορεί να φαντάζει ιδεαλιστικός αλλά κάπου πρέπει να σκεφτούμε ότι, με την εμμονή στη δική μας στρέβλωση, δε διορθώνεται το λάθος κανενός. Η ανάγνωση μιας κατάστασης με τρόπο μεροληπτικό δεν απαντά σε υπάρξεις που δεν έχουν σχέση με όλο αυτό. Δίνει απλά μια διάσταση στο δικό μας Εγώ, που επιβεβαιώνεται μέσα από την εμμονή του στο τι είναι πιο επικίνδυνο: το διαφορετικό ή ο ανεξήγητος φόβος σε αυτό;

Και πού τελικά οδηγεί το κυνήγι μαγισσών; Λύνει το πρόβλημα ή απλώς το μεταθέτει από γενιά σε γενιά; Γιατί, πολύ απλά, η φύση δεν ξέχασε ποτέ το διαφορετικό, δεν το τιμώρησε. Δεν το στηλίτευσε αλλά το άφησε ανενόχλητο να ζει στο δικό του κενό. Είναι σαν να προσπαθεί κάποιος να κρύψει τον ήλιο γιατί τον ενοχλεί το φως. Είναι δυνατόν; Το πρόβλημα είναι ότι ο ίδιος ο άνθρωπος αρνείται να ξεπεράσει τον αρρωστημένο του εαυτό. Εκείνον που τον κάνει να σκέφτεται ότι είναι ένας και μοναδικός και δεν υπάρχει τίποτα παραπάνω από εκείνο που εκείνος νομίζει σωστό. Αυτό δυστυχώς κάνει τον άνθρωπο κατώτερο και θλιβερό, τόσο ώστε με κάποια λογική συνεννόηση και προσπάθεια οφείλει να αλλάξει. Και η φύση δεν αρνείται ό,τι είναι υπαρκτό. Αυτό να γίνει από όλους κατανοητό. Και ο άνθρωπος, παρά τη μετάλλαξή του, ανήκει στη φύση και οφείλει με κάποιον τρόπο να ακούει στο κάλεσμά της.

## Αντίφαση

Αν και δεν είναι ψυχιατρικό αυτό το κείμενο για να μιλάμε για αντιφάσεις, εμμονές και καταστάσεις τέτοιες, κάποιος μπορεί να προβληματιστεί διαβάζοντας τον αφηγητή και τη θέση που εκφράζει σε σχέση με τη φύση. Δηλαδή, ενώ αλλού μιλάει καταφατικά αποδεχόμενος τις ταγές της φύσης, αλλού φαίνεται αυστηρός καταδικάζοντας τον άνθρωπο ως έρμαιο των ενστίκτων του. Σαφής διαχωρισμός δεν υπάρχει και φυσικό είναι να αμφιβάλλει και ο ίδιος ο αφηγητής για το πού αρχίζει η αλήθεια και πού τελειώνει το ψέμα. Δηλαδή, η υποκειμενική αλήθεια που σχετίζεται μεν με μια πραγματικότητα αλλά σίγουρα όχι με την πραγματικότητα. Δε γίνεται με λίγα λόγια να αποδέχεσαι στη φύση τα καλά της και να καταρρίπτεις τα αρνητικά της. Είναι σαν να μη δέχεσαι ότι, τελικά, αυτή είναι η φύση.

Η εμμονή στο να βλέπουμε τα πράγματα με τρόπο ιδανικό καταντά αρρώστια ανίατη. Από την άλλη, αν κάποιοι δε σκέφτονταν το ιδανικό της εποχής τους δε θα βρισκόμασταν σήμερα επ' ουδενί μπροστά στις έννοιες «πολιτισμός, τέχνη, διπλωματία» και άλλα συναφή. Θα καίγαμε ακόμα σχιζοφρενείς στην πυρά με την πρόφαση «δαιμονισμένοι». Προσοχή όμως γιατί και σήμερα καίγονται άνθρωποι στον βωμό μιας τρέλας με άλλα ονόματα και με άλλες αιτιάσεις. Άρα εκείνο που ονομάζαμε κάποτε «σκοτεινό» παραμένει σκοτεινό και σήμερα αλλά εκφράζεται με άλλον τρόπο. Αλλιώς δε θα είχαμε πολέμους, συρράξεις, βασανιστήρια και άλλα τέτοια συμβάντα χαρακτηριστικά και της εποχής μας.

Και ποιος άραγε μας εξασφαλίζει ότι μετά από πενήντα, εκατό ή διακόσια χρόνια δε θα μιλάνε για την εποχή μας χαρακτηρίζοντάς την ως Πνευματικό Μεσαίωνα; Που όντως, δυστυχώς, ενώ είχαμε τη δυνατότητα και τα μέσα να αλλάξουμε κάτι, εμείς αδρανήσαμε, περιοριστήκαμε στην τεχνολογική πρόοδο που δε συνοδεύεται όμως με πνευματική πρόοδο ώστε η χρήση της να είναι λελογισμένη και υπέρ της ανθρωπότητας, αλλά προσαρμόστηκε και αυτή στα βαθύτερα ένστικτα, καταντώντας τον άνθρωπο μηχανή, εργαλείο εξυπηρέτησης του τεχνολογικού προγράμματος. Έτσι, αντί να έχουμε τον άνθρωπο «χρήστη», έχουμε τον άνθρωπο «εξάρτημα». Και λέγοντας εξάρτημα εννοούμε ότι εξαρτάται από κάπου, επομένως δεν είναι ελεύθερος αλλά υποδουλωμένος στα ένστικτά του.

Η τεχνολογία έχτισε πάνω στα ένστικτα, δε νοιάστηκε ιδιαίτερα για τον νου, αλλά κοίταξε να υποτάξει τον νου και να κυριαρχήσει στα ένστικτα καθιστώντας τον άνθρωπο κουμπί μιας ταμπλέτας, που είτε λέγεται υπολογιστής, είτε iphone είτε ό,τι καινούριο βγάλει το σύστημα. Η τεχνολογία μεν εξελίσσεται αλλά το αντικείμενό της παραμένει σταθερά ίδιο. Αφήνει τον άνθρωπο να ασχολείται με τα βασικά του ζητήματα και τον απομακρύνει από τα ουσιαστικά του, εκείνα που σχετίζονται με τη νόηση. Και αναρωτιέμαι, αν υπήρχε αρχαία Ελλάδα στις μέρες μας ή αρχαία

Ρώμη πώς θα το αντιμετώπιζε; Μπορεί και με τον ίδιο τρόπο αλλά μπορεί και όχι. Γιατί η νόηση φαίνεται να σταμάτησε ιστορικά σε εκείνα τα χρόνια και βαθύ σκότος κάλυψε τις γενεές των ανθρώπων, με εξαίρεση την εμφάνιση του Χριστού που χτύπησε καμπανάκι, τάραξε για λίγο τα νερά για να επανέλθουμε γρήγορα στην αρχική κατάσταση του ύπνου ξανά. Σαν να μη θέλει ο άνθρωπος να αλλάξει ή απλά να μη μπορεί, να μην είναι δυνατόν να το κάνει. Εκεί οφείλει ο αφηγητής να ζητήσει συγνώμη γιατί δεν υπάρχει λόγος κρίσης ή κριτικής. Οφείλει να είναι και ρεαλιστής και να αποδεχτεί ότι η διαφορετικότητα είναι προνόμιο λίγων που πληρώνουν πολύ ακριβά το κόστος να κουβαλάνε ένα τέτοιο προνόμιο. Συνεπώς μια τοποθέτηση επί της αρχής δεν στέκει με τον σημερινό αφηγητή γιατί η ζωή παρουσιάζει ένα τεράστιο φάσμα σχέσεων συμπεριφορών και αντιθέσεων που δε χωράει στο κεφάλι ενός αφηγητή, οποιουδήποτε αφηγητή. Εκείνο που ενώνει την πνευματική σκέψη και προσπαθεί να αφαιρέσει τα αδιέξοδα ή τουλάχιστον να παρηγορήσει γι' αυτά είναι το γεγονός ότι είμαστε όλοι άνθρωποι, άρα κάπου πρέπει να συγκλίνουμε, σε κάποια στάδια πέρα από πολιτισμό, πολιτική, σύστημα, σεξουαλικό προσανατολισμό και όλα τα στολίδια που χώνουμε συνήθως στα μεγαλοπρεπή κείμενα της ψεύτικης διανόησης. Κάποια κοινή βάση έχουμε για να συνεννοηθούμε. Μακριά από προκαταλήψεις και λογισμικά φτιαγμένα από άλλους για άλλους σκοπούς και όχι για τον σκοπό της εξέλιξης του είδους. Κάποιοι βολεύονται ευχάριστα από τη δική μας στασιμότητα και άλλοι το βλέπουν, άλλοι δεν το βλέπουν, άλλοι το αισθάνονται, άλλοι δεν το αισθάνονται αλλά όλοι το κατανοούν, όταν σκεφτούν λογικά και ελεύθερα. Έτσι ο αφηγητής, διευκρινίζεται εδώ, δεν τα βάζει με τα ένστικτα αλλά με εκείνους που χειραγωγούν τα ένστικτα για ορισμένους σκοπούς. Με εκείνους που τα μεταλλάσσουν για δικό τους όφελος και τα εκμεταλλεύονται για να ζουν τις ζωές τους μόνο εκείνοι ελεύθερα και όχι οι άλλοι. Καταπιέζοντας και καταπίνοντας ζωές, ανθρώπους, σκέψεις και λαούς ολόκληρους, είτε μας αρέσει είτε όχι.

## Δολοφόνοι ψυχών

Σύγκρυο πιάνει τον αφηγητή όταν αναφέρεται στο ζήτημα αυτό. Και ίσως για ορισμένους να είναι μια υπερβολή αλλά για κάποιους είναι βίωμα πραγματικό. Δεν πρόκειται για αστείο καθόλου αλλά ορισμένοι άνθρωποι είναι πραγματικά επικίνδυνοι. Αν και η διαπίστωση αυτή δεν αποτελεί ανακάλυψη για τους περισσότερους από εμάς, ωστόσο το μέγεθος της επικινδυνότητας γίνεται αντιληπτό μόνο όταν δοκιμάσεις, επί προσωπικού, τη συνταγή αυτή και αντιληφθείς εις βάθος τι εστί κακός άνθρωπος, με επικίνδυνες βλέψεις.

Θεωρητικά όλοι οι άνθρωποι δείχνουμε καλοί ή τέλος πάντων, αν όχι καλοί, σίγουρα αδιάφοροι. Ορισμένοι από εμάς ταιριάζουμε μεταξύ μας και άλλοι δεν ταιριάζουμε. Μέχρι εκεί είναι φυσικό και δεν βλάπτει κανέναν. Τι γίνεται όμως όταν έρθουμε σε κοντινότερη επαφή με ανθρώπους που, ενώ δείχνουν καλοί, κοιτάζουν να εκμεταλλευτούν τη δική μας καλοσύνη και, εν ανάγκει, τις ψυχικές μας αρετές αδειάζοντας στην ψυχή μας το δικό τους σκατό και καρπούμενοι το δικό μας καλό; Και μπορεί να ακούγεται αυτό παραφυσικό ή και τρελό, και ενδεχομένως να είναι τρελό, αλλά τι και αν συμβεί σε κάποιον από εμάς, δε σημαίνει ότι τελικά συμβαίνει; Εάν λοιπόν συμβεί, είναι μάταιο να αποτρέψεις τις συνέπειες που το ακολουθούν, ξεχνώντας τι τις προκάλεσε και πώς έμεινε το πράγμα στη μέση. Είναι δυνατόν ορισμένοι άνθρωποι να σου πιούν το αίμα προκειμένου να νιώσουν καλά με τον εαυτό τους. Και ποιος δε θέλει κάποιον να του πίνει το αίμα και να ξεκαβλώνει τις συννεφιές του πάνω στον άλλο; Ρώτησε όμως κανείς τον ανθρωποδοχείο, πως αν τελικά αντέχει, ότι όλο αυτό μπορεί να αποβεί μοιραίο για τη δική του ψυχή; Σε σημείο που να του έχουν καταπιεί ακόμα και τον πυρήνα της ατομικής του ύπαρξης και να μένει στο τέλος μόνος και αβοήθητος να παρακαλεί για βοήθεια που πουθενά δεν την βλέπει. Γιατί, έτσι όπως κατάντησε έρημος και αδύναμος ποιος να τη θέλει τέτοια ψυχή μαραμένη; Θέλει μήπως κανείς το ώριμο φρούτο στο τραπέζι του ή το φρέσκο και άγουρο που κάποτε θα ωριμάσει; Το σάπιο και το πολύ ώριμο δεν το θέλει κανείς. Έτσι μια ψυχή δολοφονημένη, που αρχίζει να σαπίζει και να βρωμάει, δεν τη θέλει κανείς. Κανείς όμως δε ρώτησε ποιος την έφτασε εκεί, ποιος της έβαλε τη θηλειά στον λαιμό.

Δεν είναι όλοι οι άνθρωποι καλοί και καλό είναι κάποιος να προσέχει πριν δει την ψυχή του να αιμορραγεί ή αλλιώς να ψυχορραγεί από πόνο και από θλίψη, που δεν ταιριάζει να τη ζήσει κανείς. Δολοφόνοι ψυχών είμαστε βέβαια κι εμείς που επιτρέπουμε να γίνει θυσία η δική μας ψυχή και την αφήνουμε να φτάσει στην κατάσταση αυτή. Δεν είναι σωστό να θυσιάζει κανείς τη δική του ψυχή, για καμία ψυχή, αν πρώτα με συνείδηση και επιλογή του έχει ζητηθεί η θυσία αυτή και την έχει δεχτεί. Μην ανοίγετε ποτέ την ψυχή σας σε έναν άνθρωπο που δεν έχει ψυχή, ειδικά αν σας το πει. Γιατί συνήθως τέτοιοι άνθρωποι πιάνονται στην παγίδα που έχουν στήσει με πολύ μαεστρία. Αλλά καλύτερα, πριν πιαστούν, να μην είστε θύμα εσείς. Δείξτε πίστη και δυνατή θέληση και τότε ίσως να σας δοθεί διπλή ευκαιρία και για τιμωρία και για μια δυνατότερη ψυχή. Καμιά φορά η ψυχή αναγεννιέται από τις στάχτες της. Προσέξτε πάντως την παγίδα. Οι άνθρωποι αυτοί είναι κακοί και επικίνδυνοι πολύ. Φυλαχτείτε κι εσείς.

## Σκλαβιά είναι η αλήθεια

Η αλήθεια είναι σκλαβιά, που για όποιον την ξέρει δεν μπορεί να ξεφύγει από αυτή ούτε να την αλλάξει, για να κάνει τη ζωή του καλύτερη. Μπορεί απλά να προσαρμοστεί σε αυτή, να συμβιβαστεί με αυτή και, αν έχει το κουράγιο, να προχωρήσει χωρίς αυτήν. Όποιος άμοιρος καταλαβαίνει τι του συμβαίνει και τι πρόκειται να του συμβεί, ζει τη μεγαλύτερη τραγωδία που δοκιμάζει η ανθρώπινη ζωή. Διότι απλά η συνειδητοποίηση της αλήθειας υπερβαίνει κάθε ελπίδα για μια άλλη ζωή. Οπότε καλείσαι να ζήσεις τη δική σου μοίρα, αυτή που σου επιφύλαξε η δική σου ζωή. Όσο η αλήθεια παραμένει σ' εσένα άγνωστη, έστω και αν είναι τραγική, δε χάνεις τη διάθεση για ζωή, για τη γοητεία του τι μπορεί να εξελιχθεί. Όταν όμως σε χτυπήσει ο ήλιος στη μούρη και αντί να σε ζεστάνει σε κάψει, γιατί ήλιος είναι η αλήθεια της ζωής, τότε αλί και τρεις αλί. Τι νόημα θα έχει τότε η ζωή; Είσαι ενήλικας, παύεις ξαφνικά να είσαι παιδί. Και μάλιστα αγνό παιδί. Εκεί έρχεται και η γήρανση η εξωτερική σαν μια αλήθεια σκληρή.

Όταν νιώθεις ότι είσαι εργαζόμενος νιώθεις μια μικρή ανακούφιση. Έχεις κάποια δικαιώματα, έχεις κι εσύ κάποια ζωή. Όταν όμως συνειδητοποιήσεις ότι δεν είσαι εργαζόμενος αλλά σκλάβος με κάποια αμοιβή, τότε αλλάζει πολύ η ζωή. Δε διαβάζεις την ιστορία των σκλάβων ως μια ιστορία μακρινή, αλαργινή, αλλά τη βιώνεις στη δική σου τη ζωή. Δε λυπάσαι εκείνους που τους μαστίγωναν και τους έδερναν αλλά λυπάσαι το μαστίγιο που τρως εσύ με βία λεκτική και ψυχολογική και το αποδέχεσαι σαν να ήταν μια κατάσταση φυσιολογική. Νομίζεις ότι οι δημοκρατίες που σου έφτιαξαν είναι για να καλοπερνάς εσύ; Μην είσαι τόσο αφελής. Η λέξη «δημοκρατία» υπήρχε και τότε που υπήρχαν σκλάβοι. Δημοκρατία ήταν και αυτή, αθηναϊκή, ρωμαϊκή αλλά με σκλαβιά πολλή. Στα ονόματα και στους τίτλους κολλάς; Γιατί δε βλέπεις την ουσία; Απλώς σήμερα είσαι σκλάβος περιωπής. Σκλάβος της στιγμής, εκείνης της στιγμής που επέλεξαν οι άλλοι να την υποστείς. Είσαι σκλάβος και δεν μπορείς καν να αντισταθείς γιατί έτσι τοποθετήθηκες στην ιστορική χρονικά στιγμή. Διαπίστωση θλιβερή αλλά αληθινή.

## Ανάμεσα στο Εγώ και στο Εμείς

Αν θέλαμε να κάνουμε μια τέτοιου είδους κατηγοριοποίηση στον ελληνικό λαό, θα βλέπαμε ότι ο λαός αυτός, μεταξύ του εγώ και του εμείς, στέκεται καθαρά στο Εσύ. Τι κάνεις εσύ, πώς το κάνεις εσύ, γιατί το κάνεις εσύ, ποιος είσαι εσύ και όλα τα σχετικά και, τελικά, άσχετα με την ουσιαστική πρόοδο του ανθρώπου. Γιατί το εγώ, μπορεί μεν να είναι εγωιστικό όμως οδηγεί σε κάποια ιδιοτελή πρόοδο και το εμείς μπορεί να είναι σοσιαλιστικό αλλά, με τη σειρά του, οδηγεί σε κάποια ανιδιοτελή πρόοδο. Αντιθέτως το εσύ οδηγεί στο «καμία πρόοδος». Πολύ απλά ο χρόνος που χάνεται για να εξασφαλιστεί η παρακολούθηση αλλά και η άνευ νοήματος αναγνώριση από έναν κακόπιστο λαό, οδηγεί σε τέτοιο χάσιμο χρόνου όπου η μετατροπή του δημιουργικού σκοπού σε κουτσομπολιό και σε κακοήθεια χειρίστου είδους έχει επιτευχθεί. Μέχρι εσύ να δώσεις το πράσινο φως της αποδοχής της σκέψης των άλλων ως ορθής και χρήσιμης για την κοινωνική εξέλιξη, έχει χαθεί τόσος πολύτιμος χρόνος που, ενδεχομένως, το μόνο που έχεις προλάβει είναι η καταστροφή. Εξέλιξη μεν και αυτή, αρνητική δε.

Και να δεχτεί κανείς ότι ο Έλληνας έμεινε στάσιμος αδυνατώντας να ακολουθήσει τις τόσες αλλαγές που του επιφύλασσε η μακρόχρονη ιστορία του, που κατά έναν τρόπο τον κατέστησε παρατηρητή του εαυτού του. Αυτό φυσιολογικά συμβαίνει. Όταν οι αλλαγές, θετικές και αρνητικές, ξεπερνούν τις αντοχές του ανθρώπου, τότε κουράζεται, αδρανεί και μένει ακίνητος παρατηρητής της ίδιας του της ζωής, μέχρι να αποφασίσει τι θέλει να κάνει. Γιατί μπορεί, κάλλιστα, μια, δυο, τρεις γενιές να μείνουν έτσι αποσβολωμένες περιμένοντας τη δική τους αλλαγή. Η όποια όμως απόφαση παίζει να είναι τόσο δύσκολη ή τόσο εύκολη αλλά καθόλου αντιληπτή από τον άνθρωπο που δοκιμάζει συνέχεια την αλλαγή. Όταν επίσης κολυμπάς στην απάθεια συνηθίζεις στην κατάσταση αυτή και δυσκολεύεσαι να μετακινηθείς σε αυτό που ονομάζουμε «καθαρή θέση». Έτσι μένεις έρμαιο του Εσύ, τι κάνεις εσύ, ποιος είσαι εσύ, γιατί είσαι εσύ και ούτω καθεξής. Αδυνατώντας να τοποθετηθείς στο «ποιος είμαι Εγώ ή στο ποιοι είμαστε Εμείς», κινείσαι σταθερά στο Εσύ, στάση μεροληπτική και σαφώς ανασταλτική για όποια γενιά θέλει να αναγεννηθεί. Σου ανατρέπει την όποια θετική εξέλιξη ζωής.

## Χρονική μεροληψία

Κάθε συγγραφέας γράφει σε μια εποχή με συγκεκριμένο σκοπό. Εκείνο που εκφράζει την ανησυχία του καθορίζεται συνήθως από το χρονικό σημείο που αναφέρεται μέσα στο κείμενο το σχετικό. Σήμερα ο αφηγητής βιώνει ένα πλαίσιο κοινωνικά, οικονομικά πολιτικά, ασφυκτικό. Οπότε είναι φυσικό να τοποθετείται μέσα σε μια ένταση που εκφράζει το τέλμα αυτό. Δε σημαίνει ότι η ζωή έχει αυτό το χρώμα γενικώς. Ζούμε ένα κλίμα ανατρεπτικό, κατά κύριο λόγο αρνητικό. Δε γνωρίζει κανείς εάν η νέα αναταραχή θα οδηγήσει πάλι σε έναν πόλεμο γενικό, όπως ακριβώς συνέβη στο παρελθόν. Υπάρχει όμως ένας φόβος ότι το σύστημα μέσα από τα αδιέξοδά του και με έναν ατέρμονο ανταγωνισμό, θα αναζητήσει λύση με τρόπο ριζικό. Όσο και αν το σενάριο αυτό φαίνεται αδιανόητο στη σκέψη του αφηγητή, είναι πολύ κατανοητό γιατί αυτό συμβαίνει στο παιχνίδι που ονομάζεται «καπιταλισμός». Είναι το σημείο ρήξης που καθορίζει ποιος θα παίξει ιστορικά πρωταρχικό ρόλο. Φυσικά την ανησυχία αυτή δε θα τη συμμεριστεί ένας Νορβηγός, που απολαμβάνει την ηρεμία ενός συστήματος όπου ο άνθρωπος πρωταγωνιστεί με τρόπο διαφορετικό, ειρηνικό, εξελικτικό. Όμως την ανησυχία αυτή θα τη συμμεριστεί πολύς κόσμος, που βιώνει το σύμπλεγμα αυτό, καθημερινά. Έτσι, ο αφηγητής δεν μπορεί να είναι διαχρονικός αλλά σαφώς μεροληπτικός. Εκείνος που είναι διαχρονικός φέρει μέσα του υπέρλαμπρο φως που διαπερνά κάθε εποχή ή που αποτυπώνει ορθά την επανάληψη όλων των εποχών, καθώς ο άνθρωπος έχει κολλήσει τη ζωή του στο στάδιο αυτό, το πρωτόγονο και πρωταρχικό.

Και εμείς, οι συγγραφείς των έργων αυτών, από εσωτερική ανάγκη καταγραφής των ψυχολογικών διαρροών, καταφεύγουμε στη γραφή αυτών των γεγονότων. Δεν κολλάμε στην εποχή μας και ψάχνουμε την όποια φυγή από αυτή. Αν ζούσε ο αφηγητής σε άλλο μέρος, σε άλλο καθεστώς, ίσως να μην είχε ανάγκη από το γράψιμο αυτό. Ίσως να του ήταν εντελώς περιττό, αν και δεν υπάρχει κοινωνία όπου ο άνθρωπος ένιωσε τελείως αποδεκτός. Πάντα υπάρχει κάτι που τον κρατάει εκτός. Αυτός είναι ένας απαράμιλλος σταυρός, δύσκολος για κάθε νοήμονα άνθρωπο.

## Θεώρηση ζωής από έναν καταθλιπτικό

Δεν υπάρχει μεγαλύτερη απόδειξη της φύσης του ανθρώπου από αυτή του παιδιού που τρέχει, όπου βρεθεί, για να αγοράσει γλυκό. Από παιδί ο άνθρωπος αναζητά στη ζωή του κάτι γλυκό. Δεν ευχαριστιέται τόσο όσο όταν κατακτήσει το γλυκό αυτό. Δε θέλει ο άνθρωπος το κακό. Οι συνθήκες καμιά φορά τον οδηγούν σ' αυτό. Λυπηρό αλλά πραγματικό.

Η νέα γενιά ταλαντεύεται ανάμεσα σε μωρά με ενήλικο βλέμμα και σε μωρά με βλέμμα που θυμίζει μωρό. Αγνό μωρό. Τα μεν θα εξελιχθούν σε εξελιγμένα μυαλά πολύ σκληρά και επικίνδυνα, καθώς δε θα με μεγαλώσουν ποτέ με αγνό σκοπό. Είναι δεδομένο ότι όταν ένας άνθρωπος ενηλικιωθεί και χάσει την παιδικότητά του παύει να είναι αθώο μυαλό. Όταν όμως τη διατηρεί παραμένει αγνό παιδί.

Σκεφτείτε το παιδί που μεγαλώνει με μυαλό ενηλίκου. Ανατριχιαστικά φοβερό το τι θα γεννήσει το μυαλό αυτό. Δε λυπάται ο αφηγητής να σκεφτεί ότι με τέτοια γενιά στο μυαλό θα υποστεί η ανθρωπότητα δοκιμασία σε επίπεδο διαφορετικό. Είναι δεδομένο ότι η εποχή αλλάζει με τρόπο ασύλληπτο και σκληρό. Η στιγμή της μετάλλαξης της φύσης του ανθρώπου είναι η στιγμή της απόλυτης ένδειας, διότι δε μεταλλάσσεται μόνο η ψυχή, μεταλλάσσεται και το μυαλό. Και ενώ, η ψυχή χαλιναγωγείται με ορισμένο τρόπο, το μυαλό υπερβαίνει τα όρια της ψυχής και δε χαλιναγωγείται τόσο εύκολα. Ξεπερνά το λογικό. Πολλοί άνθρωποι χαλιναγώγησαν τα πάθη τους αλλά λίγοι κατάφεραν να χαλιναγωγήσουν το ευφυές μυαλό. Και όταν το μυαλό αυτό σκέφτεται από τη φύση του με τρόπο προχωρημένο και απόλυτα σκληρό, οι συνέπειες οδηγούν σε κάτι πραγματικά άσχημο και ολέθριο.

Καθώς η θεώρηση του καταθλιπτικού έχει στο επίκεντρο τον φόβο, υπάρχει σταθερά κάτι το μεροληπτικά αρνητικό. Ωστόσο οι διαπιστώσεις που προέρχονται από καταθλιπτικό άτομο είναι φιλτραρισμένες σε σχέση με το αντικειμενικά αντιλαμβανόμενο «αρνητικό». Διότι δε γεννιέται ο άνθρωπος ξαφνικά καταθλιπτικός, αλλά βλέπει, ακούει, παθαίνει και οδηγείται στον δρόμο αυτό. Όχι από εγωισμό αλλά καθαρά από αντίληψη σε αυτό που εμείς οι Έλληνες ονομάζουμε «τραγικό». Κάτι δηλαδή ασύλληπτα στενάχωρο, που ξεπερνά τα ανθρώπινα μέτρα. Και αυτό ακριβώς προκαλεί και τον έντονο θαυμασμό στο τραγικό: ότι δεν το βιώνουν όλοι και όσοι το βιώνουν ξεπερνούν το σωστό. Το όριο που υπάρχει σε καθετί λογικό. Αλλιώς γιατί να εντυπωσιάζει το τραγικό;

Είναι δεδομένο ότι όσοι ήλθαν σε πλήρη θέαση με το τραγικό, ή τρελάθηκαν ή αναγκάστηκαν να υποκύψουν στη μελαγχολία που προκαλεί το θέαμα αυτό. Εκείνοι που τρελάθηκαν δεν άντεξαν το τραγικό και σάλταραν, δηλαδή πήδηξαν στην άβυσσο που κρύβει κάθε μυαλό. Και εκείνοι που κάπως άντεξαν δε σάλταραν αλλά έμειναν εγκλωβισμένοι στο φρικτό θέαμα που αμέσως θλίβει το παθημένο μυαλό. Και το θλίβει γιατί κάτι μέσα του τού λέει ότι αυτό που συνέβη δεν ήταν απλά σωστό

Και το τραγικό δεν είναι η φτώχεια αυτή καθ' εαυτή, αλλά να ζεις φτωχός όταν οι άλλοι ζουν με τρόπο διαφορετικό. Τραγικός είναι και ο πλούτος όταν ζεις μέσα σε κόσμο φτωχό. Δεν έχεις με ποιους να μοιραστείς την άνεση του πλούτου και συγχρόνως τους φοβάσαι όλους γιατί δεν έχουν μερίδιο από αυτόν τον πλούτο. Τραγικό είναι καθετί που αντιβαίνει την ιδιότητα που έχει το μυαλό και η ψυχή να προσαρμόζονται σε μία κατάσταση που είναι ή θυμίζει το φυσιολογικό. Αν ο λαός είναι φτωχός φαίνεται τραγικό σ' εμένα που δεν είμαι φτωχός αλλά ο λαός δεν το ζει με τρόπο τραγικό. Επιβιώνει στο φτωχό επίπεδο που βρίσκεται. Όταν όμως εγώ κάποτε ήμουν πλούσιος και τώρα είμαι φτωχός τότε, ναι, είναι τραγικό επειδή δεν προλαβαίνει ο άνθρωπος να προσαρμοστεί εύκολα σε ακραίες αλλαγές. Γιατί απλούστατα δεν είναι μηχανή το μυαλό. Αλλά μπορεί να γίνει και αυτό εφόσον άνθρωπος δημιούργησε τη μηχανή για τον σκοπό αυτό. Τη μηχανή της άμεσης αλλαγής από μία κατάσταση σε άλλη. Ωστόσο σε ψυχολογικό επίπεδο δεν είναι τόσο εύκολο γιατί άπτεται σε αυτό που λέμε «μετάλλαξη» από τον ένα σκοπό στον άλλο σκοπό και έτσι διαφοροποιεί απότομα όλον τον μηχανισμό που έχει ένα μυαλό.

Ας ψάξουμε το τραγικό βαθύτερα από ένα απλό παράδειγμα για να καταλάβουμε τι πράγματι είναι τραγικό. Σίγουρα δεν βιώνει όλος ο κόσμος το τραγικό και αυτό είναι καλό. Γιατί αν όλος ο κόσμος το βίωνε δε θα είχε την υπόσταση που ακουμπά το διαφορετικό. Συνήθως άνθρωποι που σκέφτονται, αισθάνονται και πράττουν με τρόπο διαφορετικό, ζουν το τραγικό στη ζωή τους γιατί απλά αντιβαίνουν το φυσιολογικό και η ζωή τούς κερνάει καλά γι' αυτό.

Πιάσε όποιον έζησε κάτι το τραγικό και μελέτησέ τον. Η ζωή του είχε από την αρχή κάτι το διαφορετικό. Δεν είναι τιμωρία το διαφορετικό, αλλά σίγουρα οδηγεί σε έναν δρόμο που καμιά φορά είναι και τραγικός. Γιατί άραγε συμβαίνει αυτό; Συμβαίνει γιατί άλλοτε το διαφορετικό πέφτει θύμα εκμετάλλευσης από το μη διαφορετικό, άλλοτε γιατί ενοχλεί το διαφορετικό, άλλοτε γιατί προκαλεί φθόνο το διαφορετικό και άλλοτε γιατί η μοίρα του είναι αυτή: το τραγικό.

*Fruste*

# Ποιος θα μοιράσει την ευθύνη;

Ποιος λοιπόν σοβαρός άνθρωπος θα μοιράσει την ευθύνη για καθετί που άδικα ή και δίκαια συμβαίνει; Σαφώς όταν είναι δίκαια κανείς δεν παραπονιέται γιατί ικανοποιείται το αίσθημα του δικαίου που αναπτύξαμε με κάποιον ορισμένο τρόπο εμείς οι πολιτισμένοι άνθρωποι, οι ελάχιστοι βέβαια. Γι' αυτό και η ευθύνη φαντάζει προνόμιο λίγων και όχι πολλών. Όποιος πάντως την αναλαμβάνει, είτε αντιπροσωπεύοντας άλλους, είτε τις ευθύνες άλλων ακόμα και για λάθη, λυτρώνεται. Γιατί απλά παύει να διακατέχεται από το σύνδρομο της αδικίας και αναλαμβάνει ενεργό δράση στα περιθώρια που έχει. Το ότι φαντάζει ο κόσμος σαν κάτι προκαθορισμένο από λίγους, αυτό είναι επίσης μια άλλη τρέλα της ζωής. Γιατί, πότε οι λαοί είχαν τη μοίρα στα χέρια τους και όχι κάποιοι, λίγοι, που έκαναν τους λαούς ό,τι θέλουν; Όσο βασιλεύει η άγνοια οι φτωχοί γίνονται φτωχότεροι και πλούσιοι πλουσιότεροι και δυνατότεροι. Δεν είναι τυχαίο ότι η κακή παιδεία ή η καθόλου παιδεία, βόλευε σταθερά ορισμένους. Από την άλλη, η πολύ καλή παιδεία στοιχίζει ακριβά και την πληρώνουν μόνο όσοι έχουν να πληρώσουν. Βέβαια και αυτοί εκπαιδεύονται για να γίνουν οι τύραννοι των άλλων που μένουν απαίδευτοι, αλλά με κομψό τρόπο. Καλό είναι να μη φαίνεται αυτή η πλύση εγκεφάλου που υφίστανται και οι δυνατοί. Ακόμα και η σπάνια συνειδητοποίηση αυτής της ευθύνης των παιδευμένων ανεγκέφαλων δεν αλλάζει τη γνώμη των ισχυρών γιατί αλλαγή της γνώμης θα σήμαινε κατάρρευση προνομίων που, μετά, δεν αποκαθίστανται με κανέναν τρόπο. Έτσι, ακόμα και οι λίγοι ευαισθητοποιημένοι της φάσης αυτής δε θα τολμούσαν να προκαλέσουν μια ριζική αλλαγή της μοίρας τους με ασύλληπτες συνέπειες. Κάνουν λοιπόν, όπως θα έλεγε ο λαός, «τουμπεκί ψιλοκομμένη» και περιορίζουν την ευαισθησία τους σε λιγότερο απειλητικές μορφές έκφρασης, μορφές που δεν προκαλούν συνολική κατάρρευση αλλά περιορισμένη αμφισβήτηση. Το σύστημα δεν ανατρέπεται από τους περιθωριακούς μιας πνευματικής ελίτ αλλά από τις μάζες, που καλό είναι να παραμένουν ανεκπαίδευτες και κοιμισμένες. Εξάλλου, όπως είπαμε, στοιχίζει ακριβά η εκπαίδευση και παραμένει προνόμιο λίγων. Κάπως έτσι διαλύθηκε η μεσαία τάξη της εποχής μας και με συνοπτικές διαδικασίες πέραν πάσης αμφισβήτησης.

## Άνθρωπος και φύση

Καταιγίδες, τυφώνες, σεισμοί, εκρήξεις, τσουνάμι, πλημμύρες, ξηρασίες, πυρκαγιές, καταστροφές μεγάλες. Η μανία της φύσης εξουσιάζει. Και δεν απουσιάζει ο άνθρωπος. Πόσες φορές είδαμε ανθρώπους να βγάζουν ξεσπάσματα τέτοιας συμπεριφοράς; Ή πόσες φορές η ίδια μας η ζωή διακατέχεται από τέτοιες ατυχίες ασταμάτητα; Δεν είναι ανάγκη να είναι φυσικά φαινόμενα όπου και εκεί τυραννιέται ο άνθρωπος διότι δεν μπορεί να τα ελέγξει. Είναι και από συμβάντα της ζωής που η διάσταση, η διάρκεια, η ένταση, θυμίζει τέτοιες ανάλογες φάσεις.

Δεν είναι απομονωμένος από τη φύση ο άνθρωπος και ό,τι του συμβαίνει είναι δίπλα του, μέσα του, γύρω του. Απλά δεν μπορεί να το καταλάβει. Οι εσωτερικές αναζητήσεις, διεργασίες, αναταράξεις, όλα στη φύση υπάρχουν. Δεν απαλλάσσεται ο άνθρωπος. Ίσα ίσα είναι μέρος αυτών των φαινομένων στη δική του μικρή διάσταση. Ποιος, αλληγορικά ή κυριολεκτικά, έζησε ζωή χωρίς τέτοια πράγματα; Πόσες φορές ήταν η ζωή μας ένα κουφάρι που χτυπιέται αλύπητα από διάφορες καταστάσεις που μάλιστα η μία διαδέχεται την άλλη; Βέβαια οι ατυχίες διαφέρουν από άνθρωπο σε άνθρωπο, ή μάλλον καλύτερα οι δοκιμασίες. Γιατί μπορεί εμείς οι μοιρολάτρες να τις ονομάζουμε «ατυχίες» όμως στην ουσία δεν είναι τίποτα άλλο από τη φύση που περιλαμβάνει και τον άνθρωπο.

Βέβαια δε συζητάμε για το άδικο που πνίγει έναν άνθρωπο που κατακλύζεται, μαστίζεται από τέτοια πειράματα. Είναι αναπάντεχο, φοβερό και οπωσδήποτε άδικο, αλλά συμβαίνει. Συμβαίνει η μία καταστροφή να ακολουθεί την άλλη. Η μία τυραννία να ξεπερνά την προηγούμενη σε μέγεθος και σε βάθος. Ωστόσο έτσι είναι η ζωή και για να το καταλάβετε κοιτάξτε προσεκτικά πόσο μανιωδώς τρελαίνεται η φύση, τι λαχτάρες προκαλεί και σε τι διάρκεια. Και ο άνθρωπος ακολουθεί σε μια περίεργη αλληλουχία τα ίδια πράγματα, τις ίδιες δοκιμασίες, τα ίδια πάθη. Τόσο, που ορισμένες φορές ξεριζώνεται, καταστρέφεται, όπως και η φύση σε τέτοιες εκφάνσεις ξεριζώνει και καταστρέφει άλλα και άλλους. Δύσκολο να πιστέψουμε λοιπόν ότι η φύση δεν μας αφορά. Αν κοιτάξουμε καλά θα δούμε φυσικά πράγματα που κανείς όμως δεν εύχεται να τα χορτάσει. Για τη φύση βέβαια δεν υπάρχει διάκριση. Έτσι και για τον άνθρωπο που, θέλει δε θέλει, θα περάσει τα δεινά του.

# Καταστροφή

Ποια καταστροφή να μνημονεύσω εδώ; Δηλαδή ποια από όλες γιατί είναι πολλές και όλες διαλεκτές, αξιομνημόνευτες. Σε μία καταστροφή δε μετράει τι σκέφτεσαι εσύ ή εγώ, ούτε και ποιος την προκάλεσε αλλά ποιος την υφίσταται σε σημείο τέτοιο που να του καθορίζει το όποιο μελλοντικό σχέδιο. Σκοπός ζωής, που ξεκινάει μετά από καταστροφή, είναι σαφώς μεροληπτικός. Είτε γιατί η μοίρα έχει μεροληπτήσει με την καταστροφή του, είτε γιατί ο παθών μεροληπτεί με βάση αυτό. Το νόημα είναι να συνεχίζει κανείς μεροληπτικά ή μη προς έναν σκοπό. Εξάλλου, η αλήθεια είναι ότι ο άνθρωπος για να ζήσει χρειάζεται έναν σκοπό, είτε να κοροϊδεύει τους άλλους και τον δικό του εαυτό, είτε γιατί όντως νιώθει πληρότητα ζώντας για έναν σκοπό. Δε φτάνει κανείς στον τελικό σκοπό γιατί έτσι είναι γραφτό. Η ανθρωπότητα έχει συνέχεια. Ο δικός μας σκοπός πρέπει να συνεχιστεί από έναν άλλο διαδοχικό σκοπό. Και πού κολλάει, θα διερωτηθείτε, η καταστροφή σε όλο αυτό; Μάλλον στο ό,τι δεν καταστρέφεται, γίνεται πιο δυνατό, πιο ανθεκτικό. Χωρίς να είναι δεδομένο ότι θα ζήσει για έναν σκοπό, απλά υφίσταται με τρόπο ανθεκτικό. Η αντοχή είναι εργαλείο σημαντικό. Ωστόσο είναι ένα εργαλείο βαρύ πολύ και κουραστικό.

Είναι δυνατόν να εστιάζει ο αφηγητής συνέχεια στο αρνητικό; Είναι σαφώς ενοχλητικό και αδυνατεί ο αναγνώστης να πιστέψει ότι η ζωή πηγάζει από το κακό. Σκοπός βέβαια του αφηγητή δεν είναι το μη ρεαλιστικό αλλά ούτε και το ρεαλιστικό. Καλύτερα βλέπει τα πράγματα κάτω από το ρεαλιστικό, στο σουρεαλιστικό. Δεν είναι και πολύ φρόνιμο αυτό αλλά παραδέχεται ο αφηγητής την απόρριψη στο δικό του τελείως υποκειμενικό.

*Fruste*

# Η σύγκρουση, η αντίθεση εντός

Θα έχετε καταλάβει ήδη ότι το ύφος του αφηγητή είναι συγκρουσιακό. Δηλαδή λέει και αναιρεί συνεχώς. Αυτό μπορεί να είναι ψυχολογικό κατάλοιπο αλλά μπορεί να είναι και η παραδοχή ότι στη ζωή υπάρχει «το αυτό αλλά και το άλλο αυτό». Είναι μάλλον τόσο κομπλεξικός που δε θέλει να αμφισβητηθεί για κάτι. Άλλος βέβαια μπορεί να πει ότι είναι απλώς ένας άνθρωπος ανοιχτός σε καθετί που ξεπερνάει τη δική του σκέψη, το δικό του μυαλό. Εξάλλου και ένας αφηγητής, ένας όποιος αφηγητής, ένας άνθρωπος είναι και αυτός που, απλά, βλέπει τον κόσμο με ένα μάτι διαφορετικό. Άλλοτε συμπαθητικό ή λιγότερο συμπαθητικό, αλλά διαφορετικό. Καμιά φορά περιθωριακό αλλά δε φταίει ο αφηγητής γι' αυτό. Συνήθως μια αυτοβιογραφία περιλαμβάνει κοσμικά, βιώματα και σάλτσες περί το κοινωνικό. Εδώ ο αφηγητής ποσώς ενδιαφέρεται γι' αυτό. Παραθέτει απλώς έναν κόσμο, όπως ο ίδιος τον έζησε σε επίπεδο πνευματικό. Ποσώς μας νοιάζει το κουτσομπολιό. Μας νοιάζει να αφήσουμε ελεύθερο τον νου στο στυλ αυτό. Να δώσουμε ελευθερία στον αναγνώστη είτε να μας ακολουθήσει, είτε να μας ξεχάσει εντελώς. Να δεχτούμε την απόρριψη πριν δεχτούμε ό,τι καλό, και έτσι να κινηθούμε λυτρωτικά εμπρός.

Όταν η κοινωνία που ζεις σε τοποθετήσει στο περιθώριο και νιώσεις το τίποτα, τότε μόνο γίνεσαι ικανός στη ζωή σου, τη δική σου ζωή. Διότι δεν περιμένεις τίποτα σπουδαίο προσεχώς, οπότε κινείσαι παράλληλα και ελεύθερα με τον δικό σου εαυτό. Βέβαια αυτό ισχύει ίσως για ένα περιθωριακό άτομο αλλά δεν ξέρω και κανέναν σοβαρό άνθρωπο που κάθισε και έγραψε ή τέλος πάντων που προβληματίστηκε λαμβάνοντας υπόψιν τον κοινωνικό συρφετό που, στην τελική, πολύ που νοιάστηκε να προβληματιστεί για το αν έχει ή δεν έχει έναν τελικό ή έστω και ενδιάμεσο σκοπό. Έτσι, γράφω τελείως ελεύθερα από το κοινωνικό σκατό, που ναι μεν με απασχολεί καθώς έχω υποστεί πολλά δεινά από αυτό, αλλά από την άλλη με αφήνει αδιάφορο γιατί ελάχιστα καλά κέρδισα για να ασχοληθώ. Εκφράζομαι έτσι ανοιχτά για να καταλάβει ο αναγνώστης πόσο περιθώριο νιώθω αλλά και πόσο απαλλαγμένος από αυτό. Επίσης μιλώ σε πρώτο ενικό, παρότι δεν το συνηθίζω, γιατί απλά απαλλάσσομαι από έναν ενοχικό φόβο, που σημαίνει «ποσώς πλέον με νοιάζει τι θα πείτε κατευθείαν εσείς στα μούτρα μου». Το ύφος βέβαια αλλάζει και δε θα απολογηθώ. Αλλάζει γιατί το θέλω εγώ. Δεν είδα τόσα και τόσους που μου επιβλήθηκαν να απολογούνται ποτέ.

Ο αφηγητής έχει τουλάχιστον την ευγένεια να είναι ειλικρινής. Επιβάλλει το στυλ του χωρίς να επιβάλλεται στο δικό σας Εγώ. Μόνο το στυλ τον ενδιαφέρει και αυτό είναι αρκετό. Κάποτε, ίσως κάποιοι να εξελιχθούν από το γράψιμο αυτό λαμβάνοντας υπόψιν ότι ο άνθρωπος αυτοανακαλύπτεται όταν παίξει ζόρικα με τους άλλους αλλά και με τον δικό του εαυτό. Είναι πολύ προκλητικό αυτό και ίσως αξιοπερίεργο το γιατί πρέπει να συμβεί. Όμως είναι απλό: αν δε συμβεί αυτό, δεν μπορώ, ως άνθρωπος να εξελιχθώ. Να καταλάβω με σιγουριά τι μου πάει και τι δε μου πάει εντελώς. Και δώστε σημασία στην κυριολεκτική σημασία του «εντελώς». Όποιος επαναλαμβάνει τα ίδια λάθη, είτε είναι εξαρτημένος από τα λάθη του γιατί έμαθε να ζει με αυτόν τον τρόπο, είτε είναι απλά χαζός. Εγώ, ως αφηγητής, δεν εξαιρούμαι από αυτό. Γι' αυτό και είμαι κολλημένος στο συγκεκριμένο σημείο, το ανόητο και καταστροφικό. Όταν αλλάξει όμως, θα μπορώ να σας γράψω με άλλον σκοπό, ίσως πιο θετικό. Και θα είναι κι εκείνο αληθινό όπως αληθινό είναι και αυτό που παραθέτω τώρα. Εξάλλου, όπως είναι γνωστό, η πραγματικότητα δεν έχει μία όψη. Παίζει ρόλο το περιβάλλον, οι συνθήκες, το άτομο, οι δομές και όλο το σκηνικό.

Είσαι στο μέλι, σκέφτεσαι με τρόπο θετικό. Είσαι στον βούρκο, σκέφτεσαι μυρίζοντας το σκατό. Άρα η γραφή σου επηρεάζεται με τρόπο υποκειμενικό. Οι μεγάλες αλήθειες ζωής θέλουν χρόνο, πείρα, υγιές συναίσθημα και μυαλό ανοιχτό για να αποδοθούν με τρόπο ουσιαστικό. Αυτές είναι προνόμιο ολίγων και σπουδαίων μυαλών, ανεξάρτητα εποχής και συνθηκών. Είναι άνθρωποι που υπερέβησαν τον εαυτό τους ή που απλά κατέγραψαν τη ζωή με λογικό τρόπο. Οι αλήθειες ζωής δεν περιμένουν τον χρόνο για να αποδειχθούν. Κουβαλάνε μέσα τους το αυταπόδεικτο. Το αληθινό. Κάτι που απέχει πολύ από το επιφανειακό, από αυτό που κινείται προσωρινά με τα πράγματα που ορίζει η εκάστοτε εποχή, ο εκάστοτε καιρός.

*Fruste*

## Να πιστέψουμε τι;

Να πιστέψουμε τι; Ότι είμαστε σπουδαίοι και σημαντικοί και ότι ήρθαμε να προσφέρουμε λύσεις σ' αυτόν τον κόσμο; Ποιος μας ρωτάει επί της ουσίας τι θέλουμε και ποιος μας βοηθάει να τον κατακτήσουμε; Έντονο πόνο ένιωσα όταν είδα τον κόσμο να αγωνίζεται να δικαιολογήσει την ύπαρξή του. Μάταια τα λόγια, μάταια τα έργα, μάταια τα καλά, μάταια τα κακά. Τι κομμάτι συνεισφέρουμε εμείς στην ιστορία και ποιος τελικά νοιάζεται γι' αυτό; Κάθε ανθρώπινη γενιά ζει τον δικό της πόνο, στον δικό της μοναδικό χρόνο, αλλά και τι άλλαξε από γενιά σε γενιά; Άλλαξε μήπως η αδικία, άλλαξε μήπως ο πόνος; Βάλτε τον κόσμο κάτω και δείτε πόσοι άνθρωποι πραγματοποίησαν, όχι όνειρο, αλλά ακόμα και έναν απλό στόχο. Άλλοι θα σας μιλήσουν για τη μοίρα, άλλοι για την αποφασιστικότητα και την ανθρώπινη βούληση και γενικά θα βρεθείτε μπερδεμένοι σε λέξεις, έννοιες, σοφίες και σε, άλλα αντί άλλων, συναισθήματα.

Τελικό συμπέρασμα με απόλυτη βεβαιότητα δεν υπάρχει. Άλλος θα σας ζαλίζει με τον έναν προφήτη, άλλος με τον άλλο, υπάρχει και ο άθεος που, ναι μεν δεν πιστεύει αλλά θέλει να πείσει για το δίκιο του, και πάει λέγοντας. Ονόματα προφητών δεν αναφέρω για να μη θιγεί η υπόληψη του αναγνώστη, μιας και η πίστη από όπου κι αν πηγάζει και κατευθύνεται, είναι θέμα ευαίσθητο, προσωπικό. Ωστόσο όλο αυτό το κατασκεύασμα της ανθρώπινης ανασφάλειας δείχνει έναν τεράστιο ψυχαναγκασμό και οφείλω να απαντήσω σε ένα ερώτημα χωρίς να έχει τελικά νόημα ούτε το ερώτημα, ούτε η απάντηση.

Δηλαδή, αν μάθω τελικά τι και γιατί συμβαίνει, θα αλλάξω τον κόσμο και θα τον φέρω στα μέτρα μου; Και βεβαίως θα ισχυριστεί κάποιος ότι «ακόμα και αν δεν αλλάξεις τον κόσμο, θα βρεις την ηρεμία μέσα σου». Και απαντώ: ποιος μας δουλεύει; Τι ψευτιά είναι όλο αυτό; Άμα εγώ βρω τις λύσεις και τις απαντήσεις και όλος ο κόσμος γύρω μου κοιμάται και έχει κολλήσει εκεί, στον απέραντο ύπνο του, θα αλλάξει κάτι ή απλά εγώ που ξύπνησα θα απογοητευτώ βλέποντας τους άλλους στον απόλυτο λήθαργο χωρίς καμιά ένδειξη αφύπνισης από αυτόν; Ή μήπως, ακόμα χειρότερα, κινδυνεύω να παρέμβω στον ύπνο τους σαν εφιάλτης και να τιμωρηθώ για διατάραξη ύπνου και μάλιστα με τρόπο κακό. Σάμπως δεν τα έχουν πει οι αρχαίοι; Μήπως για καινούρια τα διαπιστώνω εγώ;

Αλλά η ουσία είναι, και αν διαβάσαμε και αν αναλύσαμε και αν ακόμα δώσαμε απαντήσεις, πού τελικά οδηγεί όλο αυτό; Γιατί το μόνο που βλέπω εγώ, ως αφηγητής που μπορώ να μιλώ με το απόλυτο θάρρος του δικού μου πλέον Εγώ, δε βλέπω και τίποτα άλλο στην ανθρώπινη συμπεριφορά παρά μια ανακύκλωση των ίδιων ενστίκτων και των ίδιων συμπεριφορών. Διαβάζοντας πίσω μπρος μου φαίνεται ότι το μόνο που αλλάζει είναι το ντύσιμο και το κούρεμα και αυτό κατά χρόνο σχετικό. Δηλαδή ούτε η πολιτική αλλάζει, είτε ζεις στη Ρώμη, είτε στο Βυζάντιο, είτε στην αρχαία Αθήνα, είτε στον καπιταλισμό, είτε στον κομμουνισμό. Ούτε η διαφθορά, ούτε η εκμετάλλευση από άνθρωπο σε άνθρωπο ή από άνθρωπο σε ζώο, άσχετα με το πώς τα βαφτίζουμε όλα αυτά και πόσο περίτεχνα τα περιτυλίγουμε για αποκρύψουμε το κολάσιμο και το ενοχικό. Ούτε η κακία έλλειψε, ούτε η εκδίκηση, ούτε ο πόλεμος, ούτε τίποτα το στρεβλό που να σε κάνει να πεις κάπως αλλιώς ότι «ναι, είδαμε μια εξέλιξη».

Ακόμα και ότι θα ταξιδέψουν κάποιοι στο φεγγάρι φέρει το διακριτικό κόστος του εισιτηρίου που είναι ενα εκατομμύριο ευρώ. Δηλαδή τα προνόμια της παντοτινότητας είναι προνόμια λίγων και σήμερα και τότε και άλλοτε. Και τίθεται η ερώτηση αν θα αλλάξει αυτό. Το κατά πόσο δε μας νοιάζει. Η σχετικότητα σε ρωτήματα που επιδέχονται σαφείς απαντήσεις είναι ένα εργαλείο χειραγώγησης πολύ κακό. Χειραγωγείται η ερώτηση για να μη δοθεί απάντηση, γιατί πολύ απλά απάντηση δεν υπάρχει. Μετά από αιώνες, ως άνθρωποι, θέλουμε κάποιες σαφείς απαντήσεις γιατί σπαταλήσαμε τους αιώνες στη σχετικότητα που βόλεψε ορισμένους και κατέστρεψε άλλους. Θα μου πεις βέβαια μια οξύμωρη αντίθεση μπορεί να είναι και αυτό. Η απάντηση σ' ένα απόλυτο ερώτημα είναι σχετική. Δηλαδή, δεν απαντά μεν, ικανοποιεί δε ένα ύφος ζωής, σχετικό με το ερώτημα.

Όλα τελικά υπάγονται στον ανθρώπινο ρεαλισμό. Ο άνθρωπος εξηγεί ή παρεξηγεί, ο άνθρωπος ερμηνεύει ή παρερμηνεύει, ο άνθρωπος ζει με θεό ή χωρίς θεό, ο άνθρωπος επιλέγει να ζει ή να μη ζει, πώς να ζει, πώς να μη ζει. Ο άνθρωπος ανήγαγε την ύπαρξή του σε κάτι σπουδαίο, θεϊκό, όταν στην ουσία είναι ένα μικρό σκουλήκι της ύπαρξης. Και ακόμα και αυτό που λέω μπορεί να μην ισχύει. Και ποιος είναι ο αφηγητής που θα επιβάλλει τι είναι λάθος και τι σωστό; Τι και αν με καίει να εξηγήσω τον κόσμο; Μήπως δε θα συνεχίσει να υπάρχει με ή χωρίς τον δικό μου εγωισμό; Μήπως θα σταματήσει η εξέλιξη ή το χάος για να ικανοποιηθώ εγώ; Μήπως έχει και τόση σημασία τι γράφει ένας μοναχικός αφηγητής; Μήπως αν ήταν μέρος της εξέλιξης ή της απλής ύπαρξης θα νοιαζόταν να το γράψει όλο αυτό;

Μην έχετε καμία αμφιβολία. Δε νοιάζεται κανείς, ούτε ο θεός. Η ζωή θα συνεχιστεί και αυτό είναι το καλό. Δεν τη φοβίζει ο ανθρώπινος εγωισμός. Τώρα γιατί υπάρχει άνθρωπος, αυτό είναι ένα ερώτημα που πρέπει να απαντηθεί από ειδικό ανθρωπολόγο.

Υπάρχει μάλλον ως ένα απλό δημιούργημα. Τίποτα το σπουδαίο ή εξελικτικό, μέχρι στιγμής...

*Fruste*

# Έννοιες που προκαλούν σύγχυση

Και ενώ ο βασιλιάς μιας χώρας ονομάζεται Ανώτατος Άρχοντας και τον τιμούν όλοι οι παρατρεχάμενοι, εντός και εκτός συνόρων, ο αντίστοιχος βασιλιάς της λαϊκής τάξης, της όποιας χώρας, ανεξάρτητα φυλής και προέλευσης, ονομάζεται τεμπέλης. Και ενώ ο ομοφυλόφιλος της αστικής τάξης ονομάζεται γκέι, ο αντίστοιχος της λαϊκής τάξης ονομάζεται κίναιδος. Και ενώ ο Βαλμόν της λαϊκής τάξης είναι μάγκας, ο αντίστοιχος της αστικής τάξης είναι απρεπής. Και ενώ ο άνθρωπος παραμένει ίδιος, οι τίτλοι του αλλάζουν συνέχεια.

Δεν υπάρχει κοινό σημείο συνεννόησης μεταξύ των ανθρώπων και αυτό μας προβληματίζει. Τα ίδια βλέπουμε, αλλιώς τα ονομάζουμε. Τα ίδια κάνουμε, αλλιώς τα ονομάζουμε. Άλλοι λένε ότι η διάκριση είναι ταξική, άλλοι λένε πνευματική, άλλοι ότι είναι ουσιαστική. Κανείς όμως δεν αναρωτιέται ποιον τελικά ωφελεί η διάκριση. Ή ίσως, καλύτερα, η διάκριση δημιουργήθηκε για να ωφελεί και εκείνοι που ωφελούνται συμπεριφέρονται σαν να μην τρέχει τίποτα το εξαιρετικό. Άλλοι φτάνουν στο σημείο της πολέμιας διάθεσης για υπεράσπιση αυτών των ασήμαντων διακρίσεων. Μιλάνε για κοινωνίες αταξικές, για κοινωνίες χωρίς έτσι ή αλλιώς και κανείς δεν καταλήγει σε ένα ασφαλές συμπέρασμα που να ικανοποιεί όλες τις πλευρές. Και αναρωτιέται ο αφηγητής, δεν είμαστε όλοι άνθρωποι; Δεν έχουμε λίγο πολύ όλοι τις ίδιες ανάγκες; Δεν κουβαλάμε μέσες άκρες το ίδιο μυαλό; Γιατί λοιπόν τόση σύγχυση γύρω από απλές έννοιες;

«Είναι θέμα αντίληψης» λένε ορισμένοι. Δηλαδή θέμα οπτικής προσέγγισης. Σαν να λέμε αλλιώς βλέπεις τον ήλιο από τον βόρειο πόλο και αλλιώς από την Αφρική. Ωστόσο όσο και αλλιώς να το βλέπεις, σίγουρα και οι δυο πλευρές αντιλαμβάνονται κάτι το φωτεινό. Σαφώς η μία πλευρά απλά φωτίζεται και η άλλη ζεσταίνεται αλλά και οι δύο πλευρές αναγνωρίζουν τη θετική διάσταση του ήλιου. Αλλιώς ζει ο ερημίτης στην έρημο και αλλιώς ο ερημίτης στα δάση. Αλλά και οι δύο καρπώνονται τη φιλοξενία της γης που τους φιλοξενεί. Σαφώς οι δυσκολίες αλλάζουν αλλά το σίγουρο είναι ότι και οι δυο αντιμετωπίζουν δυσκολίες αλλά και οφέλη από τη θέση τους αυτή.

Σε όλα τα πράγματα υπάρχει διαφορετική άποψη αλλά και κοινά σημεία που οφείλουμε να αντιλαμβανόμαστε όλοι, χωρίς ψυχαναγκασμούς αλλά με απλή παρατήρηση και λογική συναίνεση. Άλλωστε, μαζί κάπου κοινά ζούμε όλοι. Ο εγωισμός είναι κακό πράγμα και οδηγεί τον άνθρωπο σε άκαμπτη μεροληψία. Επίσης η καχυποψία είναι κακό πράγμα και οδηγεί τον άνθρωπο σε λάθος συμπεράσματα ή έστω λάθος εκτιμήσεις. Δε θέλουμε φόβο που να απομακρύνει, αλλά φόβο φυσικό που να προστατεύει. Δε θέλουμε θράσος που να ζημιώνει αλλά γενναιότητα που να μας ωφελεί. Θέλουμε μέτρο, και το μέτρο της λογικής είναι ο άνθρωπος. Η αμετροέπεια ξεκινάει από τον εγωισμό, ένα έντονο στοιχείο της ανθρώπινης φύσης συνδεδεμένο ίσως με την ανάγκη της επιβίωσης. Ωστόσο, άλλο ανάγκη επιβίωσης και άλλο ανάγκη απεριόριστης κυριαρχίας. Τι αντιλαμβανόμαστε από όλο αυτό; Ότι ο άνθρωπος μπορεί εύκολα να λύσει τα προβλήματά του αλλά από εγωισμό και καχυποψία δε θέλει να τα λύσει. Ξέρει ότι οι λύσεις υπάρχουν αλλά δεν αγοράζει τις λύσεις που τελικά τον ωφελούν. Έτσι επιλέγει να αυτοκαταστρέφεται και να αναλώνεται σε επιλογές που τον διαφθείρουν και τον καθιστούν έρμαιο των αρχικών πρωτόγονων ενστίκτων του, έτσι αμετάλλακτα και ακατανόητα όπως τα όρισε η φύση. Πιθανόν να είναι ανωριμότητα του αφηγητή ή καλή προαίρεση το γεγονός ότι αρνείται να αποδεχτεί ότι αυτή είναι η κύρια φύση του ανθρώπου. Ωστόσο, εφόσον υπάρχουν και άλλες γνώμες το θέμα αξίζει να εξεταστεί πάνω στη βάση μιας κοινής και απαραίτητης συναίνεσης της ανθρώπινης λογικής. Δεν είναι τυχαίο ότι και στα πιο απομονωμένα μέρη αυτού του κόσμου ζουν άνθρωποι που η συνείδησή τους υπαγορεύει κάποιες κοινές συμπεριφορές με ανθρώπους σε άλλα σημεία του κόσμου, μη απομονωμένα. Εκεί πρέπει να εστιάσουμε, αν θέλουμε. Εκεί και από εκεί και πέρα βλέπουμε τα υπόλοιπα.

Έχει επέλθει τέτοια σύγχυση στις ζωές των ανθρώπων που τα απλά μοιάζουν σύνθετα και τα σύνθετα απλά. Μοιάζει η ζωή με ένα κακοστημένο παραμύθι, γραμμένο από ξεμυαλισμένους συγγραφείς και ποιητές. Πού και πού εμφανίζονται κάποιοι φωτισμένοι και θυμίζουν τη λεπτομέρεια αυτή, που δεν έχει να κάνει με τίποτε άλλο παρά από μια απλή παρατήρηση. Είμαστε όλοι ίδιοι αλλά με διαφορετική προσέγγιση στα ίδια πράγματα. Η προσέγγιση αυτή φαίνεται να επηρεάζεται, όχι από ειλικρινείς καταστάσεις ή προθέσεις αλλά από ιδιοτελείς πράξεις και κίνητρα άμεσα συνυφασμένα με εγωιστικές ερμηνείες και σκέψεις. Βάλε μέσα και την εικόνα του «φαίνεσθαι». Τι είναι καλύτερο για μένα; Το είναι ή το φαίνεσθαι; Τώρα βέβαια θα με ρωτήσετε είναι αυτά θέματα προβληματισμού για ανθρώπους σε συστημικά αξιώματα και σε περίεργα γρανάζια αυτού του κόσμου; Όχι. Αλλά δε γίνεται και να υποκρίνεστε. Κάπου και αυτοί οι άνθρωποι σκέφτονται αυτά τα πράγματα. Ή έστω τα νιώθουν γιατί άνθρωποι είναι και αυτοί. Έστω κάποιες στιγμές. Ψυχή έχουν, λίγη μεν αλλά έχουν. Απλά δεν τους συμφέρει.

Όσο για τη συνείδηση πιθανώς να την έχουν τόσο πολύ μεταλλάξει, που καν δεν την ακούνε. Αλλά και αυτή τούς είναι υπαρκτή και κάποια στιγμή μπορεί και να τους αγγίξει. Δεν ελπίζουμε σε σπουδαίες αλλαγές αλλά τουλάχιστον ας παραδεχτούμε ότι το άσπρο είναι άσπρο και το μαύρο είναι μαύρο και όχι αντίθετα, γιατί έτσι συμφέρει κάποιους που έβαψαν την ψυχή και τη συνείδησή τους με χρώματα αγνώστων προελεύσεων. Να συμφωνήσουμε δηλαδή στο ελάχιστο. Να δεχτούμε φερ' ειπείν ότι ο ήλιος μας αρέσει ή δε μας αρέσει, μας καίει ή δε μας καίει, ότι είναι φωτεινός και σε χρώμα κίτρινο. Εκεί νομίζω θα υπάρχει συναινετική σκέψη. Αν υπάρχει εκεί, λογικά θα υπάρχει και στα άλλα, τα πιο μικρά από τον ήλιο.

## Αναμνήσεις κατάντιας

Αξίζει εδώ να αναφερθεί ότι ο αφηγητής υπήρξε άκρως φιλάσθενο άτομο με έντονα ψυχοσωματικά ζητήματα πάσης φύσεως και πάσης κολάσεως. Ωστόσο πάντα έβρισκε τρόπο να τα ξεπερνά και να ξεφεύγει από τον εκάστοτε κίνδυνο στον οποίο μόνος του έμπαινε, μόνος του έβγαινε. Κάτι σαν κρυφτούλι ένα πράμα. Κάποτε λοιπόν, ορμώμενος από την καταντημένη του νεότητα σε κατάσταση σοβαρής αρρώστιας και έχοντας συγγενή δίπλα του να τον καραδοκεί έγραψε: η επινόηση της αρρώστιας είναι ό,τι ακριβώς με βοηθάει για να τα βγάλω πέρα. Το αντιβιοτικό της είναι η δοκιμασία της θέλησης να πάω παρακάτω παλεύοντας με νύχια και με δόντια το κάθε σύμπτωμα, ψυχικό ή σωματικό, έτσι όπως έγινα.

Καμιά φορά τα αίτια της αρρώστιας οφείλονται στους άλλους και άλλες φορές σ' εμάς τους ίδιους. Όταν όμως οι άλλοι δε βοηθούν και δε βοηθάμε και εμείς οι ίδιοι τότε εγκλωβιζόμαστε σε καταστάσεις φοβερής πίεσης και απρόβλεπτων εξελίξεων. Σενάριο που κανείς δε θέλει να ζει, δε θέλει να ξέρει.

Δεν είναι αστείο, ούτε ευχαρίστηση να πιέζεται κανείς γιατί οι άλλοι δεν καταλαβαίνουν. Είναι μια φρικτή παγίδα, από την οποία δεν μπορεί κανείς να ξεφύγει εύκολα. Εκτός αν πραγματικά αντέχει και θέλει. Υπεραπλουστευμένο βέβαια αυτό γιατί σχετικό είναι και το πόσο ένας άνθρωπος αντέχει αλλά και το πόσο πρέπει να θέλει. Και γιατί θα πρέπει να αντέχει τόσο πολύ και να θέλει τόσο πολύ, κανείς δεν ξέρει. Το σίγουρο είναι ότι ο ψυχαναγκασμός στον οποίο ζει, δεν του πηγαίνει. Καλό είναι ο καθένας μας να μη μαθαίνει με τον εαυτό του σε αρρωστημένη σχέση.

## Συνειδησιακή σύγχυση

Αξιότιμη έννοια αν σκεφτεί κανείς ότι περιέχει σύγκρουση συναισθημάτων και συνείδησης. Είναι σαν να λέμε «νιώθω καλά με κάτι αλλά δε με βρίσκει συνειδησιακά υπεύθυνο». Ή και το αντίστροφο: «σκέφτομαι ότι πράττω σωστά κάτι αλλά δε με βρίσκει συναισθηματικά ελεύθερο». Πρόκειται για συνείδηση και συναίσθημα με συγκατοίκηση σε κοινό εγκέφαλο. Αυτό βέβαια δε σημαίνει ότι συμφωνούν. Χειρότερο είναι βέβαια όταν διαφωνούν έντονα και εδώ είναι που η λογική του ανθρώπου αναπτύσσεται και επιλέγει σύμφωνα με εκείνο που της πρέπει. Εάν η ροπή του ανθρώπου και οι αρχές του, αν θέλετε, τον πηγαίνουν προς τη συναισθηματική λογική, θα επιλέξει με γνώμονα το Συναίσθημα. Αν τώρα ο άνθρωπος διακατέχεται από τετράγωνη λογική, τότε θα κυριαρχήσει η Συνείδηση που έχει διαμορφώσει και εμπιστεύεται. Αν πάλι είναι πολύ ισορροπημένος άνθρωπος παίζει να σταθμίσει τα δυο, να τα φιλτράρει και να επιλέξει το Μέτρο, που μπαίνει ανάμεσα σε αυτά τα δύο.

Δύσκολη διαδικασία και η αλήθεια είναι ότι σε λογικές εποχές όλοι καταφέρνουμε να χάνουμε το μέτρο και να βιώνουμε συναισθηματικές ταραχές και ιδιαίτερες συγχύσεις που προκαλούνται, εν προκειμένω, από διαφορετικές λογικές από αυτές που μας αρέσουν. Έτσι έχουμε συνειδησιακή σύγχυση, δεν ξέρουμε τι θέλουμε και πού πηγαίνουμε. Ένα χαμένο συναίσθημα, αιωρούμενο που δεν ξέρει τι θέλει και τι δε θέλει. Μέχρι να βγούμε από αυτό το τούνελ, παίζει να είμαστε χαμένοι ή μπερδεμένοι. Σίγουρα όχι με ξεκάθαρη αντίληψη, με εδραιωμένη σκέψη.

Σίγουρα βέβαια αυτή ανάλυση δεν αφορά όποιον έχει βρει μέσα του τον σκοπό της δικής του ύπαρξης. Αυτός πορεύεται ελεύθερα. Οι άλλοι όμως, τι παίζουν; Εκείνοι που δε βρήκαν τον σκοπό σε πόση φασαρία σκέψης μπαίνουν, και σε πόσα ταραγμένα συναισθήματα; Γι' αυτούς ο συγγραφέας λέει τα καλύτερα γιατί παλεύουν με έχιδνες, μη υπαρκτές εκ των δεδομένων αλλά δημιούργημα της φαντασίας τους ή της ανατροφής που τους οδήγησε να σκέφτονται και να αισθάνονται έτσι, συγχυσμένα.

## Αξιοπιστία

Σε μια χώρα σοβαρά ξεπεσμένη τίποτα δε θυμίζει σοβαρότητα και τίποτα δεν παραπέμπει σε αξιοπιστία πολιτικής, οικονομικής και ηθικής σχέσης. Δηλαδή είναι ασύλληπτο, όσο και να ξέρει κανείς τους ακριβείς λόγους αυτής της κατάστασης, να πιστέψει την τεράστια στροφή που έχει συμβεί σε όλο το φάσμα που ονομάζεται «ανθρώπινες σχέσεις». Επίσης δεν μπορεί κανείς να είναι βέβαιος αν αυτό που εδώ συμβαίνει, συμβαίνει και αλλού με την ίδια ένταση, την ίδια βία και με τις ίδιες αντιθέσεις. Δηλαδή και να έσφιξε ο κλοιός στην Ευρώπη, σε άλλα μέρη δε θα είναι και τίποτα καινούριο καθώς ο κλοιός είναι και ήταν πάντα σφιχτός σ' εκείνα τα μέρη. Οι πολίτες εκεί πάντοτε γνώριζαν ότι είναι πρώτα υπήκοοι και μετά όλα τα άλλα. Υπήκοοι και υπάκουοι. Εδώ όμως έγιναν όλα γρήγορα και βίαια. Φτώχεια, πλούτος, χλιδή και πάλι φτώχεια εναλλάχτηκαν σε αστραπιαίους χρόνους, τέτοιους που να μη μπορεί κανείς πραγματικά να χωνέψει τι και γιατί συνέβη. Όχι από πλευράς γνώσης αλλά από πλευράς συνείδησης, βιωματικής συνείδησης. Συγχρόνως, και για κακή μας τύχη, αφού φάγαμε και ήπιαμε το καταπέτασμα και δεν έμεινε τίποτα στο τραπέζι, διαφαίνεται να διαμορφώνεται εν έτει 2016 μια νέα κουλτούρα ή μάλλον υποκουλτούρα στην ελληνική πραγματικότητα. Μια κουλτούρα όπου η ισοπέδωση, η απάθεια, η φιλαργυρία, η ζήλεια, η κακία, η γενικότερη αντιπάθεια σε ό,τι συμβαίνει, ναι όλα αυτά, παίρνουν θέση. Σπανίζουν οι καλές προθέσεις και οι όμορφες συνθέσεις. Ποιος έχει χρόνο τώρα για τέτοιες υποθέσεις; Μόνο οι τεμπέληδες, που και αυτοί πλέον στο κράτος κάρβουνο δεν έχουν θέση. Δεν υπάρχει κίνητρο ούτε για ιδανικά, ούτε για νέες ιδέες. Έχουν όλοι δοκιμάσει την εύκολη λεία, το τζάμπα τραπέζι και άντε να πείσεις ότι πρέπει να δουλέψεις σκληρά για να το ξαναέχεις. Μιας που, μεταξύ μας, ξέρεις ότι, δουλέψεις δε δουλέψεις, δε θα το ξαναέχεις. Όλο αυτό έχει καταντήσει μια κοινωνία να τρέχει αλλά και να μην ξέρει προς τα πού τρέχει. Χαμένη, μπερδεμένη, καταντημένη.

## Κατάντια

Δεν υπάρχει χειρότερο πράγμα από την κατάντια. Και αυτό γιατί η κατάντια προϋποθέτει ότι πριν βρισκόσουν σε καλύτερη θέση και σήμερα σε πολύ χειρότερη, πολύ πιο δεινή θέση. Η κατάντια είναι ακραία κατάσταση γιατί δηλώνει και μια ολόκληρη διαδικασία ζύμωσης προς αυτήν την κατεύθυνση. Και η διαδικασία αυτή συνήθως διαθέτει όλα εκείνα τα αρνητικά στοιχεία που κάνουν έναν άνθρωπο να θλίβεται και να μην ξέρει γιατί έφτασε σε αυτή τη θέση. Σαφώς και ξέρει γιατί, αφού βλέπει τι συμβαίνει και τι του συμβαίνει, αδυνατεί να πιστέψει στα αρνητικά μιας σχέσης. Η ανάγκη επιβίωσης τον κάνει να επιμένει στα θετικά, έστω και ελάχιστα.

Η κατάντια λοιπόν τον φέρνει σε σύγκρουση με αυτά που από τη φύση έχει, δηλαδή διάθεση για δημιουργία, διάθεση για εξέλιξη. Τον σαπίζει. Κάποιοι λένε ότι κάτι πρέπει πρώτα να παρακμάσει ώστε κάτι καινούριο και υγιές να γεννηθεί και να υπάρξει. Ωστόσο πρέπει να ρωτήσουμε και τους θυσιάζοντες την υγιή τους υπόσταση τι ακριβώς σημαίνει «κατάντια», στην καθημερινότητα. Και τι σημαίνει να βλέπεις μια ολόκληρη κοινωνία να εξελίσσεται καταντημένη, όταν μάλιστα δεν έχει μάθει έτσι. Βέβαια υπάρχει και το χειρότερο σενάριο: να ζεις μια ζωή έτσι, αιώνες έτσι. Πολλές γενιές έζησαν μια μακραίωνη κατάντια, αλλά το γεγονός ότι διεκδίκησαν αλλαγές και δικαιώματα αποδεικνύει ότι δεν τους πολυάρεσε να ζουν έτσι ή τέλος πάντων καταλάβαιναν την ηθική τους έκπτωση, σε σημείο που να μην αισθάνονται και τόσο ευτυχισμένοι που ζουν καταντημένοι.

Και εδώ μπαίνει το χειρότερο στοιχείο της κατάντιας: η ηθική κατάπτωση. Ο ηθικός ξεπεσμός. Εκεί που ξέρεις ότι γκρεμίζεται όλο το μεγαλείο της ανθρώπινης σκέψης. Σε τι αδιέξοδα φέρνει η κατάντια δε λέγεται. Απλά και μόνο συμβιβάζεται ο άνθρωπος με ό,τι έχει και δεν έχει. Ζει μεν, δεν εξελίσσεται, απλά συμβιβάζεται με κάθε ηθική του έκπτωση. Είναι σαν να αγοράζεις ένα σπίτι σε μια υψηλή τιμή και μετά η τιμή να κατρακυλάει και μαζί με αυτή και εσύ χωρίς να το θέλεις αλλά και ανίκανος να αντιδράσεις για να αλλάξεις την τιμή υπέρ σου. Απλά παρακολουθείς την κατάρρευσή σου. Και μπορεί στις λέξεις να ακούγεται ρηχό αλλά στην πράξη πονάνε τέτοιες καταστάσεις. Θα μου πεις βέβαια, γιατί δεν ασχολείται το κεφάλι σου με θετικές σκέψεις. Γιατί πολύ απλά ακόμα και οι πολύ αισιόδοξες σκέψεις μηδενίζονται μπροστά σε τέτοιες συνθέσεις. Δεν είναι ότι εμμένεις στο αρνητικό. Είναι η ίδια η ζωή σκληρή έτσι όπως είναι, έγινε ή επέλεξαν κάποιοι να γίνει. Ας μη ξεχνάμε ότι όταν εμείς είμαστε καταντημένοι, κάποιοι άλλοι είναι ευνοημένοι. Ωστόσο σε τέτοιες ισορροπίες και εκείνοι, οι άλλοι, που επιτρέπουν τέτοια πράγματα, τέτοιες αδικίες, και εκείνοι ακόμα είναι καταντημένοι. Γιατί πολύ απλά επιλέγουν την ένδεια ως στοιχείο της ανθρωπότητας και των κοινωνιών από τον πλούτο και την ευημερία τους. Όχι πλούτο για επίδειξη αλλά για άνετη και αξιοπρεπή επιβίωση. Απαραίτητο συστατικό για να μπορείς να σκέφτεσαι και να μη σέρνεσαι σε μονοπάτια στέρησης, υλικής και πνευματικής αλλά σαφώς υπαρκτής.

## Ύμνος στη στέρηση

Ό,τι στερείσαι το θέλεις. Και αν δεν το έχεις τη στιγμή που πρέπει, στην ηλικία που του πρέπει, τότε πάλι το θέλεις. Μένει απωθημένο, το αναζητάς και το θέλεις. Το διεκδικείς συνέχεια, νοερά ή πραγματικά. Και φυσικά, αναλόγως με το πόσο το έχεις στερηθεί, το διεκδικείς. Έχεις καταπιεστεί; Τότε θα το διεκδικείς αρρωστημένα γιατί απλά δεν το είχες όταν μπορούσες να το έχεις. Μετά, χωρίς να το καταλαβαίνεις, δεν ικανοποιείς τις πραγματικές σου ανάγκες αλλά απαντάς στα απωθημένα που σε βαραίνουν. Σαν μια πληγή που ποτέ δεν κλείνει, που συνεχώς αιμορραγεί κι εσύ δεν αναζητάς τα αίτια της πληγής αλλά κοιτάς να αλλάζεις συνέχεια επιδέσμους, με σκοπό να δεις μια μέρα την πληγή να επουλώνεται. Όμως η ζωή το θέλησε και εσύ απλά αλλάζεις επιδέσμους.

Τέτοια πράγματα κάνει η στέρηση, η ανελευθερία, ο περιορισμός. Καλύτερα κανείς να ζει ελεύθερος, χωρίς καμία στέρηση.

## Υπέρβαση

Υπέρβαση σημαίνει να μην υπολογίζεις τα μη και τα πρέπει που η κοινωνία, η οικογένεια, η θρησκεία, η εποχή γενικά σου θέτει και να πράττεις με νόημα και ουσία αυτά που εσύ θέλεις. Η υπέρβαση μπορεί να απευθύνεται σε καταπιεσμένα συναισθήματα, ένστικτα ή ακόμα και καταπιεσμένη λογική. Υπέρβαση είναι να σκέφτεσαι με λογική και ψυχραιμία όταν όλοι οι άλλοι φαίνεται να την έχουν χάσει για κάποιον λόγο. Η υπέρβαση δεν υπερβαίνει ούτε καταπιέζει την πραγματική πορεία του ανθρώπου. Ουσιαστικά υπερβαίνει τα προσκόμματα που συνειδητά ή ασυνείδητα θέτουν άλλοι σ' αυτή την πορεία. Να υπερβείς εαυτόν σημαίνει να βάλεις στην άκρη όλα τα στραβά, τα νόθα, τα στρεβλά, τα κακώς κείμενα, να αντέξεις να μη τα βλέπεις και να ακολουθείς αυτά που η διαδρομή σου λέει. Η διαδικασία είναι δυναμική οπωσδήποτε και τα κέρδη τεράστια. Όταν τα καταφέρεις, κανίς δε σε υπερβαίνει.

# Ανατριχίλα

Ανατριχίλα σε πιάνει όταν βλέπεις τους άλλους γύρω σου να χειροκροτούν εκείνα τα οποία εσύ έψεξες και μάλιστα με ευχαρίστηση, όχι δική σου αλλά δική τους. Και φυσικά μπορεί η απογοήτευση να είναι προσωπική αλλά εσένα, που με διαβάζεις, ποσώς σ' ενδιαφέρει γιατί σε αναγκάζουν να δοκιμάσεις την απογοήτευση.

Ανατριχίλα σε πιάνει επίσης όταν δεν μπορείς να μοιραστείς τον προβληματισμό σου, τις έννοιες σου, τις ανώτερές σου σκέψεις με άλλους ανθρώπους γύρω σου και μένεις με όλη αυτή την προίκα μόνος. Σε μια κοινωνία που δεν ενδιαφέρεται για ευαισθησίες και ανθρώπινα αγγίγματα, η λέξη «νοοτροπία» μπορεί να λύσει ή να δέσει ψυχές. Γιατί με την παρουσία ανοιχτής, ελεύθερης και ανεκτικής νοοτροπίας η ψυχή ορισμένων ανθρώπων αναπνέει. Γεμίζει οξυγόνο και όμορφη σκέψη. Αντίθετα, η έλλειψη αυτής ή και η απόλυτη απουσία της οδηγεί σε ασφυξία, σε δηλητήριο, σε αέρα γεμάτο διοξείδιο του άνθρακα. Και η φάση αυτή προκαλεί ανατριχίλα.

Καλύτερα κανείς να αποφεύγει τις κοινωνίες με συντηρητική αντίληψη. Και σίγουρα τις κοινωνίες με καθόλου αντίληψη, τις ωμές. Κατανοείτε, φαντάζομαι, πόσο δύσκολη έχει γίνει η ζωή στην εποχή που μας συντρέχει. Διότι οι μισοί ζούμε σε κοινωνίες της πρώτης κατηγορίας και οι υπόλοιποι της δεύτερης. Δεν είναι καθόλου τυχαίο, φαντάζομαι, ότι ο σύγχρονος πολιτισμός δεν εμπνέεται από ρομαντισμό και συναισθήματα αλλά από κατασκευές και ανθρώπινα τεχνολογικά μεγαλουργήματα. Όχι ότι τα τελευταία δε διαθέτουν τη δική τους έμπνευση αλλά δύσκολα συναντάς έργα που θα ταίριαζαν στη λέξη «Τέχνη». Γι' αυτό και μιλάμε για σπουδαία projects που γίνονται ανά την υφήλιο αλλά όχι για έργα που τη συγκινούν. Projects που αναδεικνύουν την πρακτική ικανότητα του ατόμου να μετατρέπει την έρημο σε επίγειο παράδεισο εξυπηρέτησης οικονομικών αναγκών, αλλά όχι και σε παράδεισο συναισθηματικών ορέξεων. Εξάλλου και αυτές οι ορέξεις εκφράζονται μέσα από το πρίσμα των αναγκών. Δηλαδή δεν απορρέουν από γνήσιο συναίσθημα αλλά απ' ό,τι κατάλοιπο, κενό, απωθημένο αφήνει η κυρίαρχη ανάγκη. Έτσι όταν το project πετυχαίνει, το συναίσθημα ικανοποιείται ή μάλλον εξυπηρετείται. Όταν τύχει και δεν πάει όπως πρέπει, μια ολόκληρη ψυχολογική διαδικασία αυτολύτρωσης αυτόματα καταρρέει αφήνοντας πίσω της τεχνολογικά συντρίμμια, αφού άνθρωπος και προγράμματα έχουν γίνει ένα. Δηλαδή δεν έμεινε περιθώριο για αυθεντικές καταστάσεις πέρα από αυτές που ικανοποιούν συγκεκριμένα τεχνολογικά χαρίσματα. Σίγουρα οι μελλοντικοί μας κριτές θα θαυμάσουν το τεχνολογικό επίτευγμα αλλά θα αγνοήσουν τον παράγοντα άνθρωπο που λίγο τον έμελλε να εντάξει το συναίσθημά του μέσα σ' αυτό το επίτευγμα.

Η τεχνολογία έχει χρώμα γκρι και μαύρο. Είναι τυπική, συνεπής και κατάλληλη να λύνει προβλήματα. Είναι ψυχρή και αδιάφορη σε συναισθηματισμούς. Μοιάζει να υπηρετεί άψογα το σύστημα που την επινόησε για να χειραγωγεί μάζες από ανθρώπινα νούμερα. Έτσι, σπάνια χρειάζονται στόλοι και στρατοί και παραδοσιακοί πόλεμοι όπως κάποτε, γιατί πολύ απλά με ένα κουμπί, με μια πληροφορία, με μια εντολή, οδηγείς όλα τα νούμερα εκεί που θέλεις. Λίγες χώρες έμειναν να αντιστέκονται και σ' αυτές εφαρμόζεται αυστηρά ο παραδοσιακός πόλεμος, όπου η εξόντωση είναι φυσική και απόλυτη. Στην άλλη περίπτωση είναι απλά πνευματική και, φυσικά, σβήνει κάθε μορφή, ιδιαιτερότητα, ιδιότητα ύπαρξης που δεν ακολουθεί τη βασική εντολή του project. Κατ' αυτόν τον τρόπο ορίζεται ένα μεγάλο μέρος της σύγχρονης γελοίας και απρόσωπης πλέον ανθρωπότητας σε σημείο τέτοιο ώστε να κοιτάς τα κουμπιά, να κοιτάς τους ανθρώπους και να μην καταλαβαίνεις ποια είναι τα κουμπιά και ποιοι οι άνθρωποι. Κάποτε η σύγχυση στον συσχετισμό αυτό ήταν ανάμεσα σε γουρούνια και ανθρώπους, όπου τουλάχιστον συγκρίνονταν έμβια όντα ενώ σήμερα η αντιστοιχία έχει ξεπεράσει ακόμη και τη φαντασία του Orwell, μετατρέποντας τους ανθρώπους σε κουμπιά και τα κουμπιά σε ανθρώπους. Αν αυτό δε φέρνει ανατριχίλα σε όποιον μπορεί ακόμη να ανατριχιάζει, τότε τι άλλο θέλετε;

Πρέπει εδώ να σημειωθεί ότι η διαφορετικότητα σε μια τέτοια εποχή, όχι απλά ενοχλεί αλλά δεν αρέσει καθόλου και δεν εντάσσεται στο πλαίσιο του μεγαλουργήματος, του επιτεύγματος. Γι' αυτό και οι στιγματισμένοι με πάσα είδους διαφορετικότητα, είτε περιθωριοποιούνται και ισοπεδώνονται, είτε παρουσιάζονται επιλεκτικά στο ευρύ κοινό ως γραφικά όντα, αφήνοντας τη γενική συλλογική συνείδηση να ρίξει αυτά τα γραφικά πρότυπα στα σκουπίδια. Έτσι, ενώ εμφανίζεται το σύστημα να φέρεται δίκαια στο θέμα «εκπροσώπηση», κάνει την επιλογή αυτής της εκπροσώπησης κατά τέτοιο τρόπο ώστε να μηδενίζεται η ουσιαστική εκπροσώπηση, το ουσιαστικό επιχείρημα της διαφορετικής σκέψης. Γιατί, μην ξεχνάμε ότι διαφορετικότητα ίσον η παρουσία μιας άλλης σκέψης, μιας επιλογής που η κοινωνία έχει και άμα θέλει τη χρησιμοποιεί για να εξελίσσεται. Είναι η εναλλακτική σκέψη, χωρίς αυτό να σημαίνει ότι είναι πάντα εναλλακτική, τουλάχιστον όχι όπως παρουσιάζεται σήμερα. Γιατί ο τρόπος που επικοινωνείται σήμερα η διαφορετική σκέψη δεν εφοδιάζει την κοινωνία με καινοτομία αλλά εφαρμόζει και επιβεβαιώνει το μέτρο της εντολής του προγράμματος που την έκανε ευρέως γνωστή στον κόσμο. Δεν υπάρχει περιθώριο για πολλή σκέψη όπως καταλαβαίνετε στην εποχή «των κουμπιών» και πόσο μάλλον ελεύθερης επιλογής σε εναλλακτική σκέψη. Το λογισμικό περιέχει λειτουργία περιορισμένη και εγκεκριμένη για τον σκοπό που υπηρετεί. Ζήστε εσείς όπως θέλετε, σε μια τέτοια εποχή...

## Μύθοι

Περιττό να αναφερθεί εδώ, ή μάλλον και εδώ, ότι όλοι οι πνευματικά μεγάλοι δεν έγραφαν από τη μεγάλη τους ανάγκη να γράψουν κάτι αλλά, περισσότερο, γιατί δεν έβρισκαν την απαραίτητη κατανόηση και το κατάλληλο κοινό να μοιραστούν τις σκέψεις τους και έτσι κατέφευγαν σε μία λύση εσωτερικής ανάγκης για καταγραφή των όσων απεγνωσμένα και λογικά σκέφτονταν, παρ' όλα αυτά μπροστά από την εποχή τους και τότε και τώρα. Δεν ξέρω αν σε αυτούς συγκαταλέγονται οι ερευνητές επιστήμονες, οι φιλόσοφοι οι οποίοι είναι μια ειδική κατηγορία λόγω της ώθησης που δίνει η μελέτη και η έρευνα στον επιστήμονα να γράψει και να καταγράψει για όφελος της επιστήμης που υπηρετεί και της εξέλιξης που υπηρετείται μέσα από αυτή. Αυτές οι ηθικολογίες, περί ανθρωπότητας και γενεαλογικών συνεχειών, δεν είναι πάντοτε αληθινές. Δεν υποβιβάζονται βέβαια και όσοι σκέφτονταν έτσι, αλλά δεν ήταν και δεν μπορεί να ήταν όλοι έτσι. Αυτό οφείλει να διευκρινισθεί για να μη μένουμε εγκλωβισμένοι σε περιοριστικά πρότυπα.

Τόσοι άνθρωποι που έγραψαν πρέπει να βίωναν τεράστιο έλλειμμα κοινωνικής σκέψης, δηλαδή δεν έβρισκαν να μοιραστούν όλες αυτές τις σπουδαίες εκφράσεις, λέξεις, χρώματα, σκέψεις, με τον περίγυρό τους και σίγουρα αναγκάστηκαν να απευθυνθούν στη γραπτή σκέψη, που μοιράζεται με όποιον πραγματικά τη θέλει και αξίζει στο ότι παραμένει σκέψη αν και λιγότερο άμεση από την πλευρά της κοινωνικότητας. Σκέφτομαι, ειδικά τους ποιητές και λογοτέχνες και όλη αυτή την απαράμιλλη περιουσία που κουβαλούσαν μέσα στη μη κοινωνική τους σχέση με τον υπόλοιπο κόσμο, το υπόλοιπο γίγνεσθαι. Τόσοι πολλοί βέβαια οι σπουδαίοι δεν είναι, αν λάβει κανείς υπόψιν τους αιώνες, τα πληθυσμιακά μεγέθη και τις άπειρες γενεές του ανθρώπινου είδους, για να μας απομείνουν κάποια ηχηρά ονόματα, κάποιες προσωπικότητες με ορισμένο χρώμα σκέψης και συγκεκριμένες συνθέσεις. Οι συγγραφείς είναι πολλοί σε κάθε εποχή. Οι λόγιοι όμως, οι φιλόσοφοι και οι καινοτόμοι επιστήμονες είναι λίγοι, πολύ λίγοι. Αυτό θα το καταλάβετε καλύτερα αν βάλετε αιώνα με αιώνα δίπλα δίπλα και αναλογιστείτε τα εκατομμύρια ανθρώπων που τα διένυσαν και τα ελάχιστα ονόματα που ξεχώρισαν στην ιστορία αυτών των αιώνων και που τα μελετάμε ακόμη και θα τα μελετάμε συνέχεια.

## Διάκριση

Δεν υπάρχει μέτρο συνυπολογισμού του ψυχολογικού κόστους της διάκρισης και της διάκρισης ως αξίωμα, ανθρώπων που πραγματικά ξεχωρίζουν για κάτι. Ο διάλογος πάνω σε αυτή τη βάση ξεκινάει δυστυχώς με το πώς έχει γίνει βορρά εκμετάλλευσης η ηθική αξία της διάκρισης για λόγους επιβεβαίωσης ορισμένων ανθρώπων, σε σχέση με άλλους. Γιατί η διάκριση από μόνη της δε βλάπτει. Το να είσαι άριστος σε κάτι δε βλάπτει. Το να το χρησιμοποιείς όμως για να τονίσεις τις αδυναμίες κάποιου ή κάποιων που δεν είναι άριστοι σε αυτό το κάτι και για να νιώσεις την υπεροχή του δυνατού εις βάρος της κατωτερότητας του αδυνάτου, τότε ναι, βλάπτει. Βλάπτει και τον άριστο που διακρίνεται αλλά και τους υπολοίπους που διαφέρουν από τον άριστο ως λιγότερο ικανοί στην αριστεία. Δημιουργεί ενδεχομένως αλαζονεία στον διακρινόμενο και κόμπλεξ κατωτερότητας στους άλλους.

Εκεί ξεκινάνε και τα προβλήματα. Διότι το να γνωρίζουμε απλά ότι ένας άνθρωπος έχει μια ικανότητα ανεπτυγμένη και να αναγνωρίζουμε την ικανότητά του αυτή, δεν είναι θέμα που σηκώνει αντίρρηση ή που προκαλεί αδικία. Η κοινότητα ωφελείται από την ιδιαίτερη ικανότητα ή χάρισμα του διακρινόμενου και μπορεί να αποφέρει τα μέγιστα για την εξέλιξή της. Αν μέναμε εκεί χωρίς τα άλλα, τότε η κοινωνία των αρίστων δε θα απειλούσε κανέναν, με οιονδήποτε τρόπο. Αντιθέτως θα προσέφερε σημαντικά σε μειονεκτήματα που καλά είναι οι άνθρωποι με προσπάθεια να υπερβαίνουν. Καθώς όμως αιώνες τώρα κάποιοι εκμεταλλεύτηκαν τη διάκριση για προσωπικά οφέλη ή για να ξεχωρίζουν ανάμεσα στους άλλους, ως ανώτεροι άνθρωποι, στο επίπεδο που όλοι είμαστε τελικά ίδιοι και αυτό είναι η ανθρωπίλα μας ή πιο σεμνά η ανθρωπινότητά μας, από αυτό το σημείο η διάκριση έγινε εργαλείο εκτελεστικής πολιτικής στα χέρια άδικων και προκατειλημμένων ανθρώπων με σκοπό την προώθηση και επίτευξη σκοπών, που πολύ απέχουν από το αντικείμενο της Διάκρισης. Και δε μας ενδιαφέρει εδώ το πότε αυτό έγινε αλλά και το γιατί έγινε. Τελικά είναι θέμα του ιστορικού να το ψέξει και να το ψάξει αλλά μας ενδιαφέρει το ότι συμβαίνει ακόμη και το ότι βολεύει που αυτό συμβαίνει. Το γιατί βολεύει δε χρειάζεται καν εξήγηση. Είναι φυσικό κανείς να θέλει να διατηρήσει τα κεκτημένα μιας προνομιακής καταγωγής ή ενός προνομιακού χαρίσματος που δίνει τη διάκριση και τα υλικά, πνευματικά και ηθικά οφέλη της σε μια κοινωνία αδύναμη να σκεφτεί αν αυτό πραγματικά θέλει.

Βέβαια, όσον αφορά στο πρώτο, τη διάκριση λόγω καταγωγής, το εντάσσουμε στη γενικότερη διάκριση γιατί πολύ απλά σημαίνει ότι κάποιο ανδραγάθημα καρπώνεται η γενιά αυτής της οικογένειας για να χειραγωγεί μετέπειτα τη διάκριση. Κάποιες διακρίσεις δεν οφείλονται σε ανδραγαθήματα πραγματικά, έτσι όπως έχει εξελιχθεί, αλλά σε πράξεις που παρουσιάζονται ως εκλεκτές και αξίζουσες τη διάκριση. Έχει γίνει επιστήμη το εν λόγω θέμα και πάνω σε αυτή την επιστήμη έχουν στηριχτεί και μεγαλουργήσει πολλοί άχρηστοι. Γιατί και οι άχρηστοι μεγαλουργούν αλλά μεγαλουργούν στα κακά, όχι και στα ηθικά και τα δίκαια. Η διάκριση δυστυχώς έχει περάσει κατά τέτοιο επαίσχυντο τρόπο στον κόσμο, που προκαλεί δυσάρεστα συναισθήματα ή και πραγματικά δυστυχισμένη ζωή σε πολλές κοινωνίες και πολλά κράτη.

Αν το ζήτημα είχε τοποθετηθεί στη σωστή του βάση δε θα είχαμε πέσει σε αυτή την ένδεια παγκοσμίως. Αλλά, φυσικά, η ιδιοτέλεια του είδους μας και οι συνέπειες που απορρέουν από αυτήν, δεν άφησαν χώρο για διαφορετική ερμηνεία και ακόμα χειρότερα για διαφορετική εφαρμογή. Ιδιοτέλεια έχει και η βλακεία, ιδιοτέλεια έχει και η πονηρία, ιδιοτέλεια έχει και η κακία, ιδιοτέλεια έχει και η τρέλα. Με τι από όλα αυτά θα τα έβαζε ο εκάστοτε διακεκριμένος άριστος, που γνωρίζει ότι η διάκριση δεν περιέχει χαρακτηριστικά τέτοια αλλά, αντίθετα, στη σωστή της μορφή, αυτά σιχαίνεται και αυτά πολεμάει.

# Αγών

Αναρωτιέται τελικά ο αφηγητής γιατί η ζωή να είναι έτσι. Δηλαδή γιατί οι χαρές της είναι λίγες και οι λύπες της πολλές. Ακόμη και αν είσαι πολύ πλούσιος και τα βγάζεις άνετα πέρα και πάλι κάτι βρίσκει η ζωή για να σε βασανίζει. Μπορεί βέβαια η χλιδή να το καλύπτει προς τα έξω και να μη φαίνεται αλλά εσύ ξέρεις. Μάλλον ο καθένας ξέρει. Δεν είναι εύκολο να αγωνίζεσαι συνέχεια. Όποιος είναι μαθημένος να ζει σε έναν διαρκή αγώνα, αντέχει. Αλλά να είναι μαθημένος από ηλικία μικρή να ζει έτσι και να προσαρμόζεται σ' αυτόν τον ρυθμό της ζωής. Αν όμως δεν είσαι, άτυχε αναγνώστη μου, μαθημένος έτσι πώς τελικά θα αντέξεις; Με τι εφόδια θα παλέψεις τη ζωή ή μάλλον αυτή τη σκληρή πραγματικότητα;

Και αν ο αφηγητής γκρινιάζει για τη δική του, μη ευχάριστη ζωή πλέον, τι να πουν και εκείνοι που δε γνώρισαν ποτέ την άνεση της σκέψης για να παραπονεθούν γι' αυτά που αφορούν τη ζωή; Υπάρχει κόσμος που απλά δεν προλαβαίνει να σκεφτεί έτσι γιατί δουλεύει, γιατί πρέπει να δουλεύει, γιατί είναι ουσιαστικά μια μηχανή. Μπορεί βέβαια να είναι καλύτερα έτσι αλλά θα έρθει κάποια στιγμή που θα σκεφτεί και αυτός τον φοβερό αγώνα που έχει ρίξει και τα καλά που του έχει εμφανίσει η ζωή. Και, ενδεχομένως, με τον ρεαλισμό του να αποδεχτεί τη ζωή όπως έχει, αλλά υπάρχει περίπτωση να μην ευχαριστηθεί με το τελικό αποτέλεσμα της πρόσθεσης. Και πόσοι αλήθεια άνθρωποι έφυγαν από αυτή τη ζωή αδικημένοι και πικραμένοι σε ηλικία μεγάλη ή μικρή; Σημασία δεν έχει. Αν είναι μάλιστα να έχεις μια ζωή γεμάτη πίκρες, η μακριά της διάρκεια δεν την κάνει ευκολότερη. Δεν είναι δηλαδή ωραία ή προνομιούχα η ζωή απλά και μόνο γιατί ζεις παραπάνω χρόνια, όταν αυτά τα χρόνια συνοδεύονται από στενοχώριες και συσσωρεύουν πληγές από τις οποίες δύσκολα μπορεί κανείς να θεραπευτεί.

Αλλά το θέμα μας εδώ δεν είναι η ποιοτική υπόσταση της ζωής καλής ή μη καλής αλλά ο αγώνας που απαιτείται για να επιβιώσει κανείς μέσα σε αυτή. Οι ηθικοί κανόνες που προκύπτουν και καθορίζουν τον τρόπο επιβίωσης, που σε κάθε περίπτωση δε είναι κανόνες που χαϊδεύουν τον άνθρωπο και την αδυναμία που μπορεί να προβάλλει απέναντι σε αυτή την ηθική.

Η επιβίωση βέβαια δείχνει ότι από τη φύση της είναι δύσκολη υπόθεση. Και εκεί που η τεχνολογική πρόοδος δεν έχει προχωρήσει, ή μάλλον καλύτερα δεν έχει μεταφερθεί, η διαπίστωση αυτή είναι εμφανής. Παρατηρεί κάποιος ότι δεν είναι εύκολο να αντιμετωπίσεις τα ακραία φαινόμενα της φύσης. Μια λιακάδα, μια βροχή την αντιμετωπίζεις χωρίς ιδιαίτερη δυσκολία. Έναν ανεμοστρόβιλο όμως, μια θύελλα, έναν καταστροφικό σεισμό, μια έκρηξη ηφαιστείου, φαινόμενα καθοριστικά για μια περιοχή, δεν τα αντιμετωπίζεις εύκολα. Έτσι και στη ζωή υπάρχουν ακραία προβλήματα που δεν μπορεί εύκολα να τα χειριστεί κάποιος. Τον ξεπερνάνε. Και, όπως στη φυσική καταστροφή, έτσι και στη ζωή σώζεται μόνο όποιος προλάβει να εγκαταλείψει νωρίς. Όσο περισσότερο αργείς τόσο πιο πολύ θα λαβωθείς. Εκείνος που άμεσα αντιλαμβάνεται την ακρότητα του φαινομένου και την επικίνδυνή του ένταση, αποχωρεί πριν τραυματιστεί. Αντίθετα, αν παραμείνει, κινδυνεύει να αφανιστεί ή ακόμα και αν σωθεί θα υποφέρει πολύ. Σίγουρα σώζεται όποιος φύγει νωρίς. Ωστόσο και αυτός ακόμα δε θα ξεχάσει ποτέ τον βίαιο λόγο που τον ανάγκασε να φύγει άρον άρον από τη δική του περιοχή, πόσο μάλλον να ξεχάσει αυτή του τη φυγή. Παρόλα αυτά θα είναι σε πολύ καλύτερη κατάσταση από εκείνον που, από αδυναμία ή ανάγκη, παρέμεινε στην περιοχή της καταστροφής. Ο φυγάς θα έχει τη δυνατότητα να φτιάξει τη ζωή του εκ νέου, με αρκετές βέβαια δυσκολίες γιατί είναι φυγάς και ξένος στην περιοχή. Σε καλύτερη μοίρα πάντως από εκείνον που θα έχει εγκλωβιστεί μέσα στην καταστροφή. Τα ακραία προβλήματα της ζωής και οι ακραίες καταστάσεις δε διαφέρουν πολύ από τα ακραία φυσικά φαινόμενα. Και σίγουρα και οι συνέπειές τους δε διαφέρουν πολύ, αν το μελετήσει προσεκτικά κανείς. Δίνουν ωστόσο ένα μάθημα για το πόσο σκληρή μπορεί να είναι στα δικά μας τα μάτια η ζωή και πόσο δυνατά πρέπει να παλεύουμε.

# Αγάπη

Η αγάπη είναι ένα παιδικό συναίσθημα. Την έχουν ανάγκη τα παιδιά για να μεγαλώσουν αλλά όχι και για να γίνουν ισορροπημένα άτομα. Υπάρχει μέτρο αγάπης. Αν δοθεί λιγότερη αγάπη από ό,τι πρέπει, ο ενήλικας που θα προκύψει θα θυμίζει τέρας. Δηλαδή, είτε θα είναι ένα ψυχρό όργανο μηχανικών εκτελέσεων ψυχρής λογικής, πρότυπο ανθρώπου στο καπιταλιστικό σύστημα, ή θα είναι ένα υπερευαίσθητο πλάσμα, αδύναμο και συνεχώς έρμαιο της αναζήτησης αγάπης. Δηλαδή θα αναζητά αγάπη οπουδήποτε υπάρχει τέτοια αίσθηση ικανοποίησης, αγνοώντας βέβαια τα ιδιοτελή κίνητρα, τον χαρακτήρα και τις προθέσεις της πλευράς που υπόσχεται αγάπη, χωρίς απαραίτητα να τη διαθέτει. Και οι δυο περιπτώσεις απολήγουν σε κάτι υπερβολικά αρρωστημένο και ουσιαστικά θλιβερό. Ο ένας πατάει τους άλλους και ο άλλος πατάει τον εαυτό του. Σε καμία περίπτωση δε βρίσκουν ικανοποίηση σε φυσιολογική αγάπη. Γιατί απλά δεν την αναζητούν φυσιολογικά.

# Αλήθεια

Η αλήθεια δεν είναι πάντα προτέρημα. Μπορεί να γίνει τιμωρία και μάλιστα σκληρή σε ορισμένες περιπτώσεις. Είναι καλύτερο, αν δεν έχεις γερό στομάχι, να ζεις με λιγότερη αλήθεια και με λίγο ψέμα. Ψέμα που σε βοηθάει να επιβιώνεις και να μη σκέφτεσαι τα ίδια πράγματα συνέχεια.

Οι εποχές αλλάζουν ανάλογα με το μέρος του πλανήτη που βρίσκεσαι. Έτσι αλλάζουν και οι απόψεις. Διαμορφώνονται ανάλογα με την οπτική γωνία που τις βλέπεις. Έτσι λοιπόν υπάρχουν πολλές αλήθειες ανάλογα με τη θέση την οποία παίρνεις. Πολλές υποκειμενικές αλήθειες όπως ακριβώς και πολλές διαφορετικές εποχές. Δεν μπορείς να είσαι βέβαιος ότι αυτό που αποτελεί αλήθεια για σένα, είναι δεδομένα και αλήθεια για κάποιον άλλον, από άλλο σημείο και με άλλον τρόπο σκέψης. Την αλήθεια δεν τη βλέπεις ποτέ μέσα από ένα πρίσμα. Πρέπει να ταξιδέψεις. Να τη μελετήσεις από πολλές θέσεις, σκέψεις, σχέσεις, πολιτισμούς και αντιθέσεις για να μπορείς να ισχυρίζεσαι ότι εσύ, ο λίγος, έστω μια αλήθεια την έχεις. Μέχρι τότε θα μπερδεύεις την πραγματικότητα με τις σκέψεις, τις σχέσεις, τις δικές τους αντιθέσεις αλλά δε θα καταλήγεις σε σίγουρα εσωτερικά πορίσματα.

## Κάθε εποχή, το ίδιο βιολί

Κανείς πραγματικά δεν μπορεί να προβλέψει το τέλος, αλλά ούτε και την αρχή αυτού του κόσμου. Όσο και να προσπαθεί κάποιος δεν μπορεί ατομικά να φτάσει στο επίπεδο της συνολικής κατανόησης του σύμπαντος παρά μόνο με μικρές διστακτικές προσεγγίσεις και αυτές μάλιστα από πολύ εξειδικευμένους επιστήμονες ή φιλοσόφους παρατηρητές του Σύμπαντος. Και αυτοί δεν είναι παρά οι λίγοι άνθρωποι της διανόησης που παλεύουν με μεράκι και ακατάπαυστη έρευνα να συναρμολογήσουν τα πολλά, άπειρα σχεδόν, κομμάτια του πάζλ. Εδώ δυσκολεύονται επιστήμονες, ή τουλάχιστον έτσι ισχυρίζονται, να διαγνώσουν τα αίτια μιας αρρώστιας. Περιττό βέβαια εδώ να αναφέρουμε ότι κάθε αιώνας είχε και μια θανατηφόρα επιδημία, από την οποία, όταν το φάρμακο βρισκόταν, απαλλασσόταν η ανθρωπότητα ανακουφισμένη από το βάρος της μέχρι να εμφανιστεί μια άλλη φυσική ή κατασκευασμένη αλλά θανατηφόρα αρρώστια, επικυρώνοντας την αέναη μάστιγα της ανθρώπινης ιστορίας όπως την ξέρουμε εμείς μέχρι τώρα. Πόσο μάλλον να απαντηθούν τα ερωτήματα της Δημιουργίας του Κόσμου. Βέβαια, ένας σκεπτόμενος άνθρωπος κάποια συμπεράσματα θα βγάλει και μάλιστα εάν φιλοσοφεί ενδέχεται να βγάλει και σοβαρά συμπεράσματα. Αλλά το θέμα είναι να τα βγάλει μελετώντας όλες τις επιστήμες και όλα τα ενδεχόμενα. Δεν είναι τυχαίο ότι πολλοί αρχαίοι φιλόσοφοι ήταν μαθηματικοί, φυσικοί, γιατροί και πολλά πράματα μαζί που στο τέλος τους οδηγούσαν σε κάποια ασφαλή συμπεράσματα για τη ζωή και τη συνολικότητά της. Μελετούσαν πολλές επιστήμες για να βρουν προφανώς τα κοινά σημεία, που στοιχειοθετούν την ύπαρξη μιας αλυσίδας αποδείξεων ή ενδείξεων και που οδηγούν σε κάποια σίγουρα αποτελέσματα αιώνιας σκέψης. Δε γίνεται αλλιώς και ακόμα και σε αυτή την περίπτωση πάλι μένουν κενά περιθώρια εξέλιξης μιας παρατήρησης, μιας εξερεύνησης, μιας βέβαιης κατάκτησης γνώσης.

Προσθέτουμε σε κάθε γενιά γνώσεις, πληροφορίες για να φτάσουμε σε ένα σημείο κατανόησης έστω του τι συμβαίνει και γιατί συμβαίνει. Πρώτα κατανοούμε το χάος και μετά το τεμαχίζουμε σε επιμέρους κομμάτια για να κατανοήσουμε τη μετρημένη ισορροπία μέσα στο χάος. Τη λίγη, ελάχιστη, όσο εμείς νιώθουμε ότι υπάρχει. Είναι τέτοια η ανασφάλεια του ανθρώπου σε κοινωνικό και ατομικό επίπεδο, ώστε κάνει αγώνα για να ενταχθεί σε ένα οργανωμένο σύστημα, είτε αυτό λέγεται κοινωνία, είτε λέγεται οικογένεια, πολιτική, κόμμα. Επιδιώκει κάπου κάπως να πιαστεί για να μην αισθάνεται αιωρούμενος στο χάος. Το οποίο χάος υπάρχει και εμφανίζεται συνέχεια με τις απανταχού εκπλήξεις και απότομες αλλαγές που εμείς θεωρούμε απότομες μέσα στη ζωή. Δεν ξέρουμε τελικά αν καταφέρνουμε να χαλιναγωγήσουμε το χάος ή, στο τέλος, εκείνο να χαλιναγωγήσει εμάς τους δυστυχείς που αδυνατούμε να καταλάβουμε τις δικές του δυνάμεις.

Δυνάμεις που δεν μπορούμε να ελέγξουμε απλά και μόνο γιατί δεν μπορούμε να έχουμε συνολική εικόνα της συμπαντικής γνώσης. Και έτσι, πάντα μένουμε με ερωτήματα. Ακόμα και εκείνοι που επαίρονται ότι ξέρουν με σιγουριά κάτι, εύκολα ανατρέπονται από μια σπόντα του σύμπαντος. Το «εν οίδα ότι ουδέν οίδα» καταλήγει να είναι η σοφότερη διαπίστωση των αιώνων. Ακόμα και αυτό να σκεφτείς βέβαια και σε αυτό να πιστέψεις πάλι ένας είναι τρόπος για να εξηγήσεις κάτι με βεβαιότητα. Ότι δηλαδή ξέρω ένα πράγμα: ότι τίποτα δεν ξέρω. Είναι μια Αρχή και αυτό, αρχή εννοώντας διαπίστωση που περιέχει και αυτή μία πιθανή εξήγηση αρκετά ρεαλιστική του θέματος της γνώσης. Και αυτός όμως που δίνει μια τέτοια εξήγηση πάλι παλεύει να καταλήξει κάπου για να ηρεμήσει λιγάκι από τις άπειρες σκέψεις. Η εξήγηση αυτή μπορεί να είναι και μια τελείως υποκειμενική προσέγγιση όμως δεν παύει να είναι πιθανή. Μπορεί η αρχή αυτή να μη διατυπώθηκε από αγωνία ή άγχος αλλά να είναι μια απλή διαπίστωση που, παρόλα αυτά, έρχεται σίγουρα μετά από πολλές αγωνιώδεις σκέψεις και αναλύσεις γύρω από τον Άνθρωπο και την Ύπαρξη, που κάποια στιγμή ώριμη να φανταστώ καταλήγουν εκεί πέρα. Ο άνθρωπος ψάχνει συνέχεια να βρει μια απάντηση σε καίρια ερωτήματα, με ή χωρίς επιχειρήματα, με ή χωρίς αποδείξεις, ενδείξεις, πληροφορίες. Πάντως ψάχνει και θα ψάχνει.

Η χειρότερη αυτοκτονία δεν είναι να πέφτει κανείς από το μπαλκόνι αλλά το να ζει προσποιούμενος πως δε θέλει να αυτοκτονήσει, μη δεχόμενος την ύπαρξή του όπως έχει, μη αποδεχόμενος τον εαυτό του. Μεγάλο ζήτημα τελικά η αποδοχή. Και φυσικά και το ποιος σε αποδέχεται. Η αποδοχή και η απόρριψη μοιάζει να είναι η μεγαλύτερη τυραννία για ανθρώπους που συχνά χαρακτηρίζονται περιθωριακοί και ιδιαίτεροι. Αλλά και για τους άλλους δεν είναι μια εύκολη υπόθεση αν λάβουμε υπόψιν ότι οι άνθρωποι κουβαλώντας τη μοναδικότητά τους δύσκολα δέχονται τους άλλους ως εξίσου μοναδικούς ή μη μοναδικούς, γιατί η μοναδικότητα έχει αρνητικό και θετικό πρόσημο. Ένα πράγμα είναι να αντέχεις τη μοναδικότητα και ένα άλλο να τη μοιράζεσαι. Επίσης ένα πράμα είναι να αποδέχεσαι τη μη μοναδικότητα και ένα άλλο να τη μοιράζεσαι. Μέσα σε αυτή τη σύγχυση στην οποία παρεμβαίνει και η παιδεία, η οικογένεια, η θρησκεία και η κοινωνία κάθε κράτους είναι πολύ δύσκολο να βρεθούν τα όρια του ενός και του άλλου. Ωστόσο όποιος καλοψάχνεται ή τέλος πάντων όποιος έχει την πολυτέλεια να καλοψάχνεται, βρίσκει τι ακριβώς τον καθιστά μοναδικό ή, όπως είπαμε, μη μοναδικό και το αποδέχεται. Βέβαια, δεν είναι διαδικασία εύκολη καθώς οι εξωτερικοί παράγοντες που αναφέραμε πιέζουν προς μια ή άλλη κατεύθυνση καθιστώντας καμιά φορά απίθανο, όχι απλά το να αποδεχτείς αλλά και απλά, όσο μπορεί να ειπωθεί απλά, να βρεις τον εαυτό σου και έπειτα αν αντέχεις να τον αποδεχτείς. Γιατί αυτό που μπορεί τελικά να βρεις μπορεί να μην είναι αυτό που αρέσει στους άλλους αλλά εσύ, παρόλα αυτά, υποχρεούσαι πρέπει να το αποδεχτείς γιατί αυτό είσαι εσύ. Μη συζητήσουμε καν τι μπέρδεμα φέρνει όλη αυτή η κατάσταση εντός εκτός και επί τα αυτά. Και μη σκεφτούμε καν την απόρριψη που έρχεται σαν ταύρος εν υαλοπωλείω για να τα σπάσει όλα.

Εδώ πρέπει να γίνει και μια απομυθοποίηση της απόρριψης για να τελειώνει το θέμα. Δηλαδή δεν μπορεί κάποιος ανίκανος να τα βρει με τον εαυτό του ή με την κοινωνία επειδή απλά και μόνο φοβάται τη διαφορετικότητά του, έχοντας ανακαλύψει τη μη μοναδικότητά του και θέλοντας να επιβάλλει πρόστιμο μη μοναδικότητας, μη διαφορετικότητας σε όλους γύρω του, για να αισθάνεται καλύτερα. Δεν μπορεί να συνεχιστεί αυτή η κατάσταση επ' ουδενί και ούτε και οι ζημιωμένοι της συμπεριφοράς αυτής να το ανέχονται. Δε θα πληρώνει μία ύπαρξη, μία όποια ύπαρξη άλλοτε τους φόβους άλλοτε τη μειωμένη αντίληψη και στάση ορισμένων ανθρώπων που βλέπουν έξω από το πλαίσιο του εαυτού τους και μάλιστα να το επιβάλλουν και συστηματικά στους άλλους. Δηλαδή, αν δεν είναι αυτό μεσαίωνας τότε τι είναι; Περιττό να αναφερθεί εδώ ξανά ότι για τον συγγραφέα ο μεσαίωνας είναι το τσιμπούρι των αιώνων και δε φαίνεται να ξεκολλάει από πάνω τους ποτέ.

Άλλοτε βέβαια επιβάλλεται για να βολεύονται ορισμένοι και άλλοτε δυστυχώς αρέσει. Εκείνο το δεύτερο είναι και το μεγαλύτερο δυστύχημα γιατί δεν μπορείς και πολλά να κάνεις σε αυτόν που αρέσει το σκοτάδι. Ίσως και να έμαθε έτσι αλλά και πάλι στο αποτέλεσμα, στην πορεία προόδου δεν προσφέρει τίποτα. Έτσι, απόρριψη και αποδοχή πάνε χέρι χέρι σε μία σύγκρουση που άλλον συμφέρει και άλλον όχι. Σίγουρα δεν συμφέρει αυτόν που μόνιμα βρίσκεται στην πυρά της απόρριψης, τον φερόμενο, σκεπτόμενο και ορμώμενο διαφορετικά από ό,τι οι προηγούμενοι παράγοντες που ανέφερα θέλουν να θέλει. Και εκεί πραγματικά ο άνθρωπος υποφέρει.

Αν δεν υπήρχαν σε αυτόν τον κόσμο κάποιοι άνθρωποι, ανώτεροι και ειλικρινείς, με ψυχική ευγένεια και χαρίσματα, απορώ τι θα είχε να παρουσιάσει η ανθρωπότητα. Αυτοί οι λίγοι, που μάλιστα τις περισσότερες φορές χαρακτηρίζονται ιδιαίτεροι, ιδιόρρυθμοι, ψυχικά ανάπηροι αλλά πάντα σε επαφή με το διαφορετικό άγγιγμα της ζωής. Εάν δεν υπήρχαν και αυτοί η κοινωνία μας θα θύμιζε ζούγκλα κανονική. Χωρίς υπερβολή η ζούγκλα των ζώων θα ήταν ζηλευτή γιατί αυτή η ζούγκλα ακολουθεί μια αρμονία τουλάχιστον. Υπάρχει μια ισορροπία πραγματική. Η δική μας τώρα ζούγκλα δεν έχει ούτε αρμονία, ούτε ισορροπία. Και έρχονται αυτοί οι λίγοι άνθρωποι, το σπάνιο είδος της διανόησης, να υπενθυμίσουν την προβληματική της δικής μας ζούγκλας, αλλά και να ισορροπήσουν λίγο την κατάσταση σε ένα επίπεδο που να προσδίδει και ένα νόημα στην ανθρώπινη ζωή. Αφυπνίζουν συνειδήσεις, επαγρυπνούν, σπρώχνουν προς τη θετική αλλαγή της φυλής, που άδικα παλεύει να βρει νόημα μέσα από νοσηρές καταστάσεις.

Το γιατί είναι τόσοι λίγοι οι άνθρωποι που αντιλαμβάνονται τη λεπτομέρεια αυτή, δεν μπορεί εύκολα να εξηγηθεί. Είτε δεχτούμε ότι μας καθορίζουν οι έξυπνοι μεν αλλά ιδιοτελείς, είτε δεχτούμε ότι μας χειραγωγούν οι ηλίθιοι σοβαροί, το σίγουρο είναι ότι δεν μπορούμε να απαλλαγούμε από την παγίδα αυτή και έτσι λιμν Κάτι που το κερδίζεις με αγώνα δεν το αλλάζεις, δεν το χαρίζεις, δεν το αφήνεις στη μοίρα του. Το αγαπάς, το προφυλάσσεις, το κρατάς γερά. Είναι το παιδί σου, η λατρεία της ζωής. Ίσως να είναι πολύ λίγο να εκφράζεσαι τόσο απλά για μεγάλα πράγματα αλλά μάλλον τα μεγάλα πράγματα είναι και απλά. Το να κρατάς στα χέρια σου ένα ολομέταξο υφαντό, σου δίνει τη χαρά της αφθονίας αλλά και τη βαρύτητα της ευθύνης που έχεις ώστε να μη σκιστεί το πολύτιμο εργόχειρο. Η πνευματικότητα δίνει φτερά στον άνθρωπο. Ξεπερνάει μαζί της τα τετριμμένα. Βάζει στόχους στο φεγγάρι και τα αστέρια. Κινεί τα νήματα της ανώτερης σκέψης. Περιέχει μοναδικό ήθος μέσα της. Διακρίνεται για την ιδιαίτερη αισθητική της. Δεν κοιτάζει πίσω. Στέκεται μεγαλοπρεπής στον θρόνο της. Εκπέμπει φωτεινότητα, σιγουριά και γαλήνη. Δεν επιβάλλει με τη βία αλλά με την αύρα της, με ένα άγγιγμα μυστηριακό. Σώζει την ψυχή και την ανεβάζει στα ύψη. Όμως απαιτεί θυσίες και κόπο. Δε φτάνεις σε τέτοια ύψη χωρίς να κουραστείς. Και δεν είναι ο κάθε δρόμος κατάλληλος για να φτάσεις στην κορυφή. Απαιτεί συνέπεια και πίστη στη σοφία της ζωής. Απαιτεί μελέτη, παρατήρηση χωρίς παρωπίδες, χωρίς προκατάληψη. Τα στεγανά μπαίνουν μόνο για να φιλτράρουν τη σκέψη. Διυλίζει, ξεκαθαρίζει το καλό από το κακό, το όμορφο από το άσχημο, το ανόητο από το ευφυές, τον σοφό από τον θεομπαίχτη. Και φυσικά ο δρόμος της είναι γεμάτος δοκιμασίες, αγκάθια, τυραννίες, κακοτοπιές, είναι ένα δύσκολο ταξίδι. Όταν μπεις σ' αυτό το καράβι, δε βγαίνεις, δεν επιστρέφεις, συνεχίζεις μέχρι να φτάσεις τον στόχο σου, τον σκοπό της ζωής. Και αυτή είναι η ανταμοιβή της. Δεν είναι υλική, είναι ηθική. Ξέρεις ποιος είσαι, πού πηγαίνεις και αυτό σ' ευχαριστεί.

άζουμε σε μια κατάσταση νοσηρή. Λες και ο μεσαίωνας δεν ήταν μια εποχή που πέρασε αλλά μια μόνιμη κατάσταση στην ιστορία του ανθρώπινου είδους. Βέβαια μεσαίωνας από μεσαίωνα διαφέρει αλλά μεσαίωνας παραμένει. Σαν να μη θέλει ή να μην αντέχει να ξεκολλήσει ο άνθρωπος από τη στάση αναμονής. Παραμένει έρμαιο μιας απεγνωσμένης λογικής, μιας πρωτόγονης εμμονής, μιας εξαρτημένης ζωής. Και κάθε εποχή το ίδιο βιολί.

## Ωρίμανση ψυχής

Η ωρίμανση της ψυχής έρχεται με τα χρόνια. Γερνάει και αυτή μέσα στο γέρικο σώμα. Αφήνεται στους χρόνους και τα κενά τους να παρασυρθεί. Δοκιμάζεται η ψυχή, αιώνια, μέσα στου χρόνου τ' αλώνια. Μαθαίνεις τι πάει να πει ψυχή μόνο όταν τη χάσεις και όταν αρρωστήσει. Τότε μόνο καταλαβαίνεις ότι όπως μπορεί να χτυπήσεις το χέρι ή το πόδι και απλά να γρατζουνισθείς, έτσι και στην ψυχή μπορεί να χτυπήσεις το αδύναμο σημείο και να νιώσεις μία ταραχή. Αυτό όμως όπως είναι φυσικό και όπως συμβαίνει και με τις υπόλοιπες διαβαθμίσεις στα τραύματα, μπορεί κάλλιστα να εξελιχθεί. Έτσι έχουμε μια τραυματισμένη ψυχή, μία πληγωμένη ψυχή και μια τσακισμένη ψυχή που δεν έχει παρά να ξεψυχήσει. Φυσικά, θα πει κανείς, τα νέα που μας φέρνεις τα έχει ήδη φέρει η ιατρική που μελετά αιώνες τώρα την ανθρώπινη αυτή πτυχή. Για όποιον όμως ζει ατομικά το θέμα και στα πλαίσια μιας περιοριστικής καθημερινότητας ή έστω μιας βάναυσης πραγματικότητας, η ψυχιατρική με την ωμή της μορφή δεν έχει και πολλά να προσθέσει. Δε θα σου δώσει τη ζεστή αγκαλιά που σε κάνει να καταλαγιάζεις από αυτό που υποφέρεις. Δε θα επουλώσει το τραύμα που άνοιξε και σε έφερε σ' αυτή τη θέση. Δε θα μπει στη διαδικασία να κάνει συναισθηματικές υποθέσεις. Αυτές οι διαπραγματεύσεις της ψυχής, που κάνουν τον άνθρωπο να υποφέρει, δεν είναι κομμάτι της ψυχιατρικής αλλά κομμάτι όλων μας. Και πρέπει όλοι μαζί να σκύψουμε πάνω από το ζήτημα της καθημερινής ψυχής για να ωριμάσουμε με κάποιον τρόπο ευγενικό όλοι μαζί και όχι ο καθένας ξεχωριστά, με τη δική του οργή. Ωρίμανση ψυχής σημαίνει εξέλιξη ζωής. Και εξέλιξη ζωής σημαίνει πολιτισμός για την ψυχή.

## Μύθοι και πραγματικότητα

Πόσες φορές αναζητά κάποιος μύθος μια πραγματικότητα; Άραγε ποιος είναι ο απώτερος σκοπός του πνεύματος που καταφεύγει σ' αυτή τη λύση, σ' αυτή τη διέξοδο; Είναι μήπως η ανάγκη του ανθρώπου να σβήσει από τη μνήμη τη δύσκολη πραγματικότητα, την άλλη όψη της;

Ίσως η φαντασία να έρχεται να εξισορροπήσει την κατάσταση εκεί που η αλήθεια ξεκινάει και τελειώνει. Έρχεται για να δώσει μια πνοή ελπίδας, αισιοδοξίας και ρομαντισμού σε όποιον αισθάνεται ότι αυτό που ζει είναι μάταιο, από όλες τις απόψεις. Για κακή του τύχη όμως η πραγματικότητα κερδίζει. Και σαφώς κερδίζει κατά κράτος. Και πάντα η πραγματικότητα είναι σκληρή και αδυσώπητη. Δε χαρίζει παρά μόνον σ' εκείνον που συμβιβάζεται μαζί της ή ακόμα και τον κάνει να αισθάνεται όμορφα. Δηλαδή, ας πούμε με ένα παράδειγμα, η διαφθορά δεν είναι ωραία γιατί αδικεί και διαστρεβλώνει την αρμονία και σωστή διαχείριση ενός ζητήματος. Ωστόσο η διαφθορά γίνεται και αποδεκτή αλλά και αρεστή από ορισμένους, που αισθάνονται να τους ταιριάζει. Δε θα εξετάσουμε το γιατί αλλά έτσι συμβαίνει. Εκεί λοιπόν τι να αντιπαλέψει ο ευαίσθητος άνθρωπος; Βάζει πολύ απλά εμπρός το όπλο της φαντασίας, το μετατρέπει σε λόγια, σε έργα, σε τέχνη και σε μια ομορφιά που ξεφεύγει από τη σκληρότητα και τα χαστούκια της γήινης ζωής. Κάνει την άμυνά του και για λίγο φεύγει από τα δεσμά της φύσης, η οποία όσο μπορεί να σου επιτρέπει, άλλο τόσο μπορεί να σου απαγορεύει, είτε αυτή είτε οι περί αυτής. Εκεί είναι το θέμα. Πώς κάνουμε τη φαντασία, το ιδανικό, πραγματικότητα και ας μας φαίνεται δύσκολο ή και ακατόρθωτο.

## Θρησκεία

Πάντα θα υπάρχει θρησκεία γιατί πάντα θα υπάρχει φόβος. Πάντα θα υπάρχει θρησκεία γιατί πάντα θα υπάρχουν κοινωνικές ανισότητες. Πάντα θα υπάρχει θρησκεία γιατί πάντα θα υπάρχει ζήλια και φθόνος. Πάντα θα υπάρχει θρησκεία γιατί πάντα θα υπάρχει πόνος. Πάντα θα υπάρχει θρησκεία γιατί πάντα θα υπάρχουν ελαττώματα. Πάντα θα υπάρχει θρησκεία γιατί πάντα θα υπάρχει εκείνο το άλλο που θα δικαιολογεί τη θρησκεία. Άλλωστε ποιος άλλος θα αναλάβει τον ρόλο του χειριστή του Ανεξήγητου; Θα πει κανείς η Επιστήμη, και θα έχει δίκιο. Αλλά η επιστήμη δε βιάζεται να βγάλει σίγουρα συμπεράσματα, ούτε και μπορεί να τα εξηγήσει ακόμα όλα. Ερευνά και εξερευνά κι εμείς περιμένουμε από αυτές τις έρευνες την απάντηση στα άλυτα ερωτήματά μας. Να εξηγήσουμε, να βεβαιωθούμε, να αλλάξουμε γνώμες και αντίληψη. Μέχρι τότε όμως ποιος θα μας παρηγορεί; Ποιος θα μας ανακουφίζει; Ποιος θα αμβλύνει την ανασφάλειά μας; Η θρησκεία.

Είναι λίγο αφελές να σκέφτεται κανείς έτσι αλλά και αφελές να μην το σκεφτεί και καθόλου. Δεν μπορούν να απαντηθούν όλα τα ερωτήματα ενός σκεπτόμενου ανθρώπου στο διάβα μιας εποχής. Ούτε μπορεί κάποιος με ασφάλεια να ακολουθήσει όλες τις επιστήμες, όλες τις εξελίξεις και να έχει ταυτόχρονη ενημέρωση επί όλων των θεμάτων που σχετίζονται με την ανθρώπινη ύπαρξη. Κάποιοι βέβαια, πραγματιστές με ισχυρή πεποίθηση των διδαγμάτων τους, θα έχουν αυτό το προνόμιο. Οι περισσότεροι όμως δε σκέφτονται ή δεν αισθάνονται έτσι. Κατ' αυτόν τον τρόπο αποδέχονται μια δογματική θεωρία που φαίνεται να καλύπτει την πληγή των πολλών «γιατί» και έστω πρόσκαιρα να τα θεραπεύει. Μια πρόσκαιρη θεραπεία δεν είναι ποτέ μια ικανοποιητική παρέμβαση. Ωστόσο δίνει, έστω και προσωρινά, τον αέρα της γνώσης και κατά συνέπεια της de facto αποδοχής των συμπερασμάτων της. Πού να κοιτάξει ο άνθρωπος που υποφέρει ώστε να γλιτώσει; Είναι και η θρησκεία μια λύση και γι' αυτό μάλλον μακροημερεύει.

Πέρα βέβαια του ψυχολογικού παράγοντα, που παίζει μείζονα ρόλο στη ζωή του ανθρώπου, σε κάθε θρησκεία όπως και σε κάθε επιστήμη υπάρχει και μια Αλήθεια που τη συνοδεύει. Βέβαια το πώς κάθε θρησκεία επεκτείνει αυτή την αλήθεια και κατά έναν αδιανόητο τρόπο την ξεχειλώνει, εκεί είναι ένα άλλο θέμα όπου μάλλον υπεισέρχεται ο ψυχολογικός παράγοντας που σχεδόν όλα τα απαλλοτριώνει. Υπεισέρχεται βέβαια και η ιδιοτέλεια, οι σκοποί, τα συμφέροντα, οι ψευτιές και ένα σωρό σκουπίδια της ανθρώπινης υπόστασης προκειμένου να διασφαλιστεί η ισορροπία του τρόμου.

Κάθε θρησκεία είναι μια επανάσταση αλλά και όπως κάθε επανάσταση, όταν εδραιώνεται, γίνεται ένα καθεστώς. Όπως καταλαβαίνετε καλά, πολύ καλά, άλλα είναι τα χαρακτηριστικά μιας επανάστασης και άλλα ενός καθεστώτος. Διότι η επανάσταση, όπως είναι γνωστό, έρχεται για να λυτρώσει από την καταπίεση ψευδών δεδομένων, που παρόλα αυτά επιβάλλονται σε άμοιρους ανθρώπους, ενώ το καθεστώς είναι ακριβώς όλα αυτά τα ψευδή δεδομένα που επιβάλλονται. Όταν λοιπόν η επανάσταση μετατραπεί σε καθεστώς, κάθε αλήθεια που η επανάσταση μπορεί και να έφερε, με τις παρεμβάσεις και τις παρεκκλίσεις, θα εξαφανιστεί ή μάλλον, καλύτερα, θα χαθεί μέσα στην καθεστωτική λεπτομέρεια. Έτσι και η θρησκεία, και η κάθε θρησκεία, δυσκολεύεται πολύ να δώσει ανάσες ακόμα και στον εαυτό της γιατί συνήθως παρέρχεται κατά πολύ ο χρόνος της δικής της επανάστασης ενώ ο καθεστωτικός της χρόνος γίνεται ένα με τη μακραίωνη ύπαρξή της. Εκεί πλέον είναι πολύ δύσκολο να καταλάβεις πού βρίσκεται η αλήθεια και πού το καθεστωτικό ψέμα, που πρέπει όμως να ειπωθεί για να κρατήσει δέσμιο τον ανθρώπινο παράγοντα, που με τη σειρά του δεν αντέχει τις επαναστάσεις, πόσο μάλλον την αλήθεια. Βολεύονται λοιπόν, βολεμένοι και καθεστώτα, στο ίδιο σπίτι. Και δεν είναι ανάγκη να είναι πάντοτε οι βολεμένοι πλούσιοι άνθρωποι. Μπορεί να είναι και φτωχοί που βολεύονται στη φτώχεια τους γιατί η επανάσταση δεν είναι εύκολη για κανέναν. Ίσως γι' αυτό βλέπουμε θρησκείες να συνυπάρχουν σε συστημικά καθεστώτα χωρίς κανένα πρόβλημα. Γιατί, πολύ απλά, περιστρέφονται σε έναν άξονα: το βόλεμα. Σωστά ή λαθεμένα το βόλεμα είναι ένα.

## Ο φόβος

Είναι δύσκολο πράγμα ο φόβος. Να τον εξηγήσω δεν μπορώ αλλά είναι γεγονός πραγματικό. Μάλλον είναι κάτι σοβαρό, γι' αυτό και οι κοινωνίες στηρίζονται σε αυτό. Δηλαδή όχι σε αυτό καθαυτό αλλά στα αποτελέσματα που αυτό έχει σε ένα ευρύ κοινό. Ο Νόμος, οι Πράξεις, τα Συστήματα, οι Κυβερνήσεις, η Εξουσία, οι Θρησκείες ένα πράμα χειρίζονται με τρόπο σωστό: τον φόβο. Μπορεί και να είναι υπερβολή αλλά πολλοί πέτυχαν χάρη στο εργαλείο αυτό. Το σύστημα είναι μεγάλο, δεν μπορεί να αντικατασταθεί με άλλο. Χρησιμοποιεί λοιπόν τον φόβο όπως χρησιμοποιεί κάποιος έναν παπαγάλο. Του μαθαίνει να σκέφτεται με τον έναν τρόπο ή με τον άλλο. Να λέει, να αισθάνεται πράγματα χωρίς συγκεκριμένο νόημα. Το σύστημα δεν παλεύεται άλλο. Είναι ένα αχανές αδιέξοδο. «Ή θα με καταβάλλει ή θα το καταβάλλω». Έτσι πρέπει να αντιδράσει κάποιος σαν εμένα και όχι ο διαφορετικός.

Ο καπιταλισμός χρησιμοποιεί ως εργαλείο του το χρήμα, ο κομμουνισμός το κράτος. Και τα δύο οδηγούν σε έναν πάτο. Δεν εστιάζουν στο πιο σημαντικό, στον άνθρωπο, αλλά εστιάζουν στον έλεγχο του ανθρώπου, στη διαχείρισή του με κάθε τρόπο. Όπως και να έχει και τα δύο θα καταρρεύσουν το ένα μετά το άλλο. Γιατί ο στόχος τους είναι η ύλη και όχι ο άνθρωπος. Είναι δυο συστήματα που εστιάζουν στην ύλη με τρόπο διαφορετικό το ένα από το άλλο. Αλλά και τα δύο εκεί εστιάζουν: στο πώς ο άνθρωπος θα διαχειριστεί τη ζωή του, το χρήμα, το είδος παραγωγής. Γι' αυτό και έχουν ημερομηνία λήξης. Γιατί ο άνθρωπος είναι ύλη και πνεύμα. Άρα αγνοούν τον άνθρωπο και θα καταρρεύσουν από τον άνθρωπο.

## Απόρριψη

Έτσι ήθελε η ζωή να σ' έχει: να απορρίπτεις και να απορρίπτεσαι. Όταν η διαπαιδαγώγησή σου είναι τέτοια και τα βιώματά σου επίσης, τότε ζεις τον φαύλο κύκλο της απόρριψης σαν μια φυσιολογική, μια καθημερινή πάλη ανάμεσα σε δυο αρνητικούς πόλους χωρίς διέξοδο, χωρίς λύση, χωρίς άλλη σκέψη. Βάλτε το καλά στον νου σας ότι η παιδική διαπαιδαγώγηση, η σχέση που έχουν οι δυο γονείς, μια κοινωνία αντανακλά στου παιδιού την ψυχή, στου παιδιού το κεφάλι. Και όλη αυτή η εικόνα της διάλυσης γίνεται κάποτε πραγματικότητα στη διαμόρφωση του χαρακτήρα του ανθρώπου που έλαβε όλες αυτές τις άσχημες χάρες. Έτσι προκύπτουν οι περιθωριακοί, τα μιάσματα, οι προβληματικοί, οι ψυχοπαθείς, οι νευροπαθείς, όλοι με ένα στίγμα στο πρόσωπο της αξιοπρέπειάς τους, όλοι με μια μόνιμη στέρηση της υπερηφάνειάς τους. Κανείς δεν ρωτάει κανέναν γιατί πραγματοποιείται αυτό το έγκλημα. Είναι οι άνθρωποι τόσο σκληροί άραγε ή τους κατακλύζει η άγνοια;

Από την άλλη, το στοιχείο της μόρφωσης δεν πρέπει να μας παραπλανά γιατί όσοι καταστρέφουν τον κόσμο έχουν λάβει μεγάλη μόρφωση. Φοβόμαστε άραγε να αποδεχτούμε την τρισαθλιότητά μας ως άνθρωποι και την απόλυτη ένδεια ενός όντος, που όσο και να μορφώνεται δεν αλλάζει. Ίσως είναι ντροπή τελικά αν μιλάμε για εκπαίδευση καλή και άσχημη προκειμένου να κρύψουμε τη μεγάλη μας ξεφτίλα για αυτό που πραγματικά είμαστε. Σαν να μην έφτανε αυτό, ονοματίζουμε ανθρώπους βρίζοντας με ονόματα ζώων για να απαλλάξουμε τον εαυτό μας από την κακή του εικόνα και να μοιραστούμε τα βάρη της ντροπής μας. Όπου και αν πάει ο άνθρωπος ένα πράγμα ψάχνει, την Αγάπη. Ίσως είναι η μόνη αξία που μπορεί να τον βγάλει από την τρισαθλιότητά του. Ίσως όμως και αυτό να είναι μια δικαιολογία για να καλύπτει τα τραγικά σφάλματά του. Είναι πολύ λίγοι οι άνθρωποι που κοιτάζοντας στον καθρέφτη βλέπουν αυτό που πραγματικά είναι και όχι αυτό που τους προόρισαν οι άλλοι. Και αυτή η ιστορία της πλήρωσης των επιθυμιών, των αρεσκειών και των «πρέπει» που θέτουν όλοι οι άλλοι, τι τραγική παρέμβαση, τι ταπεινωτική κατάσταση είναι! Μετά, ενοχλεί κάποιους η δουλεία, ο ναζισμός, η βία, η καταπάτηση των δικαιωμάτων. Αφού καλά καλά εμείς οι ίδιοι τα έχουμε καταπατήσει, έχοντας δεχτεί μας αρέσει δε μας αρέσει αυτά που θέλουν και απαιτούν οι άλλοι. Έτσι οδηγούμαστε σε δυο κατηγορίες κτηνών: σε αυτά που επιβάλλουν και σε αυτά που επιβάλλονται. Δηλαδή να ζει κανείς ελεύθερος πραγματικά δεν υπάρχει αφού χαλάει την εικόνα που δημιουργούν οι άλλοι για εμάς. Κτήνη είμαστε οι άνθρωποι που απλά επιβάλλονται. Ούτε αγαπάνε, ούτε αγαπιούνται, απλά επιβάλλονται. Και, είτε θα είναι ο άνθρωπος στη μία κατηγορία του λεγόμενου «θύτη», είτε στην άλλη του λεγόμενου «θύματος». Όπως και να έχει οι ρόλοι είναι σαφείς και μεγάλοι. Η ιστορία του ανθρώπου δεν αφήνει αμφιβολίες για τους λόγους που περνάει ό,τι περνάει. Η αδύναμη φύση του, τα ελάχιστα θετικά του τον κατατάσσουν σε ένα είδος που δε θα το ζήλευαν άλλοι. Θα μου πεις, ποιοι άλλοι; Σε αυτή την περίπτωση θα ελπίζαμε στην ύπαρξη άλλων δημιουργημάτων ανώτερης πνευματικής, ψυχικής και συναισθηματικής φύσης που δε θα ονομάζονται καν άνθρωποι αλλά θα έχουν άλλη φύση και άλλη εξέλιξη.

Ακούγεται βέβαια αυτό σαν να ήλπιζε κάποιος στην ύπαρξη εξωπλανητικών υπάρξεων αλλά, χωρίς υπερβολή, βλέποντας αυτά τα χάλια δεν αδικεί κανείς τον ευαίσθητο άνθρωπο, που είτε ελπίζει σε μια ζωή άλλη μέσω των θρησκειών, των ιδεολογιών των όποιων πνευματικών μορφωμάτων, είτε πιστεύει σε άλλα πλάσματα με άλλη χάρη. Η φύση της απόρριψης είναι τόσο σκληρή, τόσο τεράστια που δεν επιτρέπει επ' ουδενί άλλα συμπεράσματα. Φυσικά θα υπάρχουν οι αισιόδοξοι άνθρωποι, οι ιδεαλιστές, οι αγωνιστές που θα απορρίπτουν τέτοια συμπεράσματα με σκοπό να μην εναποθέσουν τις φρούδες ελπίδες τους σε καμία θρησκεία, σε καμία ιδεολογία, σε κανέναν ήρωα, σε κανέναν άλλο. Αυτοί, με τη σειρά τους, και με ύφος πειστικό προσπαθούν να θέσουν το κέντρο του κόσμου των ευθυνών σε αυτά που επιλέγει που προστάζει ο άνθρωπος και τις συνέπειες αυτών των επιλογών ως απλές συνέπειες των ευθυνών του. Είναι και αυτή μια θεωρία σημαντική, πειστική, που όμως δεν απαντά σε κάτι. Γιατί και οι ίδιοι αυτοί οι άνθρωποι δεν μπόρεσαν να παρέμβουν στη μοίρα τους, από την αρχική τους γέννηση από την αρχική τους κατάσταση, αλλά η μοίρα τους παρουσιάστηκε συγκεκριμένα και από εκεί και πέρα τους ανάγκασε να κάνουν ό,τι θέλουν εκείνοι ή ό,τι θέλουν οι άλλοι. Όπως και να έχει, δεν όρισαν εκείνοι το παιχνίδι από την αρχή της ύπαρξής τους αλλά άλλοι το όρισαν για εκείνους. Αντέδρασαν φυσικά αλλά η αντίδρασή τους, στο σύνολο των πιέσεων επιβολής των επιθυμιών ή των προσταγμάτων των άλλων, χάθηκε όπως χάνεται το φτερό στον άνεμο, καταλήγοντας έτσι να λαμβάνουν οι αντιρρησίες των όποιων συστημάτων, θεωρημάτων, θρησκειών και ιδεολογημάτων ονόματα που αποδεικνύουν από μόνα τους την εξαίρεση του πράγματος και τη μοναδικότητα των δικών τους αντιδράσεων μέσα στο απόλυτο σκοτεινό και βάρβαρο χάος.

Αυτό και μόνο δείχνει πόσο λίγοι είναι αυτοί οι άνθρωποι και πόσο βάρβαρη είναι η οντότητά τους. Είναι, αυτοί οι επαναστάτες, και αυτοί κομμάτι της απόρριψης. Απορρίπτουν και απορρίπτονται και έτσι δεν υπάρχει ένας αρμονικός δεσμός συμφιλίωσης, ούτε με τους ίδιους ούτε με την οικογένειά τους. Είναι ολομόναχοι στην περιπέτειά τους. Γι' αυτό και η Ιστορία των Αγράμματων τους δίνει εκεί εκ των υστέρων τα ψίχουλα της αναγνώρισης της περιπέτειάς τους, τα ψίχουλα της αξιοπρέπειάς τους. Τι να τα κάνουν αφού οι περισσότεροι από αυτούς τους ήρωες έχουν, ήδη, εξαφανιστεί, έχουν ήδη πεθάνει;

Για να τα βλέπουμε και να μαθαίνουμε οι άλλοι, ποιος είναι ο σκοπός, εφόσον η κοινωνία, ο άνθρωπος τελικά δεν αλλάζει; Αλλάζουν λίγοι, δεν αλλάζουν όλοι. Αυτό δεν αρκεί για να υπάρξει κοινότητα συναισθημάτων, αντιλήψεων, αντιδράσεων, οραμάτων, ιδεολογιών, θρησκευμάτων, δηλαδή μια κοινότητα πραγμάτων που θα μπορούσαμε ελεύθερα, όχι ψυχαναγκαστικά, ούτε ψυχαναγκασμένα να απευθυνόμαστε όλοι οι άνθρωποι χωρίς να πρέπει να αποδείξουμε κάτι. Απλά γιατί είμαστε καλοί άνθρωποι με στοιχεία που δεν έχουν άλλοι.

Αυτός, ο εκτενής διαλογισμός του συγγραφέα, εξυπηρετεί ίσως μια συγκρουσιακή μορφή σκέψης που ενδεχομένως, σε διαφορετικά επίπεδα, κάνουν όλοι οι άνθρωποι, σε διαφορετικές στιγμές, σε διαφορετικές φάσεις, αλλά όλοι οι άνθρωποι τις κάνουν.

Όπως και να έχει, η καταπίεση που βιώνει ο άνθρωπος σε όλα τα επίπεδα είναι τόσο μεγάλη που πρέπει συνεχώς να απολογείται. Η άμυνά του είναι η αντίδραση. Όπως και να έχει αντιδρά. Οι άνθρωποι είναι άναρχοι.

## Παράδοση σκέψης

Η παράδοση της σκέψης επιτάσσει να σκέφτονται οι άνθρωποι. Βέβαια, θα μου πεις, ποια παράδοση έτσι όπως έχει γίνει η σκέψη, έτσι όπως την έχουν μεταλλάξει; Κανείς δεν ξέρει γιατί συμβαίνει το ένα ή το άλλο. Σαν φαντάσματα γυρίζουμε οι άνθρωποι σε έναν μεγάλο λαβύρινθο. Αντικρίζουμε ακούμε εισπράττουμε τις σκέψεις των άλλων αλλά και πάλι τι συνεννόηση να επιτευχθεί όταν δεν ξέρουμε τα αληθινά κίνητρα της σκέψης που κάνουν οι άλλοι; Σκέφτονται άραγε εμάς και το πρόβλημά μας ή απλά κάνουν μια αναπαραγωγή μασημένης σκέψης;

Είναι δύσκολο να διακρίνει κανείς πότε οι άνθρωποι κάνουν γνήσιες σκέψεις και πότε μεταλλαγμένες με διάφορα εξαρτήματα. Οι αυθεντικές σκέψεις προστίθενται, οι υπόλοιπες αφαιρούνται. Είναι ένα πράγμα σαν τον προϋπολογισμό. Μόνο που για να είναι θετικός αυτός ο προϋπολογισμός πρέπει να πεταχτούν πολλές μάσκες, να φιλτραριστούν πολλά είδωλα πνευματικών εξαρτημάτων και να αφαιρεθούν πολλά κίνητρα σκέψης που υποκινούν οι κακοί άνθρωποι. Αυτοί είναι και οι πιο επικίνδυνοι γιατί φορούν τα πιο καλοζωγραφισμένα προσωπεία, τόσο που τα νομίζεις για πρόσωπά τους. Αυτοί είναι οι αρπαχτικοί άνθρωποι. Μην έχοντας τίποτα δικό τους κλέβουν και αρπάζουν ό,τι καλό τους λάχει.

Προστατέψτε τον εαυτό σας γιατί αυτοί δεν είναι άνθρωποι, είναι δαίμονες που φέρονται σαν άνθρωποι. Εκεί πρέπει να γίνει κάτι. Ένα δικό σας κάτι. Βρείτε το και απομακρυνθείτε. Είναι κακοί άνθρωποι και δυστυχώς το είδος αυτό υπάρχει.

## Συντηρητισμός

Όσο οι άνθρωποι μεγαλώνουν τόσο καταπιέζονται. Δεν ξέρω σε ποια νόρμα υπάγεται αυτό αλλά βλέπω την ενηλικίωση σαν ένα φάντασμα που πνίγει ό,τι αγνό, χαρούμενο και πηγαίο έχει ο άνθρωπος μέσα του. Και μπορεί ορισμένοι να το βρίσκουν φυσιολογικό, εγώ όμως όχι. Τι τάχα είναι φυσιολογικό; Να φιλτράρεις συνεχώς τις σκέψεις σου, τους λόγους σου, τα συναισθήματά σου τόσο που η ζωή σου να φαντάζει μια ξένη όπως λέει και ο ποιητής, ξένη μακρινή και απόμερη; Τι είδους ενηλικίωση είναι αυτή και ποιόν τελικά εξυπηρετεί; Φυσικά, βοηθά στην ομαλή μετάβαση και αποδοχή συμβιβασμών που κάθε εποχή έχει τους δικούς της αλλά από την άλλη απομονώνει τον άνθρωπο από την ουσία της ύπαρξής του. Τον κάνει μοναχικό και ιδιαίτερα επιφυλακτικό. Σαν να γίνεται ένα αγρίμι ο άνθρωπος μεγαλώνοντας, που όμως προσπαθεί επιμελώς να το κρύψει. Τα συναισθήματα υποχωρούν και δίνουν τη θέση τους σε μια λογική που δεν εξυπηρετεί τον άνθρωπο αλλά την κοινή συμβίωση σε κάτι αρρωστημένο, σε κάτι κακό.

«Υποχωρώ». Για το κοινό καλό έχει νόημα αλλά «υποχωρώ» χωρίς καλό κοινό τι νόημα έχει; Σήμερα όλο και περισσότερο οι άνθρωποι υποχωρούν και συμβιβάζονται για να χωρέσουν απλά στον όρο «κοινό». Τι κοινό δε διευκρινίζεται, και είναι δύσκολο να διευκρινιστεί γιατί οι κοινωνίες έχουν αλλάξει και δε βιώνουμε όλοι οι άνθρωποι την ίδια κατάσταση, δυστυχώς. Σε όποιο επίπεδο όμως και αν κοιτάξεις, πλούσιο ή φτωχό, συνειδητοποιείς αυτό το πράγμα: την προσπάθεια ζύμωσης σε ένα αδιευκρίνιστο κοινό. Και ερωτώ εγώ, τι αξίζει όλο αυτό; Το κοινωνικό συμβόλαιο υποτίθεται ότι γράφεται και συνομολογείται για να προωθήσει το κοινό καλό. Δηλαδή το καλό για πολλούς ανθρώπους, για πολλούς πολίτες. Εδώ πλέον, στα χρόνια μας, δε μιλάμε για κανένα κοινό καλό αλλά για ένα αφηρημένο κοινό που από αρρωστημένη συνήθεια έχει γίνει αποδεκτό.

Δε θα βρεις ούτε έναν να νιώθει πλήρης μέσα στο κοινωνικό περιβάλλον. Απλά σέρνει τη βάρκα του μέσα σε μία άβυσσο χωρίς τελειωμό. Σαν ένα ταξίδι χωρίς προορισμό. Φανταστείτε τη ματαιότητα που ενέχει όλο αυτό. Κάποτε το ταξίδι είχε προορισμό, είχε στόχο, είχε τελειωμό. Σήμερα δεν έχει τίποτα. Είναι ένα ταξίδι κενό. Θα μου πεις, κάπου μπορεί να βγάλει όλο αυτό. Αλλά για τον ταξιδιώτη που μπαίνει σ' αυτή τη βάρκα, σ' αυτό το εγχείρημα δεν υπάρχει λύτρωση δεν υπάρχει τελειωμός, ζει μόνιμα κάτι δυνητικό. Μπορεί να πάει εκεί, μπορεί να πάει αλλιώς, ποτέ όμως κάτι σταθερό. Αν το λάβετε σοβαρά υπόψιν σας θα καταλάβετε ότι ζούμε έναν μόνιμο βασανισμό. Δηλαδή το μόνο μόνιμο και σταθερό που έχει το ταξίδι είναι ένα ερωτηματικό: πού πάω εγώ; Αδιανόητο όλο αυτό αν σκεφτεί κανείς ότι πάντοτε υπήρχε στη θεωρία της σκέψης ένα όραμα, ένας κάποιος προορισμός. Και αναρωτιέται κανείς, εκείνοι που έγραψαν για τον τελικό προορισμό έλαβαν υπόψιν τους το κομμάτι αυτό; Δηλαδή του ταξιδιού που τελικά γίνεται χωρίς προορισμό, χωρίς τελειωμό και είναι απλά ένα ταξίδι χαοτικό; Και ποια στηρίγματα να έχει άραγε ο άνθρωπος στο ταξίδι αυτό; Τη γνώση; Τι να την κάνει, αφού όσα και αν γνωρίζει και όσο καλά και να τα γνωρίζει το ταξίδι δεν οδηγεί σε κανέναν προορισμό. Εκτός και αν συμβιβαστείς με όλο αυτό και ικανοποιείσαι με τον χαοτισμό.

Δεν είναι όμως εύκολο και δεν είναι και εφικτό να αντέχεις τον χαοτισμό. Αναγκαστικά μεν τον αντέχεις γιατί ζεις μέσα σε αυτόν αλλά δε σημαίνει ότι νιώθεις χαρά, ικανοποίηση, ευτυχία, ψυχική γαλήνη, πράγματα αναγκαία για να δημιουργηθούν οι συνθήκες για κάτι κοινωνικά καλό. Δε θέλω να παρέμβω στις σκέψεις των ιδεαλιστών και να τους αφαιρέσω το δημιουργικό κομμάτι της ελπίδας, της προσμονής, της μετάβασης. Αλλά ο σημερινός κόσμος, είτε στο πλούσιό του είτε στο φτωχό, δείχνει κενός από κάθε στόχο, από κάθε προορισμό. Φυσικά μπορεί κανείς να βρίσκει νόημα στο ταξίδι αυτό παριστάνοντας ότι δεν το ζει με τον τρόπο αυτό και να ακολουθεί ατομικά κάτι το ουσιαστικά ιδανικό. Όταν όμως όλο αυτό έρχεται σε επαφή με το κοινωνικό, γιατί αναπόφευκτα θα έρθει, τότε συνειδητοποιεί ότι οι άλλοι δε συμμερίζονται αυτό το ταξίδι με τον τρόπο τον ατομικό και αντιλαμβάνεται ποιο είναι το ταξίδι το πραγματικό.

Να συγχωρήσουν οι αναγνώστες τις κουραστικές μου επαναλήψεις. Το κείμενο είναι άμεσο και το περιλαμβάνει αυτό κατά τρόπο σταθερό. Σκοπός δεν είναι να γραφτεί κάτι κοινό, αφού ο συγγραφέας δεν αντιλαμβάνεται τίποτα κοινό με τον συμβιβασμό. Οπότε το ύφος είναι διαφορετικό. Έμαθα, μετά από χρόνια πάλης, ότι δεν έχει νόημα «το κοινό» και καλό είναι κανείς να εκφράζεται με το δικό του ήθος, το διαφορετικό. Γνωρίζουμε τις αναλύσεις για το διαφορετικό, δε γνωρίζουμε όμως κατά πόσο γίνεται κατανοητό και ακόμα περισσότερο αποδεκτό. Είναι ένα πείραμα λοιπόν όλο αυτό σε επίπεδο αναγνωστικό. Ούτε γνωρίζει ο συγγραφέας αν θα δημοσιευτεί ποτέ το πείραμα αυτό. Απλά το επιχειρεί. Αλλά και αυτό είναι δημιουργικό.

Είναι λοιπόν φορτίο μεγάλο ο συντηρητισμός, καθώς δεν επιτρέπει να συνδιαλέγεσαι με το υπαρκτό για να το ακυρώσεις και να μεταφερθείς σε κάτι πιο ανθρώπινο, πιο προσιτό. Φυσικά, θα μου πεις, κάποιοι μια χαρά βολεύονται σε όλο αυτό αλλά και πάλι ζουν μια όαση στον ωκεανό. Δίπλα τους εξακολουθούν να υπάρχουν μίλια θάλασσας και ο ωκεανός ποτέ δεν είναι ειρηνικός. Συνεπώς μπορεί μεν η επιβολή του συντηρητισμού να κρατάει με το ζόρι τον ωκεανό ειρηνικό, όμως ο ωκεανός και εν προκειμένω ο άνθρωπος, δεν ξεχνάει ποτέ τη φύση του και το ένστικτο το προσωπικό.

Αν φουσκώσει ο ωκεανός θα γίνει χαμός και η όαση θα εξαφανιστεί σε ένα λεπτό. Το πώς βέβαια η όαση πείθει τον ωκεανό να είναι ειρηνικός είναι ένα θέμα. Μάλλον η ηρεμία της, η σταθερότητά της, η άνεσή της, η χαλαρότητά της είναι αυτά που της επιτρέπουν να υπάρχει με τρόπο φοβερό. Δηλαδή, για να το κάνουμε λιανά, ο κόσμος δεν ξεσηκώνεται καμιά φορά γιατί θαυμάζει την όαση στον ωκεανό και ελπίζει να αράξει κάποτε και εκείνος στο λιμάνι αυτό. Εκείνο που δεν καταλαβαίνει όμως είναι ότι το λιμάνι είναι απροσπέλαστο και η όαση είναι μια πινελιά στον ωκεανό. Ο Ωκεανός είναι το σημείο αναφοράς, ένωσης και συνύπαρξης, δηλαδή ο λαός. Αυτός είναι ο ωκεανός. Και όσο ξεχαρμανιάζει φανταζόμενος τη δική του όαση απλά χάνει χρόνο και βυθίζεται μέσα σ' αυτό το όνειρο. Βυθίζεται στον ωκεανό δηλαδή, στη μάζα του. Όσο ο ωκεανός λειτουργεί ως μάζα τόσο η όαση θα απολαμβάνει τα ανισομερή μεγέθη της. Ο ωκεανός έχει αξία ως μάζα μόνο όταν γίνεται τρανός. Για να γίνει όμως αυτό πρέπει να ξέρει ότι το ταξίδι του δε θα έχει τελειωμό, ούτε τελικό προορισμό. Θα είναι ένα ταξίδι στον Ωκεανό.

## Κόστος προσωπικό

Και εδώ ανοίγει ένα κεφάλαιο σκληρό για να καταλάβουμε αν οφείλουμε να πληρώνουμε ή όχι αυτό το κόστος. Κόστος προσωπικό σημαίνει θυσιάζω για κάποιον σκοπό. Πόσο όμως αναγκαίο είναι ή γίνεται τελικά αυτό; Είναι πραγματικά ανάγκη να βάζουμε τον εαυτό μας στο δίλημμα αυτό χάνοντας κάτι τόσο σημαντικό, που να μιλάμε πλέον για κόστος ψυχολογικό; Γιατί όταν ορισμός «υλικός» μπαίνει στη συζήτηση σημαίνει, εξ ορισμού, ότι χάνεται κάτι σημαντικό. Έτσι το αντιλαμβάνεται ο συγγραφέας εδώ. Και δεν υπάρχει μεγαλύτερη παγίδα από το κόστος που προκύπτει από το σφάξιμο αυτό. Δεν υπάρχει επιστροφή, δεν υπάρχει έλεος να εξισορροπήσει τη χασούρα από αυτό το έλλειμμα.

Και ποιος επιβάλλει στον άνθρωπο να γίνεται θυσία για να ικανοποιείται αυτό το κομμάτι; Ο ίδιος ο άνθρωπος ψυχαναγκάζεται σε μια διαδικασία που οδηγεί σε μια απώλεια που του αφαιρεί την ανάσα σε οτιδήποτε δημιουργικό. Και δε θα έπρεπε, δεν αρμόζει να χάνει κανείς έναν προσωπικό θησαυρό για να ανταποκρίνεται σε μια απαίτηση που επιβάλλει το περιβάλλον ή ο ευρύτερος κοινωνικός σχηματισμός. Ποιος όρισε τον άνθρωπο με έναν τέτοιο υλισμό; Από πού ξεκινάει αυτός ο σκοτωμός;

Γράφοντας όλα αυτά, καμιά φορά, αναρωτιέμαι τι εξυπηρετώ. Το δικό μου καλό ή το δικό σας; Δεν είναι τυχαίος ο ενικός. Συμβαίνει μετά από ένα ταξίδι μου στο εξωτερικό. Νιώθω λιγότερο δυνατός αλλά περισσότερο σωστός μιλώντας στον ενικό. Αυτές τις παρενθέσεις μου ζητώ να τις δει με κατανόηση ο αναγνώστης, που ενδεχομένως να αντιληφθεί ότι έχει απλά να κάνει με ένα γραπτό τρελό, τουλάχιστον μη συνοχικό. Δε θα απολογηθώ γι' αυτό. Συμβαίνει, οφείλω απλά να το αποδεχτώ.

Από εκεί και πέρα, μιλώντας για κόστος προσωπικό, οφείλουμε να κατανοήσουμε και τι εννοούν οι άλλοι αναφερόμενοι σε αυτό. Αν αυτό που αναφέρουν δείχνει να εναντιώνεται στο δικό μας καλό, τότε σίγουρα μιλάμε για κόστος προσωπικό. Το ποιος επιλέγει βέβαια τον δρόμο αυτό είναι θέμα σχετικό. Είναι άχαρο να μιλάει κανείς για κόστος όταν αναφέρεται σε κάτι προσωπικό. Δείχνει κάτι για την κοινωνία μας όλο αυτό. Δείχνει ότι η ζωή, έτσι όπως έχει διαμορφωθεί, δεν έχει πλέον χαρακτήρα ουμανιστικό αλλά ζυγίζεται κατά τρόπο οικονομικό: τι έχασες, τι κέρδισες, τι και πώς, όλα σε ένα ζύγι τιμών. Η επιτυχία κρίνεται σε ένα ζύγι τιμών. Η αποτυχία επίσης. Κανείς δεν ενδιαφέρεται πλέον για τον καλό άνθρωπο. Είναι θέμα συζήτησης βαρετό. Ομολογώ μάλιστα ότι πολλές φορές αναγκάζομαι να μιλήσω στη γλώσσα των καιρών, όχι γιατί με ενδιαφέρει αλλά, γιατί αλλιώς δεν υπάρχει τρόπος να επικοινωνώ, δεν υπάρχει κοινό σημείο. Και καθώς η επικοινωνία με τους ανθρώπους είναι κάτι σημαντικό, αναγκάζομαι να μεταβιβάζω τη σκέψη μου και τα συναισθήματά μου σε ένα λεξιλόγιο καταπιεστικό, καθόλου ενδιαφέρον αλλά υπαρκτό. Το λεξιλόγιο της εποχής είναι μόνο οικονομικό. Διανύοντας το τελευταίο κομμάτι του καπιταλισμού, το πιο σκληρό, όλα ανάγονται σε επίπεδο οικονομικό. Όλα είναι άμεση συνάρτηση με αυτό και με επιρροές που ξεκινάνε, τελειώνουν, μεταβαίνουν, κινούνται πάντοτε προς αυτό. Φανταστείτε λοιπόν τώρα μέσα σε αυτό το περιβάλλον να θέλεις να μιλήσεις για αγάπη, για συνάνθρωπο, για θυσία, για ευγενική άμιλλα, για συντροφικότητα, για συμπόρευση μέσα σε ένα πλαίσιο οικονομικό. Το αποτέλεσμα είναι απογοητευτικό. Φαντάζεις ως κάποιος γραφικός σε ένα τέτοιο πλαίσιο, αν όχι τρελός, δηλαδή ξένος, περιθωριακός. Και ποιος διανοούμενος θα μου πεις, δε φάνταζε έτσι στο πλαίσιο το κοινωνικό; Χαρακτηριστικό της διανόησης δεν είναι να τρέχει να προλάβει αλλά να προσπαθεί να καταλαβαίνει και να σώζει αυτό που δεν μπορεί να σώσει ο θεός. Να επαναφέρει την πνευματικότητα στον άνθρωπο και να του υπενθυμίζει ότι είναι και αυτός, πνευματικός. Να του θυμίζει ότι είναι πολυδιάστατος, ικανός και όχι ένα ζώο αρπαχτικό. Να φωτίζει τη σκοτεινότητά του και να τον απομακρύνει από τη μιζέρια του κατά τρόπο ισορροπημένο και σωστό. Αυτό είναι, κύριοι, ο διανοούμενος και τίποτα πέρα από αυτό.

## Κραυγή

Θα πρέπει να αναφέρουμε κάπου εδώ ότι, μετά από τόση ανάλυση, άσκοπη ή μη θα το κρίνουν οι άλλοι, η δυνατότητα να εκφράζεις πράγματα που δεν μπορούν οι άλλοι γιατί δεν έχουν την ευκαιρία ή δεν έχουν τον χρόνο ή την πολυτέλεια ή την άνεση λόγου, είναι μια κραυγή. Μια κραυγή που πρέπει να βγει, που πρέπει να ακουστεί και να εκφράσει το παράπονο, την απελπισία, την απόγνωση, την οργή που νιώθουν οι άνθρωποι εκείνοι που η ζωή δεν τους τα 'φερε ίσια αλλά ούτε και οι άλλοι τα ισιώσανε, παρότι έβλεπαν την κατάσταση. Η μοναχική κραυγή που εκφράζει κάθε άνθρωπο που αισθάνεται ντάλιτ, που αισθάνεται κατώτερος άνθρωπος τι αηδία έκφραση αλλά ισχύει στην πράξη γιατί την έβαλαν εκεί κάποιοι άλλοι. Τον κατέστησαν μισό άνθρωπο ή και μισάνθρωπο, απλά για να βολεύεται ή να μην ξεβολεύεται ένα κομμάτι χάλι. Αυτοί οι άνθρωποι, που παλεύουν με τον εαυτό τους και με τους άλλους, δεν είναι λιγότερο άνθρωποι αλλά είναι και αυτοί άνθρωποι και κάποτε που δεν το νομίζω πρέπει να γίνουν και αυτοί Άνθρωποι, όπως είναι οι υπόλοιποι.

Εκείνος που επινόησε τον ρατσισμό και τις διακρίσεις είναι εκείνος που δεν αντέχει τη δική του διαφορετικότητα, το δικό του χάλι. Άμα κανείς καταλάβει το ανθρώπινο χάλι μπορεί και να μετανιώσει τη στιγμή που γεννήθηκε άνθρωπος, να φρικάρει.

## Για την παρέα

Για την παρέα κάνεις βόλτες σε μέρη που δε, σ' ενδιαφέρουν. Για την παρέα ανέχεσαι συζητήσεις που δε σε αφορούν. Για την παρέα πνίγεις τον θυμό μέσα στην ψυχή σου. Για την παρέα κάνεις έρωτα με αυτούς που δε θέλεις. Για την παρέα θυσιάζεις ευχάριστες ώρες και παριστάνεις ότι ευχαριστιέσαι με αυτές τις θυσίες. Για την παρέα κάνεις τον κωμικό, για να χαίρονται οι άλλοι και να σε θέλουν. Για την παρέα γίνεσαι γελωτοποιός. Για την παρέα τρέχεις και δε φτάνεις. Γίνεσαι θύμα σωστό.

Μα, για στάσου λίγο και σκέψου. Μήπως είναι καιρός να κάνεις παρέα στον δικό σου εαυτό; Μήπως δεν αξίζει να χαλιέσαι, να είσαι αρεστός μόνο και μόνο για να μην αισθάνεσαι μοναχικός; Μήπως μετουσιώνεσαι μόνος σου σε έναν φίλο μοναδικό; Μήπως η παρέα στο προσφέρει αυτό;

Ας μην είμαστε άδικοι. Όσο ανεβαίνει το πνευματικό επίπεδο, τόσο η παρέα γίνεται βάρος. Ή θα βρεις όμοιον που θα μοιράζεσαι την εξέλιξή σου σε όλο αυτό ή που μένεις μόνος, μη μετανιώνοντας γι' αυτό. Δε γίνεται αλλιώς. Η κοινωνικότητα είναι ευχάριστη και μαθαίνεις πολλά όταν είσαι κοινωνικός. Και τη χρειάζεσαι. Αλλά δεν είναι φάρμακο. Υπάρχει και ο άνθρωπος ο δημιουργικός που δεν αντέχει τη ζύμωση με κόσμο άσχετο. Καλό είναι να μαθαίνεις τη συμπεριφορά του καθενός. Να μελετάς, να παρατηρείς και να σέβεσαι του καθενός το χαρακτηριστικό στυλ. Δε σημαίνει όμως και εξ ανάγκης συμβιβασμό.

Τα πάντα ξεκινούν από την αίσθηση ότι είσαι μοναχός, ένα ον ξεχωριστό, πλην όμως μέλος κοινωνικό. Όχι ον κοινωνικό αλλά μέλος σε ένα κοινωνικό σύνολο. Τώρα, αν θα σε περιλαμβάνει το σύνολο αυτό, είναι κάτι τελείως σχετικό. Επιλέγεις βέβαια το σύνολο, αν και εφόσον γίνεται. Εάν δε γίνεται επιλέγεις δρόμο μοναχικό για να μη νιώσεις την κατάντια της χρηστικότητας μέσα σε ένα περιβάλλον εχθρικό. Την κατάντια του να παριστάνεις τη μαϊμού για χατίρι κάποιου. Την κατάντια να λέγεσαι φίλος ανθρώπου που σε αηδιάζει δυστυχώς. Δεν είναι εύκολο να αποδεχτείς τέτοιον συμβιβασμό. Γι' αυτό προτείνω είτε περιβάλλον της τάξης σου, είτε δρόμο μοναχικό, σκληρό. Σίγουρα όχι συμβιβασμό σε κάτι βασανιστικό.

## Πορεία πανανθρώπινη

Στην πορεία των χρόνων, των χαμένων αγώνων, τα οράματα έγιναν μικρά. Κανένας πλέον δε μιλάει γι' αυτά. Το μόνο που ενδιαφέρει τον κόσμο είναι τα λεφτά. Η νέα κουλτούρα που διαμορφώνεται αφορά μόνον αυτά. Όλα περιστρέφονται γύρω από τα λεφτά. Και φυσικά μιλάμε για στοιχεία υλικά που δεν μπορούν να προσφέρουν ολοκληρωμένα πράγματα. Εκείνοι που έχουν λεφτά, θέλουν πιο πολλά λεφτά, άλλοτε για να διατηρήσουν αυτά που έχουν και άλλοτε γιατί τα αγαπούν πραγματικά. Εκεί που δεν έχουν λεφτά τα θέλουν γιατί αφενός μεν τα έχουν ανάγκη, αφετέρου δε γιατί η έλλειψή τους τούς κάνει να σκέφτονται μόνο αυτά. Φανταστείτε λοιπόν τώρα σε τι κοινωνία ζούμε γενικά. Σε μια κοινωνία που ό,τι σχεδιάζει, ό,τι φαντάζεται, ό,τι ονειρεύεται, ό,τι προσδοκά είναι σχετικό με τα λεφτά. Τι είδους σχέσεις προκύπτουν άραγε όταν κράτος-πολίτες στοχεύουν μόνο σ' αυτά. Καταλαβαίνετε τι είδους. Ζούγκλα με ζώα πανανθρώπινα και συγχρόνως εγκληματικά. Και τι σημαίνει πανανθρώπινα; Μα φυσικά, σημαίνει ότι είναι παντού ίδια.

Τελικά οι άνθρωποι στο ζωικό βασίλειο είμαστε τα πιο εγκληματικά στοιχεία. Διαφέρουμε από τα άλλα ζώα. Σκοτώνουμε για χαρά, σκοτώνουμε, πνίγουμε, ταπεινώνουμε τα πάντα για τα λεφτά. Πρέπει κάποιος να απαντήσει τι χρειάζεται σε αυτόν τον κόσμο ο άνθρωπος γενικά. Τι ανταποδίδει στα κεκτημένα που έλαβε ως κληρονομιά. Να αρπάζει, να ξεσκίζει φυσικά και ζωικά πράγματα, να βιαιοπραγεί ενάντια σε κάθε στοιχειώδη αξιοπρέπεια που εμφανίζεται στην ύπαρξη γενικά; Κάποιος να απαντήσει σ' αυτά ερωτήματα για να καταλάβουμε και οι υπόλοιποι αν η ζωή στον άνθρωπο είναι δώρο ή μια κατάρα που συμπαρασύρει, όχι μόνο τον ίδιο τον άνθρωπο, αλλά και όποιον σχετίζεται με αυτόν. Ζώα, ψάρια, δέντρα έχουν φοβηθεί τον άνθρωπο με όλα αυτά. Ακόμα και τα λιοντάρια κρύβονται σ' αυτά τα θεάματα.

Όταν γεννιέται ο άνθρωπος και μεγαλώνει κανείς δεν τον ενημερώνει γι' αυτά. Διδάσκεται την ιστορία του, τα επιτεύγματά του, τις μεγαλοκατακτήσεις των προγόνων του και άλλα πολλά και καλά αλλά κανείς δεν αναφέρεται στη σκοτεινή πλευρά, που αντιμετωπίζει όταν μεγαλώσει. Αν θέλετε, την αντιμετωπίζει ψύχραιμα και λογικά και παλεύει στη ζωή του ηρωικά. Αλλά δεν του δίνεται η ευκαιρία που του έταξαν, ούτε τα οράματα για τα οποία του μίλησαν. Βγαίνει απλά σε έναν λάκκο λάσπης, σε έναν βούρκο και καλείται να πέσει μέσα και να κυλήσει μέχρι να καταφέρει να πάρει μια ανάσα από όλα αυτά τα σκατά και να ζήσει φυσιολογικά.

Μήπως μας αρέσει να σκεφτόμαστε ότι είμαστε ωραία πλάσματα και δεν ανήκουν σε εμάς όλα αυτά τα κακά; Μήπως σκεφτόμαστε τελείως εγωιστικά την καλή μας πλευρά και παραβλέπουμε ότι είμαστε όντως πλάσματα κακά; Και βέβαια κάποιες φορές κάνουμε και κάτι καλό αλλά είναι τόσο λίγες που δε σώζουν τίποτα από την καταστροφή που ετοιμάζουμε και για την οποία δουλεύουμε σκληρά, απλά και μόνο για να περνάμε καλά. Βέβαια, τι καλά που και τα καλά αυτά είναι για ελάχιστους καλά, για εκείνους που έχουν ένα σωρό εκατομμύρια. Οι υπόλοιποι διαβιούν άθλια, πραγματικά. Και δεν είναι ο καπιταλισμός που ήρθε να τα αναδείξει αυτά. Για όποιον μελετά την ιστορία από την ανθρώπινη πλευρά, ανθρωποκεντρικά, βλέπει συνέχεια και κατ' εξακολούθηση τα δεδομένα αυτά. Βλέπει τα δεδομένα αυτά που απλά εξελίσσονται μαζί με την εξέλιξη του ανθρώπου σε δεδομένα πιο επιθετικά, πιο λυσσαλέα, πιο καταστροφικά μόνο και μόνο για να περνάνε ορισμένοι ακόμη καλύτερα. Και αναρωτιέται κάποιος αν προλαβαίνει δηλαδή να αναρωτηθεί γιατί είναι και αυτό μια πολυτέλεια τι αξίζει ο άνθρωπος μέσα από όλα αυτά. Και ας μην παρασυρόμεθα από τα δώρα ελεημοσύνης που παρέχονται από κάποιους κάπου κάπου. Αυτά είναι ψίχουλα ντροπιαστικά μπροστά σ 'αυτά που χλαπακίζουν τα μεγάλα πορτοφόλια. Και όμως γι' αυτά γίνεται ο άνθρωπος ένα φίδι που δηλητηριάζει τα πάντα και μάλιστα συνειδητά και όχι από ένστικτο επιβίωσης όπως κάνουν τα φίδια, που και αυτά εξαφανίζονται σιγά σιγά για να αναπληρωθούν από ανθρώπους, που συμπεριφέρονται σαν ερπετά.

Το ζωικό βασίλειο και ο άνθρωπος δε διαφέρουν σε πολλά. Εκείνο που διαφέρει είναι τα κίνητρα και τα χαρακτηριστικά που ξεχωρίζουν τα ζώα από τον άνθρωπο. Δηλαδή, όπως στο ζωικό βασίλειο υπάρχουν 45.000 είδη που φέρονται, άγονται και στοχεύουν διαφορετικά, έτσι και στο ανθρώπινο αντιλαμβάνεσαι ότι υπάρχουν τόσα και περισσότερα είδη που συμπεριφέρονται, σκέφτονται, πράττουν τελείως διαφορετικά και το μόνο που τα ενώνει είναι ότι έχουν ανθρώπινα χαρακτηριστικά. Όλα ανήκουν στην ευρύτερη κατηγορία που ονομάζεται άνθρωπος αλλά δε λέει τίποτα αυτό γιατί και τα ζώα, είτε είναι σκύλος, είτε είναι γάτα, είτε είναι φίδια, είτε είναι ελέφαντες, «ζώα» όλα τα λέμε. Αλλά συμπεριφέρονται και κατατάσσονται με τον ίδιο τρόπο μεταξύ τους όλα αυτά; Όχι μόνο δε συμπεριφέρονται με τον ίδιο τρόπο αλλά άλλα είναι μεταξύ τους εχθρικά, άλλα είναι η τροφή του ενός για το άλλο και άλλα, ούτε ασχολούνται με κανένα από αυτά, αλλά τρέφονται με τα ολίγα που τους παρέχει η φύση. Έτσι και στον ανθρώπινο βασίλειο, που ο θεός να το κάνει βασίλειο, μάλλον ζούγκλα θα το αποκαλούσαμε, υπάρχουν πολλά είδη. Υπάρχουν στοιχεία εγκληματικά, εχθρικά, ζηλόφθονα, κακά, άπληστα, ηδονικά και τα αντίθετά τους, που βέβαια γίνονται θήραμα για τα κακά.

 Εδώ δε μελετάμε αν τα στοιχεία φέρονται συνειδητά ή μη, δε μελετάμε τα κίνητρα και πώς προέκυψαν και έγιναν έτσι ή αλλιώς ή αν γεννήθηκαν έτσι ή αλλιώς, καλά ή κακά, αλλά αποδεχόμαστε ότι υπάρχουν και ενεργούν όλα αυτά το καθένα διαφορετικά. Φυσικά στην πορεία καταλαβαίνουμε, αργά αργά, σε ποια κατηγορία ανήκομε τελικά και κατά κάποιον τρόπο συσχετιζόμαστε πιο στενά με τα ομοειδή μας, μέσα στα πλαίσια αυτά. Και επιδιώκουμε τη συσχέτισή μας και την ένωσή μας με αυτά, προκειμένου να νιώσουμε πιο ασφαλείς μέσα σε ανθρώπινα τέρατα που δε μοιάζουν μεταξύ τους καθόλου, ούτε στα ελάχιστα ανθρώπινα χαρακτηριστικά.

Τα καλά ενώνονται με τα καλά και τα κακά με τα κακά. Τα έξυπνα αναζητούν τα έξυπνα, και τα χαζά τα υπόλοιπα χαζά. Έτσι, αν παρατηρήσεις, σπάνια ένας εγκληματίας, με την ευρύτερη έννοια και όχι τη στενή, θα ενδιαφερόταν να κάνει παρέα με στοιχεία ηθικά γιατί, πιθανότατα, ή θα του είναι βαρετά ή τελείως διαφορετικά. Θα τα πλησίαζε βέβαια μόνο αν η φύση αυτών προσέφερε κάτι στα κίνητρα της εγκληματικής ενέργειας των ανθρώπων αυτών. Δηλαδή αν υπάρχει ένα ερέθισμα που ο κακός άνθρωπος θεωρεί ότι του χρησιμεύει προκειμένου να κάνει μια κακή του ενέργεια, ένα χαρακτηριστικό της αθώας φύσης που του χρειάζεται ως κάλυμμα για να πετύχει τη βρώμικη δουλειά του. Ναι, βεβαίως τότε και με κίνητρα σκοτεινά θα πλησίαζε την άλλη ανθρώπινη ύπαρξη. Γι' αυτό και βλέπουμε τόσα γεγονότα με θήτες και θύματα, με ενόχους και αθώους, με ιδιοτελείς και ανιδιοτελείς, με ηθικούς και ανήθικους. Όλη αυτή η αντίθεση, ή μάλλον σύγκρουση, συμβαίνει προφανώς για λόγους επιβίωσης στην αντίληψη του καθένα. Ένας πόλεμος για κάποιον είναι ανάγκη συντήρησης κεκτημένου και για έναν άλλο. Είναι μια ξεδιάντροπη και αδικαιολόγητη ενέργεια, που φέρνει την ανθρωπότητα μπροστά στη φρικαλεότητα της ύπαρξής της.

Όλα αυτά είναι από τον καθένα κατανοητά. Εκείνο που δεν είναι, είναι το γιατί τα επικίνδυνα επιβάλλονται επάνω στα ακίνδυνα. Θα μου πεις, είναι η φύση των μεν να ενέχουν κινδύνους και των δε να μην τους προκαλούν. Το γιατί όμως επιβάλλονται τα επικίνδυνα και όχι τα ακίνδυνα οφείλει, αν όχι να μας προβληματίσει, γιατί και αυτό είναι πολυτέλεια, αν μη τι άλλο, να μας αγγίξει γενικά ως προς το τι τελικά είναι ο άνθρωπος. Γιατί ακόμα και τα ζώα, τα άγρια, κυνηγάνε, κατασπαράσσουν αλλά δε διαταράσσουν τη φυσική αλυσίδα τους ώστε να εξασφαλίζεται η αρμονική επιβίωσή τους και η συνέχιση του είδους. Και όλα αυτά από ένστικτο.

Στον άνθρωπο αντίστοιχα δεν υπάρχουν τέτοια όρια. Έχει αποδειχθεί, ουκ ολίγες φορές, ότι αν βρεθεί ένας που θέλει να κατασπαράξει την ανθρωπότητα όλη, μα όλη, θα το κάνει μια χαρά χωρίς να σκεφτεί όρια, ήθος και άλλα τέτοια σχετικά. Και μάλιστα θα τα κάνει όλα αυτά συνειδητά. Η ιστορία περιγράφει πολλούς παρόμοιους. Και επίσης αυτό το «συνειδητά», θα το ακολουθήσουν πολλοί και ανάμεσα σε αυτούς άλλοι θα πάνε ...συνειδητά, άλλοι από θαυμασμό και άλλοι θα δηλώσουν ότι παρασύρθηκαν. Όλοι όμως θα πάνε και θα διαπράξουν εγκλήματα και θα αισθάνονται και υπερήφανα.

Δεν είναι προσωπική αντίληψη του συγγραφέα όλα αυτά αλλά ιστορική πραγματικότητα. Και, στην τελική, ας προβληματιστούμε γιατί όταν ακούμε «εγκλήματα» αισθανόμαστε αποτροπή ορισμένοι ή και περισσότεροι αλλά όλοι αισθάνονται δέος στο άκουσμα αυτών. Γιατί λοιπόν κι αυτοί να μην προσφέρουν πλουσιοπάροχα τα εγκλήματα αυτά στην ανθρωπότητα; Δεν τους νοιάζει βέβαια όλους αυτούς πώς θα αισθανθούν οι άλλοι αλλά ξέρουν πώς θα αισθανθούν οι ίδιοι και δεν νιώθουν και τύψεις. Και μόνο η ύπαρξη της φράσης «εγκλήματα κατά της ανθρωπότητας» αποδεικνύει την ένδεια της ανθρώπινης φύσης που ανέχεται και να υπάρχουν σε σωρεία τα εγκλήματα, και τα ονομάζει όπως τα ονομάζει, άλλοτε εθνικά, άλλοτε πατριωτικά, άλλοτε τρομοκρατικά, όπως θες τα ονομάζει αρκεί να γίνεται η δουλειά. Κάθε εποχή τα ονομάζει διαφορετικά αλλά η ουσία είναι ότι κάθε εποχή τα στηρίζει.

Ακόμα και στο ζωικό βασίλειο τα λιοντάρια επιβάλλονται πιο εύκολα από τις ζέμπρες παράδειγμα, και τα θαυμάζουμε και τα μεν και τα δε, αλλά τα λιοντάρια πιο πολύ και ας κατασπαράζουν κοπάδια ζέμπρας. Και εδώ βέβαια δεν τίθεται ηθικός κώδικας γιατί μιλάει η φύση ξεκάθαρα. Μήπως όμως μιλάει και στον άνθρωπο και όλη η κουβέντα περί ηθικής αφορά μια επιχείρηση κάλυψης μιας ανθρώπινης ανάγκης; Ας μην ξεχνάμε ότι όσο εξελισσόταν ο άνθρωπος, τόσο αναζητούσε να προσδώσει ηθική χροιά στους πολέμους που διέπραττε. Και στα εγκλήματα, ακόμα τα πιο ειδεχθή, ο θύτης επιδιώκει να υπερασπιστεί την πράξη του με ορισμένα κίνητρα ηθικά. Με ελαφρυντικά. Άσχετα αν γίνονται δεκτά ή μη δεκτά. Πάντως επιδιώκεται. Το ίδιο και στα υπόλοιπα.

Οι πόλεμοι, η τρομοκρατία, όλα έχουν κατά τα άλλα ηθική χροιά. Έτσι λοιπόν ο άνθρωπος καταφέρνει να πείθει και να επιβάλλει όλα τα κακά σαν να πρόκειται για ιερά. Και οι υπόλοιποι παρακολουθούν με στόματα ανοιχτά άλλοτε από δέος, άλλοτε από άγνοια και άλλοτε από συμπάθεια ή αντιπάθεια σε αυτά. Παρακολουθούν όμως και τα δέχονται γιατί δεν μπορούν να αντιδράσουν ή γιατί δε θέλουν. Και υφίσταται η ανθρωπότητα τέτοια εγκλήματα σε μικρότερη ή μεγαλύτερη κλίμακα, καθημερινά, πολλά και διαχρονικά και σε όλα τα επίπεδα, προσωπικά, κοινωνικά, φυλετικά, εθνικά, πανανθρώπινα. Τέτοια εγκλήματα που κάνουν την ιστορία του ανθρώπου να δείχνει ότι δεν αξίζει τίποτε, παρά μόνο αυτά.

Είναι θλιβερή η πραγματικότητα του ανθρώπου όταν τα ιερά στρεβλά επαναλαμβάνονται τόσο επίμονα, τόσο σταθερά. Θλιβερή για τη ζωή του κάθε ανθρώπου που γεννήθηκε άνθρωπος για να δει, να βιώσει και να υποστεί όλα αυτά.

## Κανείς δε θα μου υποδείξει τον ώμο που θα διαλέξω να ρίξω τα δάκρυά μου

Κανείς δεν είναι υποχρεωμένος να κλαίει εκεί που τον βαράνε αλλά καλύτερα να πνίγει τα δάκρυά του και να κλαίει εκεί που πραγματικά τον αγαπάνε. Δεν είναι απαραίτητο να είναι συγγενής ή φίλος αλλά είναι απαραίτητο να είναι Άνθρωπος. Και αυτό αξίζει τον κόπο και την αίγλη των δακρύων μου. Αξίζει την ιερότητα της θλίψης μου. Αξίζει την ένταση της μελαγχολίας μου. Μετά από χρόνια βασάνων και ανείπωτων βασανιστηρίων του πνεύματος και της σκέψης μου, τολμώ να πω ότι δε χαρίζω ούτε μισό δάκρυ στους άθλιους κακούς ανθρώπους. Ίσα ίσα θα έκανα το δάκρυ μου πέτρα να την πετάξω στο κεφάλι τους, να τους το ανοίξω για να καταλάβουν με τη σειρά τους τον πόνο που προκαλούν στον ευαίσθητο άνθρωπο. Και αυτό βέβαια δεν αφορά τους πολιτισμένους ανθρώπους, που σε παγκόσμια κλίμακα είναι λίγοι, μη γελιόμαστε, αλλά τους απολίτιστους που με την ξεροκεφαλιά τους και τα σκοτεινά τους βιώματα επιδιώκουν να επιβάλλουν το ακατανόητο σύμπαν τους στους άλλους. Που επιδιώκουν να επιβάλλουν την ακατέργαστη κοσμοθεωρία τους σε ανθρώπους που ούτε καν τους μοιάζουν. Όσο μοιάζει η ζέμπρα με το λιοντάρι, τόσο και αυτοί μεταξύ τους μοιάζουν. Απλά έτυχε να ζουν στην ίδια ζούγκλα και αυτό είναι η Κατάρα των Σκεπτόμενων Ανθρώπων, οι Άλλοι.

Κανείς δεν έχει δικαίωμα να παρέμβει στη σκέψη μου, στα συναισθήματά μου, να αλλοιώσει την καθαρότητα της ύπαρξής μου για να αισθανθεί συμφιλίωση με την κατωτερότητά του. Κανείς δεν έχει το δικαίωμα να προσβάλλει, μόνο και μόνο για να αισθάνεται ότι τον σέβονται οι άλλοι. Οι ποιοι άλλοι; Οι πιο ηλίθιοι, οι πιο μεγάλοι.

Κανείς δε δύναται να καθορίζει με την επιπολαιότητά του τα οράματα που με κόπο ψυχής και ζωντάνια σκέψης έφεραν στο φως άνθρωποι πνευματικοί, άνθρωποι μεγάλοι.

Και να μην ξεχνάμε ένα πράγμα: αν δεν υπήρχε ευαισθησία σε έναν κόσμο σκληρό και άγριο, αν δεν υπήρχε αυτό το άγγιγμα της χρυσής λεπτομέρειας στις αθώες πτυχές των ανθρώπων, όλων των ανθρώπων, γιατί σε όλους υπάρχουν τέτοιες πτυχές, τότε ο κόσμος θα μοιάζε με ένα σφαγείο σαν αυτό που επεδίωξαν κάποτε λαοί άλλοι. Ένα σφαγείο σάρκας που το μόνο που θα θυμίζει Άνθρωπο θα ήταν τα πτώματα μέσα στο σφαγείο.

Ας μην ξεχνάμε ότι λίγοι είναι οι σκεπτόμενοι άνθρωποι και επιτέλους ας δώσουμε βάση και σε μια κατηγορία άλλη. Αν χαθούν οι ευαίσθητοι δε θα μείνει άνθρωπος που να μη θυμίζει λιοντάρι και μετά η εικόνα θα είναι ξεκάθαρη, αποτρόπαια, τελείως άχαρη γιατί το ένα είδος θα κατασπαράζει το άλλο, της ίδιας αγέλης. Βέβαια και σε αυτό έχουν πρωτοπορία οι άνθρωποι. Δεν υπάρχει κακό που να μην το έχουν δοκιμάσει. Είμαστε κατάρα μεγάλη στην αλυσίδα της ύπαρξης. Λες και γέννησε ο θεός το είδος για να καταστρέψει ό,τι άλλο είδος υπάρχει. Σε αυτή λοιπόν τη μαυρίλα ξεχωριστή θέση έχουν οι ευαίσθητοι άνθρωποι που αντιλαμβάνονται τη βιαιότητα, τη σκληρότητα, την απληστία της ανθρώπινης φύσης και ιδρώνουν να την αλλάξουν. Να σταματήσουν έστω και αργά την πορεία την άχαρη, μήπως και τελικά σωθούν κάποιοι άνθρωποι. Κάποιοι, δυστυχώς, κάποιοι.

Καθένας από αυτούς που γνωρίζω μου θυμίζει κάτι, μια εικόνα, ένα χαμόγελο, μια ανάμνηση. Είναι σαν να γνωρίζω τον κόσμο από την ψυχρή και την ανάποδη. Είναι μια πραγματική επανάληψη, όπου στην πρώτη φορά έγινε η επαφή και στη δεύτερη η ανάγνωση. Περίεργο πράγμα να μοιάζουν οι άνθρωποι. Περίεργο πράγμα να ζεις ξανά και ξανά την επανάληψη. Αναρωτιέται κανείς τι θα έκανε αν τελικά ζούσε όσο δυο γενεές ή τρεις ή τέσσερις. Θα πέθαινε από την επανάληψη. Διότι, φυσικά, σε χαρακτηριστικά εμφάνισης, σκέψης, πνεύματος, διανόησης αλλάζουμε αλλά ως χαρακτήρες δεν αλλάζουμε. Όσο μορφωμένοι ή αμόρφωτοι κι αν είμαστε, τα βασικά χαρακτηριστικά που έχουμε ως άνθρωποι δεν αλλάζουν. Να ζήσεις να μάθεις τι; Πόσο κακοί μπορούν να γίνουν οι άνθρωποι; Να ζήσεις να μάθεις τι; Πόσο πιο ανόητοι μπορούν να γίνουν οι άνθρωποι; Που να τους δώσεις το καλύτερο φάρμακο να σώσουν δέκα ψυχές, εκείνοι θα το πάρουν και θα σκοτώσουν είκοσι από δαύτες; Γιατί «δαύτες» φαντάζουν. Μη νομίζετε ότι δίνουν όλοι οι άνθρωποι την ίδια αξία.

Ας εστιάσουμε λοιπόν στην επανάληψη να δούμε πόσες φορές, πόσες γενεές θα χρειαστούμε για να γνωριστούμε μεταξύ μας εμείς οι άνθρωποι. Ή μήπως αυτό είναι το πνεύμα και η αλήθεια της ζωής; Να μη γνωριστούμε ποτέ τελικά μεταξύ μας; Όχι για κανέναν άλλο λόγο αλλά για εξοικονόμηση χρόνου και ατέλειωτων συμπερασμάτων. Να διαβάζουμε τι είπαν οι προηγούμενοι σοφοί, να ψάχνουμε τι θα πουν οι σημερινοί, τι θα πουν οι επόμενοι για να βγάλουμε άκρη. Βέβαια θα μου πεις και το άλλο: δε θέλουν όλοι οι άνθρωποι να βγάλουν άκρη γιατί ενδεχομένως αν βγάλουν άκρη θα αναγκαστούν να μπουν στην άκρη, να διακόψουν το νήμα ή να χάσουν κάθε άκρη. Γιατί πολλοί που πλησίασαν αύτη τη φάση τιμωρήθηκαν και η τιμωρία τους έπειτα τους απασχολούσε τόσο πολύ που δεν μπορούσαν, με τη σειρά τους, να συνεχίσουν το έργο της αναζήτησης. Και έτσι πολλοί φιλόσοφοι έφυγαν με απορίες, άλλοι συμβιβάστηκαν αλλά όλοι δέχτηκαν ότι δεν μπορείς με σιγουριά να βγάλεις άκρη. Βέβαια, από γενιά σε γενιά, μένει να αυτοανακαλύπτεται μέσα από τις ιστορικές διαδρομές και τα ερεθίσματά της, και έτσι η μίζερη ανθρωπότητα απασχολείται με κάτι. Μήπως τελικά και αυτό είναι το νόημα για κάθε γενιά, για κάθε άνθρωπο; Απλά και μόνο να ζει για να απασχολείται με κάτι; Με ό,τι κάτι. Ο καθένας βρίσκει το «ό,τι κάτι». Το κάνει βέβαια και κοσμοθεωρία του για να πεισθεί ότι απασχολείται με Κάτι ενώ απασχολείται μεν, αλλά με το δικό του κάτι. Δηλαδή είναι τόσο μικρή η έννοια της ζωής για του καθενός «το κάτι» που τελικά δεν μπορεί να απασχολήσει τίποτα σπουδαίο πέρα από τον εαυτό του και ίσως και κάποιους άλλους που σχετίζονται, ενδιαφέρονται, συμμερίζονται αυτό το «ό,τι κάτι». Σε γενικές γραμμές όμως η ποικιλία του κόσμου και των εννοιών του είναι τόσο μεγάλη που τελικά δεν αφορά και κανέναν αυτό το κάτι πέρα από εκείνον που το επινόησε για να ασχολούνται μαζί του οι άλλοι. Τόσο απλά και τόσο άδικα να καταλάβεις ότι τελικά δεν αξίζεις και κάτι πέρα από αυτό το «ό,τι κάτι».

*Fruste*

## Ασυμφωνίες

Και επειδή η ζωή είναι γεμάτη από τέτοιες, δεν ξέρουμε αν είναι αληθινές και ισχύουν ή αν εμείς νομίζουμε ότι είναι τέτοιες. Ενώ μέχρι τώρα σκεφτόμασταν φυσιολογικά, ότι δηλαδή οι άνθρωποι ενώνονται με εκείνους που ταιριάζουν καλύτερα, συχνά βλέπουμε όλο και πιο ασύμφωνες συνευρέσεις. Δηλαδή είναι δυνατόν να βλέπουμε συγκρουσιακούς ανθρώπους να συμπορεύονται σε κακίστης ποιότητας σχέσεις και παρόλα αυτά, για λόγους αδιευκρίνιστους, να μην αποφασίζουν αλλαγή πλεύσης. Αν σκεφτείτε τι ψυχοπάθειες κουβαλάνε οι άνθρωποι θα εκπλαγείτε μόνο και μόνο κοιτάζοντας αυτές τις σχέσεις, που κοινός τους γνώμονας είναι η συμβατότητα των ασυμφωνιών τους. Είναι δηλαδή μία έλξη προβλημάτων και διαφορών που κατά κάποιον τρόπο τους αναγκάζει να μοιράζονται την ίδια στέγη. Είναι η αίσθηση της κοινής αποδοχής μιας τύχης κακοστημένης, πλην όμως υπαρκτής. Ο ρεαλισμός αυτής της ύπαρξης την καθιστά σχέση ακλόνητη επί της αρχής των κοινών αντιθέσεων. Η ζήλεια, η κακία, η κακοήθεια, όσο χωρίζουν άλλο τόσο ενώνουν. Και ενώνουν ακόμα και εκείνους που μισούνται μεταξύ τους όχι γιατί το επέλεξαν αλλά γιατί έτσι έμαθαν να ζουν, να αισθάνονται, να σκέφτονται και φυσικά να πράττουν. Έτσι, αναπτύσσονται μηχανισμοί δαιδαλώδεις και σκοτεινοί που διαπλέκονται και αναπτύσσονται μεταξύ τους και με άλλους ακόμα πιο σκοτεινούς και δαιδαλώδεις μόνο και μόνο επειδή αυτός ο τρόπος ύπαρξης είναι και ο μοναδικός τρόπος ύπαρξης στον οποίο συνήθισαν να υπάρχουν. Σπάνια το αντιλαμβάνονται και δύσκολα γλιτώνουν, όταν τύχει να το αντιληφθούν και έχουν περάσει χρόνια συμβίωσης σ' αυτό το αρρωστημένο πλαίσιο των συμβιβασμένων ασυμφωνιών τους. Δε θα έλεγε κανείς ότι ο άνθρωπος είναι ό,τι καλύτερο δημιούργησε η φύση και ακόμα παραπάνω δε θα μπορούσε εύκολα να βρει κανείς γιατί οι άνθρωποι πορεύονται τελικά σε αυτή τη φύση.

Ορισμένοι απαντούν σε τέτοια διλήμματα αναφερόμενοι στην έλλειψη παιδείας, διαπαιδαγώγησης, πολιτισμού, δικαιοσύνης, κοινωνικής ισοτιμίας, αξιοπρέπειας και άλλων παραγόντων που οδηγούν τις ανθρώπινες σχέσεις σε τέτοια κατρακύλα. Και από μια πλευρά σαφώς έχουν δίκιο. Και σίγουρα σε κοινωνίες ανεπτυγμένες τέτοιες σχέσεις αμβλύνονται στο πλαίσιο μιας άλλης κοινωνικής και πνευματικής νοοτροπίας. Υπάρχουν δηλαδή κοινωνίες που οι άνθρωποι έχουν πάψει να σκέφτονται σαν υπάνθρωποι. Βέβαια, όσα κιλά παιδείας και αν πάρεις, δε θα μπορέσεις εύκολα να σβήσεις τα βιώματά σου, τα οποία βιώματα, εκτός και αν αυτά είναι βιώματα μέσα σε πλαίσια μιας ιδιαίτερα πολιτισμένης και πλατιάς βάσης ώστε να διαμορφώνουν εξ αρχής έναν φυσιολογικό άνθρωπο, με απόσταση από τέτοιες παρεκκλίσεις. Καθώς όμως οι κοινωνίες διαφέρουν και μαζί με αυτές διαφέρουν και οι άνθρωποι, είναι πολύ δύσκολη η εύρεση τέτοιων παραδειγμάτων και μάλιστα, σε παγκόσμια κλί-

μακα, είναι τόσο λίγα που η ύπαρξή τους κάπου, σε ένα σημείο, σε ένα κράτος, θυμίζει κατάστημα ακριβών ενδυμάτων. Τόσο σπάνια.

## Αρρώστια

Αυτό το κομμάτι με έχει απασχολήσει πολύ, άλλοτε με ενδιαφέρον και άλλοτε αδιάφορα. Με ενδιαφέρον όταν το μελετώ, αδιάφορα όταν το προσπερνώ γιατί δεν μπορώ σε τέτοιες στιγμές να το φιλοσοφώ κιόλας, πρέπει απλά να το αντιμετωπίζω. Δε χωράει λογική στην αρρώστια όπως και να το πάρεις. Μοιάζει ο άνθρωπος με ελαττωματικό μηχάνημα που, από τη μέρα που γεννιέται, προορίζεται να πεθάνει. Θα μπορούσε η φύση να έχει προνοήσει ώστε να μην υπάρχει αρρώστια. Να γεννιέται ο άνθρωπος και αν είναι η μοίρα του να πεθάνει, να πεθάνει αλλά χωρίς αρρώστια. Βέβαια, μια τέτοια λογική παραλογίζει σε σχέση με αυτό που έχουμε μάθει αλλά δεν είναι κακό να αμφισβητούμε, όχι μόνο τον άνθρωπο αλλά και την ίδια τη φύση των πραγμάτων. Αντικειμενικά, εδώ είναι από τις ελάχιστες φορές που δεν μπορώ να χρεώσω για κάτι στον άνθρωπο γιατί η πάσης φύσης αρρώστια τον καταδυναστεύει και του καθιστά τη ζωή μαρτύριο, κόλαση πραγματική όπου η ζωή, ως ζωή και δώρο, μηδενίζεται γιατί χάνεται η ποιότητά της. Βέβαια η ζωή έχει, θα σου πουν, τα ωραία της και τις μικροχαρές της, είναι γλυκιά η ζωή και άλλου είδους τέτοια αξιόλογα πράγματα. Να ρωτήσουμε όμως καλύτερα εκείνον που αρρωσταίνει και αναγκάζεται να ζει με την αρρώστια του, ή να παρακολουθήσουμε κιόλας και να δούμε τελικά κατά πόσο ο άνθρωπος σ' αυτή την περίπτωση αξίζει τα βασανιστήριά του.

Είναι από τα ελάχιστα σημεία που συμπονώ τον άνθρωπο και δε με νοιάζει. Από τα ελάχιστα που με κάνουν να τον βλέπω με κάποια επιείκεια, έναν οίκτο ξεδιάντροπο. Δεν μου αρέσει να λυπάμαι. Η αρρώστια θυμίζει στον άνθρωπο τη φυσική φθορά του αλλά ποιος αλήθεια επιθυμεί να θυμάται τέτοια πράγματα και ποια φιλοσοφική αλήθεια αξίζει την κατάντια του; Βέβαια πατάει και ένα φρένο στη ματαιότητά του, τον επαναφέρει στην ανθρώπινη πραγματικότητα, υπενθυμίζοντάς του ότι είναι απλώς άνθρωπος που σαν συνέλθει βέβαια πάλι το ξεχνάει. Είναι και αρρώστιες που καμιά φορά δεν τις ξεπερνάει και μαθαίνει να ζει έτσι με τα βασανιστήριά τους. Όπως και να έχει, η αρρώστια αφαιρεί από τον άνθρωπο την ιδανική του κατάσταση. Και μετά είναι πολύ δύσκολο να απαιτεί κανείς από έναν κουτσουρεμένο άνθρωπο την απόλυτη φυσιολογικότητά του. Καμιά φορά σκέφτομαι ότι η έπαιξε ένα παιχνίδι η φύση με ένα δικό της λάθος, τον άνθρωπο, ο οποίος και εδώ δείχνω επιείκεια σε καλό και κακό άνθρωπο ταλαιπωρείται, ταλαιπωρεί, βασανίζεται, βασανίζει, τιμωρείται, τιμωρεί, λυτρώνεται και λυτρώνει, ψάχνει και ψάχνεται ουσιαστικά για να διορθώσει ή να υποστεί τις συνέπειες από ένα λάθος που στην αρχική του φύση, στη ρίζα του, δεν ανήκει καν στον ίδιο. Δηλαδή όλοι υφιστάμεθα λάθη και πάθη με την κληρονομικότητά τους όπως είναι και οι αρρώστιες δηλαδή, και άλλοτε κάνουμε, άλλοτε προκαλούμε άλλοτε παθαίνουμε όλα αυτά τα δεινά που η ίδια η ελαττωματική φύση μας έχει επιφυλάξει.

Και εκεί αναρωτιέται κανείς αν αξίζει να διορθώνει τα λάθη και να αμβλύνει τα πάθη, από τη στιγμή που αυτά θέλει δεν το θέλει κάποιος είναι εγγενή στη φυσιολογικότητά του. Εγγενή λάθη σημαίνει ελαττωματική κατάσταση.

Εδώ επίσης βασανίζει τον αφηγητή το γιατί υπάρχει αρρώστια τελικά και τι την προκαλεί αφού χαρούμενη ζωή είναι δύσκολο να υπάρξει, και τι είδους ζωή αποδεχόμαστε τελικά οι άνθρωποι πάνω σε όλη αυτή τη βάση. Η αρρώστια, όποια εκδήλωση και να έχει, σωματική ή ψυχική, κάνει τη ζωή τραγική. Και εδώ που τα λέμε η ύπαρξή της δεν οφείλεται μόνο σε ανθρώπινα λάθη αλλά υπάρχει. Αρρώστια υπάρχει και θα υπάρχει και πάντα ο άνθρωπος θα αρρωσταίνει από κάτι. Και αυτό είναι τόσο φυσικό και ανεπιθύμητο όπως ο καυτός ο ήλιος που αν και βλαβερός αναπόφευκτα υπάρχει.

Σαφώς και κάποιοι θα ισχυριστούν ότι μετά από τέτοιες δοκιμασίες προσγειωνόμαστε και γινόμαστε καλύτεροι άνθρωποι. Και είναι αλήθεια αυτό αλλά γιατί να χρειάζεται να αρρωστήσουμε πρώτα για να γίνουμε καλύτεροι άνθρωποι και γιατί να θεωρήσουμε την αρρώστια απαραιτήτως ως μια ηθικολυτρωτική κατάσταση; Βέβαια, πολλές φορές μετά από αρρώστια γινόμαστε και κακοί άνθρωποι. Άραγε η αρρώστια, υπό φιλοσοφική διάθεση, υπάρχει για να μας υπενθυμίζει τη φθαρτότητά μας και να μας εξοικειώνει με τον θάνατο ή υπάρχει για να υπάρχει και, χωρίς ιδιαίτερους συναισθηματισμούς και εξηγήσεις, καθιστά τη ζωή μαρτύριο και δεσμεύει στον βωμό της ελαττωματικότητας ό,τι καλό υπάρχει και μπορεί να ικανοποιήσει τον άνθρωπο ή και να τον κάνει καλύτερο; Δηλαδή με τον έναν ή τον άλλο τρόπο η φύση των πραγμάτων δεσμεύει τον άνθρωπο προς τα κάτω. Και μάλιστα οι υγιείς και φυσιολογικοί άνθρωποι φαντάζουν τέτοιο μοναδικό πράγμα, που πολλές φορές μιλάμε για θαύμα. Λέμε πολύ απλά είναι «υγιής, ζει ένα θαύμα».

Εκείνο λοιπόν που θα όφειλε να είναι η φυσιολογική του κατάσταση, στην κοινή λογική, θεωρείται και εκτιμάται, δικαιολογημένα, ως ένα θαύμα. Και αναρωτιέται κανείς τι ζωή είναι αυτή που το αυτονόητο είναι η υπέρβαση πολλών παθογόνων καταστάσεων, που μάλιστα πρέπει να διεκδικήσει και να αγωνιστεί ο ίδιος ο άνθρωπος για να τις ξεπεράσει και να τις ξεπερνάει για να πορεύεται ως φυσιολογικός άνθρωπος; Σ' αυτό δεν υπάρχει εξήγηση γιατί η ζωή είναι παράλογη και τελικά, μετά από πολλά, αυτό μας διδάσκει. Δηλαδή δεν υπάρχει φιλοσοφική αναζήτηση που να μην καταλήξει σε μια αλήθεια που είτε είναι υπερβολικά λογική για να την πιστέψεις ή τρομερά απλή για να την κατανοήσεις. Και εκεί αναρωτιέται ο απλός άνθρωπος, γιατί οφείλει να κάνει τόση προσπάθεια για να την καταλάβει. Φυσικά υπάρχουν αλήθειες, παραδόσεις, συνήθειες που προηγούνται της ύπαρξης του ανθρώπου κατά την ημέρα γέννησής του και αυτό δυσκολεύει αλλά και περιπλέκει τη διαδικασία κατανόησης της όλης κατάστασης. Παρόλα αυτά δεν ξετυλίγεται εύκολα, ακόμα και για τον πιο λογικό, ο μίτος της Αριάδνης.

## Άνθρωπος

Επανερχόμαστε λοιπόν πάλι σε αυτό το βασανιστικό ερώτημα, τι είναι ο άνθρωπος. Δεν μας ενδιαφέρει η ματαιότητά του. Είμαστε σίγουροι ότι μια ημέρα το ον αυτό πεθαίνει οπότε δεν ασχολούμαστε με αυτή του τη διάσταση. Μας ενδιαφέρει όμως ο άνθρωπος όσο ζει και ενοχλεί το περιβάλλον γύρω του. Και εδώ τίθεται το ερώτημα: είναι ο άνθρωπος άθλιο πράγμα ή άθλιος είναι ο τρόπος που προσπαθεί να καλύψει την αθλιότητά του; Δηλαδή αν δεχτούμε τελικά ότι ο άνθρωπος είναι ένα άγριο ζώο, με μυαλό που ρέπει στην ανηθικότητα εφόσον πρώτα δεχτούμε ότι υπάρχει ηθική και ανήθικη διάσταση γιατί και αυτό είναι ένα ζήτημα. Ένα ζήτημα του ποιος ορίζει τι είναι ηθικό και τι ανήθικο, τι φυσιολογικό και τι παρά φύσιν. Αλλά ούτε αυτό μας ενδιαφέρει εδώ. Εκείνο που μας ενδιαφέρει είναι να δούμε τον άνθρωπο όπως είναι και όχι όπως τον έφτιαξαν οι ηθικοί κανόνες, αν τελικά τον έφτιαξαν. Γιατί η ζωή δείχνει ότι ελάχιστοι ηθικοί κανόνες τηρούνται, κι αυτοί στο ελάχιστο, τουλάχιστον στην ουσία του πράγματος. Δηλαδή η ηθική είναι κάτι σαν το επίσημο ένδυμα που το φοράμε μόνο στις δεξιώσεις και αυτό για να εντυπωσιάσουμε ή έστω γιατί αυτός είναι ο επιβεβλημένος κώδικας ενδυμασίας. Τον υπόλοιπο καιρό δεν τον χρειαζόμαστε εκτός αν το επίσημο ένδυμα είναι μέρος της καταπιεσμένης καθημερινότητάς μας, οπότε εκεί η ένταση της μετάλλαξης είναι ακόμα πιο μεγάλη και φυσικά η αντίδραση που μπορεί να προκύψει ακόμα πιο άρρωστη.

Και όλα αυτά γιατί αρνούμαστε να δούμε ανοιχτά τι είναι ο άνθρωπος. Υποβάλλουμε τον κόσμο σε τεράστιες δοκιμασίες ηθικής παρέμβασης μόνο και μόνο για να αποφύγουμε την αλήθεια και να ξεφύγουμε από κάτι που, είναι μεν στην εικόνα του τρισάθλιο και ίσως όχι τόσο ευχάριστο σε σχέση πάντα βέβαια με τα όσα έχουμε αποδεχτεί ως αποδεκτά και ευχάριστα, ωστόσο αυτό το τρισάθλιο είναι ο άνθρωπος και, τελικά, δεν είναι και τρισάθλιο. Τρισάθλιο όμως είναι το γιατί επέλεξε να θάψει την ασχήμια του και να παρουσιάσει τον εαυτό του ως κάτι ανώτερο και πνευματικά πανάγαθο. Ακόμα χειρότερα, γιατί προσπάθησε να διορθώσει τον εαυτό του, να τον καρατομήσει μόνο και μόνο για να ταιριάζει σε ξένα πράγματα. Δηλαδή γιατί ο άνθρωπος επιχείρησε να αλλάξει τον άνθρωπο, την ίδια του την ύπαρξη, άλλοτε με εργαλείο τη θρησκεία, άλλοτε την ιδεολογία, άλλοτε επικαλούμενος την ανάγκη. Ούτε αυτό μας αφορά, με τι τρόπους άλλαξε ο άνθρωπος. Εκείνο που μας καίει είναι γιατί το έκανε. Γιατί ο άνθρωπος να αρνηθεί τη φυσιολογική του ασχήμια. Εξυπηρετώντας τι, ποιόν. Σίγουρα δεν εξυπηρέτησε την ίδια του την ύπαρξη.

Βέβαια, κάποιοι θα αρχίσουν με τις επικρίσεις και τις ωραιοποιήσεις τους ισχυριζόμενοι ότι ο άνθρωπος είναι ένα ανώτερο πνευματικό ον με ευγενικά χαρίσματα και σίγουρα θα αναφερθούν και σε πέντε δέκα παραδείγματα τέτοιων πνευματικών ανθρώπων, παραβλέποντας βέβαια ότι αυτοί οι άνθρωποι ήταν και είναι εξαιρέσεις και όχι κανόνας σε αυτό που λέμε «άνθρωπος» και με τέτοιου είδους τεχνάσματα θα προσπαθούν να εντυπωσιάσουν ή να πείσουν για την αλήθεια του πράγματος. Με πέντε παραδείγματα, αν είναι δυνατόν. Σε τόσους αιώνες ανθρωπότητας πέντε παραδείγματα για να κρυβόμαστε όλοι οι άλλοι πίσω από αυτά ώστε να νιώσουμε και εμείς καλύτερα με την ύπαρξή μας και την ανωτερότητά μας στο σύμπαν. Τουλάχιστον τραγικό θα έλεγε κάποιος σοφός. Θα υπάρξουν βέβαια και άλλοι, ακόμα πιο εκνευριστικοί, που θα μας καλέσουν να καλλιεργήσουμε τα υπέρτατα αγαθά και χαρίσματα, να ξεπεράσουμε τα ανθρώπινα πάθη, λες και ξεπερνιούνται πάθη που είναι εγγενή στη φύση του ανθρώπου, μόνο και μόνο γιατί καλλιεργούμε κάποια λίγα άλλα χαρίσματα που διαθέτουμε. Άλλοι πάλι θα μιλήσουν για λύτρωση και θαύμα, για εξιλέωση, για υπέρβαση, για ενδυνάμωση της ψυχής και του πνεύματος, για θεοποίηση της ανθρώπινης ύπαρξης, για μετάβαση σε άλλα επίπεδα, για νέα πειράματα, νέα σχέδια. Και όλα αυτά επειδή μια μειοψηφία ανθρώπων τα κατάφερε. Και όλοι οι άλλοι; Ποιος θα μιλήσει για όλους τους άλλους που δεν αποτελούν εξαίρεση αλλά κανόνα στη ζωή που περνάμε και περνούσαμε; Ποιος θα ασχοληθεί σοβαρά και όχι με ψυχιατρική προσέγγιση, αλλά ουσιαστική, υπαρξιακή, για όλους τους άλλους; Λιγότερο σημαντικοί μεν αλλά πολλοί πάρα πολλοί δε. Και πώς θα πάψουμε να κρυβόμαστε πίσω από δέκα παραδείγματα, που και μόνο που αναφερόμαστε σε τέτοια αποδεικνύει ακριβώς πόσο δυσεύρετα είναι αυτά τα δέκα; Γιατί, αλλιώς δε θα υπήρχε ανάγκη ούτε και λόγος να αναφερθούμε σ' αυτά. Θα ήταν αυτονόητα γιατί θα τα μοιραζόμασταν όλοι στην ύπαρξή μας. Παρόλα αυτά υποκρινόμαστε πως αυτά τα πέντε, δέκα, είναι ο άνθρωπος ή θα έπρεπε να είναι ο άνθρωπος. Άλλο έγκλημα εκεί να μην αποδέχεσαι αυτό που βλέπεις αλλά να προσπαθείς μάταια και νευρωτικά να το αλλάξεις για να δεις κάτι που φαντάζεσαι ή που εξιδανικευμένα θα ήθελες να έχεις. Και μπορεί, σε δύσκολες στροφές της ζωής να χρησιμεύουν αυτά τα παραδείγματα και να καλλιεργούν και κάποια δικά μας χαρίσματα ώστε να μας ανακουφίζουν γενικά με μια ελπίδα αλλαγής, βελτίωσης, είτε αυτά αναφέρονται στο παρελθόν, είτε στο παρόν, είτε στο μέλλον. Ωστόσο η σκληρή καθημερινότητα έρχεται για να επαναφέρει την αλήθεια στον άνθρωπο και να τον υποτάξει στη σκληρή πραγματικότητα της αθλιότητάς του, που ούτε ιδανική είναι, ούτε χαρίσματα έχει. Έχει μόνο πόνο, ζόρια και πάθη.

Κάποιος πρέπει τελικά να γράψει και για όσους δεν είναι πνευματικά ανώτεροι ή ψυχικά ανεβασμένοι. Όχι ότι δεν έχουν υπάρξει άνθρωποι που έχουν γράψει αλλά κάποιος πρέπει να μιλήσει ευθέως για όσα οι άνθρωποι έχουν νιώσει, όσα έχουν πάθει, χωρίς να φοβάται να δικαιολογήσει, να δεχτεί, να αγγίξει λάθη και πάθη. Αν μετά από αυτά δεχτούμε ότι έτσι είναι ο άνθρωπος, τότε και ο χαρακτηρισμός «τρισαθλιότητα του αφηγητή» θα πάψει να υπάρχει. Γιατί, χαρακτηρίζοντας κάτι άθλιο ελεεινό και άδειο αποδεικνύει μια κάποια προκατάληψη ως προς το τι είναι σωστό και τι λάθος. Βγάζει μία ενοχή που καταδικάζει. Το κείμενο βέβαια είναι γραμμένο από πολιτισμένο άνθρωπο που έχει όμως υποστεί μετάλλαξη, οπότε οι χαρακτηρισμοί είναι βάσιμοι. Αν όμως η πορεία της σκέψης φτάσει στο σημείο ότι έτσι είναι ο άνθρωπος και δεν πειράζει, ή και αν πειράζει, τελικά δεν αλλάζει, τότε αίρονται όλοι οι χαρακτηρισμοί του αφηγητή περί άθλιου και μη άθλιου και το κείμενο αλλάζει. Μέχρι όμως να φτάσουμε σ' αυτό το σημείο εμείς οι άνθρωποι, μέχρι τότε, και λαμβάνοντας υπόψιν ότι μέσα στη ζούγκλα την πανανθρώπινη, έτσι όπως έχει διαμορφωθεί, κάποιος νιώθει να κερδίζει και κάποιος να χάνει, και χωρίς να αφαιρείται το συναίσθημα ή η ιδεοληψία ενός ευγενούς ανθρώπου, μέχρι τότε, όλοι οι άνθρωποι θα χαρακτηρίζονται άθλιοι γιατί με τη σύγχρονη λογική αλλά και την προγενέστερη μοιάζουν άθλιοι. Γιατί εμείς τη ζούγκλα δεν την παραλάβαμε στην αρχική της μορφή για να ξέρουμε αν εμείς οι άνθρωποι είμαστε έτσι ή είμαστε άθλιοι, οπότε ξεκινάμε χρονικά με λανθασμένες εντυπώσεις και ιδεολογήματα και κατεστημένα σκέψης που δεν είναι δυνατόν να επιτρέπουν μια απόλυτα σαφή εικόνα, και ελεύθερη, του τι είναι και τι δεν είναι ακριβώς οι άνθρωποι. Και αν όλα αυτά είχαν απαντηθεί με σαφήνεια δε θα αναγκαζόμασταν να ανατρέχουμε σε κείμενα μεγάλων συγγραφέων, φιλοσόφων, ψυχιάτρων και άλλων, αλλά θα είχαμε συμφιλιωθεί καθώς θα είχαμε καταλήξει κάπου. Και σαφώς δε θα υπήρχε η ανάγκη να ξαναγράψουμε, να αναλύσουμε ή να ξαναδούμε την κατάσταση.

Η θεωρία μάλλον της εξέλιξης έχει κάνει τεράστια λάθη γιατί δίνει στον άνθρωπο την εντύπωση ότι αλλάζει και ξαναλλάζει ενώ στην ουσία ο άνθρωπος δεν αλλάζει, απλά μεταλλάσσει τα εξωτερικά χαρακτηριστικά της εικόνας του και της συμπεριφοράς του, και όχι και παντού σε όλα τα πλάτη. Και εδώ βρίσκονται τα τραγικότερα, τα εγκληματικότερα λάθη. Στη μετάλλαξη, στη βίαιη δηλαδή προσαρμογή του ανθρώπου σε συμπεριφορές, προσχήματα και στάσεις που ούτε ο ίδιος τελικά μπορεί να τις δεχτεί ή και να τις καταλάβει. Γι' αυτό και έχει γεμίσει ο τόπος από την κατηγορία «διαταραγμένοιμπερδεμένοι» άνθρωποι. Εδώ πρέπει να βρούμε ιστορικά τι είναι εκείνο που οδήγησε στη μετάλλαξη, γιατί άλλο εξέλιξη και άλλο μετάλλαξη, και εδώ πρέπει να γίνει διαχωρισμός γιατί πολλές φορές μπερδεύονται αυτά τα δυο, όπου αντικειμενικά το ένα κυριαρχεί ενώ το άλλο ελάχιστα υπάρχει. Και δεν έχει σημασία βέβαια αν τα εξωτερικά γνωρίσματα έχουν αλλάξει, και όχι παντού όπως είπαμε, αλλά αν η ουσία, η βάση του ανθρώπου έχει πραγματικά εξελιχθεί και αλλάξει. Γιατί ποιος ισχυρίζεται ότι έστω και με άλλα χαρακτηριστικά δε συμπεριφέρονταν, δεν αισθάνονταν, δεν έπρατταν το ίδιο όλοι οι άνθρωποι, πρωτόγονοι, μεταγενέστεροι και άλλοι σε σημείο που να μην υπάρχει διαχωρισμός αλλά ο διαχωρισμός να προκύπτει μόνο και μόνο γιατί εμείς οι ίδιοι δεν έχουμε καταλάβει ή δεν μπορούμε να τη φτάσουμε στην ολότητά της τη φάση.

Αυτό βέβαια ονομάζεται Αυτογνωσία και εδώ εισερχόμαστε σε μία πολύ σύνθετη φάση καθώς η αυτογνωσία δεν επιτυγχάνεται εύκολα, αφού πρέπει να έχουμε αντιληφθεί με τεράστια συνειδητοποίηση, ρεαλισμό και απενοχοποίηση ό,τι, δυστυχώς ή ευτυχώς, άλλοτε έχουμε ζήσει, συνηθίσει, μάθει. Επίσης απαιτεί την πλήρη συνεργασία λογικής και υποσυνείδητου προκειμένου να μην προβούμε σε συμπεράσματα με συγκρουσιακή κατάληξη. Πρέπει αυτό που θα έχουμε συνειδητοποιήσει να είναι προϊόν έντιμης σκέψης και ισορροπημένης ψυχολογικής κατάστασης για να μπορούμε να φτάσουμε σε ασφαλή συμπεράσματα για το τι υπάρχει ή δεν υπάρχει. Πρέπει να έχουμε απαλλαγεί από κάθε μορφή, ύφος, σκέψη μετάλλαξης για να μη χωράει αμφισβήτηση ό,τι έχουμε κερδίσει ως κατάκτηση. Πολλές φορές, γι' αυτούς τους λόγους η αυτογνωσία αποτελεί, και είναι, μια υπερβατική κατάσταση.

Τοποθετείς τον εαυτό σου απέναντι στη γνώση του σύμπαντος και βλέπεις τι μέρος του όλου είσαι εσύ και διαμορφώνεις, αν μπορείς, τη θέση σου απέναντι στο όλο με σκοπό να μπορείς να ισορροπείς τρόπον τινά στο χάος και να μην είσαι ένα με αυτό. Και η θέση στο χάος είναι θέση δεκτή απλά υπόκειται συνεχώς σε μία δίνη περιπετειών, έλξεων, μεταλλάξεων γιατί είσαι μέρος μιας τεράστιας αόρατης ή και ορατής μάζας με τεράστια δύναμη που την καθορίζει ο Κόσμος. Το σύμπαν διδάσκει πολλά αν το μελετήσουμε καλύτερα. Οι δυνάμεις του χάους είναι ανίκητες. Βάλε τον εαυτό σου σε μια απρόσμενη δοκιμασία που σε φέρνει σε μια κατάσταση χαοτική και θα καταλάβεις τι σημαίνει χάος. Μάλιστα, φαίνεται ότι η σαφής οριοθέτηση των πλανητών και η μεταξύ τους τοποθέτηση απαίτησε τέτοιον αγώνα μέχρι του σημείου εξισορρόπησης που αν το δούμε αυτό σε ανθρώπινη διάσταση θα καταλάβουμε ποιος είναι ο κανόνας και τι αγώνα απαιτεί μια τέτοια οριοθέτηση σε προσωπικά πλαίσια για να συνεχίσουμε σε όρους κοινωνίας και ακόμα περαιτέρω σε όρους παγκοσμιότητας. Γιατί όλον τον πλανήτη τον κατοικούμε άνθρωποι. Αλλά τι άνθρωποι και πόσο διαφέρουμε; Μήπως όσο οι πλανήτες του σύμπαντος; Πλανήτες όλοι μεν αλλά με τι θέση και τι χαρακτηριστικά ο καθένας από αυτούς;

Προφανώς η γνώση και η αυτογνωσία σε όλα τα επίπεδα βοηθάει όχι μόνο στην αυτοκατανόηση αλλά και στην αντικειμενική αντίληψη της ύπαρξής μας, σε σχέση με τους άλλους και σε σχέση με αυτά που μπορούμε να καταφέρουμε για τον εαυτό μας και για τους άλλους, αν φυσικά μπορούμε. Γιατί απλά μπορεί να καταλήξουμε ότι «δεν μπορούμε», που και αυτό είναι αποδεκτή κατάσταση. Η ανθρώπινη ενέργεια βέβαια είναι μαγνήτης που παρασύρει τα πάντα και τους πάντες, και εκείνους που μπορούν και εκείνους που δεν μπορούν. Και η αλήθεια είναι ότι μέχρι να καταλήξουμε σε μια ισορροπία, όπως κατέληξαν ίσως και προσωρινά οι πλανήτες, οι ενέργειές μας συνεχώς θα συγκρούονται και θα μετεξελίσσονται, άλλοτε σε χαώδη σκηνικά ανυπαρξίας και απόλυτου τίποτα και άλλοτε σε νέα περίεργα σχήματα. Μέχρι στιγμής βέβαια δεν έχουν δείξει οι άνθρωποι, στην πλειοψηφία τους, κάποια τέτοια εντυπωσιακή μετεξέλιξη οπότε μάλλον ζούμε ακόμα στο τίποτα όπου και αυτό είναι κατάσταση πρωτόγονη μεν αλλά υπαρκτή. Αν θέλουμε να δεχτούμε κιόλας ότι υπάρχει ή κάποτε θα υπάρχει εξέλιξη. Γιατί κάτι κάποτε πρέπει να δώσει αυτή η τεράστια ανθρωπόμπαλα που κινείται πάνω στη Γη και δεν το ξέρει. Κάτι. Αλλιώς θα χαθούμε στο Τίποτα. Θα καταδικαστούμε όπως και καταδικαζόμαστε δηλαδή στην Ανυπαρξία, στο Χάος που μας αξίζει, αφού το επιδιώκουμε με τους κανιβαλισμούς μας.

Η αυτογνωσία λοιπόν συμβάλλει ευεργετικά στο να μη χάνονται ευκαιρίες και να μην αδειάζονται ενέργειες στα σκουπίδια του Σύμπαντος, δηλαδή στο Πουθενά. Αιώνες προσπαθούν κάποιοι ταλαίπωροι πνευματικοί άνθρωποι και επιστήμονες να δώσουν στον άνθρωπο μία παραπάνω ώθηση μπας και γλιτώσει από τα υπαρξιακά τουλάχιστον δεινά του, βρίσκοντας έτσι τον αυτοσκοπό του που μάλλον πρέπει να τον έχει ήδη βρει για να προχωρήσει στην επόμενη φάση. Μεγάλη αξία εδώ πρέπει να δώσουμε στη μελέτη της φυσικής και των πλανητών. Μελέτη με τεράστια αξία και τεράστιο βάρος που έρχεται να απαντήσει σε πολλά ερωτήματα της ανθρώπινης ύπαρξης. Δεν είναι τυχαίο ότι όλοι οι μεγάλοι φιλόσοφοι έδιναν τεράστια σημασία στη μελέτη του σύμπαντος και όλοι οι μεγάλοι επιστήμονες κατέληγαν ως φιλόσοφοι. Δεν μπορεί να μας διαφεύγει αυτό. Έχει την αξία του και αξίζει την ερμηνεία του. Κανένας από αυτούς δε σκεφτόταν και δεν έπραττε τυχαία. Όλοι είχαν συγκεκριμένη στάση θέση και σχέση με το σύστημα που χαρακτηρίζει τον άνθρωπο. Κι εμείς βέβαια δε θέλουμε να περιμένουμε τους πλανήτες, τους φιλοσόφους και τους επιστήμονες για να μας εξηγήσουν την άθλια καθημερινότητά μας, αλλά τι να κάνουμε που χωρίς αυτούς οδεύουμε στο Απόλυτο Τίποτα και με κεκτημένη ταχύτητα.

Εμείς βέβαια δεν είμαστε υποχρεωμένοι να φτάσουμε αυτά τα σημεία μελέτης ούτε και να σκεπαστούμε από το δέος τους αλλά τουλάχιστον μπορούμε να ανακαλύψουμε τα δικά μας τα σύμπαντα και να ισορροπήσουμε σε καταστάσεις που δεν θυμίζουν πρωτόγονους, αν θεωρήσουμε βέβαια ότι οι πρωτόγονοι διέφεραν αντικειμενικά σε κάτι από τους μεταγενέστερους, κοιτάζοντας την ουσία και όχι τη μετάλλαξη. Αυτό το έχω επαναλάβει πολλές φορές στα κείμενά μου και καθόλου τυχαία. Θεωρώ ότι ακόμα διανύουμε το πρώτο στάδιο της ανθρώπινης ύπαρξης, δηλαδή το στάδιο της ενστικτώδους επιβίωσης. Το δεύτερο σίγουρα είναι το στάδιο της αυτοκατανόησης και το τρίτο είναι εκείνο της εξέλιξης, που σίγουρα οδηγεί τον άνθρωπο στην Υπέρτατη Αξιοποίηση της Λογικής και των Συναισθημάτων του. Υπερβατικό κομμάτι σε σχέση με τη φάση που διανύουμε σήμερα οι άνθρωποι, σαν μια μετεξέλιξη που αργεί πολύ να έρθει αλλά πιθανόν θα έρθει σε κάποιο στάδιο και αφού θα έχουμε φάει τις σάρκες μας και θα έχουμε απομείνει μερικοί. Με προγενέστερο πάντα εκείνο της αυτοκατανόησης δηλαδή της απόλυτης αντίληψης και συνειδητοποίησης του γιατί έχουμε φτάσει εκεί που έχουμε φτάσει και τι, τελικά, αλλά όχι ένα τυχαίο «τι», πρέπει να αλλάξει. Μέχρι τότε θα ονομαζόμαστε Άθλιοι.

Και σαφώς κάποιοι μπορούν να αμφισβητήσουν βλέποντας, βιώνοντας, το σημερινό κομμάτι ότι μπορεί κάποτε αυτό το άλλο στάδιο να έρθει. Μην ξεχνάμε άλλωστε ότι η ανθρωπότητα έχει να επιδείξει πολλά πισωγυρίσματα αθλιότητας στην ιστορία της, μάλλον περισσότερα από εκείνα που μας κάνουν να πιστεύουμε στο επόμενο στάδιο, στην επόμενη φάση. Και όσοι δεν πιστεύουν ότι θα έρθει στην ολότητα της ανθρωπότητας μια τέτοια φάση δεν έχουν άδικο αν και πιστεύω ότι όταν έρθει αυτή η φάση η ολότητα της ανθρωπότητας θα είναι τόσο περιορισμένη που σίγουρα θα σκεφτούν κάτι έστω, από μια διαφορετική ανάγκη έτσι όπως θα έχει προκύψει μέσα από τα τραγικά αποτελέσματα μιας μακραίωνης πρώιμης φάσης. Γιατί, μεταξύ μας, έχει κρατήσει πολύ αυτή η φάση. Και ο βασικός λόγος που συμβαίνει αυτό είναι μάλλον η Ανάγκη. Η ανάγκη που αναγκάζει τον άνθρωπο να υποτάσσεται στην πρώιμη φάση. Άνθρωποι που δεν μπορούν να ξεφύγουν από την ανάγκη, όχι γιατί το επέλεξαν αλλά γιατί δε θέλουν. Πάντως όσοι δεν ξεφεύγουν από αυτήν, δε προχωρούν σε καμία μα καμία καινούρια φάση, μένουν στάσιμοι στην ίδια πρωτόγονη κατάσταση. Και εδώ δε μετράει η μόρφωση, ούτε τα πλούτη, ούτε τίποτε από αυτά που μας έχουν μάθει. Εκείνο που μετράει είναι να καταλαβαίνει ο άνθρωπος ότι η πραγματική του ανάγκη είναι μια άλλη ανάγκη, και ίσως ούτε καν ανάγκη αλλά πορεία που προκύπτει μέσα από την εξάντληση μιας ανάγκης.

Βέβαια σε καμία περίπτωση η ανάγκη δεν οδηγεί σε επόμενη φάση. Γιατί ό,τι εξαρτάται από ανάγκη έχει ακριβώς αυτό: υποταγή σε ενός είδους εξάρτηση. Εκείνο που θα βγάλει τον άνθρωπο από την ανάγκη είναι ακριβώς η εξάντληση της ανάγκης. Δε θα αντέχει να ζει άλλο έτσι πια. Οπότε καταλαβαίνετε, μέχρι να έρθει εκείνη η ώρα γιατί αργεί να έρθει και ο άνθρωπος αργεί να καταλάβει καταλαβαίνετε λοιπόν τι ξεπάστρεμα έρχεται. Αν λάβει κανείς υπόψιν ότι η αθλιότητα που ζούμε μια χαρά κρατά, κανένας δε δείχνει ουσιαστικά να αντιδρά αφού δεν ταράσσεται η ανάγκη συνολικά όλων, οπότε μέχρι να ταραχτεί το Σύμπαν, που λέμε εμείς οι άνθρωποι και να ακουστεί παντού η ιαχή αυτής της πράξης, θα ζούμε στην ίδια και απαράλλαχτη εξοντωτική και ανθρωποφάγο κατάσταση, στην πρώιμη δηλαδή φάση.

Πάντως στην επόμενη φάση θα περάσουν πολύ λίγοι άνθρωποι γιατί οι περισσότεροι θα έχουν εξαντληθεί και αφανιστεί στον αγώνα εξιλέωσης της ανάγκης, αδυνατώντας βέβαια να αντιληφθούν ότι και η ανάγκη και η ικανοποίησή της έχει και αυτή τα όρια της. Μέσα λοιπόν σε μια ανεξάντλητη πορεία ανάγκης θα ξεζουμίσουν και θα ξεζουμιστούν πολλοί άνθρωποι, καταφέρνοντας βέβαια μόνο τη ματαίωση της ίδιας τους της πράξης. Και αυτό γιατί δεν κατανοούν, ούτε κατανόησαν και στο παρελθόν δυστυχώς οι άνθρωποι, ότι και η ανάγκη έχει τα όριά της. Έτσι ας πούμε ότι η ανθρωπότητα σε σημείο εξέλιξης, για όποιον θέλει να πιστεύει στην εξέλιξη, είναι ακόμα σε πολύ πρώιμη φάση, με ελάχιστες αναλαμπές συνείδησης και συνειδητοποίησης, που σπάνια φτάνουν σε αυτιά που δε θέλουν να ξεφύγουν από κάθε ανάγκη και αυτιά που ακούνε μεν αλλά τοποθετούν τέτοιες σκέψεις στη σφαίρα του ιδεατού. Έτσι φαντάζει μεταξύ μας όταν είμαστε σε μια πρώιμη φάση, και ορμώμενοι από παραδείγματα φωτεινά, που ναι μεν θαυμάζουν αλλά δεν έπεισαν τον κόσμο να αλλάξει, τελικά, κάτι. Λες και τον κόσμο τον καθόριζαν ποτέ οι πνευματικοί άνθρωποι. Εκείνοι απλά υπενθύμιζαν στον κόσμο κάτι. Αφύπνιζαν και ωθούσαν σε μία άλλη πορεία εξέλιξης την κατάσταση. Βέβαια στο τέλος γίνονταν γραφικοί για να υπηρετηθεί η όποια ανάγκη και να παραμείνουν στην ιστορία ως φωτεινές μορφές που είδαν απλά τον κόσμο με άλλο μάτι, λες και αυτό νοιάζει μόνο έναν πνευματικό άνθρωπο. Εκείνο που τον νοιάζει περισσότερο είναι μέσα από το έργο του, είτε πνευματικό, είτε λογοτεχνικό, είτε καλλιτεχνικό, να κάνει τον κόσμο να συνειδητοποιήσει και να αλλάξει. Σε κάποιους αυτό δεν αρέσει και ποτέ δεν άρεσε, σε κάποιους βαθιά εξαρτώμενους από κάθε είδους ανάγκη, και πάντα έμενε και μένει η ανθρωπότητα σε μια πρωτόγονη φάση. Όλοι μαζί εγκλωβισμένοι στην ίδια φάση.

Και μη νομίζετε ότι χαίρονται οι πνευματικοί άνθρωποι να ζουν στη γραφικότητά τους και μόνοι, όσο φωτεινοί και να είναι. Απλά, βλέποντας την τάση και τη στάση του κόσμου, αναγκάζονται να αποδέχονται αυτή την κατάσταση και μη έχοντας πού την κεφαλήν κλίναι, αναγκάζονται να αποσύρονται στη διακριτική παρέα άλλων πνευματικών ανθρώπων ή και στη μοναξιά τους. Δεν είναι όμως αυτό που χαροποιεί πραγματικά έναν πνευματικό άνθρωπο. Γιατί ο πραγματικά πνευματικός άνθρωπος, αυτό το χάρισμα που έχει μέσα του, το φως, πείτε το όπως θέλετε, θέλει να το μοιραστεί και να το μοιράσει, όχι όμως να το πετάξει. Να το μοιράσει με σεβασμό και αγάπη. Γιατί αυτοί είναι άνθρωποι μάλλον σε μία άλλη φάση ή ίσως προφήτες, προϊδεαστές της επόμενης φάσης που πρέπει κάποτε να έρθει.

Εφόσον το ένιωσαν αυτοί σημαίνει ότι υπάρχει και οφείλει η ανθρωπότητα να το καταλάβει για να μην αναγκαζόμαστε να αναφερόμαστε σε φωτεινά μυαλά και να αποκαλούμεθα πνευματικοί άνθρωποι, δηλαδή άνθρωποι με συγκεκριμένα χαρακτηριστικά και όχι απλά άνθρωποι. Όχι ότι διεκδικώ μια τέτοια θέση αλλά φαντάζομαι ότι σε μια τέτοια γραφική θέση θα με βάλουν. Και αυτό είναι η οργή της πνευματικότητας. Δηλαδή γιατί να μη μοιραστούμε επιτέλους το αυτονόητο και να αναγκαζόμαστε πάλι η ανάγκη σε μία τέτοια διάκριση; Είναι προφανές ότι τη διάκριση τη φτιάχνει η ανάγκη και απλά την τοποθετεί σε καλύτερη φάση. Αλλά η ανάγκη τη φτιάχνει για να εξυπηρετήσει μια άλλη ανάγκη, τον εγωισμό της. Γι' αυτό και γίνεται η διάκριση και έτσι να προστατευτεί η πνευματικότητα από τους εχθρούς της, εκείνους που ούτε θέλουν να την ακούν, ούτε την καταλαβαίνουν και κάποιοι μάλιστα επειδή τη θωρούν επικίνδυνη θέλουν και να τη θάψουν. Και άμα θέλουν τη θάβουν.

Να μη ξεχνάμε ότι κανόνες καθορίζονται στην πρώιμη φάση από αυτούς που ελέγχουν, καθορίζουν και καρπώνονται τα οφέλη της ανάγκης. Και καθώς τα οφέλη δείχνουν μακροπρόθεσμα και αντικειμενικά πάντα έτσι έδειχναν δε φαίνεται να τους ταρακουνάει κάτι για να αλλάξουν ή να αποδεχτούν μια άλλη κατάσταση. Βέβαια κανείς δεν κοίταξε με προσοχή τα ιστορικά παραδείγματα, τα πισωγυρίσματα που ανέφερα και την κατάληξη που είχαν. Απλά επαναλαμβάνουμε τα συμφέροντα της ανάγκης δίνοντας μαθήματα αυτοεπιβεβαίωσης της χρησιμότητας της ανάγκης. Η λύτρωση δε θα έρθει από τον θεό, ούτε από το παράθυρο αλλά από την επίμονη, μάταιη επανάληψη και ένταση της ίδιας λανθασμένης πράξης. Αυτό έχει αρχίσει πλέον μετά από μακραίωνες επαναλήψεις και όλο και τελειότερες μορφές καταστροφής. Εκεί εξελίχτηκε ο άνθρωπος, φαίνεται πλέον ξεκάθαρα. Αυτό κατάλαβαν οι πέντε, δέκα, είκοσι, απανταχού της γης πνευματικοί και λόγιοι άνθρωποι και πάνω σ' αυτό συνέστησαν τους ανθρώπους να εστιάσουν. Τους ανθρώπους που δεν μπόρεσαν να τους καταλάβουν για να προλάβουν τα χειρότερα και έτσι μπήκαν στα χρονοντούλαπα, σε φωτεινή θέση βέβαια, αλλά χωρίς απήχηση.

Άλλο πάλι που προβληματίζει τον αφηγητή είναι ότι στην παρούσα εποχή φαίνεται να λιγοστεύουν, ή έστω τεχνηέντως να μην αναδεικνύονται, οι πνευματικοί άνθρωποι. Δεν ξέρω αν είναι η εποχή της Απόλυτης Ανάγκης αλλά αυτή η πνευματική βουβαμάρα κάτι δείχνει ή τουλάχιστον θέλει να δείξει κάτι. Είτε έχει φάει τα λυσσιακά της να μην επιτρέψει η ανάγκη τη μετάβαση στην επόμενη φάση και έτσι υποχρεώνουν τον άνθρωπο σε καταστάσεις απίστευτου εξευτελισμού και εξάρτησης από κάθε ανάγκη προκειμένου να τονισθεί η σημασία και η αξία της ανάγκης ή έχει αρχίσει πλέον η εξάντληση της ανάγκης και η κάθε είδους κατάπτωσή της, με αποτέλεσμα να φροντίζει επιμελώς να κλείνει στόματα και πόσο μάλλον στόματα που ειδικά σε μια φάση κρίσιμη για την επιβίωσή της δεν τα έχει ανάγκη. Συνωμοσιολογικό για να περιγράψεις την κατάσταση αλλά είναι και αυτό ένα εργαλείο πίεσης της ανάγκης. Αν και, επαναλαμβάνω δε φαίνεται να είμαστε έτοιμοι για την επόμενη φάση αφού όλη η ανθρωπότητα είναι στρυμωγμένη στη μέγγενη της ανάγκης, αλλά σίγουρα οδηγούμαστε πλέον όλο και περισσότερο σε πιο ακραίες, και για την ίδια την επιβίωση της ανθρωπότητας και του πλανήτη, καταστάσεις.

Άρα, είτε διανύουμε μια ακόμα σκοταδιστική, σκληρή και αποτρόπαιη επιβολή της Ανάγκης ή πλησιάζουμε με αργό βήμα στην εξάντληση κάθε Ανάγκης αφού και οι πόροι πλέον κάθε ανάγκης μα κάθε ανάγκης, υλικής, πνευματικής, ηθικής, έτσι όπως έχουν διαμορφωθεί τα πράγματα, μετά από μακραίωνη ταλαιπωρία και συνεχή επανάληψη, εξαντλούνται. Ίσως και να βρισκόμαστε σε αυτή τη φάση. Ίσως. Και τέλος πάντων εκεί που έχουν φτάσει τα πράγματα δεν είναι και προφητεία να σκεφτεί κανείς ότι πλέον εξαντλούνται οι πόροι ικανοποίησης κάθε ανάγκης. Ίσως όχι φυσικά οι ανάγκες. Αλλά, μιας και ο άνθρωπος διανύει το απόγειο της απληστίας του και έχει εξωθήσει τα πράγματα στα όριά τους, πώς θα συνεχιστεί αυτό το σενάριο, τι εξέλιξη θα έχει, και με τι λογική να το βάλεις;

## Εκκλησία

Και, ναι λοιπόν, ήρθε η ώρα να αγγίξουμε ένα τεράστιο μπάχαλο της ανατολιτικοδυτικής κοινωνίας, ένα τέτοιο μπάχαλο που θα ταίριαζε μόνο σε υπανάπτυκτους. Τόσο μεγάλο μπάχαλο που, παντού, άλλα πρεσβεύει και άλλα κάνει δια των εκπροσώπων τους, στην πλειοψηφία τους τουλάχιστον.

Κατ' αρχάς, και να τα πάρουμε τα πράγματα από την αρχή, «φορέας, θεσμός, πρότυπο κοινωνικής οργάνωσης, οίκος του θεού» και όπως θέλει να λέγεται, που παρεμβαίνει, καταδικάζει, χαλιναγωγεί, χειραγωγεί και εκπαιδεύει του ανθρώπου τα σεξουαλικά ένστικτα και τα σεξουαλικά πάθη, τότε αυτό το πράμα δεν είναι τίποτα άλλο από μία άκρως επικίνδυνη εγκληματική οργάνωση και μάλιστα με σκοπό την εξόντωση της ανθρώπινης υπόστασης και ύπαρξης, της όποιας ελευθερίας της ψυχής, του σώματος, του πνεύματος με απώτερο σκοπό τον έλεγχο και την εκμετάλλευση. Τέτοιο έκτρωμα δεν μπορεί παρά να συμβάλλει στη μη μετάβαση του ανθρώπου από την πρωτόγονη φάση, καθώς δεν του επιτρέπει να εκδηλώνει ελεύθερα τα κοινωνικά αντανακλαστικά του αφού η σεξουαλική έκφραση και ανάγκη καθορίζει τα πάντα. Επίσης, δεν του επιτρέπει να καθορίσει εκείνος, ο ίδιος, το αν έχει ή δεν έχει ανάγκη από κάτι αλλά του υπαγορεύει τι και πώς να κάνει. Δηλαδή δεν υπάρχει μεγαλύτερη έκφραση φασισμού από αυτή την παρουσία που ένας θεός ξέρει ποιος της επέτρεψε την ύπαρξη και πώς άντεξε και την ανέχτηκε ο άνθρωπος. Ο άνθρωπος που εγκλωβισμένος στον φόβο θανάτου και στην ανασφάλειά του επέτρεψε σε ένα έκτρωμα να κάνει κουμάντο στα ένστικτά του. Και εδώ δεν τα βάζω με την εκκλησία αλλά με τον άνθρωπο που ανέχτηκε την κατάντια του. Με όλες αυτές τις αηδίες με τα συγχωροχάρτια, τις αμαρτίες και όλα αυτά τα τελείως άκυρα, λες και ο άνθρωπος είχε έρθει για να γίνει θεός και βρήκε στην εκκλησία τον τρόπο να το κάνει. Δηλαδή, τόσο βλαμμένος είναι ο άνθρωπος και ανέχεται τέτοια πράγματα ή τόσο ταπεινωμένος μέσα του και τα αγκαλιάζει με απόλυτη φυσικότητα; Χρειάζεται δηλαδή ο άνθρωπος μια εκκλησία, μια θρησκεία για να του αναγνωρίσει και να επιβεβαιώσει αυτά που με απόλυτη απλότητα του παρουσιάζονται ως «φυσικές ανάγκες;»

Και φυσικά σε έναν θεσμό που κάποτε αποτελούσε Κράτος, καταλαβαίνετε τους μηχανισμούς που ενέπλεξαν πολιτική και πιστεύω και τους εκπροσώπους που αναδείχτηκαν μέσα από αυτά, την ηθική ένδεια και την πονηριά τους σε σημείο που πολλούς από αυτούς να τους αποκαλούν μετά και «αγίους» και άγια τα εγκλήματά τους, πάγια τακτική απολυταρχισμού και μονοθεϊστικού κράτους. Έτσι διαγράφτηκαν εκκλησιαστικοί πόλεμοι, βασανιστήρια, ανταλλαγές αιχμαλώτων και άλλα μαύρα για να μιλάμε απλά και μόνο για την Ωραιότητά τους και την κοινωνική αλληλεγγύη και χρησιμότητά τους. Δηλαδή, επιτέλους, εσείς οι άνθρωποι θα ανοίξετε τα ρημαδοβιβλία σας και να διαβάσετε κάτι; Και ως πότε επιτέλους θα ανέχεστε την υποκρισία του θεσμού αυτού και των εκπροσώπων του, που όσο μάλιστα ανεβαίνουν ιεραρχικά τόσο πιο μακριά βρίσκονται από τα όποια ηθικά διδάγματά τους;

Δε συζητάμε ότι υπάρχουν και ορισμένοι έντιμοι άνθρωποι, που η συνείδησή τους υπαγορεύει να ακολουθούν τα διδάγματά τους των εκκλησιών εννοώ όσα δεν είναι ανήθικα και καλύπτονται με ρητορική ηθική. Που στην τελική θα μπορούσαν να μην είναι ιερείς και να είναι ηθικοί άνθρωποι σε έναν άλλον οποιοδήποτε κλάδο αλλά έτυχε να πιστέψουν στο ηθικό κομμάτι της όλης φάσης. Ξυπνήστε και δείτε τα όργιά τους που ξεπερνούν και τα χειρότερα δικά σας. Ξυπνήστε και αναγνώστε την πονηριά τους, την ιδιοτέλειά τους, την εν γένει συμπεριφορά τους, την πολυτέλειά τους. Κατ' αρχάς οι μισοί από αυτούς μιλούν για τη φτώχεια και δεν ξέρουν καν τι σημαίνει φτώχεια. Απλά κοροϊδεύουν τα ανύποπτα θύματά τους. Γιατί έτσι θεωρούν τα ποίμνια οι περισσότεροι: θύματα, αγέλη, μάζα, κοπάδια.

Και για να είμαι σαφής δε με ενοχλούν καθόλου τα όργιά τους, που ξέρω ότι ξεσκίζονται πολλοί βρωμοπαπάδες αλλά με ενοχλεί που, από άμβωνα, τα καταδικάζουν στους άλλους για να προστατεύσουν τη δογματική ανιδιοτέλειά τους. Την τάχα δήθεν ηθικότητά τους. Ποιος επέτρεψε τέτοια κατρακύλα είναι αδιανόητο να το σκεφτεί κανείς. Και πώς ανεχόμαστε γάμους, ξεγάμους και δεν ξέρω εγώ τι άλλο σε σύγχρονους αιώνες είναι και αυτό ένα θέμα επίσης. Και που υπάρχει εκκλησία, άσε που όλοι οι φτωχοί είναι απέξω, κανείς δεν κοιμάται μέσα να μη λερωθούν τα χαλιά τους και δουν αγιασμό τα καθίσματά τους, γιατί αυτό σημαίνει αλληλεγγύη και όχι να κοιτάς τους φτωχούς στη βρώμα τους. Είναι ντροπή για τον άνθρωπο. Καθόλου τυχαίο που όλοι καταπιεσμένοι, πλην όμως μεγάλοι ζωγράφοι την εποχή της εκκλησιαστικής επιβολής φιλοτεχνούσαν επαίτες κατατρεγμένους ως άγιους και τους άλλους τους παρίσταναν στην κατάντια τους. Δεν ήταν και τόσο καταπιεσμένοι βέβαια, έβρισκαν τρόπο να καλύπτουν την πονηριά τους για να μη φανούν αυτά που πραγματικά έβλεπαν τα μάτια τους, δηλαδή η βρωμιά και η έπαρση των παπάδων από τη μία και η αγνότητα και ταλαιπωρία των φτωχών κατατρεγμένων ανθρώπων μέσα στην καταδίκη της ένδειάς τους.

Ποιοι είναι τελικά οι άγιοι; Και θεωρώ ντροπή που συζητάμε ακόμα γι 'αυτά τα πράγματα και δεν τα έχουμε ξεπεράσει. Σε κάποια κράτη βέβαια τα έχουν ξεπεράσει και σε αρκετό βαθμό έχουν ησυχάσει. Αλλά κι εκεί εκκλησία υπάρχει, έστω σαν ύπαρξη κτιρίων για να θυμίζει τα γεμάτα αίγλη εγκλήματά τους. Ελπίζω να είμαστε κατανοητοί. Τζιχάντ είναι οι απανταχού παπάδες, όποιας εκκλησίας και όποιας θρησκείας, που αναμιγνύουν τα ηθικά με την ανηθικότητά τους, το πιστεύω του κάθε ταλαίπωρου αμόρφωτου με τα συμφέροντά τους, και την ελευθερία του ανθρώπου με τα όποια νευρωτικά τους κατάλοιπα.

Για να καταλάβουμε καλά, ποιος κατέστησε τις εκκλησίες χειρουργεία των σεξουαλικών μας επιθυμιών και οργάνων; Ποιος κατέστησε την εκκλησία υπεύθυνη να κρίνει το ποιος είναι φυσιολογικός και ποιος είναι άρρωστος; Τι ιδεολογήματα είναι αυτά, τι ντροπιαστικά πράγματα και να υπάρχουν και χειροκροτητές από κάτω; Αντί να ξεσηκώνεται ο κόσμος ενάντια στην καταπίεση, ρίχνει και εγκωμιαστικά χειροκροτήματα. Ο αφηγητής δεν τα κατανοεί αυτά τα πράγματα και φυσικά ούτε καν με τη στοιχειώδη λογική τα αποδέχεται. Αρκεί να έχει λίγη από αυτή κάποιος για να καταλάβει ότι αυτά είναι παιχνίδια επικίνδυνα, που δεν έχουν να κάνουν με την απλή, αγνή, πίστη του ανθρώπου που έχει, από ανασφάλεια, ανάγκη να πιστεύει σε κάτι. Αλλά με άτιμα σκοτεινά και υποχθόνια πράγματα που δεν έχουν σχέση με την αξιοπρέπειά τους ούτε στο ελάχιστο. Κανονικά ούτε στο ελάχιστο. Είναι άτομα ανακατεμένα με τη διαφθορά, το χρήμα, την πορνεία, την παιδεραστία, τα σκάνδαλα, τα όπλα, τους πολέμους και άλλα πολλά, και όλα μαύρα. Και όχι μόνο σήμερα, πάντα. Απλά το πάτημα ήταν και είναι ο φόβος του ανθρώπου, η ανασφάλειά του και η ντροπή που τον έκαναν να νιώθει για ορισμένα πράγματα. Όλα αυτά τα στραβά τα καλλιέργησαν βέβαια για να εξυπηρετούν τη δική τους καλοπέραση.

*Fruste*

## Ατομική ευθύνη

Και εδώ πρέπει να παρεμβάλλουμε κάτι: την ατομική ευθύνη που όλοι έχουμε ως προς το θέμα «θρησκεία» και το πώς οι λαοί επέτρεψαν να θεριέψει στηριζόμενο σε φόβο, ανασφάλεια και αρνητικά ζητήματα που έκαναν τον άνθρωπο δέσμιο μιας ορισμένης φιλοσοφίας, που αποδεδειγμένα οδηγεί σε αδιέξοδα. Και ευθύνεται ο άνθρωπος που δεν μπορεί να διοχετεύσει, να σκεφτεί, να δαμάσει την ανασφάλειά του και καταφεύγει σε προσευχές και αστήριχτες σκέψεις. Όλοι, όλα, έχουν αρχή, μέση και τέλος. Αν εσύ θέλεις να τα κάνεις να φαίνονται πιο ήπια, πιο ωραία, πιο ιδανικά, τότε είναι δικό σου το θέμα. Ο θάνατος δεν άλλαξε. Ούτε οι ανθρώπινες συμπεριφορές. Κάποτε έβαζαν τις θρησκείες για να καλύπτουν τις επεκτατικές τους βλέψεις. Βλέψεις οικονομικές, εδαφικές, πολιτικές, πολιτισμικές. Εργαλεία γίνονταν και γίνονται ακόμα οι θρησκείες για να εξυπηρετούν ορέξεις. Και τρέχουν πίσω τους οπαδοί, θυσιάζονται, όχι από πίστη. Ελάχιστοι θυσιάζονται από πίστη, από φανατίλα και αρρωστημένες σκέψεις.

Δεν είναι δυνατόν να συνεχίζουμε έτσι οι άνθρωποι, σαν μέταλλα ακατέργαστα πρόθυμα στις ορέξεις του κάθε φιλόδοξου πεινασμένου σχεδίου. Δεν είναι δυνατόν να μη μπορούμε να βρούμε τις κοινές εκείνες παραδοχές που ενώνουν και δε χωρίζουν ανθρώπους και σχέσεις. Γιατί βάζουμε ως εκπροσώπους τις εκκλησίες και τους απεσταλμένους τους; Αυτοί αποτελούν αποδεδειγμένα και ιστορικά μια κλίκα που υπερασπίζεται συγκεκριμένα προνόμια, συγκεκριμένα συμφέροντα, πατώντας επί πτωμάτων. Και να ξέρετε, άνθρωποι που χειραγωγούνται σε αξίες στρεβλές περί ήθους πνεύματος και διανοίας είναι τα χειρότερα πτώματα. Βρομοκοπάνε, ζέχνουν και μαζί τους παρασέρνουν στη δυσωδία τους και όσους δε θέλουν αλλά τους υφίστανται γιατί η κοινωνία το επέτρεψε.

Θέλετε να μετατρέψουμε τους ναούς σε μουσεία, σε τόπους διαλογισμού και ανθρώπινων κοινωνικών σχέσεων; Μάλιστα. Γιατί όχι; Και ας πηγαίνει ο καθένας, όποιος ενδιαφέρεται, όποιος πιστεύει, να λέει αυτά που τον βασανίζουν, να λέει αυτά που σκέφτεται και με τη βοήθεια, τη συνεργασία των άλλων να αντιπαρέρχεται ρεαλιστικά όλα τα εμπόδια, όσα γίνεται. Δηλαδή μπορώ να φανταστώ τη μετάβαση σε όρους κοινωνικής αλληλεγγύης και τόπους ανταλλαγής σκέψης. Πρέπει επιτέλους να γίνει ένα βήμα στους συντηρητικούς λαούς. Σε πολλούς λαούς και ανθρώπους υπάρχει, χρόνια πλέον, αυτή η αντίληψη εδραιωμένη. Δε μας φτάνουν τα προβλήματα, έχουμε βάλει διεφθαρμένους παπάδες να μας συστήνουν τι πρέπει και τι δεν πρέπει. Τι οπισθοδρόμηση είναι αυτή; Τι άρνηση εξέλιξης. Αφήνεται ο άνθρωπος να κυριεύεται από ανασφάλειες, από φοβίες και μεταθανάτιες σκέψεις, αβάσιμες και ανούσιες. Δε μας κόβει λίγο;

Ο άνθρωπος έρχεται και φεύγει. Προσεύχεται δεν προσεύχεται, έρχεται και φεύγει. Αν θέλεις να φτιάξεις την ποιότητα της ζωής σου, δεν χρειάζεσαι «πρέπει». Χρειάζεσαι μόνο καλές και αγνές πράξεις. Επιθυμία να παλεύεις, να συμμετέχεις, να βοηθάς. Να μην κακεύεις, να μη χάνεσαι σε οδύνες και ντροπιαστικές θέσεις. Έχουμε ελαττώματα, προτερήματα, όλοι κάτι έχουμε. Σε ποιόν θεό πιστεύουμε; Τι σημασία έχει; Ας πιστεύει ο καθένας όπου θέλει. Ο θεός φταίει για την κατάντια μας και τις κακές μας πράξεις; Τι τα μπλέκουμε με παπαδαριό, προσηλυτισμούς, ψέματα και παράλογες σκέψεις; Πίσω από το δάχτυλό μας κρυβόμαστε; Βάζουμε θεούς και δαίμονες για να μην παραδεχτούμε την τρωτότητά μας; Τι ανάγκη έχουμε αυτές τις εξηγήσεις, μετάνοιες, χοές και τέτοιου είδους συνθέσεις; Καμία. Απλά συγχέουμε την ουσία με το φαίνεσθαι. Είμαστε μπερδεμένοι. Και η ανασφάλεια θανάτου μας τρομάζει, μας κυριεύει. Παρασυρόμαστε σε αλλόκοτες σκέψεις. Φυσιολογικό μεν, εξηγήσιμο, ανθρώπινο. Αλλά απέχει από το να δίνουμε εξουσία σε άτομα και θεσμούς που το εκμεταλλεύονται.

## Περί υιοθεσίας

Ανεξίτηλα τα χρώματα αυτής της πράξης, ανεξίτηλα και τα προσκόμματα. Δεν υπάρχει τρόπος να λυθεί αυτό το θέμα ψυχολογικά και νομικά, ώστε να αποδεσμεύσουμε από τα ιδρύματα ψυχές που αναζητούν θαλπωρή και οικογένεια. Δεν υπάρχει όμως και τρόπος να πείσουμε ότι η υιοθεσία είναι πράξη σπουδαία, όχι γιατί προβάλλεται ως τέτοια αλλά γιατί είναι από τη φύση της σπουδαία. Λίγοι άνθρωποι έχουν το σθένος να κατευθύνουν τις σκέψεις τους προς μία εξεύρεση λύσης μακριά από το ένστικτο και μακριά από τον εγωισμό που προκαλεί το ρήμα «έχω», δηλαδή η ιδιοκτησία. Δεν έχω παιδί αλλά μπορώ να αποκτήσω. Να αγωνιστώ να φέρω έναν άνθρωπο ξένο μέσα στα δικά μου πλαίσια. Ξένο βέβαια είναι και το παιδί που έρχεται και γεννιέται από εσένα. Μήπως, πόσες φορές γονείς αναρωτιούνται «είναι δυνατόν αυτό το παιδί να το γέννησα εγώ;» Άρα τι ξένος; Είναι ξεκάθαρα μια ιδέα, μια ιδέα που όταν γίνει πράξη γίνεται μια πράξη σπουδαία. Γιατί; Γιατί ξεπερνάει όλα τα μεσαιωνικά συμπλέγματα και κοιτάζει κατάματα το θέμα. Χωρίς κολλήματα, χωρίς τις αηδίες «δικό μου και ξένο». Το παιδί που γεννιέται είναι ξένο και δεν γνωρίζει κανένας τι θα κάνει, τι θα φέρει. Επομένως δεν έχει καμία διαφορά, σε ρίσκο, από το παιδί που τυχαία διαλέγω για να γίνει δικό μου και να μη μεγαλώνει μόνο και έρημο.

Αφαιρέστε όλη την πρωτογενή σκέψη περί ιδιοκτησίας και ευθύνης χρέους και θα έχετε δικό σας παιδί με την αγάπη και τον σεβασμό του νέου. Τίποτε άλλο, του νέου. Εισάγεις απλά στη ζωή σου κάτι νέο. Ούτε το ξέρεις, ούτε σε ξέρει. Ξέρεις μόνο ότι θέλεις να προσφέρεις και συνάμα να βγάλεις έναν συνάνθρωπο από έναν χώρο που ενδεχομένως να μην είναι και τόσο ωραίος.

Και πέραν της ποιητικής διάλεξης θέλω να σκεφτείτε, όσοι ακόμη σκέφτεστε, τις συνέπειες όλων αυτών των επιστημονικών πειραμάτων στις γυναίκες και στις γέννες που έρχονται. Γιατί, εμένα δε μου φαίνεται να μην έχει συνέπειες. Φυσικά, άρρωστα παιδιά γεννιούνται και χωρίς παρενέργειες αλλά τι το άσχημο έχει να αναζητήσει κάποιος, ένα νέο μέλος χωρίς αυτές τις συνέπειες;

Πέρα από το νομικό κομμάτι, που δεν καθιστά την πράξη εύκολη, να ερευνήσουμε και τις κοινωνικές σκέψεις, που ίσως αυτές τελικά να είναι και οι πιο έντονες, σε σχέση με το όλο θέμα. Τις αντιλήψεις όπως: είναι άτεκνοι, στείροι και άλλες τέτοιες. Ε, λοιπόν, και τι έγινε. Υπάρχει άνθρωπος τέλειος; Γιατί βάζουμε ετικέτες; Γιατί συμπιέζουμε ένστικτα και σκέψεις κάτω από ανόητες υποθέσεις; Ανθρώπινες ζωές είναι όλες, με ιστορίες και περιπέτειες. Δε γλιτώνει κανένας. Αν δεν είχε επικρατήσει η κακία στον κόσμο δε θα σκεφτόμασταν έτσι σήμερα. Όρια να μπαίνουν εκεί που πρέπει. Όχι αδιάκριτα, χωρίς σκέψη.

Και ένα, ακόμα χειρότερο που θέλω να προσθέσω και είναι χειρότερο από κάθε είδους σκέψη, είναι η υποκρισία. Δηλαδή το ότι λέμε ότι είμαστε ok αλλά κατά βάθος δε σκεφτόμαστε έτσι. Είναι κοινωνίες που δεν υποφέρουν από τέτοιες σκέψεις. Ειλικρινά και χωρίς περιστροφές. Αλλά είναι λίγες. Βλέπεις ένα σύστημα που επιβάλλεται με έναν τρόπο άδικο στις ανθρώπινες ζωές και δεν έχει να κάνει μόνο με ένα θέμα αλλά με πολλά. Είναι ένα σύστημα που θέτει τον άνθρωπο σε κατηγορία κατώτερη, σε πολύ μειονεκτική θέση. Και όλο αυτό το δυστύχημα διατηρείται για πολλά θέματα μέσα από ιδεολογίες, πολιτικές, θρησκείες και πράξεις ανελέητες. Θα μου πείτε, τι δουλειά έχει η υιοθεσία με όλες αυτές τις σκέψεις; Έχει. Εμπίπτει στην όλη αρρωστημένη σκέψη που συντηρείται δόλια και κυριεύει. Δεν είναι πιο απλό να δεχόμαστε αυτό που η φύση υπαγορεύει και οι λύσεις μας να είναι απλές, χωρίς αδιέξοδες θέσεις, χρωματισμένες συναισθηματικά και δακτυλοδεικτούμενες; Δεν ξέρω τι εξυπηρετεί η δυστυχία ορισμένων. Τι εξυπηρετεί η ταξινόμηση, η κατηγοριοποίηση, όλη αυτή η διάκριση σε χαρακτήρα και χαρακτηρισμούς που ευτελίζουν τη ζωή και καταδικάζουν κάθε άνθρωπο να παλεύει μέσα από ανυπέρβλητες αντιθέσεις.

Υιοθετείστε. Γίνετε γονείς. Αφήστε τα πειράματα γενετικής και τις παρεμβάσεις. Υπάρχουν παιδιά που αναζητούν ό,τι και τα παιδιά που γεννήσατε: αγάπη και προοπτικές σε μια κοινωνία που δέχεται και αντέχει. Ελευθερώστε το μέσα σας και καταλάβετε ότι όλα αυτά είναι αρτηριοσκληρωμένες σκέψεις που δε συνάδουν με τους κανόνες της ανθρώπινης ύπαρξης, αλλά με τους κανόνες της κακής ενημέρωσης. Είναι στεγανά που οφείλουμε να ξεπεράσουμε. Παλέψτε το και δώστε τις ευκαιρίες που πρέπει. Δεν μπορείτε συνέχεια να παλεύετε με το μέσα σας και με πικρόχολες σκέψεις. Αναγνωρίστε την κοινωνική απελευθέρωση σε όλες τις σχέσεις μπας και ζήσετε όμορφα και με αξιοπρέπεια.

## Οικογένεια

Μετά από το μπάχαλο της εκκλησίας υπάρχει ένα άλλο μπάχαλο που ονομάζεται «οικογένεια». Μέσα σε αυτό το μπάχαλο έχει παίξει τον ρόλο της βέβαια και η εκκλησία, ποτίζοντας τα σπίτια με δηλητηριώδη, καταπιεστικά, διδάγματα καθωσπρεπισμού, που έρχονται και κολλάνε πάνω σε ψυχοπαθολογίες ανθρώπων, που ούτε καν ξέρουν τι θέλουν, γιατί παντρεύονται, γιατί κάνουν παιδιά και άλλα τέτοια. Υποθέτω οι περισσότεροι επειδή τους το ζήτησαν ή τους το επέβαλαν. Έτσι, κουραδομηχανές ένα πράμα που κάθε μία πρέπει να βγάλει το δικό της σκατό στον κόσμο. Πράγματα τελείως ξεδιάντροπα. Άνθρωποι χωρίς παιδεία που επιβάλλουν τα «θέλω» τους στους άλλους μέσα σε αδιέξοδα, ψυχολογικά κατάλοιπα μιας στείρας κουλτούρας όπου ο μη έχων κουραδάκια δείχνει προβληματικός για το όλο σύστημα, για το όλο μηχάνημα. Και, σας βεβαιώνω, δεν έχω τίποτα με τα παιδιά ως υπάρξεις αλλά αναρωτιέμαι για τα παιδιά που γεννήθηκαν από τέτοιους γονείς σε τέτοια κοινωνία, τι διδάγματα θα λάβουν και τι άτομα τελικά θα γίνουν μέσα από αυτά;

Ο θεσμός της οικογένειας έχει κυριολεκτικά καταρρεύσει και απλά υποκρινόμαστε, διαιωνίζοντας τα χάλια. Τα χάλια μιας επώδυνης, ντροπιαστικής, ζύμωσης που επιβάλλεται σαν φασισμός στην ευτυχία των άλλων. Διδάγματα ηθικής και ιδανικών καταστάσεων που ουδεμία σχέση έχουν με την πραγματικότητα και ουδεμία σχέση με την πραγματικότητα των γονιών που εκφράζουν όλα αυτά. Δηλαδή γονείς που έζησαν ζωή έκφυλη και συνομιλούν με τα παιδιά τους περί ηθικής ή γονείς που επέλεξαν έναν δρόμο χωρίς να είναι αναγκαστικά ανήθικος και θέλουν με, το ζόρι, να τον επιβάλλουν γιατί εκείνοι σ' αυτόν έβρισκαν την ευτυχία τους και άλλα τέτοια. Ευτυχώς έρχεται η ζωή με τις ανατροπές της και αποκαλύπτει την τραγική ηλιθιότητα όλων όσων επένδυσαν σε τέτοια πρότυπα που αναβλύζουν αρρώστια. Έτσι έχουμε κοινωνίες και προσωπικά δεδομένα, αστεία πράγματα, δύο ταχυτήτων, δύο ενδυμάτων, ενός πρωινού και ενός άλλου αληθινού αλλά μη προβεβλημένου τύπου. Και αναρωτιέται κανείς, με τέτοιες εικόνες και τέτοια επίμονη αναπαραγωγή τι παιδιά μπορούν να κάνουν;

Και φυσικά όταν έρχεται η ώρα της αλήθειας και βλέπουν κατάματα τα σφάλματά τους δεν παραδέχονται, από εγωισμό, τα τραγικά τους τα λάθη, τις τραγικές επιλογές τους αλλά έχουν το θράσος να κατηγορούν τα παιδιά τους για ανευθυνότητα, ανωριμότητα και αμετροέπεια. Γιατί φυσικά δεν αντέχουν να κουβαλήσουν τα χάλια τους και την ξεδιαντροπιά τους. Και ρωτώ, τι παιδιά διαμορφώνουν όλα αυτά τα πρότυπα και γιατί κολλήσαμε σε τέτοια άρρωστα μορφώματα; Για άλλη μια φορά η εκκλησία που στηρίζει τον θεσμό της συντήρησης και του «καθώς πρέπει» έχει βάλει το χέρι της για να προφυλάξει τα θύματά της, την πελατεία, αν μη τι άλλο. Γιατί, ποιος βλάκας θα πάει σε δαύτους εκτός από τον οικογενειάρχη που θέλει να είναι ραμμένος στα σχέδιά τους; Όλοι οι άλλοι στον βάλτο. Τέτοιος θεσμός καταραμένος δεν ξανάγινε. Και οι αποτυχημένοι, εδώ είναι το παράλογο, να επιμένουν λυσσαλέα να επιβάλλουν την αποτυχία στα παιδιά τους. Έτσι για να νιώσουν λιγότερο αποτυχημένοι και να μοιραστούν και άλλες γενεές τα σφάλματά τους. Και σαν να μην έφτανε αυτό, την ώρα της κρίσης βλέπεις τα παιδιά τους που ορισμένες φορές δείχνουν και σκεπτόμενα αλλά τελικά δεν είναι να ακολουθούν των γονέων τα βήματα, επαναλαμβάνοντας, ίσως και χειρότερα, τα εγκλήματά τους στα δικά τους παιδιά. Έτσι ο άνθρωπος αδυνατεί να βγει από τον πρωτογονισμό και τα δεινά του. Λες και αν δε γεννοβολήσει ο πλανήτης όλος, και δεν ανήκεις σε οικογένεια, θα κάτσει το σύμπαν να σκάσει και να μην αφήσει να ξημερώσει η επόμενη μέρα.

Τι αθλιότητα πράγματι! Να έχουμε γαντζωθεί σε σχήματα που πλένουν, ξεπλένουν τα ίδια ρούχα μέχρι τελικού αφανισμού. Οι άνθρωποι με τη συμπεριφορά τους γεννάνε γενεές για να αφανίσουν τελικά και να αφανιστούν τελικότερα, και όχι το αντίθετο, όπως νομίζουν. Εξάλλου, στη σύγχρονη εποχή και σε κάθε εποχή άνετα θάβονται και αφανίζονται και μάλιστα για αστείους λόγους, οικογένειες, παιδιά και τέτοια άλλα. Άδικα και λάθος λοιπόν σκέφτονται και προετοιμάζουν τα παιδιά τους, και ακόμα πιο άδικα τα βάζουν σε μια διαδικασία που σε πολλά από αυτά, όχι όλα, αλλά τελικά πολλά, δεν ταιριάζει. Πολλά δεν το ξέρουν καν αλλά το ανακαλύπτουν όταν πια έχουν κάνει το λάθος. Και όσοι απόγονοι της δυστυχίας είναι έντιμοι το παραδέχονται και ίσως να μην το επαναλαμβάνουν στα παιδιά τους. Οι περισσότεροι όμως το επαναλαμβάνουν από κακία και κόμπλεξ, άμα θες μετά τα ίδια ανέντιμα χάλια: «αφού φόρεσα εγώ το βρωμοένδυμα που με ξέσκισε, θα το φορέσεις και εσύ για να μάθεις, να ωριμάσεις» και άλλα τέτοια φτηνά ξεσκουριάσματα, που δεν αξίζει κανείς ούτε να τα φαντάζεται και όμως τα βλέπει μπροστά του.

## Θλίψη

Πολλοί συγγραφείς αλλά και λοιποί πνευματικοί άνθρωποι, αναγνωρίζουν στη θλίψη ισχυρά ευεργετικά χαρίσματα. Μάλιστα την εντάσσουν στις πηγές της δημιουργικότητάς τους και κάνουν μνεία στην επίδραση που αυτή έχει στα έργα τους. Και είναι πολλοί οι συγγραφείς που έχουν μιλήσει, γράψει και εκφραστεί με πολύ συγκινητικά λόγια που αγγίζουν ψυχές και πνεύματα, άγια κυριολεκτικά. Κι εγώ τους ανθρώπους αυτούς τους σέβομαι γιατί κατάφεραν, με την ανωτερότητα της ψυχής τους και του πνεύματός τους, να μετατρέψουν, να μεταλλάξουν σε κάτι φωτεινό, σε κάτι υψηλό, σε κάτι σπουδαίο τις δυσάρεστες και άδικες δοκιμασίες που τους υπέβαλε η ζωή και οι άλλοι γύρω τους. Συγχώρεσαν τους εαυτούς τους αλλά και τους άλλους που τους βασάνισαν και είδαν μέσα από τα βάσανά τους και τη δυστυχία τους τον κόσμο με άλλα μάτια.

Βέβαια ας μην ξεχνάμε ότι πάντα με άλλα μάτια τον έβλεπαν τον κόσμο τέτοια άτομα αλλά στη συνείδησή τους, ως έντιμοι άνθρωποι, θέλησαν να τιμήσουν και τη θλίψη που ένιωσαν αλλά και τα διδάγματά της στα δικά τους ζητήματα. Και άλλοτε το έκαναν μέσα από τη ζωγραφική άπειρα τα παραδείγματα αδικημένων και ταλαιπωρημένων ζωγράφων που ανεδείχθησαν στης ζωής τους τα τέλη ή και μετά θάνατον, όπως κατά κανόνα συμβαίνει ή με τα γραπτά τους, επίσης στην ίδια κατηγορία πολλοί λογοτέχνες, ποιητές και άλλοι με τα προφορικά τους έργα και τη δράση τους, πολιτικοί, επαναστάτες, κληρικοί και άλλοι. Όλοι βασανισμένοι από της ζωής τα βάσανα. Μάλλον από τους άλλους που εκείνοι είναι της ζωής τα βάσανα.

Τώρα εδώ χωράει μια μεγάλη συζήτηση, αν φταίνε και οι άλλοι που δεν κατανοούν τέτοια χαρισματικά πλάσματα και τα υποβάλλουν σε ταλαιπωρίες άδικες ή αν καταλαβαίνουν και ζηλεύουν τη χαρισματική τους φύση και ψάχνουν τρόπους να τα θάψουν. Συμβαίνουν και τα δύο. Το σίγουρο είναι ότι τέτοιοι άνθρωποι προηγούνται των εποχών τους και καθώς ο κόσμος αργεί να ωριμάσει, να ξυπνήσει και να καταλάβει, αναγνωρίζονται μεταγενέστερα. Αυτό επίσης είναι θλιβερή τύχη αυτών των ανθρώπων, που παρότι υπόκεινται σε τεράστια αμφισβήτηση από τους σύγχρονούς τους, εκείνοι με πείσμα, επιπολαιότητα, τρέλα, νεύρο, πάθος και πίστη προπαντός σε αυτό που εκφράζουν, δεν σταματούν αλλά συνεχίζουν το έργο τους, συνεχίζουν τη δουλειά τους. Και φυσικά τα εμπόδια είναι τόσα πολλά όσα ο κοινός άνθρωπος δε φαντάζεται. Από ένα σημείο και ύστερα είναι μόνο εμπόδια και τίποτα άλλο. Ακόμα και αν υπάρχουν ίχνη αναγνώρισης συνήθως δεν είναι γνήσια αλλά συγκυριακής κατάστασης, το καταλαβαίνουν και συνεχίζουν να υποφέρουν και άλλο.

Ίσως η αποδοχή της θλίψης τους να είναι και η αποδοχή της δικής τους κατάστασης γιατί, με τέτοια ζωή, δεν μπορείς να είσαι ούτε ευτυχισμένος, ούτε καν ισορροπημένος. Και σίγουρα, απόλυτα μόνος σε αυτό το χάος. Συνεπώς κατά κάποιον τρόπο συμβιβάζονται. Όχι ότι είναι ευτυχία να συμβιβάζεσαι αλλά είναι ανάγκη για να τραβήξεις το κουπί. Όπως και να 'χει στην Τέχνη αυτό το βγάζουν.

Και εδώ έρχεται ο αφηγητής να βάλει τη δική του διάσταση, αφού προηγουμένως εξέφρασε τον σεβασμό του σε αυτά τα άτομα. Είναι τα λεγόμενα «πνευματικά μνημόσυνα». Εμένα όμως η θλίψη δε με συγκινεί. Με κάνει σαράβαλο. Δεν μπορώ να δω τα ευεργετικά της αγγίγματα, ούτε και να την εκτιμήσω όσο θα έπρεπε γιατί μου αφαιρεί τα δημιουργικά χρόνια και μου επιβάλλει βασανιστήρια, που δεν τα χρειάζομαι για να γίνω καλύτερος άνθρωπος. Βέβαια, θα μου πεις, ακόμα και εσύ θα έγραφες αν δε θλιβόσουν από της ζωής σου την κατάσταση. Ε, λοιπόν θα σου απαντήσω αφού στην Αυτοβιογραφία μου μιλώ και είμαι κεφάλαιο της δικής μου Ζωής.

Ναι, θα έγραφα. Όχι από τη θλίψη, αλλά από την οργή μου. Και αντί να υμνώ τη θλίψη, που όπως είπα με έχει καταντήσει σαράβαλο γιατί δε μου φτάνει η απέξω ασχήμια που με έφερε στη θλίψη, τώρα πρέπει να αντιμετωπίζω και αυτό το καθημερινό βάσανο. Και εκεί που πάλευα με ένα κακό εξωτερικό, τώρα να παλεύω με δύο, ένα εσωτερικό και ένα εξωτερικό. Και το εσωτερικό είναι πολύ πιο βάναυσο γιατί προσκρούει στην αρχική μου κατάσταση που ήταν κάποτε η χαρά, το γέλιο, η αγάπη, η απόλαυση, τα ζοφερά μου τα πάθη που ούτε αυτά δεν ευχαριστιέμαι πλέον και όλα εκείνα που με ενέπνεαν και με έκαναν καλό άνθρωπο. Τώρα τη θλίψη δεν τη βλέπω ως σύμμαχο αλλά σύμμαχό μου βάζω την οργή που, μέσα στην παράνοιά της και στην αγρίμια της, με αναγκάζει να ξυπνώ από αυτόν τον λήθαργο και να βάζω κάτω σκέψεις, λέξεις και συναισθήματα. Εκείνη με πιάνει από το χέρι, με σηκώνει, με πεισμώνει και με βάζει να γράφω. Γιατί αλλιώς η θλίψη με καθιστά, όπως προείπα, ένα ξεχαρβαλωμένο σαράβαλο που όλη μέρα χάνεται σε άγνωστα σκοτεινά και άκεφα μονοπάτια. Τι ύμνο λοιπόν να γράψω για να συμφιλιωθώ με αυτό το πράγμα; Τι νομίζεται ότι είναι; Η γλυκιά μελαγχολία του φθινοπώρου; Αυτό είναι άλλο πράμα. Το άλλο είναι βάσανο καθόλου γλυκό και καθόλου ευχάριστο για να το ευχαριστήσω κιόλας και να κάνω και συμμαχία. Απορώ πώς το ανέχτηκαν ορισμένοι και το εγκωμίασαν. Θα ήταν, φαίνεται, πολύ ευγενικοί άνθρωποι. Πολύ. Εγώ λοιπόν δεν είμαι τόσο ευγενικός. Προτιμώ να οφείλω τη δημιουργικότητά μου σε πράγματα που με ξεσηκώνουν και με ταράζουν παρά σ' εκείνα που με αγκυλώνουν και με ξεβγάζουν. Λυπάμαι για τη λύπη μου και αποστασιοποιούμαι της θλίψης μου, το δίχως άλλο. Μπορεί και να είμαι ανώριμος, όχι σοφός άνθρωπος, αλλά εγώ έτσι τη βγάζω και τη βγάζω μόνος μου, οπότε δικαίωμά μου να εκφράζομαι με άλλον τρόπο.

## Ισοπέδωση

Η ισοπέδωση σε αυτό το σύγγραμμα είναι κυριαρχική. Δεν υπάρχει κάτι που να μην έχει κατεδαφιστεί. Κάθε κατεστημένο, κάθε κατεστημένη αντίληψη. Όλα γκρέμισμα. Θαρρείς ότι ο συγγραφέας είναι φύση προβληματική ή τουλάχιστον προβληματική. Για να απαντήσετε σ' αυτό το ερώτημα θα πρέπει να βάλετε τον εαυτό σας στην εποχή και στη χώρα συγγραφής. Όχι ότι τα γραφόμενα δεν αφορούν και άλλες χώρες και άλλα συστήματα και άλλες αντιλήψεις, αλλά ο εν προκειμένω συγγραφέας προέρχεται από μια εποχή απόλυτης ευημερίας και άνθησης και ομιλεί σήμερα σε μια εποχή απόλυτης παρακμής και ένδειας. Απέραντης φτώχειας, κατάπτωσης, ξεπεσμού ηθικού, οικονομικού, πολιτικού, κοινωνικού, ψυχολογικού και κάθε είδους. Δεν είναι υπερβολή και όποιος το έζησε καταλαβαίνει. Το πώς όμως οδηγήθηκε η κατάσταση από τη μία άκρη στην άλλη και το πώς μια γενιά βίωσε μέσα σε λίγο διάστημα την τρομερή ανατροπή, την καταστροφή, την αλλαγή στο ηπιότερο, αυτό μένει να μελετηθεί, όχι από εμένα αλλά από άλλους. Δική μου επιδίωξη είναι να καταθέσω το πώς βιώνεται όλη αυτή η μετάβαση και τι αντίκτυπο έχει στην καθημερινότητα όλων.

Φυσικά, η ηθική παρακμή προηγήθηκε της οικονομικής και πήρε μάλιστα τέτοια διάσταση που μας έπνιξε όλους. Κανονική χιονοστιβάδα. Η αλλαγή τεράστια. Είναι σαν να ζεις μια ηλιόλουστη μέρα και ξαφνικά, χωρίς λόγο, να πέφτει μαύρο σκοτάδι, και εκεί να σου εξηγεί κάποιος ότι αυτό που ζούσες επί τόσα χρόνια ως υπέρλαμπρη ηλιόλουστη και ζεστή ημέρα δεν ήταν ο ήλιος αλλά μία τεράστια ηλεκτρική γεννήτρια που απλά έσβησε όταν ξέμεινε από καύσιμα. Και τα καύσιμα τελείωσαν γιατί απλά δε βρέθηκε κάποιος να τα αναπληρώσει ή έστω να τα προμηθευτεί σε καλύτερη τιμή. Και έτσι απλώθηκε το σκοτάδι. Φανταστείτε λοιπόν τα αντανακλαστικά του κόσμου που ξαφνικά βρέθηκε σε μια τέτοια κατάσταση και μάλιστα χωρίς να ξέρει γιατί, απλά κάποιοι λίγο πολύ τον ξεγέλασαν. Και αν δεν τον ξεγέλασαν τελείως, σίγουρα δεν του είπαν ότι η γεννήτρια αδειάζει μπας και προλάβει το σκότος ή έστω σβήσει από πριν κάποιες ώρες τα φώτα. Σημασία βέβαια τώρα έχει ότι είναι πολύ δύσκολο ένας άνθρωπος που έχει μεγαλώσει στον ήλιο της Αφρικής να συνηθίσει ξαφνικά την ψυχρότητα του Βόρειου Πόλου. Το πιο πιθανό είναι να πεθάνει από εξάντληση, από ξαφνική ταραχή ή από επιλογή για να μην υποστεί τα χειρότερα που τα βλέπει να έρχονται και ξέρει ότι δεν τα αντέχει.

Φανταστείτε λοιπόν τι αντίκτυπο έχουν όλα αυτά τα πράγματα και τι πρέπει κανείς να κάνει. Να αφήσει να πέσει το ζήτημα έτσι στα μαλακά; Να μη γράψει κάτι; Να μην καταδικάσει εκείνους, εκείνα και όλα αυτά που έφεραν μια ολόκληρη κοινωνία σε τέτοια παρακμή, σε τέτοια κατάσταση; Αν δούμε ιστορικά το πράγμα, έτσι ήταν όλες οι εποχές. Ποτέ δεν ήταν μόνο ειρήνη, πότε δεν ήταν μόνο άνθηση, υπήρχε πάντα και πόλεμος και ύφεση και αρρώστιες και λοιμός και κατάπτωση. Δηλαδή τίποτα καινούριο για τον ιστορικό ψυχολόγο. Το θέμα είναι βέβαια να εξηγήσουμε τι σημαίνει μετάβαση από τη μία φάση στην άλλη. Γιατί μπορεί οι συνθήκες που γίνεται αυτό να είναι κάποιες συνθήκες συγκεκριμένες και κάθε φορά κάτι πρέπει να είναι πράγματι και κάτι είναι άλλοτε ένας πόλεμος, άλλοτε μια εθνική κρίση, μια πτώση αυτοκρατορίας, κάτι τέλος πάντων, οτιδήποτε, αλλά το θέμα είναι πώς το ζούμε αυτό το κάτι εμείς οι άνθρωποι. Διότι η ιστορία γράφεται χωρίς συναίσθημα και χωρίς συναίσθημα όλα θα τα γράψει και θα τα καταγράψει. Πρόσωπα, πράγματα, γεγονότα, αντιλήψεις, καταστάσεις, αντιδράσεις, εξεγέρσεις, επαναστάσεις και άλλα. Και καλά θα κάνει. Δε θα βάλει όμως στη θέση της τη συναισθηματική κατάσταση των ανθρώπων που ζουν σε μια τέτοια μετάβαση. Και φυσικό βέβαια είναι γιατί όταν παρέλθει η κατάσταση και γίνει ιστορικό γεγονός κανείς πια δε θυμάται, γιατί είναι παρελθόν η όλη φάση. Παρόλα αυτά εμείς οι άνθρωποι έχουμε συναισθήματα και μια τέτοια ζωή μας επηρεάζει και, κακά τα ψέματα, είναι καθοριστική κατάσταση. Και η συγγραφή του έργου αυτού γίνεται μέσα σε μια τέτοια κατάσταση, καθόλου ιδανική και με πολλούς λόγους να θέλει κανείς να την καταγράψει και να την αλλάξει. Αυτό όσον αφορά τα θέματα που άπτονται αυτής της ιστορικής περιόδου. Γιατί υπάρχουν πολλά που αφορούν, όχι μόνο μια περίοδο αλλά μια διαχρονικότητα περιόδων. Μην ξεχνάτε, ο συγγραφέας έχει ταξιδέψει, έχει ζήσει, έχει αποτύχει, έχει ξαναδοκιμάσει. Δεν έχει μείνει σε κλισέ καταστάσεις και αυτό του δίνει το δικαίωμα να προσθέσει κάτι. Σωστό λάθος, κάτι, και η ισοπέδωση εδώ ταιριάζει. Σίγουρα σε αυτή μας τη φάση.

## Θαύματα

Ζουν όλοι τα ίδια θαύματα; Όχι. Γιατί λοιπόν όλοι εστιάζουν στα ωραία και περιμένουν, μάλιστα καρτερικά και ανυπόμονα, να ζήσουν κάποια τέλεια στιγμή σε κάποια διάσταση; Μας κοροϊδεύουν; Είναι άπειρα αυτά τα παραδείγματα στην κοινωνία και σε κάθε κοινωνία. Τι συνέβαινε λοιπόν στην Ελλάδα; Το μόνο που υπήρχε άφθονο και το ξοδεύαμε συνέχεια ήταν το χρήμα. Φοβερή η επενέργεια του χρήματος, σαν να σου βάζει όρο στη χρήση του: αν έχεις εμένα, δε θα έχεις τίποτα άλλο από εμένα. Θα υπηρετείς εμένα. Θα χαίρεσαι μ' εμένα. Θα λυπάσαι μ' εμένα. Θα λυπάσαι για μένα. Θα τρελαίνεσαι για μένα. Θα λατρεύεις εμένα και όταν με χάσεις δε θα είσαι πια κανένας.

Αυτή ήταν η ζωή της αφθονίας και της καλοπέρασης. Όλα τα άλλα, η αγάπη, το ήθος, οι αρχές, η καλοσύνη, η αξιοκρατία, το δίκαιο, η ισονομία, η ισότητα, ήταν όλα γραμμένα σε μία επίφαση ύπαρξης. Θαμμένα στα κάρβουνα, στα κάρβουνα της κοινωνικής μας ξεφτίλας. Και όλη αυτή η ξεφτίλα ξεκινούσε κανονικότατα μέσα από την οικογένεια και μεταφερόταν έπειτα στην κοινωνική οικογένεια, που άλλα σημάδια παρουσίαζε το βράδυ και άλλα την ημέρα. Δισυπόστατα και διπρόσωπα. Κανονική ασθένεια.

Κάποτε ένας φίλος, Γάλλος, είχε δηλώσει περίτρανα ότι «για να ζεις σε αυτή τη χώρα (την Ελλάδα) πρέπει να μιλάς τη γλώσσα της τρέλας». Το ζούσαμε και εμείς βέβαια αλλά δεν το καταλαβαίναμε. Ποιος άρρωστος, πραγματικά άρρωστος, μπορεί να έχει πλήρη επίγνωση της ψυχικής του ασθένειας; Οι απέξω έχουν, τη βλέπουν, την ονοματίζουν, την περιγράφουν και κατανοούν κάθε της μορφή, κάθε της συνέπεια. Έτσι και εμείς σαν κοινωνία. Οι άλλοι, οι απέξω καταλάβαιναν και ήξεραν. Εμείς απλά ζούσαμε. Υπήρχαν και άτομα που την καλλιεργούσαν για να τσεπώνουν άγρια από τα θύματα της κοινωνικής ασθένειας, σε πολλούς χώρους, σε πολλά επίπεδα και σε ακόμα περισσότερα μεγέθη. Και εκείνοι βέβαια ζούσαν μέσα στην ασθένεια. Γιατί, ακόμα και όταν υπηρετείς τέτοια στρεβλά πράγματα δεν μπορεί να θεωρείσαι ότι απέχεις και πολύ από την ασθένεια των υπολοίπων. Δεν λέγεται «υγιής» κάποιος που ασχολείται συνέχεια με πράγματα άρρωστα.

Έτσι λοιπόν καταλήξαμε στη φυσιολογικότητα χωρίς κανένα βάρος, χωρίς καμιά χάρη. Φυσιολογικά ποτέ δεν ζήσαμε, αλλά δε μας πείραξε αυτή η λεπτομέρεια γιατί την είδαμε μέσα από το πρίσμα της πολυτελούς ασφάλειας. Τα βάρη αυτής της κατάστασης ελάχιστα αφορούσαν εμάς τους άσημους αλλά θα πρέπει να τα μάθουν οι νεότερες γενιές, αν ενδιαφέρονται, πώς ήταν και πώς κατέληξαν τα πράγματα. Για να μη βαραίνουν τη δική τους συνείδηση. Γιατί σ' εμάς παρουσιάστηκαν όλα καλώς καμωμένα και ξαφνικά τα είδαμε όλα καλώς να χάνονται.

Ό,τι έχει αξία μένει. Ό,τι δεν έχει χάνεται. Η ατομική ευθύνη εδώ δε χωράει γιατί, πολύ απλά, κανείς δεν ευθύνεται γι' αυτά που έτοιμα παρέλαβε από άλλους και μάλιστα με ιδιαίτερα σφάλματα. Του παρουσιάστηκαν ως δώρα ζωής και φυσικής συνέχειας και όταν άνοιξε το κουτί βρέθηκε με χέρια άδεια. Τι να έκανε η νέα γενιά; Άλλοι τα μάζεψαν και έφυγαν και έζησαν τη ζωούλα τους και άλλοι τα έφαγαν και έμειναν να τα χωνέψουν για να μην τα φάνε και άλλοι. Γιατί δεν μπορεί τέτοιο βάρος να μην πέσει στις πλάτες όλων. Απλά βαραίνει διαφορετικά τον καθένα και τη διαδικασία που υποβάλλεται από όλο αυτό, ο καθένας. Αλλά στην καταστροφή, όταν βυθιστεί το καράβι και το καράβι βυθίστηκε είμαστε όλοι το ίδιο. Είμαστε όλοι ένα. Όχι σε αλληλεγγύη φυσικά γιατί οι Έλληνες είμαστε, σκατόψυχοι αλλά στις συνέπειες.

## Αλληλουχία γεγονότων

Έτσι λοιπόν συγχώρεσα τη γενιά μου, κάπως γιατί ορισμένα πράγματα τα κουβαλάω και θα τα κουβαλάω. Είδα την οικογενειακή παράνοια ως επέκταση της κοινωνικής παράνοιας και το αντίστροφα. Γιατί σκέφτηκα, ότι για να έχουμε φτάσει ως κοινωνία σε τέτοιον πάτο δεν μπορεί να έφταιγε μόνο μία οικογένεια, μόνο ένας άνθρωπος. Απαίτησε προσπάθεια από πολλούς. Μάλιστα το συνειδητοποίησα όταν ένας φίλος, χριστιανός, πολύ καλός άνθρωπος με κοίταξε αφοπλιστικά και μου είπε «δεν το συζητώ. Χρειάζεται τεράστια προσπάθεια για να φτάσει μια κοινωνία σε τέτοιον πάτο, τεράστια!»

Ναι, μάλιστα, είχε δίκιο ο άνθρωπος. Τεράστια προσπάθεια. Μου ήρθε τότε μια εικόνα μιας κοινωνίας ολόκληρης να προσπαθεί με ένταση, με επιμονή, με πάθος να πέσει από έναν γκρεμό. Δηλαδή να κάνει τα πάντα για να πέσει. Άμα το σκεφτείτε, δεν είναι καθόλου αστείο. Αυτό συνέβη. Μια κοινωνία έξαλλη από ανηθικότητα και πάθος, τυφλή, παραδομένη σε ένα γλέντι άσωτο, χωρίς ουσιαστικό στόχο, χωρίς πλάνο μόνο με τρέλα να λυσσάει για πάτο. Να λυσσάει όμως, είναι απερίγραπτο. Και στις γενιές που θα διαβάσουν είμαι υποχρεωμένος να το καταθέσω. Ένα διονυσιακό γλέντι ατίθασης, αχαλίνωτης έντασης, πλημμυρισμένο με χρήμα, με ψέμα και με ό,τι λογής μέθης, πάθους, έλαβε χώρα σ' αυτόν τον κοινωνικό ιστό που άρχισε σιγά σιγά να χαλαρώνει από τη μαστούρα της έξης του στα σιχαμένα πάθη.

Το περίεργο είναι ότι όταν όλο αυτό έσκασε αφού φούσκα ήταν και θα έσκαγε κάποτε όλοι έμειναν άφωνοι. Σαν να ξύπνησαν απότομα και αναζητούσαν ευθύνες του τύπου «ποιος οργάνωσε το εικοσάχρονο πάρτυ, ποιος μας κάλεσε, ποιος μας κράτησε, ποιος μας μέθυσε» και άλλου τέτοιου είδους αφέλειες, λες και δεν ήξεραν την κατάληξη, όταν έμπαιναν σ' αυτό το πάρτυ. Οι περισσότεροι πάντως έδειχναν άσχετοι, ότι απλά προσεκλήθησαν σε αυτό το κοσμοπόλιταν πάρτυ, παρασύρθηκαν και τώρα δε βρίσκουν άκρη. Οι αντιδράσεις από το ξύπνημα ήταν ακόμα πιο εξευτελιστικές και από το ίδιο το πάρτυ, ειδικά όταν έβλεπες των ανθρώπων την πηγαία αγανάκτηση. Βέβαια, θα μου πεις, δεν συμμετείχαν ισομερώς όλοι σε αυτό το πάρτυ. Σωστά. Απείχαν ελάχιστοι, είναι η αλήθεια, και αυτοί συνήθως όχι από συνείδηση αλλά γιατί αδυνατούσαν να έχουν πρόσβαση σε τέτοιου είδους πάρτυ. Τώρα, αν υπήρχαν και πέντε συνειδητοποιημένοι άνθρωποι που απείχαν και αποστασιοποιήθηκαν από αυτό το πάρτυ, ε, δεν ήταν και αρκετοί ώστε να χαλάσουν το πάρτυ και να σώσουν εγκαίρως την κατάσταση. Μια κατάσταση που θα έφερνε σε μαύρη φτώχεια ένα ολόκληρο κράτος και γενιές επί γενεών να πληρώνουν, χωρίς αντίτιμο, αυτό το πάρτυ.

Επαναλαμβάνω συνεχώς τη λέξη «πάρτυ» γιατί στα χρόνια αυτά της άνθησης και των ξεσαλωμάτων δε θα χαρακτηρίζεις με ελληνικούς όρους αυτό που συνέβαινε. Έχοντας ζήσει στην Αμερική για ένα διάστημα, ήμουν σίγουρος ότι ζούσαμε ένα αμερικάνικο πάρτυ. Με τη διαφορά ότι εκεί δούλευαν και δουλεύουν σαν είλωτες για να έχουν τέτοιο πάρτυ για όσους βέβαια και εκεί το ζούσαν, γιατί δεν το ζούσαν όλοι παρά ελάχιστοι ενώ εμείς δουλεύαμε τους εαυτούς μας και τους άλλους. Τους ποιους άλλους; Όπως περίτρανα αποδείχτηκε μόνο τους εαυτούς μας δουλεύαμε, κανέναν άλλο. Οι άλλοι όλοι ήξεραν και περίμεναν καρτερικά την ώρα που θα τελείωνε η προμήθεια της εορταστικής κάνναβης, για να ξυπνήσουμε και να δούμε τελικά ποιος, πού, τι και πόσο έχει χάσει. Γιατί κάποτε βαρέθηκε το σύστημα να προμηθεύει κάνναβη και εμείς βρεθήκαμε σε αποτοξίνωση απότομη και χωρίς υποκατάστατα για να υπάρχει σταδιακή προσαρμογή και κατάληξη.

Το μερίδιο της ευθύνης δεν μας νοιάζει. Εξάλλου ποιος νοιάζεται να αποδώσει ευθύνη όταν έχει πάει σε ένα πάρτυ και έχει οργιάσει; Δεν είναι τζάμπα αυτά τα πάρτυ. Ποιόν θα χρεώσεις μετά για τη συμμετοχή σου; Έτσι λοιπόν, οι Ελληνάρες, όπως μου αρέσει να τους αποκαλώ, έκαναν γαργάρα όλα τα λάθη και παρότι φώναζαν επιπόλαια για απόδοση ευθυνών δεν πέρασε καιρός που τα κατάπιαν. Μάλιστα επανήλθαν λιγάκι με μια διάθεση αναβίωσης όταν ένας λαϊκιστής πολιτικός τους υποσχέθηκε ξανά λίγο από την παλαιά κάνναβη.

Δεν αργεί να ξυπνήσει στον Έλληνα η εξάρτηση από τα πάθη για να συνεχίζει επαναλαμβάνοντας μεγαλύτερα λάθη. Δε θέλει και πολύ για να καταλάβεις ότι φυσικά και κανείς δε θα ξανάδινε στον Έλληνα εορταστική κάνναβη και από εκεί κι εμπρός για ολόκληρες γενεές, ξαναλέω και επιμένω, θα πλήρωνε το περασμένο πάρτυ. Σίγουρα ο αφηγητής δεν είναι οικονομολόγος αλλά δε χρειάζεται να είσαι οικονομολόγος για να καταλάβεις ότι σε ένα σύστημα banking δεν υπάρχει δωρεάν πάρτυ. Απλά και ωραία. Λογιστικές πράξεις υπάρχουν: τόσα ξόδεψες, με τόσα θα περάσεις.

Με τη λογική λοιπόν και βάζοντας με απλή αριθμητική κάτω αυτές τις πράξεις, θα πληρώνεις με τον ιδρώτα και το αίμα κάθε γενιάς που θα περάσει. Ναι, μάλιστα, κάθε γενιάς και για πολύ μπροστά. Κάποιοι άσχετοι μονολογούν, ονειρεύονται, υπόσχονται, βλέπουν ανάταση, μεγαλεία, εθνικές επιτυχίες και ξέφρενες καταστάσεις αλλά είναι εκτός τόπου και χρόνου τέτοιες τοποθετήσεις, τέτοιες προσπάθειες. Αυτό ξεκάθαρα.

## Καλοί και κακοί άνθρωποι

Θυμάμαι κάποτε μου είπε ένας φίλος ότι δεν υπάρχουν καλοί και κακοί άνθρωποι, απλά άνθρωποι που μας πάνε και δε μας πάνε, δηλαδή άνθρωποι που μας ταιριάζουν και δε μας ταιριάζουν. Τέτοιοι είμαστε δηλαδή όλοι μας.

Σκέφτηκα ότι μια τέτοια τοποθέτηση αθωώνει πολύ τον άνθρωπο ο οποίος και σφάλματα σοβαρά και εγκλήματα κάνει, και μάλιστα εγκλήματα που πολλές φορές τα προσχεδιάζει. Δεν είναι όλα επίσης της στιγμής ή της αυτοάμυνας. Συλλογίστηκα ότι στον κόσμο έχουν υπάρξει πόλεμοι και ομαδικοί τάφοι, που είναι όλοι φτιαγμένοι από άνθρωπο. Δεν άντεξα λοιπόν να παριστάνω τον συνήγορο υπεράσπισης σε κάτι που με αηδιάζει και ως εξής του απάντησα: λυπάμαι αλλά δε συμφωνώ. Στη ζωή αυτή υπάρχουν καλοί και κακοί άνθρωποι. Και οι καλοί είναι πραγματικά καλοί και συνήθως υποφέρουν γιατί και νοιάζονται και αγαπούν και οι κακοί είναι πραγματικά κακοί γιατί και βλάπτουν και αρέσκονται στο να βλάπτουν άλλους.

Εκεί βέβαια προσπάθησα να βρω και μια τρίτη κατηγορία ανθρώπων που παλεύουν για κάτι. Και τη βρήκα, και συνέχισα. Σ' αυτήν την κατηγορία υπάρχουν κακοί άνθρωποι που προσποιούνται ότι είναι καλοί με σκοπό να βλάψουν αλλά να μην τους καταλάβουν, τουλάχιστον πριν να βλάψουν και να πραγματοποιήσουν τα σκιερά τους σχέδια. Και από την άλλη, υπάρχουν καλοί άνθρωποι που αναγκάζονται να σκληρύνουν, έστω επιφανειακά, και να προσποιηθούν τους κακούς με τη σειρά τους για να μην πέσουν θύματα των άλλων. Γιατί, μην ξεχνάμε, ωραία τα παρουσιάζουν σε ευρεία κλίμακα οι θρησκείες, οι ιδεολογίες και οι άλλοι σχηματισμοί, αλλά δε ζούμε σε κοινωνίες αγγέλων. Αντίθετα συμβιώνουμε καλοί κακοί σε κοινωνίες κολάσεων, αν μπορεί να γίνει δεκτός ο όρος, και ο καθένας παλεύει να επιβιώσει σε τέτοιες κοινωνίες, αφού αυτές φτιάξαμε, με νύχια και με δόντια. Και οι κακοί άνθρωποι με τα δικά τους νύχια και δόντια και οι καλοί, επίσης, με τα δικά τους.

Μπορεί βέβαια αυτή η προσέγγιση να παρουσιάζει δύο κακά πράγματα γιατί καλοί και κακοί αναγκάζονται να παίζουν ή έστω να προσαρμόζονται σε δόλια πράγματα, μη αρεστά και καθόλου ευχάριστα. Ωστόσο επειδή η ώρα της επαγγελίας δεν έφτασε και οι άνθρωποι δεν αποδεικνύονται μέχρι στιγμής ανώτερα πνευματικά πλάσματα, φαίνεται ότι μία τέτοια κατάσταση αποτελεί λύση ανάγκης. Και όποιος δεν βλέπει τη φάση, τολμώ πλέον να πω ότι είναι αφελής ή έστω θέλει να ζει σε άλλη διάσταση, γιατί πολύ απλά, όπως η ανθρωπότητα τα κατάφερε, καλοί και κακοί πλέον έτσι βράζουν στο ίδιο καζάνι. Και, πιστέψτε με, το καζάνι βράζει.

## Μάσκες

Τι να πρωτογράψει κανείς εδώ πέρα αφού η ζωή είναι ένα θέατρο όπως την έχουν καταντήσει γεμάτη μάσκες; Δηλαδή άνθρωποι που συνεχώς υποκρίνονται και άλλα είναι αυτά που πραγματικά είναι και άλλα αυτά που φοράνε. Μάλιστα τις φοράνε τόσο πολύ, αυτές τις τρομαχτικά ψεύτικες μάσκες, που στο τέλος τα μούτρα τους γίνονται ένα με αυτές και ακόμα και όταν τις πετούν, μένουν τα κομμάτια τους πάνω στα πρόσωπα ή ξεκολλούν και τα ίδια με τις μάσκες. Τέτοια παράκρουση, τέτοια ανατριχίλα, που φανταστείτε να τους πετύχετε την ώρα που τις βγάζουν, να δείτε τι θα πάθετε. Κυριολεκτικά, αυτό που θα δείτε να κρέμεται, να εμφανίζεται μετά την απομάκρυνση είναι τόσο τρομαχτικό που ξεπερνά και τη χειρότερη μάσκα. Καλύτερα να τις φορούν συνέχεια. Και πολλοί έξυπνοι άνθρωποι, που καταλαβαίνουν τη ριζική τους μεταμόρφωση, το παίρνουν απόφαση και τις φορούν και στον ύπνο τους και στον ξύπνιο τους και απλά τις μπογιατίζουν από πάνω. Ψέμα συνεχόμενο. Ζουν έτσι καλύτερα από το να τις βάζουν, να τις βγάζουν και κάθε φορά οι ίδιοι πρώτα από όλα να τρομάζουν.

Γι' αυτό, και σε τέτοιους ανθρώπους, πάνε καράβι τα ψυχοφάρμακα για να αντέχουν την εσωτερική διαφορά τους με την εικόνα που βγάζουν προς τα έξω. Για μένα, δεν πρέπει καθόλου να τις βγάζουν. Να τις κρατάνε πάνω τους, μέσα τους, εκεί να ρημάζουν. Αφελείς, ανόητοι, ρηχοί, ξεπεσμένοι, κακομοίρηδες, αδιάφοροι, μισότρελοι, εγκληματίες όλοι τους φορούν μάσκες για να κρύψουν τα πρόσωπά τους, τα σιχαμερά και αδιάφορα.

Έτσι βάζουν, σαν τους σχιζοφρενείς, μπογιές στα μούτρα τους και με τη μάσκα τους κάνουν τη δουλειά τους. Τι, ποια δουλειά τους δηλαδή, αφού αυτή είναι η δουλειά τους: να φοράνε και να περιφέρονται με τη μάσκα τους και τα καρναβαλίστικα φορέματά τους, μπας και τους πιστέψει κάποιος, κάποιοι, και αγοράσουν την ψευτιά τους. Να ξεπουλήσουν την όποια αξιοπρέπειά τους. Και σαν να μην έφτανε όλο αυτό, να επιβάλλουν σε όλους εμάς τις βρωμομάσκες τους για να θυμίζουμε όλοι τα χάλια τους και να αισθάνονται όμορφα στην ένδειά τους.

Και σαν να μη βλέπουν τα χάλια τους οι άνθρωποι, η μάζα, οι άλλοι, πάνε σαν πρόβατα επί σφαγής και τις αγοράζουν, τις περιφέρουν υπερήφανα και τις φορούν νομίζοντας ότι κατάφεραν κάτι, χάνοντας το αληθινό τους πρόσωπο και φορώντας ηλίθιες μάσκες, που δεν τους εκφράζουν αλλά μαθαίνουν να τους εκφράζουν αφού μετά αναγκαστικά τις φοράνε.

Αυτές είναι οι μάσκες και καλά να πάθουν όσοι έχασαν τα πρόσωπά τους και τώρα τα αναζητούν. Τις επέλεξαν, τις χόρτασαν και θέλουν δε θέλουν θα τις κουβαλούν. Τόσο, που θα ξεχάσουν τα πρόσωπά τους, την αληθινή τους αγνότητα, τα καλά αισθήματά τους, την ανιδιοτέλειά τους, που όλα τα απαρνήθηκαν για τις μάσκες τους. Καλά να πάθουν. Ας ζήσουν τώρα τη γελοιότητά τους

*Fruste*

γιατί, μάσκες είναι, δεν είναι τα πρόσωπα τους, που όσο απεχθή και να ήταν, ήταν δικά τους.

# Μέρος Δεύτερο

# Ανάγκη

Εκτός από την αρνητική, έχει και τη θετική της χροιά η ανάγκη. Ή έστω ότι μπορεί να δεις και τη θετική της πλευρά. Συνεπώς είναι η ανάγκη που σε κάνει να τρέχεις, να κυνηγάς, να παρακαλείς, να μαθαίνεις τον κόσμο, να μαθαίνεις τα όριά σου, να ξεπερνάς τα όριά σου από ανάγκη, να ψάχνεις συντροφιά, να μιλάς, να γελάς, να σκέφτεσαι, να μη σκέφτεσαι, να αναζητάς, να γράφεις, να λυπάσαι, να μη λυπάσαι, να ντρέπεσαι, να μη ντρέπεσαι, να φοβάσαι αλλά και να μη φοβάσαι, να ερωτεύεσαι, να μην ερωτεύεσαι, να στερείσαι, να μη στερείσαι, να αγαπάς, να μην αγαπάς, να επιβιώνεις και τέλος να πεθαίνεις από ανάγκη.

Έχει τόσα πράγματα μέσα της που δεν ξέρεις τελικά πού να την κατατάξεις. Το σίγουρο είναι ότι η τελική της εξιλέωση έρχεται όταν εσύ ο ίδιος αποφασίσεις ή αντέχεις να ζεις χωρίς ανάγκη. Πράγμα σπάνιο, γι' αυτό και παλεύουμε, ζώα, άνθρωποι, όλοι στην ίδια κατάσταση: από ανάγκη.

## Διαστροφή

Και για να μη μείνουν στενάχωροι οι φίλοι και οι εχθροί αυτού του συγγράμματος θα αναφερθώ και στη δική μου καταδίκη. Γιατί, ως καταδίκη τελικά φαίνεται σε έναν κόσμο λίγο ανοιχτό και δύσκολο στη διαφορετικότητα. Αλλά ας μην εστιάσουμε στη διαφορετικότητα γιατί περιέχει την ευγένεια μιας στάσης προχωρημένης και ξεκάθαρης. Ας μείνουμε στη διαστροφή. Το πώς συμβάλλει ο παράγοντας παιδεία, κοινωνική παιδεία, οικογενειακή παιδεία, οι λέξεις ωριμότητα και ευρύτητα πνεύματος, για να καταλάβεις ότι όλοι οι άνθρωποι δεν είναι ίδιοι και η αποδοχή, η κατανόηση και η φυσιολογική ένταξη σε μια όποια κοινωνία, νομίζω δε χρειάζεται και πολλή ανάλυση. Βέβαια, πού χάθηκαν αυτές οι έννοιες και τις βρήκαν μόνο ελάχιστες κοινωνίες σε αυτόν τον κόσμο είναι και αυτό ένα άλλο θέμα. Όταν λοιπόν η διαφορετικότητα γίνει βάρος, στίγμα και μαύρη καταδίκη στη ζωή ενός ευαίσθητου ανθρώπου τότε καταλήγει σε μια διαστροφή. Και αν λάβεις υπόψιν την εκμετάλλευση του αδύνατου από τον δυνατό και την επαναλαμβανόμενη εκμετάλλευση του αδυνάτου με σιωπηρή ενοχική αποδοχή του αδυνάτου τότε έχεις φτιάξει όχι απλά μια διαστροφή αλλά μια βόμβα διαστρέβλωσης που όταν σκάζει σαρώνει καθετί στο πέρασμά της. Δε βλέπει όρια, δε βλέπει ημέρα, δε βλέπει νύχτα, δε βλέπει όσια, δε βλέπει ροζ όνειρα αλλά μόνο λάσπη. Λάσπη, λάσπη και κυλιέται στη λάσπη και γίνεται ένα μαζί της και γεμίζει και άλλη λάσπη και μετά βρώμικη λάσπη, μέχρι να γίνει αυτό που την προόρισαν να γίνει: βούρκος, περιθώριο, κατάλυμα της κοινωνικής απείθειας, τουαλέτα της κάβλας, γούβα αφόδευσης των πιο σκιερών, ασύλληπτων και οργιαστικών επιθυμιών, διαστροφών και απολαύσεων.

Κανείς δεν είπε ότι οι διαστροφές δεν έχουν τα καλά τους. Παρέχουν εμπειρίες χορταστικές που δεν μπορεί να συλλάβει ο κοινός, βαρετός νους και που δε θα γνωρίσει ποτέ, ούτε κατά διάνοια. Άντε το πολύ να φτάσει στο ένα δέκατο αυτής της διαστροφής και αν το φτάσει και σ' αυτό. Και άντε να γνωρίσει και έναν αριθμό ερωτικών συντρόφων που στην άλλη πλευρά θα φαντάζουν αστείοι αριθμοί, ψίχουλα, ούτε για πρωινή διασκέδαση. Γιατί εκείνη σε βάζει σε πειρασμούς ανείπωτους, ανεξάντλητους, ασταμάτητους, ατελείωτους και σε φορτώνει με μια απληστία χάους, μεγέθους χάους, συνεχώς θέλεις και άλλο, και άλλο, και άλλο και πολύ άλλο, ασταμάτητα και άλλο, αχαλίνωτα, ξεδιάντροπα, βίαια, έξαλλα, ακατέργαστα, πρωτόγονα, ιερατικά και ξεσκισμένα. Δε βλέπεις τέλος, δε βλέπεις πάτο αλλά θέλεις και άλλο.

Είναι τρέλα, είναι εθιστική εξάρτηση και φαντασία αχαλίνωτη, αστείρευτη, δεν ξέρεις τι να την κάνεις, που να τη βάλεις, που να την κρύψεις, ξεχειλίζει από τα αυτιά σου, από όλες τις τρύπες σου, από όλα τα όργανά σου. Γιατί όλα δουλεύουν για αυτήν. Όλα. Η καρδιά σου, τα μυαλά σου, τα έντερά σου, τα στομάχια σου, τα λαρύγγια σου όλα για δαύτην. Σε ξεβγάζει, σε ξεσκίζει, σε ξεκωλιάζει, σε αφήνει παράλυτο, ανήμπορο να πάρεις πόδια, χέρια, αξιοπρέπεια τα πάντα. Μα τα έχεις ξεχάσει πλέον, τα πάντα. Σ' αυτήν παραδίδεσαι και στους εκφραστές της, στους σκλάβους της, στους αφέντες της. Αυτούς υπακούς, σ' αυτούς υποτάσσεσαι και γι' αυτούς κάνεις ό,τι θέλουν. Είναι σχεδόν άρρωστο αν δεν είναι τελείως άρρωστο. Και υπηρετείς όσους έχουν ανάγκη. Δεν κάνεις διάκριση και δε διανοείσαι να κάνεις. Ντρέπεσαι και να το σκέφτεσαι. Τα δίνεις όλα σε όσους και όσες τα ζητήσουν. Και δίνεις και άλλο και άλλο μέχρι οι σωματικές, ψυχικές και πνευματικές αντοχές να σε αφήσουν κάτω στο πάτωμα ανήμπορο να συνεχίσεις άλλο. Βιάζεις τον εαυτό σου και όμως θέλεις και άλλο. Δε σε νοιάζει τι θα πουν, τι θα σκεφτούν οι άλλοι αρκεί να ικανοποιήσεις αυτήν, αυτήν, αυτήν τη μαύρη σου καταραμένη ώρα.

Δε χρειάζεται νομίζω να περιγράψω τι κόστος έχει αυτή στη ζωή ενός ανθρώπου. Στη ζωή του την προσωπική, την επαγγελματική, τη συναισθηματική την ψυχολογική. Πριν το καλοσκεφτείς σε έχει διαλύσει και την έχεις διαλύσει κι εσύ, με την αυτοδιάλυσή σου. Δεν μπορείς πια να την εξυπηρετείς και δεν μπορεί και αυτή να σε εξυπηρετεί και έτσι η συνεργασία διακόπτεται, για να αναλάβει άλλη διαστροφή ή στην καλή περίπτωση άλλη δημιουργική διαστροφή, τουλάχιστον κάπως καλύτερη από την προηγούμενη. Δεν υπάρχει ηρεμία σε μια τέτοια ζωή αλλά δεν υπάρχει και βαρεμάρα. Έχεις ταξιδέψει σε άπειρα λιμάνια, σε άπειρες συντροφιές, σε άπειρα χείλια, με άπειρα φιλιά, με άπειρα αγγίγματα, στάσεις, φάσεις και κάθε είδους αλλιώτικες καταστάσεις. Είναι σαν συμμετοχή σε ένα πανανθρώπινο εορταστικό όργιο χωρίς τελειωμό, χωρίς όριο, και οποιασδήποτε προέλευσης, διάκρισης, χρώματος, φυλής, φύλου, κοινωνικής κατάστασης, ιδεολογικής, πολιτικής ή μη. Σε αυτό το κομμάτι η αλήθεια είναι κάπως δημοκρατική αλλά ποτέ υπό το φως του ήλιου. Πάντα στο σκοτάδι και πάντα συστημένη σε έναν τρελό χορό ξέφρενης οργής, λατρείας και πάθους, ανελέητου, ανεξάντλητου πάθους. Κάποιες φορές εμφανίζεται και την ημέρα αλλά πάντοτε με νυχτερινή αμφίεση γιατί δεν ξεκινά μέσα από τα ευγενικά χαρίσματα της ανθρώπινης φύσης αλλά από το ανικανοποίητο μιας αρρωστημένης ανάγκης. Και αυτό δεν λέγεται ούτε διαφορετικότητα, ούτε έρωτας. Αυτό λέγεται διαστροφή, αρρώστια που σε κυριεύει και σε καταστρέφει. Αυτό είναι το τίμημα μιας ζωής ανελέητης. Μιας ζωής που δεν λυπήθηκε τα ευγενικά πλάσματά της και τα άφησε στην αγέλη των λύκων για να τα κατασπαράξουν, να τα κατακτήσουν και να τα κάνουν έρμαια δικά τους. Γιατί κανένα άγιο χέρι δε φρόντισε, όταν τα ακουμπούσαν τα όμορφα αυτά πλασματάκια, να τα προστατέψει, να τα θωρακίσει, να τα γλιτώσει, παρά έγιναν κυριολεκτικά λεία σε γαργαριστά και ξεδιάντροπα πάθη. Αλύπητα, θλιβερά, αδικαιολόγητα.

Καμιά φορά είναι να παίρνει κανείς τα όπλα και να κυνηγάει, και τι να κυνηγάει; Από πού να ξεκινάει; Από την οικογένεια; Από τα σχολεία;

Καμιά φορά ακούω μαθητές που μπαίνουν και σκοτώνουν σε σχολεία και αναρωτιέμαι τι σκατό έχουν φάει για να αντιδρούν σε τέτοια ηλικία σαν επαγγελματίες εγκληματίες. Και, ξέρετε, η φαντασία σ' αυτές τις ηλικίες κάνει θαύματα που δεν φαντάζεστε. Και τα υλοποιεί, δε μένει στη φαντασία.

Κάποτε η φαντασία ήταν δημιουργικό πράγμα. Όσο σκληραίνει η κοινωνία όμως και σκληραίνει πολύ, η φαντασία αρχίζει και γίνεται πράγμα επικίνδυνο, weapon of mass destruction. Αυτά είναι τα βραβεία για όσους κατάντησαν την κοινωνία έτσι και μετέτρεψαν τα παιδιά σε δολοφόνους και τους ποιητές σε ρήτορες υπονόμων. Τέτοιες κοινωνίες έχουμε, μη νομίζετε. Από πού να ξεκινάει κανείς και πού να τελειώνει. Είναι ατέλειωτα τα αριστουργήματα της αθλιότητάς μας σε κάποια σημαντικά θέματα της ζωής τούτης. Ατέλειωτα πραγματικά.

## Ρατσισμός στον ρατσισμό

Εδώ να πούμε ότι ο ρατσισμός υποβόσκει και μέσα σε ομάδες που τον δέχονται. Δηλαδή έχοντας ζήσει με τον εμετό του ρατσισμού αναπαράγεις το έργο του ανάμεσα στην αδύναμη αλλά τρωτή πλέον ομάδα στην οποία και εσύ βρίσκεσαι. Φοβερό ε; Αντί να βλέπουμε την αλληλοστήριξη και την αλληλοκατανόηση εμείς βλέπουμε τον ρατσισμό. Βλέπουμε τη βία να κατασπαράζει τις μεταξύ μας αξιοπρέπειες και ασυνείδητα γινόμαστε φορείς αυτής της συμπεριφοράς, που τόσο μας πλήγωσε, τόσο μας άγγιξε. Καμιά φορά μάλιστα δεν εκφράζεται μόνο εντός ομάδας αλλά και εναντίον άλλων αδύναμων ομάδων απέναντι στις οποίες μπορεί εμείς να έχουμε συγκριτικό πλεονέκτημα. Έτσι το δηλητήριο διαχέεται και μας δίνεται η ευκαιρία να το ξεράσουμε και εμείς με τη σειρά μας επάνω σε άλλους, πιο αδύναμους. Να νιώσουμε την ανωτερότητά μας σε σχέση με άλλους κακόμοιρους και να γίνουμε, έστω και για ένα λεπτό, κυρίαρχη ομάδα, ό,τι δεν είμαστε δηλαδή. Γιατί, στο γενικό πλαίσιο μια μη κυρίαρχη ομάδα δε γίνεται ποτέ κυρίαρχη στην αντίληψη του κόσμου και, χειρότερα ακόμα, στην κοινωνική παράδοση, στο κοινωνικό κατεστημένο.

Κι όμως με την πρώτη ευκαιρία και με έλλειψη παιδείας και αυτοφιλτραρίσματος ορμάμε λεκτικά, σωματικά, πνευματικά σε άλλες ομάδες και με άλλους τρόπους και γινόμαστε ένα με αυτό που μας κατέστρεψε. Αυτό δείχνει πόσο ευάλωτοι είμαστε, πως η βία τελικά εκδηλώνεται και γεννά βία, πως ο άνθρωπος δεν προβληματίζεται, δεν μπαίνει εύκολα στη θέση του άλλου παρά μόνο αν οι συγκυρίες τον αναγκάσουν να μπει και ένας θεός ξέρει πώς θα το αντιμετωπίσει. Αν δεχτεί δηλαδή τον ρατσισμό ή αν θα τον εκτονώσει και στον εαυτό του και στους άλλους.

Το θέμα αυτό, ο ρατσισμός, θα έπρεπε να μας απασχολεί περισσότερο και από τον κατεστημένο ρατσισμό, τον επιβεβλημένο εκ των άνωθεν προτύπων και παραδειγμάτων. Οφείλουμε να καταλάβουμε εμείς οι αδύναμοι ότι ο ρατσισμός δε χτυπάει μόνο τη δική μας πόρτα αλλά και των άλλων αδύναμων, με άλλα χαρακτηριστικά αδυναμίας, παρόλα αυτά είναι ρατσισμός. Δε γινόμαστε δίκαιοι με το να βλέπουμε τα δικά μας δικαιώματα και να παραβλέπουμε των άλλων. Ούτε η αδικία είναι προνόμιο ορισμένων και άσχετη εικόνα στη ζωή άλλων. Μπορεί κάλλιστα να τη ζουν και άλλοι, εκτός από εμάς, και να έχουν ανάγκη τη δική μας στήριξη, ως προς την κατανόηση του πόνου που προκαλεί η άδικη επίθεση εναντίον τους. Απλώς πονάνε σε άλλο μέρος του συστήματος, της απόρριψης, του φασισμού των κοινωνιών και της αστικής τάξεως έτσι όπως την αισθάνονται ορισμένα αποβράσματα. Όχι όλοι βέβαια, να ξεκαθαρίζουμε. Απλά μιλώ για σύστημα και αστική τάξη γιατί αυτοί έχουν τη δυνατότητα να επιβάλλονται. Να εκκολάπτουν τον ρατσισμό και να τον εκτοξεύουν στα στόματα των πάμφτωχων, απαίδευτων και επικίνδυνων ανθρώπων. Κατά τα

*Fruste*

άλλα όλοι γινόμαστε ρατσιστές και μάλιστα σε πολλά πράγματα. Αυτό ας μην το ξεχνάμε εμείς οι άνθρωποι.

## Ρατσισμός-Ομοφοβία

Έχεις νιώσει στο πετσί σου αυτή τη λέξη; Αν την έχεις νιώσει, καταλαβαίνεις. Δεν υπάρχει χειρότερη μορφή βίας από την ομοφοβία. Καθώς βαράει στην αγέρωχη υπερηφάνεια των αντρών που θέλουν να βλέπουν τον εαυτό τους να επαίρεται για την ανδροπρέπειά τους, δεν αφήνει περιθώρια παρά ενός τεράστιου μισητού άγχους που άπτεται της αυτοαμφισβήτησης μιας πρωτόγονης εικονικής κατάκτησης. Φυσικά η ομοφυλοφιλία δεν είναι καινούριο δεδομένο στη φύση του ανθρώπου και σαφώς και υπήρχαν εποχές και κοινότητες που την αγκάλιαζαν για να μην πω ότι απλά το θεωρούσαν φυσιολογική κατάσταση και την απολάμβαναν, χωρίς δεύτερες σκέψεις. Στην αρχαία Ελλάδα, στη Ρώμη και σε άλλα μέρη της ιστορίας δεν υπήρχε λόγος παρέμβασης, ηθικής ή άλλης, προς εκφοβισμό, αλλαγή, καταδίκη, κατάκριση και άλλα τέτοια δεινά που εμφανίστηκαν μεταγενέστερα.

Το πώς κάνει η ιστορία βουτιές στον αναχρονισμό της και το πώς επανέρχεται σε θέματα που έχει, φαινομενικά, ήδη εξαντλήσει είναι ένα περίεργο πράμα. Είναι σαν τον πόλεμο και τα δεινά του. Ενώ βλέπει τις συνέπειες και μετανιώνει γι' αυτό που έκανε, αντικρίζοντας το λάθος, δεν περνάει πολύς καιρός και επανέρχεται. Γι' αυτό λέω ότι δεν έχουμε τελικά ξεφύγει οι άνθρωποι από την πρώιμη φάση. Προσπάθειες βέβαια έγιναν και γίνονται ακόμα αλλά είναι σαν αναλαμπές σε μαύρα σκοτάδια. Αν η ζωή ακολουθούσε τη λογική συνέχεια της εξέλιξης από τη Ρώμη και την Αρχαία Ελλάδα, που καθόλου τυχαία οι δυτικοί θαυμάζουν, νομίζω θα υπήρχε μια άλλη πορεία σκέψης. Βέβαια, εδώ πρέπει να αναφερθεί ότι υπάρχουν παγκόσμια κέντρα όπου η πορεία αυτής της εξέλιξης είναι σαφής. Νομίζω στην περίπτωση αυτή το μεγαλύτερο πισωγύρισμα το έφερε η θρησκεία. Δεν ξέρω αν η θρησκεία στην εποχή της ήρθε να απαλλάξει τον κόσμο από κάποια ηθική εξαχρείωση, από κάποιο πιθανό τέλμα στο οποίο είχαν βρεθεί οι άνθρωποι, που ενδεχομένως ένιωσαν αυτή την ανάγκη αναθεώρησης και αναπροσαρμογής σε πιο συντηρητικά σχήματα, έχοντας νιώσει απόλυτη ηθική απαξίωση και αποξένωση από τα ευγενικά προτερήματα της ανθρώπινης σκέψης. Αν οι Ρωμαίοι δηλαδή επέβαλαν το χάος σε μια αυτοκρατορία μεγάλη, οι χριστιανοί με τη σειρά τους, θέλοντας ίσως να περιορίσουν το χάος, πέρασαν στην άλλη άκρη και το αφάνισαν. Νομίζω ότι ο Χριστός δεν ήρθε για να τρομάξει τον κόσμο, κάθε άλλο, αλλά οι συνεχιστές ή καλύτερα οι ερμηνευτές του μάλλον κάτι τέτοιο έκαναν και αυτό γιατί ενέπλεξαν τη διδασκαλία με τα συμφέροντά τους.

Από τη στιγμή που η Εκκλησία έγινε Κράτος, η διδασκαλία του Χριστού έγινε εργαλείο του κράτους, έγινε θεσμός του κράτους για να φοβίζει και να κυριεύει τις ψυχές των δούλων του.

Ντροπιαστική κατάσταση που αντιβαίνει τελείως την ουσία του πράγματος.

Έτσι λοιπόν και η ομοφοβία έγινε εργαλείο δίωξης, μιας που μέχρι τότε ο κόσμος το διασκέδαζε ελεύθερα και χωρίς άγχος, γιατί εδώ που τα λέμε είναι ωραίο να εκφράζεται ελεύθερα η ανθρώπινη φύση, χωρίς ενοχές, χωρίς παρεμβάσεις κάτι που αποτυπώνεται πολύ όμορφα και σε υπέροχους πίνακες ζωγράφων. Σε όποια μορφή, σε όποιο σχήμα, αρκεί να εκφράζεται ελεύθερα. Μάλλον οι Ρωμαίοι έφτασαν την κατάσταση στο σημείο που περιέγραψα στο προηγούμενο κεφάλαιο, δηλαδή μετέτρεψαν τη διαστροφή σε πάθος και αυτό έδωσε λαβή για τα παρακάτω. Μάλλον οι αρχαίοι Έλληνες είχαν βρει μια ισορροπία που υπηρετούσε πιο όμορφα, πιο αρμονικά το ανθρώπινο πάθος. Αλλά όπως συνήθως συμβαίνει, η αντιγραφή ξεπερνά το γνήσιο με την προσθήκη του λάθους. Δεν το κατανοεί πλήρως. Το αντιγράφει και εκεί αρχίζουν τα λάθη. Όπως και να έχει τέλος πάντων, γενεές επί γενεών επωμίσθηκαν το λάθος.

Δεν έχω καταλήξει ακόμα, αν δηλαδή όλα αυτά τα πισωγυρίσματα της ιστορίας του ανθρώπου γιατί ο άνθρωπος γράφει την ιστορία, δε γράφεται μόνη της αν όλα αυτά εξυπηρετούν τελικά κάτι. Αν τον βοηθούν να ωριμάσει και να μην τα επαναλάβει. Με λίγα λόγια δοκιμάζει, αμφισβητεί, αλλάζει, ξαναλλάζει, ξαναδοκιμάζει μήπως κάτι δεν έχει κάνει καλά, ώστε τελικά να καταλάβει. Γιατί κάπως έτσι μάλλον έρχεται η ισορροπία και η γνώση στον άνθρωπο.

Επομένως πρέπει να δοκιμάσεις. Όχι όμως και να τυραννάς όταν δοκιμάζεις, δεν σου φταίνε οι άλλοι. Βέβαια, επειδή η ανθρωπότητα στο όλον της δεν ωριμάζει ταυτόχρονα και δεν έχει και τα ίδια ερεθίσματα ή τις ίδιες ανάγκες να ωριμάσει, βλέπουμε μια ανθρωπότητα να παραμένει στάσιμη. Η εξέλιξη δυστυχώς είναι προνόμιο πολύ λίγων κοινωνιών πλέον. Μάλλον η οπισθοδρόμηση κυριαρχεί στα περισσότερα μέρη.

Η ομοφοβία λοιπόν εξακολουθεί να υπάρχει και ορισμένες φορές θεριεύει και ωριμάζει. Ξέρεις όμως τι σημαίνει στην πράξη; Ξέρεις τι σημαίνει να πηγαίνεις στο σχολείο και να φοβάσαι μη σου γυρίσουν την πλάτη; Ξέρεις τι σημαίνει να σε κοροϊδεύουν όλοι και να αναγκάζεσαι να κρύβεσαι για να μη φορτώνεσαι συνέχεια αυτά τα άγχη; Ξέρεις τι αντίκτυπο έχει όλο αυτό στη ζωή που είναι μπροστά σου; Ξέρεις ότι μια ζωή νιώθεις την ανάγκη να κρύβεσαι για προστατευτείς από κάτι; Αυτό το κάτι δεν είναι τίποτε άλλο από την κακοήθεια του κόσμου και την κομπλεξική συμπεριφορά του. Να σε κυνηγάνε οι ίδιοι σου οι συνάνθρωποι, με υπονοούμενα, με σχόλια, με μομφές, με χαρακτηρισμούς, με προθέσεις, με αμφισβητήσεις, με προσβολές, με άρνηση, με απορρίψεις σε όλα τα μεγέθη σε όλα τα πλάτη. Γιατί, μη νομίζετε, η απόρριψη σε κυνηγάει ακόμα και όταν έχουν σταματήσει να σε κυνηγάνε αυτοί οι άνθρωποι. Έχει γίνει βίωμα μέσα σου αυτή η κατάσταση, ότι δηλαδή δεν σε αγαπάνε, δεν σε σέβονται, δεν σε αποδέχονται οι άλλοι. Κι εσύ κάνεις τα πάντα για να τους ευχαριστήσεις, να τους ικανοποιήσεις, να τους αποδείξεις ότι δεν είσαι λιγότερο άνθρωπος και να τους αγκαλιάσεις χωρίς να φοβάσαι. Και όσο είσαι νέος μπορεί να αντιδράσεις. Όσο όμως μεγαλώνεις δεν αντέχεις να ζεις συνέχεια σε μια κρίση, σε μια επανάσταση. Μάλιστα, τώρα που οι ομοεθνείς μου περνάνε κρίση καθόλου δε με νοιάζει, γιατί τι είναι τα λίγα χρόνια κρίσης μπροστά στην ισόβια κρίση που περνούν κάποιοι άλλοι; Και ναι, εκεί να καταλάβουν τι σημαίνει «να περνάς κρίση» γιατί οι άλλοι σε έχουν αδικήσει χωρίς να φταις σε κάτι. Να καταλάβεις τι σημαίνει να σε βασανίζουν οι άλλοι. Να απομονώνεσαι και να φοβάσαι. Να εξαφανίζεσαι για να μη σε φάνε.

Και ακόμα πιο κακόηθες: όταν αναγνωριστείς και δουν την αξία σου, τη λεπτομέρειά σου, τα θετικά σου, τότε γίνονται ακόμη πιο αλήτες γιατί κοιτάζουν να επωφεληθούν από τα χαρίσματά σου και να τα εκμεταλλευτούν προς όφελός τους, εκείνοι, οι άλλοι, που κάποτε σε έβριζαν και σε τρόμαζαν. Δεν αναγνωρίζουν υπέροχα τη διαφορετικότητά σου αλλά κοιτάνε να εξυπηρετήσουν τη δική τους. Δηλαδή όπως και να έχει δε βρίσκεις σεβασμό και αγάπη. Πάντα σε κοιτάζουν για κάτι. Τέτοιο εξευτελιστικό πράγμα δεν υπάρχει. Κυριολεκτικά ο άνθρωπος άμα θέλει κατασπαράσσει χειρότερα και από το λιοντάρι, από το φίδι, από το γεράκι. Δεν υπάρχει σύγκριση για βρεις και να γράψεις τι είναι η εκμετάλλευση από άνθρωπο σε άνθρωπο. Πραγματικά δεν υπάρχει κάτι που να μη μπορείς να γράψεις για αυτή την εκμετάλλευση σε όλα τα μήκη σε όλα τα πλάτη, τι διάολοι είμαστε εμείς οι άνθρωποι. Δε χρειάζεται να πας σε καμιά κόλαση και σε κανέναν παράδεισο, αρκεί να γεννηθείς άνθρωπος και θα το καταλάβεις. Αυτά, τα περί παραδείσου και κολάσεως, είναι για να ονειρεύονται οι αφελείς και να εξαγνίζονται οι διεστραμμένοι. Τίποτα άλλο. Ο καλός άνθρωπος βρίσκει τον δικό του παράδεισο και ο κακός άνθρωπος φτιάχνει τη δική του κόλαση. Το μετά και μετέπειτα, δεν το ξέρουμε εμείς. Το αναλαμβάνουν δυνάμεις άλλες, πιο σοφές, πιο μεγάλες, αν βέβαια το αναλαμβάνουν γιατί, στατιστικά, ό,τι γεννιέται γεννιέται και ό,τι πεθαίνει πεθαίνει. Μια σχετική μετενέργεια υπάρχει, εμείς όμως εστιάζουμε στην υπαρκτή κατάσταση που μας νοιάζει.

Η ομοφοβία λοιπόν μας νοιάζει γιατί μας επηρεάζει. Φανταστείτε σε τι λαβύρινθο σκέψεων βάζει κάποιον. Σε τι τρομάρες και σε τι περιπέτειες. Όποιος μεγαλώνει τα παιδιά του για να τα τρομάζει αξίζει να τον κρεμάσουν και να ουρλιάζει. Γιατί δε φαντάζεστε το παιδί μιας τέτοιας ανατροφής και οικογένειας τι βασανιστήρια υφίσταται. Και επειδή είναι παιδί, και τα παιδιά λειτουργούν ασυναίσθητα, τα κάνει με ανεξέλεγκτη ένταση, ξέφρενα χωρίς να το νοιάζει. Όταν βλέπω ένα παιδί χαριτωμένο, έστω και λιγότερο χαριτωμένο να μεγαλώνει, δεν ξέρω αν πρέπει να χαίρομαι ή να τρομάζω. Γιατί όλα τα τέρατα στη γη, οι μεγάλοι βασανιστές μου υπήρξαν κάποτε και αυτοί παιδάκια και πιθανώς χαριτωμένα παιδάκια, που απλώς τα αποκαλούσαν ζωηρά και ατίθασα και μετεξελίχθηκαν σε τέρατα που βασάνισαν, έκαψαν, σκότωσαν, εκμεταλλεύτηκαν και πολλά άλλα. Δεν μπορείς βέβαια με τη λογική αυτή να στερήσεις τον άνθρωπο από την παιδικότητά του, ούτε να τον κάψεις από την ηλικία της τρυφερής ανάπτυξης. Ωστόσο οφείλεις σαν γονιός μαλάκα να φροντίσεις το παιδί σου να μην κάψει άλλους αλλά και εσένα, γιατί είσαι άνθρωπος. Είμαστε όλοι άνθρωποι. Και όταν βασανίζεις κάποιον βασανίζεις και τον εαυτό σου, μαλάκα άνθρωπε.

Το να κατατρέχονται ευαίσθητα άτομα για τη διαφορετικότητά τους και να μην τα προστατεύει η κοινωνία, αλλά ούτε και η ίδια η οικογένειά τους, και να υποχρεώνονται αυτά, τα τρυφερά συνήθως άτομα, από παιδική ηλικία να υφίστανται τα βάσανά τους γιατί οι κοινωνίες και οι οικογένειες δε θέλησαν να ανοίξουν τα μυαλά τους και να ζουν αυτοί οι άνθρωποι από παιδιά ξαναλέω σε μια, κυριολεκτικά χωρίς καμία υπερβολή, εμπόλεμη για την ύπαρξή τους κατάσταση, αυτό είναι λάθος. Τεράστιο λάθος. Και όταν αυτό συνεχίζεται σε όλη την πορεία της ενηλικίωσης, ε, τότε ξεπερνά το λάθος και γίνεται έγκλημα, κατά συνείδηση και κατ' εξακολούθηση. Ανάλογα με την παιδεία που κουβαλάει ο άνθρωπος και την καλλιέργειά του. Γιατί δε σημαίνει ότι μορφωμένοι ομοφοβικοί δεν υπάρχουν. Εδώ υπάρχουν ομοφυλόφιλοι ομοφοβικοί που προσπαθούν μάλιστα να κρυφτούν πίσω από αυτό το λάθος. Καλύπτονται κιόλας για να κρύψουν την ανάγκη τους για συμμετοχή στο πάθος. Τεράστια κατάντια και ξέρω καλά τι γράφω και τι έχουν δει τα μάτια μου και το γράφω. Έτσι τα καταγράφω για να μην υπάρχουν δικαιολογίες και κενά σε καμιά αρρωστημένη συνείδηση.

## Γάμος

Εδώ είναι να γελάμε. Να κλαίμε και να γελάμε με την τάση ή έστω την παράδοση που επέτρεψε τη διαιώνιση σε έναν θεσμό μπάχαλο. Και μάλιστα με υπογραφή του κράτους. Δεν μπόρεσα ποτέ να καταλάβω σε τι είναι χρήσιμος ο γάμος. Θέλουν δυο άνθρωποι, και δεν ξέρω εγώ πόσοι, να κάνουν οικογένεια; Μια χαρά. Η φύση το προνόησε στον ετερόφυλο άνθρωπο και με μια απλή συνεύρεση πετυχαίνεται το άριστο. Από αυτό μέχρι τον γάμο, τι μετάλλαξη επήλθε στον άνθρωπο για να χρειάζεται ένα νομικό έγγραφο που να πιστοποιεί κάτι τελείως αυτονόητο και μάλιστα να το περιπλέκει με περιουσιακά στοιχεία, με δεσμεύσεις, με όρους, με υποχρεώσεις και δεινά περίεργα, παράλογα; Βέβαια, αν δεν ήταν μπαγαμπόντης ο άνθρωπος, μπορεί και ο συγκεκριμένος θεσμός νομικά τουλάχιστον να μη χρειάζονταν, αν και ο ανήθικος άνθρωπος δεν κολλάει στις νομικές δεσμεύσεις. Αυτά που έχει στον νου μια χαρά τα κάνει. Άριστα. Τι, λοιπόν, εξυπηρέτησε ο θεσμός αυτός; Ότι έγιναν τα μπουρδέλα ξεφάντωμα και οι παράλληλες σχέσεις νόμος άγραφος; Πάμε με τα καλά μας εμείς οι άνθρωποι; Θα το ρωτάω συνέχεια αυτό μέχρι να πάρω λογική απάντηση. Είμαστε τόσο άχρηστοι που μας χρειάζεται ένας γάμος για να δεσμεύσουμε τις ζωές μας, αν είναι και αυτό σωστό, με έναν άνθρωπο; Τόσο άχρηστοι;

Υπάρχουν και οι πιο γελοίοι, που παντρεύονται για να εμφανίσουν στην κοινωνία κάτι, κάτι σπουδαίο, κάτι μεγάλο. Να δείξουν τη συνέπειά τους σε έναν θεσμό σεβαστό και σεβάσμιο και να κατοχυρώσουν έτσι την αξιοπρέπειά τους. Λες και η αξιοπρέπεια και η τιμή του ανθρώπου καθορίζεται από έναν γάμο. Όταν δεν τα έχει, δεν μπορεί ο άνθρωπος να είναι έντιμος και σπουδαίος. Ήδη οι υποστηρικτές του γάμου συνεχώς και μειώνονται, σε σημείο που αν δεν υπήρχαν σε ορισμένες χώρες τουλάχιστον οικονομικοί λόγοι και φορολογικές ελαφρύνσεις, δε θα το σκεφτόταν καν το ζήτημα του γάμου. Θα ήταν σαν ένα ανύπαρκτο πλάνο. Και βέβαια, μόνο που αρχίζει και ωριμάζει μια τέτοια νοοτροπία στον άνθρωπο είναι παρήγορο. Επίσης η ελάφρυνση της διαδικασίας με την πολιτική εκπροσώπηση και νομοθέτηση του γάμου έχει και αυτή με τη σειρά της υποβιβάσει το όλο θέμα σε δευτερεύον διαδικαστικό γεγονός. Πολλοί προβαίνουν σε πολιτικό γάμο με την απλή καθημερινή τους αμφίεση και με δυο μάρτυρες αναγκαίους για το τυπικό της υπόθεσης.

Για μένα ο θεσμός είναι λάθος. Είναι παρωχημένος και λάθος. Και είναι καιρός οι άνθρωποι να δουν αλλιώς τα πράγματα. Έχουν δικαίωμα να κατοχυρώνουν τα παιδιά τους, αυτό δεν μπορεί κανείς να το αρνηθεί, και να κάνουν οικογένεια άμα το θέλουν, και αυτό είναι αναφαίρετο δικαίωμά τους αλλά ο γάμος ως στοιχείο της κοινωνικής πραγματικότητας, κατ' εμέ πάντοτε είναι μία πλάνη, μία απάτη. Εγκλωβίζει δυο ανθρώπους ψυχολογικά πρώτα από όλα, ουκ ολίγες οι σχέσεις οι μακρόχρονες που όταν οδηγήθηκαν σε γάμο σύντομα οδηγήθηκαν και σε διαζύγιο. Με λίγα λόγια πιέζει. Αλλά και πέρα από το ψυχολογικό γιατί δεν καταργείς κάτι για ψυχολογικούς και μόνο λόγους και πνευματικά να το δεις, και στη βάση της ελευθερίας του ανθρώπου, αυτό είναι ένα μόρφωμα, ένας βραχνάς στη διαφορετικότητά του. Απόδειξη ότι οι περισσότεροι γάμοι είναι αποτυχημένοι και ανιαροί, στην Ελλάδα σίγουρα. Αλλά και στο εξωτερικό δε φαίνεται ο θεσμός να ακμάζει. Ούτε εκεί ο άνθρωπος έχει κερδίσει κάτι. Θα μου πεις βέβαια υπάρχουν και επιτυχημένοι γάμοι. Ε, και λοιπόν; Και δε θα ήταν επιτυχημένοι αυτοί οι άνθρωποι αν δεν είχαν βάλει στη ζωή τους τον γάμο; Ο γάμος, έστω τυπικά, το επισφράγισε. Οι καλές σχέσεις δεν κρατούν χάρη σε έναν γάμο αλλά χάρη σε δυο ανθρώπους που σέβονται και αγαπάνε ο ένας τον άλλον. Όλα τα άλλα είναι ιστορία για τους παπάδες και για όσους γενικά εμπλέκονται με το εμπόριο του γάμου. Περιττό να αναφέρω εδώ βέβαια πόσο γελοίο μου φαίνεται να βλέπω ενήλικες ανθρώπους μασκαρεμένους με λευκά και μαύρα, με αστεία νυφικά και γαμπριάτικα, και τελετές που θυμίζουν κυριολεκτικά καρναβάλι. Δηλαδή χάλια. Και εντάξει, δεν αφαιρώ την ομορφιά που μπορεί να βρει κανείς στο φολκλορικό κομμάτι αυτού του πράγματος αλλά ok μπορούμε αν θέλουμε φολκλόρ να κάνουμε και ένα φολκλορικό πάρτυ, να ντυθούμε μασκαράδες και να το ονομάσουμε wedding party. Μέχρι εκεί φτάνει, δεν χρειάζεται και τελετή και έγγραφο και ηλίθιες δεσμεύσεις που βάζουν τους ανθρώπους σε καλούπια, συμπεριφορές τελείως άχρηστες και πραγματικά αδιάφορες για την ουσία της κοινωνίας. Κάπως πρέπει να συνετιστούμε εμείς οι άνθρωποι. Δεν τραβάει όλο αυτό το πράγμα. Δεν τραβάει και εκτός από τους πολύ θρησκευμένους για τους οποίους θα μπορούσαμε να διατηρήσουμε το έθιμο έτσι για τη χαρά τους. Αλλά πέραν τούτου ως πολιτεία, ως κράτος δε νομίζω ότι ωφελεί σε τίποτα ο γάμος, ειδικά στον δυτικό κόσμο, στον οποίο ο άνθρωπος έχει πλέον διεκδικήσει κάποιες ελευθερίες.

## Ομόφυλος γάμος

Εδώ το ένα τραγικό λάθος ακολουθεί το άλλο. Σαν να μην έφτανε η αντίληψη της ετερόφυλης κοινωνίας σε αυτό το λάθος, βρέθηκε και η ομόφυλη κοινωνία να το διεκδικεί και να γιορτάζει το ήδη υπάρχον τραγικό λάθος. Αντιλαμβάνομαι θετικά την ανάγκη των ομόφυλων ανθρώπων να λάβουν μέρος στα ίσα δικαιώματα, που αναγνωρίζουν στον άνθρωπο την αξιοπρέπειά του αλλά όχι διεκδικώντας κάτι που ως θεσμός είναι απαράδεκτος, είναι λάθος. Βεβαίως, πώς αλλιώς αυτοί οι άνθρωποι θα μοιράζονταν συγκεκριμένα πράγματα μέσα σε κοινωνίες που έτσι και αλλιώς στηρίζουν αυτό το λάθος και το αναπαράγουν ως κανόνα επιβεβαίωσης και κοινωνικού status; Το καταλαβαίνω, το δικαιολογώ. Έπρεπε να μιλήσουν στη γλώσσα τους. Δε νομίζω όμως ότι διεκδικώντας το λάθος, έδωσαν ιδιαίτερη βάση στη διαφορετικότητά τους. Εγώ δε θα είχα κανένα να πρόβλημα να υιοθετούν παιδιά οι ομοφυλόφιλοι, να τα μεγαλώνουν και είναι στοργικοί και υπεύθυνοι πατεράδες, μιλώντας για τους άντρες. Γιατί στις γυναίκες έρχεται πάντα πιο ήπια το πράγμα καθώς η φύση προόρισε τη γυναίκα για μάνα. Και σ' αυτό το βήμα δίνω βάση: να έχουν δικαίωμα να δημιουργούν, να διαμορφώνουν την οικογένειά τους.

Κανείς, σε καμία περίπτωση, δεν αποκλείει κανέναν από τη συντροφικότητά του. Σε όποια μορφή ανθρώπινης σχέσης αναφέρεται. Αλλά είναι λίγο άστοχο ο ομοφυλόφιλος άνθρωπος να διεκδικεί ένα δικαίωμα σε κάτι που παραδοσιακά του κατέστρεφε την αξιοπρέπειά του. Γιατί, όλοι αυτοί οι ρατσιστές και οι ομοφοβικοί ζούσαν και προέρχονταν από έναν γάμο. Λοιπόν, το ξεχνάμε; Θα μου πείτε βέβαια, την ομοφοβία δεν την προκαλούσε η οικογένεια και ο γάμος αλλά η έλλειψη παιδείας και η προκατάληψη που ανεξάρτητα παιδείας υπάρχει. Καμιά φορά την προκαλεί και η εικόνα που ορισμένους τρομάζει. Καλά ως εδώ. Όλα αυτά όμως τα πρότυπα, μην ξεχνάμε, καλλιεργήθηκαν και ανδρώθηκαν μέσα σε έναν θεσμό που ονομάζεται «γάμος». Ας διεκδικήσουν οι ομοφυλόφιλοι μια μορφή σχέσης που να μην υπαγορεύεται από πρότυπα των άλλων και μάλιστα πρότυπα φθαρμένα.

Εδώ πάλι θα πουν κάποιοι ότι για την κατάντια του γάμου δεν φταίει ο θεσμός αλλά οι άνθρωποι που δεν τον σεβάστηκαν. Και αυτό θα ακουστεί σωστό γιατί τους θεσμούς τους διαμορφώνουν οι άνθρωποι. Αυτοί τους ανεβάζουν, αυτοί τους κατεβάζουν. Αυτοί τους αναδεικνύουν, αυτοί τους υποβιβάζουν. Αυτοί τους ακμάζουν, αυτοί τους παρακμάζουν. Παρ' όλα αυτά όμως θα πρέπει να αναλογιστεί κανείς το κατά πόσο εξυπηρετεί αυτός ο θεσμός τον σημερινό άνθρωπο. Και κατά πόσο όλα αυτά που έχει ο γάμος τον αναδεικνύουν και τον προβιβάζουν ή τελικά τον υποβιβάζουν. Και ενδεχομένως να σκεφτεί κανείς και κάτι άλλο: το γεγονός ότι δε δείχνουν πλέον οι άνθρωποι να σέβονται τον γάμο τους και να τον προσέχουν είναι ίσως και επειδή πλέον κοινωνικά δεν τους ταιριάζει. Και δεν είναι κακό αυτό. Αλλάζουν οι άνθρωποι. Άλλες οι ανάγκες που υπηρετούσαν τον θεσμό αυτό κάποτε και άλλες οι σημερινές ανάγκες. Κάποτε οι γυναίκες ήταν δούλες, τώρα εργάζονται. Κάποτε οι γυναίκες διατάζονταν και τώρα διατάζουν. Κάποτε οι γυναίκες ήταν υποκείμενα, τώρα είναι ο εαυτός τους. Θέλω να πω ότι όλα αλλάζουν και πολλά που καθιέρωσαν τον γάμο κάποτε σήμερα έχουν εξασθενήσει. Πρέπει λοιπόν όλοι να δούμε τελείως αλλιώς το πράγμα σε όλες τις ανθρώπινες σχέσεις.

## Πεσιμισμός - Απαισιοδοξία

Με αποκαλούν πεσιμιστή, ότι δηλαδή διακατέχομαι από απαισιοδοξία. Με πατέρα ρεαλιστή, μητέρα πεσιμίστρια, αδερφή πεσιμίστρια, και βιώματα «ό,τι να 'ναι» τι θα μπορούσα δηλαδή να σκέφτομαι, τι θα μπορούσα δηλαδή να κάνω; Τώρα βέβαια, τη στιγμή που μιλάμε, τη στιγμή που σας γράφω, ο πεσιμισμός είναι εθνικό ζήτημα. Οι μισοί και πάνω είναι με αντικαταθλιπτικά χάπια. Εμένα βέβαια δε μου χρειάστηκε η εθνική κατάθλιψη για να την πάθω. Ζούσα ήδη χρόνια δύσκολα, με λίγα θετικά διαλλείματα. Είναι σαφές πώς ο πεσιμισμός μου ταιριάζει, με κυνηγάει. Δεν με αφήνει και πολύ στην ησυχία μου, όσο και να τον ξεχνώ. Είναι η κοινωνική φάση. Είναι οι ευαίσθητοι άνθρωποι. Είναι η ασχήμια που μας εκφράζει. Είναι τα βαθύτερα νοήματα της ζωής που αναλύουν οι άνθρωποι. Οι συγκυρίες, το μεγάλωμα, οι ζυμώσεις, οι εποχές. Ένα συνονθύλευμα, μια ανάμειξη. Δεν μπορούμε να είμαστε αισιόδοξοι οι άνθρωποι. Δίνουμε τη μάχη και η ελπίδα είναι μάχη. Δεν είναι κάτι αφηρημένο, μια έννοια. Είναι μια διαδικασία. Και ο πεσιμισμός συχνά είναι η φυσική μας στάση.

Οι δυσκολίες της ζωής μας βάζουν σε μια τεράστια αναμέτρηση. Και η ίδια η ζωή είναι μια μάχη μεγάλη, που αν δεν είσαι κατάλληλα προετοιμασμένος μπορεί να πέσεις από τη σφοδρότητα της μάχης. Και η αλήθεια είναι ότι οι προετοιμασμένοι κατάλληλα είναι τελικά ελάχιστοι.

Λιγοστεύουν οι ευαίσθητοι άνθρωποι, εκείνοι που μπορούν να βλέπουν σε μία διάσταση, μια μη συναισθηματική διάσταση και έτσι ανταπεξέρχονται στη δυσκολία της μάχης. Η ζωή, αντικειμενικά, περιέχει πολλές διακυμάνσεις για να μπορείς να προβλέψεις τη μία ή την άλλη κατάσταση. Αν όμως σκεφτείς πώς είναι η πορεία της ζωής, τότε παίζει να ανταπεξέλθεις πολύ έξυπνα και πολύ έντιμα την όλη φάση. Μπορεί και να το διασκεδάσεις, αν το δεις με άλλο μάτι. Μέχρι τότε όμως θα ξεράσεις με αυτά που θα έχεις δοκιμάσει. Γιατί τα συναισθήματα λιγότερο ή πιο πολύ τα μοιραζόμαστε όλοι γενικά οι άνθρωποι. Το πώς θα προσαρμοστείς καθορίζει το τελευταίο συμβάν. Αυτό να θυμάστε.

## Ναυάγια

Έχουν υπάρξει ναυάγια. Άνθρωποι που έζησαν ναυάγια και επίσης ζωές ναυάγια. Δεν ξέρω ποια εμπειρία από τις τρεις είναι καλύτερα να διαλέξει κάποιος. Διότι στην πρώτη περίπτωση απλά γνωρίζεις ότι συμβαίνει. Δεν έχεις συναισθηματική τριβή, απλά έχεις αντίληψη ότι συμβαίνει και ίσως να μπορείς να φτάσεις το σημείο της ανθρώπινης συγκίνησης, αν είσαι ευαίσθητος άνθρωπος. Αλλά μέχρι εκεί γιατί αντικειμενικά το ναυάγιο, η ύπαρξή του, σου έρχεται ως αντικειμενική πληροφορία, τίποτε παραπάνω. Στη δεύτερη περίπτωση περιπλέκονται τα πράγματα καθώς λαμβάνεις μέρος σε ένα ναυάγιο που σημαίνει «παίζεις με τη ζωή και τον θάνατο». Δηλαδή είσαι πια αντιμέτωπος με μια τελείως οριακή κατάσταση. Εκεί δε χωράει συναίσθημα αλλά αυτόματες αναγκαστικές κινήσεις αυτοβοήθειας, σωτηρίας ή απέλπιδας προσπάθειας.

Και πάμε τώρα στην τρίτη περίπτωση, όπου δεν αναφερόμαστε απλά σε ένα γεγονός που συνέβη κάποτε αλλά σε μια συνεχή διαχρονική κατάσταση που θυμίζει ναυάγιο. Δηλαδή δεν υπάρχει ημέρα, ώρα, στιγμή που να μη σου υπενθυμίζεται η τραγική σου κατάσταση, η αδυναμία βελτίωσης, αλλαγής, ανάτασης. Αυτή είναι μια μόνιμη τυραννία μιας μη προβλέψιμης κατάστασης. Δεν είναι όλα τα ναυάγια του ίδιου μεγέθους αλλά σίγουρα είναι της ίδιας έντασης και του ίδιου αποτελέσματος: το πλοίο δεν σώζεται και υπάρχουν θύματα. Έτσι λοιπόν και στη ζωή υπάρχουν καταστάσεις από τις οποίες δεν σώζεσαι και πολλές από αυτές προκαλούν ανθρώπινα θύματα. Δεν ερευνάμε ποιοι και πώς, ερευνάμε το αποτέλεσμα. Δε θα μας απασχολήσουν οι ευθύνες αλλά η τελική τους απήχηση. Υπάρχει Τιτανικός σε ναυάγιο και υπάρχει Τιτανικός σε ζωή Ναυάγιο.

# Η ταφή

Κακό χρόνο να έχουν όπου σε θάψουν. Τι σε νοιάζει εσένα αν θα σε κάψουν, αν θα σε θάψουν, ποιος θα σε θυμάται μετά από χρόνια; Είτε σε θάψουν, είτε σε κάψουν, σκόνη θα είσαι. Λοιπόν μη βασανίζεσαι με τέτοια, κουτέ άνθρωπε. Ας σε βάλουν κάτω από την ελιά σου, να γίνεις χρήσιμος, να μη μείνει το κουφάρι σου άθικτο. Να σκέφτεσαι ότι χρησίμεψες κάπου.

Επίσης, σκέψου το άλλο θάψιμο που κάνεις στην καθημερινότητά σου. Εκείνο που βλάπτει σκέψου. Τον εαυτό σου και τους άλλους, που με τόση ευκολία γύρω σου ενταφιάζεις.

## React to Something

Abolish Church and Religion and Life will be fine. There will be no unnecessary identities no matter what no matter why. There will be no fear insecurities. There will be just Life. Abolish the Church and Life will be all right. No testament, not anything, no miracles, no surprise. People will act the way they like. No need religion to feel values in life. We only need citizens who Respect Life. All the rest is a shame to humanity and brings unrest in Life. People should finally realize and do something. Churches and religions take advantage of people's lives. They brainwash fear and create sick minds. This is a mistake that should not be repeated in human life. Abolish dogmatism and you will find life. Abolish God and there will be no stereotype. Make societies friendly and open to simple life. Don't allow the priests to take advantage of people' lives. Just send them where they belong: to the Medieval Ages, to the Medieval Life. Send them there and life will be nice. No need to excuse their existence with destroying people' lives. Just let them live in another paradise. All the rest must be citizens in a religious free civilized life. Please do something, start something before minds go out of mind. React to a rotten reality that doesn't contribute to something. Let fear aside. Help people free their minds. Do it now act is fine. Only wise people should do something. All the rest should listen in order to bring change in life. Otherwise

*Fruste*

we are lost in a medieval paradise which does not exist does not offer something. We live something which is waste of time. Make people Realize. That we are not just animals. We are people who can live think and enjoy decent lives. Lives in religion are not decent lives. They are lives believing in a nonexisting paradise which makes again life waste of time. Don't allow priests interfere with people's lives. Send them back to where they belong... their own paradise. Not ours, not Mine.

## Μέτρηση

Δεν υπάρχει εμπειρία που δεν έζησα ξανά και ξανά ώστε να καταλήξω μετά από καιρό να σας γράφω όλα αυτά. Δεν υπάρχει πράμα που δε μέτρησα ξανά και ξανά για να καταλήξω μετά από έτη να γράφω όλα αυτά. Μέτρηση δεν είναι να μετράς απλά αλλά να έχεις στον νου σου πράγματα και να ξέρεις τι μετράς, τι ζυγίζεις, τι πάει καλά και τι δεν πάει καλά. Φοβάμαι πώς στην Ελλάδα δεν τα μετράμε ποτέ αυτά. Νομίζουμε ότι ο κόσμος μας ανήκει ή ότι ασχολείται με τα δικά μας κατορθώματα. Μας έχει μείνει κατάλοιπο από τα χρόνια τα ελληνιστικά, από τότε που βέβαια υπήρχαν λόγοι να ασχολείται ο κόσμος μαζί μας, όμως τώρα όλα αυτά δεν υπάρχουν, δεν ασχολείται κανένας ουσιαστικά μαζί μας. Και το χειρότερο, δεν έχουμε καταλάβει τι θέση κατέχουμε, πόσα στη σειρά μηδενικά βλέπουν οι άλλοι και αντιλαμβάνονται σ' εμάς. Είμαστε μια κατάντια από πολλά μηδενικά και όλα αυτά σε χρωστούμενα ποσά. Δεν είναι μηδενικά αριθμητικά. Είναι μηδενικά ουσιαστικά. Και εμείς χανόμαστε στα δικά μας οράματα αόριστα και γενικά, σε μια ουτοπία, σε κανονικά σκατά. Αυτό είμαστε οι νέοι Έλληνες, κανονικά σκατά. Και αν το καταλαβαίναμε, μπορεί και να ξυπνούσαμε τελικά, να ξεβρωμίζαμε και να γινόμασταν λιγότερο σκατά γιατί, μεταξύ μας, όταν μπεις είναι δύσκολο να βγεις από αυτά. Κανείς δε μας έχει σε εκτίμηση, κανείς δε μας παινεύει σοβαρά. Και έχεις και όλες αυτές τις καρικατούρες της πολιτικής ξεφτίλας που γυρνάνε από σαλόνι σε σαλόνι και παρακαλούν για λίγα λεφτά, για λίγα ακόμα σκατά σε έναν λαό που τρώει αρκετά από αυτά και δε λέει να τα χωνέψει. Έμαθε να ζει μέσα σε αυτά και να του φαίνονται ότι είναι και πολύ καλά.

Κάντε φίλοι μου ένα ταξίδι στο εξωτερικό. Ανοίξτε τις κεραίες σας, αφουγκραστείτε καλά και ελάτε να μου πείτε αν σκέφτομαι λάθος ή σωστά. Βάλτε τη θέση σας σε ένα παγκόσμιο ζύγι και ελάτε, τελικά, να μου πείτε τι πραγματικά είμαστε και τι αξίζουμε. Το μόνο που θα αισθανθείτε είναι έκπληξη και ντροπή. Ναι, ντροπή. Να ντρέπεσαι που είσαι Έλληνας και κατάντησες την ύπαρξή σου βάρος για τον εαυτό σου και για όλους μπροστά. Που έγινες το ανώριμο ενήλικο τέκνο που ζαλίζει ολονών τα αυτιά για να πάρει τελικά απάντηση ότι δεν αξίζει φράγκο η οντότητά του μπροστά σε πράγματα σωστά. Δεν έχεις στίγμα, δεν έχεις όραμα, δεν έχεις ηγέτη να εκφράζεσαι, δεν έχεις προοπτική, δεν έχεις ελπίδα, είσαι έτσι μετέωρος σε σφάλματα τραγικά, σε συμπεριφορές και μνήμες που σφαγιάζουν φωτεινά μυαλά, σε αδιέξοδα τραγικά. Ποιος πραγματικά θα ήθελε να είναι πολίτης τέτοιας χώρας; Ποιος δε θα άλλαζε υπηκοότητα για κράτη πολιτισμένα, σοβαρά; Ποιος δε θα έδινε τα πάντα για να ξεχάσουν ότι γεννήθηκε στα χώματα αυτά; Ναι, φίλοι μου μην αυταπατάστε, ντρεπόμαστε για την κατάντια μας και το ξέρουμε όλοι καλά, είτε ζούμε μέσα είτε έξω. Ντρεπόμαστε που η ιστορία μας έδωσε ευκαιρίες να γίνουμε άνθρωποι και εμείς γίναμε μηδενικά. Ντρεπόμαστε, όχι που είμαστε Έλληνες, αλλά που είμαστε τέτοιοι άνθρωποι με τέτοια μυαλά. Και συν τοις άλλοις μιλάμε και ελληνικά. Έτσι για να χαραμίσουμε ό,τι καλό ακούστηκε, γράφτηκε, ειπώθηκε άλλοτε για εμάς. Ξυπνήστε παιδιά, έχουμε μείνει μόνοι σε οράματα τυφλά.

## Κονσερβοποίηση

Τα συστήματα έχουν φτιαχτεί για να εξυπηρετήσουν συγκεκριμένα πράγματα και συγκεκριμένα μυαλά. Όλα τα υπόλοιπα είναι περιττά. Και όταν λέμε περιττά εννοούμε περιττά. Κάθε αυτοκρατορία έρχεται να εξυπηρετήσει κάποιους σκοπούς χρονικά, συναισθηματικά, συγκυριακά και ειδικά. Δεν μπορεί να εξυπηρετεί όλους τους σκοπούς. Ξεκινά από τις δικές της ανάγκες και εστιάζει σε αυτές. Μας αρέσει ή όχι, όλα τα άλλα τής είναι περιττά. Αν εμείς περιμένουμε ότι θα αλλάξει στόχο η Αυτοκρατορία για να εξυπηρετήσει τους δικούς μας στόχους, τις δικές μας ανάγκες, τα δικά μας μυαλά τότε γενικά θα υποφέρουμε πολύ. Δεν κρίνουμε εδώ με κριτήρια ανθρώπινα και ηθικά, αν οι στόχοι της εκάστοτε αυτοκρατορίας μας αρέσουν ή όχι. Κρίνουμε όπως το βλέπει η αυτοκρατορία γιατί καθεμιά έχει τα δικά της χαρακτηριστικά. Και μπορεί όλες μεταξύ τους να έχουν κοινά αλλά οπωσδήποτε έχουν και κάποια στοιχεία μοναδικά. Έτσι, δε θα μπορούσε μια αυτοκρατορία που στηρίζεται στον στρατό της να υπολήπτεται συναισθηματικά για τις συνέπειες που έχει το παιδομάζωμα στις καρδιές μιας οικογένειας που δεν επιθυμεί να βλέπει τα παιδιά της να θυσιάζονται για πολέμους και στρατά. Χέστηκε η αυτοκρατορία να σκεφτεί αυτά. Το ίδιο και μια άλλη, που αποσκοπεί σε κέρδη και σε μεγέθη οικονομικά, δε θα σκεφτεί ποτέ γιατί σκοτώνονται, θυσιάζονται, πνίγονται, δυστυχούν άνθρωποι για τα μεγέθη αυτά, που για τη Δύναμη είναι αναγκαία και υπαρκτά. Το τι αισθανόμαστε εμείς κανείς δεν το ρωτά, κανείς δεν το απαντά. Δεν τον αφορά.

## Παγκόσμιος Καιάδας

Ανάπηροι, φτωχοί, άθεοι, ομοφυλόφιλοι, άνεργοι, μαύροι, άσπροι δεύτερης κλάσης, όλοι χωράνε στον Καιάδα. Σε ορισμένες χώρες πέφτουν και γυναίκες και άντρες και όλους τους χωρά. Μη φοβάστε τον συνωστισμό, έτσι είναι τα στενά αυτά, δεν παρέχουν άνεση. Γι' αυτό δημιουργήσαμε, ως ανθρωπότητα, τα διεθνή περιθώρια και με έμμεσους ή άμεσους τρόπους, με γραπτούς ή άγραφους νόμους, τιμωρούνται ελεεινά οι άνθρωποι. Αξιοθαύμαστο να μην αντέχουμε την εικόνα που δεν ταιριάζει με αυτό που επιβλήθηκε κυριαρχικά. Στερεότυπα λανθασμένα και όμως δυνατά να γκρεμίσουν σαρωτικά τα θεμέλια μιας ύπαρξης. Σου επιβάλλεται η ανηθικότητα και η αδυναμία των άλλων σε σχέση με αυτά που ορίζουν ως επιτρεπτά και αποδεκτά. Μόνο αν έχεις λεφτά ή τίτλο, τα ξεχνούν όλα. Και εφόσον, φυσικά, δεν προκαλείς εκνευριστικά. Πιστεύετε ότι η ανθρώπινη φύση έκανε βήματα, έκανε άλματα; Κάνετε λάθος! Κάποιοι άνθρωποι αντέδρασαν, σώθηκαν. Οι υπόλοιποι υπάγονται κανονικά στο Σύστημα Καιάδα.

## Διάλυση και δημιουργία

Άλλη αναπαραγωγή του παλιού δεν γίνεται. Η νέα εποχή απαιτεί να ξεχαστεί η παλιά και ό,τι αυτή κουβαλά. Είναι η φυσική αυτορρύθμιση. Όσο οι συντηρητικοί θα παλεύουν να κρατήσουν τα ηνία μιας παλιάς εποχής, εκείνη θα τους αφήνει να σαπίζουν μαζί με αυτή. Δεν υπάρχει λύση πιο σωστή. Η εξέλιξη είναι υπαρκτή. Όποιος δεν καταλαβαίνει θα μείνει πίσω να αναπολεί.

Κατάλυση κάθε παλαιού θεσμού, κάθε παράδοσης υπαρκτής ή πνευματικής. Η εξέλιξη από εδώ και μπρος πρέπει να είναι διαρκής. Θα επιζεί μόνο κάθε φιλοσοφία διαχρονική, ζωντανή. Φιλοσοφία που επιδιώκει την μετεξέλιξη και μόνο αυτή. Η νέα εποχή δε θα έχει τίποτα να μιμηθεί. Θα είναι το σύνολο μιας συζήτησης επιστημονικής τεχνολογικής και πνευματικής. Κανείς δε θα μπορεί να αρνηθεί τα σημάδια αυτής της εποχής. Τελειώνει σιγά σιγά η προσκόλληση σε ό,τι εμμονικά μας απασχολεί. Ξεκινά η κανονική μετάβαση.

Η τέχνη θα αναδημιουργηθεί. Πρέπει να πάρουμε απόφαση ότι μπαίνουμε, με κάθε μέσο, σε μια νέα εποχή. Καινή και κενή. Κλείνει η ανάγκη του ανθρώπου να προσδιορίζεται από μια συστημική φεουδαρχία.

Η ελευθεριότητα, η αναρχία, η ανυπαρξία ορίων ήθους και δομής θα είναι πλέον διαρκής. Τελειώνουν σιγά σιγά οι διαχωρισμοί και ο νέος άνθρωπος θα διακριθεί από την ασημαντότητα της νέας εποχής. Ο πιο ευέλικτος θα διακριθεί. Δε χρειάζεται να έχει όνομα, δόξα και χαρακτηριστικά ονομαστικής μορφής. Αρκεί μόνο να αγκαλιάζει μια εικόνα διαρκούς εξέλιξης, οικουμενική. Καμία αναφορά προσωπική, εθνική, πολιτική, κομματική ή πολιτιστική. Τελειώνει η εποχή που το ονοματεπώνυμο είχε έστω μια μικρή σημασία. Σήμερα, τώρα, μετράνε οι αριθμοί, οι ποιοτικοί αριθμοί. Και καμία σημασία δεν έχει αν τους κουβαλώ εγώ ή εσύ.

Άνθρωποι, ψυχολογία, αριθμοί. Δε μας νοιάζει η εθνικότητα, το χρώμα, η προέλευση, η παλιά εποχή. Μας νοιάζει να υπολογίζουμε το τι δίνουν οι αριθμοί. Αυτοί χρωματίζουν τη νέα εποχή, αυτοί καθορίζουν τη νέα δημιουργική. Προτείνω μάλιστα η τέχνη να είναι καθαρά αριθμητική. Να μην πλάθεται ύλη εικονική. Άνθρωποι αριθμοί θα είναι οι πιο επιτυχημένοι στην εποχή αυτή. Δεν υπάρχει ατομικότητα δεν υπάρχει χαρακτήρας, πρόσωπο, εικόνα, αντίληψη, συνείδηση, ηθική.

Η νέα εποχή δε χωράει σε μη αριθμητική διαλεκτική, σε λογιστική διαλεκτική. Σημασία έχουν οι αριθμοί και όσοι ταυτίζονται με αυτή τη λογική. Αυτοί εντάσσονται σε μια εποχή σταθμό στην απόρριψη κάθε προηγούμενης εποχής. Θα είναι ξεκάθαρα μια νέα επανάσταση η κατάλυση οποιασδήποτε κλασσικής έννοιας. Δε θα χωρούν άνθρωποι συναισθηματικοί. Η άρχουσα ψυχολογία επιβίωσης θα στηρίζεται στη λογιστική αριθμητική πράξεων, παραλείψεων, αφαιρέσεων, προσθέσεων, πολλαπλασιασμών, διαιρέσεων, εξισώσεων μη συναισθηματικής φύσης. Η τελική απόφαση, λύση – επιλογή, θα είναι αποκλειστικά αριθμητική. Θα επιβραβεύει τη λογική αυτή. Όποια άλλη λογική θα έχει απορριφθεί. Όποιος δεν αντέχει θα απομακρυνθεί. Υπάρχει και το μηδέν για να ενταχθεί εκεί μέχρι να αποφασίσει τι θέλει ή τι μπορεί. Και αν δε θέλει τίποτα μπορεί να παραμείνει εκεί και κάποια στιγμή, με κάθε τρόπο, να εξαλειφθεί για να μην παρεμποδίζει τη μαθηματική ροή. Αυτή είναι και η ψυχολογία της νέας εποχής και θα επιβιώσει όποιος την υιοθετεί και την εφαρμόζει με πίστη αληθινή. Οι υπόλοιποι και επίσημα θα ονομαστούν «εκτός εποχής» και θα ζουν όντως εκτός εποχής. Δε μας ενδιαφέρει αν θα ζουν κανονική ζωή. Ποιος θα ενδιαφερθεί για κάτι που ζει εκτός εποχής; Ίσως κανένας παλαιοπώλης και αν υπάρχει η έννοια αυτή. Απλά θα αποσυρθεί, δε χωράει η εποχή άλλη καθυστέρηση. Δε χωράει και αυτό πρέπει να σημειωθεί στη νέα εποχή που δε θα ανέχεται την καθυστέρηση, ούτε σαν ύπαρξη λεξιλογική. Κοινωνία που παρουσιάζει καθυστέρηση θα εξαλειφθεί, θα μηδενιστεί για να αντικατασταθεί από μια άλλη πιο σχετική.

 Πληθυσμοί θα μετακινούνται από εδώ και από εκεί με φοβερή ταχύτητα. Δε θα υπάρχει στασιμότητα και ομοιομορφία σε μια εποχή σαν αυτή. Εξάλλου οι αριθμοί εξελίσσονται, αυξάνουν, αλλάζουν, δεν παραμένουν ποτέ στην ίδια μορφή. Δεν υπάρχει θρησκεία, πολιτισμός, ιδεολογία που να ταιριάζουν στην αριθμητική αυτή. Κάθε αναφορά, προσέγγιση, σκέψη θα θεωρείται εξ ορισμού περιττή. Μην αναζητάτε λάθη στη νέα εποχή. Τα λύνουν αυτόματα οι αριθμοί. Δεν υπάρχουν μπερδέματα και παρεξηγήσεις στην εποχή αυτή. Ακολουθούν όλα μια εντυπωσιακή αυτοδιόρθωση. Είναι εποχή έξωαναβλητική. Δε χωράει αναβολή σε τέτοια εποχή. Δε χωράει παρουσία έντονη ή διακριτική. Παρουσία μόνο ανθρώπινη σε βάση αριθμητική, όπως μπορεί θα προσαρμοστεί. Υπάρχει κόσμος που μπορεί. Όποιος δεν μπορεί θα απορριφθεί, θα διαλυθεί από τις εντολές μιας Νέας Εποχής.

## Θάνατος

Είναι περίεργο να αξιολογήσει κανείς τι θα γινόταν χωρίς αυτόν. Πολλά έχουν γραφτεί και είναι ενδιαφέρον και μόνο το ότι έχουν γραφτεί, για μια απλή φυσική διαδικασία εν τέλει. Εάν θεωρήσουμε ότι αξίζει πολλά η ζωή, είναι φυσικό να έχουν γραφτεί τόσα πολλά. Εάν όμως θεωρήσουμε ότι έτσι όπως είναι η ζωή δεν αξίζει και πολλά, τότε είναι αδιανόητο να σκεφτεί κανείς ότι έχουν γραφτεί και ειπωθεί τόσα πολλά. Πρόκειται τελικά για μια πλάνη κανονική, συναισθηματική. Μάλλον εδώ ο φόβος έχει σημασία καθοριστική. Και εκεί αναρωτιέσαι αν πρέπει να μελετήσουμε τελικά πιο σοβαρά την αίσθηση του φόβου και την αξία του στη ζωή. Μία αξία υπερεκτιμημένη, ωστόσο υπαρκτή.

Ας δούμε λοιπόν τι θα γινόταν αν ζούσαμε σε μια κοινωνία απλή, πρωταρχική, μια κοινωνία όπου δεν θα υπήρχε σημείο αναφοράς σε συναίσθημα ατομικό ή συλλογικό, αλλά απλή λογική. Γεννήθηκε ένα παιδί, πέθανε ένα παιδί. Γεννήθηκε μια ζωή, πέθανε μια ζωή. Εξάλλου ακολουθεί μια άλλη ζωή που θα πεθάνει με τη σειρά της και αυτή. Θυμίζει λίγο αριθμητική και μπορεί να είναι και η λογική της νέας εποχής αλλά είναι και αυτό μια λογική. Δηλαδή εκείνο που προβληματίζει τον αφηγητή είναι αν η αναφορά στον ατομικισμό έκανε τον θάνατο κατάσταση ενδιαφέρουσα και τραγική. Έδωσε ο άνθρωπος τεράστια αξία στο άτομό του και κατά συνέπεια σε ό,τι έχει να κάνει με την ευτυχία του ή τη δυστυχία του μέσα σε αυτό. Ο θάνατος μάλλον αναφέρεται στην περίπτωση αυτή καθώς αν σκεφτείς ότι γενεές επί γενεών ζουν και πεθαίνουν, ζουν και πεθαίνουν, ζουν και πεθαίνουν, μία επανάληψη συνεχής, θα καταλάβεις απλά ότι ο θάνατος είναι αναπόσπαστο μέρος της ζωής, απόλυτα φυσιολογικό. Και ανεξάρτητα από το άδικο του χρόνου, αν κάποιος δηλαδή φεύγει νέος ή σε ηλικία ώριμος, όπου εκεί υπάρχει ένας συναισθηματισμός, λιγότερο ή περισσότερο δυνατός.

Αν λοιπόν δώσουμε στον θάνατο διάσταση φιλοσοφική θα χυθεί πολύ μελάνι για το τι γίνεται μετά, τι γίνεται πριν. Αν όμως τον δούμε ωμά, ρεαλιστικά, λογικά δε θα ασχοληθεί κανείς. Και θα μου πεις, ο φόβος για τον θάνατο είναι μια κατάσταση που δεν έχει προηγηθεί σαν ιδέα, σκέψη, συναίσθημα; Δε μιλήσανε και δε μιλάνε ακόμα στη λογοτεχνία τους, στη φιλοσοφία τους, στη θρησκεία τους, στην ιδεολογία τους ένα σωρό πολιτισμοί, σύγχρονοι και παλαιοί, με μια σταθερή εμμονή στην εξήγηση αυτής της κατάστασης; Μια εξήγηση που δεν έχει και πολύ καλά εξηγηθεί. Μάλλον γι' αυτό επιμένουν πολλοί στο «ζήσε τη ζωή σου στο μέγιστο, γιατί δεν υπάρχει μετά ζωή». Αυτό με τη σειρά τους έρχεται να αμφισβητηθεί από μία σκέψη μεταθανατική: της ύπαρξης κάποιας, μετά θάνατον, ζωής. Πολλά έχουν και εδώ λεχθεί με σημασία άλλοτε μεγάλη, άλλοτε μικρή.

Αναρωτιέται λοιπόν κανείς αν εκείνο που έπρεπε να μας απασχολεί είναι όντως ο θάνατος ή ο φόβος μπροστά σ' αυτόν. Είναι μια διαδικασία άγνωστη. Ωστόσο πρέπει να σκεφτούμε ότι, όταν έρχεται δεν είναι διαδικασία αλλά μια στιγμή που απλώς σβήνει τη ζωή. Διαδικασία αντίθετα είναι η ανάλυση αυτή που λίγο πολύ μας απασχολεί όλους. Ελάχιστοι άνθρωποι αντιμετωπίζουν με ψυχραιμία και θάρρος τη στιγμή αυτή. Αν και η λέξη «θάρρος» υπονοεί κάτι σπουδαίο έναντι της στιγμής, οπότε είναι και αυτό μεροληψία συναισθηματική. Η σωστή λέξη είναι η «ψυχραιμία». Δηλαδή η αποδοχή της ζωής όπως μας έχει εμφανιστεί, όχι όπως την εξηγούμε εμείς, υποκύπτοντας σε ανασφάλειες, δοξασίες, προκαταλήψεις και μπερδέματα της συναισθηματικής λογικής. Μπερδέματα, γιατί αν ξεκαθαρίσουμε, θα δούμε ότι και το συναίσθημα έχει τη δική του λογική προετοιμασίας απέναντι στη στιγμή αυτή. Γιατί για να υπάρχει θάνατος, υπάρχει σίγουρα και διαδικασία προετοιμασίας στην τελική αυτή στιγμή. Αρκετοί άνθρωποι φεύγουν με συνείδηση της επερχόμενης φυγής.

Υπάρχει μία αρχή: ερχόμαστε από το πουθενά και στο πουθενά πηγαίνουμε. Αν γινόμαστε κάτι, δεν ξέρω εγώ τι, αυτό είναι μια εξήγηση διαφορετική, δεν είναι όμως βασική αρχή. Δεν μπορεί με απόλυτη βεβαιότητα να τεκμηριωθεί. Η συζήτηση βέβαια σε αυτό είναι ανοιχτή και για τον καθένα η ζωή έχει διαφορετική ερμηνεία.

## Αμφίδρομη σεξουαλικότητα

Μετά από αιώνες συζήτησης και ανάλυσης εξακολουθούμε να εστιάζουμε στα ίδια θέματα, λόγω κάποιας ανεπαρκούς αντίληψης στα υπαρκτά δεδομένα της ανθρώπινης φύσης. Μια συζήτηση διαρκής που εξακολουθεί να ταλανίζει την ανθρώπινη ζωή σε σχέση με τα πρωτόγονα ένστικτα και τις μορφές έκφρασης στην κατηγορία αυτή. Και έρχονται σήμερα ψυχολόγοι, ψυχίατροι, αναλυτές παντός τύπου να ξεμπλέξουν, να αναλύσουν, να διαφωτίσουν δεδομένα που στην πορεία του χρόνου, για άγνωστους λόγους, διαστρεβλώθηκαν. Πραγματικά δεν καταλαβαίνω πώς φτάσαμε στο σημείο να μιλάμε για σεξουαλικότητα, να υπερασπιζόμαστε τάσεις να αντικρούουμε εντάσεις για πράγματα που, από τη φύση τους τουλάχιστον, φαίνονται απλά δεδομένα. Ποιος παρενέβη και γιατί, φέρνοντας τόσο μπέρδεμα και τόση ανάγκη για ξεμπέρδεμα στις επιστήμες όπως η ψυχιατρική και η ψυχολογία. Ποιος κατέστησε τη σεξουαλικότητα πλειοψηφικό πακέτο εταιρείας αποφάσεων, βάζοντας στο περιθώριο τους μετόχους του μειοψηφικού πακέτου, εις το όνομα κάποιας διαφορετικότητας; Ποιος άραγε; Και ποια διαφορετικότητα; Ποιος έφτιαξε την εταιρεία έτσι και ποιος τη συντηρεί ανά τον κόσμο κάνοντας τον κόσμο φρενοβλαβή και ανισόρροπο, γιατί, η όποια παρέμβαση σε αυτό το θέμα μόνο αρνητικά αποτελέσματα έχει. Ποιος έβαλε κανόνες στο κρεββάτι και για ποιόν;

Ποιος ανόητος διατήρησε αυτό το σύστημα αξιών που πλούτισε την ψυχανάλυση και έκανε τους ανθρώπους θύματα της ίδιας τους της ύπαρξης; Ποιος εισήγαγε τις ενοχές στις επιλογές των ανθρώπων; Τι κέρδισε τελικά; Να ελέγχει τα πλήθη και να τα καταπιέζει; Να βάζει ανθρώπους να μισούν ο ένας τον άλλον και να γίνονται βίαιοι; Να στρέφει γυναίκες κατά ανδρών και άνδρες κατά γυναικών με τέτοια ξεδιάντροπα προσχήματα; Και, ωραία, ας πούμε πώς κάποιος ωφελείται από αυτόν τον έλεγχο, από αυτές τις παρεμβάσεις. Οι άνθρωποι στην πλειοψηφία τους γιατί τα δέχτηκαν; Γιατί τα επέβαλαν; Γιατί ντράπηκαν; Γιατί δεν άκουσαν τα πρωταρχικά σκιρτήματα αλλά πείσθηκαν από εύκολα ψέματα;

Δεν είχαν την παιδεία, λένε πολλοί, και κρύβονται μέσα από τέτοια. Χρειάζεται να έχεις την παιδεία και την υψηλή μόρφωση για να ακούς τα πρωταρχικά σου ένστικτα και να τα εμπιστεύεσαι χωρίς φόβο, χωρίς ένδεια; Δηλαδή εμείς, οι άνθρωποι, που συντηρούμε τα κακώς κείμενα γιατί δεν επιλέγουμε τα καλώς κείμενα; Γιατί δεν ακούμε τις καρδιές μας και κρυβόμαστε πίσω από σχήματα; Γιατί η σεμνοτυφία επιβάλλεται παντού και δεν ελευθερώνεται παρά μόνο στα μπορντέλα; Σε μια εποχή που έχουν αλλάξει πολύ τα μπορντέλα, που έχουν υποστεί και αυτά μετάλλαξη.

Καμιά φορά δεν ενδιαφέρει το ποιος προκάλεσε το πρόβλημα και ποιος το συντήρησε εν τέλει αλλά πώς θα ξεφορτωθούμε κάτι που δεν ήταν πρόβλημα αλλά έγινε. Θα βάλουμε το μυαλό μας, την ψυχή μας, τη σκέψη μας, το συναίσθημα, οτιδήποτε για να το ξεπεράσουμε και να πάψουμε να γράφουμε αλλά να βλέπουμε αυτήν την ελευθερία μέσα μας, έξω μας, κάθε μέρα. Δεν φαίνεται να επηρεάζεται ο κόσμος το ίδιο από την καταπίεση της ελευθερίας του και δε φαίνεται να αντιδρά και ο κόσμος στα δεσμά της ανελευθερίας του, αλλά τις νόρμες τους κανόνες καταπίεσης τους ακολουθεί και ακόμη και ο πιο συστημικά ελεύθερος ή ανεπηρέαστος αναγκάζεται να κινείται σε τέτοια πλαίσια, που στην τελική δεν τον αφήνουν να φέρεται ελεύθερα. Και σαν ελεύθερο πνεύμα αναρωτιέται κάποιος, πώς εμείς οι άνθρωποι επιτρέπουμε στον εαυτό μας τέτοιο υπαρξιακό τέλμα; Πώς μετατρέψαμε τους εαυτούς μας σε μηχανές για σπέρμα αντί να είμαστε εμείς οι ίδιοι εμείς της ζωής το σπέρμα. Και πώς μείναμε τόσο λίγοι ελεύθεροι άνθρωποι να συζητάμε αυτό το θέμα. Αντικειμενικά δεν υπάρχει πουθενά ελευθερία. Σε κανένα θέμα. Απλά πορευόμαστε σε κοινωνικά ασφυκτικά πλαίσια που ταιριάζουν ή δεν ταιριάζουν στον καθένα. Αλλά θέλοντας ή μη συμβιβαζόμαστε συνέχεια και μένουν κάποιοι λίγοι άνθρωποι να γλεντούν την ελευθεριότητα στον δικό τους φάσμα, στο δικό τους τέλμα, νομίζοντας ότι αυτοί, αν μη τι άλλο, είναι ελεύθεροι από το υπόλοιπο κοινωνικό γίγνεσθαι, από τα δεσμά αυτής της τρέλας. Πλανώνται όμως και αυτοί γιατί ελευθερία στα κρυφά και πίσω από τείχη ανεβασμένα, δεν είναι ούτε πραγματική αποδοχή, ούτε ελευθερία αλλά μόνο παιχνίδια για μη σώους στα φρένα.

Ποσοστώσεις στην ελευθερία δεν υπάρχουν και όταν αρχίζουν να μπαίνουν μετατρέπεται η ελευθερία σε άλλο θέμα. Το ίδιο ισχύει και για τη σεξουαλικότητα γιατί και αυτή παιδί της ελευθερίας είναι. Και δε χωράει ούτε περιορισμούς ούτε ποσοστώσεις ηθικού χαρακτήρα. Είναι μια μορφή ελευθερίας και απορώ γιατί οι άνθρωποι την περιπλέκουν με ονόματα, διαχωρίσεις, διαχωρισμούς, στερεότυπα σχήματα, σύμβολα και αναλύσεις όπως αυτή εδώ πέρα. Σαφώς και δε θα έπρεπε να υπάρχει πουθενά άνθρωπος στον κόσμο, και όχι μόνο σε μια πλευρά του κόσμου, σε όλον τον κόσμο πουν δεν αντιλαμβάνεται τη σεξουαλικότητά του ως φυσικό, αναφαίρετο, πρωταρχικό και μη σχετιζόμενο με θέμα όποιας ηθικής, πολιτικής, κοινωνικής, θρησκευτικής, ιδεολογικής, πνευματικής και συναισθηματικής ανάλυσης. Είναι απλό. Δεν είναι θέμα για να συζητιέται σαν θέμα. Δεν υπάρχει. Δεν ξέρω γιατί και πώς έγινε θέμα και πώς επέτρεψαν οι ίδιοι άνθρωποι την αφαίρεση της ίδιας τους της ύπαρξης διαιρώντας, συζητώντας, υποδαυλίζοντας ένα ζήτημα που δεν είναι σοβαρό πραγματικά για κανέναν. Τουλάχιστον δε θα έπρεπε να είναι.

Κακώς οι άνθρωποι, και τότε και όποτε, και τώρα, λογοδοτούν για τα πρωταρχικά τους ένστικτα. Είναι υπαρκτά, είναι φυσικά, είναι δεδομένα. Να σταματήσει επιτέλους κάπου αυτή η παγκόσμια τρέλα. Γιατί η σεξουαλικότητα αφορά την ανθρωπότητα, αφορά όλους όχι μόνο ένα μέρος, όχι μόνο έναν. Εκεί που μάλλον πρέπει να συμφωνήσουμε είναι στο ότι η αποδοχή, η χειραφέτηση, η συνειδητοποίηση και η κατανόηση σε γενική κλίμακα, μπορεί να προσφέρει μία λύση που θα αρκεί για να μη μισούμε, φοβόμαστε και φερόμαστε περίεργα, καχύποπτα, βίαια, ανέντιμα και άνανδρα μεταξύ μας αλλά και απέναντι στον ίδιο μας τον εαυτό. Αυτό να σημειωθεί από τους αναγνώστες και να μην παραπέσει στα χαμένα. Γιατί, ως γνωστόν, η ανθρώπινη μνήμη έχει την τάση να χώνει και να τοποθετεί στα χαμένα πράγματα άξια λόγου, μέχρι να βγουν από το χώμα και να της θυμίσουν ότι είναι απλά θαμμένα κι όχι χαμένα. Και πάλι από την αρχή να συζητάμε το ίδια με την ίδια επιμονή.

## Βασιλεία

Ποιος θα ασχοληθεί με αυτή την ανοησία; Ποιος θα την καταργήσει; Είναι δυνατόν να ανεχόμαστε στις πλάτες μας μία οικογένεια που γεννοβολάει και πριν καλά καλά γεννοβολήσει έχει εξασφαλίσει τον επιούσιο, όταν η μισή ανθρωπότητα και βάλε πεινάει; Ποιος ανέχεται τέτοιον θεσμό, τέτοια ντροπή; Θα μου πεις, αυτός που ανέχεται όλα τα στρεβλά και τα άδικα μιας κοινωνίας.

Οικογένειες που εξυπηρετούν το δικό τους συμφέρον και εκμεταλλεύονται το κράτος και τον λαό για να το εξυπηρετήσουν. Δεν εξηγείται τέτοια κατάσταση. Και μόνο που δεν κατάφερε η ανθρωπότητα να καταργήσει αυτόν τον θεσμό, φταίει. Φταίει που τον ανέχεται. Λαμόγια πάσης φύσεως που βρίσκουν την ευκαιρία να προβάλλουν, ως κάτι σημαντικό, τον ανήθικο και απαράδεκτο τρόπο ζωής τους, τη στιγμή που η πηγή της ύπαρξής τους είναι ακριβώς αυτό το σιχαμερό και ανήθικο που τους έφερε στην εξουσία ανέντιμα και ανέντιμα τους κρατάει. Τίτλοι ευγενείας και άλλα τέτοια ξευτιλίκια, πού ακούστηκαν αυτά; ... τίτλοι ευγενείας...

Τι είναι δηλαδή η ευγένεια; Προνόμιο μιας τάξης; Τι απαράδεκτες καταστάσεις είναι αυτές που επιτρέπουν και αναγνωρίζουν τέτοιες μαφίες να καπηλεύονται τον πλούτο και την αξιοπρέπεια των απανταχού ταλαιπωρημένων; Και να γυρίζουν ταξίδια στον κόσμο, τάχα, δήθεν εκπροσωπώντας μία έννομη τάξη και παριστάνοντας τους γενναίους ήρωες μιας ιδέας, μιας στολής, μιας ανείπωτης μεγαλοπρέπειας που στόχο μόνο έχει να αρπάξει και άλλα από όπου μπορεί, από όπου βολεύει. Να φορά η βασίλισσα και η κάθε βασίλισσα μπριγιάντια και κοσμήματα που η αξία τους να ξεπερνά τις ανάγκες σίτισης μιας ολόκληρης επαρχίας φτωχών, καταπεινασμένων, και από την άλλη να στήνουν όλοι αυτοί οι κύριοι εράνους βοήθειας και αλληλεγγύης της πλέμπας, που παρακαλώ, δεν τους εκπροσωπεί καν. Το παράδειγμά τους βέβαια έκλεψαν και άλλοι μεγαλοαστοί και ψυχικά κακομοίρηδες για να μη χάσουν την αίγλη της ξετσίπωτης αντίληψης ορισμένων χαραμοφάηδων ξευτιλισμένων.

Ρουφιάνοι, εγκληματίες, δολοφόνοι ενδύονται με μεγαλοπρέπεια για να καλύψουν τις απίστευτες βρωμιές τους. Ούτε ένας από αυτούς δεν είχε φάκελο ηθικών φρονημάτων. Αν ψάξεις τους προγόνους τους θα δεις μια σειρά από απίστευτα αίσχη και παρανομίες, που οδήγησαν στις σημερινές τεράστιες περιουσίες που οι καλοί αυτοί κύριοι καρπώθηκαν και εκμεταλλεύονται μέχρι σήμερα. Πιο διακριτικά βέβαια γιατί οι εποχές δεν το επιτρέπουν ή, τουλάχιστον μέχρι σήμερα, δεν το επέτρεπαν γιατί κάπου διαφαίνεται η τάση να επιτραπούν ξανά αυτές οι αδικίες και πάλι χωρίς κομψότητα. Τη δουλειά, μεταξύ μας, τη χάλασε η ενημέρωση. Γιατί αφενός μεν μια χαρά χρειάστηκε η ενημέρωση για προπαγάνδα της κάθε ξιπασμένης ψευτιάς αλλά από την άλλη, χάρη σε ορισμένους θαρραλέους κονδυλοφόρους, γράφτηκαν και τα αίσχη αυτούσια, χωρίς προσθέσεις και αφαιρέσεις για να τιμηθεί ο άνθρωπος που άδικα χαροπαλεύει.

Μήπως είναι και τίποτα άλλο; Ένα μάτσο τεμπέληδες που σαπίζουν στην καλοπέρασή τους. Καλοπέραση εξασφαλισμένη στις πλάτες των ενόχων που τους ανέχονται. Δε συζητάμε να υπάρχει και κάποιος ηθικός και δίκαιος από αυτούς. Τον έφαγαν. Η μοίρα του είναι προδιαγεγραμμένη.

Δηλαδή, θα μου πεις, η μία αδικία ανέχεται την άλλη; Εκκολάπτοντας αδικίες από το ένα σύστημα στο άλλο γιατί να μην εξασφαλίσει και η βασιλεία την ύπαρξή της; Μήπως είναι η μόνη παραφωνία της ανθρώπινης αδικίας για να ανεχτεί την εξάλειψή της; Δεν είναι, φυσικά δεν είναι. Και όσο τα συστήματα αντιγράφουν το ένα το άλλο δε θα είναι ποτέ η βασιλεία υπόλογη για κατάργηση. Σε μια πιο ήπια μορφή ο κύκλος της σήψης θα την ανέχεται. Και το χειρότερο, ότι σαν να μην έφτανε η δική τους ξεδιαντροπιά, γιατί ο τρόπος ζωής τους ακουμπάει την παράνοια εδώ που τα λέμε, σε σύγκριση με το τι ζει ο απλός πολίτης, που στις βασιλείες είναι υπήκοος δεν είναι πολίτης άλλη αστοχία σαν να μην έφτανε λοιπόν όλο αυτό, έχεις και από άλλα συστήματα, εξίσου διεφθαρμένα, την τάση αντιγραφής και επανάληψης των συνηθειών, ηθών και εθίμων αυτών των διεφθαρμένων συστημάτων, κάνοντας τη βασιλεία αξιόλογη.

Κοίτα πώς διαιωνίζεται μια αδικία χάρη στις ξετσιπωσιές του ανθρώπου. Είναι να απορεί κανείς, τι νόημα έχουν όλες οι διδασκαλίες του κόσμου εφόσον ο κόσμος ουσιαστικά δεν άλλαξε. Οι εποχές αλλάζουν και τα βασικά χαρακτηριστικά τους. Οι άνθρωποι όμως παραμένουν αδύναμοι, είτε ως ηγέτες, είτε ως υπήκοοι. Πολίτες δεν υπάρχουν. Υπήκοοι, σκλάβοι. Τέλειωσε.

Βέβαια, θα μου πείτε εδώ, ποιο σύστημα δεν κοροϊδεύει το άλλο αφού πρώτα καλά καλά το ανατρέπει για να εδραιωθεί και να αποδειχτεί σε σκληρότητα και αλαζονεία πιο άτιμο και από το προηγούμενο; Μοιάζει η ανθρωπότητα να είναι εγκλωβισμένη, αιώνες τώρα, ανάμεσα σε κακές επιλογές που διαδέχονται η μία την άλλη. Και αυτό ίσως ακούγεται ισοπεδωτικό αλλά δεν ενοχλεί εκείνους που προφανώς αποφασίζουν για τις μοίρες των άλλων.

Η ζωή είναι τελικά ωραία στα πολύ μικρά πράγματα. Στα μεγάλα είναι σκέτη απογοήτευση.

## Η δόξα της παράνοιας

Είναι δεδομένο πλέον ότι οι άνθρωποι ανταγωνίζονται τη δόξα της παράνοιας. Λες και η ζωή δεν έχει νόημα γι' αυτούς και πρέπει να δώσουν τη μάχη της παράνοιας. Λες και η ζωή δεν έχει αρκετά δημιουργικά και ευχάριστα να επικεντρωθείς αλλά έχει μόνο καταστροφικά και δυσάρεστα. Παρατηρείς γεγονότα, συμπεριφορές, σκέψεις, αντιδράσεις σε πολλά επίπεδα και δεν αφήνονται περιθώρια παρεξηγήσεως. Οι άνθρωποι οδηγούνται από την παράνοια στην οποία μάλιστα ανταγωνίζονται με σκοπό την υστεροφημία τους, τη δόξα.

Στην αρχή, και κατά πώς έχουν διαμορφωθεί τα πράγματα, όλα δείχνουν λογικά και τακτοποιημένα. Όλα παρουσιάζονται απλά, γιατί έτσι βολεύει να παρουσιάζονται στη σκέψη των πολλών ανθρώπων που τα βαφτίζουν «κοινή λογική» και κάνουν τη ζωή να κυμαίνεται σε αυτά τα λογικά πλαίσια. Και όμως δεν υπάρχουν λογικά πλαίσια. Οι άνθρωποι επιδιώκουν την παράνοια και ζουν μέσα σε αυτή χωρίς κανένα τυπικό πρόβλημα. Έτσι, ας πούμε, ο πόλεμος είναι μια λογική αναμέτρηση ανάμεσα σε χώρες που δεν ταιριάζουν μεταξύ τους, που δεν μπορούν να βρουν το παραμικρό σημείο συνεννόησης και ενδεχομένως με έναν ρεαλισμό πολιτικής επιλογής προβαίνουν στο βήμα που λέγεται πόλεμος. Ωστόσο αυτό και μόνο το βήμα είναι από μόνο του ένα βήμα παράνοιας. Και οι συνέπειες και πράξεις που συμβαίνουν κατά τη διάρκεια τέλεσης αυτού του βήματος, είναι καθαρά παρανοϊκές, μέσα από τη λογική του ανθρώπου που δε θέλει πόλεμο, ταλαιπωρίες και άδικους σκοτωμούς, ενόπλων και αμάχων.

Γιατί να υποκύπτει ο άνθρωπος σε τέτοια παράνοια; Και όχι μόνο αυτό αλλά και να εκθέτει ανθρώπους σε τέτοιον κίνδυνο και επερχόμενο κινδύνου με σκοπό να δώσει νόημα, σημασία και αξία σε μια αληθινή παράνοια; Και, μετά από αυτά, να στήνει αδριάντες και να μοιράζει παράσημα υπερηφάνειας και δόξας για να επιβραβεύσει εκείνους που άδικα θυσιαστήκαν για μια παράνοια; Και αφού συμβούν όλα αυτά κοροϊδεύουν τον κόσμο με διάφορα ανόητα τερτίπια που δικαιολογούν την παράνοια ενώ άνθρωποι χάνονται με συνέπειες βαρύτατες για όλες τις πλευρές; Και σε τι εκπαιδεύσεις, βασανιστήρια υποβάλλονται οι άνθρωποι για να είναι έτοιμοι σε περίπτωση που η παράνοια γίνει λογική επιλογή για να μην πούμε τρόπος ζωής; Γιατί και ο πόλεμος είναι τρόπος ζωής. Γίνεται. Καταλήγει να γίνει. Και αντί να σταματήσουμε τον πόλεμο δοξάζουμε την παράνοια.

Και δεν περιορίζεται όλο αυτό στον πόλεμο, που ίσως είναι ακραίο πλην όμως υπαρκτό παράδειγμα. Σίγουρα γνωρίζετε και άλλες εκφάνσεις καθημερινότητας, ατομικής ή συλλογικής, που θυμίζουν ανταγωνισμό στην παράνοια. Οι συνθήκες εργασίας, η δουλεία, οι έριδες, τα ατομικά προβλήματα, οι κοινωνικές συμπεριφορές, οι κοινωνικές αντιδράσεις, οι σκέψεις, οι θέσεις, οι αντιθέσεις, οι διαλογισμοί, εντάσσονται όλα στο πλαίσιο της παράνοιας. Και ουκ ολίγοι άνθρωποι πορευόμενοι στην παράνοια κατάφεραν να μεγαλουργήσουν με επιτεύγματα καταστροφικής επινόησης. Βόμβες, πυρηνικά, φάρμακα, δηλητήρια, φονικά αέρια, ουσίες, όλα για παρανοϊκές χρήσεις και όμως νόμιμα και αποδεκτά από τη συλλογική ανοχή. Και δεν είναι καινούρια αυτή η ιστορία. Είναι μόνιμη βδέλλα της ανθρωπότητας και αυτό με προβληματίζει. Με διαλύει, με αρρωσταίνει, με στέλνει στην παράνοια η δική του εκλογικευμένη παράνοια. Με αφήνει άφωνο για το εύρος της ανθρώπινης ύπαρξης. Τα χαρακτηριστικά αυτού του εύρους, η αντοχή του, τα κίνητρά του, οι λεπτομέρειές του, όλα με όλα με προβληματίζουν.

Και πώς όλα αυτά ονομάζονται προκλήσεις. Προκλήσεις ζωής. Δηλαδή η πρόκληση ζωής είναι ουσιαστικά η πρόκληση θανάτου. Δηλαδή η πρόκληση ζωής είναι να ρισκάρεις τη ζωή για να τιμήσεις το ρίσκο της απώλειάς της. Και είναι αυτό φυσικό ή παράνοια; Για να απαντήσουμε πρέπει να ξέρουμε τι υπηρετούμε, εν τέλει, σε αυτή τη ζωή: τη ζωή ή την παράνοια; Γιατί αν υπηρετούμε ή αγαπάμε τη ζωή θα έπρεπε λογικά να απορρίπτουμε την παράνοια. Αλλά αν η παράνοια είναι η αλήθεια της ζωής και η απώλεια της ζωής κομμάτι της εκλογικευμένης παράνοιας, τότε να ξέρουμε ότι ζούμε, φεύγουμε, μεγαλουργούμε, κινδυνεύουμε ουσιαστικά όχι για το νόημα της ζωής αλλά μιας στρέβλωσης που έδωσε σε ορισμένους ή και περισσότερους, ποιος ξέρει τώρα, νόημα στη ζωή μέσα από την παράνοια. Κυριολεκτικά, αν κοιτάξετε τι καλούμαστε να υπηρετήσουμε σε μικρούς και μεγάλους κύκλους, σε υψηλά και χαμηλά επίπεδα, θα νιώσετε να πνίγεστε στην ανθρώπινη παράνοια. Και ελάχιστοι αντιδρούν. Οι περισσότεροι αποδέχονται, συμβιβάζονται και αγκαλιάζουν ακόμα αυτή την παράνοια δοξάζοντάς την. Ο ρεαλισμός διαφέρει τελικά και στο τι ονομάζουμε παράνοια και τι δοξάζουμε μέσα σε αυτή την παράνοια. Μάλλον το να ζει κανείς είναι δύσκολο, το να πεθάνει είναι ευκολότερο. Δεν εξηγείται αλλιώς.

Δυσκολεύεται η ζωή εξιδανικεύοντας τον θάνατο ή διευκολύνεται η απώλειά της όταν τον εξιδανικεύεις; Έτσι, αντί να μεριμνήσουμε για το ασήμαντο σήμερα, μεριμνούμε για το υπέροχο αύριο. Και τι μένει για το σήμερα; Μένει η θυσία για το αύριο. Απίθανο αλλά πραγματικό. Χάνεται το σήμερα για το αύριο. Χάνεται η ζωή για το αύριο. Και έτσι μένει μελαγχολικό το ασήμαντο σήμερα, που όμως είναι και σημαντικό και υπέροχο και ίσως καλύτερο από το αύριο, και το κάθε αύριο, το μόνο αδιάψευστο «σήμερα» που έχει ο άνθρωπος. Το παρελθόν είναι πίσω, το αύριο είναι άγνωστο, και το σήμερα έχει χαθεί και αυτό. Γιατί νίκησε η ζωή τον θάνατο; Αυτό είναι λάθος. Χάνεται το σήμερα, και το κάθε σήμερα, για να σιγουρευτεί το αύριο. Το άγνωστο και απρόβλεπτο αύριο. Μέγα λάθος.

## Φτώχεια ηθική εξαθλίωση

Η φτωχοποίηση ενός λαού δε σημαίνει απαραίτητα και την ηθική του εξαθλίωση. Όμως, δεν συμβαίνει αυτό στην Ελλάδα, όπου έχει χαθεί κάθε είδος αξιοπρέπειας, κάθε ηθικό στήριγμα και κάθε διέξοδος στα ανθρώπινα, καθημερινά, πράγματα. Και ενώ η φτώχεια αφαιρεί δικαιώματα ξενοιασιάς και καλοπέρασης, δεν αφαιρεί όνειρα και μετοχές στα χαμόγελα στην ελπίδα. «Ηθική ένδεια» σημαίνει πολλά. Σημαίνει έναν λαό που έχασε την επαφή με τα θετικά. Απώλεια σε ηθικό στήριγμα σημαίνει ξεφτίλα. Από γενιά σε γενιά είναι βέβαια τα πράγματα διαφορετικά αλλά δεν ξεπερνιόνται εύκολα από μια γενιά που γαλουχήθηκε και γαλουχείται ακόμα με αυτά. Η διαφθορά έχει μέσα της στοιχεία διαχρονικά. Είναι μια μορφή επιβίωσης η διαφθορά, μια αρρώστια με στοιχεία εμμονικά, ωστόσο σταθερά από γενιά σε γενιά. Δεν πρέπει να αναρωτιόμαστε εμείς οι Έλληνες τι μας οδήγησε σε όλα αυτά αλλά τι μας κρατάει δέσμιους στη διαχρονική διαφθορά. Είναι ίδιον φυλής που σκέφτεται διαφορετικά; Είναι ανάγκη μιας επιβίωσης που άντεξε στον χρόνο; Ή είναι το έθιμο της σκέψης που, παραδοσιακά, μας χαρακτηρίζει;

Η ηθική εξαθλίωση δεν αλλάζει ουσιαστικά. Δε θα δεις πια τον Έλληνα εύκολα να χαμογελά. Έχασε το έρεισμα στα λεφτά. Έχασε τις πνευματικές του αντοχές αφού είχε στηρίξει την υπόστασή του στα λεφτά. Μπόρεσε ο Έλληνας, για λίγα χρόνια, να ζήσει καλά. Όμως έχασε την επαφή με τα ουσιαστικά προβλήματα. Τώρα πρέπει να προσαρμοστεί σε συστήματα ξένα, διαφορετικά. Πρέπει να εργαστεί σκληρά. Είναι ειρωνεία αν σκεφτεί κανείς ότι κάποτε είχε πολλά αν και δεν αγωνιζόταν και τόσο γι' αυτά. Τώρα πρέπει να αγωνιστεί για πολύ για να πάρει λίγα, ακόμη και λεφτά.

Να ξαναβρεί ο Έλληνας τα στοιχεία εκείνα που του δίνουν κουράγιο επιβίωσης και καλή καρδιά. Εμείς, ως νεότερη γενιά, θα μάθουμε να ζούμε για τα λεφτά χωρίς όμως λεφτά...

## Άνθρωπος μηχάνημα

Θα γίνει μηχάνημα ο άνθρωπος; Θα αντικατασταθούν οι άνθρωποι από μηχανήματα, στον βωμό του κέρδους; Της φιλαργυρίας; Ναι! Η απάντηση είναι ναι, και η λογική θα αντικαταστήσει το συναίσθημα. Και φαντάζεστε τι έχει να γίνει σε μια εποχή χωρίς συναίσθημα. Ποιος θα αγκαλιάζει το παιδί του, θα παίζει με το ζώο του, θα βλέπει τον συνάνθρωπο; Κανένας. Ο άνθρωπος επέλεξε να αγαπάει τα χρήματα και τα μηχανήματα. Επέλεξε να εξαγοράζει συναισθήματα, όταν του λείπουν, για να νιώσει ωραία. Άραγε πόσοι κομπλεξικοί άνθρωποι υπάρχουν που δεν ένιωσαν τίποτα χωρίς εξαγορά; Τίποτα χωρίς κόστη και κέρδη; Τίποτα χωρίς χρηματικές έννοιες και μέσα; Τίποτα που να μην περιέχει υπολογισμούς και ισοζύγια;

Ο άνθρωπος επέλεξε να αγαπάει τα μηχανήματα. Να εκμυστηρεύεται τα λάθη του, τα πάθη του, σε μηχανήματα. Να μιλάει σε άλλους ανθρώπους με μηχανήματα. Όταν τους συναντά από κοντά δεν έχει τι να πει γιατί έτσι έμαθε: να τα λέει όλα μέσα από μηχανήματα. Να πληρώνει μέσα από μηχανήματα. Να δουλεύει μέσα από μηχανήματα. Να αντικαθίσταται από μηχανήματα. Να θαυμάζει τα μηχανήματα. Να ζει με μηχανήματα. Να εξαρτάται από την τεχνολογία και τα πάσης φύσεως μηχανήματα. Τι σχέση έχουν όλα αυτά με την αμεσότητα στην επικοινωνία και τα συναισθήματα; Καμία. Ποιος μίλησε για τέτοια εποχή;

Όμως ο άνθρωπος, καλώς ή κακώς, γεννήθηκε με συναισθήματα που στην πορεία της ζωής του καλλιέργησε. Έφτιαξε τέχνη, πολιτισμό, χάρη στα συναισθήματα. Συγχώρεσε, αγάπησε, ερωτεύτηκε χάρη στα συναισθήματα. Τι θα συμβεί άραγε, που ήδη συμβαίνει, αν τα καταπιέσει, αν τα ξεγράψει, αν τα αρνηθεί για τη γυμνή, άγονη, ξερή και χωρίς συναισθήματα λογική; Μπορεί και να μεγαλουργήσει. Μεγαλουργεί και χωρίς συναισθήματα. Κάνει έργα, σπουδαία έργα, μεγάλα έργα που αφήνουν όμως τους ανθρώπους να ζουν στο περιθώριο και στη συναισθηματική μιζέρια. Η φτώχεια στην ψυχή δεν παλεύεται. Κάνει τον άνθρωπο να φαίνεται ζώο ανήμερο, άγριο αρπαχτικό από τα πιο τρομαχτικά, από τα λίγα που γεννήθηκαν στην αρχή της γένεσης και που για να επιβιώσουν έτρωγαν σάρκες και οστά από ό,τι έχει και δεν έχει συναίσθημα. Εξάλλου ο πόλεμος δεν τελείωσε. Οι μάχες επιβίωσης συνεχίστηκαν και θα συνεχίζονται όσο οι άνθρωποι θα διακατέχονται από στρεβλά συναισθήματα. Στρεβλά δεν σημαίνει και ανύπαρκτα. Σημαίνει όμως αλλοίωση και η αλλοίωση μεταλλάσσει το συναίσθημα από υγιές σε κάτι αρρωστημένο. Έτσι, πολύ απλά, ευχαριστιέται ο άνθρωπος που δεν έχει συναισθήματα και έχει μηχανήματα. Εξάλλου τι να τα κάνει και να τα έχει αφού η εποχή δε θέλει ανθρώπους, θέλει μηχανήματα; Δε θέλει συνήθειες, αγάπες και έρωτες. Θέλει μηχανήματα. Όλα για τα μηχανήματα, όλα τα συναισθήματα.

## Το χρήμα

Η δαιμονοποίηση του χρήματος είναι άδικο πράγμα. Ξεχνάμε μάλλον μια σημαντική λεπτομέρεια: το χρήμα δε δημιουργήθηκε από μόνο του. Ο άνθρωπος το δημιούργησε για να διευκολύνει τις συναλλαγές του. Αν το χρήμα έγινε σημαντικό στη ζωή δε φταίει το χρήμα, φταίει ο άνθρωπος. Δαιμονοποιώντας το χρήμα αφήνουμε άνευ ευθυνών τον άνθρωπο. Παραβλέπουμε μάλλον κάτι που δεν αντέχουμε να παραδεχτούμε, βλέποντας βέβαια πού έχει φτάσει η εξέλιξη αυτού του πράγματος. Το χρήμα, λέμε, σταύρωσε τον Χριστό. Μα δεν τον σταύρωσε τον Χριστό το χρήμα. Ο άνθρωπος τον σταύρωσε, για το χρήμα.

Δεν είναι έμψυχο ον το χρήμα. Και αν έχει πάρει διαστάσεις δε φταίει το ίδιο το μέσον αλλά ο άνθρωπος που το χρησιμοποιεί. Ποιος του έδωσε τόση αξία και από που πηγάζει, τελικά, η τόση αξία του χρήματος; Πηγάζει από την ανασφάλεια του ανθρώπου; Πηγάζει από την έλλειψη εμπιστοσύνης στο ίδιο του το είδος; Πηγάζει από τον φόβο του στη φύση, που δεν μπορεί να βρει άλλον τρόπο να κυριαρχήσει και επινόησε έναν πλασματικό τρόπο; Πηγάζει από την ιδιοτέλειά του, το μέγεθος της οποίας αυξάνεται όσο εξελίσσεται το είδος και καταλαβαίνει τις δυνατότητές του; Τι έκανε τον άνθρωπο να θεοποιήσει το χρήμα; Τι έκανε τον άνθρωπο να θεοποιήσει το μηχάνημα; Υπάρχει περίπτωση ποτέ ένα μηχάνημα να ξεκινήσει μόνο του να κάνει κάτι; Αν δεν το χρησιμοποιήσεις δε θα κάνει τίποτα. Ο άνθρωπος κινεί όλο αυτό το νήμα. Ο άνθρωπος είναι η απάντηση στο χρήμα. Ο άνθρωπος αγάπησε το χρήμα γιατί απλούστατα αγάπησε την ιδιοτέλειά του τόσο πολύ που δεν τον ενδιαφέρει να συνυπάρχει με τίποτε άλλο. Ή ακόμα και όταν τον ενδιαφέρει το κάνει για να ικανοποιήσει την ιδιοτέλειά του, όχι γιατί νοιάζεται για την πράξη ή για τον άλλο άνθρωπο.

Ιδιοτέλεια βέβαια σημαίνει κάτι με τέλος, με δικό του σκοπό. Άραγε λοιπόν αυτό είναι ο άνθρωπος; Μία οντότητα που προσπαθεί ξεκάθαρα να ικανοποιήσει τον δικό της σκοπό και το χρήμα δεν είναι τίποτε άλλο παρά η έκφραση αυτής της πικρής αλήθειας για τον άνθρωπο; Πόσο ιδιοτελής είναι και πόσο ενστικτωδώς νοιάζεται για τον τρόπο κυριαρχίας και επιβίωσης; Και λέμε «ενστικτωδώς» γιατί νιώθουμε ότι είναι και ένστικτο. Λίγοι άνθρωποι το θυσιάζουν ή το παρακάμπτουν για έναν άλλο σκοπό. Πολλοί λίγοι.

Άραγε, αν είναι ένστικτο, δεν αποδεικνύει ότι και ο άνθρωπος είναι ένα αρπαχτικό ένα ζώο που μάχεται για επιβίωση και τίποτε άλλο; Δεν αποδεικνύει ίσως ότι η φύση τον έκανε έτσι γιατί η ίδια αισθάνεται τη σκληρότητά της και όφειλε να δώσει στο δημιούργημά της τα δικά της εγγενή χαρακτηριστικά; Και, άραγε η φύση το έδωσε; Ποιος άραγε ρώτησε τη φύση; Ρώτησε η ίδια τον εαυτό της ή απλά ό,τι ζούμε συμβαίνει χωρίς λογική εξήγηση;

Απλά συμβαίνει. Και παλεύουμε ορισμένοι άνθρωποι να αποδώσουμε επιστημονικές, φιλοσοφικές, θεολογικές, υπαρξιακές εξηγήσεις μόνο και μόνο επειδή η φύση μας έκανε έτσι: όχι διανοούμενους όπως θέλουμε να λέμε αλλά περίεργους. Δηλαδή ανάμεσα στα είδη των ανθρώπων υπάρχουν και κάποια τεμπέλικα περίεργα που αρέσκονται να κάθονται και να παρατηρούν τα υπόλοιπα είδη, που παλεύουν να επιβιώσουν και να δώσουν τελεολογικές εξηγήσεις σε πράγματα που τελικά πολύ δύσκολα εξηγούνται. Δηλαδή και αυτό το είδος μέσα στο ευρύτερο είδος επιτελεί τον σκοπό του. Απλά δεν ταυτίζεται με τον ευρύτερο σκοπό και από εκεί ξεκινά το πρόβλημα της ανθρώπινης ύπαρξης. Ότι δηλαδή ενώ μοιάζουμε εμφανισιακά, φέρουμε τα ίδια χαρακτηριστικά ως είδος ανεξαρτήτως χρώματος, καταγωγής και γεωγραφικής τοποθέτησης, ότι ενώ μοιραζόμαστε κοινά χαρακτηριστικά δε μοιάζουμε στις συμπεριφορές μας και στους γενικούς μας στόχους. Διότι δεν μπορεί να μοιάζει με άνθρωπο εκείνος που αρέσκεται και βρίσκει την ολοκλήρωση στο να σκοτώνει ζώα, άλλους ανθρώπους, μωρά και ό,τι έχει ζωή. Ο πραγματικός άνθρωπος απεχθάνεται, σιχαίνεται, δεν αντέχει να βλέπει να σκοτώνεται μπροστά του ούτε ένα μυρμήγκι και προτιμά να το αφήσει να ζήσει και να κάνει τον φυσιολογικό του κύκλο. Το σέβεται όπως σέβεται τα πάντα.

Γίνεται να είναι και οι δυο αυτοί τύποι μέρη του ανθρώπινου είδους; Κομμάτια της ίδιας αλυσίδας; Ε, δε γίνεται αυτό. Ή γίνεται και η εξήγηση είναι απλή: ναι μεν έχουμε κοινά χαρακτηριστικά αλλά δεν έχουμε τίποτε άλλο κοινό. Και συνεπώς οι ψυχές, που καθόλου τυχαία τόσοι μελέτησαν, το μυαλό δεν τις μοιάζει καθόλου. Υπάρχει τόσο fragmentation που θυμίζει το ανθρώπινο είδος ό,τι και το υπόλοιπο ζωικό: την απόλυτη καθολική διαφορετικότητά του και την αρχή της αδυσώπητης σκληρής και απαράμιλλης επιβίωσης ως αρχή ζωής και όχι ως μια απλή παρένθεση, όπως θέλουμε να σκεφτόμαστε οι άλλοι, μέσα σε αυτό το ποικιλόμορφο ομοειδές βασίλειο. Δεν υπάρχει εποχή που να μην απασχόλησε, με αυτό το θέμα τον άνθρωπο, είτε επιστημονικά, είτε φιλοσοφικά, είτε θεολογικά, είτε όπως θέλεις. Όλοι είχαν και έχουν έναν σκοπό: να εξηγήσουν από τι προήλθε και τι τελικά είναι ο άνθρωπος. Και προφανώς το ερέθισμα, η βάση δηλαδή, είναι ακριβώς αυτό το πράγμα. Η τεράστια διάσταση, η απόκλιση, έτσι όπως εμείς τη βλέπουμε σε ομοειδή ως προς την εμφάνιση, που όμως διαφέρουν τόσο.

Αυτή η εικόνα, αυτό το ερέθισμα είναι σίγουρα η πηγή όλων των ερωτημάτων πάνω στο «τι είναι ο άνθρωπος και γιατί είναι αυτό και όχι κάτι άλλο». Όσο το ερώτημα πλανάται και θα πλανάται η διανόηση κάθε φύσης και κατεύθυνσης, ανάλογα τον άνθρωπο θα συνεχίζει το βαρύ έργο της, αυτό της έρευνας.

Γιατί δαιμονοποιούμε το χρήμα λοιπόν αφού εμείς του δώσαμε τη σημερινή του θέση; Θα μπορούσε κάλλιστα να έχουμε μείνει στον αντιπραγματισμό καλύπτοντας καθαρά τις απαραίτητες ανάγκες, κάτι πλέον δύσκολο στις σημερινές εποχές. Θα μπορούσαμε και να δημιουργούμε και να καταναλώνουμε χωρίς αντίτιμο βάζοντας απλά ένα όριο κατανάλωσης. Κάτι επίσης πάλι αδύνατο στις σημερινές εποχές, είναι ότι θα μπορούσαμε γενικά να απογυμνώσουμε το χρήμα από τη σημερινή του αξία. Ποιος επέλεξε να μη γίνει αυτό; Ο άνθρωπος. Ποιος επινόησε τη δουλεία; Ο άνθρωπος. Ποιος εξακολουθεί να στηρίζει με έμμεσο τρόπο τη δουλεία; Ο άνθρωπος πάλι. Διότι δουλειά που αντιστοιχεί σε ένα κομμάτι ψωμί δε λέγεται δικαίωμα ούτε προνόμιο, λέγεται εκμετάλλευση. Εκμετάλλευση από άνθρωπο σε άνθρωπο. Ποιος λοιπόν ανθίσταται ώστε να μην αποτινάξει τα κακά του ελαττώματα; Ο άνθρωπος. Και ενδεχομένως να μην το συμμερίζεται αυτό κάθε άνθρωπος. Για κάποιους, ίσως πολλούς, φαίνεται όλο αυτό το ελάττωμα απλά ως στοιχείο επιβίωσης που κουβαλάει ο άνθρωπος.

Το περίεργο είναι ότι ακόμα και αν βρεθεί κάποιος που δεν θα πιστεύει στο χρήμα ή αλλιώς στον άνθρωπο, θα δυσκολευτεί πολύ να επιζήσει σε έναν κόσμο φτιαγμένο για αυτόν τον άνθρωπο. Τον άνθρωπο του χρήματος, της τεχνολογίας, των πολέμων, των αδικιών, των άπληστων απολαύσεων, των εκβιασμών, του φόβου, τον ιδιοτελή άνθρωπο. Θα δυσκολευτεί πολύ να ξεφύγει από τα γρανάζια μιας τέτοιας διαχρονικότητας. Γιατί, στο μόνο που φαίνεται να είναι ηθικός και συνεπής ο άνθρωπος είναι τελικά η ιδιοτέλειά του. Εκεί πραγματικά διέπρεψε και διαπρέπει χωρίς εμπόδιο, χωρίς παράσημο. Διέχυσε τους αιώνες, διοργάνωσε τους πολέμους, συνέθλιψε την ανθρωπότητα δηλαδή το ομοειδές του θυσίασε ανθρώπινη σάρκα, για ψυχή δεν ξέρω αν σκέφτηκε, ίσως να ήταν πολυτέλεια αυτά τα πράγματα και εξακολουθούν να είναι, διέλυσε, κατέστρεψε και καταστρέφει απλά και μόνο υπηρετώντας την ιδιοτέλειά του. Οι λέξεις κυριαρχία και επιβίωση θα έπρεπε να είναι το συνώνυμο του χρήματος. Ή καλύτερα, ταιριαστό συνώνυμο του χρήματος είναι ο άνθρωπος. Φυσικά οι αρχαίοι πρόλαβαν και το είπαν αυτό μην ξεχνάμε: «Πάντων χρημάτων μέτρο ο άνθρωπος». Δηλαδή φίλοι μου και τότε και τώρα και χθες και αύριο και μεθαύριο το ίδιο ίσχυε και θα ισχύει: ο άνθρωπος. Εκείνος, και τότε πάλευε με την κυριαρχία, εκείνος παλεύει και σήμερα. Εκείνος πάλευε για την επιβίωση, εκείνος παλεύει και τώρα. Δεν έχει ειπωθεί κάτι καινούριο από τότε μέχρι σήμερα και αυτό είναι το άσχημο: ότι τελικά αυτό είναι ο άνθρωπος.

Ή είναι πολύ αργή η εξέλιξη στον άνθρωπο ή τελικά αυτό είναι ο άνθρωπος. Πίσω μπρος οι αιώνες, πίσω μπρος η οπισθοδρόμηση, η αναγέννηση, πίσω μπρος όλα. Δεν άλλαξε ο άνθρωπος. Ίσως η αλλαγή να μην αντέχεται και η εξέλιξη να είναι δύσκολο πράγμα. Επικρατεί και ο φόβος που είναι και αυτός πρωταρχικό ένστικτο στον άνθρωπο. Δε γίνεται να το αμφισβητήσει κανείς αυτό. Ούτε και ότι η εξέλιξη είναι δύσκολο πράγμα. Δεν μπορεί να εξελίσσεσαι συνέχεια, ιδιαίτερα όταν σε απασχολεί το κομμάτι της επιβίωσης. Και για εκείνους που το έχουν λύσει δεν είναι εύκολο να ξεφύγουν από το αίσθημα της νίκης πάνω σε κάτι δύσκολο, άπιαστο και να μην επιδιώξουν, πλανεμένοι από αυτό το αίσθημα, το υπόλοιπο κομμάτι την κυριαρχία του ανθρώπου στον άνθρωπο. Του ανθρώπου που υπερέβη την επιβίωση και κατάφερε να ξεπεράσει τον ίδιο τον άνθρωπο. Με αρνητικό πρόσημο πάντα γιατί, προφανώς, η κυριαρχία δεν ωφέλησε την εξέλιξη αλλά οδήγησε με την αλαζονεία της πίσω, στο πρωταρχικό στάδιο, στην επιβίωση. Γιατί όταν κυριαρχείς και καταστρέφεις τα πάντα κάποτε θα καταστρέψεις και το ίδιο το δημιούργημα της δικής σου εξέλιξης, τον άνθρωπο. Οπότε, σε τι θα κυριαρχείς; Στον εαυτό σου;

Το παιχνίδι μοιραία θα επιστρέψει στο αρχικό στάδιο. Σε έναν φαύλο κύκλο, άνθρωπος ενάντια σε άνθρωπο.

## Εγωκεντρισμός

Η γη γυρίζει γύρω από τον άξονά της όπως ο άνθρωπος γυρίζει γύρω από τον εαυτό του. Γυρίζει όμως και γύρω από τον ήλιο όπως ο άνθρωπος γυρίζει γύρω από την αλήθεια. Αν εξαλειφθεί ο ήλιος, αν σβήσει, η γη τέλειωσε. Αν ο άνθρωπος πάψει να αναζητά την αλήθεια το νόημα της ζωής του τέλειωσε. Αυτό ίσως εξηγεί την εμμονή του ανθρώπου στην αναζήτηση της αλήθειας. Άρα ενώ η γη επιτελεί τον εγωκεντρισμό της, αναπόφευκτα και αναπόδραστα δεν μπορεί να ζήσει χωρίς τον ήλιο. Ενώ λοιπόν ο άνθρωπος λειτουργεί εγωκεντρικά, αναπόφευκτα, δεν μπορεί να ξεφύγει από την αλήθεια που τον κυριαρχεί όπως ο ήλιος κυριαρχεί στη γη. Όταν αλλάζει βέβαια θέση ο ήλιος και πέσει το σκοτάδι, ο άνθρωπος ξεκουράζεται. Παραδίδεται στο ξεκούραστο και βολικό ψέμα. Και μάλιστα επιβάλλεται το σκοτάδι και επηρεάζει γιατί αφήνει αυτή τη γλυκιά αίσθηση της πικρής χαλάρωσης από τον καυτό ήλιο. Γιατί η αλήθεια είναι καυτή. Όπου ο ήλιος είναι λιγότερο καυτός, λιγότερο καυτή είναι και η αλήθεια και μεγαλύτερη η εξοικείωση των ανθρώπων μαζί της. Όπου ο ήλιος είναι πιο καυτός η αλήθεια είναι πιο δυσβάσταχτη και δυσκολότερη η εξοικείωση των ανθρώπων μαζί της.

Καθόλου τυχαίο λοιπόν που άλλοι λαοί αποδέχονται τις αλήθειες εύκολα και συμπορεύονται, σε αντίθεση με λαούς που αναλίσκονται σε μυθοπλασίες, φανταστικές θεωρίες και θρησκεύματα προκειμένου να εξαλείψουν την αλήθεια ή έστω να κάνουν πιο ελαφρύ το νόημά της. Γιατί, πολύ απλά, δεν την αντέχουν. Το φως τυφλώνει και η αλήθεια καίει. Αν έχεις απόσταση από το φως σε τυφλώνει λιγότερο και αντιμετωπίζεις την αλήθεια πιο συμβατικά, πιο χαλαρά. Από απόσταση. Εκεί που η νύχτα είναι ίση με τη μέρα, το φως ίσο με το σκοτάδι, εκεί η αλήθεια αποκαλύπτεται με μέτρο. Και τα σημεία της γης όπου αυτό συμβαίνει είναι όντως ελάχιστα. Άραγε είναι συνθήκες αναγκαίες και οι δύο ή αλληλεξαρτώμενες που αλληλοεπιδρούν σε μια συνθήκη ισορροπίας, προκειμένου να διασφαλίζεται η επιβίωση οπότε και οι αντοχές του ανθρώπου μέσα σε αυτή; Συνθήκες υπαρκτές το φως και το σκοτάδι, όπου αλλού επικρατεί η μία και αλλού επικρατεί η άλλη; Το βέβαιο είναι ότι η γη γυρίζει γύρω από τον άξονά της και γύρω από τον ήλιο. Το σκοτάδι είναι απαραίτητη συνθήκη χαλάρωσης αλλά ο ήλιος απαραίτητη συνθήκη ζωής. Αυτό ίσως εξηγεί και την αέναη ανάγκη του ανθρώπου για έρευνα αλλά και την ενστικτώδη προσκόλληση στο άτομό του. Στο εγώ του.

## Εσωτερικοί διάλογοι

Ανύπαρκτοι σε ορισμένους, υπαρκτοί βέβαια σε πολλούς. Όλοι μιλάμε με τον εαυτό μας. Το πώς μιλάει και τι λέει ο καθένας διαφέρει. Διαφέρει κατά τη χώρα, το πολιτισμικό επίπεδο, την ποιότητα ζωής, τις ανάγκες και πολλές άλλες ιδιαιτερότητες. Όλοι όμως συζητάμε, λέμε με τον εαυτό μας κάτι. Αν προλαβαίνουμε, γιατί πολλές φορές ο διάλογος αυτός απαιτεί χρόνο, σκέψη, περισυλλογή και συγκέντρωση. Πολύτιμες έννοιες αν σκεφτείς ότι πολύς κόσμος απορροφάται από την ανάγκη να τα βγάλει πέρα και μόνο σε τέτοιου είδους σκέψεις δεν μπορεί να επιδοθεί.

Ωστόσο η ποιότητα των διάλογων αυτών επηρεάζει και την επικοινωνία προς τα έξω, δηλαδή με τους άλλους. Η ισορροπία των σκέψεων ή μη επηρεάζει το τι θα ειπωθεί και θα πραχθεί με τους υπόλοιπους ανθρώπους γύρω μας. Θα ήταν ιδανικός ο κόσμος αν είχαμε την ευκαιρία να μιλήσουμε ήρεμα με τον εαυτό μας και να δώσουμε λύσεις ψύχραιμες, λογικές, χωρίς πάθη, χωρίς υπερβολές.

Από αυτούς τους διαλόγους κρίνεται η ισορροπία μιας ομάδας, μιας κοινωνίας, μιας οικογένειας. Όταν δεν υπάρχουν αυτοί οι διάλογοι ή δεν υπάρχει διάθεση για εξερεύνηση ή όταν δεν γίνονται οι διάλογοι φιλτραρισμένοι από εγωισμούς πάθη και θέλω, τότε η επικοινωνία προς τα έξω είναι προβληματική και αλλόκοτη με συνέπεια στις ζωές των άλλων και τις δικές μας. Δε βγάζει νόημα η ζωή όταν την παρερμηνεύεις. Πρέπει λοιπόν να υπάρχει αυτή η διαδικασία του ελέγχου, πάντα σύμφωνα με τις εξωτερικές συνθήκες που επιβάλλουν ή διαμορφώνουν το σήμερα, σε σχέση με το χθες και το αύριο. Δεν είναι δύσκολο να καταλάβει κάποιος νοήμων τι έχει μέσα του και τι γενικώς συμβαίνει, αλλά είναι δύσκολο να φέρνει σε ίσια γραμμή τον εαυτό του με αυτό που συμβαίνει. Και εκεί σκέφτεται. Ενδιαφέρεται να δει τι του συμβαίνει και πώς αλλάζει ή δεν αλλάζει αυτό που συμβαίνει. Διαλογίζεται εσωτερικά και ο διάλογος αυτός μεταφέρεται έξω. Και αναλόγως με τη διάθεση και τις προθέσεις γίνεται μια διεργασία με θετικές ή αρνητικές συνέπειες.

Όλα αυτά είναι σκέψεις του διαλογιζομένου ανθρώπου, του ανθρώπου που σκέφτεται, υπάρχει, ενδιαφέρεται να δει τι, πώς, γιατί συμβαίνει το καθετί που ξέρει. Ερωτήματα σκέψης. Φυσικά ο διάλογος ο εσωτερικός, οι δομές αυτού του διαλόγου διαμορφώνονται και από μια νεότερη ηλικία σκέψης αλλά και από μία οικογένεια, μια πρώτη ομάδα που βάζει λογικά ή παράλογα αυτά τα θεμέλια που ακολουθούν τον κάθε άνθρωπο στην πορεία, στις σχέσεις. Ποια είναι τα ερεθίσματα, ποιες είναι οι αντιλήψεις των γύρω του, ποια είναι η δική του ιδιοσυγκρασία, οι δικές του ατομικές προσεγγίσεις, το δικό του DNA, όλα συμβάλλουν στο τι θα αποδώσει αυτή η σκέψη. η αντιπαράθεση ή συζήτηση μέσα του και έξω του. Οι εντάσεις, οι αντιθέσεις, οι εμπειρίες, τα μαθήματα ζωής, τα πρότυπα, τα θέλω, όλα συνθέτουν περίεργες εικόνες στις εσωτερικές διεργασίες της ανθρώπινης σκέψης. Η συγγραφή αυτή είναι ένα μέρος του διαλόγου. Εσωτερικού, αμφισβήτησης, αντιθέσεων, αλλαγών, συνθηκών, επιρροών, όλα παίζουν τον ρόλο τους. Και αν η γραφή φαίνεται δυσανάλογη της θετικής σκέψης συγχωρέστε με γιατί εδώ παραθέτω τη δική μου ατομική εμπειρία. Υπάρχουν και άλλες εμπειρίες πιο λογικές, πιο προσγειωμένες και ίσως πιο χαρούμενες ή έστω πιο ολοκληρωμένες. Οι άνθρωποι διαφέρουν.

## Έρωτας

Δε θα αναφερόμουν σε αυτό το κεφάλαιο καθόλου αν δε με είχαν προκαλέσει οι περιστάσεις. Περιστάσεις καθόλου ευχάριστες και σίγουρα όχι ευνοϊκές στο θέμα. Θα μπορούσε να πει κανείς ότι ο έρωτας είναι κάτι προσωπικό, που άλλοτε οδηγεί σε μεγάλα ειδύλλια και άλλοτε σε μεγάλες καταστροφές. Δυστυχώς όμως, και για λόγους μη ευνόητους, συνήθως δεν έχει θετική κατάληξη. Θες ότι από ανάγκες δικές σου μεγαλοποιείς τις χαρές και τις χάρες ενός άλλου ανθρώπου, στα χέρια του οποίου αισθάνεσαι κάτι σημαντικό κάτι παραμυθένιο, θες ότι παραβλέπεις τις ατέλειες και τα ελαττώματα ενός ανθρώπου, που δεν παύει να είναι άνθρωπος και αυτός για τις δικές σου ανάγκες πάλι, θες το ένα, θες το άλλο, το σίγουρο είναι ότι στο τέλος δεν παίρνεις αυτό που θέλεις. Ξυπνάς μια μέρα και συνειδητοποιείς το απίστευτο: ότι ο υπερήρωάς σου είναι ένας μαλάκας, που απλά εσύ τον έκανες υπερήρωα. Φυσικά, περίπτωση με περίπτωση διαφέρει και καλά κάνουν και γράφουν τόσοι αγνοί και ρομαντικοί άνθρωποι υπέρ του. Γιατί να μην εκπροσωπηθεί όμως και η άλλη πλευρά του έρωτα; Εκείνων δηλαδή που τον εμπιστεύτηκαν και γκρεμίστηκαν, χάθηκαν και έχασαν τα πολύτιμα όνειρά τους σε μια ιδέα που, μάλλον, κατέληξε σε αρρώστια και βέβαια χωρίς θεραπεία; Γιατί λίγοι είναι αυτοί που απογοητεύτηκαν από τον έρωτά τους;

Και φυσικά κανείς δεν παραβλέπει ότι είναι μια εμπειρία ζωής να ερωτευτείς και ίσως και ευλογία αφού το έζησες και αυτό στη ζωή. Ευλογία όμως που πολλές φορές μετανιώνεις την ώρα και τη στιγμή που την έζησες. Τόσο που να θυμάσαι τον έρωτα σαν μια απίστευτη ταραχή ψυχής, όποια και να είναι η κατάληξη, μια κατάρα που έπεσε στο κατώφλι της ψυχής σου για να αναστατώσει πράγματα που μέχρι τότε κοιμόταν σε βαθύ λήθαργο. Και ο λήθαργος καμιά φορά δεν είναι τόσο κακός. Μάλιστα σε προστατεύει από ασήμαντες και άχρηστες παρενέργειες που έχει αυτό το απότομο ξυπνητό του έρωτα.

Οι πολύ λογικοί δεν το αισθάνονται ή και το απορρίπτουν. Ίσως και να προστατεύονται έτσι. Ίσως και να χάνουν μια ενδιαφέρουσα πλευρά της ζωής. Πάντως δεν πέφτουν σε τρικυμίες που δεν ξέρουν αν θα τους οδηγήσουν σε γαληνεμένα λιμάνια ή στα απότομα και κοφτερά βράχια. Δε ρισκάρουν και ίσως είναι καλύτερα. Δεν είναι βέβαιο ότι, επειδή δεν ερωτεύτηκες αλλά απλά αγάπησες, σκέφτηκες, ζύγισες και αποφάσισες τι σου ταιριάζει, αυτό δε θα σε κάνει και ευτυχισμένο. Έναν έρωτα που τον ξεπερνάς και προχωράς μπορεί να τον θυμάσαι και ως ένα αστείο, ένα χαριτωμένο αστείο μιας εποχής άγνοιας, αμέλειας, τρυφερότητας και αυτό δε σε πειράζει, δε σε βλάπτει. Αν όμως δεν το ξεπεράσεις ή ο άνθρωπος που ερωτεύτηκες σε εκμεταλλεύτηκε, σε έβλαψε, σε έκανε υποχείριο του, σε ξεφτίλισε, σε ταπείνω-

*Fruste*

σε, σε ξέσκισε σαν άνθρωπο, σαν υπερηφάνεια, σαν αξιοπρέπεια, μετά τι έχεις να θυμάσαι; Τον έρωτα ή τα δεινά του έρωτα;

## Γονείς

Εσείς γονείς, πώς καταντάτε έτσι τα παιδιά σας; Ποιος σας έμαθε να χειρίζεστε ξεχωριστές οντότητες σαν φωτοτυπίες του εαυτού σας; Γεννάτε για να δημιουργήσετε εξέλιξη ή απλά για να επιβεβαιώσετε τα ασυνείδητα σφάλματά σας; Υπάρχουν βέβαια και κοινωνίες που γεννάνε για να γεννάνε. Για τη χαρά της γέννας. Για τη χαρά του αύριο. Άσχετα αν αύριο τα παιδιά τους είναι μπουκιές στον χάρο σε κοινωνίες δίχως χθες, δίχως σήμερα, δίχως αύριο.

Γονείς, έχετε συνείδηση του ρόλου σας, της ουσιαστικότητάς του; Ξέρετε τι προετοιμάζετε όταν μέσα από τα παιδιά σας επαναλαμβάνετε τα σφάλματά σας; Ξέρετε τι καταδίκες υπάρχουν; Πώς είναι δυνατόν να θεωρείτε τη δημιουργία ενός νέου πλάσματος συνέχεια της αυτοτέλειάς σας; Απλά έτυχε να το γεννάτε. Σκεφτείτε ότι δεν κάνετε κάτι σπουδαίο. Όλοι εν δυνάμει γεννάμε. Γεννάμε σκέψεις, ιδέες, τεχνάσματα, όλοι γεννάμε κάτι. Εσείς γεννάτε τα παιδιά σας και μπράβο σας. Αλλά ούτε ξέρετε γιατί τα γεννάτε.

Πώς τα καταφέρνει έτσι η ανθρωπότητα και ζει στο έπακρο την αναξιοπρέπειά της; Γονείς, ξυπνάτε, ενημερωθείτε, διαβάστε, μην επαναλαμβάνετε τα ίδια λάθη. Αναγνωρίστε στον εαυτό σας την αυτοτέλειά σας και αφήστε ήσυχα τα παιδιά σας να βρουν τη δικιά τους. Αναγνωρίστε στον εαυτό σας έναν βιολογικό, λειτουργικό ρόλο και επιτρέψτε στον νέο να ακολουθήσει την πορεία τη δικιά του.

Ποιος ανακάλυψε τις κοινωνίες, θεέ μου, που έκαναν τον άνθρωπο να ζει μέσα στη μιζέρια του; Ποιος ανακάλυψε τους κανόνες συμβίωσης και μετατρέπει ο άνθρωπος τον εαυτό του σε σκλάβο; Ποιος παρερμήνευσε τα λόγια των σοφών και τα προσάρμοσε στην ιδιοτέλειά του; Ποιος αντέχει να ζει μέσα σε εξευτελιστικές κοινωνικές συμβάσεις; Δεν μπόρεσα ποτέ να το καταλάβω. Ζει ο άνθρωπος για να αναπαράγει αιχμαλωσία και σκλάβους; Ζει ο άνθρωπος για να αναπαράγει τον εγωισμό και την ιδιοτέλειά του;

Φτωχές και πλούσιες κοινωνίες αναπαράγουν τα πρότυπά τους. Εκείνα που τους βόλεψαν, που τους έμαθαν, που τέλος πάντων τους κυριάρχησαν. Και έτσι, παθητικά και άδικα τα αναπαράγουν. Ποιοι γονείς ενδιαφέρονται πραγματικά για τα παιδιά τους; Ποιοι γονείς υπερβαίνουν την ιδιοτέλειά τους; Ποιοι γονείς αναγνωρίζουν τον Άνθρωπο στον άνθρωπο με τη μοναδικότητά του. Δε με ενδιαφέρει η ταξική μελέτη. Με ενδιαφέρει ο άνθρωπος. Γιατί, λάθη που βλέπεις σε φτωχές οικογένειες τα βλέπεις και σε πλούσιες. Λάθη που βλέπεις σε αμόρφωτες οικογένειες τα βλέπεις και σε μορφωμένες. Πρέπει επιτέλους να ξεφύγει από τους τίτλους ο άνθρωπος και με φυσικό τρόπο να επανέλθει στα συγκαλά του. Με λίγα λόγια να πάψει να λειτουργεί ως μηχάνημα εν εξελίξει και να λειτουργήσει ως Άνθρωπος.

Τα κοινωνικά συμβόλαια δημιουργήθηκαν για να βελτιώσουν τη συνύπαρξη και κατέληξαν να γίνουν τυραννία στα υποχείριά τους, δηλαδή τον άνθρωπο. Καταδικάζω όλα τα κοινωνικά συμβόλαια διότι στρεβλώθηκαν με σκοπό να υποτάσσουν. Και έτσι, ως κοινωνίες, καταλήξαμε να αναπαράγουμε τον άνθρωπο όπως αναπαράγουμε και εξελίσσουμε ένα μηχάνημα. Ίσως γι' αυτό τα μηχανήματα γνώρισαν τέτοια επιτυχία. Γιατί ταυτίστηκε ο άνθρωπος με τον ρόλο τους, ως Μηχάνημα. Δηλαδή έπαψε να είναι άνθρωπος. Έγινε λειτουργία, μέσον, έπαψε να έχει φυσική ύπαρξη, υπόσταση. Έγινε υποχείριο του μεταλλαγμένου εγκεφάλου του.

Γονείς, δε φέρνετε στη ζωή ανθρώπους αλλά εργαλεία, που ούτε καν εξυπηρετούν τον ίδιο τον άνθρωπο. Και πόσα εργαλεία ανακαλύφθηκαν για τον σκοπό αυτό. Πόσοι πνευματικοί, ανώτεροι άνθρωποι, έγιναν το μέσον για να στρεβλωθούν ακόμα χειρότερα τα πράγματα. Θρησκεία, τεχνολογία, ύλη, ιδεολογία, όλα εργαλεία στρέβλωσης ενάντια στον ίδιο τον άνθρωπο.

Φυσικά όλα ξεκίνησαν από τον άνθρωπο και την υπέρμετρη ανασφάλειά του. Αλλά αν έρθει η στιγμή της κρίσης, της συνειδησιακής κρίσης, ποιον θα κατηγορήσεις; Τη θρησκεία, την τεχνολογία, την ύλη, την ιδεολογία ή τον ίδιο τον άνθρωπο; Θα αναλάβει ο άνθρωπος την ευθύνη για την κατάντια του; Θα καταλάβει, εν τέλει, ότι ο ίδιος οδηγεί τον εαυτό του σε τεράστιο σφάλμα; Θα νιώσει επιτέλους κομμάτι της ασήμαντης, αλλά και συνάμα σημαντικής, ανθρωποσύνης του; Θα μάθει να ζει, όχι ως εργαλείομηχάνημα, αλλά ως άνθρωπος;

Φτιάξαμε πολιτισμό για να έχουμε Άνθρωπο ή άνθρωπο μηχάνημα; Ναι, φτιάξαμε, είναι η λέξη κλειδί. Και εκείνοι που τον έφτιαξαν, όπου τον έφτιαξαν, εξυπηρέτησαν την ιδιοτέλειά τους. Η ελευθερία έγινε άγνωστο πράγμα στον άνθρωπο. Έγινε έννοια, ποίηση, λογοτεχνία αλλά όχι τρόπος ζωής. Ένα είναι το σίγουρο: ο εικοστός πρώτος αιώνας δεν αναφέρεται στον άνθρωπο.

## Αθλιότητα

Τρεις κατηγορίες ανθρώπων ζουν σύμφωνα με αυτά που θέλουν: οι πλούσιοι, οι φιλοσοφημένοι και οι άρπαγες. Οι πλούσιοι έχουν εξασφαλίσει τον επιούσιο και πορεύονται στην καθημερινότητά τους. Οι φιλοσοφημένοι δεν έχουν ούτε προσδοκίες, ούτε απογοητεύσεις. Ζουν στο μέτρο της στωικότητάς τους. Οι τρίτοι, οι άρπαγες, δε βλέπουν τίποτα μπροστά τους. Χωρίς συναίσθημα απλά και μόνο αρπάζουν. Εξουσία, γάμους, χρήμα, όπλα, όλα τα αρπάζουν. Στην κατηγορία τους δεν υπάρχουν ηθικοί κανόνες και συναισθηματικά φράγματα αλλά μόνο αρπαγές. Είναι φυσικά οι πιο επικίνδυνοι, από όπου και αν προέρχονται, και πετυχαίνουν ένα μόνο πράγμα: να αρπάζουν. Ζουν για να αρπάζουν. Όλοι, όλα, είναι θηράματά τους.

Κανένας από αυτούς τους τρεις δεν ενδιαφέρεται για τους άλλους γιατί έχουν, ο καθένας από αυτούς, ξεκάθαρη κοσμοθεωρία. Δεν υπάρχουν συνήθως συνειδησιακές εντάσεις ή συναισθηματικές εξάρσεις. Τα αδιέξοδά τους αναφέρονται στην προσωπική περιπέτειά τους. Δηλαδή δεν τους αφορά τι κάνουν οι άλλοι ή γιατί το κάνουν αρκεί να μην επηρεάζουν την αρμονία της αθλιότητάς τους. Δεν ζουν για να σκέφτονται αλληλέγγυα και φιλάνθρωπα αλλά για να εξυπηρετούν τα συμφέροντά τους. Η ισορροπία τους εξαρτάται ξεκάθαρα από τις επιλογές που οι ίδιοι κάνουν για τους εαυτούς τους και όχι για τις επιλογές που κάνουν γι' αυτούς οι άλλοι. Είναι εγωιστές και με ιδιοτελή ή ανιδιοτελή τρόπο υπερασπίζονται την ατομικότητά τους. Δε διαφέρουν και πολύ μεταξύ τους γιατί, πολύ απλά, ό,τι κάνουν το κάνουν για να ικανοποιούν την ύπαρξή τους και όχι για να σκέφτονται ή να διαισθάνονται τους άλλους.

## Άλλη όψη

Υπάρχουν και φτωχοί που ζουν μέσα στην αθλιότητα, μέσα στην άγνοιά τους, αν και συνήθως ο πλούτος έχει κάνει παντού πλέον αισθητή την παρουσία του, την πολυτελή του εμφάνιση. Γι' αυτό και σε χώρες ή κοινωνίες που αυτά τα δυο συνυπάρχουν τα εγκλήματα είναι συνεχή και με τεράστιο βάθος. Συνεχή όσο και η αδικία και βαθιά όσο και ο πόνος της. Εκεί που δεν υπάρχει επαφή και σύγκριση, φυλές απομονωμένες, απόμακρες από τέτοια πράγματα, εκεί οι άνθρωποι ζουν με κανόνες επιβίωσης που απέχουν από κάθε είδους φιλοσοφίες ύπαρξης και συστημάτων. Ωστόσο η ίδια τους η ύπαρξη είναι παράδειγμα για τους άλλους που ζουν μακριά από τη φύση εγκλωβισμένοι στα πρότυπά τους. Οι φτωχοί αυτοί ιθαγενείς, όπου υπάρχουν, δεν ανταγωνίζονται τη φύση αλλά διδάσκονται από τα προστάγματά της.

Όλοι οι υπόλοιποι, οι ...πολιτισμένοι, δεν συνεργάζονται με τη φύση, ανταγωνίζονται τη φύση και την υποτάσσουν νομίζοντας ότι είναι ισχυρότεροι. Στον ελλειμματικό εγκέφαλό τους όμως την υποτάσσουν. Έτσι, ένα κράμα μεταλλαγμένης σκέψης και εννοιών, που πέρασαν λανθασμένα από γενιά σε γενιά, έκανε τους ανθρώπους να πιστεύουν ότι όλος ο παραλογισμός και η αλαζονεία τους είναι κομμάτι της ανθρώπινης δημιουργίας και εξέλιξης. Και η αλήθεια είναι ότι όντως είναι κομμάτι της εξέλιξης. Αλλά ποιας εξέλιξης, της στρεβλής εξέλιξης ερμηνειών, παρερμηνειών, πληροφοριών, παραπληροφοριών, ιδεολογιών παραιδεολογιών, πολιτικών παραπολιτικών και γενικά με το «παρά» να παραμονεύει σε κάθε φάση. Τώρα, αν όλα αυτά δικαιολογούνται κάπως, δικαιολογούν και το γιατί φτάνουμε εκεί που φτάνουμε.

Ωστόσο, η αλήθεια πάνω στην οποία στήριξαν ορισμένοι τις τύχες τους, δεν είναι η αλήθεια που οδηγεί τον κόσμο σε μια φυσιολογική κατάσταση. Δεν είναι βέβαια κάτι καινούριο όλο αυτό. Η αδικία παραμένει, απλά εξελίσσεται σε κάθε εποχή με άλλη εικόνα, διαφορετική ρητορική και ουσία που δεν αλλάζει.

# Ο πλούτος

Ενώ αντιπαραθέτουμε συνέχεια τον πλούτο με τη φτώχεια δε ομιλούμε ποτέ για τον πλούτο και το τίμημά του. Φθόνος, καχυποψία, ανασφάλεια συντροφεύουν τον πλούσιο άνθρωπο. Δεν σ' αγαπάει κανένας ή μάλλον σ' αγαπάει όποιος σ' αγαπάει για τα λεφτά σου. Δεν έχεις πραγματικούς φίλους, ούτε και ειλικρινείς συμμάχους. Ρωτήστε όσους πτώχευσαν από πλούτο, πόσοι τους τίμησαν μετά το ναυάγιο.

Είσαι ίνδαλμα της ιδιοτέλειάς τους και ζήλεια στην καρδιά τους. Ο πλούτος είναι η τύχη τους και συγχρόνως η κατάρα τους. Ξέρουν πώς όλα τα αγοράζουν: την αγάπη, τον έρωτα, τον σεβασμό, την εκτίμηση, τη συμπάθεια αλλά όλα πάντα με τα λεφτά τους. Και αν βρεθεί φτωχός που θα αγαπήσει πλούσιο ή πλούσια, δύσκολα θα γίνει η αγάπη αυτή συνείδηση στην καρδιά τους. Πάντα ανάμεσα σε αυτούς και τους άλλους παρεμβαίνουν τα λεφτά τους. Και αν γεννηθεί καλός άνθρωπος στα πλούτη, θα τον εκμεταλλευτούν, θα τον κατασπαράξουν. Θα βρουν τα αρπακτικά την αδυναμία του για να υφαρπάξουν τα λεφτά του.

Η ζωή είναι πάντοτε περιχαρακωμένη σε συγκεκριμένα πλαίσια, με τη διαφορά ότι φτωχοί περιχαρακώνονται από τη φτώχεια τους ενώ οι πλούσιοι από την ανασφάλειά τους. Ξέρουν ότι δεν μπορούν να κυκλοφορούν ελεύθεροι γιατί αν επιλέξουν κάτι τέτοιο θα πληρώσουν ακριβά το τίμημά τους. Φυλάσσονται, προστατεύονται και συνηθίζουν στον περιορισμό και τη φυλάκιση βαφτίζοντάς την «Ανώτερη Τάξη». Όταν οι άνθρωποι, για όποιον λόγο, περιορίζονται τότε δεν υπάρχουν ανώτερες και κατώτερες τάξεις. Υπάρχουν μόνο ελεύθεροι και σκλαβωμένοι άνθρωποι. Δεν έχει σημασία το είδος της σκλαβιάς, το είδος της εξάρτησης. Σημασία έχει ότι είναι σκλάβοι. Πλούσιοι μεν στην ύλη αλλά πνευματικά ανάπηροι. Συμπέρασμα: ο πολύς πλούτος βλάπτει. Βλάπτει την ελευθερία και την ασφάλειά σου. Χάνεις τον ύπνο σου με λίγα λόγια για τα λεφτά σου. Μικρή είναι η ζωή και είμαστε όλοι άνθρωποι. Αξίζει να σ' αγαπούν μόνο για τα λεφτά σου; Μεγάλη πίκρα. Μεγάλη καταπίεση. Μεγάλη κατάρα.

Ακόμα και να θέλεις να τα μοιραστείς, με κάθε καλή διάθεση, πάλι σε κοιτάζουν με φθόνο για τα λεφτά σου. Δε γλιτώνεις ποτέ από τα λεφτά σου. Εκείνα σε σώζουν, εκείνα σε καταδικάζουν.

Θα υπερασπιστώ λοιπόν και τον πλούσιο γιατί είναι άνθρωπος. Τώρα αν έχει επιλέξει να ζει τη ζωή του, με την απληστία και με τα λεφτά του, δεν με νοιάζει. Μπορεί να μετατραπεί ένα μηχάνημα σε άνθρωπο; Αν μπορεί τότε μπράβο. Αν δεν μπορεί, θα ζήσει, θα επιζήσει, θα λειτουργήσει, θα κερδίσει και θα καταλήξει σαν μηχάνημα. Κάποιος άλλος θα αντικαταστήσει και αυτό το μηχάνημα. Πιο έξυπνος, πιο πανούργος, πιο δολοπλόκος, πιο βρώμικος, πιο τέλειο μηχάνημα. Δε θα γνωρίσει τι σημαίνει άνθρωπος γιατί θα περάσει μια ζωή ως εργαλείο, ως μηχάνημα. Αν καταφέρει να το αλλάξει θα καταλάβει κάτι. Κάτι για τον Άνθρωπο, κάτι μακριά από το μαύρο χάλι που δημιουργεί ο πλούτος και το άδικο. Γιατί, συνήθως, ο πλούτος ο πολύς έχει γίνει και από πολλή βρώμα και με πολύ άδικο. Μια βρώμα που άλλοτε τη δημιουργεί κάποιος και άλλοτε την κληρονομεί κάποιος άλλος. Το νόημα είναι ένα. Σημασία έχει ένα πράμα: να μη γίνεται ο άνθρωπος δέσμιος σε καμία εξάρτηση. Και ο πολύς πλούτος είναι μία εξάρτηση. Να τον ζει, αφού τον έχει, να τον χαίρεται, να τον δοκιμάζει αλλά μη γίνεται και δικός του σκλάβος.

## Πάθος

Και αφού το έφερε η στιγμή να μιλήσουμε για πάθη, πρέπει να αναρωτηθούμε τι θα ήταν ο άνθρωπος χωρίς τα πάθη του. Μια ανόητη δημιουργία μια βαρετή κατάσταση. Γι' αυτό η φύση έφτιαξε έτσι τον άνθρωπο: με πάθη. Με πάθη και λάθη. Δεν ξέρω τι θα γινόταν αν ο άνθρωπος αφηνόταν τελειωτικά στα πάθη του. Ίσως να ήταν πιο ειλικρινής, πιο ελεύθερος ή με σοβαρές συνέπειες από τα λάθη που προκαλούν τα έντονα πάθη του. Ωστόσο δε θα τον κατέκρινε κανείς γιατί θα ήταν ελεύθερος να δοκιμάσει, να βασανιστεί και να μάθει χωρίς φόβο, χωρίς άγχη. Όποιος έζησε τα πάθη του μπορεί να πέρασε δύσκολα αλλά έμαθε. Έμαθε κάτι, ένιωσε κάτι. Ένιωσε άνθρωπος, ελεύθερος άνθρωπος κι ας έκανε λάθη.

Ποιος τόλμησε να βάλει ενοχή στον άνθρωπο; Ποιος σεξουαλικά καταπιεσμένος ή συνειδητά παράφορος, για να ελέγχει τον κόσμο, έβαλε φραγμό και ενοχή στα πάθη; Πώς μπορείς να αρνηθείς τη φύση στον άνθρωπο όταν και η ίδια η φύση έχει μανία και πάθη; Δε σημαίνει ότι και η φύση δεν ισορροπεί από τα πάθη της αλλά περιέχει και πάθη. Είναι θέμα ενέργειας, είναι θέμα δράσης. Χωρίς πάθος δεν υπάρχει δράση, δεν υπάρχει νόημα, δεν υπάρχουν λάθη. Λάθη, να ασχοληθείς, να διορθώσεις, να βάλεις στη ζωή λίγο νόημα, λίγο πιπεράκι. Εκείνος που επιδιώκει να καταπιέζει τα πάθη είναι φονιάς. Δεν έχει μέσα του αγάπη. Έχει μίσος. Έχει κόμπλεξ αλλά σίγουρα δεν έχει μέσα του αγάπη. Αγάπη για ζωή, αγάπη για δράση. Γιατί, τι είναι η ζωή; Μία επαναλαμβανόμενη ατέλειωτη δράση είναι, τίποτε άλλο. Μια διαδικασία, πολλές φορές χωρίς τέλος, νόημα, σκοπό αλλά μόνο δράση. Τα άλλα είναι κουραφέξαλα για να μασάμε τη σάρκα μας και τα μυαλά μας. Αφήστε τον εαυτό σας ελεύθερο και θα νιώσετε Άνθρωποι. Άνθρωποι με λάθη με πάθη, με όλα τα συν και πλην της αέναης δράσης. Αυτό είναι ζωή, αυτό είναι αγάπη. Να αφήνεις ελεύθερο τον άνθρωπο να προχωρά, να δοκιμάζει. Όποιος καταπιέζεται φοβίζει και φοβάται. Αντίθετα όποιος είναι ελεύθερος ούτε καταπιέζει, ούτε φοβάται, απλά προχωρά. Ο φόβος υπάρχει για να συμμαζεύει αλλά όταν καλλιεργείται επιτηδευμένα ισοπεδώνει τη δράση. Δε χρειάζεται να πεθαίνει ο άνθρωπος από φόβο. Έτσι και αλλιώς θα πεθάνει, γιατί και ο θάνατος υπάρχει. Εκείνο που τρομάζει είναι το άγνωστο. Κάτι που δε γνωρίζεις δεν πρέπει να το φοβάσαι. Είναι και αυτό μέρος της ύπαρξης, της ανάγκης να προχωράς για να μάθεις. Να γνωρίσεις, να μάθεις.

## Η Ελλάδα του Μπέβερλυ

Το πώς έγινε η μετάβαση από την Ελλάδα του Μπέβερλυ στο ευρωπαϊκό Πακιστάν είναι ένα σημείο ιστορικά αξιοσημείωτο και γενικά αξιοθαύμαστο. Το πώς χρόνια αφθονίας, λούσου, πλούτου, χλιδής, άνεσης και ευχαρίστησης μετατράπηκαν μέσα σε λίγα χρόνια σε φτώχεια, μιζέρια, έγκλημα, υποβάθμιση, κακομοιριά, αυτό όσο και να εξηγείται πολιτικά, οικονομικά, δεν εξηγείται ψυχολογικά. Γιατί το «από πάνω κάτω» πονάει φοβερά. Το «κάτω πάνω» όσο δύσκολο και αν είναι, είναι διαφορετικό.

Η Ελλάδα του Beverly δεν υπάρχει πια. Σήμερα υπάρχει η Ελλάδα του Πακιστάν. Αποφάσισαν οι φίλοι μας, από ηλιόλουστη ακριβή παραθεριστική αποικία της Αμερικής να μετατραπούμε σε προορισμό σκουπιδιών κάθε βρωμιάς. Ανθρώπινης βρωμιάς.

## Το πριν, το μετά με συνέχεια

Μετά την Ελλάδα του Μπέβερλυ, έρχεται η Ελλάδα της αθλιότητας και της ασυνέπειας. Εδώ, τώρα, τίθεται το εξής ερώτημα: αν άξιζε όλη αυτή η άνθηση, η καλοπέραση, το ψέμα σε μία Ελλάδα ταλαίπωρη και ταλαιπωρημένη μετά από πολλά ναυάγια, πολλά δεινά και πολλές άγριες αλλαγές. Δε μιλώ μόνο για τη χώρα αλλά και για τη φυλή μας. Μήπως ο Αντρέας έκρινε ότι σε έναν τέτοιο λαό αξίζει ή δίνεται η ευκαιρία να καλοπεράσει έστω και εφήμερα; Το έκανε από ιδιοτέλεια; Μήπως πέρασε και ο ίδιος ωραία επειδή αγαπήθηκε και έδειξε ότι αγαπάει; Δεν είναι όμως εκεί το θέμα, αν δηλαδή ένας πολιτικός αποφάσισε να εκμεταλλευτεί έξυπνα μια οικονομική συγκυρία. Το θέμα είναι αν άξιζε τελικά, παρά τα κακά της συνέχειας, αν υπήρξε δηλαδή έστω και μια γενιά που καλοπέρασε. Γιατί όταν οι άποικοι έφτασαν να ζουν καλύτερα και από τους άρχοντες, οι άποικοι εν προκειμένω της αμερικάνικης ηγεμονίας στην οποία μέχρι χθες ανήκαμε, και μάλιστα χωρίς την ίδια κόπωση με τους γηγενείς πολίτες της Δύναμης, τότε φιλοσοφικά τουλάχιστον και λαμβάνοντας υπόψιν ότι τα δεινά δεν τελειώνουν ποτέ, όπως και να 'χει, όποια και να 'ναι η αυτοκρατορία, εκεί σκωπτικά θα λέγαμε ότι ο Αντρέας έπραξε τέλεια. Δε θα αναλύσω εδώ το τι έμελλε να γίνει στη συνέχεια. Το ξέρουμε όλοι μας και πρώτα οι γενιές μας που το πληρώνουν και θα το πληρώνουν.

Ωστόσο έφτασε στο σημείο ο Έλληνας, και ο πιο φτωχός Έλληνας, να κάνει πράγματα αφάνταστα και να μοιράζεται ανέσεις χρυσού αιώνος, στην περίπτωση μας μιας εικοσαετίας εικοσιπενταετίας. Δεν ήταν και λίγο. Γλεντούσαμε, χορεύαμε, ταξιδεύαμε, σπουδάζαμε, διαπρέπαμε. Γυρίσαμε του εξωτερικού τα κέντρα. Αποκτήσαμε εμπειρία, αναμνήσεις, όνειρα ψεύτικα αλλά προς στιγμήν σπουδαία. Νιώσαμε ανάταση, ευτυχία, ματαιότητα, ματαιοδοξία, συμπεριφορά πλούσια. Ο τελευταίος Έλληνας γλέντησε στη Μύκονο, γάμησε μοντέλα, ένιωσε μερακλίδικα, ωραία. Το κατά πόσο αυτό του στοίχισε μετέπειτα δεν το συζητάμε εδώ. Είναι μία άλλη ακραία ιστορία. Αλλά τα έζησε. Έστω μια γενιά δεν υπέφερε, ένιωσε σπουδαία. Ψυχολογικά, πολιτικά, οικονομικά, πολιτιστικά, αθλητικά, διεφθαρμένα όπως έτσι συνήθως γίνεται αλλά ένιωσε ωραία. Υπό αυτήν την έννοια και καθώς τέτοια δε συμβαίνουν στην ιστορία εύκολα αλλά και στο διάβα των λαών και της ζωής των αποίκων, θα λέγαμε ότι τα χρόνια αυτά του Μπέβερλυ ήταν πραγματικά υπέροχα. Αξέχαστα και αξιοθαύμαστα που τα ζήσαμε εμείς σε μία συνέχεια. Μην ξεχνάτε πόσα χρόνια, αιώνες, είχαμε στην ιστορία μας να ζήσουμε κάτι παρόμοιο. Και μην ξεχνάτε επίσης ότι, συνήθως, η μοίρα των λαών δεν είναι να ζει τέτοια αλλά τα πολύ απλά και ωραία. Με αυτή την έννοια ο Αντρέας καλά έκανε. Μόνο υπό αυτή.

Οι φτωχοί ντύνονται πλούσια, κυκλοφορούν με Cayenne, αγοράζουν πολυτελή σπίτια, διασκεδάζουν στα μπουζούκια, στέλνουν τα παιδιά τους να σπουδάσουν έξω, γίνονται επιστήμονες. Τα κορίτσια γυρίζουν, φτιάχνονται στα καλύτερα beaute, και οι πιο τρομακτικές καλουπώνονται, τα lifting γίνονται μόδα, οι μεγάλες τραβιούνται με νεαρούς, βγαίνουν από την κουζίνα, τα ήθη εξαϋλώνονται, η εκκλησία δεν ελέγχει τίποτα. Αντίθετα ακολουθεί τη ροή του χρήματος. Πανάκριβοι γάμοι, πυροτεχνήματα, δεξιώσεις, ακριβές συνήθειες. Φορέματα πανάκριβα. Όλοι μετέχουν στον πλούτο. Όχι απαραίτητα και στην παιδεία. Δυστυχώς αυτός ο πλούτος δεν επενδύεται αλλά κατασπαταλιέται, είναι δάνεια καταναλωτικά και τα δάνεια ως γνωστόν δεν χαρίζονται. Αλλά εμείς ζούμε πλούσια σε ξενοδοχεία, σε εκδρομές, σε τραπέζια, σε γιορτές. Δεν υπάρχει τίποτα που να θυμίζει μιζέρια, φτώχεια, ανάγκη. Όλα περισσεύουν για μια εικοσαετία, όλα δείχνουν ευήμερα. Διαμορφώνεται έτσι η μεσαία τάξη. Όλα θυμίζουν γλύκα.

Αυτό που έγινε βέβαια στην Ελλάδα δεν έγινε μόνο στη Ελλάδα. Ήταν η γενικότερη φάση του κύκλου, ήταν μια δεδομένη φάση του συστήματος που το επέτρεψε. Ωστόσο στην Ελλάδα έγινε άγαρμπα, απότομα. Οι μισθοί εκτοξεύτηκαν, οι εργαζόμενοι πληρώνονταν δώρα διπλά, τριπλά, ούτε που ήξεραν πόσα δώρα πήραν. Και όλοι διορίζονταν. Σχεδόν όλοι. Αλλά και όσοι δε διορίζονταν έτρωγαν άφθονα σε μια ανθηρή οικονομία. Όλα έδειχναν τέλεια. «Παράδεισος» μου είπε μια ξένη κυρία, η ζωή σας. Θάλασσα, ήλιο, χρήμα, όλα τα είχαν οι Έλληνες και με ελάχιστο τίμημα. Δεν πολυδούλευαν. Λούφα, τεράστια λούφα. Όλοι καλοπερνούσαν. Φυσικά όσο πιο ψηλά, τόσο μεγαλύτερη η λούφα, το ψέμα και η καλοπέραση. Δεν έτρωγαν όλοι την ίδια ποιότητα, αλλά όλοι μοιράζονταν την ίδια συνήθεια: να τρώνε και να βολεύονται. Έτσι είναι το καπιταλιστικό σύστημα, μόνο που οι Έλληνες ως συνήθως ακραίοι το ξέσκισαν. Όσοι βέβαια δεν αλλάξαν συνήθειες και δεν παρασύρθηκαν κατάφεραν να ανταπεξέλθουν έντιμα και μετά την κρίση. Αλλά λίγοι ήταν αυτοί. Ελάχιστοι έντιμοι, νοικοκυραίοι. Οι περισσότεροι έτρωγαν. Ταξίδια στη Μύκονο, γλέντια και για τον κύριο Κανένα. Γνώμη μου; Καλά έκαναν. Και τι είναι η Μύκονος δηλαδή και θα έπρεπε να είναι ο προορισμός ελάχιστων σπουδαίων; Δηλαδή, τι σπουδαίων; Απλά πλουσίων. Τώρα όμως είχαν και τα φτωχά δίπλα τους. Όλοι περνούσαν υπέροχα. Όλοι με διαφορετικό τρόπο μοιράζονταν τα ίδια, την ίδια χλιδή. Σε διαφορετική δόση αλλά την ίδια χλιδή. Δανεικά, αλλά χλιδή.

## Απάτριδες

Είναι φοβερό να μην έχεις μια πατρίδα, ένα σημείο αναφοράς. Είναι επίσης φυσικό να πονάς όταν βλέπεις να γκρεμίζονται εκείνα που αγαπάς, είτε είναι η οικογένειά σου, είτε η πατρίδα σου ή ο τόπος καταγωγής σου αν έχεις μάλιστα βιώματα ή τέλος πάντων ο τόπος που μεγάλωσες. Εγώ δεν πέρασα και πολύ καλά ούτε στον τόπο καταγωγής μου, ούτε στην Ελλάδα, γιατί είδαν τα μάτια μου καλά και κακά αλλά σε έντονη αντίθεση, που γενικά δε θα επαινούσα την περίοδο αυτή. Βέβαια, επίγειοι παράδεισοι δεν υπάρχουν. Τους φτιάχνουν μόνο οι άνθρωποι που σκέφτονται σωστά. Λίγοι φυσικά.

Ειδικά οι άνθρωποι που ταξιδεύουν, μαζεύουν αναμνήσεις, δεν πιστεύουν σε πατρίδες, αγαπούν τα μέρη, τους ανθρώπους, με τους οποίους πέρασαν καλά. Δεν αγαπούν την πατρίδα και όλα αυτά. Αγαπούν όμως τις αναμνήσεις που συγκεντρώνουν σ' αυτά τα μέρη και τις εμπειρίες που αποκομίζουν από όλα αυτά. Γιατί εκείνοι που δεν έχουν περάσει καλά και έχουν φύγει δεν επιστρέφουν, ή επιστρέφουν σπάνια. Αγαπούν τα βιώματα ή τη συνήθεια που έχουν αποκτήσει μέσα από αυτά. Αγαπούν τον άνθρωπο και την εικόνα σε ορισμένα μέρη που σε κάνουν να νιώθεις μοναδικά. Γι' αυτό δεν λένε άδικα ότι «πατρίδα είναι εκεί που περνάς καλά», που νιώθεις όμορφα και χαλαρά. Αλλά αυτή είναι μια επιλογή που την έχουν πραγματικά ελάχιστοι, γι' αυτό και οι περισσότεροι πείθονται ή απλά αποδέχονται ή ακόμα καλύτερα συνηθίζουν να αγαπούν μέρη και πρόσωπα με τα οποία μεγάλωσαν, είτε περνάνε καλά είτε δεν περνάνε κακά. Και αν περνάνε καλά μιλούν και αισθάνονται όμορφα γι' αυτό που λέμε «πατρίδα». Αν περνάνε άσχημα ονειρεύονται να φύγουν ή απογοητεύονται με τη ζωή τους αν δεν μπορούν να ξεφύγουν.

Δεν είναι εύκολο να ανεχτεί κανείς και να αντέξει ό,τι γενικά περιλαμβάνει ο κόσμος. Ο εγωιστής που αντιλαμβάνεται αυτό, όταν το αντιλαμβάνεται καταθλίβεται βαθιά. Δεν μπορεί να αποδεχτεί τα όρια της φύσης και τα σχέδιά της τα τρελά. Τουλάχιστον για τα μυαλά μας, τρελά. Από την άλλη, ο αγωνιστής έχει την τάση να αγωνίζεται και να παλεύει μέχρι τέλους, δηλαδή σαν να μην υπάρχει τέλος τελικά. Τώρα ο εγωιστής αγωνιστής συνήθως πεθαίνει από απελπισία αλλά παλεύοντας ηρωικά.

«Τέλος» σημαίνει λήξη, σημαίνει, σκοπός και στην ελληνική και σε άλλες γλώσσες. Ίσως το τέλος να έρχεται όταν εκπληρωθεί ο σκοπός ή ίσως να έρχεται προκειμένου να υπηρετηθεί ο σκοπός. Κανείς δεν έχει μια σίγουρη απάντηση καθώς δεν μπορούμε να ενώσουμε απόλυτα τα κομμάτια του παζλ, γι' αυτό και εικάζουμε προβληματιζόμενοι σχετικά με αυτά.

Το μόνο θετικό μιας ακραίας μετάβασης είναι ακριβώς αυτό: ότι σε αναγκάζει να σκέφτεσαι τη ζωή και το νόημά της πιο σοβαρά, ενώ στη φάση Beverly δεν σε απασχολούν και πολύ αυτά, ζεις πιο χαλαρά. Όταν, για όποιον λόγο, ζήσεις ακραία πράγματα, όπως το να γκρεμίζονται όλα γύρω σου, δεν υπάρχει περίπτωση, η εικόνα αυτή μένει, χαράσσεται βαθιά μέσα σου. Αλλά ακόμα και αν δεν τα έχεις ζήσει αλλά έρχεσαι σε επαφή με ανθρώπους που τα έχουν ζήσει, και τότε ακόμα, αν είσαι άνθρωπος και δεν έχεις μεταλλαχθεί σε μηχάνημα, θα ζήσεις μέσα από τα μάτια των ανθρώπων αυτών, τα σκληρά συμβάντα της ζωής. Θα ανατριχιάσεις, θα τιναχθείς, θα νιώσεις απαίσια. Αν και εφόσον παραμένεις άνθρωπος νορμάλ.

## Μετάβαση

Ίσως να έχω ξαναμιλήσει για αυτή την κατάσταση που ονομάζεται «μετάβαση» με τρόπο όμως διαφορετικό. Το να θέτεις τη ζωή σου σε μία βάση μετά από μία άλλη είναι γεγονός. Γεγονός που αφορά τη ζωή την ύπαρξη και την εξέλιξη. Εξέλιξη που στηρίζεται στη μετάβαση. Δεν είναι εύκολο να ξεχωρίσει κανείς το χρονικό πεδίο της μετάβασης γιατί στη ζωή όλα συμβαίνουν γρήγορα ακαριαία, δεν τα προλαβαίνεις. Όταν συντελείται η αλλαγή μίας φάσης σε άλλη δεν είναι εύκολο βιωματικά να αντιληφθεί κανείς την αλλαγή που έχει επέλθει. Δε διανοείται κανείς πόσο σημαντικό είναι το βήμα αυτό μετά από ένα προηγούμενο βήμα, είτε πρόκειται για θετική αλλαγή είτε για αρνητική. Παρασιτική μετάβαση. Υπερθετική μετάβαση. Όροι αδιάφοροι αλλά βιωματικά δύσκολοι.

Οι φτωχοί που έγιναν πλούσιοι και οι πλούσιοι που έγιναν φτωχοί ξέρουν τι θα πει μετάβαση. Οι υγιείς που αρρώστησαν και οι άρρωστοι υγιείς ξέρουν τι θα πει μετάβαση. Οι ψεύτες που έγιναν ειλικρινείς και οι ειλικρινείς ψεύτες ξέρουν τι θα πει μετάβαση. Οι αθώοι που έγιναν ένοχοι και οι ένοχοι αθώοι ξέρουν τι θα πει μετάβαση.

Εκείνοι που δεν αλλάζουν ονομάζονται στάσιμοι. Στάσιμοι από επιλογή, από συνθήκες, από κατάσταση. Δεν αποφεύγουν τις δοκιμασίες της ζωής αλλά όλες οι δοκιμασίες τους συσσωρεύονται σε μία πάγια κατάσταση. Αν, για άγνωστο, λόγο έλθει αλλαγή στην κατάσταση τότε γνωρίζουν τη διαδικασία της μετάβασης. Ίσως η περιγραφή να απευθύνεται σε άτομα χαμηλής νόησης και να φαντάζει γελοία αλλά σκέφτηκε ποτέ κανείς τι ψυχολογικές, διανοητικές, μελλοντικές συνέπειες έχει μια μετάβαση; Διότι χωρίς να το καταλάβεις τίθεται η ζωή σου σε άλλη βάση, σε άλλα θεμέλια, σε αποσάθρωση. Γκρεμίζεται το πριν και περνάς στη νέα φάση.

Δε θα είχε σημασία όλη αυτή η ανάλυση αν αντικείμενο της ζωής δεν ήταν ο άνθρωπος. Δε μιλάμε για προσαρμογή που είναι το επόμενο στάδιο της μετάβασης αλλά μιλάμε για τη στιγμή της μετάβασης.

Εμείς οι άνθρωποι είμαστε, δυστυχώς, σε πολύ χαμηλά επίπεδα μετάβασης. Το επόμενο βήμα της ζωής δεν είναι τίποτε άλλο από επανάληψη της ίδιας κατάστασης. Λυπάμαι που θα το εκφράσω έτσι αλλά δεν μπορεί ο νους μου να αποδεχτεί ότι υπέρτατο ον της δημιουργίας είναι ο άνθρωπος. Στη δική μου αντίληψη κάτι τέτοιο είναι μια μη αποδεκτή στάση. Δηλαδή, βλέποντας τον άνθρωπο πνευματικά βλέπεις ότι η πνευματική αντίληψη δεν του ταιριάζει. Είναι υποδεέστερος και από την ίδια του την κατάσταση. Αδυνατώντας να καταλάβει επαναλαμβάνει τα ίδια λάθη. Ακόμα και όταν ανακαλύπτει κάτι το στρέφει ενάντια στη δική του υπόσταση. Είναι τόσο βαρετός που σε κάνει να πιστεύεις ότι δεν είναι δυνατόν σ' αυτό το σύμπαν να μην υπάρχει κάτι ανώτερο, κάτι πιο σπουδαίο από τον άνθρωπο. Εκεί, φαντάζομαι, στήριξαν την ύπαρξή τους και οι θρησκείες και επινόησαν τον θεό μην έχοντας εξήγηση για αυτή την αδιανόητη πράξη. Είναι δυνατόν η δημιουργία του σύμπαντος να κατέστησε ανώτερο ον τον άνθρωπο;

Φαντάστηκε ποτέ κανείς να βρεθεί αντιμέτωπος που εγώ δεν έχω στοιχεία επί του θέματος, τη φαντασία μου βάζω με άλλα όντα ανώτερης πνευματικής δύναμης, ανώτερης πνευματικής τάξης; Σαφώς ερώτημα αναπάντητο, για εμάς. Για ορισμένους μελετητές ίσως να υπάρχει κάτι ανώτερο από τον άνθρωπο. Αυτό που εκφράζω τώρα, σαν σκέψη, δεν είναι απόρροια της απελπισίας μου και της απόγνωσης από αυτά που βλέπω να κάνει ο άνθρωπος. Είναι απόρροια μιας λογικής παρατήρησης που αφορά τον άνθρωπο και τη συμπεριφορά του.

Φανταστείτε να βρεθούν ποτέ άνθρωποι μπροστά σε ένα είδος ύπαρξης που θα κάνει τον άνθρωπο να μοιάζει σε ό,τι μοιάζει το κουνούπι με τον άνθρωπο. Φανταστείτε στην περίπτωση αυτή πόσο βλάκας και πόσο κατώτερο ον της δημιουργίας θα φαντάζει ο άνθρωπος. Όπως ο άνθρωπος, ο φιλάργυρος, γίνεται συντρίμμι μπροστά στην αγάπη έτσι και ο άνθρωπος θα γίνει συντρίμμι στην ύπαρξη μιας άλλης κατάστασης. Θλιβερή διαπίστωση και φυσικά ανόητη για όποιον φιλάργυρο θεωρεί σκουπίδια αναλώσιμα τη θεωρία περί αγάπης αλλά, λυπάμαι, έτσι και βρεθεί ανώτερη ύπαρξη η θεωρία αυτή θα γίνει πράξη. Θα αποδείξει πραγματικά πόσο κατώτερος στην πλειοψηφία του είναι ο άνθρωπος και πόσο βλάκας, ιστορικά επαναλαμβανόμενος.

Διότι διδάγματα επί διδαγμάτων δεν έφεραν στην πράξη αλλαγή επί της ουσίας σε καμία ανθρώπινη φάση. Συστήματα άλλαξαν και άλλαξαν και ξαναάλλαξαν αλλά τον άνθρωπο δεν τον απομάκρυναν από τη Θεωρία του Βλάκα. Του ανόητου όντος που επαναλαμβάνει, παθητικά, ενεργητικά και απόλυτα τα ίδια λάθη. Είναι δυνατόν ανώτερο σημείο της ύπαρξης να είναι ο άνθρωπος;

Είναι πραγματικά ελάχιστες οι φορές και τα παραδείγματα που κάνουν τον άνθρωπο να αισθάνεται όμορφα και υπερήφανα για έναν άλλον άνθρωπο. Συνήθως θλιβόμαστε, ντρεπόμαστε, νευριάζουμε για αυτά που βλέπουμε να κάνει, να αισθάνεται και να σκέφτεται ο άνθρωπος. Λίγα φωτεινά παραδείγματα είναι βέβαια αρκετά για να δώσουν ελπίδα από άνθρωπο σε συνάνθρωπο και, ναι, ορισμένα όντα της ανθρώπινης ύπαρξης θυμίζουν κάτι πραγματικά σπουδαίο, κάτι ανώτερο, κάτι άγιο. Άγιο στων υπόλοιπων τα μάτια, επειδή αντέχουν τη γενική σκληρότητα και ξεδιαντροπιά που δείχνει ο άνθρωπος. Όμως αρκούν αυτά τα λίγα παραδείγματα για να μιλήσουμε για ανώτερο ον και συνολική μετάβαση; Δεν το νομίζω. Και τους ίδιους αυτούς λαμπρούς ανθρώπους να ρωτήσεις θα ομολογήσουν ότι προβληματίζονται πάνω σε αυτή τη βάση. Ωστόσο εκείνοι οι λίγοι θα έχουν μία βάση για μετάβαση. Οι άλλοι θα ζουν σε μόνιμη στασιμότητα όπου η μετάβαση δε θα είναι υπερφυσική αλλά μια απλή αλλαγή που

*Fruste*

θα την ονομάζουν «μετάβαση» γιατί δε θα έχουν και άλλη λέξη να την ονομάσουν.

Και μη φανταστείτε ότι ο αφηγητής ξεφεύγει αυτής της κατωτερότητας και της αποβλάκωσης. Είναι και ο ίδιος κατώτερο ον. Είναι και ο ίδιος βλάκας. Είναι και ο ίδιος άνθρωπος. Γι' αυτό και καταλαβαίνει τόσο καλά τι συμβαίνει και λαχταρά να δει κάτι που να υπερβαίνει αυτή τη λαχτάρα. Δηλαδή την ύπαρξη ενός όντος που θα υπερβαίνει τη βαρετή κατάσταση στην οποία ιστορικά, μόνιμα, ζει ο άνθρωπος. Κάτι που, τελικά, να υποδηλώνει, στην ελάχιστη διανοητική αντίληψη, τη λέξη Μετάβαση. Την τοποθέτηση της ζωής σε άλλη βάση.

## Ζεστά λόγια

Θα αναρωτηθείτε άραγε και θα πείτε. Εκείνος ο άθλιος αφηγητής δε βρήκε να γράψει κάτι καλό για τον άνθρωπο; Δε γνώρισε ποτέ του τις λέξεις Φιλία, Οικογένεια, Αλληλεγγύη, Στοργή, Καλοσύνη, Αγάπη; Δε γνώρισε ποτέ του καλοπροαίρετους ανθρώπους, καλοπροαίρετες πράξεις; Δε συνάντησε ποτέ του ανιδιοτέλεια και ανιδιοτελείς πράξεις; Δεν άκουσε ποτέ του ζεστά λόγια, πιο ζεστά και από το χωριάτικο τζάκι; Δεν είδε ποτέ του άγιο χέρι να τον ακουμπάει; Δεν ένιωσε, έστω και ψεύτικα, τα φιλάγαθα λόγια μιας θρησκείας να γίνονται πράξη στη ζωή του; Δε στάθηκε κανείς πραγματικά στο πλάι του; Δεν αναγνωρίζει θετικά σημεία στον άνθρωπο; Πώς μπορεί να προσβάλλει απλούς ανθρώπους, που στη ζωή τους ποτέ δεν έβλαψαν, ποτέ δεν εκμεταλλεύτηκαν τα δικά τους ή άλλων τα πάθη; Πώς δε σεβάστηκε ανθρώπους που αναγνώρισαν στον εαυτό τους και στους άλλους τα λάθη; Πώς δεν είδε ανθρώπους με δημιουργική πρωτοβουλία και διάθεση; Πώς επέτρεψε στον εαυτό του να αναφέρεται στον άνθρωπο τόσο απαξιωτικά, τόσο αρνητικά, τόσο άθλια, που να μη βρίσκει ελπίδα, χαρά αισιοδοξία και θετική εξέλιξη στο αύριο.

Απάντηση: σημασία δεν έχει αν ο αφηγητής ατομικά έζησε ή δεν έζησε όλα αυτά σε θεωρία και πράξη. Αλλά σημασία έχει αν μπόρεσε, έστω μια πλειοψηφία ανθρώπων, να τα ζήσει χωρίς να καταδικάζεται αιώνες τώρα και τυπικά στην πράξη. Σημασία δεν έχει αν ο αφηγητής γνώρισε προνόμια, χλιδή, αφθονία, πλούτο και μια κοινωνικά ανώτερη για τους καιρούς του και την καταγωγή του τάξη. Σημασία δεν έχει αν όντως γνώρισε ανθρώπους καλούς και ανιδιοτελείς στην πράξη.

Εκείνο που μετράει είναι πώς ένα βίωμα, μια συγκυρία, μία κατάσταση μπορεί να σβήσει ό,τι καλό υπάρχει και να επιτρέπει στον αφηγητή να αποκαλεί τον άνθρωπο κατώτερο ον, ειδεχθές και σάπιο, χωρίς ελαφρυντικά, χωρίς ελπίδα ότι κάτι μπορεί να αλλάξει.

Παρατήρησα πολύ προσεκτικά μέχρι να φτάσω στο σημείο και στην απόφαση να γράψω. Δεν είχα καν τη διάθεση να μπω σε μία τόσο δύσκολη πνευματική ταλαιπωρία, σε μια συναισθηματικά σκληρή και πολλές φορές αντίθετη στη φύση μου αντίληψη, συνειδητοποίηση, κατάσταση. Μη νομίζετε, αγαπητοί μου, ότι το να παρατηρείς, να μελετάς, να ερευνάς, να εμβαθύνεις είναι κάτι απλό και εύκολο για κάποιον που μόνο αγνότητα αισθάνεται για τον άνθρωπο και πραγματική αγάπη. Για έναν άνθρωπο που δεν ενόχλησε και πολλάκις καταπατήθηκε για όλα αυτά που αποφάσισε να γράψει. Μήπως είναι ο μόνος άνθρωπος; Μήπως δεν ξέρει ότι σαν αυτόν σε άλλους χώρους, σε άλλες χώρες, υπάρχουν και άλλοι; Δεν ταξίδεψε; Δεν είδε πια έναν καλό άνθρωπο; Ντροπή να μην αναφερθεί και στην άλλη οπτική, στην άλλη φυσιογνωμία που καθιστά τον άνθρωπο κάτι πιο όμορφο από όλα αυτά που έχει γράψει.

Εδώ δεν υπάρχουν ενοχές. Μην προσπαθήσετε να προσάψετε ενοχικές συνειδήσεις και συναισθηματικά συμπλέγματα που αλλάζουν την άποψη του αφηγητή, για να χαρεί κάποιος. Εδώ ακουμπάμε βιώματα, εμπειρίες, πράξεις. Δε θα έχανα τον χρόνο μου σε μια τόσο δύσκολη εποχή να κάθομαι να γράφω μυθιστορήματα και παραμύθια για να ευχαριστηθούν κάποιοι ρομαντικοί και διανοητικά αφελείς άνθρωποι. Εδώ μιλάμε για το τι συμβαίνει, τι συνέβαινε και τι θα συμβεί στον κόσμο που απαρτίζεται από ανθρώπους.

Και φυσικά και βέβαια ο αφηγητής έχει γνωρίσει, ζήσει και πολύ έντονα μάλιστα την άλλη όψη του ανθρώπου στην πράξη. Πώς μπορεί ο αφηγητής να μη χαίρεται τα όμορφα που δίνει η ζωή, η φύση, τα μικρά και τα μεγάλα θαύματα; Μην ανησυχείτε. Δεν ανήκει ο αφηγητής στην κατηγορία των μη προνομιούχων ανθρώπων που δεν έζησαν τη ζεστασιά ορισμένων καθόλου ευκαταφρόνητων υλικών και πνευματικών απολαύσεων. Μια χαρά έζησε τη ζωή του και στη θεωρία και στην πράξη. Δεν ήταν ούτε ο πιο τυχερός, ούτε όμως και ο πιο άτυχος. Ήταν η μέση κατάσταση που, φυσικά, γνώρισε πολλές διακυμάνσεις. Δε νομίζω όμως ότι αυτό διαφέρει από κάθε ιστορία ανθρώπου που ζει, αισθάνεται και υπάρχει.

Ωστόσο, εκείνο που διαφέρει από άνθρωπο σε άνθρωπο είναι ο τρόπος που τοποθετεί κάποια πράγματα και ο τρόπος που τα αντιλαμβάνεται. Επίσης πολύ μετράει το κατά πόσο σκέφτεσαι με τα δικά σου μυαλά και αντιλήψεις και κατά πόσο λαμβάνεις υπόψιν και τα υπόλοιπα μυαλά και τις συνειδήσεις που υπάρχουν. Ρόλο παίζει επίσης τι ζεις, πώς το ζεις και πού θέλεις να φτάσεις. Ρόλο επίσης παίζει να αντέχεις ή έστω να μπορείς, να σου δίνεται η ευκαιρία να δεις, να μάθεις πώς σκέφτονται, αισθάνονται και οι άλλοι άνθρωποι και οι άλλοι λαοί σε αυτήν εδώ την πλάση. Δηλαδή να μελετήσεις Ιστορία και να τη ζήσεις στην πράξη, με βιώματα δικά σου όχι μόνο αφηγήσεις των άλλων. Για να ξέρεις πού έχεις καταλήξει και γιατί θεωρείς τον άνθρωπο ανώτερο ή κατώτερο ή, έστω, ένα πλάσμα αδιάφορο, που απλά εκείνο νομίζει για λόγους υπόστασης ότι είναι χρήσιμο, ότι είναι για να ζει και να υπάρχει για κάτι. Δεν είναι απαραίτητο να είναι κάτι σπουδαίο ή μη σπουδαίο ο άνθρωπος. Μπορεί τελικά να είναι και ο σκοπός που τον κάνει να φαίνεται υπέροχος σε κάτι. Δηλαδή ο στόχος, το τελικό αποτέλεσμα. Όχι όμως απαραίτητα ότι σημαίνει και αυτό κάτι. Έχω ξαναπεί ότι, σφαιρικά άμα το σκεφτείτε τουλάχιστον, έχουν περάσει αιώνες ανθρώπινης σάρκας. Αυτό δεν αλλάζει ή δε φαίνεται να αλλάζει. Ούτε όμως και σε τελική ανάλυση σημαίνει κάτι.

Δεν ήρθε ο αφηγητής να αποδείξει σπουδαία πράγματα. Έναν προβληματισμό εκφράζει όπως εξέφρασαν και πολλοί άλλοι. Αλλά αφού η φύση τον γέννησε και υπάρχει η θέληση να τον εκφράσει, οφείλει με αυτόν τον τρόπο να το εκφράσει. Όχι ότι ένας προβληματισμός θα αλλάξει απαραίτητα μια ολόκληρη πορεία ζωής που προϋπήρχε, υπάρχει και θα υπάρχει. Απλά ορισμένες παρατηρήσεις, και αυστηρές μάλιστα, γίνονται με σκοπό να δούμε και να παροτρύνουμε τον άνθρωπο να αντέχει ή τουλάχιστον να συνυπάρχει με τα υπόλοιπα όντα του είδους του. Αν και εφόσον το θέλει. Ο αφηγητής πραγματικά εύχεται να γίνει, και να είναι τα ζεστά λόγια όχι μια θεωρία αλλά μια αληθινή εμπειρία, βιωματική για κάθε άνθρωπο, χωρίς αδικίες, χωρίς πολέμους, χωρίς καχυποψίες, χωρίς βάσανα και σκληρότητες.

Αλλά είναι αρκετή η σκέψη ενός αφηγητή για να οδηγήσει τον κόσμο σε μία άλλη κατάσταση; Ούτε είναι, ούτε θα έπρεπε να είναι. Θα αποτελούσε αλαζονεία μεγάλη. Οπότε δεν επιδιώκει ο αφηγητής να απειλήσει ή να προσβάλλει, απλώς επιχειρεί να μεταφέρει, με τη σειρά του αφού ήρθε η σειρά του έναν προβληματισμό, μια σκέψη, μια διαφορετική στάση. Το πώς θα ερμηνευτεί και αν θα ερμηνευτεί σωστά, είναι επίσης μια διαδικασία που δεν επικυρώνεται εύκολα στην πράξη. Και επαναλαμβάνω πολλές φορές τη φράση «στην πράξη» γιατί δεν θα αλλάξει ποτέ η ζωή προς το καλύτερο αν αυτό δε συμβεί κυριολεκτικά στην πράξη.

Έτσι ο αφηγητής δεν μπορεί να αναλώνεται σε αφηγήματα ιδεαλισμού και παραληρηματικής ανάλυσης δίχως συμβατότητα θεωρίας, βιωμάτων και τελικής πράξης μόνο και μόνο για να αισθάνονται ευτυχισμένοι κάποιοι. Κανείς δεν αρνήθηκε τις μικροχαρές και τις αναλαμπές καλοσύνης, αγαθοεργίας, ανιδιοτέλειας και δημιουργικής συνύπαρξης στον άνθρωπο. Δε θα μπορούσε άλλωστε, έστω και ψεύτικα, να αντέξει ο άνθρωπος. Υπάρχουν και κοινωνίες, φυλές που δεν έχουν να χωρίσουν τίποτα παραπάνω από όσα ορίζει η φύση και τα ένστικτά τους. Οι ανεπτυγμένες κοινωνίες όμως και οι υπόλοιπες που

*Fruste*

αναπτύσσονται δεν ζουν ακριβώς με τα ένστικτά τους, ούτε με τους κανόνες της φύσης. Ζουν με τεχνητά συστήματα, τεχνητά μέσα, με επίμονη και καθόλου ανιδιοτελή παρέμβαση στη ζωή και στον άνθρωπο. Αυτό δεν μπορεί να το παραβλέψει κανείς, πόσο μάλλον όταν συμπαρασύρει μια παγκοσμιότητα σε μια ειδική κατάσταση.

## Ουδετεροφιλία

Αν και αποτελεί πολιτικό όρο, εμείς δε θα το αναλύσουμε ακριβώς πολιτικά, αλλά σίγουρα, για κάποιους, έχει πολιτική ανθρώπινη και νομική πλευρά. Από τότε βέβαια που εισήλθε η νομική στις τσέπες μας κατοχυρώθηκαν στα χαρτιά οι άνθρωποι αλλά έχασαν την, ήδη χαμένη, εμπιστοσύνη στις σχέσεις τους. Δεν κατηγορώ τη νομική επιστήμη γιατί αποδεικνύεται ότι, άνευ νόμων, δεν ξέρουμε να φερθούμε έστω και τυπικά αλλά και η είσοδός της δεν έλυσε απαραιτήτως τα ζητήματα που την έφεραν στο προσκήνιο της κοινωνίας.

Εδώ δε θα μιλήσω για ζητήματα νομικά αλλά για την εμφάνιση μιας νέας έννοιας που έρχεται να προστατεύσει ή να περιορίσει τα ανθρώπινα δεινά, εκείνα που έχουν σχέση με τις έννοιες φύλο και διαφορετικότητα έκφρασης, αντίληψης και συμπεριφοράς.

Μετά από χρόνια διαμάχης στα θέματα ισότητας φύλων και διαφορετικότητας ανάμεσα και στα ίδια τα φύλα, επέρχεται στην εποχή μας η κίνηση που σίγουρα θα κατοχυρωθεί στο να μην εκφράζεσαι όπως αντικειμενικά όρισε η φύση αλλά ξεπερνώντας τη φύση και σκεπτόμενος διανοητικά. Τι πάει να πει αυτό στην πράξη. Καταρχάς, μη γελιόμαστε δύο είναι τα φύλα, το αρσενικό και το θηλυκό. Σε περίπτωση που υπάρχει διαταραχή εμφανίζονται και ερμαφρόδιτα. Αυτό από πλευράς φύσης πέρα από διάκριση, πέρα από κάθε παρέμβαση, μετάλλαξη ερμηνειών, όπως δυστυχώς προέκυψε, συνεχίζει γενικά να απασχολεί. Αυτά προέβλεψε η φύση, τουλάχιστον εικονικά. Δεν σου λέει πώς να αισθάνεσαι ή πώς αρέσκεσαι να καθορίζεσαι. Άλλο θέμα αυτό. Μιλάμε ξεκάθαρα, μέχρι στις μέρες μας τουλάχιστον, πώς γεννιούνται τα παιδιά.

Από το σημείο αυτό μέχρι το πώς θέλει ή όχι να αισθάνεται τη φύση του και να εκφράζεται ένας άνθρωπος υπάρχει μία απόσταση, μία διαφορά. Η διαφορά αυτή λύνεται όταν υπάρχει απλή αποδοχή στο πώς δέχεσαι τον άλλον, χωρίς να παρεμβαίνεις στην ατομικότητά του με κανένα κίνητρο αλλαγής, μετάλλαξης και παρέμβασης. Κάπου είχα ακούσει ή διαβάσει για την κοινωνία της Λατινικής Αμερικής στην αρχαιότητα, όπου οι άνθρωποι εκφράζονταν όπως αισθάνονταν πραγματικά. Δηλαδή, άντρες που αισθάνονταν γυναίκες ντύνονταν, βάφονταν και φέρονταν κατά τον αυτό τρόπο χωρίς να αισθάνονται ντροπή και κατάκριση από τους υπολοίπους. Το ίδιο συνέβαινε και με γυναίκες που αισθάνονταν άντρες και συμπεριφέρονταν αντιστοίχως. Στην κοινωνία αυτή, και σε κάθε κοινωνία που θέλει να έχει αρμονία και συνύπαρξη σε πλαίσια ανεκτά, αυτή η αποδοχή είναι αυτονόητη και δε θέλει και πολύ φιλολογική, επιστημονική, θεωρητική, φιλοσοφική στήριξη. Γεννήθηκες έτσι και αισθάνεσαι αλλιώς; Ζήσε ελεύθερα. Δεν καταλαβαίνω ποιος θίγεται και προσβάλλεται από όλα αυτά. Σε κοινωνίες τις αρχαιότητας αυτό που εμείς ονομάζουμε «διαφορετικότητα» υφίστατο χωρίς αναγκαίες αναλύσεις προστασίες και νομικά καλύμματα.

Θα μπορούσε η διαφορετικότητα να αποτελεί φυσιολογικότητα σε πλαίσια λογικά. Γιατί, τελικά, κανείς δε μοιάζει απόλυτα με κανέναν. Όμως σε έναν κόσμο μεταλλαγμένο, κομπλεξικό και παράλογο αρχίσαμε να συζητάμε τι είναι νορμάλ και τι δεν είναι. Και ιδού τώρα η ουδετερότητα προτείνεται και επιβάλλεται να νομοθετηθεί ως δικαίωμα, μπας και πάψει αυτός ο θόρυβος που προκαλεί η επίμονη ανισότητα των φύλων εντός εκτός και επί τ' αυτά. Δηλαδή θα φτάσουν οι κοινωνίες στο ακραίο κατά εμένα σημείο να νομοθετούν την αυτοανακήρυξη κάποιου ή κάποιας σε ουδέτερο φύλο μόνο και μόνο για να παρακάμψουν ανθρώπους που δεν μπορούν να συνυπάρξουν έξω από ορισμένα στεγανά.

Βέβαια, αυτό ανοίγει στην Ιστορία της Ανθρωπότητας κεφάλαια που υποτίθεται ότι είχαν κλείσει αλλά, τελικά, ποτέ δεν έκλεισαν και παραμένουν μελανά σημεία αναφοράς. Δηλαδή αυτή η ουδετερότητα μπορεί να έλθει να καλύψει και άλλες ανισότητες που λαμβάνουν χώρα σε επίπεδο χρώματος, φυλής, ειδικών χαρακτηριστικών, θρησκευτικών, πνευματικών, ιδεολογικών και πολιτικών μέχρι το σημείο που η τάση προστασίας των δικαιωμάτων κοινής αποδοχής να οδηγήσει σε ισοπέδωση σε πράγματα που η φύση επιτρέπει ρητά και η νόηση του ανθρώπου τα αντιλαμβάνεται στρεβλά, με αποτέλεσμα να απομακρυνόμαστε από τη φύση όλο και πιο έντονα, όλο και πιο συχνά.

Και ερωτά ο κοινός νους: δεν μπορούν να αποφευχθούν όλα αυτά με μια απλή αποδοχή, φυσιολογικά; Δεν μπορεί να λυθεί όλο αυτό χωρίς να παρεμβαίνει ο νόμος και η πολιτεία και η κάθε χώρα ξεχωριστά; Εξελίσσεται ο άνθρωπος τοποθετώντας τον εαυτό του σε τέτοια πλαίσια διανοητικής παράλυσης;

Η ανθρώπινη λογική δεν μπορεί να σεβαστεί τη φύση ούτε στα τυπικά. Θα παρεμβαίνει ο καθένας νόμος, κράτος, εξουσία στο πώς θα προστατεύεται ή δε θα προστατεύεται η κάθε ύπαρξη γενικά; Είναι τόση η ανικανότητα ώστε πράγματα που λύνονται απλά ή που οι άνθρωποι του παρελθόντος χωρίς πτυχία, μόρφωση και καλλιέργεια τα αποδέχτηκαν, τώρα δύσκολα γίνονται αποδεκτά. Για εμάς τους πολιτισμένους δεν είναι καθόλου κατανοητά.

Αν είναι έτσι λοιπόν να νομοθετήσουμε την Ουδετερότητα, το ουδέτερο γένος. Αν είναι να ξεπεραστούν οι διακρίσεις, οι ανισότητες, η κατάκριση που προέρχεται από αυτές τις επίμονες προκαταλήψεις και τα αναχρονιστικά πρότυπα, τότε να το κάνουμε το βήμα αυτό για να ηρεμήσουμε. Απλά αναρωτιέμαι, τόσος ξεπεσμός, τόση κατάντια χρειάστηκε προκειμένου να αναγνωρίσουμε στον άνθρωπο την ιδιαιτερότητα ως αυτονόητη ύπαρξη; Τέτοιες ριζωμένες κακίες; Κάνει εντύπωση που ο άνθρωπος λογίζεται με τόση μικρομυαλιά. Σίγουρα ο φόβος, η ιδιοτέλεια, η εμπάθεια και η παράνοια που χαρακτηρίζουν το είδος μας, δεν επιθυμούν να αντιληφθούν τα πράγματα όπως είναι, δηλαδή να ζει και να συνυπάρχει αρμονικά ο ένας με τον άλλον, χωρίς βία, στιγματισμό και ψυχολογικά τραύματα.

## Το τρίτο γένος

Σε ακολουθία με το προηγούμενο μπορεί κανείς να πει ότι έφτασε η στιγμή ώστε να γίνει αποδεκτή μια ύπαρξη διαφορετική, πλην όμως υπαρκτή. Υπάρχουν άνθρωποι που ενώ μεν γεννιούνται με μία φύση γνωστή, δεν ταυτίζονται όμως με τη φύση αυτή. Λίγο μας απασχολεί το γιατί, η διάκριση όμως είναι αισθητή. Οι λόγοι ψυχολογικοί, γενετικοί, βιολογικοί, παρόλα αυτά υπαρκτοί. Στη θέση αυτή μπαίνει και η συνείδηση μιας πραγματικότητας διαφορετικής, που αναζητά έκφραση, νομιμοποίηση και, φυσικά, αποδοχή. Το τρίτο γένος είναι μία κατάσταση υπαρκτή, όχι μόνο στη γραμματική αλλά και στην καθημερινή ζωή. Αναρωτιέμαι αν η γραμματική περιέλαβε συνειδητά ή ασυνείδητα την περίπτωση αυτή.

Άνθρωποι γεννιούνται με μία αναγνωρισμένη συνήθως φύση και στην πορεία αποστασιοποιούνται πολύ από αυτή. Θα μπορούσε η επιλογή να είναι και ιδεολογική για κάποιον που δε θέλει να ταυτίζεται με οποιαδήποτε χροιά σεξιστικής ετικέτας, προτύπων, στερεοτύπων που ακολουθούν την ιστορία των φύλων και την κυριαρχούσα λογική, όπως έχει διαμορφωθεί. Άνθρωποι διεμφυλικοί, αμφίφυλοι, ομοφυλόφιλοι και μη, διεκδικούν το δικαίωμα να μην κατηγοριοποιούνται με το φύλο γέννησης αλλά με την αναγνωρισμένη από αυτούς συνειδητότητα της ύπαρξής τους. Σε μια τέτοια περίπτωση, χωρίς να επιβάλλεται η ισοπέδωση των άλλων φύλων, θα μπορούσε να καθοριστεί το πλαίσιο της ένταξης αυτής της επιθυμίας. Μάλιστα, ίσως, η ενσωμάτωση αυτή να οδηγούσε σε μια πιθανή εξάλειψη κάθε έκφρασης ρατσιστικής, εφόσον βέβαια υπάρχει η κατάλληλη αποδοχή. Έτσι, στα δυο γένη να υφίσταται και τρίτο, όχι ουδέτερο αλλά ισότιμο γένος και σε αυτό να εντάσσονται ομαλά όσοι νιώθουν ότι απέχουν από την καθιερωμένη διάκριση, όπως μας είναι γνωστή. Η αποδοχή μιας τέτοιας αντίληψης και η αναγνώριση αυτή, σε διάσταση πολιτειακή νομική, θα οδηγούσε πολύ κόσμο που υποφέρει από διακρίσεις να αποστασιοποιηθεί και επιτέλους να νιώθει ανεξάρτητη προσωπικότητα, χωρίς να οφείλει να αυτοπροσδιορίζεται από συμβολισμούς που δεν εξυπηρετούν τον άνθρωπο και τις ανάγκες του αλλά μια κατεστημένη λογική διάκρισης, στιγματισμού και εξιδανίκευσης ενός προτύπου με ό,τι αυτό εξυπηρετεί.

Καμιά φορά η διάκριση εξυπηρετεί όποιον έχει να κερδίσει από αυτήν. Και φυσικά δε λαμβάνει υπόψιν ποιος και πόσο μπορεί να αδικηθεί. Έτσι η δική μου αντίληψη λέει, υπαγορεύει, ότι το τρίτο γένος πρέπει να αναγνωρισθεί και να θεσμοθετηθεί με κάθε νομιμότητα κοινωνική ώστε να ισορροπήσει η κοινωνία ή μάλλον ένα κομμάτι της, καθώς και όσοι διαχωρίζονται ιδεολογικά από τη διάκριση αυτή.

Ξέρω καλά πώς ακούγεται όλο αυτό, αλλά σκεφτείτε και εσείς, πόσοι άνθρωποι έχουν ταλαιπωρηθεί από τον διαχωρισμό των φύλων, χωρίς να αισθάνονται ίσοι αλλά και αντίστοιχοι με την πραγματική τους φύση. Πόσοι εγκλωβίζονται σε μία κατάσταση νοσηρή, που αν αλλάξει θα επιτρέπει σε όλους να έχουν κανονική ζωή. Και δεν είναι λίγοι που έχουν βρεθεί θύματα της μη κανονικής λογικής.

Σίγουρα υπάρχουν άνθρωποι που το αντιλαμβάνονται και θα διεκδικήσουν την αλλαγή αυτή ή καλύτερα την εξάλειψη μιας υποθήκης κακής που αφαιρεί το δικαίωμα της ομαλής ζωής σε ένα κομμάτι της κοινωνίας, που εξακολουθεί να κλυδωνίζεται από την άρνηση που δημιουργεί η λάθος επιβεβλημένη παραδοχή, ότι στην ουσία οι άνθρωποι δεν είναι διαφορετικοί.

## Άρης

Άκουσα πως ο άνθρωπος ετοιμάζεται να κατακτήσει έναν νέο πλανήτη, τον Άρη. Οι άνθρωποι ενδεχομένως κάποτε θα ταξιδέψουν και θα δημιουργήσουν συνθήκες διαβίωσης σε έναν πλανήτη που φαίνεται να προσφέρεται για τέτοια πειράματα. Παρόλα αυτά αιφνιδιάστηκα. Δεν αναιρεί κανείς τη μεγάλη αυτή προσπάθεια και το μεράκι των ανθρώπων αυτών. Από την άλλη όμως βασανίζει το κεφάλι του αφηγητή αυτή η διττή εμφάνιση των πραγμάτων.

Τα τελευταία χρόνια η γη υποφέρει από την απληστία και την κακομεταχείριση που πηγάζει από τον ίδιο τον άνθρωπο. Αδυνατεί να συντηρήσει κάτι που τόσο απλόχερα και αρμονικά η φύση του προσέφερε: την ομορφιά της. Εκείνος από την αχορταγιά του έχει θέσει σε κίνδυνο κάτι, που με σκοπό την ίδια του την επιβίωση, τον περιβάλλει. Με την ωμή παρέμβασή του καθιστά το περιβάλλον μη λειτουργικό. Ένα περιβάλλον που δεν είναι αναντίστοιχο και ξένο προς τον άνθρωπο. Είναι το περιβάλλον που τον προστατεύει, είναι το περιβάλλον που τον αγκαλιάζει. Είναι τα βουνά, τα δάση, οι θάλασσες, τα ποτάμια, οι λίμνες τα πάντα. Και όμως τα κατάστρεψε επιμελώς, άλλοτε από ιδιοτέλεια και άλλοτε από ανάγκη. Τα βουνά τα έκαψε, τα δάση τα έκοψε, τις θάλασσες τις μόλυνε, λίμνες και ποτάμια στερεύουν από τη μια στιγμή στην άλλη. Ο πληθυσμός αυξήθηκε. Τα ζώα θυσιάστηκαν, άλλοτε για να χορταίνουν οι άνθρωποι και άλλοτε για να ξεσκίζονται στη μάσα. Ψάρια και είδη του θαλάσσιου πλούτου τα αφάνισε, μέχρι και ο καρχαρίας άρχισε να φοβάται τον άνθρωπο. Έθεσε ο άνθρωπος και εξακολουθεί να θέτει σε μια πολύ επικίνδυνη κατάσταση τον μοναδικό πλανήτη που γνώρισε.

Ίσως οι επιστήμονες που αναζητούν μια εξωγήινη λύση, να αναζητούν μια λύση σε αυτό το αδιέξοδο. Ίσως απλά να τους οδηγεί η περιέργειά τους γιατί ο επιστήμονας δεν είναι απαραίτητα καλός άνθρωπος. Μπορεί και να μην είναι. Αλλά είναι σίγουρα άνθρωπος που το δαιμόνιο της αναζήτησής του επιβάλλει να πάει παρακάτω. Ίσως πάλι επειδή κάποιοι, γνωρίζοντας καλά το χάος που έρχεται, επιχειρούν να σώσουν το δικό τους τομάρι, απομακρύνοντας τον εαυτό τους από μία μελλοντικά δυσάρεστη κατάρρευση του περιβάλλοντος που ήδη κραυγάζει ό,τι δεν αντέχει άλλη εκμετάλλευση. Δεν είναι μόνο ο μέσος άνθρωπος που υποφέρει. Υποφέρει και το περιβάλλον που φιλοξενεί αυτόν τον μέσο άνθρωπο.

Το θέμα δεν είναι αν είναι βιώσιμος ή με κατάλληλες παρεμβάσεις γίνει βιώσιμος ο Άρης ή όποιος άλλος πλανήτης βρεθεί κατάλληλος για τέτοια πειράματα. Το θέμα είναι γιατί αδυνατεί ο άνθρωπος να διατηρήσει κάτι τόσο όμορφο, τόσο άφθονο και έμπρακτα λειτουργικό, που η ζωή αιώνες τώρα του προσφέρει και όμως εκείνος το γκρεμίζει, το τσακίζει, το μαδάει. Δηλαδή το ίδιο ον που συμπεριφέρεται με αυτή την ωμότητα, με αυτή την ξεδιαντροπιά, θα καταφέρει κάτι διαφορετικό σε έναν άλλο πλανήτη που ενδεχομένως θα ανακαλύψει όπως έχει ανακαλύψει και θα μετοικήσει εκεί για ένα νέο ξεκίνημα, μια νέα ζωή, μια ζωή άλλη;

«Πάντων χρημάτων μέτρον ο άνθρωπος» έλεγαν οι αρχαίοι. Εκεί που θα πάει και θα κάνει το πέρασμά του θα προσφέρει κάτι ουσιαστικό και δημιουργικό πέρα από τον θαυμασμό και την επιβράβευση για τη σημερινή του ανακάλυψη; Αν είναι έτσι γιατί δεν το προσφέρει απλόχερα σε κάτι που ήδη διαθέτει, ήδη υπάρχει και ας μην είναι νέα ανακάλυψη; Αυτό βέβαια είναι μια συντηρητική άποψη και, λογικά, το εγχείρημα του ενός, δηλαδή της δημιουργίας ζωής σε έναν νέο πλανήτη γιατί περί αυτού πρόκειται δεν αναιρεί απαραίτητα την ταυτόχρονη προσπάθεια σωτηρίας της γης, του περιβάλλοντος δηλαδή που μέχρι στιγμής μας περιβάλλει. Σκοπός δεν είναι να θιγεί ή να περιοριστεί η επιστημονική έρευνα και η εξέλιξη, που τόσο σημαντικά και ουσιαστικά έχει συμβάλλει στη διανοητική εξέλιξη του ανθρώπου αλλά και στην αντιμετώπιση πολλών, μέχρι τώρα, κωλυμάτων και προβλημάτων. Δεν υπάρχει λόγος, ούτε κίνητρο να υποβιβάσει κάποιος ένα τέτοιο εγχείρημα, μία τέτοια σημαντική πράξη. Αν και οφείλουμε να μην αγνοούμε ότι η επιστήμη, στα χέρια ασύδοτων ανθρώπων, πολλές φορές έχει καταστρέψει και ανθρώπους και περιβάλλον.

Ένας είναι ο προβληματισμός και αυτός οφείλει να μας απασχολεί στην εποχή που ζούμε, κρίνοντας αυτό που συμβαίνει σήμερα και αυτό που μπορεί να συμβεί αύριο. Και όλα αυτά δεν είναι ασύνδετα από ό,τι έχει συμβεί στο παρελθόν και ας είναι κάτι μακρινό, που φαινομενικά δεν μας ενδιαφέρει. Και ρωτάμε εμείς, οι άσχετοι πλην όμως άνθρωποι: η ανακάλυψη αυτή ή και η πιθανώς μελλοντική μετεγκατάσταση, μειώνει τους κινδύνους του ανθρώπινου αφανισμού ή απλά μεταφέρει τον κίνδυνο στον Άρη;

## Φιλόσοφοι

Υπάρχει μία τάση να μην αναφερόμαστε καθόλου ουσιαστικά σε αυτό που μας προβληματίζει, σε αυτό που μας τρομάζει. Μια τάση αποξένωσης του ανθρώπου από τον άνθρωπο. Μια μοναξιά και που τον πιο χαρούμενο άνθρωπο τον αγγίζει, τον ταρακουνάει. Οι εποχές του προβληματισμού τέλειωσαν, πηγαίνει μόνο του το καραβάνι πια. Κάτι σαν ζόμπι έχουν γίνει οι άνθρωποι.

Ο 21$^{ος}$ αιώνας πνευματικά με συνταράσσει. Δεν υπάρχει αυτοφιλτράρισμα, διάθεση για ουσιαστικό διάλογο πάνω στο «τι είναι ο άνθρωπος». Κάτι ψευτοφιλόσοφοι, συνήθως όργανα μιας συστημικής ιδεολογικής έρευνας, που αν τους παρατηρήσεις ουσιαστικά, αν τους μελετήσεις, δεν αγγίζουν καν το αδιέξοδο στο οποίο βρίσκεται ο άνθρωπος, κάνουν μια ανάλυση, σε σχέση με το σήμερα τις σημερινές ανάγκες, την προσαρμογή στη Νέα Εποχή της τεχνολογίας, των Νέων Ισορροπιών, Νέων Δυνάμεων και τέτοια, άλλα χωρίς όμως να επικεντρώνουν στο πνευματικό τέλμα που οδηγείται ο άνθρωπος. Όλα έχουν να κάνουν με νέες φιλοσοφίες ζωής, νέες τάσεις, στάσεις που όλες όμως έχουν ένα κοινό χαρακτηριστικό: όχι τον άνθρωπο στη διαχρονικότητά του. Ταιριάζουν με το κλίμα της εποχής τους, δεν είναι άσχετες. Γι' αυτό και έχουν φανατικό ακροατήριο και οπαδούς που τους ακολουθούν πιστά ή τους ζητωκραυγάζουν. Και από μια πλευρά καλά κάνουν και ασχολούνται με το σήμερα, το συστη έχει πώς αντιλαμβάνεται τον εαυτό του και τον σκοπό ύπαρξης μέσα ή έξω από αυτά τα βάρη.

Φιλόσοφος με αυτή την έννοια δεν υπάρχει σήμερα. Ο εικοστός πρώτος αιώνας δεν γεννάει φιλοσόφους. Γεννάει όμως στοχαστές. Ο στοχασμός είναι μια αφηρημένη σκέψη που εξειδικεύεται σε ορισμένα πράγματα που αποτελούν ερέθισμα στον στοχαστή που τα στοχάζεται. Τα σκέφτεται, κλιμακώνει αυτή τη διαδικασία και εύλογα καταλήγει κάπου. Αυτό απέχει πολύ από την Πύλη της Φιλοσοφίας και αυτό συμβαίνει γιατί η εποχή που διανύουμε δεν προσφέρεται για μεγάλα πράγματα, τουλάχιστον στον τομέα της σκέψης. Είναι σαν να έχει φτάσει ο άνθρωπος στο ύψιστο σκαλί της σκάλας, να έχει δει τα πάντα, να έχει κάνει σχεδόν τα πάντα, σπουδαία επιτεύγματα, απίστευτα πράγματα και τώρα να κατεβαίνει σιγά σιγά τη σκάλα.

Ο άνθρωπος πέρα από τα δεινά που έπραξε και πράττει, έκανε και αξιοθαύμαστα βήματα, που δεν περνούν απαρατήρητα από του μυαλού την άκρη. Εφηύρε μεθόδους, εργαλεία, μηχανήματα, φάρμακα, χιλιάδες πράγματα και τα εφηύρε με σκληρή δουλειά, τεράστιες θυσίες, απάνθρωπη εκμετάλλευση αλλά τα κατάφερε. Τώρα πλέον ο άνθρωπος πέρασε το όριο αυτής της σκάλας και παλεύει να μη γκρεμίσει τα σκαλιά της και να μείνει στην κορυφή απ' όπου η πτώση θα έχει μεγάλο κόστος και πόνο. Δεν υπάρχει κάτι που να μην επινόησε ο άνθρωπος. Όταν ξεπέρασε τις ιδεοληψίες του και τους φόβους του έφτασε στου άλλου κόσμου την άκρη. Ταξίδεψε, γνώρισε, αγάπησε, έμαθε, μελέτησε, εργάστηκε. Και τι δεν έκανε αυτός ο άνθρωπος. Έφτασε όμως στο σημείο να καταστρέφει, από την αλαζονεία της γνώσης και της παντοδυναμίας του, ό,τι έφτιαξε, ό,τι αγάπησε. Ξερίζωσε δέντρα, δάση ολόκληρα, μόλυνε τον αέρα, τις θάλασσες, τις λίμνες τα ποτάμια, άνοιξε τρύπα στο όζον, μόλυνε τη γη του, τα τρόφιμά του. Οδηγήθηκε στην υπερκατανάλωση, στο υπερκέρδος, στην υπερεκμετάλλευση ανθρώπου από άνθρωπο, παραδόθηκε, όχι στη λογική αλλά στα αχαλίνωτα πάθη.

Δεν μπορεί ο αφηγητής να υποτιμά συνέχεια τον άνθρωπο. Δεν τον υποτιμά όμως επειδή πραγματικά τον σιχαίνεται αλλά από την πολλή αγανάκτηση με αυτά που βλέπει γύρω του και την απύθμενη απάθεια που κυριαρχεί. Κάποιος πρέπει να μιλήσει, κάποιος πρέπει να αντιδράσει. Δεν μπορεί ο άνθρωπος να συνεχίζει την αχαλίνωτή του δράση.

Έχει κάνει σπουδαία κατορθώματα ο άνθρωπος, με ή χωρίς τη θέλησή του, αλλά και σπουδαία λάθη. Έφτασε ένα μικρό πλάσμα να ανακαλύπτει ένα ολόκληρο σύμπαν, αυτό είναι ένα θαύμα. Έφτασε ένα μικρό πλάσμα να ταξιδεύει, σε μια μέρα, από τη μια άκρη στην άλλη, είτε με καράβια, είτε με δορυφόρους, είτε με αεροπλάνα. Άγγιξε και συνεχίζει να αγγίζει κάθε άκρη. Δεν μπορεί να μη θαυμάσει κάποιος αυτό το πλάσμα όταν αναφέρεται σε αυτά τα πράγματα. Δεν μπορεί να μην αναγνωρίσει κανείς τα άλματα που έχει κάνει ο άνθρωπος. Είναι, σε ορισμένα σημεία, απίστευτα μεγάλα. Σκεφτείτε πού ήταν και πού βρίσκεται σήμερα ο άνθρωπος, τουλάχιστον στο επίπεδο αντίληψης του Κόσμου, γεωγραφικά και μορφολογικά. Σ' αυτά διέπρεψε και διαπρέπει ο άνθρωπος. Εκείνο όμως στο οποίο δεν κατάφερε να διαπρέψει, και προς το παρόν εντελώς παρακάμπτει, είναι η Αρετή που πηγάζει από το μέτρο και την αγάπη προς τον συνάνθρωπο. Δεν ανακαλύπτεις ένα φάρμακο για να βγάλεις κέρδη αλλά για να σώσεις από τον πόνο και την αγωνία χιλιάδες ανθρώπους και ζώα. Δεν ανακατεύεις ένα στοιχείο της φύσης με ένα άλλο για να καταστρέψεις τον κόσμο και να απειλείς τον συνάνθρωπο. Δεν είναι αυτός ο στόχος μιας εφεύρεσης, μιας ανακάλυψης. Ό,τι κατάφερε ο άνθρωπος το κατάφερε με συλλογική προσπάθεια και στα καλά και στα κακά. Το θέμα είναι εκεί που έφτασε να αποφασίσει πλέον τι επιλογή θέλει να κάνει. Είτε θα συμμαχήσει με τη φύση, είτε θα καταστρέψει και τον εαυτό του και τους άλλους.

## Διακυμάνσεις ωρίμανσης

Θα ήταν απρεπές να μην αναφερθούμε στα στάδια της ζωής και στις διαφορετικές της φάσεις. Όμως η ωρίμανση στον άνθρωπο δεν ξέρει ποια στιγμή θα έρθει. Πότε θα αντιληφθεί τη ζωή στο πραγματικό νόημά της, πέρα από τα πλαίσια που ζει, πέρα από τις ατομικές του διακυμάνσεις. Νεανικός ενθουσιασμός, παιδική αφέλεια, ώριμη νεότητα, μεσήλικη ωριμότητα, σοφία ηλικιωμένη, γεροντική κατάθλιψη, γνώση, απόγνωση όλα μέσα στις ηλικιακές φάσεις. Έρχονται όμως όλα σε κανονική σειρά, στην κατάλληλη και αντίστοιχη με την ηλικία εποχή και φάση;

Για εκείνον που ζει μια ζωή φυσιολογική, μέσα σε κανονικά πλαίσια ευημερίας και ανάπτυξης, και σε κατάλληλες οικογένειες, μπορεί και να έρθουν. Πολλά πράγματα όμως παίζουν καθοριστικό ρόλο και ας μη δίνουμε πολλές φορές βάση. Δεν είναι μόνο η ηλικία που μετρά και κάνει τον άνθρωπο να βρίσκει τον εαυτό του, να κατανοεί και να αποφασίζει τι επιλογές κάνει. Η ωρίμανση δεν έρχεται πάντοτε στην ιδανική φάση. Οι συνθήκες, η εποχή, ο άνθρωπος, ο χαρακτήρας, τα βιώματα, η καταγωγή, η οικονομική του κατάσταση, οι αστάθμητοι παράγοντες τύχη το λένε κάποιοι, συγκυρίες άλλοι όλα αυτά συμβάλλουν στη δημιουργία μιας προσωπικότητας, μιας εικόνας φωτεινής ή άσχημης που ακολουθεί τον άνθρωπο που τα κουβαλάει.

Εννοείται ότι κάθε ηλικία, εξ ορισμού, έχει τα αναμφισβήτητα χαρακτηριστικά της. Τα παιδιά, οι νέοι, οι ώριμοι νέοι, έχουν μια φρεσκάδα μια ανυπέρβλητη ζωντάνια. Οι μεσήλικες και οι κάπως μεγάλοι έχουν εμπειρία που συναρπάζει. Οι ηλικιωμένοι, όσοι στέκουν στα μυαλά τους και δεν τους έχει καταβάλλει η ασθένεια της ηλικίας ή η ανασφάλεια του θανάτου, εκείνοι έχουν μια σοφία, ένα βιβλίο ζωής, αναμφισβήτητης δύναμης. Δύναμης που πηγάζει από αλήθειες, από παθήματα, μαθήματα και μακροχρόνια δράση. Τι κι αν όλα αυτά έχεις το χάρισμα να τα αποκτήσεις πολύ πριν γεράσεις; Τι κι αν όλα αυτά τα αποκτάς γιατί η ζωή πρόωρα σε ανάγκασε να ωριμάσεις; Υπάρχουν παιδιά που με το βλέμμα τους σε κάνουν να καταλάβεις πράγματα που μεσήλικες δεν έχουν ποτέ νιώσει, ποτέ καταλάβει. Γιατί ίσως τα παιδιά αυτά έζησαν δύσκολες, ακραίες, απευκταίες καταστάσεις ή γιατί απλά είχαν το χάρισμα της φωτεινής σκέψης, της κατανόησης χωρίς επηρεασμούς, χωρίς παρεμβάσεις. Το ίδιο ισχύει για νέους, για έφηβους και για μεσήλικες που άλλοτε συμπεριφέρονται ως μεσήλικες και άλλοτε ως ενήλικες βλάκες. Ηλικιωμένοι που φέρονται ως ανήλικα παιδιά και νέοι που στέκονται στις δυσκολίες της ζωής σαν βράχοι. Είναι πολλά τα παραδείγματα που μπορούν να κάνουν κάποιον να εντυπωσιάσει για τη ζωή που έχει ή δεν έχει περάσει. Για τα μαθήματα που έχει ή δεν έχει πάρει. Για τη σοφία και τη συνέπεια που κουβαλάει ή που δεν κουβαλάει.

Όχι σπάνια βλέπεις κατηγορίες ενηλίκων που λειτουργούν σαν ξεχαρβαλωμένες μηχανές, χωρίς σκοπό, χωρίς δράση. Όλα τα βλέπεις στην πορεία της ζωής που έχεις επιλέξει ή που έχεις παραλάβει. Σε τόσο διαφορετικά μήκη κύματος δύσκολο είναι να συντονίσει κάποιος τι του ταιριάζει και τι δεν του ταιριάζει. Συνάμα είναι και εύκολο γιατί οι διαφορές που προκύπτουν, λόγω ωρίμανσης, κάνουν ξεκάθαρο ποιος, πού και με τι ταιριάζει ή δεν ταιριάζει. Μπλέκονται όμως όλα αυτά με περίεργους τρόπους που, όχι σπάνια, δεν μπορεί εύκολα να τα αντιληφθεί και να προλάβει κάποιος. Μπλέκονται μέσα σε οικογένειες, σε φιλίες, σε σχέσεις, σε δράσεις, σε ιεραρχίες, σε φυλές, σε τάξεις, σε έθνη, σε κράτη, σε συμφέροντα, σε ιδεολογίες, σε ιδιοτέλειες και άλλες ανθρώπινες εκφάνσεις.

Ποιος πού και πότε ωριμάζει; Θα έπρεπε να μιλάμε για διακυμάνσεις ωρίμανσης ή απλά για ατομικές ιστορίες με προσωπικές διακυμάνσεις;

## Σύστημα

Απορώ γιατί δεν έχω υπηρετήσει ακόμα κανένα σύστημα. Και ποιο σύστημα να υπηρετήσω; Το σύστημα που θέλει τη bourgeoisie της Δύσης να καλοπερνά και να αγοράζει το καινούριο iphone από τη μία, και από την άλλη να βάζει παιδιά να δουλεύουν σε εργοστάσια σαν σκλάβοι για να παράγει αυτό το καινούριο iphone ή δεν ξέρω κι εγώ τι άλλο; Το σύστημα που καθιστά κορίτσια ανήλικα αντικείμενα σε σκλαβοπάζαρα, άλλα με σκοπό να γίνουν δουλικά στα πλούσια αφεντικά τους και άλλα με σκοπό να ξεπουλούν την ψυχή και τη σάρκα τους; Αυτό το σύστημα εννοείτε; Εσείς που ταξιδεύετε και συζητάτε στα ωραία σαλόνια για το πόσο εξωτικά και εξαίσια είναι τα μέρη που επισκεφτήκατε, σε υποανάπτυκτες χώρες ή μάλλον τα μέρη που επιλεκτικά σας στείλανε να επισκεφθείτε και να γνωρίσετε. Εσείς κύριοι και κυρίες μπήκατε στον κόπο να δείτε και την άλλη πλευρά αυτού του κόσμου; Μπήκατε στον κόπο να ζήσετε, έστω και μία ώρα, τον βάσανο αυτών των ανθρώπων που πουλούν τα παιδιά τους στα σκλαβοπάζαρα για να έχετε εσείς τακτοποιημένους και πλούσιους τους δικούς σας ανθρώπους; Αγόρια ανήλικα εργάτες σε εργοστάσια, αγόρια χωρίς σήμερα, χωρίς χθες, χωρίς αύριο. Γιατί, πού θα ανακαλύψουν το σήμερα και το αύριο; Στη δουλειά που τους επέβαλε το σύστημα; Το εκάστοτε σύστημα, δε με ενδιαφέρει ποιο σύστημα. Εκείνο που κάνει ανήλικα παιδιά πόρνες για να χαίρονται οι γέροι και να βγάζουν τα ξερατά τους πάνω σε κορμιά, που από τη βρώμα και τη λέρα θα γίνουν άψυχα από τα βάσανά τους. Το σύστημα που δίνει όπλα σε παιδιά να πολεμήσουν, τάχα δήθεν για την πατρίδα, για τη θρησκεία και όλα αυτά τα ψέματα που εσείς οι ...κύριοι εκπροσωπείτε; Αυτό το σύστημα να υπηρετήσω; Και βγάζετε και τις μεγαλοκυρίες σας, ξεδιάντροπες πουτάνες, στα φιλανθρωπικά γκαλά που τόσο ωραία στήνετε για να τις απασχολείτε και να τις κάνετε να φαίνονται χρήσιμες μέσα στης ζωής τους την άνοια. Και σαν να μην έφταναν όλα αυτά να τις παρουσιάζετε και ως φιλάνθρωπες. Από τη μία δηλαδή να είστε η αιτία του διαβολεμένου κακού και από την άλλη να χρυσώνετε στο ποίμνιό σας το χάπι. Τι κατάντια είναι αυτή...

Γιατί δεν παρουσιάζετε την αλήθεια κατάματα στον κόσμο; Γιατί δεν του λέτε ότι διαμελίζετε το σύμπαν ολόκληρο για να ζουν πλουσιοπάροχα οι οπλοβιομηχανίες σας και τα τεχνολογικά σας θαύματα; Γιατί δεν ομολογείτε την πραγματική χρήση της τεχνολογίας στον βωμό της αύξησης του κέρδους, της ανωμαλίας και της μοναξιάς σας; Γιατί δεν λέτε στον κοσμάκη την ουσιαστική χρησιμότητα αυτού του νέου όπλου που ελέγχει τους πάντες και τα πάντα; Γιατί κοροϊδεύετε τον κοσμάκη; Γιατί δεν πάτε μια βόλτα τα παιδιά σας στις χώρες, στα εργοστάσιά σας και στις χώρες που απομυζάτε; Εκεί να τα πάτε και όχι στη Disney, για να παίξουν παιχνιδάκια όταν συνομήλικά τους είναι καταδικασμένα να ζουν με πικραμένα μελαγχολικά μάτια! Εκεί να τα πάτε για να θαυμάσουν τη φιλανθρωπία του μπαμπά τους και της μαμάς τους, που δεν έχει τι να κάνει και χαρίζει ψωροψίχουλα για να βραβευτεί, μετά, στα γκαλά σας. Σε αυτά τα εμετικά, βρώμικα, πάρτυ που πάτε και βγάζετε τα μάτια σας με ανήλικα κοριτσάκια. Κρατάτε την καλοσύνη σας και την αξιοπρέπειά σας στα κράτη σας, τα... πολιτισμένα, για να ξερνάτε τη βρωμιά σας στα άλλα κράτη, εκείνα που επιμελώς κρατήσατε απολίτιστα και καθυστερημένα. Χώσατε και τα ανδρείκελα, που έκαναν μια χαρά τη δουλειά σας, να τρομοκρατούν τον κόσμο για να καλοπερνάτε εσείς και τα παιδιά σας. Και το ονομάζετε αυτό «σκληρό ρεαλισμό, ωμή πραγματικότητα» και άλλα τέτοια, για να κοιμάστε ήσυχοι και ξένοιαστοι μέσα στην ξεδιαντροπιά σας. Ωμή πραγματικότητα είναι το μέλλον που επιφυλάξατε για αυτές τις αθώες ψυχές, που εσείς βάζετε και πολεμούν και σκορπούν τον τρόμο για να εξυπηρετούνται τα συμφέροντά σας. Στέλνετε τα παιδιά σας σε ιδιωτικά σχολεία-εργαστήρια για να τους διδάξουν τα ιδανικά σας. Μια χαρά τα χρησιμοποιείτε και αυτά. Μίσθαρνα όργανά σας. Απλά δεν έχετε τη δυνατότητα να αγοράζετε ανήλικα στα σκλαβοπάζαρά σας. Γλίτωσαν, είναι η αλήθεια, από αυτή τη δοκιμασία.

Σε πόσα μέρη του κόσμου άνθρωποι χάνουν την αξιοπρέπειά τους για να υπηρετήσετε εσείς το χρήμα και τα σχέδιά σας; Πόσους προέδρους υπαλλήλους χρειάζεστε για να κάνετε τη δουλειά σας; Μαύρους, άσπρους, κόκκινους, αρκεί να κάνετε τη δουλειά σας.

Τα δύο τρίτα του κόσμου διαμελίζονται, θρυμματίζονται από τα δικά σας θαύματα. Πόλεμοι, ναρκωτικά, διακίνηση, εκμετάλλευση σε ενήλικα, ανήλικα, άτομα, όλα για να κάνετε τη χρυσή δουλειά σας. Εμφύλιοι σπαραγμοί, αντιμαχίες, συστημικά ξεφτιλίσματα για να γεμίζουν οι λογαριασμοί και οι καταθέσεις στις τράπεζες. Και έχετε βάλει στο παιχνίδι πολύ κόσμο. Λόγιους ξεπουλημένους βέβαια στοχαστές, φιλοσόφους με τη σημερινή ξεπεσμένη μορφή που δεν αντέχει καν το όρο, διαπρεπείς προσωπικότητες, κονδυλοφόρους, δημοσιογράφους, επιστήμονες όλοι αποφασισμένοι να επιβάλλουν τη στρεβλότητά σας. Δεν έχω τίποτα προσωπικά με κανέναν άνθρωπο. Έχω όμως με το βρώμικο σύστημά σας.

Πώς αντέχετε να βλέπετε παιδιά να περπατούν ξυπόλυτα, να πίνουν νερό μέσα στις λάσπες, να τρώνε σκουλήκια για να επιβιώσουν από τα πειράματά σας, για να βγάλουν την ημέρα, για να αντέξουν την καθημερινότητά τους; Δεν είναι αυτοί άνθρωποι; Δεν έχουν αντίληψη; Επειδή δεν έχουν λεφτά; Και όμως, σας πληροφορώ, μερικές φορές, όσο πιο ακατέργαστο είναι ένα μυαλό τόσο πιο καθαρά συμπεράσματα βγάζει. Μήπως το διαμάντι όταν το βρίσκετε και κάνετε τα κοσμήματά σας είναι κατεργασμένο; Ακατέργαστο το βρίσκετε και μέσα στη λάσπη. Δεν παύει όμως να είναι διαμάντι. Όπως διαμάντια είναι και εκείνοι οι άνθρωποι που υποφέρουν από τα σχέδιά σας.

Θα μου πεις, στη δύση δεν εκμεταλλεύονται τους εργαζόμενους; Βεβαίως τους εκμεταλλεύονται. Είδαν ότι το πείραμα πέτυχε σ' αυτούς που αποκαλούν «υποανάπτυκτους» και μετέφεραν αυτά τα ευγενή στοιχεία και στα δικά τους τα κράτη. Σε σημείο πλέον σήμερα να μην υπάρχουν κράτη αλλά μόνο λεφτά που ψάχνουν να βρουν κράτη. Οι σημερινές εποχές αδιαφορούν για τα κράτη, τους εργαζόμενους, την πρόνοιά τους. Αυτά είναι έννοιες που τις έχουν ξεπεράσει. Δεν υπάρχει ενδιαφέρον για δικαιώματα και για εργάτες. Αυτά είναι συζητήσεις για να γελάνε. Θα μου πεις, και πάλι δεν πρόβλεψαν κάποιοι στο παρελθόν ότι το σύστημα ως έχει θα φτάσει σε αυτή την άκρη; Ναι, σαφώς και πολύ σωστά προέβλεψαν αλλά δεν κοίταξαν ώστε την εναλλακτική που ονειρεύτηκαν, να την εφαρμόσουν σωστά στα δικά τους κράτη. Και έτσι οι θεωρίες έμειναν οράματα ορισμένων φωτισμένων ανθρώπων που δεν κατάφεραν όμως τίποτα διαφορετικό στην πράξη. Όχι απαραίτητα οι ίδιοι, αλλά οι διάδοχοι. Και αν σε σοβαρά πράγματα δεν υπάρχει συνέπεια και ήθος στον τρόπο εφαρμογής και προσαρμογής, τότε γίνονται σοβαρά και ακραία λάθη. Τότε δεν έχεις, επί της ουσίας, εναλλακτική λύση στα βάσανά σου αλλά ένα άλλο σύστημα εξουσίας που, και αυτό με τη σειρά του, κάνει τα δικά του τα λάθη, επιβάλλει τις δικές του ιδεοληψίες, τα δικά του τα πάθη. Γιατί είναι και αυτό σύστημα που εξουσιάζει ή καταντά τέτοιο σύστημα και επιβάλλει. Δεν συζητάει, δε ρωτάει. Λοιπόν ποιόν κοροϊδεύουν όλοι διαχρονικά και σήμερα και χθες και αύριο; Δε λένε στον κόσμο την αλήθεια για να ησυχάσει: ότι δηλαδή η δουλεία είτε λέγεται εργασία, είτε σκλαβοπάζαρο, μια χαρά τους βολεύει κάποιους, μια χαρά τους συντηρεί και τους ακμάζει.

«Δεν ωριμάσαν οι συνθήκες» θα πουν κάποιοι. Και πώς να ωριμάσουν άραγε όταν φροντίζεις με κάθε τρόπο να μην ωριμάσουν, είτε γιατί στρέβλωσες τις θεωρίες σου, είτε γιατί ο λαουτζίκος πεινάει και δεν έχει τον χρόνο να σκεφτεί, να ωριμάσει, αλλά ψάχνει απεγνωσμένα να βρει κάτι να φάει για να μην λιμοκτονήσει;

Έχουν και οι λαοί τις ευθύνες τους; Βεβαίως, γιατί ο λαός φοβάται. Και ο φόβος είναι ένα αξεπέραστο συναίσθημα εγκλωβισμού και εξάρτησης. Και πώς να μη φοβάται ο λαός, και ο καθένας ατομικά, όταν τον απειλούν με βία και εξαφάνιση; Άσχετα αν με τον τρόπο που ζεις, οδηγείσαι παθητικά στην εξαφάνιση κι εσύ και τα παιδιά σου. Άσχετα με τα κόλπα που δέχεσαι και σε υποβάλλουν, χάνεις εντελώς την ηρεμία και την αξιοπρέπειά σου. Άσχετα αν σου τσαμπουνάνε ότι μπροστά στην επιβίωση δεν έχει σημασία η αξιοπρέπειά σου αλλά η τσέπη σου, τα λεφτά σου και ας παν να χαθούν οι άλλοι. Άσχετα αν στο τέλος βρισκόμαστε όλοι στον ίδιο βρώμικο και λασπωμένο λάκκο. Όλοι. Όχι μόνο εκείνοι αλλά και οι άλλοι. Και οι θήτες και τα θύματά τους. Γιατί και οι θήτες, με τον τρόπο ζωής τους, καταρρακώνονται κάποτε ή ακόμα και αν δεν καταρρακώνονται οι ίδιοι καταστρέφουν τα παιδιά τους, όχι εκείνα που τους μοιάζουν αλλά εκείνα που ξέφυγαν από τα καλοστημένα εργαστήριά τους. Όλα αυτά γίνονται λόγω ευαισθησίας, αδυναμίας χαρακτήρα καμιά φορά, λόγω του ότι ορισμένοι κατάλαβαν ότι δε γεννήθηκαν δυνάστες αλλά άνθρωποι, λόγω του ότι κάποιοι τους μίλησαν, τους προβλημάτισαν, τους έκαναν έστω και λίγο να αμφιβάλλουν για τα ιδανικά τους. Βέβαια ούτε αυτό σημαίνει ότι το παιχνίδι θα αλλάξει. Το σύστημα θα βρει τρόπο εν προκειμένω τον κατάλληλο για να κάνει τη δουλειά του. Και αν δεν είναι μέσα από την καρδιά του συστήματος θα τον βρει σε έναν φτωχό, άπορο, που γη και ύδωρ θα έδινε για να δει τη μίζερη ζωή του να αλλάξει, να αποκτά χρυσό, μετάλλια, επαίνους, δεξιώσεις προς τιμήν και άλλα τέτοια συμβάντα. Βάρη στη συνείδηση σε όποιον σκέφτεται και αισθάνεται άνθρωπος και όχι γρανάζι.

Είναι διαχρονική η αξία του δυνάστη και αυτοί που κυβερνούν, οι πραγματικοί, όχι αυτοί που νομίζουμε αυτοί που φαίνονται το ξέρουν καλά, το έχουν μελετήσει εξάλλου στην ιστορία σε όλες τις φάσεις. Και αν δεν το έχουν μελετήσει οι ίδιοι, έχουν τους συμβούλους τους που τους τα λένε, που τους τα διδάσκουν «...πως έτσι ήταν πάντα τα πράγματα και έτσι γίνεται η δουλειά τους...από αρχαιοτάτων». Γι' αυτό και δε θαυμάζω κανένα σύστημα πάρα μόνο όσους αντέχουν και είναι Άνθρωποι και διατηρούν, σε τέτοια πλαίσια, την ανιδιοτέλειά τους. Γνωστοί, άγνωστοι δε με νοιάζει. Όσοι είναι και αισθάνονται τέτοιοι άνθρωποι και στη θεωρία και στην πράξη. Όσοι παλεύουν για τον εαυτό τους και για τους άλλους, χωρίς να περιμένουν τίποτα από τα συστήματά τους. Σε αυτά που γεννήθηκαν και αναγκαστικά προϋπάρχουν της κάθε αντίληψης, της κάθε διάνοιας του κάθε ανθρώπου, που κάποια στιγμή συνειδητοποιεί, αντιλαμβάνεται πόσο δύσκολο είναι να είσαι γεννημένος άνθρωπος.

## Συστημική ακολουθία

Καθόλου τυχαία, οι θρησκείες καρπώνονται αυτή τη δυσβάστακτη αδικία και ομιλούν άλλες για μετεμψύχωση, άλλες για παράδεισο, η καθεμία για κάτι. Για να ελπίζει ο άνθρωπος και να κάνει υπομονή στα ξεδιάντροπα βάρη που του έχουν φορτώσει οι επιτήδειοι. Και πώς να μην πιστέψει ο άνθρωπος; Πώς να αντέξει να ζει αυτά τα χάλια χωρίς να ελπίζει σε κάτι άλλο; Και οι πανταχού παπάδες τα ξέρουν αυτά και κάνουν τη δουλειά τους. Μεταλλάσσοντας και προσαρμόζοντας σε ορολογία εξουσίας τα πνευματικά, ανθρωπιστικά και, πραγματικά ανιδιοτελή διδάγματα ορισμένων φωτεινών εξαιρέσεων στην ανθρωπότητα, που άμα έβλεπαν τη βρώμικη δουλειά τους, αυτή που κάνουν τα παπαδαριά, θα ήταν πρώτοι στο στόχαστρο, αυτοί οι ξεδιάντροποι. Αυτοί που κάνουν καριέρα επάνω σε ηθικά διδάγματα. Μόνο κάτι μοναχοί στη Βιρμανία βγήκαν στους δρόμους να στηρίξουν τον λαό και να φωνάξουν ενάντια στα βάσανά του. Αυτοί τουλάχιστον πίστεψαν σε κάτι και με ευσυνειδησία το εφάρμοσαν, με όλες τις συνέπειες που είχαν αυτές τους οι πράξεις.

Οι δικοί μας οι παπάδες, στη Δύση, διαμαρτύρονται μόνο για την εξουσία τους και για τα προνόμιά τους. Επενδύουν σε χρυσό, σε τράπεζες και στέλνουν στρατούς να πολεμούν σε άλλα κράτη για τα λεφτά, όχι για την αγάπη. Δολοπλοκούν, συνωμοτούν και ξεφτιλίζονται εκμεταλλευόμενοι την ιδιότητά τους. Ο θεός να με συγχωρήσει και είμαι πιστός άνθρωπος αλλά έτσι κάνουν. Δυστυχώς, έτσι κάνουν. Κάνουν και αυτοί βέβαια κάτι φιλανθρωπίες σαν αυτές που κάνουν και οι πουτάνες των πλούσιων, με το αντάλλαγμά τους. Άλλοτε προσηλυτισμό, άλλοτε φράγκα, άλλοτε υποδούλωση και λοιπά τέτοια. Γιατί, ποιος δε θα άλλαζε θρησκεία καλή ώρα όπως κάνουν στην Αφρική στην Ασία σε διάφορα κράτη αν του έταζαν ένα πιάτο φαΐ και λίγη περίθαλψη προκειμένου να σώσουν το κεφάλι τους και τα παιδιά τους; Αυτά κάνουν οι κοσμικές θρησκείες και περηφανεύονται και από πάνω για αυτές τις πράξεις τους.

Αν τώρα υπάρχουν ανάμεσά τους κάποιοι που δεν το κάνουν ή δεν το επιδιώκουν τουλάχιστον, αυτοί είναι λίγοι και τίμιοι άνθρωποι και υπηρετούν τα πιστεύω τους με την καρδιά τους. Με αυτούς τους λίγους δεν τα βάζω. Ίσα ίσα σε τέτοια περιβάλλοντα, μαύρα και άδικα, δίνουν λίγο φως και ελπίδα με το παράδειγμά τους. Γίνονται σωστοί υπερασπιστές γι' αυτό που πρεσβεύουν και θεωρούν καλό να πιστεύουν και οι άλλοι. Χωρίς όμως να καταπιέζουν ή έμμεσα να εκβιάζουν. Η πίστη είναι βίωμα και δεν εκβιάζεται. Όποιος πιστεύει πραγματικά, πιστεύει γιατί αγαπάει όχι από συμφέρον ούτε για να εκβιάζει. Άλλο πολιτική, άλλο πίστη σε κάτι που υπάρχει ή δεν υπάρχει. Αυτό το αποφασίζει καθένας ατομικά, δεν του το επιβάλλουν οι άλλοι.

# Αναφορά

Οι εποχές που ζούμε δεν είναι εύκολες. Και σίγουρα και οι άλλες εποχές δεν ήταν. Αλλά κάθε εποχή, κάθε ιστορία, όπως αντιλαμβάνεστε, έχει τα δικά της χαρακτηριστικά. Πρέπει να ξεκαθαρίσω στον αναγνώστη, που δε με γνωρίζει και δεν οφείλει κιόλας, πόσο εξοργίζομαι να μιλώ, να σκέφτομαι, να αισθάνομαι πολιτικά. Δεν πολυαρέσκομαι να αγγίζω ιδιαίτερα αυτά τα θέματα γιατί πραγματικά βγαίνω από τα ρούχα μου και τα σκίζω όταν σκέφτομαι τον κόσμο ολόκληρο και το τι πραγματικά συμβαίνει. Και κόσμος βέβαια δε νοείται ο λάκκος που βολεύομαι και περνώ καλά. Ο κόσμος είναι ένα τεράστιο φάσμα γεωγραφικών περιοχών που περιλαμβάνει κράτη, έθνη, ονομάστε τα όπως θέλετε, εξάλλου ανά εποχή αλλάζουν ονόματα, αλλά σταθερά περιλαμβάνουν τον άνθρωπο και τη σχέση του με την κοινωνία, την εξουσία, τις ιεραρχίες συνολικά.

Λόγω ειδικότητας αναφέρομαι σε ειδικές λεπτομέρειες, χωρίς να σκοπεύω να μετατρέψω το σύγγραμμα σε λίβελλο Πολιτικής Ιδεολογίας ή χάραξης σχεδίων για να εμπνευστούν ιδιοτελή μυαλά. Είναι καθαρά προσωπικές σκέψεις που δεν απομακρύνονται από την εποχή του αφηγητή και των βιωμάτων που έχει αποκομίσει από όλα αυτά.

Η πολιτική, και ως θεωρία και πράξη, δεν είναι ιδανική και ας αναφέρεται σε ιδανικά. Η εφαρμογή της όποιας πολιτικής δεν περιείχε ποτέ πολλά ιδανικά. Κάποιες φορές επέδειξε όντως στοιχεία θετικά και ευνοϊκά προς τον άνθρωπο. Αναμόρφωσε τον άνθρωπο, του έδωσε ένα σχήμα, μια πορεία στην οποία έχουν συμβεί πράγματα αξιόλογα και θαυμαστά αλλά συγχρόνως και άλλα θλιβερά και πολύ, πάρα πολύ κακά. Ορισμένες φορές μάλιστα τα μελανά σημεία της είναι τόσο μελανά που σβήνουν και ισοπεδώνουν τα κάποια καλά ή έστω και τη διάθεση να εργάζεσαι πάνω σε αυτά τα καλά.

Η αρχαία Ελλάδα είναι σίγουρα σημείο αναφοράς γιατί μπήκαν οι βάσεις για τις μορφές μιας οργανωμένης κοινωνίας που μπορούμε να μελετήσουμε και να προβληματιστούμε σχετικά. Κοινωνίες φυσικά υπήρχαν και πριν την αρχαία Ελλάδα, καθώς και άλλοι πολιτισμοί που έδρασαν ιστορικά. Απλά αυτό το σημείο μας αφορά γιατί επηρέασε μεταγενέστερα και επηρεάζει ακόμα και σήμερα τις διάφορες μορφές διακυβέρνησης. Και βέβαια η έννοια «σύστημα» καθιερώθηκε κυριαρχικά στην αρχαία Ελλάδα. ΠόλειςΚράτη, Ηγεμονίες, Ιμπεριαλισμός, Αυτοκρατορίες, Τέχνες, Αθλητισμός, Επιστήμες, Φιλοσοφία, Εμπόριο, Διπλωματία, Πόλεμοι, Στρατηγική, Δικαιοσύνη, όλα τοποθετημένα λεπτομερώς. Όχι απαραίτητα ηθικά. Έννοιες και αρχές εξελίχτηκαν σε διάφορους κώδικες συμπεριφοράς, εισάγοντας μια εποχή πολλών αλλαγών στη διαμόρφωση της σκέψης και της ανθρώπινης εξέλιξης. Και αυτά σίγουρα προέκυψαν από μια αλυσίδα, που οι ιστορικοί μπορούν να εξηγήσουν λογικά. Δε φτάσαμε στην αρχαία Ελλάδα από θαύμα.

Υπήρξαν σίγουρα διεργασίες που οδήγησαν όμως σε ένα θαύμα.

Το Σύστημα είναι μία έννοια που ταυτίζεται με τον άνθρωπο και την Ιστορία του διαχρονικά. Οι μορφές του μεταλλάσσονται αλλά ισχύουν κανονικά. Έμμεσα, άμεσα, συνειδητά, ασυνείδητα σε μορφές αρχέγονες, σύγχρονες, προγενέστερες, μεταγενέστερες, φυλετικές, κοινωνικές, ανεπτυγμένες, υποανάπτυκτες, παλαιές, νέες, γνωστές, άγνωστες, διακηρυγμένες, ακήρυχτες, στηρίχτηκαν σε μια μορφή ή έστω μόρφωμα συστήματος και εξουσίας τυπικής άτυπης, δηλωμένης αδήλωτης, ψηφισμένης αψήφιστης, υπαρκτής όμως διαχρονικά.

Ο άνθρωπος σπάνια ζει μόνος του. Και μόνος του να ζήσει όμως ένας άνθρωπος θα ακολουθήσει αναγκαστικά μία μέθοδο. Αν τώρα λάβουμε υπόψιν μας ότι υπάρχουν και άλλα είδη του είδους του, σε όποια μορφή και αν αυτά εκφράζονται, ομάδας, αγέλης, φυλής και κοινωνίας, συνυπάρχει με άλλους και αλληλοεπιδρά. Από εκεί και ύστερα, αυτή η αλληλεπίδραση σχέσεων, χαρακτήρων, συμπεριφοράς οδηγεί, αναπόφευκτα, σε ένα σύστημα, έστω μια πρακτική, από την οποία προκύπτουν ζητήματα που διαμορφώνουν και περιπλέκουν σημαντικά τη ζωή.

## Τρομοκρατία

Δεν ξέρεις από πού να ξεκινήσεις αυτό το θέμα και πού ακριβώς να το πας ή να μην το πας. Άραγε πρόκειται για ένα φιάσκο επιλογών που οδηγούν σε ενέργειες που εκφράζονται βίαια αλλά και συστηματικά ή για μια φυσιολογική αντίδραση καταπιεσμένων λαών, ανθρώπων, που δε διαθέτουν άλλα μέσα για να διεκδικήσουν την αξιοπρέπειά τους, εκτός από τα μέσα αυτά.

Ποιος οργανώνει και στήνει το παιχνίδι της βίας τελικά; Από εκεί πρέπει να ξεκινήσει ο διάλογος και τα συμπεράσματα πάνω σε αυτά: από πού πηγάζει η λογική όσων ενστερνίζονται αυτή τη συμπεριφορά.

Να κοιτάμε τα θύματα ή τους θήτες ή και τα δύο προσεκτικά;

Στη δύση μιλάμε για τρομοκρατία. Σε υποδουλωμένα κράτη ή περιοχές μιλάνε για πόλεμο υπεράσπισης σε ό,τι έμεινε σε επίπεδα αντοχής σε καθεστώτα ολοκληρωτικά. Από πού θα το δει κανείς μετράει πραγματικά. Πού επιτίθεται, ποιος επιτίθεται και ενάντια σε ποιους, να μας απασχολήσει και αυτό σοβαρά.

Μια συνεχής παρέμβαση, σε σημεία μη αποδεκτά, στα στοιχειώδη δικαιώματα ενός λαού, μιας ανθρώπινης ομάδας, ενός ατόμου, μπορεί τελικά να οδηγήσει σε βίαια αντανακλαστικά; Στα ζώα φερ' ειπείν συμβαίνει συχνά. Αν και εφόσον νιώσουν επίθεση αμύνονται κανονικά. Εκεί βέβαια δε μας νοιάζει, δε μας αφορά.

Στους ανθρώπους που δέχονται επίθεση, που η χώρα τους διαμελίζεται, καταστρέφεται, ο ιστός κάθε συναισθηματικής στήριξης κόβεται και διαλύεται οριστικά, εκεί ο άνθρωπος πώς αντιδρά;

Ο πόλεμος χρησιμοποιεί πολλά μέσα. Το ζήτημα είναι ποιος τον ξεκινά και με τι κίνητρα τον ξεκινά. Όχι ποιος αντιδρά. Ξέρετε κανενός το σπίτι να καίγεται και να στέκεται να το παρακολουθεί παθητικά; Ξέρετε κανέναν να βλέπει την οικογένειά του να γκρεμίζεται και να κάθεται αμέτοχος και να γελά;

Ποια ρητορική δύναται να καλύψει μια τέτοια ξεδιαντροπιά; Σε ποιους απευθύνεται και ποιους βολεύει τελικά; Σε ορισμένες περιπτώσεις είναι μορφή αντίδρασης ή είναι επιλογή που οδηγεί σε μια κατεύθυνση ένα σύστημα διαχρονικά;

Πρέπει να μιλήσουμε με στοιχεία, με λογική, με ιστορικότητα και όχι με μεγάλα λόγια φτηνά, με εκφοβισμούς και παραπλανήσεις που μεταθέτουν τα βάρη σε αθώα κορμιά. Είναι απλό το ζήτημα. Αθώα κορμιά δε χωράνε σε πολιτικές βρωμιάς, είτε γίνεται σκόπιμα, είτε άσκοπα για να περνούν μερικοί καλά. Και «άσκοπα» εννοούμε χωρίς ιδιαίτερη σκέψη όχι όμως και αφελώς. Να μιλάμε σωστά.

Είναι ένα καινούριο φαινόμενο ή υπήρχε διαχρονικά; Κάθε εποχή το ονομάζει διαφορετικά γιατί προσβάλλει σοβαρά συμφέροντα. Και βέβαια ύπουλα αντιδρούν όσοι χρησιμοποιούν ή καταφεύγουν στα μέσα αυτά. Γιατί συχνά, πολύ συχνά, δεν την πληρώνουν μόνο αυτοί που γέννησαν τέτοιες πράξεις και συμπεριφορές και υπάρχει βαθμός ευθύνης που βλάπτει σοβαρά αλλά την πληρώνουν και αρκετοί που δε θέλουν, δεν έχουν σχέση καμιά με τη βρωμιά. Και βέβαια στη στρατηγική πολέμου και κατάκτησης όλα αυτά είναι σχετικά, αλλά στον άνθρωπο που τα βιώνει είναι φοβερά επιζήμια και καθόλου σχετικά, γιατί δεν έχει αναμιχθεί με τη βρωμιά και ας υφίσταται τις συνέπειες που έχουν τα δεινά της συμφοράς.

Το κράτος του τρόμου ποιος το χρησιμοποιεί τελικά; Εκείνος που αρχίζει την επίθεση και προσβάλλει όσια και ιερά ή εκείνος που αντιδρά για να σώσει τα όσια και τα ιερά, που ενδεχομένως για άλλους να μην είναι ούτε τόσο όσια, ούτε τόσο ιερά. Αλλά για εκείνους που πλήττονται είναι σοβαρά. Δεν έχουμε όλοι τις ίδιες αντιλήψεις, την ίδια κουλτούρα, τις ίδιες αρχές, τα ίδια μυαλά. Αλλά, έχουμε δεν έχουμε τα ίδια μυαλά, καταλήγουμε να έχουμε τα ίδια κακά. Την ίδια καταστροφή με άλλα κριτήρια ερμηνείας, βέβαια πολύ διαφορετικά.

Δε μπορούμε να μιλήσουμε καθαρά όταν απλά και απλουστευτικά καταδικάζουμε τη βία και τα μέσα αυτά. Καταδικάζουμε τη βία και την τρομοκρατία γενικά. Δεν μας αρέσει, δεν τη θέλουμε. Ωραία λόγια, μεστά, αλλά στην πράξη τηρούμε αυτά που οφείλουμε για να μην οδηγούμε ανθρώπους, λαούς, ομάδες σε περιπέτειες; Εμείς οι έντιμοι, οι ευυπόληπτοι, οι σεμνοί, οι αξιοπρεπείς και φιλήσυχοι; Εμείς σχετιζόμαστε με αυτά που επιλέγουν οι ιθύνοντες και με το τι είναι αλήθεια σχετικά με τα γεγονότα αυτά; Υπάρχει κάποιος να μας εξηγήσει πώς μπορούν να ζουν οι λαοί που καταπιέζονται και χάνουν ό,τι θεωρούν σημαντικό και καίριο στη ζωή τους, στη δική τους κοσμοθεωρία, έστω κακομοιριά, για τα οποία φέρουμε ευθύνες και εμείς σ' αυτά.

Όταν κάνουμε διακοπές σε υποανάπτυκτα κράτη δεν πάμε να δούμε τι γίνεται στις συνοικίες και στα πέριξ αλλά πάμε να χορτάσουμε εικόνες και μέρη ειδυλλιακά με φτηνό αντίτιμο.

Επίσης, όταν ορισμένους λαούς τους μαθαίνεις να ζουν σε επίπεδα χαμηλά, δεν είναι και εύκολο να τους ξεμάθεις, να μη ζουν στα επίπεδα αυτά. Όταν η φτώχεια και η αδικία δημιουργούν ένα ολόκληρο φάσμα διαβίωσης, έναν πολιτισμό που σχετίζεται με αυτά διαχρονικά, τότε και αλλαγή να έρθει δεν μπορεί να είναι εύκολα διαχειρίσιμη, καθώς δεν αλλάζουν συνήθειες οι άνθρωποι τόσο γρήγορα, τόσο απλά. Αυτό δεν το λέω για να δικαιολογήσω τη διαιώνιση της κατάντιας αλλά διότι είναι μια πραγματικότητα για όσους έμαθαν να ζουν γενιές επί γενεών μέσα σε φριχτά περιβάλλοντα.

Η τρομοκρατία για ορισμένους είναι ο ύστατος τρόπος αντίδρασης και για άλλους ο συνειδητός τρόπος ζωής και ύπαρξης. Από τη στιγμή που η τρομοκρατία έγινε εργαλείο πολιτικής και τακτικής πολέμου αντίδρασης, πείτε το όπως θέλετε, από εκεί και μετά μπορεί ο κάθε εμπλεκόμενος να το χρησιμοποιεί και να το αξιοποιεί ερμηνεύοντάς το διαφορετικά.

## Νεοναζισμός

Τον θέλατε. Τον έχετε. Τον ψηφίσατε. Τον επιλέξατε. Ίσως να φαινόταν η μόνη λύση. Ίσως να μη σας άφησαν άλλη λύση. Ίσως το σύστημα καταφεύγει σε αυτή τη λύση όταν βλέπει ότι δεν υπάρχει τίποτα να συμμαζέψει την αδικία που έχει δημιουργήσει. Ρίξε εκεί έναν φασισμό, βάλτους να σκοτώνονται μεταξύ τους για να μη βλέπουν τους πολέμους που εγώ κάνω, τους πρόσφυγες που προκαλώ, τους μετανάστες που αξιοποιώ, τη δουλεία φτωχού ανθρώπινου δυναμικού που απαιτώ, το ολοένα αυξανόμενο χάσμα ανάμεσα σε πλούσιο και φτωχό, τη θεώρηση ότι το χρήμα δεν μοιράζεται στον κόσμο με δίκαιο τρόπο, ότι έχω χρήμα ως πολύτιμο αγαθό, ότι δε θέλω να βλέπουν οι άσχετοι πώς εγώ το κατασπαταλώ, ότι είμαι εδώ για να εξυπηρετώ ένα μικρό ποσοστό. Θέλετε και τίποτα άλλο; Δε σας φτάνει ο ναζισμός; Μια χαρά δεν τον κόψανε στα μέτρα σας, στην άγνοιά σας, στο άδικο παρόν; Μην παραπονεθείτε όμως για τα χειρότερα που έρχονται όταν ο κόσμος έχει γίνει τόσο κακός. Μην κλάψετε για τις θηριωδίες που έρχονται όταν διαβαθμιστεί όλο αυτό. Και φυσικά, μην αρχίσετε παρελάσεις και μνημόσυνα για το πόσο ηρωικά αντισταθήκατε, εκ των υστέρων, σε αυτό. Εμετός, το ξέρατε, το διαβάσατε. Εγκλωβιστήκατε και όμως επιμείνατε σ' αυτό. Και αφού παίξατε το παιχνίδι που υπαγόρευσε ο καπιταλισμός, νιώσατε μετά και ανθρωπιστές που αντιδράσατε όχι στο παιχνίδι, αλλά στις ζημιές και τα τελικά κέρδη που μοίρασε. Κάποτε θα έπρεπε οι άνθρωποι να προβληματιστούν. Φυσικά οι διακρίσεις, οι γενοκτονίες, οι πόλεμοι έχουν όλα ένα κριτήριο κοινό. Κάποιος στήνει το παιχνίδι και εσείς ενδίδετε σε αυτό.

Αν θέλεις παιδεύεις τον κόσμο σωστά και τον σώζεις. Αλλά δε θέλεις, γιατί σκέφτεσαι ιδιοτελώς, ατομικώς. Συνεπώς διαιωνίζεις το κακό.

## Ποιος καθορίζει τα ορθά και τα μη ορθά

Σε κάθε εποχή η αντίληψη διαφέρει σημαντικά. Πράγματα που φαίνονται ορθά σήμερα, χθες φαίνονταν παράλογα και καθόλου σωστά. Πόσες προσαρμογές έγιναν και γίνονται με βάση τη διανοητική εξέλιξη σχετικά με την εξήγηση και την αποδοχή στα ορθά και μη ορθά; Ποιος επιτρέπει ή απαγορεύει να κινούνται οι άνθρωποι προς μία ή προς άλλη κατεύθυνση; Τι σημαίνει σήμερα «λογικά» τι θα σημαίνει αύριο «λογικά;»

Η ταύτιση και η προσαρμογή σε μια κοινωνία δεν προεξοφλεί ότι η κοινωνία αυτή φέρεται και ωριμάζει φυσιολογικά. Και το ότι ορισμένοι, σε μια κοινωνία, αντιδρούν είναι δείγμα προβληματισμού και προσπάθειας να πάνε τη ζωή μπροστά. Εξάλλου, σε κάθε εποχή, εκείνοι που διέφεραν στιγματίζονταν και τιμωρούνταν αυστηρά για την αντίδρασή τους. Και όμως οι εποχές αλλάζουν και πολλά από εκείνα που τσακίζονται, μεταγενέστερα γίνονται τρόπος ζωής και χαρακτήρας σκέψης, για κοινωνίες και κράτη συνολικά. Και στην τέχνη και στην πολιτική και σε άλλα πολλά, άνθρωποι που σκέφτηκαν διαφορετικά έχασαν ενδεχομένως την αναγνώριση που θα έπρεπε να είχαν στις κοινωνίες που ζούσαν και δρούσαν αλλά επιβραβεύτηκαν μετά.

Το χάρισμα της διαύγειας είναι ένα χάρισμα που δεν αφορά πολλούς. Μάλλον δεν χαρακτηρίζει πολλούς. Απαιτεί λογική, φωτεινά μυαλά, εμπειρία και διαίσθηση που προκύπτει από αυτά ή και ανεξάρτητα από αυτά. Διαίσθηση που χαρακτηρίζει λίγους ανθρώπους γενικά. Χαρακτηρίζει άτομα ευφυή που η ενέργειά τους τούς μεταβιβάζει σε επίπεδα σκέψης, νόησης και συμπεριφοράς που δε γίνονται ευρέως αντιληπτά.

Δε θα μπορούσε να σκεφτεί έτσι άνθρωπος με ιδεοληψία, ιδιοτέλεια και στενομυαλιά. Επίσης δεν μπορεί να σκεφτεί με διαύγεια όποιος σκέφτεται με κριτήρια προσωπικά. Δηλαδή όποιος θεωρεί τη σκέψη του αποδεκτή και υποχρεωτικά σύμφωνη με τους άλλους. Σε κάθε εποχή, κοινωνία, πολιτισμό, κράτος, διαφέρει η έκφραση σε πολλά θέματα και το μέτρο σύγκλισης διαφέρει επίσης σημαντικά. Και σήμερα συμβαίνει και χθες συνέβαινε και όσο θα προχωράμε μάλλον θα συμβαίνει. Είμαστε όλοι άνθρωποι αλλά όχι και ομοειδή που ταυτίζονται στις ανάγκες, στις επιλογές, στις επιθυμίες, τα πρέπει, τα καθώς πρέπει, τα λογικά, τα μη λογικά, τα καλά, τα κακά, τα λάθος, τα σωστά.

Εκείνος που επιβιώνει είναι μάλλον εκείνος που επικοινωνεί με όλα τα είδη, με ευελιξία και με πίστη στα κοινά χαρακτηριστικά. Εκείνος δηλαδή που καταλαβαίνει σωστά του καθενός τα αυτονόητα. Δύσκολο έργο αυτό για άτομα χαρισματικά που υπερβαίνουν τον εαυτό τους και βάζουν τον εαυτό τους στη θέση των άλλων, για να νιώσουν πώς και γιατί οι άλλοι σκέφτονται, αισθάνονται και πράττουν διαφορετικά. Είναι σαν τα περιστέρια. Μεταφέρουν το μήνυμα και το πάνε μακριά, όχι όμως μέσα από κλουβιά. Μέσα από κλουβιά δε μεταφέρονται μηνύματα, δεν επικοινωνούν οι άνθρωποι. Και όσο πιο πολλά τα κλουβιά τόσο πιο πολλή η καταπίεση και πιο κλειστά τα στεγανά, μέχρι που η ζωή να αποτελεί μια σειρά από πολύχρωμα, πολυδιάστατα και πολύμορφα κλουβιά. Κλουβιά που δείχνουν όμορφα στην ποικιλία τους αλλά κυριολεκτικά ξένα μεταξύ τους, και ας στέκονται δίπλα δίπλα. Έτσι μοιάζει ο ανθρώπινος κόσμος. Μάλλον η ελευθερία στον άνθρωπο, όπως και στα ζώα, συμβάλλει στη διαύγεια καθοριστικά.

## Σήμερα, χθες, αύριο

Η πραγματικότητα του σήμερα δε διαφέρει από την πραγματικότητα του χθες και πιθανώς και του αύριο. Μια διαπίστωση, ένα σύγγραμμα, δεν αρκεί για να αλλάξει η κατάσταση. Ένα εγκώμιο, μια ευχή επίσης δεν αρκεί για να αλλάξει κάτι. Αρκεί όμως να καταλάβουμε ότι είμαστε όλοι άνθρωποι και κάποια πράγματα τα έχουμε όλοι ανάγκη. Όλοι καταλαβαίνουμε μέσα μας το σωστό και το άδικο. Υπάρχει συνείδηση ακόμα και αν κοιμάται. Όπου και να πας, ό,τι και να κάνεις θα πρέπει να δίνεις μάχη για να μη ντρέπεσαι για αυτά που, οι άλλοι, σε αναγκάζουν να ντρέπεσαι. Ο αγώνας επιβίωσης δεν εμποδίζει σε τίποτα τον αγώνα για τον άνθρωπο. Εξάλλου δεν υπάρχει αγώνας επιβίωσης εάν δεν υπάρχει άνθρωπος.

Ο 21$^{ος}$ αιώνας δεν στηρίζει πραγματικά τον άνθρωπο. Στηρίζει την τεχνολογία, στηρίζει το μηχάνημα, την πολεμική δράση. Κάποιο πρόβλημα έχει ο άνθρωπος για να θέλει να φτιάξει μηχάνημα ανώτερο από τον άνθρωπο. Κάτι δεν πάει καλά μέσα του για να θέλει να αναπαράγει άνθρωπο μέσα σε εργαστήρια. Κάπου, κάπως, το έχει χάσει. Πειραματίζεται χωρίς να σκέφτεται γήινα, χωρίς να λαμβάνει υπόψιν του ότι είναι απλά ένα ον που δεν ξεπερνά τα άλλα. Έχει αποδειχτεί περίτρανα ότι η εκτεταμένη τεχνητή παρέμβαση σε όσα η φύση υποδεικνύει στο τέλος, βλάπτει είτε πρόκειται για μηχάνημα, είτε για όπλο, είτε για τον άνθρωπο. Βλάπτει γιατί ξεπερνά τα όρια της φύσης και τα παρακάμπτει. Φέρνει μεν κάτι καινούριο στον κόσμο αλλά η χρήση είναι προβληματική και βλάπτει. Μεγάλοι επιστήμονες, χωρίς να είναι φιλόσοφοι, διαπιστώνουν ότι η περαιτέρω παρέμβαση του ανθρώπου στον άνθρωπο κινδυνεύει να καταστρέψει και τον σκοπό της επιστήμης και τον ίδιο τον άνθρωπο. Σημασία έχει να βελτιώσουμε, να αμβλύνουμε τα πιθανά λάθη της φύσης ή τα λάθη που έκαναν οι άνθρωποι. Γιατί ορισμένες αρρώστιες ή τάσεις δε δημιουργήθηκαν από τη φύση αλλά μέσα σε εργαστήρια, από άνθρωπο, για να ξεπαστρέψουν ανθρώπους. Λοιπόν, μην κοροϊδευόμαστε. Και ας δούμε εκεί που φτάσαμε, πού τελικά θέλουμε να πάμε. Ξεπεράσαμε μήπως τα όρια και χάσαμε την επαφή με απλά αλλά σημαντικά πράγματα, που χαρακτηρίζουν τον άνθρωπο; Δώσαμε στα ζώα χωρίς να το ζητήσουν ανθρώπινη διάσταση και κάναμε τον άνθρωπο μηχάνημα και όλα αυτά βοηθούν πραγματικά τον άνθρωπο που υποφέρει, είτε από την αδικία, είτε από τη μοναξιά του γιατί απομακρύνθηκε από την ίδια του τη φύση και τη φύση των άλλων. Στρεβλώνουμε τον κόσμο για να καταλήξουμε πού, σε τι, σε ποιον άνθρωπο. Ας μας ανακοινώσουν κάποιοι λαμπροί, αλλά όχι και αγνοί επιστήμονες, τι σχέδια έχουν, πώς οραματίζονται τον κόσμο και τον άνθρωπο. Να ζει μια ομάδα καλά και να υποφέρουν όλοι οι άλλοι; Με κάθε τρόπο με κάθε ηθική διάσταση. Και ποια φυλή καθορίζεται καλύτερη, ανώτερη για να αφανίσει τις άλλες;

Η ιστορία έχει αποδείξει ότι πολλοί πίστεψαν στην ανωτερότητά τους και τελικά καταστράφηκαν, παράκμασαν και πολλοί από τους πάλαι ποτέ σπουδαίους πολιτισμούς χάθηκαν. Έμειναν στα βιβλία, στη συνείδηση, στην πράξη αλλά φυλετικά αφανίστηκαν και αυτοί σαν άνθρωποι. Υπέκυψαν στη φθορά τους όπως υποκύπτει φυσιολογικά ο άνθρωπος. Όπως υποκύπτει φυσιολογικά και το μηχάνημα που είναι φτιαγμένο από άνθρωπο. Μη γελιόσαστε, κύριοι επιστήμονες. Και η τεχνολογία μόδα και φαινόμενο της εποχής έχει τα όριά της. Κάποια στιγμή μπορεί να εμφανίσει προβλήματα χωρίς να υπάρχει εξήγηση, χωρίς να υπάρχει κάτι. Ακόμα και αν ο σκοπός της τεχνολογίας είναι να υπερβεί και τον ίδιο τον άνθρωπο που τη φτιάχνει, και πάλι θα υποκύψει στην ατέλειά της, στη φθορά της, στο ανθρώπινο λάθος.

Και μην ξεχνάμε και κάτι άλλο. Δε νομίζω ότι η τεχνολογία θα είναι τόσο σημαντική όταν, ναι μεν θα έχει μειώσει αποστάσεις επικοινωνίας αλλά θα έχει αποκλείσει τον άνθρωπο από τον συνάνθρωπο σε σημείο που εκείνος να αντέχει την παρουσία του μηχανήματος και να μην αντέχει άλλον άνθρωπο. Η τεχνολογία σε πολλά ζητήματα στηρίχτηκε στην ατομικότητά της, στη μοναξιά της. Βλέπεις φτωχές κοινωνίες και οι άνθρωποι μιλούν, επικοινωνούν, χαίρονται, χαμογελούν. Και βλέπεις πλούσιες κοινωνίες και δε θέλει ο ένας να ξέρει τον άλλον. Δεν αναγνωρίζει ο ένας τον άλλον παρά μέσα από τεχνολογικές εφαρμογές. Ένα επιστημονικό εύρημα, όσο καλό και να είναι, οφείλει να διευκολύνει τον άνθρωπο ως άνθρωπο. Ειλικρινά δε φαίνεται να είναι αυτή η τάση τη στιγμή που γράφω. Όσο και να θαυμάζεις τον άνθρωπο και τα επιτεύγματά του οφείλεις να δεις και τον τρόπο που γίνεται η εφαρμογή στην πράξη.

Σωστά οι άνθρωποι εξελίσσουν τη σκέψη και τη διανοητική τους δράση. Σωστά επίσης εφαρμόζουν μεθόδους για να βελτιώσουν κάποια πράγματα, να εξαλείψουν αρρώστιες που παράγει η φύση και ο άνθρωπος.

Εκείνοι που διαχειρίζονται τις τύχες των λαών δεν τα χρησιμοποιούν πάντα για το καλό για του ανθρώπου. Δεν κάνουν απαραιτήτως λελογισμένη χρήση, ούτε και ενδιαφέρονται για τις συνέπειες στον άνθρωπο και την καθημερινότητά του. Έχουν τη δική τους κοσμοθεωρία και ζουν για να υπηρετούν αυτό το χάλι. Μπράβο τους αλλά δεν είναι και αυτοί, μέχρι στιγμής τουλάχιστον, λιγότερο άνθρωποι. Όταν γίνουν σπουδαιότεροι σε εκείνο που τους γράφει ο νους τους τότε θα δούμε ποιοι θα είναι οι σπουδαιότεροι άνθρωποι. Αυτοί που κατακτούν τον κόσμο ή αυτοί που απλά χαμογελούν;

## Αυταρχισμός

Ο αυταρχισμός είναι κάτι που επιβάλλεται ή δεν επιβάλλεται; Είναι λάθος ή δεν είναι λάθος; Πού απευθύνεται και γιατί υπάρχει; Έχει γαλουχηθεί ο άνθρωπος να συνυπάρχει χωρίς την επίβλεψη κάποιου άλλου; Αντέχει να αναλάβει σοβαρά τις ευθύνες του ο άνθρωπος, με συνέπεια στον εαυτό του και στο ευρύτερο περιβάλλον; Όποιο και να είναι αυτό το περιβάλλον. Συμφέρει να υβρίζουμε και φωνάζουμε ότι για όλα φταίνε οι άλλοι; Βολεύεται η κατάσταση έτσι; Ο ηγέτης τι οφείλει να κάνει;

Ας το δούμε και προσωπικά, πέρα από εκείνον που εξουσιάζει με το ζόρι τους άλλους για να εξυπηρετεί τα συμφέροντά του. Είναι ο αυταρχισμός μια συντηρητική τάση ενός εγωιστή και ανυπέρβλητου δυνάστη ή οδηγείται από την ανικανότητα των υπολοίπων να καταλάβουν τα συμφέροντά τους; Γιατί, και τον ηγέτη ή τον απλό αυταρχικό άνθρωπο κάποιος τον επιβάλλει. Τον επιβάλλει μια ανάγκη ή έστω ένα ελάττωμα, μια έλλειψη πυγμής που έχουν οι άλλοι. Είτε πρόκειται για ένα άτιμο πλάσμα που ξέρει να πατάει στις αδυναμίες των άλλων, είτε πρόκειται για συμπεριφορά που αναπτύσσει και υιοθετεί κάποιος εξαιτίας της μη ανάληψης ευθύνης και της έμμεσης υποβολής των άλλων. Σαν να λέμε «χρειάζομαι, λόγω ανεπάρκειας, έναν ισχυρό δυνάστη».

Να ξεχωρίσουμε, εν τέλει, από πού πηγάζει αυτή η δύναμη του ενός έναντι των άλλων. Είναι στη φύση του ανθρώπου να κυριαρχεί εκεί που χωλαίνουν οι άλλοι ή είναι στην επιλογή των ανθρώπων να βολεύονται πίσω από τα ελαττώματά τους; Υπάρχει σαφής διάκριση πάνω στην οποία ακουμπούν πολλοί επιτήδειοι ηγέτες και ανδρείκελα άλλων; Θέλει ο άνθρωπος να συμπράξει σε ένα κοινωνικό συμβόλαιο όπου θα λαμβάνει σοβαρά τα αιτήματα και τις ανάγκες των άλλων; Θέλει ο άνθρωπος, ο σημερινός πολίτης, να συζητήσει για θέματα που απασχολούν σοβαρά τον ίδιο και τους άλλους, χωρίς προκαταλήψεις, ιδιοτέλειες και ακραιφνείς αντιδράσεις; Για ποιον φτιάχτηκε το κοινωνικό συμβόλαιο; Για να ικανοποιεί τα συμφέροντα ορισμένων με γελοία κάλυψη ή για να ικανοποιεί τον συνειδητοποιημένο πολίτη και άνθρωπο; Ποιος επωφελείται και ποιος χάνει από μια τέτοια πράξη; Όχι στη θεωρία αλλά στην αντικειμενική κατάσταση που ζει, απανταχού της γης, ο άνθρωπος.

Αυταρχισμός υπάρχει γιατί πρέπει να υπάρχει είτε για να ικανοποιούνται συμφέροντα, είτε για να εξυπηρετούνται αληθινές ανάγκες. Όταν δεν ωριμάζει ο άνθρωπος, όταν δεν παιδεύει τη σκέψη του, όταν δε διαχειρίζεται με επάρκεια τα προβλήματά του τότε είναι βέβαιο ότι θα γεννηθούν άλλοι που θα το κάνουν. Και θα το κάνουν όχι μόνο στον εαυτό τους αλλά και στους ανίκανους άλλους. Αν έχουν ήθος θα υπηρετήσουν τον άνθρωπο και εκείνον που σέβεται αλλά και δε σέβεται τα πραγματικά του δικαιώματα, τις πραγματικές του ανάγκες. Αν δεν έχει ήθος και είναι υποκινούμενος είτε από τη δική του, είτε από των άλλων την ιδιοτέλεια και τα πάθη, τότε θα μιλάμε για έναν αντικειμενικά πανίσχυρο, άδικο, αιμοσταγή δυνάστη. Γιατί δεν υπάρχει περίπτωση ένας τέτοιος ηγέτης να μη χρησιμοποιήσει μέσα βρώμικα, ειδεχθή, ξεδιάντροπα για να επιβάλλει εκείνο που η στρεβλή, πουλημένη, συνείδηση του επιτάσσει.

Αν όμως δεν είναι άδικος άνθρωπος αλλά επιθυμεί να περιορίσει το άδικο μπορεί και οφείλει να γίνει αυταρχικός για να υπερασπιστεί με κανόνες και αρχές τις ζωές, την αξιοπρέπεια και την καλή βούληση όσων δεν μπορούν, δεν ξέρουν ή δεν αντέχουν να υψώσουν το ανάστημά τους. Όπως σε όλα έτσι και σ' αυτό, υπάρχει διπλή ανάγνωση.

Στην περίπτωση βέβαια του αυταρχισμού η επιλογή υποβιβάζεται, η ελευθερία υποτάσσεται. Το θέμα είναι όμως αν η κοινωνία έχει ωριμάσει για να επιλέγει και να μη χρειάζεται να επιλέγουν οι άλλοι. Αν επιθυμεί ή δεν επιθυμεί δυνάστες. Αν ξέρει να χειρίζεται σωστά την ατομικότητα και τη συλλογικότητά του, την ειλικρινή δηλαδή σχέση με τον εαυτό του και τους άλλους ή αν τελικά παραχωρεί, από αδυναμία ή φόβο, το δικαίωμά του αυτό σε άλλους, πιο ισχυρούς, πιο μεγάλους.

Εκπαιδεύεται βέβαια ο άνθρωπος να ζει και να σκέφτεται χωρίς την επιβολή ή τον φόβο της κυριαρχίας των άλλων, ξεκινώντας από την οικογένεια, την κοινωνία, το κράτος. Γαλουχείται να σκέφτεται και να πράττει ως ελεύθερος άνθρωπος, να εκτιμά την κληρονομιά που παραλαμβάνει, να τη διαχειρίζεται έντιμα, να την εξελίσσει και την αλλάζει με σκοπό, όχι να υπηρετείται η διάκριση ισχυρού ανίσχυρου αλλά η εξομάλυνση μέσα σε πλαίσια ειρηνικής συμβίωσης, δημιουργικής εξέλιξης, φυσιολογικής ανάπτυξης με ατομικό αυτοπροσδιορισμό και συλλογική δράση.

# Δικτατορία

Την καταδικάζω απερίφραστα. Δεν υπάρχει από την πλευρά μου ούτε κατανόηση σε κάτι που αντιτίθεται στη φύση και στη φυσιολογική εξέλιξη των πραγμάτων. Δεν υπάρχει δικτατορία που να εκφράζει ειλικρινά τον άνθρωπο. Είτε λέγεται αγορά, είτε φέουδο, είτε προλεταριάτο. Δίκαιη αμοιβή του εργαζόμενου. Μάλιστα. Δίκαιη αμοιβή του επιστήμονα. Βεβαίως. Η ανάλογη αμοιβή του εργάτη, επίσης. Αλλά εξομοίωση που ισοπεδώνει και θέτει συστημικά τον άνθρωπο στις επιταγές ενός μέρους μιας τάξης, όχι. Είναι απαράδεκτο και απορώ πώς το αποδέχονται κάποιοι. Άλλο σεβασμός, άλλο αναγνώριση και άλλο προλεταριάτο κάθε είδους, κάθε τάξης. Γιατί, στην πορεία των χρόνων, οι σκλάβοι άλλαξαν πολλά ονόματα και υπηρέτησαν πολλά, διαφορετικά καθεστώτα και θυσιάστηκαν άδικα αλλά παρέμειναν σκλάβοι. Αυτό να μην το ξεχνάμε και ας παραμερίσουν τις θεωρίες κάποιοι γιατί διαφέρει σημαντικά η εφαρμογή της θεωρίας στην πράξη, όταν παρεμβάλλεται ο παράγοντας «συμφέρον» ό,τι χρώμα και ό,τι τάξη κι αν έχει. Μια χαρά τα συστήματα εκμεταλλεύτηκαν και εκμεταλλεύονται τον άνθρωπο, για χάρη μιας θεωρίας, μιας τάξης. Και η αντιπαράθεση στην εξουσία είναι τόσο στυγνή και άδικη που ξεχνά κάθε θεωρία, κάθε τάξη. Ας συμβιβαστούν λοιπόν κάποιοι με κάτι ενδιάμεσο, που ίσως απέχει από το τέλειο είναι όμως πιο δίκαιο και σεβαστό στην πράξη. Αν και έτσι, όπως διαμορφώθηκε ο κόσμος από αρχαιοτάτων, η Δικαιοσύνη έχει καταλήξει να είναι μια ανούσια έννοια, μια άδικη πράξη.

Η αριστεία ίσως να μην είναι μια παράλογη επιλογή για όσους ενδιαφέρονται για τον χρήσιμα άριστο και όχι για την εδραίωση μιας τάξης. Να μπουν μπροστά οι ικανότεροι με σκοπό να πράξουν αυτά που δεν μπορούν να πράξουν οι άλλοι. Όχι για να τους υπονομεύσουν αλλά για να τακτοποιήσουν κάθε στρεβλή και κακώς επιβεβλημένη κατάσταση. Αν είναι να επιλέξουμε δικτατορία, ας επιλέξουμε τη Δικτατορία των Άριστων, σε όποια απασχόληση, σε όποιο επάγγελμα. Και είναι βέβαιο ότι όλοι οι άνθρωποι είναι άριστοι κάπου, όχι με την έννοια της εξειδίκευσης και της υψηλής αμοιβής που χωρίζει τον άνθρωπο σε ανώτερη και κατώτερη οικονομικά τάξη οξύνοντας την αντιπαράθεση και τις άνομες πράξεις, αλλά σκοπεύοντας στο κοινό καλό, στη δίκαιη διανομή του πλούτου και στη δημιουργική δράση.

Φυσικά κανένας άριστος δε θα δεχόταν να επιβάλλει κάτι γιατί αυτή είναι ακριβώς η ηθική αξία του άριστου, ότι αναδεικνύεται από αυτά που προσφέρει και όχι από αυτά, που ύπουλα, κάποιος άλλος επιβουλεύεται και ξεδιάντροπα επιβάλλει. Κανένας άριστος δε θα καταδεχόταν την αυταρχική επικράτηση για να εξυπηρετήσει τις ιδιοτέλειες ενός ατόμου, μίας ομάδας, μιας τάξης.

Άριστος στο ήθος, στην ανιδιοτέλεια, στον σεβασμό που δικαιούται κάθε άνθρωπος. Πιστεύω ειλικρινά πώς αν δεν είχε επέλθει στον κόσμο μας τόση ιδεολογική μετάλλαξη και τέτοιο εύρος πλύσης εγκεφάλου η φύση θα καθοδηγούσε τον άνθρωπο μόνη της, χωρίς συγκρούσεις, χωρίς εντάσεις. Ίσως το πολύ μυαλό βλάπτει. Βλάπτει γιατί από την υπέρμετρη χρήση παρακάμπτει βασικές αλήθειες που δεν έπρεπε να παρακάμπτονται.

Βέβαια αυτό ισχύει αν δεχτούμε ότι ο άνθρωπος έχει μέσα του τη μαγιά της καλής κράσης. Αλλιώς οι όροι αλλάζουν και η δικτατορία γίνεται το καταφύγιο, η πράξη της ύστατης και απέλπιδας σωτηρίας. Σωτηρίας ανύπαρκτης, επιφανειακής επίλυσης ενός αδιεξόδου στο οποίο οδηγούνται, με τα λάθη και την παραφροσύνη τους, οι ίδιοι πάντα άνθρωποι.

## Απόρριψη αναρχίας

Δεν θέλει και πολλή σκέψη για να καταλήξει κάποιος ότι μία πρόταση άνευ αρχής δεν στέκει. Είναι μεν μια άποψη που θεωρητικά αντέχει καθώς ο κόσμος είναι άναρχος, το σύμπαν, τα εκατομμύρια των ανθρώπων που άγονται και φέρονται ανά την υφήλιο, αλλά ως τρόπος οργάνωσης, σε μία ήδη χαοτική κατάσταση, δεν ευσταθεί, δεν στέκει. Από εμπειρία μάλιστα σας αναφέρω ότι και αυτοί που αυτοαποκαλούνται «αναρχικοί» έχουν μία αρχή, μια σκέψη. Επίσης ο χαρακτήρας του ανθρώπου, και σε αυτό το κομμάτι, σχεδόν τον υπερβαίνει. Γιατί κάθε αναρχικός θέλει να επιβάλλει τη δική του αναρχική θεωρία. Μάλιστα είναι τόσο πεπεισμένος ότι η θεωρία του αντέχει που φτάνει στα όρια της συστημικής σκέψης.

Πώς θα οργανωθούν τέτοιες μάζες ανθρώπων, σε σύγχρονους όρους εφαρμογής; Με κοινόβια και αυτοδιάθεση και άλλα τέτοια αχαλίνωτα ψέματα; Ποιος θα εκπαιδεύσει τις μάζες αυτές ώστε να σκέφτονται ελεύθερα, αλλά συγχρόνως και υπεύθυνα, γιατί από τις υποχρεώσεις του κανείς δε διαφεύγει. Θα με κατηγορήσει κάποιος ότι αυτές δεν είναι προοδευτικές σκέψεις και ότι αφού γεννήθηκα και συνήθισα σε ένα σύστημα, φυσικό είναι να μην αντέχω οτιδήποτε ξεπερνά τη δική μου συνήθεια, αντίληψη και σκέψη. Θετική κριτική και τη δέχομαι. Ουδείς αλάνθαστος. Αλλά μήπως και ο ίδιος ο αναρχικός δεν αναπτύσσει τη λογική του επάνω σε μία καθορισμένη αρχή; Αυτό είναι στρέβλωση;

Ο αφηγητής είναι περιθωριακός και έχει υποφέρει από το υπάρχον σύστημα, από τα δεινά που αυτό φέρει. Ωστόσο δεν μπορεί να διακρίνει πώς η αναρχία θα ξεπεράσει τα ανυπέρβλητα εμπόδια που βάζει από τη φύση του ο ίδιος ο άνθρωπος. Πώς θα ξεπεράσει, όσο και αν θέλει η αναρχία, την τάση του ανθρώπου να εντάσσεται σε ένα συγκεκριμένο πλαίσιο. Υπάρχει ανακολουθία ένταξης. Σε ποιο πλαίσιο θα εντάσσεται; Και πώς θα το καταφέρνει σε παγκόσμιο επίπεδο;

Άναρχα ζούμε έτσι κι αλλιώς. Δεν υπάρχει αρχή, μέση και τέλος αν θέλουμε να δούμε σφαιρικά τα πράγματα. Εμείς επιλέξαμε τις κοινωνίες και, καθώς διαφέρουμε, αναζητάμε έναν μέσο όρο σύγκλισης, συνύπαρξης, σχέσης. Το πώς φτάσαμε έως εδώ βέβαια είναι ένα θέμα. Αλλά να επιλέξουμε κάτι συνειδητά που μας επαναφέρει στα αρχικά στάδια της ανθρώπινης εξέλιξης, όσο και να μας συμφέρει ως περιθωριακό, δεν ξέρω πόσο αρέσει σε όλους, κοινωνικά τουλάχιστον.

Υπάρχουν ομάδες που μελέτησαν και δοκίμασαν και σε ελάχιστες περιπτώσεις το έχουν καταφέρει. Αλλά ομάδες. Και ξαναλέω ότι, ακόμα και εκεί, δεν λείπουν οι ιδιοτέλειες που διέπουν τις ανθρώπινες σχέσεις. Μπορεί να κάνω λάθος ή να μην έχω καταφέρει να αντιληφθώ καλά την Άναρχη Σκέψη. Αλλά ας το δούμε και αλλιώς. Η σκέψη ενός διανοούμενου, αναρχικού ή μη, πάντα ενδιαφέρεται να μαθαίνει, να εξελίσσεται και να καταλαβαίνει. Όσο άναρχη όμως και να είναι η ζωή ενός ή έστω κάποιων, οι ανάγκες του ανθρώπου δεν είναι άναρχες. Έχουν ιεραρχία, προτεραιότητες, που κάποιο σύστημα οργάνωσης πρέπει σε αυτές τις ανάγκες να ανταπεξέλθει. Δείτε τώρα, πέρα από τα γραπτά του καθενός και τις ατομικές σκέψεις, πόσα δισεκατομμύρια άνθρωποι ζούμε, σε τι φυλές, ομάδες, κοινωνίες, συστήματα, καθεστώτα, κράτη, διάφορα μορφώματα πολιτικά, οικονομικά, πολιτισμικά και πείτε μου πώς θα τα εντάξουμε όλα αυτά σε μία άναρχη κοινωνία. Από τη φύση τους είναι ανένταχτα γιατί η τεράστια διαφοροποίηση τα κάνει έτσι. Δε μου αρέσει η επιλογή της Παγκοσμιοποίησης γιατί και αυτό επιφέρει μία ισοπέδωση αλλά δεν μπορώ να δω λύσεις μέσα σε κοινωνίες χωρίς δομή πάνω σε έναν συγκεκριμένο τρόπο οργάνωσης, που να ανταποκρίνεται σε όλες αυτές τις διαφορετικές τάσεις, υπάρξεις και σχέσεις.

Κάπου ο άνθρωπος συμβιβάζεται για να αντέξει. Ακόμα και αν επιλέξει την αναρχία θα πρέπει να απορρίψει κάτι άλλο. Δεν είμαι αρνητικός στην επιλογή αυτή αλλά πρέπει πρώτα να με πείσει κάποιος πώς θα εκπαιδευτούν τις μάζες να σκέφτονται έτσι. Γιατί, για να φτάσουν εκεί που θέλουν οι αναρχικοί, πρέπει να έχουν ιδιαίτερη παιδεία και καλλιεργημένη σκέψη που το υπάρχον σύστημα δεν παρέχει και φυσικά δεν είναι και εύκολο να το ανατρέψουν. Εκτός και αν, τελικά, υπάρχει και σε αυτή τη θεωρία ένας εγωκεντρισμός που δε διαφέρει καθόλου από μία αυταρχική συστημική θέση.

Αντισυστημικός δεν σημαίνει απαραίτητα άναρχος. Νομίζω ότι όλες οι θεωρίες λίγο πολύ προτείνουν ένα μοντέλο συνύπαρξης, κοινωνικής σχέσης πάνω στο οποίο ο άνθρωπος καλείται να επιλέξει. Και αυτή η σχέση, όπως και να ορίζεται, έχει χαρακτηριστικά, έχει προνόμια, απαιτήσεις, ελευθερίες, υποθέσεις που κάπου υπόκεινται. Αλλιώς παίρνεις τα βουνά, πηγαίνεις ζήσεις μόνος σου και εκεί πλέον, με άξονα τη φύση, κάνεις ό,τι θέλεις. Ούτε εκεί όμως είναι τελείως άναρχα τα πράγματα, γιατί και η φύση η ίδια θα σε επιβάλλει συνθήκες που πρέπει να εφαρμόσεις. Ίσως όχι τόσο πιεστικές όσο οι κοινωνικές σχέσεις αλλά κάποια συμφωνία μέσα σου θα τη δοκιμάσεις προκειμένου να συγχρωτιστείς, να αντέξεις.

## Συστημική αναρχία

Εδώ πρέπει να διαχωρίσουμε τη θέση μεταξύ θεωρίας και συστημικής πράξης. Γιατί το ενα είναι η ιδεατή κατάσταση που πιθανώς να μας άρεσε σαν μορφή εκπαιδεύσεως και έκφρασης, αλλά και σαν μορφή κοινωνίας, και το άλλο είναι μια κατάσταση δράσηαντίδραση μέσα στο ίδιο σύστημα. Τι εννοούμε με αυτό. Είναι η δημιουργία, η πρόκληση αντίδρασης μέσα σε ένα σύστημα από το ίδιο το σύστημα. Γι' αυτό και πολλοί βλέπουν την αναρχία ως τροφοδότηση του παρόντος συστήματος γιατί πολύ απλά του δίνει την ευκαιρία να αυστηροποιείται, να εντείνει τον έλεγχο και την κοινωνική πειθαρχία. Αυτή η αναρχία, ίσως και ελαφρώς επιτρέπεται από το ίδιο το σύστημα προκειμένου να εκφοβίζει το σύνολο και να ρίχνει ξύλο στην ελευθερία. Είναι σαν τον πληθωρισμό και την ανεργία. Όσοι είναι οικονομολόγοι ξέρουν ότι λίγη ανεργία είναι επιθυμητή γιατί αν έχουμε πλήρη απασχόληση σε όλη την κοινωνία θα έχουμε και πληθωριστική πίεση. Έτσι και η αναρχία βολεύει πού και πού για να δείχνει το κράτος τη δική του βία.

Ωστόσο και σε ένα άλλο σημείο το σύστημα και η αναρχία δείχνουν κοινή πορεία. Χρησιμοποιούν και τα δυο εκτενή βία και επιχειρούν αυτά που θέλουν χωρίς ενδιαφέρον για τον άνθρωπο, για τις συνέπειες αυτής της βίας. Το σύστημα είναι το αντίβαρο της αναρχίας και το αντίστροφο, χωρίς να γίνεται εσκεμμένα πάντοτε. Το ένα χωρίς το άλλο δεν έχουν λόγο ύπαρξης. Το ενδεχόμενο βέβαια κλιμάκωσης αυτής της μεμονωμένης και περιθωριακής αντίδρασης σε μια γενικευμένη συλλογική, αναγκάζει το σύστημα να καταλήξει σε πλήρη αφανισμό της αναρχίας. Άλλο το «ο σκοπός αγιάζει τα μέσα» και άλλο τα μέσα να τινάξουν το σύστημα. Έτσι η αναρχία ακολουθεί στο τέλος την πορεία κάθε αντίδρασης: την πάταξη αμείλικτα και αυστηρά και της τελευταίας μορφής αντίστασης, «σπίθας επανάστασης» για κάθε κοινωνία. Οπότε ακόμα και αν υπάρχουν ιδεαλιστές μέσα σε αυτή την κίνηση που υπάρχουν χάνονται από την ίδια τους την υπόσταση. Την ατομικότητα και την απουσία συμμετοχής και στήριξης από την κοινωνία. Εκεί που αν δεν πείσουν, δεν υπάρχει ευκαιρία. Και αν αναλογιστούμε την ιστορία των κινημάτων αυτών και την κατάληξή τους διαπιστώνουμε ότι δεν έχουν ιδιαίτερη απήχηση, και καθόλου ευκαιρία. Αυτό οφείλουν οι αναρχικοί να το λάβουν υπόψιν τους, όχι για εκφοβισμό, αλλά για μια άλλη ίσως πιο οργανωμένη, πιο αποτελεσματική, πιο συλλογική μορφή αντίστασης αν όντως σκοπός τους είναι η ιδανικά άναρχη κοινωνία που και αυτή έχει τους κανόνες της και τις ισορροπίες της και με αλληλεγγύη χωρίς βία. Δεν είμαι ειδικός αλλά αφού στην Ελλάδα το φαινόμενο εξακολουθεί να υφίσταται, κάποιοι σκεπτόμενοι πρέπει να το δουν και από αυτή τη γωνία. Πρέπει με την έννοια του «αρμόζειν», όχι του εξαναγκασμού. Και αυτό θα ήταν μια στάση ζωής με νόημα και αξία.

## Αριστο-κρατία

Δεν με αφορά η ταξική διάκριση, ούτε η κληρονομική χροιά της έννοιας. Δεν αναφέρομαι σε αυτό. Αναφέρομαι ξεκάθαρα στην κυριολεκτική σημασία του όρου και αυτό είναι η επιλογή και η επικράτηση των αρίστων. Επειδή όμως η εξουσία από τη φύση της διαφ-θείρει, δεν ξέρω κατά πόσο θα ήταν δυνατόν οι άριστοι να διατηρήσουν το ήθος τους και να παραμείνουν οι πυλώνες στήριξης και ενθάρρυνσης της κοινωνίας. Μιας κοινωνίας που δε θα έχει επιλέξει τους καλύτερους για να αποβάλλουν τους μέτριους. Αλλά για να τους βοηθάνε να φτάσουν για το καλό του τόπου και της κοινωνίας στο βέλτιστο των δυνατοτήτων τους. Είτε πρόκειται για επιστήμονες, είτε για τεχνίτες, είτε για ό,τι υπάρχει στον γνωστό πολιτισμένο κόσμο μας. Οι άριστοι δεν θα είναι υποψήφια θύματα σε εκλό-γιμες θέσεις αλλά ένα είδος γερουσίας που θα προτείνεται από όλες τις δυνάμεις και ό-λους τους φορείς. Δε θα υπάρχει διάκριση ιδεολογιών αλλά βάση του ήθους και της συ-νείδησης που θέλει τον άνθρωπο να ξεχωρίζει ειρηνικά και ομαλά στο σύνολο.

Είναι ίσως λίγο ελιτίστικο γιατί πολλοί θα προβάλλουν το επιχείρημα ότι οι μορ-φωμένοι θα έχουν παραπάνω πιθανότητες ανέλιξης σε αυτή τη θέση. Δεν είναι έτσι ό-μως. Έχουμε γνωρίσει όλοι στη ζωή μας και ανθρώπους με λιγότερη μόρφωση αλλά με πολύ ήθος και φυσικά τους αποκαλούμε Σοφούς και τους θαυμάζουμε.

Μήπως δεν γνω-ρίζουμε ποιοι είναι αυτοί που πραγματικά αξίζουν; Βεβαίως και γνωρίζουμε. Είναι κρίμα οι νέοι Έλληνες να φεύγουν και να γίνονται η δύναμη πνεύματος και εξέλιξης σε άλλες χώρες, ήδη διακεκριμένες και δυνατές και εμείς τη στιγμή που έχουμε ανάγκη για επανασυγκρότηση και πρόοδο να μένουμε άδειοι και να έχουμε δεχτεί παθητικά τη μοίρα μας. Οι άριστοι δε χρειάζεται να είναι ηλικιωμένοι αλλά καταρτισμένοι και γνώστες της ψυχο-λογίας του κόσμου και των συνειδήσεων. Όλα αυτά σε σχέση με το διεθνές περιβάλλον που ζούμε και πρέπει να μας ενδιαφέρει. Από το να υπάρχει η ελίτ του χρήματος προτιμώ να υπάρχει η ελίτ του πνεύματος. Αν η αλαζονεία δε δώσει θέση στην αρετή, τότε είναι λίγες οι πιθανότητες διεξόδου από την πολυτάραχη κρίση ταυτότητας που μας διακρίνει εδώ και αιώνες, από την έναρξή μας ως σύγχρονη ελληνική κοινωνία. Δε θα επιστρέψουμε στο αρχαίο χθες αλλά δε θα δεχθούμε ως λύση και το ταπεινό σήμερα. Η αριστο-κρατία προϋποθέτει αποδέσμευση από τις παθο-γένειες και τις κατεστημένες αντιλήψεις που μόνο μια κοινωνία μπορεί να τις αποκαταστήσει και να θέσει τον ρόλο της ως ρυθμιστή σε νέες προτάσεις, με νέους ορίζοντες.

Υπάρχουν φορείς στην πολιτική σκηνή που θα μπορούσαν έστω και τώρα να θέσουν νέα μη κομματικά θεμέλια. Στη χώρα μας λείπει η έννοια Πολιτεία. Παρότι γεννήσαμε τον Πλάτωνα, δεν καταφέραμε να αρπάξουμε ιδέες για τίποτα. Μας κατατρέχει το σύνδρομο της τουρκοκρατίας. Δε διαβάζουμε κιόλας και δε δίνουμε σημασία στην παιδεία που μπορεί να οδηγήσει σε μια πιο πολιτισμένη κοινωνία. Αυτό είναι τρα-γωδία για εμάς τους σύγχρονους Έλληνες και το ξέρουμε. Έχουμε την αντίληψη ώστε να καταλαβαίνουμε τα λάθη μας, τα ελαττώματά μας. Εκείνο που δεν έχουμε είναι η θέληση να τα ξε-περνάμε και να μη μας ξεπερνούν εκείνα. Εκεί χωλαίνουμε. Γι' αυτό και μέσα στην Ελλάδα βαλτώνουμε ενώ όταν βγαίνουμε έξω διαπρέπουμε και αναδεικνύουμε τα τρανταχτά μας χαρίσματα.

## Παράδοση

Ο όρος «παράδοση», με ό,τι αυτός εμπεριέχει, είναι ένα θέμα που απασχολεί τον αφηγητή με την έννοια αν τελικά τη χρειάζεται ή δεν τη χρειάζεται κανείς. Αν είναι ανάγκη πραγματική ή μία συνήθεια κακή, μια απλή προσκόλληση.

Μεγαλύτερο βάρος στην παράδοση δίνουν οι συναισθηματικοί λαοί και συνήθως οι φτωχοί. Ίσως γιατί δεν υπάρχει δικαίωμα ή διάθεση εξελικτική. Αντίθετα, ελάχιστο ενδιαφέρον παρουσιάζουν προοδευτικοί και συνήθως πλούσιοι λαοί. Αναφέρονται σε αυτή σε μια βάση καθαρά συμφεροντολογική, μια βάση πολιτική. Ειδεμή δεν ενδιαφέρεται πολύ κανείς.

Το ζήτημα είναι αν η παράδοση είναι θέμα ιστορικής αποδοχής ή μία άχρηστη επιλογή των ανθρώπων με ουσιαστικά κενή ζωή που δεν μπορεί να γεμίσει παρά με την παράδοση αυτή.

Αν δεχτούμε ότι η πορεία του ανθρώπου είναι εξελικτική, θεωρώ ότι είναι παράλογο να κολλάμε στο τι έκαναν οι συγγενείς, οι πρόγονοι και οι λοιποί. Όχι να μη γνωρίζουμε αλλά να μην στεκόμαστε μονάχα εκεί.

Αν όμως δεχτούμε ότι οι άνθρωποι είναι τελικά κενοί τότε πρέπει να υπάρχει παράδοση για να καλύψει μία ανάγκη πολιτική πρωτίστως και ψυχολογική.

Θεωρώ ότι η παράδοση είναι μια έννοια συντηρητική που από γενιά σε γενιά θα εξασθενήσει τελείως. Για την ώρα είναι μια συνήθεια υπαρκτή που αναδεικνύει ανθρώπους που δεν μπορούν να εξελιχθούν χωρίς ιστορική αναφορά.

Η γνώση του χθες είναι υποχρεωτική και ωφέλιμη. Όμως η ανάδειξη του χθες σε κατάσταση μόνιμη είναι τροχοπέδη στην ανθρώπινη ροή.

## Άνοια

Η άνοια είναι η πιο λυτρωτική αρρώστια στον άνθρωπο με πολλά βάσανα. Τι ευχάριστη στιγμή να μη θυμάσαι τα δυσάρεστα, τα φρικτά που σου έχουν κάνει! Να ζεις δίχως ύπαρξη και ας κοροϊδεύουν οι άλλοι. Τι σε νοιάζει; Εσύ έχεις άνοια. Άνοια μεγάλη, χωρίς μη, χωρίς πρέπει, χωρίς τα άσχημα των άλλων. Για να φτάσει να σκέφτεται κάποιος έτσι αντιλαμβάνεστε τα βάσανα και τις πίκρες που έχει περάσει. Γιατί υπάρχει και η καλύτερη έκδοση, αυτή που θέλει τον άνθρωπο να αγωνίζεται να ξεπερνάει τις αντοχές του και τα προβλήματά του.

Βέβαια κάθε άνθρωπος έχει τις δικές του αντοχές και τα δικά του ζητήματα που διαφέρουν κατά κράτος. Επίσης δεν είναι όλοι οι άνθρωποι γεννημένοι λιοντάρια αλλά επειδή η ζωή είναι σκληρή και άπονη, και με βασιλιάδες-λιοντάρια, είναι αναγκασμένοι όλοι οι άνθρωποι να παλεύουν με τους νόμους και τις συνθήκες που καθιερώνονται ή καλύτερα που επιβάλλονται από τα εκάστοτε λιοντάρια. Τι και αν υπάρχουν και άλλα είδη σε αυτή τη ζούγκλα που δεν αντέχουν την υποταγή. Αναγκάζονται όλα τα είδη να υποταχθούν σε άδικα πράγματα. Αντέχουμε όλοι ίσα τα ίδια βάσανα; Είμαστε όλοι οι άνθρωποι τόσο δυνατοί για να αντέχουμε σκληρά και άπονα πράγματα; Δεν είναι δυνατόν να είμαστε. Γι' αυτό και οι πιο αδύναμοι υποτάσσονται, υποκύπτουν στης ζωής τα τραύματα.

Επιβιώνεις αν είσαι σαύρα, αν είσαι ύπουλο φίδι που δεν σε πλησιάζουν ούτε τα λιοντάρια. Ξέρεις, αν σε τυλίξει βόας, τι παθαίνεις. Σε πνίγει στην αγκαλιά του πριν να το καταλάβεις. Έτσι είναι και ορισμένοι άνθρωποι. Φίδια και σαύρες. Οι σαύρες δε σε πνίγουν αλλά επιβιώνουν σε κάθε κατάσταση. Αλλάζουν χρώματα και τη γλιτώνουν κάπως. Τι νομίζετε; Μήπως ότι η ανθρώπινη ζωή ξεφεύγει από τους κανόνες της ζούγκλας; Μη σας πω ότι εκείνοι οι κανόνες είναι και λιγότερο σκληροί από αυτούς που επιβάλλουν με το μυαλουδάκι τους οι άνθρωποι. Γιατί, βλέπεις, το είδος έχει και μυαλουδάκι. «Λογική» το λένε, που κάνει βέβαια μόνο παράλογα πράγματα.

Γι' αυτό λοιπόν σας λέω: χρυσή αρρώστια η Άνοια. Και κακός να είσαι παύουν να κινδυνεύουν οι άλλοι. Τα χάνεις. Και καλός να είσαι παύεις να νιώθεις εσύ τον κίνδυνο από τους άλλους γιατί πάλι τα χάνεις. Δυστυχώς δεν έχεις την ευχαρίστηση να ξέρεις ότι τα χάνεις, ότι τα διαγράφεις και ζεις άδεια. Ίσως μια τέτοια συνειδητή επιλογή να είχε μεγαλύτερη χρησιμότητα από τις επιπτώσεις της άνοιας. Καθώς όμως η ζωή είναι ένα δύσκολο μονοπάτι, νομίζω ότι λίγοι είναι αυτοί που αντέχουν ή έχουν τη δυνατότητα να ξεχάσουν τα δεινά τους και να ελευθερωθούν για πάντα. Λίγοι και σπάνιοι. Σε αυτούς δεν ταιριάζει η άνοια αλλά η παράνοια. Γιατί το να κάνεις τέτοια υπέρβαση στη σημερινή εποχή και όχι μόνο θυμίζει παράνοια.

Όλοι εγκλωβιζόμαστε σε επιλογές, σε συνθήκες και καταστάσεις που δεν είναι πάντα ευχάριστες και ευοίωνες. Όλοι και πάντοτε. Αν τώρα κάποιος έχει ανάγκη να τα θυσιάσει όλα αυτά μπορεί να το κάνει, αν προλάβει, αλλά δε σημαίνει απαραίτητα ότι θα ξεχάσει αυτά που έχει περάσει. Είναι θλιβερό να γράφεις με επαίνους και ευχολόγια για την άνοια αλλά θλιβερό είναι επίσης να ζεις μια ζωή γεμάτη βάσανα.

## Ελληνικό βλέμμα

Καθαρό βλέμμα χωρίς αυθαιρεσίες, πονηριές και ανόητα πράγματα, βλέμμα διαπεραστικό, αγωνιστικό, διάφανο, έτοιμο να πολεμήσει, να αγωνιστεί για να επιβεβαιώσει το κύρος του τα ιδανικά του. Βλέμμα αμετάλλακτο, σπίθες και φλόγες σκέψεων αναζητάει. Δεν ηρεμεί παρά μόνο όταν αυτοπραγματώνεται και φτάνει ψηλά τα όνειρά του. Δεν εγκαταλείπει ποτέ τη μάχη για τα ιδανικά του. Μάχη δίνει ακούραστη, αγώνα για εξέλιξη, δημιουργία και προστασία σε όσα θεωρεί και θεωρούσε ιερά του. Κανείς μαζί του δεν τα βάζει γιατί ξεπερνά τα όριά του. Μήτε θεοί, μήτε δαίμονες γιατί και αυτούς τους ξεπερνά τη στιγμή της μάχης και αναδεικνύεται σε άτομο υπερήφανο, χωρίς κανέναν φόβο να το καταβάλλει. Κοιτάξτε το βλέμμα της ηρωικής μάχης. Κοιτάξτε το συναίσθημα που αναβλύζει μέσα από τα σωθικά της σκέψης του και της καρδιάς του. Τίποτα δεν τον καταλαμβάνει πάρα μόνο το καθήκον να ανταποκριθεί σε όσα υπερασπίζεται, σε όσα έχει μάθει. Βλέμμα που το γεννάει η θάλασσα, που το γεννούν οι βράχοι σε έναν τόπο που χάρισε στοχασμό και πάθη. Αυτό το βλέμμα, αυτό το φως που μέσα του όλα τα έχει. Αυτό το βλέμμα χαρακτηρίζει τον Έλληνα που συνεχίζει ακάθεκτος μέσα στην πανανθρώπινη δράση.

Όποιος έχει ζήσει στην Ελλάδα, σε αυτήν την έκταση, κάτι έχει αισθανθεί, κάτι έχει καταλάβει αν δεν τον έχει μεταλλάξει η ιστορία και τα λάθη.

Γιατί τότε δεν έχει καμία επαφή με τον γενικό περίγυρο που γέννησαν οι βράχοι. Είναι απλά ένας περαστικός, άνθρωπος ό,τι λάχει. Τυχαία λέγεται Έλληνας, γεννήθηκε απλά σε αυτή την όμορφη περιοχή, σε αυτήν την όμορφη πλάση.

Όποιος δεν μπορεί να εμπνευστεί από τον τόπο αυτό, σίγουρα τα έχει χάσει. Δεν ξέρει από πού προέρχεται και πού να φτάσει. Ξοδεύει απλά τον χρόνο σε ένα σημείο της γης, χωρίς καμία πιθανότητα να αντιληφθεί το χάρισμα, την έμπνευση, το μέγεθος αυτής της εμπειρίας που του προσφέρουν τα χρώματα, οι άνθρωποι, ο ουρανός, η μυρωδιά της γης και η αρχοντική της στάση. Πλούσια η φύση χάρισε σε αυτήν την περιοχή την αρμονία, την ομορφιά, τη χάρη.

Τι βλέμμα είναι αυτό, τι διάσταση μέσα στου χρόνου την παρέμβαση, μέσα στων ανθρώπων τα πάθη. Τι μέτρο, τι σύγκριση κανείς να βάλει; Τι φυλή υπέροχη, για όποιον πραγματικά την κουβαλάει. Λίγοι είναι αυτοί, ελάχιστοι σε σημείο εξαίρεσης, σε σημείο χαρακτηριστικής διάκρισης. Βλέμμα ασυγκλόνιστο που συγκλονίζει όμως όποιον καταλαβαίνει, όποιον μελετάει, όποιον ερευνά και αντιλαμβάνεται το εύρος αυτής της χάρης. Τι διαπεραστικό εύρος, τι διαπεραστική στάση! Στάση ζωής, ψυχής και μάχης. Αυτό διακρίνει το βλέμμα του: η γνώση του Σύμπαντος. Ξέρει γιατί μάχεται, ξέρει τον στόχο του, ξέρει πού θα φτάσει. Δεν έχει ψευδαισθήσεις, δε χάνεται σε άστοχες απολαύσεις. Έχει Σοφία μέσα του και αληθινή Στάση. Βλέμμα μοναδικό και σπάνιο για όποιον το κουβαλάει. Βλέμμα που όποιος κουβαλάει μέσα του ποτέ του δε θα χάσει.

## Οικογένεια

Έχω δει οικογένειες με μέλη που αγαπιούνται και θυσιάζονται ο ένας για τον άλλο. Έχω δει και οικογένειες να σκοτώνονται για τα συμφέροντά τους. Οικογένειες να αγαπούν τα παιδιά τους και οικογένειες να τα χρησιμοποιούν και να τα ανταγωνίζονται για τα συμφέροντά τους. Οικογένειες γεμάτες στοργή και τρυφερές στιγμές γεμάτες καλοσύνη, αλληλεγγύη και ευχάριστα πράγματα, όχι απαραιτήτως ευχάριστα αλλά με τον τρόπο τους ευχάριστα. Οικογένειες να υπερβαίνουν με την αγάπη τους τα εμπόδια, τις δυσκολίες, τα άσχημα πράγματα και οικογένειες να ψάχνουν αφορμές για να τσακώνονται, να γκρινιάζουν και να μετατρέπουν σε μεγάλα τα μικρά και ανόητα πράγματα. Συνωμοσίες, αίσχη, καβγάδες για το τίποτα, για τα λεφτά τους, για την κατάντια τους να μη μπορούν να αγαπήσουν με γεμάτη καρδιά.

Είμαι υπέρ της οικογένειας όταν είναι συνειδητοποιημένοι οι άνθρωποι και γνωρίζουν την ευθύνη που αναλαμβάνουν. Όχι για να ικανοποιήσουν συγκεκριμένα στερεότυπα αλλά για να ανταποκριθούν στη συνείδηση και στην καρδιά τους. Μια ισορροπία ανάμεσα σε μυαλά και συναίσθημα, που μπορεί όμως να εφαρμοστεί και στην πράξη. Αυτοί οι άνθρωποι δημιουργούν ευτυχισμένα παιδιά, ευσυνείδητους πολίτες με διάθεση για καλές πράξεις. Υγιείς και ισορροπημένες καταστάσεις.

Οι άλλοι όμως, και δυστυχώς είναι πολλοί, οι άλλοι δεν ανταποκρίνονται σε σαφή κίνητρα, σε αντοχές ψυχής και κοινωνικής αγάπης, αλλά σε πρότυπα που επιβάλλονται από την κοινωνία που ζουν και τη στενομυαλιά τους. Τα παιδιά τους συνήθως γίνονται δυστυχισμένα, μέσα στη σύγχυση των προτύπων και της καρδιάς τους. Δε χαίρονται αληθινά πράγματα και αναζητούν την αγάπη αρρωστημένα, σε αρρωστημένα αδιέξοδα και επιλογές.

Δεν είναι ντροπή να θέλεις να φτιάξεις την οικογένειά σου αλλά είναι ντροπή να μην ξέρεις γιατί το κάνεις ή να το κάνεις για να ικανοποιείς τους άλλους. Βέβαια, σε ορισμένες κοινωνίες και κράτη η πίεση είναι τεράστια και οι άνθρωποι, για τους οποίους κάποια πράγματα επιλέγονται ή και υποσυνείδητα επιλέγουν οι ίδιοι, είναι ανυπεράσπιστοι στα οχυρώματα και στις στερεοτυπίες των άλλων. Στερεοτυπίες παραδόσεων, θρησκειών, κοινωνικών τάξεων, συμφερόντων άλλοτε μικρών και άλλοτε μεγάλων, πάντως σχεδίων που φτιάχνουν άλλοι για εκείνους.

Δεν είναι απαραίτητο ότι έχει να κάνει με την οικονομική κατάσταση του καθενός ή της αντίληψης που κουβαλούν κάποιοι ανεξαρτήτως χρήματος, ανεξαρτήτως τάξης. Συντηρητικοί υπάρχουν, και φτωχοί και πλούσιοι, όπως και φιλελεύθεροι προοδευτικοί άνθρωποι. Σημασία έχει να σκέφτεσαι με τα μυαλά στη θέση τους, με τα μυαλά εν τάξει. Εν τάξει, όχι για τα «πρέπει» των άλλων, αλλά για τα πρέπει της καρδιάς τους. Όχι τα πρέπει που σφάζουν, αλλά τα πρέπει που αρμόζουν στην καρδιά τους. Γιατί, το τι σου πρέπει δεν έχει μόνο αρνητική διάσταση. Σημαίνει, κάποιες φορές, και τι σου ταιριάζει. Άλλο αν το επιλεκτικό και χαρισματικό πρέπει μετατράπηκε σε μαστίγιο μιας επιβεβλημένης νοοτροπίας, μιας επιβεβλημένης κατάστασης. «Τι σου πρέπει;» λέμε. Δηλαδή, τι σου αρμόζει, τι σου ταιριάζει. Τώρα αν τα πρέπει ορισμένων έγιναν βούρδουλας και βάρη στις πλάτες άλλων, τότε αυτό δεν οφείλεται στο ρήμα και στη σημασία του αλλά στην κακοβουλία και κακοήθεια που αρέσκονται οι ιδιοτελείς άνθρωποι, προκειμένου να υπηρετήσουν αυτά που τους βολεύει και σε αυτούς ταιριάζουν.

Όπως και να έχει δεν είμαι υπέρ της οικογένειας όταν δεν υπάρχει σαφής προσανατολισμός, σαφής στάση. Είμαι υπέρ της οικογένειας, δεν είμαι υπέρ της οικογενοιοποίησης, της μαζικής δηλαδή επιβολής μιας συγκεκριμένης, με ιδιαίτερα χαρακτηριστικά, κατάστασης. Εν προκειμένω, της οικογένειας ως πρότυπο ζωής σε συγκεκριμένη ηλικία, σε κάθε κοινωνία, σε συγκεκριμένες συνθήκες, με συγκεκριμένη στάση ζωής.

Δεν μου αρέσει η οικογένεια να είναι απόρροια ενός ψέματος, μιας επίπλαστης ανάγκης και όχι μιας συνειδητοποιημένης επιλογής που αντιλαμβάνεται τι αναλαμβάνει και ποιους αναλαμβάνει. Κανείς δεν μπορεί να εμποδίσει τον άνθρωπο να αναπαράγει. Είναι και αυτό φυσική του ανάγκη. Ωστόσο και οι άνθρωποι που γεννιούνται από αυτή την ανάγκη πρέπει να ζήσουν ως άνθρωποι με συνείδηση, με αξιοπρέπεια και, σαφέστατα, με αγάπη. Όταν η επιλογή γίνεται χωρίς ουσιαστική σκέψη και αληθινή αγάπη, τότε τα παιδιά μεγαλώνουν σε δυσάρεστο περιβάλλον. Οι οικογένειες που προκύπτουν από μία, όντως φυσική, ανάγκη άλλοτε είναι φτωχές, άλλοτε πλούσιες. Το θέμα είναι ποιον επιλέγεις σε αυτή τη ζωή για να διαιωνίσεις μια ανθρώπινη ανάγκη. Με τι κίνητρα, τι προθέσεις, τι διάθεση.

## Ντρέπομαι

Ντρέπομαι για πολλά πράγματα. Ντρέπομαι να βλέπω άνθρωπο να πεινάει. Ντρέπομαι να βλέπω άνθρωπο να διψάει. Να πίνει νερό από τους βόθρους και να πλένεται στις λάσπες. Ντρέπομαι να βλέπω άνθρωπο σκλάβο, ενήλικο ή ανήλικο. Ντρέπομαι να βλέπω άνθρωπο να βιάζει γυναίκες ή άντρες. Ντρέπομαι να βλέπω άνθρωπο να εκμεταλλεύεται καταστάσεις για να περνάει καλά αυτός και η οικογένειά του. Ντρέπομαι να βλέπω βασιλείς να φορούν διαμάντια και στέμματα μεγάλα όταν οι υπήκοοι ζητιανεύουν και πεινούν. Ντρέπομαι να ξέρω ότι άνθρωπος σκέφτεται το κακό ενός άλλου ανθρώπου. Ντρέπομαι για τον άνθρωπο που σκοτώνει το περιβάλλον. Ντρέπομαι για τον άνθρωπο που πέρα από το χρήμα και το κέρδος δε γνώρισε κάτι άλλο. Ντρέπομαι για τον άνθρωπο που σκοτώνει άνθρωπο. Ντρέπομαι για τον άνθρωπο που μιλάει για δουλειά ενώ είναι σκλάβος. Ντρέπομαι για τον άνθρωπο που σε κάνει σκλάβο. Ντρέπομαι για τον άνθρωπο που περνάει το κατώφλι μου για να με εξουσιάσει. Ντρέπομαι για τον άνθρωπο που νιώθει ότι μπροστά του, πίσω του, δεν αξίζουν οι άλλοι. Ντρέπομαι για το παιδί που χάνεται στον πόλεμο, ντρέπομαι για το παιδί που πολεμάει. Ντρέπομαι για εκείνον που δε ντρέπεται. Ντρέπομαι για τον άνθρωπο που κάνει ό,τι γουστάρει. Ντρέπομαι για τον άνθρωπο που βάζει στόχο του να καταστραφούν οι άλλοι. Ντρέπομαι για τον άνθρωπο που πάτησε τον όρκο του για να καλοπερνάει. Ντρέπομαι για τον άνθρωπο που πλουτίζει ενώ πεθαίνουν οι άλλοι. Ντρέπομαι για τον άνθρωπο που δεν σέβεται, δεν αγαπάει. Ντρέπομαι για τον άνθρωπο που κοιτάει να αρπάξει. Ντρέπομαι για τον άνθρωπο που δεν αντιλαμβάνεται ότι του πουλάνε αγάπη. Ντρέπομαι για εκείνον που πουλάει αγάπη. Ντρέπομαι για τον άνθρωπο που ζητιανεύει για να φάει. Ντρέπομαι για τον άνθρωπο που σκορπάει ελπίδες, αισιοδοξία, ψέματα και όλα αυτά για να βολέψει την πάρτη του. Ντρέπομαι για τον άνθρωπο που μιλάει για να μιλάει. Ντρέπομαι για τον άνθρωπο που αναπαράγει τα λάθη που κάνουν οι άλλοι. Ντρέπομαι για τον άνθρωπο κονσερβοποιείται για να τον αποδέχονται οι άλλοι. Ντρέπομαι για τον άνθρωπο που φοβάται, που ντρέπεται να δεχτεί αυτό που του ταιριάζει. Ντρέπομαι για όποιον νόμισε ότι η ζωή είναι δική του απόλαυση, δικό του προνόμιο, δικό του δημιούργημα. Ντρέπομαι για τον άνθρωπο που δεν γελάει. Ντρέπομαι για τον άνθρωπο που υπηρετεί τα πάθη. Ντρέπομαι για τον άνθρωπο που δεν ζει τη ζωή του αλλά τη ζωή που του κληροδότησαν οι άλλοι. Ντρέπομαι για τον πλούτο που φτιάχτηκε πάνω σ' ένα δάκρυ. Ντρέπομαι για το παιδί που εργάστηκε γιατί δεν είχε να φάει. Ντρέπομαι για τον γονιό που έκανε το παιδί του αντικείμενο στα δικά του τα βάρη. Ντρέπομαι για τον άνθρωπο που έγινε γονιός για να χαίρονται οι άλλοι. Ντρέπομαι για τον άνθρωπο που δεν αισθάνεται χρέος στη δική του πλάτη. Ντρέπομαι για όποιον κατάντησε τον εαυτό του μηχάνημα για να τσουλάει. Ντρέπομαι για τον άνθρωπο που άφησε το παιδί του να πονάει. Ντρέπομαι για τον άνθρωπο που χαίρεται με τη συμφορά του άλλου. Ντρέπομαι για τον γονιό που υβρίζει και υποτιμά τα παιδιά του. Ντρέπομαι για τον άνθρωπο που δε ντρέπεται για τα βάσανα που προκαλεί στους άλλους. Ντρέπομαι που οι άνθρωποι εκμεταλλεύονται τη χάρη της φύσης. Ντρέπομαι που ο άνθρωπος είναι ύπαρξη χωρίς κατεύθυνση, χωρίς προορισμό, χωρίς να ξέρει πού πηγαίνει. Ντρέπομαι για τον άνθρωπο που πιστεύει ότι είναι ανώτερος από αυτό που μπορούν και αντέχουν να κάνουν οι άλλοι. Ντρέπομαι για τον άνθρωπο που δεν ξέρει γιατί ζει, γιατί υπάρχει. Ντρέπομαι για τον άνθρωπο που υπάρχει. Ντρέπομαι για τον άνθρωπο που δε ντρέπεται για αυτά που κάνει. Ντρέπομαι που το καλό έγινε εξαίρεση για να το θαυμάζουν οι άλλοι. Ντρέπομαι που ο άνθρωπος δεν έβαλε τις δυνάμεις του για ισορροπήσει τις άδικες καταστάσεις. Ντρέπομαι που ο άνθρωπος διαιωνίζει τις άδικες καταστάσεις. Ντρέπομαι που ο άνθρωπος αδιαφορεί για το αύριο της γενιάς του, που μολύνει, που βρωμίζει, που σκοτώνει τον ίδιο, τα ζώα και τα παιδιά του. Ντρέπομαι για το βλέμμα που κοιτάζει ψηλά. Ντρέπομαι για τον άνθρωπο που αρρώστησε από τις επιλογές του και τα δικά του τα λάθη. Και πάνω από όλα, ντρέπομαι που δε ντρέπονται για τίποτα όλοι οι παραπάνω άνθρωποι.

## Χρόνος

Ο χρόνος δεν τελειώνει ποτέ. Είναι η αίσθησή του. Δεν έχει αρχή, παρόν και τέλος. Είναι διαρκής, ασταθής. Μας ξεπερνάει. Δεν έχει σήμανση ειδική. Υφίστασαι την επήρειά του, τη φθορά του και την ανένδοτη ισχύ του. Υπάρχει μια άνιση, ακατανίκητη σχέση με όλα τα θέματα που απασχολούν τη ζωή. Ο χρόνος τρώει τα παιδιά του. Είναι μια ύπαρξη ανεπαίσθητη παρόλα αυτά σημαντική. Γενιές με γενιές, αιώνες με αιώνες, υπόκεινται στην αρμοδιότητά του. Ή είναι μια συνήθεια που επαναλαμβάνει αυτόματα η ζωή ή είναι μία δύναμη θεϊκή γιατί δεν μπορεί να τη νικήσει κανείς.

Πώς αντέχει ο άνθρωπος τον χρόνο; Πώς είναι δυνατόν να συμβιβαστεί; Δε θέλει ούτε μπορεί. Αναγκάζεται εκ των πραγμάτων να γίνει ρεαλιστής. Να δεχτεί, είτε θέλει, είτε δε θέλει, είτε μπορεί, είτε δεν μπορεί. Δεν υπάρχει αρχή, μέση, τέλος. Εμείς προσδίδουμε μια τέτοια χαρακτηριστική μορφή. Στην πραγματικότητα κανείς δεν μπορεί να πει πού είμαστε χρονικά, σε ποια στιγμή. Νιώθουμε απλά μια εξέλιξη κυματική. Θα ήθελα να μου βάλει κάποιος τα όρια του χρόνου σε τροχιά πνευματική. Θα δει ότι η έννοιά του είναι σχετική και έτσι θα παραμένει για πάντα: η λεγόμενη σχετικότητα του χρόνου. Αλλιώς συμβαίνει, αλλιώς το αντιλαμβανόμαστε εμείς. Κυλάμε με τον χρόνο και κυλάει και αυτός μαζί μ' εμάς. Αλλά ποιος καθορίζει τον χρόνο; Εμείς αυτόν ή αυτός καθορίζει ποιοι είμαστε, τι είμαστε και πού οδεύουμε;

Σε αυτή τη ζωή υπάρχουν για πολλούς πράγματα άγνωστα, που ούτε η επιστήμη, ούτε η θρησκεία, ούτε η αντίληψη μπορεί να τα σκεφτεί. Δε λέμε ότι δε δίνει ο καθένας τις δικές του εξηγήσεις αλλά δεν μπορεί να γίνει απόλυτα κατανοητή η έννοια ορισμένων θεμάτων, μέσα σε ένα περιορισμένο φάσμα ζωής. Τουλάχιστον αυτής που ζούμε εμείς. Η θρησκεία μιλάει για «μετά θάνατο ζωή», η επιστήμη για «απλή λογική» αλλά κανείς δεν μπορεί να εισέλθει με απόλυτη σιγουριά σε εξήγηση συνολική. Όχι ότι μας λείπει η γνώση ή η τεχνική ή η ευφυΐα που διακρίνει κάθε επιρροή. Αλλά γιατί η μελέτη του αντικειμένου είναι τόσο σύνθετη ώστε να μη μπορείς να είσαι απόλυτα σίγουρος με τον εαυτό σου ή με τη θεωρία σου. Φυσικά αυτό δεν είναι επιστημονική τοποθέτηση, είναι μια ανάλυση προσωπική. Κάθε σκεπτόμενος άνθρωπος ωστόσο έχει δικαίωμα να σκεφτεί κάτι που έχουν σκεφτεί οι άλλοι ή που δεν έχει σκεφτεί κανείς. Μολονότι δύσκολο να μην έχεις προβληματιστεί σε κάτι που σου αλλάζει τόσο ριζικά τη ζωή. Άσχετα με τα γεγονότα που ζει ή δε ζει κανείς, ο χρόνος μπαίνει σφήνα στην ανθρώπινη ζωή. Θέλεις δε θέλεις θα παλέψεις με την ύπαρξή του. Θα συμβιβαστείς, δε θα συμβιβαστείς, θα αποδεχτείς δε θα αποδεχτείς, το σίγουρο είναι ένα: μαζί του θα πορευτείς. Μαζί του θα δημιουργήσεις, μαζί του θα καταστραφείς. Μαζί του θα αλλάξεις, μαζί του θα βυθιστείς. Μαζί του θα ξεκινήσεις και μαζί του θα αποκοιμηθείς, αφήνοντας να συνεχίσει την αιώνια, όπως νομίζουμε, ζωή.

Καλό είναι να δανειστούμε λίγη γνώση από τον Κοπέρνικο και την Αστρονομία, που ενώ φαινομενικά απαντά σε επιστημονικά ερωτήματα για το σύμπαν, τη θέση των πλανητών, την απόστασή τους από τον ήλιο και άλλα και διόλου τυχαίο που όλοι οι επιστήμονες του διαμετρήματος του ήταν και φιλόσοφοι μας παρέχει και μια πληροφορία χρήσιμη: μας αναφέρει ότι η Γη κάνει μια περιστροφή γύρω από τον εαυτό της και άλλη μία γύρω από τον Ήλιο.

Ας δοκιμάσουμε λοιπόν τώρα στη θέση της γης να βάλουμε τον άνθρωπο και στη θέση του ήλιου την αλήθεια. Εξάλλου, οι αρχαίοι θεωρούσαν ότι ο ήλιος είναι η αλήθεια. Και επίσης γεγονός είναι ότι και ο άνθρωπος κατοικεί στη γη και κινείται μαζί της και όπως αυτή. Η μία περιστροφή της γης γύρω από τον άξονά της μπορεί ίσως να εξηγήσει και τον εγωκεντρικό άνθρωπο που και αυτός, με τη σειρά του, περιστρέφεται γύρω από τον εαυτό του, σχεδόν φυσικά και αυτόματα. Και ας μην ξεχνάμε ότι κάθε άνθρωπος αντιλαμβάνεται το όποιο γεγονός πάντα σε σχέση με τον εαυτό του, πρώτα και βιωματικά, και έπειτα σε σχέση με τους άλλους που τον βοηθούν ή τον εμποδίζουν να διαπιστώσει πραγματικά τι συμβαίνει. Αυτή είναι η περιστροφή του γύρω από τον ήλιο. Και όπως κάθε πλανήτης θέλει, ανάλογα με το πόσο απέχει από τον ήλιο, τον δικό του χρόνο, έτσι και ο κάθε άνθρωπος διαφέρει στον χρόνο ανακάλυψης της αλήθειας. Μας βεβαιώσε λοιπόν ο Κοπέρνικος ότι, για παράδειγμα, ο Ερμής κάνει 87 ημέρες να ολοκληρώσει μια πλήρη περιστροφή γύρω από τον Ήλιο, η Αφροδίτη 224, η Γη 365, ο Άρης 1 έτος και 321 ημέρες, ο Δίας 11 έτη και ο Κρόνος 29.

Εδώ διαφωτίζονται πολλά σπουδαία ζητήματα της ανθρώπινης σκέψης. Καμιά φορά κοροϊδεύουμε τον άνθρωπο που άργησε να αντιληφθεί την αλήθεια. Το σύμπαν όμως δεν κοροϊδεύει κανέναν και το έχει και αυτό προβλέψει χωρίς σχόλια και επικρίσεις. Απλά συμβαίνει. Συμβαίνει όμως και κάτι άλλο: στους πλανήτες που πλησιάζουν τον Ήλιο καθώς σε εκείνους που απομακρύνονται πολύ από αυτόν, η ζωή, η ύπαρξη ζωής με την έννοια που το βλέπει το είδος δεν είναι εφικτή. Συνεπώς, όποιος πλησιάζει πολύ την αλήθεια καίγεται, και όποιος απομακρύνεται πολύ από αυτήν μπαίνει στο ψυγείο. Καλό είναι ο ήλιος να μας φωτίζει με το ευχάριστο φως του και την ξένοιαστη ζεστασιά του, παρά να μας καίει ή έστω και με την απώλειά του να παγώνουμε. Όποιος αγγίξει την αλήθεια καίγεται. Όποιος πάλι την αναζητήσει πολύ αργά δεν καίγεται μεν, αλλά χάνει την ευεργετική επίδραση του φωτός. Φυσικά, όπως προαναφέρθηκε, στη ζωή όλα αυτά υπάρχουν. Άνθρωποι που ανακάλυψαν την αλήθεια, δεν άντεξαν και καταστράφηκαν και άλλοι που ζούσαν στο σκοτάδι έμειναν με τα ερωτηματικά και μαράζωσαν.

## Πόλεμος

Κάποιοι που έχουν ζήσει σε πόλεμο ισχυρίζονται ότι «ο άνθρωπος που πολεμά δεν έχει δικαίωμα στην ειρήνη, δεν έχει δικαίωμα στη ζωή».

Δεν έχω ζήσει τον πόλεμο, με τη στενή του έννοια, για να μιλήσω με ισχυρισμό ειλικρινή. Αλλά δε θέλει και πολλή φαντασία για να καταλάβει κανείς ότι όταν πολεμάς, πολεμάς τη ζωή. Αυτό νομίζω είναι μια διαπίστωση ισχυρή. Εκείνο όμως που δε μας λένε είναι ποιοι μηχανεύονται την επιλογή αυτή και επιστρατεύουν κράτη, ανθρώπους, ό,τι έχει και δεν έχει ψυχή, αντιμετωπίζοντας το όλο θέμα ως μία επιλογή ρεαλιστική.

Δε θέλω να εστιάσω στο τι σημαίνει πόλεμος για ένα κράτος, για έναν λαό, για ένα παιδί που μεγαλώνει στην κατάσταση αυτή. Θέλω να εστιάσουμε όμως σε εκείνον που διαβλέπει στον πόλεμο μία μελλοντική προοπτική. Δηλαδή πεθαίνει μία κατάσταση για να επιβληθεί μια νέα που βολεύει μια άλλη πιο δυναμική. Όχι απαραίτητα λάθος ή σωστή. Απλά ικανή να επιβληθεί. Θα μου πεις, δεν ενδιαφέρεσαι για τις απώλειες της ανθρώπινης ζωής; Τόσο απλά, μας απασχολεί ποιος ηλίθιος το προκαλεί και πετυχαίνει να το πραγματοποιεί. Μας απασχολεί ποιος και γιατί το προκαλεί, γιατί αν μελετήσουμε το τι προκαλεί θα νιώσουμε πόσο χάλι είναι η ανθρώπινη ζωή, έστω και για ένα από τα θύματα αυτής της αποστολής.

Οι πόλεμοι είναι διαρκείς και η παρουσία τους ισχυρή. Η ύπαρξή τους είναι σίγουρα πολιτική και επιβεβαιώνει την ανάγκη επιβίωσης, της απληστίας και της κυρίαρχης επιβολής. Παρά τις όποιες αναφορές ενάντια στην τάση αυτή, οι πόλεμοι βρίσκονται εκεί. Άμεσοι, έμμεσοι πάντως συνεχώς εκεί. Οι πόλεμοι είναι οικονομικοί, ιμπεριαλιστικοί, ψυχολογικοί, υπάρχουν πόλεμοι πολλοί.

Θέλετε να μελετήσουμε τα πειράματα θύματα από πλευρά ρεαλιστική; Απάντηση: έτσι είναι η ζωή. Θέλετε να δούμε την κατάσταση από πλευρά συναισθηματική; Νομίζω θα είναι σοκ να το αναλύσει κανείς. Απλά διαβάστε, ακούστε, μελετήστε και θα νιώσετε ή καλύτερα θα καταλάβετε τι σημαίνει πόλεμος γι' αυτούς που δεν ανακατεύονται με πολιτική αλλά γίνονται θύματα της πολιτικής.

Δεν μπορεί να ζει κανείς προνομιακή, ευχάριστη και πλούσια ζωή όταν υπάρχει σε αυτόν τον κόσμο έστω και ένας άνθρωπος που σκοτώνεται από μια προσέγγιση ρεαλιστική. Δεν μπορεί να κοιμάται ήσυχα ο νους μιας ύπαρξης, που θέλει να ονομάζεται αξιοπρεπής, δηλαδή που του αρμόζει μία αξία καλή, όταν υπάρχει ένα παιδί που διαμελίζεται από μια βόμβα που πέφτει στην αυλή του. Δεν μπορεί να ωφελούνται κάποιοι όταν γυναίκες, άντρες, εναντιώνονται στη φύση τους την αρμονική μόνο και μόνο για να ικανοποιηθεί μια οικονομική βιομηχανία. Δεν με ενδιαφέρει αν η βιομηχανία είναι ένα ολόκληρο κράτος ή μια κάστα ανθρώπων που βολεύονται στη βιομηχανία αυτή. Σημασία έχει ποιος πληρώνει αυτή την επιλογή. Και ποιος από αυτή την κάστα του οικονομολόγου, του ρεαλιστή, του δεν ξέρω εγώ τι, όταν δε βάζει ο ίδιος την οικογένειά του ή ακόμα καλύτερα τον εαυτό του στην κατάσταση αυτή. Να τη ζήσει και να ζημιωθεί και να δούμε αν θα εξακολουθεί να στηρίζει τη λύση αυτή ως αναγκαία επιλογή.

Σαφώς και με μια τέτοια ανάλυση θα ακουστεί βαρετή, αφελής και ουσιαστικά μη ρεαλιστική στην προσέγγιση ως προς την πραγματικότητα, την ωμή πραγματικότητα της ζωής. Το ότι δεν αρέσει ο πόλεμος δε σημαίνει ότι δεν καταλαβαίνεις και γιατί συμβαίνει. Ωστόσο η εικόνα είναι φρικτή και η πραγματικότητα, για όποιον τη ζει, βασανιστική και εντελώς βάρβαρη. Δεν μπορώ να φανταστώ άνθρωπο που έζησε πόλεμο, σε έμμεση ή άμεση μορφή, και δεν ένιωσε να έχει κυριολεκτικά κλονιστεί.

Ας ρωτήσουμε εκείνους που αποφασίζουν πόσο ωραίο είναι να κλονίζεται κανείς. Να χάνει ό,τι είχε και δεν είχε ονειρευτεί. Να χάνει τη γαλήνη του, τη δική του γη. Εκείνη που έζησε για όσο η ζωή τού επιτρέπει να ζει. Πώς αισθάνεται εκείνος που δεν ξέρει πού να βρει βοήθεια, ασφάλεια, αγκαλιά ζεστή. Γιατί σε έναν πόλεμο δεν μένει τίποτα που να μη σε κάνει πεσιμιστή. Τίποτα που να σε κάνει να βλέπεις τον άνθρωπο με σκοπιά θετική. Τίποτα που να σου αγγίζει την ευαίσθητη ψυχή. Βλέπεις μόνο ερείπια, διάλυση, αναστάτωση και ολική καταστροφή. Και όλο αυτό για να διαιωνίζεται ένας ρεαλισμός που αφορά μόνο τον ρεαλιστή. Άνθρωπος και αυτός που πρεσβεύει αυτό που θεωρεί σωστό να υπερασπιστεί, χωρίς όμως, συνήθως, να βάλει τον εαυτό του ή τους οικείους του άμεσα στην κατάσταση αυτή. Αυτή τη θεωρία τη ρεαλιστική, που μεταφέρεται από γενιά σε γενιά, από πολιτική σε πολιτική αλλά με θύματα όχι τον ρεαλιστή αλλά εκείνον που πρέπει να πληρώσει για τη θεωρία του ρεαλιστή.

Εύκολη η θεωρία και πειστική όταν δε γκρεμίζει τη δική σου ζωή, όταν σιγουρεύει ότι εσύ και η οικογένειά σου θα ζήσετε μια άνετη, πλουσιοπάροχη, ασφαλή και χαλαρή ζωή, που τα προβλήματά της θα περιορίζονται στο αν μπορείς να ανταποκριθείς σε καθημερινά πράγματα χαμηλής κρίσης και ήπιας δυναμικής. Αν και ο ρεαλιστής, με περίεργο τρόπο φροντίζει να γίνεται η ζωή παντού, πάντα, δύσκολη και φρικτή. Με άλλον πόλεμο, άλλη οπτική. Σίγουρα όμως όχι με εκείνη που θέλει τον άνθρωπο να γαληνεύει και να ευχαριστιέται αυτό το λίγο και όμορφο που του χαρίζει η ζωή όταν το δει από μια πλευρά λιγότερο σύνθετη, ίσως πιο απλοϊκή. Ωστόσο όμορφη και αξιοπρεπή.

## Πυρηνικό οπλοστάσιο

Ευτυχώς προλαβαίνω να γράψω πριν ξεσπάσει. Αν και δε μπορεί να είσαι ευτυχισμένος σε ένα τέτοιο άκουσμα, αλλά καλό είναι να προετοιμάζεστε. Δεν πρόκειται για ένα πείραμα πλέον ή ένα μέσον πίεσης, αλλά για ενα πραγματικό σχέδιο που συνέχεια διευρύνεται και εξελίσσεται. Και βεβαίως δεν εκσυγχρονίζουν τόσα κράτη το πυρηνικό τους οπλοστάσιο για να το έχουν στα συρτάρια τους, αλλά με σκοπό να το χρησιμοποιήσουν κάπου, κάποτε. Δεν είναι τυχαίο επίσης, ότι όλο και περισσότερα κράτη εντάσσονται στη λίστα παραγωγής πυρηνικών σκευασμάτων, οπότε είναι δεδομένο ότι σε κάποιο αδιέξοδο θα γίνει χρήση και κατάχρηση. Δεν έχει σημασία ποιος θα κάνει την αρχή. Σημασία έχει ότι θα βιώσουμε ομαδικά τον θάνατο. Όχι μονον τον ανθρώπινο αλλά και τον συνολικό όλων των πραγμάτων. Οι εστίες που θα ξεσπάσει δε θα είναι πολλές. Εξάλλου δεν είναι και πολλά τα κράτη που διαθέτουν τέτοια οπλοστάσια. Τα αποτελέσματα όμως θα είναι γενικευμένα, γιατί τέτοια όπλα έχουν εύρος και αντίκτυπο μεγάλο.

Ψυχολογικά, ηθικά και αντικειμενικά η ανθρωπότητα θα μείνει με στάχτες. Είναι ο πυρηνικός πόλεμος που δε χρειάζεται πολύ χρόνο, πολλή μάχη. Μια παρέκκλιση πολιτικών, οικονομικών, προσωπικών επιλογών μπορεί άνετα να οδηγήσει σε αυτό το χάος. Οι άνθρωποι δεν είμαστε προετοιμασμένοι για ένα τέτοιο σενάριο. Τα κράτη όμως που διαθέτουν τέτοια όπλα στα χέρια τους είναι έτοιμα να τα αξιοποιήσουν και να μας εκπλήξουν με την απανθρωπιά τους. Γιατί τι άλλο μπορεί να είναι αυτό το σκηνικό από ξεδιαντροπιά μεγάλη. Ορισμένοι μπορεί να δακρύζουν στη χρήση χημικών, αλλά στα πυρηνικά δε θα προλάβουν να ρίξουν ούτε δάκρυ.

## Νόημα ζωής

Δεν υπάρχει νόημα ζωής. Αυτά είναι επινοήσεις που επιχειρούν να παρουσιάσουν τη ζωή με ένα ευχάριστο ή έστω με ένα ιδιαίτερο χάρισμα.

Η ζωή είναι ένας σκληρός αγώνας επιβίωσης. Αγώνας με το σήμερα, με το χθες, με το αύριο, με το παρόν, με το παρελθόν με το μέλλον. Ένας αγώνας με τη φύση ή ενάντια στις δυσκολίες της και τις ανυπέρβλητες δυνάμεις της. Ένας αγώνας κατανόησης του διπλανού, του παραδιπλανού, του εαυτού μας του ίδιου. Ένας αγώνας ύπαρξης, συνύπαρξης, αποδοχής, μη αποδοχής, συμβιβασμού, μη συμβιβασμού. Ένας αγώνας με την κοινωνία που σε αγκαλιάζει ή που δε σε αγκαλιάζει. Ένας αγώνας για φαΐ νερό και ασφαλή ύπνο. Ένας αγώνας για κυριαρχία, μη κυριαρχία, για ελευθερία, μη ελευθερία ανάλογα με τι βολεύεται κανείς. Ένας αγώνας με πεποιθήσεις δικές μας, δικές τους, άλλων, με ιδεοληψίες, με θρησκείες, με διδάγματα, θεωρίες, επιστήμες, αναλύσεις, φιλολογίες, παραφιλολογίες, πολιτικές, δημαγωγίες, φόβους, φοβίες, ενοχές, ιστορίες, εγωισμούς, φιλοδοξίες δικές μας ή άλλων, ένας αγώνας με την οικογένεια που ταιριάζεις ή που δεν ταιριάζεις, με συντρόφους που αλλάζεις ή που δεν αλλάζεις, ένας αγώνας με πικρίες, βάσανα, θλίψεις και χαρές ολίγες. Ένας αγώνας μέσα σε πολέμους, καταστροφές, περιπέτειες, εμπόδια, δυσκολίες. Ένας αγώνας που από τη μέρα που ανοίγεις τα μάτια ως τη μέρα που τα κλείνεις σε θρέφει να παλεύεις. Να παλεύεις να αναπνεύσεις, να επιζήσεις, να αντέξεις, να δημιουργήσεις, να καταστρέψεις, να κάνεις ό,τι είναι δυνατόν για να υπομείνεις αυτό που σου έχει έλθει. Ούτε καν την ίδια τη ζωή δεν έχεις επιλέξει. Άλλοι έχουν επιλέξει για τη δική σου ζωή. Όταν γεννιέσαι, δεν έχεις επιλέξει εσύ άμεσα, άλλοι επιλέγουν για σένα. Οι γονείς θέλουν ή δε θέλουν κάνουν το παιδί. Εσύ έτυχε και γεννήθηκες και από εκεί και πέρα αγωνίζεσαι, παλεύεις.

Χαριτωμένα μπαίνει στον αγώνα αυτό η επινόηση της ελπίδας που τρέφει λαούς, συνειδήσεις, ανθρώπους ρομαντικούς, σκεπτόμενους, συναισθηματικούς αλλά αυτό είναι μια επινόηση για να αντέχει κανείς τους αγώνες και να ξεπερνάει τα εμπόδια που συνέχεια βρίσκει μπροστά του.

Ένας αγώνας είναι η ζωή και τίποτε άλλο. Όλα τα άλλα είναι φιλοσοφικές αναζητήσεις, αναλύσεις, επεξηγήσεις. Ανάγκες του ανθρώπου να ομορφύνει ή έστω να αμβλύνει τα ζορίλικια που ο αγώνας αυτός του προβάλλει.

Δεν υπάρχει νόημα ζωής στην πραγματικότητα. Εκτός και αν αυτό είναι το νόημα της ζωής: ο αγώνας. Δεν ακούγεται ιδεαλιστικό, ούτε ιδανικό, και όποιος τον ζει ξέρει ότι δεν είναι. Τώρα, αν είσαι τρελός και ζεις σε παραμύθια, αυτό είναι μια άλλη περίπτωση. Εκεί τη ζωή την κάνεις ό,τι θέλεις. Και μαζί και τους άλλους.

## Πρόβλεψη

Το βιβλίο αυτό με το ιδιαίτερο γράψιμό του κάπου εδώ κοντά τελειώνει. Δεν είναι αστείρευτες οι ιδέες και οι σκέψεις του αφηγητή. Ούτε μία αυτοβιογραφία ή κάποια φιλοσοφική ανάλυση μπορεί να ξεπεράσει τα όρια του ανθρώπινου, του εφικτού. Θα ήθελα να ξέρετε, όλοι όσοι εκτιμήσετε αυτά που γράφω, ότι δεν είναι εύκολο να αποδώσεις τις σκέψεις, τα νοήματά τους με ένα απλό γράψιμο. Λίγα χρόνια πριν δε θα σκεφτόμουν ποτέ και για κανένα λόγο να γράψω αυτά που σκέφτομαι, αυτά που κάνω. Σήμερα όμως, με αφετηρία τον πάτο, μπορώ να πάρω θέση, να πράξω γενικά.

Η θλίψη έχει παίξει τεράστιο ρόλο σε αυτή μου την απόφαση. Την περίοδο της αφθονίας και της μεγάλης ζωής δε θα με ενδιέφερε να τοποθετηθώ στο τι είναι σωστό και τι λάθος. Οι επιτυχίες, η δόξα, ο πλούτος, η άνεση, οι ανοιχτές πόρτες, τα ταξίδια, οι εμπειρίες σε ευρωπαϊκές πρωτεύουσες δε με άφηναν να καταλάβω τι συμβαίνει στον κόσμο πραγματικά και γιατί θα έπρεπε να σκεφτώ κάτι παραπάνω. Η βαριά όμως κατάθλιψη που ακολούθησε μετά την επιστροφή από το εξωτερικό, τα σοβαρά οικογενειακά μου προβλήματα, η χρεοκοπία της χώρας που άλλαξε την εικόνα των πραγμάτων με έβαλαν σε έναν προβληματισμό που ονομάζεται «μέτρο σύγκρισης του πάνω με το κάτω».

Δεν ξέρω αν χρειαζόταν να ζήσω όλο αυτό το λάθος αλλά το έζησα. Υπάρχουν πράγματα στη ζωή που δεν περιμένεις να έρθουν, να συμβούν. Άλλοτε αυτά τα πράγματα είναι θετικά και άλλοτε δυσάρεστα, αρνητικά. Η αλήθεια είναι ότι όταν περνάς καλά δεν σ' ενδιαφέρει η αδικία, ο πόνος, η μοίρα, τα προβλήματα των άλλων. Η ευδαιμονία είναι πειρασμός μεγάλος. Βέβαια, δε θεωρώ ότι είναι ωραίο πράγμα να γνωρίζει ο άνθρωπος το άδικο για να νιώσει κάπως. Σοφία που προέρχεται από το άδικο είναι σοφία με οίκτο μεγάλο.

Επίσης με την ηλικία αλλάζει ο τρόπος που σκέφτεται ο άνθρωπος. Η γνώση, οι εμπειρίες, οι δοκιμασίες, τα εμπόδια ωριμάζουν τον άνθρωπο. Τον δε ρομαντικό τον σφάζουν.

Το βιβλίο λοιπόν φέρει τα ίχνη ενός απλού ανθρώπου, που αλλιώς έζησε το χθες, αλλιώς το σήμερα και ενδεχομένως αλλιώς το αύριο. Το να πέφτει όμως κάποιος από την κορυφή ξαφνικά στον πάτο δεν είναι κάτι που τον αφήνει ασημάδευτο, ιδιαίτερα όταν τον διακατέχει τεράστιος προβληματισμός.

Το να ζεις ακραία έντονες καταστάσεις δε σ' αφήνει στη ζωή αδιάφορο. Σε στιγματίζει κάπως. Σε βάζει σε μια πορεία που δεν είναι εύκολη η προσαρμογή, η δύναμη, το κουράγιο.

Αν ζεις μόνιμα σε μία κατάσταση μαθαίνεις. Σωστό ή λάθος δεν το ξέρεις. Όταν αλλάζεις όμως κατάσταση και βρίσκεσαι από την κορυφή στον πάτο δε μαθαίνεις εύκολα, γιατί ενδιάμεσα παρεμβάλλεται ένα σοκαριστικό σάλτο. Ξαφνικό, δυνατό, άγριο. Δεν προλαβαίνεις να σκεφτείς. Είσαι ξαφνικά από μία κατάσταση σε μία άλλη, ακριβώς αντίθετη. Δεν εξηγείται, δε μεταφέρεται. Είναι μία εμπειρία που δείχνει το μεγάλο χάος της ζωής. Δεν ξέρω αν υπάρχει αρμονία στο χάος ή μία περιδίνηση στη ροή των πραγμάτων. Περιδίνηση ανεξέλεγκτη, αφύσικη, δυσανάλογη για τις αντοχές που πιθανώς έχει ο άνθρωπος.

Γιατί είναι τεράστιο ψέμα ότι ο άνθρωπος αντέχει τα πάντα. Μάλλον αναγκάζεται να τα αντέξει. Όχι ότι τα αντέχει κιόλας. Γι' αυτό άλλωστε, άλλοτε αρρωσταίνει, άλλοτε διαλύεται ψυχικά, πνευματικά, και άλλοτε κλείνει τα μάτια του μια για πάντα, για να λυτρωθεί από την υπέρβαση των πραγμάτων. Ίσως γι' αυτό ο θάνατος λυτρώνει ορισμένες φορές τον άνθρωπο. Τον γλιτώνει από περαιτέρω βάσανα ή τον οδηγεί εκεί από τα βάσανά του. Όπως και να το πάρεις, είναι ψέμα να λέμε ότι έχει τεράστιες αντοχές ο άνθρωπος. Ακόμα και ο κακός άνθρωπος θα δει κάποια στιγμή να τον ξεπερνούν τα όρια της κακίας του. Να μην τον αφήνουν να πάει παρακάτω. Γιατί; Γιατί είναι απλά ένας άνθρωπος, κακός μεν αλλά άνθρωπος με όρια, με τέλος, με ξημέρωμα δίχως αύριο. Και αυτό ισχύει για κάθε άνθρωπο, καλό, κακό, πλούσιο, φτωχό, νέο, μεγάλο. Κάθε άνθρωπο.

# Στίγμα

Η εποχή μας δεν έχει τίποτα το ιδεώδες ή πάντως το ρομαντικό. Λίγα πράγματα θυμίζουν ότι ο άνθρωπος ζει για την τέχνη, για τον άνθρωπο. Τέχνη σημαίνει δημιουργία εμπνευσμένη από βαθύ συναίσθημα, που σήμερα δεν υπάρχει. Τα μουσεία δεν αυξάνουν ιδιαίτερα και οι αίθουσες τέχνης είναι συνήθως αίθουσες δημοσίων σχέσεων και τίποτε άλλο. Έχεις λεφτά; Μπορείς να γίνεις διάσημος και ας είσαι άσημος, ατάλαντος, αδιάφορος. Έχεις διάθεση να ξεπουλήσεις την ομορφιά σου, την ψυχής σου ή του σώματός σου το κάλλος; Τότε μπορείς να γίνεις ένας γνωστός, σπουδαίος άνθρωπος. Τόσο απλά. Τόσο ξευτιλισμένα. Βέβαια σε ορισμένα πράγματα οι εποχές δεν αλλάζουν, πάντα ο πλούτος και οι τίτλοι εξαγόραζαν τον άνθρωπο. Μάλλον δε φταίνε οι εποχές αλλά ο άνθρωπος.

Κατηγορούμε συχνά τους θεσμούς, τα συστήματα, τις θεωρίες και πολλά άλλα. Εκείνο όμως που μας ξεφεύγει είναι ότι όλα αυτά δεν είναι ανεύθυνα και απρόσωπα. Πίσω από όλα αυτά είναι ο άνθρωπος.

Η πολιτική δεν είναι κανόνες. Η θρησκεία δεν είναι δόγμα. Η τεχνολογία δεν είναι μηχάνημα. Η τέχνη δεν είναι άχρωμο πλαίσιο. Όλα αυτά καθορίζονται και διαμορφώνονται από τον άνθρωπο. Αν λοιπόν ο άνθρωπος νιώθει άδειος, ξεπεσμένος, άσημος, τότε ό,τι δημιουργεί σε όποιον τομέα έχει το στίγμα του κενού, του άδειου. Αν ο άνθρωπος καταντά έρμαιο της ύλης δε φταίει η ύλη αλλά η σχέση που δημιουργεί μαζί της ο άνθρωπος. Αν η πολιτική καταντά παιχνίδι ξεπλύματος του σήμερα, του χθες, του αύριο δε φταίει η πολιτική αλλά ο άνθρωπος. Ο άνθρωπος σχεδιάζει, αποφασίζει, επιλέγει, δικάζει, δοκιμάζει και δοκιμάζεται. Έχει τεράστια ευθύνη ο άνθρωπος.

Αν η ζωή του σήμερα θυμίζει πάτο είναι γιατί ο ίδιος ξέμεινε από έμπνευση δημιουργίας και κουράγιο. Αν βαρέθηκε να βλέπει ανθρώπους να παράγουν και έβαλε τα μηχανήματα και το χρήμα στο υψηλότερο βάθρο είναι γιατί ο ίδιος προτιμά να μη σκέφτεται, να μην αισθάνεται άλλο. Βαρέθηκε, κουράστηκε, αδιαφόρησε, έγινε ένα με το τίποτα.

Αυτό που ορισμένοι εννοούν ως εξέλιξη είναι εξέλιξη προς τα κάτω. Γιατί, όσο οι κοινωνίες θα ταλανίζονται από ερωτήματα γεμάτα άδικο, τόσο η εξέλιξη θα είναι κάτι αδιάφορο. Τι σημασία έχει η τεχνολογία, ο Άρης, το χρήμα όταν απευθύνεται σε μια μικρή μερίδα ανθρώπων, σε ένα μικρό στάδιο της ανθρώπινης πορείας; Εκτός και αν αυτή είναι η επιλεγμένη μοίρα του ανθρώπου, δηλαδή ο μισός κόσμος να εξελίσσεται προς τα πάνω και ο υπόλοιπος προς τα κάτω, χωρίς ισοζύγιο, χωρίς ιδιαίτερο στάθμισμα της κατάστασης.

Σε μια τέτοια κοινωνία, σε έναν τέτοιο κόσμο, λίγο τελικά μετρά τι σκέφτονται, τι αισθάνονται, τι περνούν και δεν περνούν οι άλλοι. Μια μερίδα ζει τη δική της ανάλυση και όλη η υπόλοιπη ζει τη διάλυση. Δεν είναι υπερβολή. Η φτώχεια, η μιζέρια, η βία, η παράνομη δράση είναι μεγέθη που σε πολλά μέρη του κόσμου αποτελούν καθημερινή, συνήθη, κατάσταση.

Πόσοι είναι οι επιστήμονες και πόσοι τελικά είναι οι σκλάβοι; Σκλάβοι, παρακαλώ, με ελάχιστα χαρακτηριστικά να έχουν αλλάξει. Η σκλαβιά δεν έχει αλλάξει. Ούτε η υποταγή. Ούτε οι πόλεμοι. Ούτε ο εκάστοτε κατακτητής. Τα χαρακτηριστικά έχουν αλλάξει. Από την αρχή το λέω και επιμένω: είναι το στίγμα της ανθρώπινης δράσης.

Αν τώρα αποφασίσει η υφήλιος να επιλέξει ηγέτες ικανούς να καθοδηγούν τον κόσμο με πνευματική δράση, όχι υποκινούμενη από συμφέροντα αλλά από ανθρώπινη ανάγκη για αλληλεγγύη, τότε ίσως η μορφή του κόσμου θα αλλάξει. Αλλά αυτό σημαίνει μη καθοδηγούμενη παιδεία, μη υποκινούμενη από ιδιοτέλεια δράση και πολλά άλλα που ακούγονται, γράφονται αλλά δε συμβαίνουν ποτέ στην πράξη.

## Παραδίδομαι

Παραδίδομαι στην τρέλα της εποχής, στη φρενίτιδα των γεγονότων, των άδειων υπάρξεων, της αλληλουχίας των αστοχιών. Παραδίδομαι στις αποφάσεις των άλλων, του χρόνου, στις βολές των εχθρών, στις σκέψεις των φίλων, στα θέλω των άλλων. Στις μεγάλες στιγμές, στις πονηρίες των ανθρώπων, στα άστοχα επιτεύγματα. Στα αφηρημένα όχι. Στα πεινασμένα σχέδια. Παραδίδομαι για να μην κουραστώ, για να μην τρέχω άλλο. Για να μην παριστάνω τον σπουδαίο, τον μαχητή, τον μεγάλο. Παραδίδομαι. Τι θα μου προσάψουν; Και εκείνοι που δεν παραδόθηκαν, τι γέννησαν; Ελπίδα; Κουράγιο; Για ποιον αλήθεια, αφού ο κόσμος δεν άλλαξε. Άλλαξε για λίγο και γύρισε πίσω πάλι.

Δώστε μου αντικίνητρο μη παράδοσης. Την επιβίωση μάλλον γιατί δε βλέπω τίποτα καλύτερο. Στις αποφάσεις των άλλων, στα θελήματά τους εγώ πρέπει να παραδίδομαι για να εξασφαλίσω το επίδομά μου. «Μερίδιο επιβίωσης» ονομάζεται. Σέρνω τη βάρκα μου, σέρνω τον παρά μου και τον σέρνω, όχι με στόχο υψηλό αλλά, για να έχω να φάω κάτι. Να μην πεινάσω.

Μιλήστε για στόχους και για όνειρα σε όσους δεν έχουν να φάνε και δείτε πώς θα σας κοιτάξουν: σαν να μην υπάρχετε, σαν να μην είστε από το σήμερα, σαν να μην έχετε καταλάβει. Εκείνοι οι λαοί που αγωνίζονται και πεινούν, εκείνοι οι λαοί σε τι να πιστέψουν, τι να ονειρεύονται πέρα από το πιατάκι του φαγητού που κερδίζουν με τη βοήθεια του θεού και την υπερηφάνειά τους. Για εκείνους αγωνίζομαι, αλλά ακόμα πεινούν. Οπότε παραδίδομαι για να δω όλοι αυτοί οι μεγάλοι ηγέτες, οι έξυπνοι, οι αδηφάγοι, αυτοί και τα συμφέροντά τους, που ποτέ δεν θα καταλάβουν ότι το σύνολο είναι ενιαίο και οι επιλογές τους δεν τραβάνε πια. Δε βγάζουν πουθενά. Ο κόσμος είναι άδικος, σε ετοιμάζει για την παράδοση. Όσο και αν πολεμάμε σε μια παγίδα πέφτουμε, σε έναν λάκκο. Και τι θα σε φάει στον λάκκο; Τι μπορείς να κάνεις; Να μετράς τη λάσπη, αυτό μπορείς.

 Αφήστε με ήσυχο. Αρκετά χάρηκα την προσπάθεια. Τώρα παραδίδομαι χωρίς φόβο, χωρίς δάκρυα.

# Επαναστάτης χωρίς επανάσταση

Οι πραγματικοί επαναστάτες μετριούνται στο δάχτυλο του ενός χεριού. Είναι ελάχιστοι. Αφηγητές, αναλυτές, εισηγητές, μελετητές, ρήτορες, πολιτικοί, θεωρητικοί, υποκινητές, αντιγραφείς υπάρχουν πολλοί. Επαναστάτες όμως λίγοι. Πολλοί βέβαια καρπώνονται τις αλλαγές μιας επανάστασης, έστω όχι πραγματικής αλλά θεωρητικής με κάποιες αλλαγές στην πράξη. Πολλοί τρώνε από τη σάρκα της επανάστασης αλλά λίγοι πραγματικά την εκφράζουν, την πιστεύουν και την πράττουν.

Είναι τόσο μπερδεμένο το τοπίο της επανάστασης, του ηρωισμού και άλλων τέτοιων παραδειγμάτων, που εν τέλει κανείς δεν μπορεί να ξέρει ποιος είναι αληθινός και ποιος γιαλαντζί, ψεύτης μέσα στην επανάσταση.

Εκείνο που ξεκάθαρα κάνει κάποιον επαναστάτη είναι η πίστη του, η συνεπής αντίδρασή του, το θάρρος του, η αυταπάρνηση, η αυτοθυσία και η ανιδιοτέλειά του. Δεν το κάνει για τον εαυτό του, για την προβολή του αλλά για να βελτιώσει τη ζωή των άλλων. Των δειλών άλλων που δίκαια ή άδικα διστάζουν να αντιδράσουν.

Θα μου πείτε, «χρειάστηκε να έρθεις εσύ να μάθεις στον κόσμο τι είναι επανάσταση;» Αστειότητα, σαφώς, αφού η αυτοβιογραφία δεν είναι λίβελλος, ούτε προκήρυξη σε κάτι. Εξάλλου και ο αφηγητής ο ίδιος είναι ανάμεσα σε αυτούς που διστάζουν. Και αυτός φοβάται. Στα περιθώρια του συστήματος ζει, εκείνου που τον έχει ξεράσει. Εάν πίστευε στην επανάσταση θα την κάνει είχε ήδη. Αλλά και το να αναφερθείς με ειλικρίνεια και ανιδιοτέλεια σε κάτι είναι και αυτό μια υπέρβαση, μια επανάσταση. Μικρή βέβαια, όχι μεγάλη. Τουλάχιστον έχεις το θάρρος να αντιδράσεις γράφοντας κάτι που θα διαβαστεί πιθανώς από κάποιους που θα έχουν το σθένος και τη δύναμη να κάνουν κάτι. Η θέληση από μόνη της δε μετράει. Χρειάζεται και δύναμη για να γίνει πράξη ένα βαθύπνοο σχέδιο.

Ο αφηγητής δεν είναι επαναστάτης. Είναι ανάμεσα στους άλλους. Δεν έχει ψευδαίσθηση του πράγματος, αλλά σίγουρα ξέρει πόσο λίγοι, ελάχιστοι, είναι ήταν και θα είναι οι πραγματικοί επαναστάτες. Δεν πιστεύει σε ό,τι εμφανίζεται με ένδυμα, ορμή, πειθώ, αγριάδα και ρητορική επανάστασης. Όχι. Δε βάζουν όλοι εύκολα το πόδι τους σε καυτό λάδι. Δεν περπατούν εύκολα όλοι σε κάρβουνα ή πάνω σε καυτή λάβα. Δεν είναι για όλους αυτό το κομμάτι. Γι' αυτό και όποιος το τραγουδάει και με ρυθμό και χάρη, τον θαυμάζουμε και τον ονομάζουμε άλλοτε Άγιο, άλλοτε Επαναστάτη, ανάλογα με τις πεποιθήσεις μας και τις αντιλήψεις γύρω από το τι σημαίνει ΥπέρβασηΕπανάσταση.

Υπάρχει βέβαια και ο της συνειδήσεως επαναστάτης. Εκείνος που επαναστατεί μέσα του αλλά φοβάται να προχωρήσει σε κανονική επανάσταση. Φόβος φυσιολογικός ή δειλία μεγάλη;

Δύσκολο να απαντηθεί όταν έχεις να κάνεις με μεγάλα, τετραπέρατα και τσουχτερά πλοκάμια. Εκείνον όμως που, από τη συνείδηση, προχωράει στην πράξη, εκείνον κανείς δεν τον σταματά, κανείς δεν τον τρομάζει. Ακολουθεί τη μοίρα του που τον καταδικάζει, εφόσον δεν υπάρχει περίπτωση να μη βρεθεί πλοκάμι να τον αρπάξει και να του αναχαιτίσει τη δράση. Όπως βλέπετε με τη λέξη «επανάσταση» επαναλαμβάνεται συνεχώς και η λέξη πράξη και δράση. Διότι αλλιώς δεν μιλάμε για επανάσταση αλλά για φιλολογική φλυαρία χωρίς αποτέλεσμα, σε καμία φάση. Είναι όλοι αυτοί που θαυμάζουν την επανάσταση και τη στολίζουν με άνθη αλλά στην ουσία δεν είναι παρά θρασύδειλοι χωρίς αλλαγή στάσης.

Όποιος δε μασάει το Σύστημα, το Σύστημα τον μασάει.

## Λειτουργική ανέχεια

Εξαθλίωση, επαιτεία, επανάληψη. Καμία ύπαρξη αξιοπρέπειας. Ζεις μόνο γιατί υπάρχεις. Κάθε μέρα αγωνίζεσαι για να υπάρχεις. Δε φοβάσαι. Τι να φοβάσαι; Είσαι άθλιος, μόνος, πάμφτωχος. Ζεις το ελάχιστο, το τίποτα. Ζεις το τίποτά σου. Συνήθεια μεγάλη, κινήσεις επαναλαμβανόμενες χωρίς ιδιαίτερο χάρισμα. Μια ζωή άκυρη χωρίς νόημα χωρίς εντάσεις. Ξέρεις τι έπεται, τι έχεις να κερδίσεις, τι έχεις να χάσεις. Λειτουργείς μέσα σε ένα σύστημα. Σε ένα σύστημα που κάπου κάπως σε κατατάσσει: εκεί στην άκρη.

Κι εσύ κάνεις, τι κάνεις; Τι μπορείς να κάνεις παρά μόνο να υπάρχεις και να κινείσαι για να υπάρχεις; Χάνεις τις μέρες, τις ώρες, τις καταστάσεις. Δε σε αφορά. Εσύ ζεις ανεχτικά σε μια άκρη του μυαλού της ζωής. Πάντως στην άκρη. Δεν κάμπτεσαι, δεν έχεις τίποτα να σε κάμψει. Απλά υφίστασαι πιέσεις, αποφάσεις, σκέψεις, υπάρξεις. Μεγάλο στοίχημα να κινείσαι σε τέτοιες φάσεις. Χαίρεσαι με το τίποτα, με το τίποτα λυπάσαι. Οι άθλιοι έχουν ζωές, έχουν ονόματα. Έχουν αντοχές και καμία χάρη. Επαιτούν έξω από τα σούπερ μάρκετ. Ζητούν ένα ψωμί να φάνε. Ζητούν. Ζητούν. Ζουν σε πλαίσια ασύλληπτης ανέχειας. Και επαναλαμβάνονται. Είναι άνθρωποι. Έτσι ζουν αλλού ολόκληρα κράτη, λαοί, ζητώντας να φάνε σε επαναλαμβανόμενη πράξη. Εγκληματούν, κλέβουν αρπάζουν, κάνουν ό,τι απαιτεί η κατάσταση. Δεν ρωτούν. Δε νοιάζονται.

Ζουν στους κανόνες της ανέχειάς τους. Κανόνες που άλλοι έθεσαν. Δυστυχώς. Εκείνοι όμως τους χρεώνονται, τους απολαμβάνουν.

Ζω φτωχά και μετατρέπω το τίποτα σε πράξη. Δεν έχει νόημα η αμφισβήτηση, ούτε η παράλειψη. Τα έχεις ξεπεράσει. Η ζωή θέλει μόνο να υπάρχεις, τίποτα άλλο, ούτε σήμερα, ούτε χθες, ούτε αύριο. Κανείς δε νοιάζεται. Όλη σου η ζωή είναι μία ξεπεσμένη φάση. Κυριολεκτικά αδιάφορη αλλά φάση.

## Αντιγραφή

Είναι πλέον σαφές ότι το ένα σύστημα αντιγράφει το άλλο. Το θεωρητικό σκουπίζει, το άλλο αντιγράφει. Ο ένας βλάκας αντιγράφει τον άλλο. Στην πολιτική, στην τέχνη, στη φιλοσοφία, στα γράμματα, στην πνευματική καλλιέργεια, στην οικονομία, στην κοινωνία, στην ηθική, στη θρησκεία σε όλη τη ροή της ανθρώπινης φάσης τέτοια αντιγραφή δεν ξανάγινε. Τέτοιο χιλιοπαίξιμο δεν υπάρχει. Τόσο που να φαντάζει ο ένας φωτοαντίγραφο του άλλου. Κάπως έτσι φτάσαμε και στον άνθρωπομηχάνημα. Αφού ο άνθρωπος έχασε τη φαντασία του, την έμπνευσή του και την ταυτότητά του, τότε τι διαφορά έχει να αντικαταστήσουμε έναν μεσαίας αντίληψης βλάκα με ένα μηχάνημα; Ενίοτε μάλιστα, ακόμα και ένα ευφυή βλάκα από ένα περίτεχνο ευφυές μηχάνημα, όπως στο σκάκι. Αφού υπάρχει τέτοια μετριότητα απόδοσης, δημιουργικότητας και ανάπτυξης γιατί να έχουμε τον άνθρωπο να κάνει κάτι, εφόσον και ένα απλό μηχάνημα μπορεί να το κάνει; Αυτή ήταν η δεδομένη εξέλιξη των πραγμάτων εφόσον η αντιγραφή έγινε καθιερωμένη πράξη. Δε δημιούργησε τυχαία το μηχάνημα ο άνθρωπος. Κάποιος, πολύ απλά, είδε ότι ο ένας βλάκας αντιγράφει τον άλλο και έτσι έφτιαξε μια πατέντα για όλα τα πράγματα. Και τη φτιάχνει, θα συνεχίσει να τη φτιάχνει όσο οι άνθρωποι θα παραμένουν βλάκες. Βολικό και για όσους επωφελούνται από τους βλάκες, άβολο για τους βλάκες αφού η ζωή τους ρημάζει από την ξέφρενη αντικατάσταση.

Και καλά οι φτωχοί λαοί ή οι φυλές, εκείνες οι ελάχιστες που έχουν απομείνει να ζουν με τα λίγα, να ικανοποιούνται με τα ελάχιστα και να βλέπουν τη ζωή μέσα από μια οπτική που δεν αλλάζει. Δεν αλλάζει γιατί δεν έχει δικαιώματα ή προνόμια για να αλλάξει. Και ίσως αυτή η κατάρα της να είναι και η σωτηρία της από μία πιο δυσάρεστη κατάσταση σαν αυτή που ζουν οι εύποροι λαοί, εκείνοι που τώρα σιγά σιγά καλούνται να ζήσουν στεγνά, σε κοινωνίες χωρίς φύση, χωρίς εναλλακτικές, χωρίς επιλογές που να οδηγούν σε έναν συμβιβασμό με μια ταπεινή στάση ζωής. Διότι οι λαοί που ζουν πρωτόγονα στηριζόμενοι σε παραδόσεις, πολιτισμικές συνήθειες αιώνων, αυτοί έμαθαν στα ελάχιστα. Δεν είδαν και κάτι παραπάνω. Και να το είδαν δεν έγινε ποτέ δικό τους, το χαίρονταν πάντα άλλοι. Έτσι έμαθαν, συμβιβάστηκαν, αποδέχτηκαν το χάλι της ζωής. Ωστόσο επιβιώνουν με όλα αυτά τα βάρη.

Για τους υπόλοιπους, που η αντιγραφή έφερε την αντικατάσταση, δεν υπάρχει επιβίωση. Υπάρχουν μόνο φάρμακα και ναρκωτικά για να ξεχάσουν πόσο μάταια είναι αυτά που τους έμαθαν, που εμφύτευσαν και που δέχτηκαν χωρίς αντίσταση, χωρίς αμφίβολη διάθεση.

Θλιβερό πράγμα η αντιγραφή. Ολόκληρη η ιστορία γνώρισε βιβλία από σελίδες άδειες. Δεν έχει σημασία τι αντιγράφεις. Αν δηλαδή αντιγράφεις ευρεσιτεχνία, τεχνολογία, ζωγραφική, φάρμακο, επιστημονικό επίτευγμα, ιδέα, θεωρία ή ό,τι άλλο. Σημασία έχει πως με την αντιγραφή αλλάζουν τα χέρια που κρατούν τη δύναμη αυτού που καλύτερα από όλους αντιγράφει. Έτσι με μεγάλη ευκολία βλέπουμε κράτη, ενώσεις, συστήματα να ακμάζουν και να αντικαθιστούν άλλα που πριν άκμαζαν και τώρα παρακμάζουν. Το θέμα είναι να αντιγράφεις με εξυπνάδα και, αν γίνεται, να προσθέτεις και κάτι. Να αλλάζεις δηλαδή την όψη που ελκύει το μάτι. Την εικόνα που εντυπωσιάζει. Η ουσία όμως δεν αλλάζει. Αντιγράφεις.

## Ανωμαλία

Να ξεκαθαρίσουμε επιτέλους ένα πράγμα. Να δώσουμε μία ειλικρινή, τίμια και σαφή εξήγηση και απάντηση σε όσους θέλουν να μπερδεύουν τα πράγματα για να επωφελούνται ιδιοτελώς και ξεδιάντροπα από τα κουσούρια των άλλων. Ανάμεσα στον ακραίο προοδευτισμό, που αποδέχεται ως φυσιολογικά τα πάντα, και τον ακραίο συντηρητισμό, που καταδικάζει ως παράλογα και αφύσικα τα πάντα, υπάρχει και η μέση κατάσταση που κάτι μας δίνει, κάτι μας κάνει.

Καταρχάς, ας μη γελιόμαστε, πέρα από τα ηθικά ζητήματα η φύση γεννά τα πάντα. Αν δεν τα γεννούσε δε θα ήμασταν εδώ να τα συζητάμε. Υπάρχουν ηθικά ζητήματα, άρα εγείρονται ερωτήματα και ερωτηματικά όπου ο καθένας τα εξηγεί ανάλογα.

Οι απόλυτες στάσεις με βρίσκουν αντίθετο γιατί, πολύ απλά, το απόλυτο υποδηλώνει εγωισμό και αντίδραση από άμυνα σε κάτι. Δε με καλύπτει, δε μου φτάνει. Συνεπώς ερμηνείες ακραίες, όποιας κατεύθυνσης και στάσης, μου είναι αδιάφορες, είτε πρόκειται για ζητήματα κοινωνικά, πολιτικά, οικονομικά, ηθικά, σεξουαλικά, προσωπικά. Με αφήνουν ξεκάθαρα αδιάφορο.

Η φύση μάς δοκιμάζει. Εξάλλου όλοι μας έχουμε περάσει από ομαλές και ανώμαλες καταστάσεις. Τι καθόμαστε και παριστάνουμε λοιπόν; Ότι δεν υπάρχουν ή ότι μπορεί να σβήσουν επειδή το φαντάστηκαν κάποιοι; Αηδίες τεράστιες.

Συνεπώς πρέπει να δούμε και να πούμε τα πράγματα με το όνομά τους.

Λοιπόν, ανωμαλίες υπάρχουν. Ένα είναι το ζήτημα: εάν οι ανωμαλίες αυτές επιβάλλονται ή περιορίζονται σε άτομα που με ευχαρίστηση τις μοιράζονται. Οι ανωμαλίες ή αυτό που εμείς θεωρούμε «ανωμαλίες της φύσης» γιατί η φύση δε μιλάει ώστε να μας πει ξεκάθαρα αν κάτι είναι ή δεν είναι ανώμαλο, απλά υπάρχει όπως είπαμε. Στο ανθρώπινο επίπεδο βέβαια καθώς σε αυτό το επίπεδο μιλάμε χαμηλό σαφέστατα, αδυνατώ να πιστέψω ότι δεν υπάρχει κάτι ενδιάμεσο και υψηλότερο από αυτό το χάλι. Υπάρχει, αλλά πού υπάρχει;

Προσωπική άποψη: ανώμαλο είναι ό,τι επιβάλλεται με ιδιοτέλεια, μοχθηρία, αρρώστια χωρίς να το επιλέγει ο άλλος. Είτε αυτός ο άλλος είναι ένα παιδί, είτε μια γυναίκα, είτε ένας ενήλικας, είτε ένα οποιοδήποτε ζωντανό πλάσμα. Όταν λοιπόν αυτό επιβάλλεται διά της βίας, για να ικανοποιήσει κάποιον βαραίνοντας κάποιον άλλον που χωρίς τη θέλησή του και τη συνειδητή επιλογή του γίνεται αντικείμενο αυτής της πράξης, τότε σίγουρα μιλάμε για μια ανώμαλη κατάσταση.

## Απομάκρυνση

Εάν μπορούσα να πιστέψω ότι υπάρχουν άλλοι πλανήτες, όπου δεν κατοικούν άνθρωποι με αυτή τη γελοία, ξεδιάντροπη στάση, άνετα θα μετοικούσα ακόμα και σαν ζόμπι σε τέτοια φάση. Δεν είχα ποτέ επαφές με εξωγήινα πλάσματα αλλά δεν μπορώ να πιστέψω, ούτε στο ελάχιστο, ότι η ζωή περιορίζεται σε αυτό το γήινο χάλι. Εν ανάγκη θα έβαζα θεούς και δαίμονες να βρουν πού ζουν αυτοί οι άλλοι και να χαρώ αν θα αντέξω βέβαια να ζήσω έστω και μία ώρα μακριά από αυτό το χάλι. Γεννήθηκα άνθρωπος, δεν παραβλέπω την αλήθεια αυτή. Απλά θα ευχαριστιόμουν ιδιαίτερα, χωρίς βέβαια να διαθέτω οποιαδήποτε στοιχεία, εγώ τουλάχιστον, αν υπήρχαν όντα που ασχολούνται πνευματικά και υλικά σε μία άλλη διάσταση. Όχι με πολέμους, μικροπρέπειες και αδικίες όπως συμβαίνει στον κόσμο μας αλλά με δημιουργία, στόχους και αλληλέγγυα ανάπτυξη όποιου τύπου ζωντανής δράσης.

Δεν είχα ποτέ ούτε και θα έχω φαντάζομαι κολλήματα με τη διαφορετικότητα, οπότε ελάχιστα με φοβίζει μια άλλου είδους ύπαρξη από αυτή που εμείς ζούμε. Βέβαια αυτά ανήκουν σε όσους μελετούν και ξέρουν τι συμβαίνει και τι δε συμβαίνει έξω από τα όριά μας, αν τα έχουν εντοπίσει βέβαια γιατί και αυτό είναι ένα θέμα που με απασχολεί, αλλά αν υπάρχει τέτοια πιθανότητα ενδεχομένως να νιώσουμε τεράστια ντροπή για το είδος μας εμείς οι άνθρωποι.

Η εξέλιξη βέβαια του ανθρώπου, όσο προχωρεί, οδηγεί σε μία άλλη φάση. Και ιστορικά ο άνθρωπος δείχνει ότι επεξεργάζεται μέσα του μια τέτοια κατάσταση. Ωστόσο η εξάρτησή του από την ύλη και η πλήρης υποδούλωσή του από αυτή του την εξάρτηση τον καθιστά κυριολεκτικά ανάπηρο να προχωρήσει σε οποιαδήποτε μεταβατική φάση. Αυτό το έχω ξαναγράψει και το επαναλαμβάνω για όποιον νομίζει ότι ξεχνώ τι γράφω. Και η αναφορά στον ενικό δηλώνει ξεκάθαρα τη στάση μου απέναντι σε αυτά που πιστεύω και γράφω.

Θα ήθελα εδώ να πω ότι το τρίτο πρόσωπο δε σημαίνει λιγότερη ένταση και πεποίθηση σε αυτά που πιστεύω και γράφω. Απλά ίσως δηλώνει λιγότερη αυτοπεποίθηση ως προς την προβολή μου σ' εσάς που τα γράφω. Επίσης πάντα το τρίτο πρόσωπο βολεύει στη διατήρηση μιας ασφαλούς αποστάσεως ανάμεσα στον άνθρωπο και τα πράγματα. Όχι ότι με φοβίζει η προσέγγιση αλλά δεν διεκδικώ το αλάνθαστο ώστε να τοποθετούμαι σε όλα με βέβαιο βάθος.

Η παρένθεση αυτή βέβαια είναι κάπως άσχετη με το συνολικό κεφάλαιο αλλά καθώς ο αφηγητής δεν είναι υπεράνθρωπος και δεν έχει έρθει σε επαφή με υπεράνθρωπα πλάσματα, ακόμα τουλάχιστον, θα πρέπει να απευθύνεται στους αναγνώστες του με την αλήθεια της στιγμής που γράφει, έτσι όπως την αισθάνεται, έτσι όπως την σκέφτεται και εν τέλει την περιγράφει.

Αν τυχόν έρθει σε τέτοιου είδους επαφή και επιλέξει να αλλάξει, τότε δε θα χρειάζεται να γράφει και να ξεγράφει γιατί πολύ απλά θα γνωρίζει τι έχει και τι δεν έχει να χάσει. Προς το παρόν αυτή τη στιγμή το μέτρο σύγκρισης και η αδικία στο ζύγισμα τον καθιστά υπόχρεο να μην αφήνει τίποτα άγραφο, από όσα αισθάνεται ως βάρος.

Η σιωπή έρχεται όταν ξέρεις πλέον στη ζωή τι κάνεις. Εκεί δε μιλάς, δε γράφεις αλλά πράττεις. Ή υπάρχεις όπως θέλεις εσύ να υπάρχεις. Μέχρι τότε αγωνιζόμαστε για ένα «κάτι». Διαφορετικό στον καθένα αλλά κάτι.

## Συναίνεση

Ό,τι δεν περιλαμβάνει την ξεκάθαρη βούληση κάποιου για συμμετοχή σε μία πράξη ή ό,τι οδηγείται εκ του πονηρού, διά της εκμεταλλεύσεως, της χειραγώγησης, της προσχεδιασμένης κατεύθυνσης, τότε μιλάμε για μία ανισορροπία που δεν εκφράζει μια συμπεριφορά σε έντιμη και ξεκάθαρη βάση.

Αυτό περιλαμβάνει πολλούς τομείς της ανθρώπινης σκέψης και δράσης και γίνεται πιο ευαίσθητο στην προσέγγισή του όσο πιο προσωπικά ακουμπάει στην ιστορία του άλλου. Δηλαδή, μια στρεβλή κατάσταση σαν αυτή που ζούμε διαχρονικά αιώνες τώρα, όσο και αν πονάει, επειδή απευθύνεται σε μια γενικευμένη, άρρωστη, κατάσταση που συντελεί στη διατήρηση μιας μη συναινετικής στάσης ζωής. Αυτό φυσικά για ευνόητους λόγους δε λέει να αλλάξει και γι' αυτό η ανθρωπότητα τυραννιέται από τη στασιμότητά της. Ανώμαλη φάση, άσχετα αν την έχουν αποδεχτεί σιωπηρά ή μη σιωπηρά, οι άνθρωποι.

Συναίνεση δεν προκύπτει από μεθοδευμένες διαβουλεύσεις και παράνομες πράξεις αλλά από έντιμο άνθρωπο, δίκαιο, ελεύθερο και συνετό να συμβιβαστεί σε κάτι, λαμβάνοντας υπόψιν και τον άλλο. Συναινείς για να συνυπάρξεις σε μια άβολη ή μη άβολη κατάσταση όταν θεωρείς ότι αυτή συναίνεση συμβάλλει σε μια ισορροπημένη κατάσταση που, με τη σειρά της, οδηγεί τα πράγματα σε μία αρμονική τάξη.

Πολλές φορές ο άνθρωπος συναινεί και στα πιο άσχημα για να αποφύγει τα ασχημότερα. Δεν τον καταδικάζουμε εφόσον η ζωή έχει καταντήσει μία άδικη πράξη. Ξεκινώντας με αφετηρία «το διαρκώς συντηρούμενο άδικο» μέγα σφάλμα που ακολουθεί τον άνθρωπο η συναίνεση έχει τα θετικά και τα αρνητικά νοήματά της. Δεν μπορείς επ' ουδενί στη ζωή, όπως τη ζούμε τώρα, να περιμένεις συμβιβασμούς με ευχάριστη για όλους κατάληξη. Αδύνατον. Κάποιος λίγο κερδίζει, κάποιος λίγο χάνει, εφόσον διαιωνίζεται του ανθρώπου η επιλογή σε άδικα πράγματα.

Τώρα αυτό συγκρούεται με την ελεύθερη βούληση και θυμίζει περισσότερο συνενοχή παρά συναίνεση. Σωστά. Αλλά σε μια κοινωνία ανθρωποφάγων είναι ίσως ιδανικό να μπορείς να επιλέγεις το γιατί, πού και πώς συμβιβάζεσαι. Είναι το επιχείρημα της απόλυτης πνευματικής ένδειας, στην οποία κατέληξε με τις πράξεις του, συνειδητά ο άνθρωπος. Και ο αφηγητής με αυτή τη λογική το επισημαίνει και πάνω σε αυτή τη λογική το βάζει.

Δυστυχώς, στο πνεύμα της κοινωνικής συνύπαρξης υπάρχουν ορισμοί που από την ίδια τους τη φύση είναι εξαιρετικά περιορισμένοι στο να εξυπηρετούν κάτι, μικρό ή μεγάλο, πάντως κάτι που δεν είναι πάντα ευχάριστο. Δε σημαίνει ότι ο αφηγητής δέχεται μια τέτοια ανάλυση. Όμως σίγουρα την παρεμβάλλει γιατί τη δέχονται και την υφίστανται καθημερινά, αιώνες τώρα, οι άνθρωποι. Αλλιώς δε θα μας ενδιέφερε καν η αναφορά σε αυτό το κεφάλαιο.

## Περιθώριο

Εδώ δε χρειάζονται να αναφερθούν πολλά. Μιλούν οι ιστορίες λαών, ατόμων, ομάδων που μπήκαν, μπαίνουν και θα μπαίνουν για ορισμένους λόγους στο περιθώριο. Το γιατί συμβαίνει αυτό οφείλουν να μας το εξηγήσουν οι άλλοι. Οι του περιθωρίου απλά ζουν μια κατάσταση όπου η ζωή έχει το μαύρο της το χάλι.

Βέβαια στο περιθώριο μαθαίνεις να εκτιμάς πράγματα που, εντός πλαισίου, δεν εκτιμούν εύκολα οι άνθρωποι. Μαθαίνεις να εκτιμάς τον οίκτο, την αλληλεγγύη, την αγάπη αφού τίποτα ουσιαστικά δεν έχεις να κερδίσεις, τίποτα να χάσεις. Μαθαίνεις όμως και άλλα πράγματα λιγότερο ευχάριστα. Μαθαίνεις τον στιγματισμό, την παρανομία, τον φόβο των άλλων, την κατάντια, τη ντροπή, τη δυσμένεια, την κακία, το φτύσιμο που δεν έχει ταίρι. Μαθαίνεις πολλά, όπως μάλλον σε κάθε ακραία κατάσταση. Το χειρότερο όμως όλων είναι ότι μαθαίνεις να συνηθίζεις να ζεις λειτουργικά σε αυτή την παράταιρη φάση. Και η συνήθεια είναι ισχυρό πράγμα γιατί έχει μεν τα καλά της, όμως έχει τα κακά της.

Το περιθώριο, ο πάτος δεν είναι κάτι ευχάριστο. Όπως και όταν είσαι πολύ ψηλά και σ' εκμεταλλεύονται οι άλλοι και κανείς δε σε κοιτάει στα μάτια αλλά σε κοιτάζει στον τίτλο, στην τσέπη, σε αυτά που κάποιος από κάποιον άλλο μπορεί να πάρει και αυτό το περιθώριο δεν είναι ευχάριστο. Τουλάχιστον δεν σε εξαναγκάζει να γίνεις ζητιάνος χρημάτων. Όμως μπορεί κάλλιστα και σιωπηρά να γίνεσαι ζητιάνος αγάπης. Να μπορείς να τα πληρώσεις όλα αλλά να μη μπορείς να έχεις κάτι γι' αυτό που είσαι, γι' αυτό που πραγματικά εκφράζεις, ωραίο ή άσχημο. Θέλεις να υπάρχει κάποιος που να σε βλέπει με τέτοια μάτια;

Το περιθώριο λοιπόν είναι μια αγανάκτηση, μια διαρκής κατάθλιψη, είτε στη μία πλευρά είτε στην άλλη. Απλά στην προνομιούχα φάση ζεις ανεξάρτητα και πλουσιοπάροχα μόνος ή με τα κοράκια, ενώ στην άλλη γίνεσαι εσύ κοράκι επιδιώκοντας να φας από τις σάρκες άλλων. Τώρα αν είσαι ευαίσθητος, είτε στο ένα περιθώριο, είτε στο άλλο, υποφέρεις γιατί είσαι άνθρωπος και σε αδικεί που δεν το καταλαβαίνουν οι άλλοι. Εκείνοι που με έμμεσο τρόπο ή άμεσο δημιουργούν τέτοιες υπάρξεις.

Εκτός αν εσύ ο ίδιος επιλέξεις, αντικρίζοντας το φρικιαστικό βλέμμα που κουβαλάει ο άνθρωπος, και αποφασίσεις να μπεις στην άκρη. Εκεί πάλι ο πόνος είναι αβάσταχτος αλλά η συνείδηση ήσυχη γιατί δεν καταπίνεις τη χολή και τα φαρμάκια που με τόση άνεση χαίρονται να σου πετάνε οι άλλοι, είτε παριστάνοντας τους αθώους, είτε φωνάζοντας και διεκδικώντας πράγματα που σου ανήκουν και θέλουν να τα οικειοποιηθούν. Εκεί μάλιστα. Το περιθώριο πονάει αλλά απαλλάσσει από χειρότερα βάρη. Δεν είναι προτεινόμενη κατάσταση το να είσαι στο περιθώριο. Είναι κατάσταση που προκύπτει μέσα από συγκεκριμένες συνθήκες και μέσα από επιλογές που κάνουν άλλοι για σένα ή επιλογές που εσύ κάνεις για άλλους.

## Μαχαίρωμα στην πλάτη

Λογική σε τέτοιες πράξεις υπάρχει. Εκείνο που δεν υπολογίζει ο προδότης είναι τις συνέπειες που έχουν αυτές πράξεις στις ζωές των άλλων. Εκείνων την πλάτη που η προδοσία χτυπάει. Βέβαια, συχνά τέτοια πλάσματα ανταμείβονται με μεγάλη αξία και με αξιώματα, γιατί φυσικά η προδοσία τους εξυπηρετεί τον ένα ή τον άλλο σκοπό, για κάποιους που φυσικά την επιδιώκουν και την αποζητούν. Αλλά καθόλου τυχαία δεν είναι εύκολο να βρουν τα άτομα που με τόση ευκολία θα γίνουν όργανά τους. Θα εκτελέσουν παράφορα. Γι' αυτό και η τιμή του προδότη έχει το βάρος της και, πέρα από το συναισθηματικό παραλήρημα, έχει τα συμφέροντά της. Αυτό όταν βλέπουμε την πράξη από μία τετράγωνη καθαρά πολιτική ή πολιτικάντικη βάση. Δηλαδή για ορισμένους η προδοσία δεν έχει ηθικό βάρος, ούτε συναισθηματική ερμηνεία. Είναι απλώς πράξη του παιχνιδιού. Κίνηση του αντιπάλου. Εξωτερικού, εσωτερικού δε μας νοιάζει, απλά χαρακτηριζόμενου ως ισχυρού αντιπάλου. Εκεί που έφτασε και ήταν πάντα ο κόσμος, και αυτή η ερμηνεία δε με ταράζει. Απλά ως αντικειμενικός κριτής μπορώ να δω την προδοσία και από τη μία οπτική και από την άλλη.

Σίγουρα η συναισθηματική λογική δεν αντέχει ή μάλλον δεν ανέχεται τέτοια πράγματα. Αηδιάζει. Αλλά να μην ξεχνάμε ότι ο προδότης πνίγει τα συναισθήματά του όπως τον έμαθαν να τα πνίγει η κοινωνία, η οικογένεια, οι άλλοι.

Όχι ότι αυτό αφαιρεί την ευθύνη της τελικής επιλογής πριν αυτή γίνει πράξη. Σίγουρα και ο χαρακτήρας παίζει τον ρόλο του σε τέτοια άτομα και ενέργειες υποκινούμενες με τέτοια διάθεση. Αλλά το τελικό αποτέλεσμα δεν αλλάζει. Όσο και αν επιβραβεύεται ο προδότης, η ζωή του κινείται πάντα μέσα στα σκοτάδια, τα δικά του και των άλλων. Εκείνων που ζουν και κινούνται μέσα σε τέτοια μονοπάτια.

## Σκιές

Τον εχθρό που γνωρίζεις τον αντιμετωπίζεις όσο μπορείς, όσο αντέχεις. Τον ξέρεις. Το θέμα είναι για τον εχθρό που δε γνωρίζεις, δεν αντιλαμβάνεσαι ή δε θέλεις να ξέρεις. Εκείνον άλλοτε τον οσφραίνεσαι, τον νιώθεις, τον καταλαβαίνεις αλλά αυτό που νιώθεις δεν προσδιορίζεται εύκολα. Δεν το προλαβαίνεις, ειδικά αν δεν σκέφτεσαι έτσι. Το μαχαίρι του φαίνεται, πλανιέται αγέρωχο έτοιμο να σε σημαδέψει. Ωστόσο η αίσθηση, η παρουσία δεν εκδηλώνεται εύκολα, σε μπερδεύει. Εκεί είναι το δύσκολο. Εκεί σε κυριεύει, και έτοιμο με τα δόντια του μπαίνει. Σε καρφώνει και τότε μόνο βλέπεις αδύναμος τη σκιά που σε κατατρέχει. Τη σκιά που εμπιστεύτηκες και σε πρόδωσε έτσι. Τη σκιά που δεν περίμενες να σε καλύψει και όμως σε σκέπασε. Αυτό είναι το μαχαίρωμα που πρέπει να προσέχεις. Τη σκιά αυτή δεν την υπολογίζεις και το μαχαίρι της δε φαίνεται. Κι όμως αυτό είναι το επικίνδυνο μαχαίρι. Αυτό το μαχαίρι πρέπει να προσέχεις, και μην επαναπαύεσαι εύκολα γιατί παραμονεύει.

## Άνθρωποι Μιάσματα

Η συνειδησιακή επιλογή ή η συναισθηματική κατάληξη μιας άβολης τακτικής που προστατεύει αυτόν που αμύνεται, φοβάται ή νιώθει ότι απειλείται από κάτι, δεν είναι τίποτε άλλο παρά μια σιχαμένη έκφραση ανθρώπου χωρίς τσίπα, χωρίς ίχνος στοιχειώδους περηφάνειας. Παραδίδεις τα ιερά για να κερδίσεις τα μάταια πλάνα μιας εφήμερης ικανοποίησης σε καιροσκοπισμούς, συμφέροντα και άλλα φαύλα.

Τι ντροπή να αφήνεις τον εγωισμό, τη μικροπρέπεια, τον φόβο σου να κυριαρχήσει σε πράγματα ανώτερα, ιδιαίτερα, σπουδαία και για τη ζωή μεγάλα!

Πόσο χαμηλά ξεπέφτει η ύπαρξη όταν η συνείδηση χάνει κάθε επαφή με την αξιοπρέπειά της μόνο και μόνο για να ρυθμίσει τα χλεύη μιας οντότητας που μέσα στα μάτια της υπάρχει μόνο σκοτάδι και κακά σημάδια. Πόσο κακός μπορεί να γίνει ο άνθρωπος που να προκαλεί τέτοια κακά θαύματα, τέτοια αριστουργήματα δόλου και φθόνου που να γκρεμίζουν και τα πιο ανώτερα πλάσματα.

Αναρωτιέμαι, τι άραγε είναι αυτοί οι άνθρωποι που συγνώμη ποτέ δε ζήτησαν και θεώρησαν την πράξη τους αυτονόητη επιλογή εξασφάλισης μιας ή άλλης κατάστασης; Τι τέρατα, τι μούτρα, τι άδεια μάτια;

Εφιάλτες φαντάσματα που πλανώνται τη νύχτα βασανιζόμενα από σκέψεις μαύρες. Άδεια από ψυχή, από συναίσθημα, από απλά πράγματα. Φαντάσματα που τρομάζουν στην ίδια τη σκιά τους. Εκείνη που συνέχεια κουβαλούν μέσα στα άρρωστα μυαλά τους.

Γιατί ο φωτισμένος άνθρωπος δεν έχει σκιά. Έχει εχθρούς σκιές, αλλά ο ίδιος δεν είναι σκιά κανενός. Είναι γεμάτος φως και αλήθεια.

Πώς να αντέξει άραγε ο Εφιάλτης τέτοια λαμπρότητα, να φωτίζει την τρομακτική σκιά του, εκείνη που του θυμίζει όλα εκείνα που τον έφτασαν σε αυτή τη δόλια κατάντια; Ζει για να τρομάζει, ύπουλα να κερδίζει και να κλέβει ψυχή και σάρκα. Μιάσματα χωρίς υπόληψη που κοιτάνε να σώσουν τα τομάρια τους από μια απειλή που όμως δεν είναι αυτοάμυνα. Δεν σχετίζεται με μια αναγκαία πράξη σωτηρίας ή επιβίωσης για να γλιτώσουν από άλλα. Δε διαπραγματεύονται κάποια λύση πριν σφάξουν εκείνον ή εκείνους που τους εμπιστεύτηκαν. Δεν εκφράζουν δημόσια και έντιμα τη διαφορά τους. Διατρέχουν απευθείας σημείο του χαρακτήρα τους τα σκοτεινά μονοπάτια. Σώζουν απλά τα τομάρια τους. Και η συμπεριφορά τους προκαλεί από κει και ύστερα απίστευτη τρομάρα. Δεν ξέρω τι τέλος έχουν αυτοί οι άνθρωποι. Ξέρω όμως τι ζημιά προκαλούν. Ζημιά ανυπολόγιστα μεγάλη και απίστευτα άγρια.

## Θυσία

Όποια επιλογή και να κάνεις, υπάρχει μια θυσία. Μια ευκαιρία που χάνεται για να κερδηθεί μια νέα ευκαιρία. Είναι ένα τίμημα με ουσία. Δεν μπορεί να κερδίζεις κάτι χωρίς να βάζεις κάτι άλλο σε δεύτερη μοίρα. Ενδεχομένως το τίμημα να μην είναι μεγάλο όταν επιλέγεις αντρίκια και με συνείδηση. Όμως δεν παύει να είναι τίμημα. Αν η επιλογή είναι δική σου δεν υπάρχει τίμημα γιατί υπάρχει χαρακτήρας. Αν όμως δεν είναι δική σου υπάρχει τεράστιο τίμημα. Και λέμε «χαρακτήρα» όχι γιατί δεν υπάρχει θυσία αλλά γιατί όταν είναι δική σου επιλογή φαίνεται σαν να χάνεται η θυσία.

Πορνεία, φτώχεια, εξαθλίωση, καταναγκαστική εργασία, ζωή σε συσχετισμούς οριακής επιβίωσης είναι αυτό που επιθυμεί το εκάστοτε σύστημα και σε αυτό θυσιάζει κάθε ίχνος ελπίδας, ζωής και αξιοπρέπειας. Άνθρωποι χαμηλά αμειβόμενοι, απαίδευτοι, χωρίς προσανατολισμό, χωρίς πυξίδα, χαμένοι στις αποφάσεις μιας κάστας που θέλει να συντηρεί την αδικία. Χαμένες γενιές, χαμένες ελπίδες σε τι μπορούν να ωφελήσουν τον άνθρωπο που κατασπαράσσεται σε τέτοιες θυσίες; Απλά βοηθούν ώστε να ζουν τα κοράκια του πλούτου όμορφα και οι υπόλοιποι να είναι απλά σάρκες για ξόδεμα σε φτηνές, για ορισμένους, θυσίες. Μην ονειρεύεστε ότι ο κόσμος άλλαξε. Χειροτερεύει. Και χωρίς αντίσταση, αντίδραση και πραγματικές θυσίες θα γίνεται

ολοένα και χειρότερος για αυτόν που υφίσταται τις ανελέητες συνέπειες.

## Αδυναμία

Δεν είναι αλήθεια παράλογο να αποδεχόμαστε και να εγκωμιάζουμε τον δυνατό ρίχνοντας τον αδύναμο στον κάδο των απορριμμάτων; Δεν ξεκινάει μήπως μια ολόκληρη φιλοσοφία από αυτό και εξελίσσεται σε μια ολόκληρη επίσης κοσμοθεωρία που εφαρμόζεται απαρέγκλιτα στην πράξη; Και αναρωτιέται ο αφηγητής: γιατί τέτοια διάκριση; Γιατί τέτοια ισοπέδωση; Μήπως στη φύση όλα τα όντα, όλα τα πλάσματα έχουν την ίδια δύναμη; Έχουν την ίδια δύναμη τα σπουργίτια με τα λιοντάρια: Όχι, ούτε κατά διάνοια. Έχουν όμως το καθένα τη δική του χρησιμότητα.

Γιατί αυτή η πάλη μεταξύ ισχυρού και ανίσχυρου; Αυτό εμφανίζεται και στη φύση. Το μεγάλο ψάρι τρώει το μικρό και το λιοντάρι δεν αναζητάει στο είδος του το θήραμά του αλλά στα πιο αδύναμα. Είναι θέμα επιβίωσης; Είναι θέμα διάκρισης καθαρής πλέον με τις ακολουθίες της φύσης; Το αδύναμο να ακολουθεί τη μοίρα του στα σαγόνια του δυνατού; Είναι άραγε τοποθετημένα όλα με τόση λογική ακρίβεια που το συναίσθημα υπάρχει μόνο και μόνο για να εξωραΐσει τις αδικίες της ίδιας της φύσης, της οποίας ο άνθρωπος είναι ξεκάθαρο κομμάτι της; Δε βλέπω τον λόγο ώστε να μην υπόκειται στους νόμους της. Και αν μπορούσα να ψάξω και να βρω κάποια άλλη αλήθεια, δε μου επιτρέπει η ίδια η πραγματικότητα να το κάνω, όπου οι ισχυροί σε κάθε τι επιβάλλουν την ισχύ τους στους αδύναμους. Μήπως η επεξεργασία της νόησης άλλαξε τους κανόνες της φύσης και έβαλε σε άλλο επίπεδο τον άνθρωπο; Μέχρι στιγμής δεν είδαμε κάτι τέτοιο.

Κάθε είδος έχει τη χρησιμότητά του και για ορισμένους η ανθρωποφαγία του δυνατού έναντι του αδυνάτου έχει τη δική της χρησιμότητα.

## Χριστός

Πιστεύω, δια βιώματος. Τελεία και παύλα. Δεν υπάρχει λόγος απολογίας πάνω σε κάτι. Ωστόσο δεν συνδυάζω την πίστη μου με τα παπαδαριά και τους θεσμούς τους, που θεωρώ ότι στη συνείδηση της κοινωνίας τελούν υπό κατάργηση. Κάτι σαν τον γάμο και αυτοί. Ο Χριστός μίλησε για δικαιοσύνη. Προστάτεψε τους αδυνάτους και εναντιώθηκε σε κάθε είδους εξουσία και απληστία που βασανίζει τον άνθρωπο. Ανάμεσα σε αυτά ήταν και η εκκλησιαστική, τότε εξουσία, που σε σύμπνοια με την πολιτική και προφανώς για να αποφευχθεί η κοινωνική επανάσταση τον καταδίκασαν σε θάνατο. Αυτή είναι η εκκλησία και τα παπαδαριά της.

Να είμαστε ξεκάθαροι: θεσμοί που περιέχουν κράτη, στρατούς, τράπεζες, συμφέροντα, ζωή χλιδάτη ουδεμία σχέση έχουν με τον απλό χριστιανό. Υπάρχουν σαφώς και πέντε δέκα ιερωμένοι που κάνουν έντιμα τη δουλειά τους. Δυστυχώς όμως υπάρχουν άλλοι ενενήντα πέντε που δεν την κάνουν. Ούτε καν τη δουλειά τους.

Δεν έχει σχέση η Εκκλησία η σημερινή με τον άνθρωπο και τα βάσανά του. Όσο για τα τελετουργικά που διατηρούνται είναι και αυτά μαύρα χάλια. Εκτός εποχής, τεράστια λάθη. Θα μου πείτε βέβαια η εκκλησία ακολουθεί την παράδοση. Αυτά είναι τα λάθη. Αν η εκκλησία ακολουθεί την παράδοση και όχι τον άνθρωπο οδεύει στη λήθη της.

Δε επιδιώκω να επιβάλλω την πίστη μου ούτε να μου επιβάλλουν την πίστη τους άλλοι. Βαρέθηκα ειλικρινά αυτούς τους καβγάδες, είναι παρωχημένα πράγματα. Είναι πλέον σαν να λέμε «γιατί είσαι λευκός ή μαύρος». Ανοησίες για ανόητα πλάσματα. Κάποιοι άνθρωποι πιστεύουν και δεν είναι όλοι αφελείς άνθρωποι. Υπάρχουν και αφελείς που χειραγωγούνται, υπάρχουν όμως και οι άλλοι.

Δε με ενδιαφέρει αν θα υπάρχουν τρεις ή δέκα εκκλησίες. Δικαίωμά τους να υπάρχουν και να μην υπάρχουν. Με ενοχλεί όμως να επιβραβεύουν το έργο τους ως φιλάνθρωπο. Υπάρχουν άνθρωποι άστεγοι και εκκλησίες μοναστήρια μέσα στη ζεστασιά, στη χλιδή, στην άνεση που τη χαίρονται οι ολίγοι παπάδες. Ξαναλέω, οι ελάχιστοι δεν αλλάζουν τον κανόνα.

Χρυσός, χρήμα, διαφθορά, σκάνδαλα ταλανίζουν αιώνες τώρα μια ήδη στρεβλή κατάσταση. Δε νομίζω ότι ο Χριστός ήρθε να επιβάλλει κάτι. Και επ' ουδενί μία τέτοια άθλια κατάσταση. Είμαι σίγουρος πώς αν ξανάρθει με τους ίδιους θα τα βάλει και πάλι. Εξέφρασε μία θεωρία που ακουμπάει στην ισότητα και την αγάπη. Θεωρίες ξεχασμένες από λαϊκούς και παπάδες. Ούτε το ένα, ούτε το άλλο υπάρχει. Μάλλον οι απανταχού εκκλησίες προσαρμόστηκαν στις ταγές του διαβόλου και όχι ο διάβολος στου Χριστού τη χάρη.

Ξέρω ότι τα λεγόμενα αυτά θα προκαλέσουν τις γνωστές αντιδράσεις. Ποσώς με νοιάζει.

Κατά καιρούς έχω βρει την ηρεμία μου στην εκκλησία και στο άγγιγμα ψυχής ιερωμένων με χάρη. Δε γίνεται παρόλα αυτά να βλέπουμε το δέντρο και να χάνουμε το δάσος.

Δε θέλω να ξεκινήσω με διαιρέσεις. Οι χριστιανοί δεν υπάρχουν. Αυτό που έχουν δημιουργήσει ο εκκλησίες είναι μία τελείως δική τους κατάσταση. Καμία σχέση με την πραγματική του Χριστού χάρη. Καμία. Όλα είναι ερμηνείες που εξυπηρετούν τα συμφέροντά τους.

Είναι δυνατόν να μιλάμε για άγια πράγματα που πλαισιώνονται από νομικούς, από συστήματα, ιεραρχίες και άλλου είδους τελείως κοσμικά πράγματα; Αδιανόητο, και όμως υπάρχει.

Για μένα Χριστός υπάρχει αλλά όπως συνήθως συμβαίνει, πήραν οι άνθρωποι τη σάρκα και την απογύμνωσαν από όλα τα ιδανικά.

Πιστεύω ατομικά και μόνο. Δεν το επιβάλλω σε άλλον. Δε με ενδιαφέρει να επιβάλλω κάτι που πραγματικά δεν επιβάλλεται. Αυτό είναι και το νόημα νομίζω.

Οι θεσμοί, για όσους κράζουν, το έχω ξαναπεί και θα το επαναλαμβάνω, δεν είναι απρόσωποι. Έχουν πρόσωπα. Είναι άνθρωποι που, με την καλή ή την κακή συμπεριφορά, τους επηρεάζουν. Οι θεσμοί επίσης διαμορφώνονται και αλλάζουν. Όπως αλλάζουν και οι άνθρωποι. Οι έννοιες δεν καταργούνται ούτε οι ανάγκες. Αλλά οι θεσμοί αλλάζουν. Αναφέρονται σε πιο γενικές καταστάσεις και όπως οι γενικές καταστάσεις αλλάζουν έτσι και οι θεσμοί αλλάζουν. Δε με ενδιαφέρουν οι εκκλησίες. Δε με ενδιαφέρει ο γάμος. Δεν είμαι άθεος.

## Επιστήμη

Δεν ξεφεύγει η επιστήμη από την απληστία του ανθρώπου και από τα σφάλματά της. Όσο καλό και να είναι το έργο της, όταν αυτό απευθύνεται στη βελτίωση μιας κατάστασης, στην εφεύρεση ενός φαρμάκου που έρχεται να σώσει από τα δεινά τον άνθρωπο, τότε καλώς πράττει. Η επιστήμη όμως δεν πράττει μόνο καλώς. Πολλές φορές υποκύπτει στον πειρασμό που θέλει τον άνθρωπο Υπεράνθρωπο και δημιουργεί επιτεύγματα που μάλλον κολάζουν παρά εγκωμιάζουν την προσφορά του ανθρώπου σε άνθρωπο. Όχι ότι βέβαια και οι υπόλοιπες αρρώστιες που καταπολεμούνται από την επιστήμη και εξακολουθούν να υπάρχουν δεν αφορούν τον παράγοντα άνθρωπο. Γιατί, ας σκεφτούμε πού ευδοκιμούν οι περισσότερες αρρώστιες και ποιες είναι οι αιτίες τους. Μήπως εκεί που υπάρχει περισσότερη μιζέρια και φτώχεια από αδικίες που έχει προκαλέσει ο ίδιος άνθρωπος; Μήπως εκεί που οι παράγκες και οι βρώμες δεν αφήνουν περιθώρια υγιούς ζωής, χωρίς άρρωστα πράγματα; Σαφώς από την άλλη και στις ανεπτυγμένες χώρες δε λείπουν οι αρρώστιες, από άλλους λόγους βέβαια όχι από τη βρώμα και το χάος. Αλλά από στενοχώριες, άγχος και ασύδοτη πολυφαγία. Νέες αρρώστιες, νέες προκλήσεις που τις αντιμετωπίζει η επιστήμη με κεντρικό πυρήνα τον άνθρωπο.

Μη γελιόμαστε όμως. Η επιστήμη κάνει παντού θαύματα. Μέσα στα εργαστήρια γεννάει θαύματα. Εταιρείες με «θαύματα» παράγουν ασθένειες που δεν υπήρχαν και γεννιούνται εργαστηριακά για να κερδίζει ο άνθρωπος. Φάρμακα που πωλούνται πανάκριβα για να αρρωσταίνει ο άνθρωπος. Όπλα που χρησιμοποιούνται ειδικά για να καταστρέφεται ο άνθρωπος. Εξέλιξη που αναζητά μεγαλύτερο κακό, μεγαλύτερη απειλή, μεγαλύτερο βάσανο στην ισορροπία που δένει τη φύση με τον άνθρωπο.

Η επιστήμη δεν είναι άγια. Δεν είναι ζήτημα προσωπικό, ούτε ηθικό. Είναι και ζήτημα επιβίωσης. Δεν φτιάξαμε την επιστήμη για να βγάλουμε τα μάτια μας με σύγχρονα όπλα και ισχυρά φάρμακα. Δεν είναι αποστολικό κήρυγμα αυτό σε όποιον θυμίζει τέτοιο πράμα αλλά είναι η αλήθεια της απληστίας που χαρακτηρίζει τον άνθρωπο. Δεν αφαιρούμε το πώς η εξέλιξη της έρευνας των φαρμάκων και άλλων επιστημονικών επιτευγμάτων βελτίωσε, σε ένα μέρος του κόσμου τουλάχιστον, το επίπεδο ζωής που έχει ο άνθρωπος. Ωστόσο, όχι παντού και σίγουρα όχι για όλους με τον ίδιο τρόπο. Έχει και αυτό το κομμάτι την οικονομική του διάκριση.

Η επιστήμη είναι ένα εργαλείο που λειτουργεί στα δάχτυλά μας ανάλογα με τη δική μας επιλογή, τη δική μας διάθεση. Αν ξεφεύγει και κινείται προς κατευθύνσεις πειραμάτων που δεν ευεργετούν ούτε τα αντικείμενα των πειραμάτων ζώα, φυτά, άνθρωπο τότε δεν μπορούν να ευεργετούν τη φύση και τον άνθρωπο. Κάπως πρέπει και η επιστήμη να θέσει τα όριά της, όχι στην εξέλιξη αλλά στην ποιότητά της, λαμβάνοντας υπόψιν ότι δεν εφευρίσκει ή ανακαλύπτει πράγματα για να εξοντώσει τα πλάσματά της αλλά για να τα σώσει από χειρότερα. Αν δεν είναι έτσι, τότε υπηρετεί σκοπούς και κίνητρα άσχετα με τον άνθρωπο αλλά σχετικά με έναν συγκεκριμένο άνθρωπο: τον αλαζόνα. Εδώ δεν υπάρχει φάρμακο. Υπάρχει μόνο ένα βάρος που οι επιστήμονες οφείλουν να ζυγίζουν με μεγάλη προσοχή κι σοβαρότητα για να αποφεύγουν τα θανάσιμα και επικίνδυνα σφάλματα που απειλούν τον άνθρωπο.

Σκοπός του αφηγητή δεν είναι να υποδείξει κάτι αλλά να μην ισοπεδώνουμε μία κατάσταση εξιδανικεύοντας μία άλλη. Κάθε τι στο μέτρο του. Δηλαδή όπως η θρησκεία διαστρεβλώνει στην εφαρμογή το δίδαγμά της, έτσι και η επιστήμη διαστρεβλώνει στην πράξη την αρχική της διάσταση, για να εξυπηρετείται όχι το αντικείμενό της αλλά άλλοι.

## Ηθική υπερδιάπλαση

Τι είναι σωστό, τι είναι λάθος, τι ταιριάζει, τι δεν ταιριάζει, τι δεν είναι και τι είναι εντάξει; Από πού ξεκινά η συζήτηση αυτή στα θέματα που απασχολούν, συγκροτούν και αποτελούν το τι είναι δίκαιο και άδικο, τι αλλάζει από εποχή σε εποχή; Τι δεν αλλάζει; Πώς μετράμε την ηθική διάπλαση; Ποιος και από πού το ξεκινάει; Ποιος βολεύεται και ποιος επιβάλλεται μέσα από αυτή την ηθική τάξη; Είναι φυσική τάση ή είναι κυρίαρχη πράξη που επιβάλλει από τον έναν όσα δεν αντέχουν οι άλλοι;

Από πού ξεκινάει αυτή η τάση; Από τη συνείδηση ή την εκμετάλλευση που βολεύει ισχυρή και ανίσχυρη στάση; Τι χτίζεται πάνω στην ηθική πράξη; Χτίζονται συνειδήσεις, κοινωνίες, εταιρείες, ομάδες, τι άραγε;

Γιατί η ηθική από εποχή σε εποχή αλλάζει; Κρύβει μήπως μία ανάγκη, μια κοινωνική πράξη που χωρίς ηθική δεν υπάρχει; Τι ερωτήματα θέτει η κάθε εποχή; Τι ακριβώς κάθε εποχή δοκιμάζει;

Η ηθική δεν είναι κάτι το στάσιμο. Μεταβάλλεται και μεταλλάσσεται συνεχώς. Η ηθική του χθες δεν είναι η ηθική του σήμερα διότι δεν περιέχει τις συγκυρίες του σήμερα και τις απαιτήσεις του αύριο. Κάθε λαός, κάθε φυλή, κάθε κοινωνική ομάδα έχει τις δικές της αντιλήψεις, τις δικές της ανάγκες. Η ηθική είναι μία κοινωνική συναίνεση για να μπορεί, κατά εποχή, να συνυπάρχει ο άνθρωπος με μορφώματα που τον ξεπερνάνε. Η ηθική του ενός δε σημαίνει ηθική του άλλου. Γι' αυτό άλλωστε έχουμε τόσες μακραίωνες συγκρούσεις. Η κυρίαρχη ηθική επιβάλλεται. Έτσι, μέσω αυτού του τρόπου, επιβάλλεται όχι μία άποψη αλλά ένα ένστικτο κυριαρχικότητας που διακατέχει τον άνθρωπο που νομίζει ότι αυτά που σκέφτεται, που πιστεύει και αισθάνεται οφείλουν να τα μοιράζονται με τον ίδιο τρόπο και οι άλλοι. Δεν είναι έτσι όμως και αυτό αποδεικνύεται στην πράξη. Τόσοι λαοί τόσα κράτη, τόσες διαφορές. Αν η ηθική ήταν ίδια δε θα χρειαζόμασταν διαπραγμάτευση, διπλωματία και διάλογο επί πολλών θεμάτων.

Μάλλον το θέμα της ηθικής έχει ξεχειλώσει. Έχει περάσει σε μια υπερδιάπλαση όπου ο καθένας βάζει ό,τι θέλει, όπως θέλει για τον σκοπό που θέλει. Για ορισμένους ούτε καν υπάρχει. Θεωρείται συζήτηση παρωχημένη. Άραγε χορτάσαμε από ελευθερία και ζητάμε κάτι άλλο; Κάτι χωρίς ιδιαίτερη θεωρία ή συγκεκριμένη διάσταση; Κάτι που ιστορικά δε δοκιμάστηκε ακόμη; Κάτι που δε χρειάζεται δικαιολογίες, ψέματα και άλλα βάρη για να υπάρχει; Μήπως η ηθική εξάντλησε τα θέματά της; Μήπως η ηθική υπάρχει για να συντηρούνται οι καθυστερημένοι άνθρωποι; Η μήπως πολύ απλά κανένα είδος ηθικής δεν εφαρμόστηκε και η όλη εικόνα που λαμβάνουμε είναι μία τοποθέτηση σε λάθος βάση;

## Χρονική ανεξαρτησία

Πριν αφαιρεθεί ο χρόνος από κάθε πράξη, υπάρχει ή δεν υπάρχει κάποιο νόημα για την πράξη; Στη δική μας αντίληψη υπάρχει. Στη χρονική αντίληψη δεν υπάρχει. Μια ανεξάρτητη μορφή σχέσης πνεύματος με άνθρωπο είναι ο χρόνος που παρεμβάλλεται. Δεν έχει σημασία το πότε θα ανακαλύψεις κάτι, ούτε έχει σημασία το πότε θα σκεφτείς κάτι. Για τον χρόνο είναι μία ανεξάρτητη πράξη. Έχει τόσο μεγάλη διάρκεια ο χρόνος που δεν προσωποποιείται σε κάτι. Η δική μας ανάγκη βάζει στίγματα με σκοπό να περιγράψει χρονικά μια πράξη. Εκείνος δεν αλλάζει, κυλάει. Δεν υπάρχει έλεγχος στη χρονική φάση. Συμβαίνει κάτι. Εντάξει. Ο χρόνος υπάρχει.

Δεν καθορίζεται σε πλαίσια η χρονική φάση. Δεν είναι κατάσταση. Είναι ροή που κυλάει. Με την έννοια αυτή εμφανίζεται κάποιος που λέει, κάνει, σκέφτεται κάτι. Το ίδιο μπορεί να ξανασυμβεί σε άλλη φάση. Το ίδιο μπορεί να επαναληφθεί σε ακόμα μία άλλη φάση. Ο χρόνος, ανεξάρτητα του τι θεωρούμε εμείς, κυλάει. Είναι η φυσική του κατάσταση. Εμείς απλά ταξιδεύουμε στη δική του διάσταση. Δίνουμε νόημα στη δική μας διάσταση. Επί της ουσίας η χρονική υπόσταση του φαινομένου δεν αλλάζει, εμείς αλλάζουμε. Εμείς χρειαζόμαστε αναφορά σε κάτι.

Βάλτε όλες τις έννοιες που γνώρισε ο άνθρωπος μέσα στον χρόνο. Άλλαξαν το νόημά του; Άλλαξαν την εξέλιξή του; Στη ζωή υπάρχουν σταθερά πράγματα που ο χρόνος τα αλλάζει, τα επηρεάζει. Εμείς υφιστάμεθα την παρέμβαση του χρόνου, εκείνος όμως απλά υπάρχει. Απλά άραγε; Είναι κάτι αδιάφορο ή σπουδαία σημαντικό για να γράψει κάποιος; Νομίζω ότι, για τη συνολική διάσταση, είναι αδιάφορο. Για εμάς που χάνουμε μέσα σε αυτό το πλαίσιο δύναμη, ζωή και χάρη, είναι σημαντικό. Αλλά και αυτό είναι σχετικό. Γιατί άλλους τους φθείρει ο χρόνος και άλλους τους ανεβάζει. Πνευματικά τουλάχιστον τους ανεβάζει. Το πνεύμα ίσως είναι το μόνο που μπορεί να ισορροπήσει μέσα στη διαρκή φάση του χρόνου. Η εικόνα του ανθρώπου αλλάζει. Η συνέχειά του μέσα στον χρόνο δεν αλλάζει. Και το πνεύμα με το οποίο αντιμετωπίζει τη συνύπαρξή του μέσα σε μια αέναη κατάσταση κι εκείνο δεν αλλάζει.

Η δύναμη του χρόνου είναι ανεξάρτητη. Και η δύναμη του πνεύματος επίσης είναι ανεξάρτητη. Είναι το σημείο συνάντησης, παράλληλης όχι κάθετης. Δεν κοιτάει το ένα το άλλο, απλά συνυπάρχουν παράλληλα. Φαντάζομαι ως κατάσταση αδιάφορη, οτιδήποτε άλλο αφορά για τον χρόνο. Μικρή σημασία έχει ο άνθρωπος. Ο χρόνος μεγάλη.

## Φονική υπεροψία

Όταν διαπράττεται ένας φόνος κοιτάμε συνήθως το περίβλημα, χάνοντας την ουσία. Ποιον σκοτώνει αυτός που σκοτώνει; Σε τι παίρνει εκδίκηση; Συνήθως δε μας ενδιαφέρει γιατί κοιτάζουμε την αδικία του θύματος που σαφώς υφίσταται τις συνέπειες μιας φονικής πράξης. Ωστόσο, γυρίζοντας το νόμισμα ανάποδα, βλέπουμε ότι ο άνθρωπος που προβαίνει στην πράξη ουσιαστικά σκοτώνει το κομμάτι του εαυτού του που δεν αντέχει. Εκείνο δηλαδή που στον εγωισμό ή στο παράδοξο πάθος τον κάνει να αισθάνεται ανίσχυρο να υπερασπιστεί την ύπαρξή του. Κάμπτεται ένα σημείο ευαίσθητο και πολύ λεπτό ως προς την υπόσταση του ανθρώπου που χάνει τον αυτοέλεγχο και οδηγείται στο αδιέξοδο.

Υπάρχει ευθύνη στο θύμα; Σαφώς και υπάρχει. Η επιλογή ενός χαρακτήρα με επικίνδυνα κίνητρα ή έστω η μη σταθμισμένη αντίδραση σε έναν τέτοιο χαρακτήρα, δείχνει την αδυναμία του θύματος να ανταπεξέλθει σε μια υγιή ισορροπία υπολογισμών και ευαίσθητων προσεγγίσεων.

Τι συμβαίνει τώρα όταν το θύμα δεν επιδιώκει μία τέτοια συναναστροφή αλλά βρίσκεται σε ένα τέτοιο περιβάλλον λόγω συγκυριών. Παραδείγματος χάρη όταν ένας υγιής εγκλωβίζεται σε ψυχοπαθή οικογένεια. Ένας ενάρετος σε μια παραβατική κοινωνία ή οικογένεια. Εδώ η αντίσταση είναι πιο σύνθετη, πιο δύσκολη, αλλά λύση υπάρχει εφόσον το άτομο διαθέτει υγιή αντανακλαστικά. Συνεπώς ο υγιής απομακρύνεται από την άρρωστη οικογένεια όπως και ο ενάρετος αναζητά ζωή σε μία λιγότερο παραβατική ή και καθόλου παραβατική ζωή.

Ατομικά, ο κάθε άνθρωπος έχει τα αντακλαστικά του. Όπως ο άρρωστος και ο παραβατικός έχει τα δικά του, έτσι και το άλλο κομμάτι έχει τα αντανακλαστικά του. Αρκεί ο υγιής να μη νοσήσει και ο ενάρετος να μην εκφυλιστεί. Δύσκολη η πρόκληση και υπερβαίνει τις προβλεπόμενες αντοχές που πιθανόν να διαθέτει ο άνθρωπος. Αλλά δεν τις καταβάλλει κιόλας. Η επιλογή υπάρχει και είναι τόσο σκληρή όσο σκληρή είναι και η πραγματικότητα που δοκιμάζει τον άνθρωπο μέσα σε ακραίες καταστάσεις, για τις οποίες δε φέρει ευθύνη αλλά βρίσκεται αντιμέτωπος.

Ο φονιάς του κακού, του μίζερου, του άρρωστου, του άθλιου, είναι ο φονιάς του εαυτού μας. Σ' εκείνο το κομμάτι που νόσησε και δεν μπόρεσε να εξυγιάνει τον διχασμό του. Αυτό μετατράπηκε σε αηδία του δράστη και πράξη θράσους και δειλίας γιατί στρέφει τη σκανδάλη προς το θύμα και όχι προς τον εαυτό του. Ακόμα καλύτερα, καταδικάζει μία ζωή αφαιρώντας τη, αφήνοντας στον εαυτό του τη δυνατότητα της δοκιμασίας και της μεταμέλειας στην οποία δεν έχει δικαίωμα το θύμα. Υπό αυτές τις συνθήκες ερμηνευτικής ανάλυσης, η ποινή θανάτου δεν είναι λάθος πράγμα. Είναι εκδίκηση αλλά είναι και τιμωρία με ίδιο νόμισμα, χωρίς περιθώρια ανατροπής ή αλλαγής του δράστη.

Σκληρή η τοποθέτηση όταν μιλάμε για άνθρωπο και ακόμα πιο σκληρή όταν μιλάμε για συνειδητή αφαίρεση ζωής σε επίπεδο αντεκδίκησης. Ούτε και όλα τα ειδεχθή εγκλήματα έχουν την ίδια βάση, τα ίδια κίνητρα. Σε άλλα ο θήτης αναμειγνύεται με σκοπό να εμπλέξει το θύμα σκόπιμα και ύπουλα για να κυριαρχήσει και σε άλλα το θύμα, ενώ βλέπει ξεκάθαρα τα σημάδια της επικινδυνότητας, αδυνατεί να ξεφύγει να αντιδράσει, αφήνοντας τον εαυτό του έρμαιο στα σαγόνια του καρχαρία.

Ας μη μας καταβάλλει πάντοτε ο οίκτος γι' αυτόν που χάνεται. Ούτε η επιείκεια γι' αυτόν που δρα ανεξέλεγκτα. Υπάρχουν ευθύνες εκατέρωθεν, που φυσικά σε περίπτωση φονικού δεν κατανέμονται ίσα. Γιατί μόνο όταν δοκιμάσεις την επίδραση των δικών σου πράξεων πάνω στο τομάρι σου καταλαβαίνεις πόσο σκληρός, άρρωστος, κακός, βρώμικος και άδικος ήσουν, εφόσον υπάρχει στοιχειώδης συνείδηση στο άτομο. Και, πιστέψτε με, σε όλους υπάρχει.

Όσο και να θέλει καμιά φορά ο άνθρωπος να αποδείξει την ανθρωπιά του, η ίδια η φύση δείχνει τη σκληρότητά της και την αδικία που επιτρέπει από πράξη σε πράξη. Εάν ο άνθρωπος έρχεται ως ρυθμιστής μιας ανισόρροπης κατάστασης, τότε να δεχτούμε την παρέμβαση σε μία λογική βάση. Αν όμως η φύση δε συγχωρεί την αδικία, γιατί να τη συγχωρεί ο άνθρωπος που είναι κομμάτι της; Το «συγχωρεί» εδώ δεν το βάζω με την έννοια που του δίνουμε σήμερα αλλά με την αρχική έννοιά του. Αυτή που χωράει μέσα της κάτι, που το αντέχει, που το επιτρέπει.

Κάθε περίπτωση διαφέρει και επ' ουδενί ο αφηγητής δε στηρίζει τέτοιες πράξεις. Ωστόσο είναι χρήσιμη η ανάλυση και από αυτή την οπτική γωνία.

## Διττοί ρόλοι

Υπάρχουν άνθρωποι που γεννιούνται για την καταστροφή και άνθρωποι που γεννιούνται για να σώζουν από την καταστροφή. Η νίκη είναι αμφίρροπη και έχει να κάνει με τη συγκυρία που ζει ο άνθρωπος και με τα συναισθήματά του μέσα σε αυτή τη συγκυρία. Υπάρχουν οι πολεμοχαρείς και οι ειρηνόφιλοι. Και οι δυο παλεύουν για τα όνειρά τους. Οι μεν για να βλέπουν τους άλλους να καταστρέφονται, οι δε για να βλέπουν τους άλλους να σώζονται και να προχωρούν. Ποιος παίζει τον κάθε ρόλο, το προετοιμάζει η ίδια η ζωή. «Ζωή» όταν λέμε δεν εννοούμε κάτι αφηρημένο αλλά μία συγκεκριμένη κατάσταση όπου συμπεριλαμβάνεται ο χαρακτήρας του ανθρώπου, οι ρίζες του, η οικογένειά του, το κοινωνικό του περιβάλλον και η περίοδος που έτυχε να γεννηθεί. Και εκεί επιλέγει τον ρόλο του. Μπορεί και να παίξει πολλούς ρόλους μέχρι να δει ποιος είναι αυτός που τελικά του ταιριάζει. Τον βρίσκει όμως κάπου και εκτελεί το φυσικό του καθήκον. Το καθήκον της μάχης για επιβίωση, όπως κάποιος την αισθάνεται. Σ' αυτό δεν υπάρχει ορισμός. Κάθε άνθρωπος γεννιέται για να παίξει έναν ρόλο, αρκεί να είναι άνθρωπος γεννημένος με τα χαρακτηριστικά του και όλα τα άλλα έρχονται και γίνονται σχέδιά του. Έτσι οι ρόλοι μοιράζονται και άλλοι διατάζουν, άλλοι διατάζονται, άλλοι κερδίζουν και άλλοι χάνουν. Άλλοι κλαίνε τη μοίρα τους και άλλοι την καθορίζουν. Άλλοι παίζουν τα πάντα και άλλοι δεν ρισκάρουν τίποτα. Άλλοι αλλάζουν και άλλοι παραμένουν στάσιμοι. Και όλοι αυτοί έναν στόχο θέτουν: να εκπληρώσουν τα καθήκοντά τους, να γίνουν μέρος της μίας ή της άλλης κατάστασης. Το ισοζύγιο μετράει και κάθε φορά μετράει ανάλογα με τη συλλογική προσπάθεια που κάνουν οι άνθρωποι. Μάχη για επιβίωση με τους άλλους ή μάχη για επιβίωση χωρίς τους άλλους... Χωρούν οι άλλοι σ' αυτή τη μάχη ή γίνονται εμπόδιο στα σχέδιά τους; Αυτά είναι τα κρίσιμα ερωτήματα που βάζει στην ψυχή του ο άνθρωπος, τη ρωτάει και αναλόγως πράττει.

## Διάκριση

Πρέπει κατά κάποιον τρόπο να δούμε πώς θα τοποθετήσουμε τον άνθρωπο στη μελέτη μας, αν αυτό μας αφορά. Δηλαδή θα το αντιμετωπίσουμε χρηστικά σαν αντικείμενο εξυπηρέτησης, εργαλείο, μηχάνημα που υπάγεται στις ανάγκες των άλλων όποιων άλλων, που αναπαράγει πρότυπα, μοντέλα ανάπτυξης, γεννοβολά όχι γιατί το θέλει, αλλά γιατί υπακούει σε μια παράδοση, μια στερεότυπη λογική που τον θέλει να γεννά; Θα τον μελετήσουμε ως άνθρωπο res; Άνθρωπο που γίνεται γρανάζι, νούμερο σε μηχανισμούς κοινωνικούς, πολιτικούς, οικονομικούς, πολιτιστικούς, θρησκευτικούς, άνθρωπο με ορισμένη χρήση που όταν αυτή η χρήση τελειώνει, φθείρεται και τον πετάς; Εξάλλου είναι αντικείμενο, δεν έχει να προσφέρει πολλά πέρα από αυτό που προορίζεται. Αυτή είναι η μία διάσταση που ενδεχομένως να έχει και απήχηση σε πολλά επίπεδα της ζωής.

Η άλλη διάσταση φέρεται διαφορετικά. Βλέπει τον άνθρωπο διαφορετικά. Τον μελετά ουσιαστικά ξεχωριστά, ως ον, οντότητα με εξέλιξη, νου, χαρακτηριστικά, ιδιομορφίες και ιδιαιτερότητες. Ο άνθρωπος αυτής της κατηγορίας δεν είναι πράγμα που χρησιμοποιείται αλλά είναι ύπαρξη που ανάλογα με τη φύση της, τον χαρακτήρα της, τις ανάγκες της, ανεξάρτητα από τα γενικά, επιλέγει, αποφασίζει τι της ταιριάζει, πώς θέλει να ζήσει, τι χρησιμότητα ή μη χρησιμότητα έχει, ζει τη ροή της ζωής χωρίς εξαναγκασμό και υπακοή σε καταπιεστικά ολοκληρώματα. Άνθρωπος οντότητα.

Αυτές οι δυο κατηγορίες δεν συναντώνται αναγκαστικά. Δε χρειάζεται να συναντηθούν γιατί μελετούν τον άνθρωπο και τον δέχονται με διαφορετικά κίνητρα. Βέβαια όσο υπάρχουν κίνητρα δεν υπάρχει ελεύθερος άνθρωπος. Ας το διορθώσουμε λοιπόν και ας ονομάσουμε «αφετηρία» την οπτική μελέτης. Αφετηρία για να διακρίνουμε τι είναι ο άνθρωπος ή τι νομίζει ο καθένας για το πώς είναι ο άνθρωπος και πώς ο άνθρωπος ζει εκείνο που νομίζει ότι είναι. Όχι διχαστικά. Αρμονικά. Ο άνθρωποςαντικείμενο παλεύει για την επίδειξη της ικανότητάς του σε ψυχαναγκαστικά πρότυπα. Ο άλλος δεν υπόκειται σε πιέσεις αφού δεν τις αισθάνεται καν. Δε μας ενδιαφέρουν εδώ τα βιώματα. Μας ενδιαφέρει η μελέτη, δηλαδή η στάση ζωής απέναντι σε κάτι που δείχνει ενδιαφέρον.

Έχω την εντύπωση ότι από αυτή τη διάκριση πολλά ξεκινούν και πολλά σταματούν. Δηλαδή πάνω σ' αυτή τη διάκριση γίνονται ένα εκατομμύριο ακόμα διακρίσεις, που χαράσσουν τη ζωή και τον άνθρωπο καθοριστικά.

Η αναφορά στον σκοπό, σε επίπεδα τελεολογικά δεν ξεφεύγει απαραίτητα από την πρώτη κατηγορία. Το τέλος επιδρά καθοριστικά για άλλη μια φορά, διότι αντικειμενικά μπαίνεις στη διαδικασία της αναγνώρισης του εαυτού σου. Δηλαδή με κριτήρια αντικείμενα. Αυτό σημαίνει ουσιαστικά και η λέξη.

Εμείς θέλουμε να δούμε τον άνθρωπο απροκατάληπτα, χωρίς σκοπό και άλλα τέτοια κριτήρια και να τον αφήσουμε να διεκδικήσει αυτό που του ταιριάζει χωρίς πολλά πολλά. Και ανεπηρέαστα, φυσιολογικά, ας αποφασίσει εκείνος σε τι αρέσκεται και σε τι δεν αρέσκεται. Αυτό το «φυσιολογικά» βέβαια τα τελευταία πενήντα και βάλε χρόνια έχει παρακαμφθεί πλήρως. Η συστηματική ανέλιξη του ανθρώπου σε ανώτερα επίπεδα ή όπως θέλουμε να τα ονομάζουμε «υψηλά» έχουν οδηγήσει τον άνθρωπο σε επιλογές που τον κατευθύνουν σε έναν προορισμό σκέψης και διάθεσης.

Έχει όμως όντως φτάσει σε επίπεδα υψηλά; Για την πρώτη κατηγορία, ναι. Για τη δεύτερη δε νομίζω ότι υπάρχει καν αναφορά. Ελεύθερο άνθρωπο δύσκολα συναντάς και συνήθως εκεί που τον συναντάς φέρεται περιθωριακά. Αναγκαστικά βέβαια όλα αυτά αφού η πρώτη κατηγορία κυριάρχησε αποκλειστικά. Αντικείμενο, ύλη, σκλαβιά.

Έγινε η ύλη αυτοσκοπός και πάνω σ' αυτό στηρίχτηκαν πολλά. Οι επιστήμες, η φιλοσοφία του σήμερα, τα καλά, τα κακά, πηγάζουν από αυτήν την πλευρά. Η άλλη επιλογή δε φαίνεται να υπάρχει στον ορίζοντα, υφίσταται ιδεαλιστικά. Τίποτα άλλο. Η αλήθεια είναι ψυχρή.

## Ζω χωρίς άνθρωπο

Δε μιλώ, δε γελώ, δεν υπάρχω. Ζω τον θάνατο. Δεν έχω άνθρωπο να μοιραστώ, να μοιράσω κάτι. Δεν έχω άδικο. Δεν ταιριάζω. Όμως και οι άλλοι δεν έχουν άδικο. Ούτε αυτοί είναι τέλειοι άνθρωποι.

Βγαίνω έξω. Άνθρωποι φαντάσματα μουδιασμένα, απορροφημένα, χαμένα, αδιάφορα, νευρικά. Άλλοι άνθρωποι. Μπαίνω ξανά μέσα. Ένας τοίχος μπροστά μου. Τι άραγε να κάνω για να επικοινωνήσω λιγάκι; Να ανεχτώ έναν βλάκα να μου ζαλίζει τον εγκέφαλο κι εγώ να μην μπορώ να καταλάβω, έστω κάτι από τη βλακεία του; Να ανεχτώ έναν κακό που δεν επιθυμώ να ομοιάσω γιατί μας χωρίζουν μεγάλοι δρόμοι καλοήθειας; Να ψάξω έναν άνθρωπο που να ταιριάζω; Δυσεύρετο πράμα γιατί έχω αλλάξει, γιατί έχω γίνει δύσκολος άνθρωπος. Καταδικάζομαι να γράφω αλλά και πάλι χρειάζομαι κάποιον για να τα εκφράσω. Χρειάζομαι κάποιον για να γελάσω. Χρειάζομαι κάποιον για να μοιράσω τις σκέψεις μου, τις ανησυχίες μου, τα προβλήματά μου, που είναι πολλά και που τα κουβαλάω. Δε βρίσκω εύκολα έναν δικό μου άνθρωπο. Κάτι πρέπει να αλλάξω. Ή τις συνήθειες ή τον άνθρωπο. Μέχρι τότε ζω χωρίς άνθρωπο.

# Άπνοια

Δε μπορώ να σας περιγράψω τι σημαίνει να είσαι μόνος σου ή μοναχικός. Δεν ξέρω πώς να βολευτώ μέσα σ' αυτό το έκτρωμα. Ναι στην ιδιωτικότητα, αλλά τόση ιδιωτικότητα δεν μπορώ να την υποστώ. Δεν είναι ζήτημα φιλοσοφικό, είναι ανθρώπινο, είναι φυσιολογικό να θέλει κανείς να αναπνέει μαζί με άλλον άνθρωπο, τον καλό ή κακό καιρό. Δεν ξέρω ποιος έχει ζήσει το κομμάτι αυτό, είτε από προσωπική επιλογή, είτε από επαγγελματικό σκοπό, αλλά είναι δύσκολο να το σηκώσει κανείς. Είναι αδύνατον. Ξεπερνάει κάθε θαύμα αντοχής σε όποιον καιρό. Δε θέλω να αναλύσουμε τι σημαίνει μοναξιά αλλά να καταλάβουμε ότι, είτε φέρουμε μερίδιο ευθύνης, είτε όχι, είναι ένα φορτίο δυσβάσταχτο και καμιά φορά αποκρουστικό. Γιατί, όσο και να βασανίζεται κανείς, θέλει να μοιραστεί. Είναι κοινωνικό αγαθό η συντροφιά. Έτσι πιστεύω εγώ και έτσι σκέφτομαι ότι κάποιοι θα ήθελαν να απαλλαγούν από το βάσανο αυτό όσο είναι δυνατόν. Βοηθήστε τους γύρω σας. Κοιτάξτε πέρα από το ύψος σας. Υπάρχει τοπίο μελαγχολικό. Είναι έντονη η μοναξιά γύρω μας αυτό και έχει γίνει τρόπος ζωής, άρρωστης και δίχως γυρισμό.

## Ανάσες

Όταν το παιδί βγει από την κοιλιά της μάνας του κλαίει. Κλαίει γιατί προσπαθεί να πάρει ανάσες και να προσαρμοστεί στη νέα κατάσταση. Κλαίει γιατί αφήνει τον χώρο της εξάρτησης. Εκείνον που βιολογικά είχε μάθει να εκλαμβάνει ως φυσική κατάσταση. Έτσι είναι ο άνθρωπος όταν θέλει να γλιτώσει από την εξάρτηση. Κλαίει, βασανίζεται, προσπαθεί να πάρει βαθιές ανάσες. Ξέρετε, η εξάρτηση δεν είναι το τεχνητό κατασκευάσματα ορισμένων σφαλμάτων. Είναι η πραγματικότητα στη φύση που χαρακτηρίζει τον άνθρωπο. Αντίθετα η απεξάρτηση δείχνει να είναι ένα δύσκολο αλλά και φυσιολογικό πράγμα. Το να πάρει κανείς ανάσες, το να διεκδικήσει την ελευθερία και την ανεξαρτησία του, δε δημιουργήθηκε από μια πνευματική σκέψη. Δε το έφτιαξαν οι κακώς εννοούμενοι πνευματικοί άνθρωποι. Αντίθετα μάλιστα, όταν ο άνθρωπος εγκλωβίζεται νιώθει τη φυσική ανάγκη της απεξάρτησης.

Τώρα συνήθως δημιουργούνται δύο καταστάσεις. Η μία έχει να κάνει με την προσπάθεια επαναφοράς του νου και της διάθεσης σε μία ασφαλή θέση φάσης, κατά τα δεδομένα του ενστίκτου που αναπαράγεται σε μία διαφορετική όμως φάση. Και η άλλη της συνειδητής αντίληψης της αλλαγής φάσης και προσπάθειας απεξάρτησης που βοηθά η ζωή. Το πώς γεννιέται και πώς γίνεται ο άνθρωπος είναι σχετικό και αλληλένδετο πράγμα. Φυσικά δεν είμαι ψυχίατρος για να κάνω τέτοιου είδους ανάλυση και ούτε έχω τέτοιον στόχο. Απλά μελετώ κάτι που σχετίζεται με την ελευθερία που διεκδικεί αργότερα στη ζωή του ο άνθρωπος.

Πρώτα παίρνει ανάσα και μετά θέλει να φάει. Άρα η μία ανάγκη ξεπερνά και προηγείται της άλλης. Δεν μπορεί να φάει ο άνθρωπος αν δεν μπορεί να ανασάνει. Αυτά που ισχυρίζονται λοιπόν οι πολλοί, τα περί ανάγκης για τροφή και για τα προς το ζην, καλό θα ήταν να έχουν υπόψιν τους ότι για το ζην, εφόσον βγει ο άνθρωπος από την κοιλιά της μάνας του, είναι οι ανάσες που έχουν τον πρώτο λόγο.

## Δυτικότροπη σκέψη
## Ψυχιατρική παράδοση

Πολλές φορές οι γονείς επισκιάζονται από την τεράστια ευθύνη που φέρουν, φέρνοντας στη ζωή έναν άνθρωπο. Και από τη μία είναι δικαιολογημένο γιατί δική τους επιλογή είναι να φέρουν στη ζωή έναν άνθρωπο. Από την άλλη υπερεκτιμημένο αν σκεφτεί κανείς ότι και οι γονείς δεν κάνουν κάτι φοβερό που να επισύρει τόσο μεγάλη ευθύνη. Γεννάνε. Πού είναι το πρόβλημα; Είναι μια φυσιολογική κατάσταση. Πάει το γατάκι ή το σκυλάκι να ζητήσει την ευθύνη στη γάτα ή στον σκύλο που το γεννάει; Όχι βέβαια, δεν ρωτάει το γιατί. Απλά πορεύεται σε αυτή την κατάσταση. Βέβαια ο άνθρωπος δεν είναι γατί, ούτε σκύλος. Είναι κάτι παραπάνω, αν θέλουμε να πιστεύουμε έτσι. Αν δε θέλουμε δεν πειράζει. Ας δούμε τον άνθρωπο σε μια φυσική κατάσταση: να γεννά.

Αυτό που θέλω να βάλω στη συζήτηση δεν είναι το αν θα πρέπει ή δεν πρέπει να γεννά ο άνθρωπος. Ειπωμένα όλα αυτά. Απλά αναρωτιέμαι αν θα έπρεπε οι γονείς να επιβαρύνονται με μία τόσο μεγάλη ευθύνη.

Βλέπουμε σε ορισμένους λαούς, όπου επικρατεί το συναίσθημα, το βάρος του γονιού είναι τεράστιο. Ταυτίζεται με το δημιούργημά του ξεχνώντας ότι, ως πράξη, δεν έχει κάνει κάτι σπουδαίο. Έχει απλά γεννήσει έναν άνθρωπο, όπως έχουν γεννήσει εκατομμύρια άλλοι. Εκεί που οι λαοί έχουν αναπτύξει λιγότερο συναίσθημα όχι ότι είναι αδιάφοροι η βαρύτητα αυτή δε μετράει. Ο γονιός σου λέει: σε γέννησα γιατί έτσι συνηθίζουν να κάνουν οι άνθρωποι. Τίποτα παραπάνω. Τώρα πάρε τον δρόμο σου, ακολούθησε τα χνάρια σου».

Σε προστατεύουν ορισμένα χρόνια που χρειάζεται άλλωστε και μετά σε προετοιμάζουν για μια ελεύθερη, ανεξάρτητη κατάσταση. Δεν σε εγκλωβίζουν στο συναίσθημά τους. Αυτό έχει, σε ρεαλιστικούς όρους, τα υπέρ και τα κατά του. Τα υπέρ είναι ότι όντως χαράζεις δικό σου δρόμο με περισσότερες επιλογές και ευθύνες. Τα κατά είναι ότι δεν αναπτύσσεις ισχυρούς δεσμούς με την οικογένειά σου γιατί, πολύ απλά, από νωρίς παλεύεις μόνος σου. Οπότε όταν έρθει η σειρά σου θα κάνεις τα ίδια λάθη: θα γεννήσεις και με μια ανατολική αντίληψη θα το πετάξεις στα λιοντάρια. Όχι βέβαια ότι να το κρατάς σφιγμένο στην αγκαλιά σου είναι και αυτό μια ιδανική και υγιής στάση. Αλλά έτσι λειτουργούν οι συναισθηματικοί λαοί, οι συναισθηματικοί άνθρωποι.

Ορισμένοι βάζουν και τον εγωισμό, δηλαδή την προέκταση του εγώ μας στα παιδιά μας. Ισχύει και αυτό αλλά είναι ψυχιατρική η ανάλυση. Δεν έχει βάση. Με την ίδια λογική, η προέκταση του εγώ υπάρχει σε όλη την ανάλυση. Στη μία απλά βλέπεις το παιδί σου ως δική σου προέκταση και το σφίγγεις στην αγκαλιά σου, στην άλλη βλέπεις καθαρά την ατομική σου προέκταση και το απομακρύνεις από την αγκαλιά σου.

Είναι εις βάρος της ψυχιατρικής βέβαια αλλά φαίνεται ότι η επιστήμη είναι λίγο υπερεκτιμημένη στην εποχή του άσσου, της ατομικότητας δηλαδή. Ασχολείται υπερβολικά με το άτομο και θέτει συνεχώς την ανάλυση σε μία βάση. Η προσέγγιση πολλές φορές είναι ορθή αλλά δεν ερμηνεύει πάντοτε σωστά το τι και γιατί συμβαίνει στον άνθρωπο. Η ψυχή είναι σημαντική, όχι όμως ως αντικείμενο αμερόληπτης ανάλυσης. Δε δύναται να ξεπεράσει η ψυχή τον άνθρωπο. Είναι κάτι πιο ευρύτερο, πιο μεγάλο. Γι' αυτό και οι ψυχίατροι είναι συνήθως προβληματικοί σε σχέση με την υπερβολική εξειδίκευση της εποχής που οδηγεί, με τη σειρά της, σε μία ευκαιρία που υπερβαίνει την αντικειμενικότητα της επιστημονικής στάσης. Και η δική τους η αναγκαιότητα από τους άλλους, στον βαθμό που γίνεται ανάλυση σε πολλά στάδια και επίπεδα, τους ξεπερνάει. Δεν είναι θεοί. Είναι επιστήμονες, άνθρωποι, που η εποχή και τα αδιέξοδά της οδήγησε, αδίκως πιστεύω εγώ, σε αυτήν την κατάσταση. Αυτό που μετέπειτα εξελίχθηκε σε επιστήμη έχει και στεγανά, που είναι λίγο δύσκολο να ξεπεραστούν. Ειδικά όταν στην πρακτική εμπλέκονται και φάρμακα και εργαλεία που έχουν να κάνουν με πολλές παραμέτρους.

Δεν αναιρώ την ψυχιατρική αλλά αμφισβητώ την υπερβολική της διάσταση στην εποχή μας.

## Πολλές ευχές πολλές τράπεζες

Θα αναρωτηθείτε βέβαια πώς κολλάνε αυτά τα δύο, πως συνδυάζονται. Κι όμως συνδυάζονται. Έχουν την ίδια αφετηρία: το μάταιο. Πότε κάνουμε πολλές ευχές; Όταν μας λείπουν πολλά πράγματα και ευχόμαστε την πραγματοποίησή τους. Πότε βλέπουμε πολλές τράπεζες; Όταν υπάρχουν ανάγκες και φτώχεια. Μέχρι στιγμής δηλαδή. Σε λίγο δε θα έχουμε ούτε ευχές, ούτε τράπεζες. Φρούδες προσδοκίες καλύπτουν οι μεν, φρούδες προσδοκίες καλύπτουν και οι δε. Την ανάγκη για βελτίωση εκφράζουν οι ευχές. Τη βεβαίωση για βελτίωση εκπροσωπούν οι τράπεζες. Οι ιδεαλιστές πηγαίνουν στις εκκλησίες, οι πραγματιστές απευθύνονται στις τράπεζες. Προδομένες ψυχές σε αδιέξοδα. Η αλήθεια όμως είναι μία, ένα πράγμα συμβαίνει ή δεν συμβαίνει, που όσο και να το εύχεσαι δεν έρχεται. Αν το κυνηγήσεις, και σ' ευνοήσουν και οι περιστάσεις, το έχεις. Το ίδιο ισχύει και με τις τράπεζες. Σου χορηγούν δάνειο εφόσον έχεις εγγυήσεις. Δε στο παραχωρούν χωρίς ανταλλάγματα.

Άμα ακούτε πολλές δεήσεις να προσέχετε. Αν σας τάζουν τον επουράνιο, να φεύγετε. Αν οι τράπεζες σας δίνουν ευνοϊκό δάνειο να χαίρεστε. Αν σας δίνουν πολύ ευνοϊκό δάνειο, να ντρέπεστε διότι έχετε πέσει έξω. Διότι δεν γίνονται τέτοιες συναλλαγές χωρίς πίσω σκέψεις. Οι ευχές από την άλλη είναι πιο ανώδυνες, εκτός και αν συστηματοποιούνται σε ένα είδος δογματικής παράκλησης και προσευχών δίχως έλεος. Σε σταματημό και κόλλημα ανελέητο. Εκεί σε εκμεταλλεύονται. Δε φταίνε, την ανάγκη σου εκμεταλλεύονται. Αυτή είναι άλλωστε η δουλειά τους.

## Εισαγωγή εθίμων

Κάθε αυτοκρατορία έχει τα έθιμά της που άλλοτε τα εξάγει και άλλοτε τα επιβάλλει, ανάλογα με το σθένος της κάθε αποικίας. Πάντως σίγουρα θέλει να ενστερνίζονται όλοι τα έθιμά της. Σ' αυτή την περίπτωση συναντάμε μύρια πράγματα, αντίθετα στις δικές μας συνήθειες, τελείως ξένα, που τελικά γίνονται κεκτημένα και της δικής μας φύσης. Έτσι ας πούμε είναι τα αμερικάνικα έθιμα σε σχέση με τα Χριστούγεννα, με τη την εμπορευματοποιημένη μορφή που έχουν και που καμία σχέση δεν έχει με την ουσία της ημέρας. Αν είσαι στην καρδιά του εθίμου παίζει και να ευχαριστηθείς. Στη δύση το πνεύμα και ο τύπος αυτής της γιορτής είναι ένα μέσον διασκέδασης. Το διασκεδάζουν. Τους αρέσει. Και μέσα στον ορισμό της κατανάλωσης που προκύπτει από αυτή την ετήσια συνήθεια βγάζουν και χρήμα και διασκέδαση. Οι υπόλοιποι όμως τι κάνουν; Αντιγράφουν και βγαίνει ένα συναρπαστικό αποτέλεσμα αηδίας που δεν είναι βέβαια μέσα το θέμα, αλλά πρέπει να το επιδείξουν. Δεν έχει σημασία το πώς, αρκεί να δείχνουν συνέπεια.

Αν μελετήσετε τις γιορτές αυτές στο παρελθόν και σήμερα, δεν έχουν καμία σχέση. Τα Χριστούγεννα μεν υπήρχαν αλλά δεν υπήρχε ό,τι τα περιβάλλει σήμερα. Φαντάζομαι όσο θα ξεπέφτει η ιδέα θα ξεπέφτουν και τα Χριστούγεννα. Όσο η αυτοκρατορία θα παρακμάζει θα παρακμάζουν σιγά σιγά και αυτά τα έθιμα, μέχρι να εμφανιστεί μια νέα αυτοκρατορία και να επιβάλλει νέα έθιμα. Μπορεί κάποτε αντί για Χριστούγεννα να πανηγυρίζουμε την ημέρα του δράκου, του μεγάλου άρχοντα και δεν ξέρω εγώ τι άλλο.

Δεν είναι έθιμα που βγαίνουν από τα σπάργανα μιας κοινωνίας. Αλλά έθιμα που βγαίνουν, διοχετεύονται από τα πλάνα διείσδυσης μιας αυτοκρατορίας που θέλει να βλέπει τις αποικίες της να ακολουθούν πιστά τα δικά τους έθιμα. Και αυτό είναι σκέτη υποδούλωση για μένα. Να πρέπει να διασκεδάσω με έθιμα ανόητα, ηλίθια, με τον τρόπο που απαιτεί μια δυτικόπληκτη κοινωνία χωρίς νόημα, χωρίς σημασία και να υποκρίνομαι ότι χαίρομαι με αυτή τη βλακεία. Κάτι το οποίο μπορεί να είναι ξένο, τελείως ξένο σ' εμένα και σε όσους αδιαφορούν για τέτοια έθιμα, πολιτικής σκοπιάς. Δε λέμε, τα Χριστούγεννα είναι όμορφα για τα παιδιά, για τους νέους, για εκείνους που έχουν ανάγκη από μία τέτοια αλλαγή. Αλλά δεν είναι πραγματικά έθιμα. Μάλιστα τα όποια πραγματικά έθιμα πηγάζουν από αυτή την ημέρα, σήμερα που μιλάμε, τείνουν προς εξαφάνιση. Πνίγονται, βυθίζονται μέσα στον απόλυτο εμπορικό χαρακτήρα, που φτάνει σε τέτοια σημεία, ώστε να μετατρέπει μια απλή ημέρα καθημερινότητας σε αγία. Και ψάχνεις εσύ από το πουθενά τρόπους να εορτάσεις την ημέρα με δέος και λατρεία. Να αγαπήσεις ό,τι δεν αγάπησες, να μοιραστείς ό,τι δε μοιράστηκες, να σκεφτείς ό,τι δεν σκέφτηκες, να ανεχτείς ό,τι δεν ανέχτηκες και όλα για το «πρέπει» της ημέρας, ούτε καν ακολουθώντας την πραγματική ουσία.

Αυτά είναι τα εισαγόμενα έθιμα. Και αν βρίσκετε τον εαυτό σας να υποφέρει ή να μη τα δέχεται, μη σπαταλάτε ενέργεια, μην προβληματίζεστε. Δεν είναι δικά σας, σας τα έχουν φέρει, δεν τα επιλέξατε. Σας τα έχουν φορέσει. Συνεπώς αν δεν τα θέλετε και τα βλέπετε ως μάταια ή ασήμαντα, μη στενοχωριέστε. Άλλων είναι το θέμα. Εσείς κάνετε αυτό που κάνατε. Αγαπήστε όποτε σας βγαίνει. Γιορτάστε όποτε θέλετε. Χαρείτε όποτε θέλετε. Όχι όποτε πρέπει. Ευχολόγια και χειραγώγηση αγάπης σε άτομα με οξύνοια δεν παίζει. Λυπάμαι αλλά δεν παίζει. Μην κάνετε θυσία πνεύματος ούτε αλλαγή συνήθειας με τέτοια ωμή παρέμβαση. Σκεφτείτε ειρηνικά ότι μια μέρα είναι και αυτή που φεύγει σαν όλες τις προηγούμενες.

## Μετανάστευση

Όσοι μένουν ακόμη στην Ελλάδα χαραμίζονται. Όσοι φεύγουν έξω βασανίζονται. Αυτή την επιλογή έχουν όσοι μένουν στην Ελλάδα πλέον: ή μέσα ή έξω.

Μετακίνηση, αστάθεια, ανασφάλεια, αβεβαιότητα. Ένα δυσοίωνο μέλλον, ένα βαρύ παρόν. Δεν είναι η μετανάστευση εύκολη απόφαση όταν μάλιστα αφορά το υπόλοιπο της ζωής σου. Επιβίωση στην Ελλάδα δεν υπάρχει. Υπάρχει απλή ύπαρξη, εκεί έφτασε η κατάσταση. Φανταστείτε τα αισθήματα των νέων. Φανταστείτε τι αισθάνονται οι οικογένειές τους. Είναι όλοι χαμένοι, δυσαρεστημένοι και σε σύγχυση. Θα μου πεις, είναι η πρώτη φορά που επιδιδόμαστε σε αυτό το άθλημα; Όχι βέβαια. Αλλά τότε υπήρχε άνθηση. Τώρα δεν υπάρχει άνθηση. Υπάρχει απελπισία για μετανάστευση. Κάποιοι υποχρεώνονται να επιλέξουν ανάμεσα στο τίποτα που τους προσφέρει η χώρα τους και στο λίγο που τους προσφέρουν έξω. Δεν προσφέρουν πολλά έξω. Παντού είναι δύσκολα τα πράγματα, είναι έντονες οι αναταράξεις, οι αλλαγές. Τα δεδομένα έχουν αλλάξει. Και οι άνθρωποι παλεύουν να προσαρμόσουν την ύπαρξή τους σε μεγέθη διαφορετικά από ό,τι είχαν μάθει. Χώρες κλείνουν σύνορα, πολιτικές αλλάζουν. Όλα αυτά ανακατεμένα με αναστάτωση, ευρεία αναστάτωση. Είναι σκηνικό πολέμου; Είναι σκηνικό κατάρρευσης; Κανείς δεν μπορεί να πει με σιγουριά τι συμβαίνει ή τι θα κάνουμε. Περιμένουμε, περιμένουμε και δεν ξέρουμε που πηγαίνουμε. Είναι αποφάσεις άλλων; Είναι δικά μας τα χάλια; Κάτι δε μας κάνει. Κάποιοι αποφάσισαν λάθος. Κάπου δε μας βγαίνει η παράδοση. Κάπου δε μας βγαίνει άλλο. Πόλεμος δίχως θύματα δεν υπάρχει. Αλλά τα θύματα τώρα είναι άφαντα, ασχημάτιστα, αφηρημένα, αδιάφορα. Δεν είναι ήρωες, είναι φαντάσματα. Παρόλα αυτά πόλεμος υπάρχει. Υπάρχει αυτό το κάτι που μας οδηγεί σε μια έκρυθμη κατάσταση, σε ένα αδιέξοδο. Με θύματα περίεργα, γιατί επίσημα δεν έχουμε ακούσει κάτι. Έτσι χανόμαστε σε μια αβέβαιη μετανάστευση, μέχρι να δούμε πού το πάμε, πού το πάνε. Συμβαίνει κάτι αδιευκρίνιστο αλλά υπαρκτό.

*Γιάννης Κατσάρας*

## Ανθρωπογεωγραφία

Είναι ίσως το μόνο σημείο που θα με έκανε να καταλάβω το γιατί οι άνθρωποι σκέφτονται, συμπεριφέρονται, αντιδρούν και αισθάνονται κατά τρόπο διαφορετικό από περιοχή σε περιοχή. Είναι το κατά πόσο η γεωγραφία, ο προορισμός, η τοποθεσία με τα ιδιαίτερα χαρακτηριστικά της καθορίζει, προσδιορίζει και επηρεάζει τη νοοτροπία και τη ζωή. Δε χρειάζεται να μπεις σε λεπτομέρειες για να καταλάβεις την παράμετρο αυτή αλλά και τη σημασία της στο πώς σκέφτεται κανείς. Γιατί δεν μπορώ να φανταστώ τον άνθρωπο που ζει σε έρημο, σε ξηρασία, σε παγωμένη περιοχή, σε πόλη, σε χωριό, σε θάλασσα, σε βουνό, σε τροπικό κλίμα ή σε μεσογειακή περιοχή, σε κρύο ή σε ζέστη, σε συννεφιά ή σε ήλιο, σε ωκεανό ή σε θάλασσα κλειστή, σε εύφορη ή σε άγονη περιοχή να μην επηρεάζεται από την κατάσταση που διαμορφώνει αυτή η γεωγραφία. Ίσως και πολιτισμό να δημιουργεί και κοινωνία με στάση ειδική και ανάγκες που διαφέρουν και νοοτροπίες που παραλλάσσονται και μεγέθη αντίληψης διαφορετικής. Είναι ίσως η μόνη στιγμή που μπορώ να δώσω δικαιολογία ή έστω κατανόηση γιατί κάπου σκέφτονται πιο ανοιχτά, αλλού πιο συντηρητικά και ούτω καθεξής. Γιατί οι ίδιοι άνθρωποι, εννοώ σαν φυλή, στη μία περιοχή του κόσμου αισθάνονται πολύ δεμένοι με έναν θεσμό που οι ίδιοι έχουν δημιουργήσει όταν σε άλλη είναι πιο ελεύθεροι, πιο αδέσμευτοι, πιο χαλαροί.

Τι είναι αυτό που γεωγραφικά τοποθετεί την ψυχολογία της σκέψης σε μία ή σε μία άλλη ροή; Γιατί εδώ δε μιλάμε απαραίτητα για Λογική αλλά για μια σχετικότητα λογικής διαμορφωμένης από τον περιβάλλοντα χώρο και μάλιστα από μια κατάσταση συναισθηματική. Γιατί φερ' ειπείν σε ένα μέρος νιώθουν μεγαλύτερη προσκόλληση στην οικογένεια και σε ό,τι έχει να κάνει με αυτή και σε ένα άλλο νιώθουν λιγότερη προσκόλληση, περισσότερη ελευθερία και αποδέσμευση από την άλλη ροή;

Δεν είναι τυχαίο ότι οι αντιλήψεις, πέρα από το θέμα της παιδείας, αλλάζουν από περιοχή σε περιοχή. Η θέση του άντρα, η θέση της γυναίκας, του παιδιού, της ζωής έχουν στάση διαφορετική. Είναι μόνο ιστορία; Οι λαοί δεν επηρεάζονται από τη γεωγραφική τους θέση; Δύσκολο να το πιστέψει κανείς. Υπάρχουν ψυχροί λαοί, ζεστοί λαοί, λαοί που η οικογένεια λαμβάνει θέση ξεχωριστή και λαοί όπου η οικογένεια είναι απλά μια διαδικασία αναπαραγωγής. Γιατί οι μεν βλέπουν έτσι τη διαδικασία αυτή και οι δε προσκολλώνται και ταυτίζονται, στο σύνολό τους ως κοινωνία, με την παράδοση αυτή. Γιατί σαν παράδοση λειτουργεί.

Το στοιχείο της παιδείας και της θρησκείας σε ορισμένες περιπτώσεις δεν επαρκεί γιατί αλλού οι άνθρωποι φανατίζονται με τη θρησκεία που συνδέεται στενά με την οικογένεια και την ανασφάλεια ενός λαού, αλλού έρχονται σε αντίθεση με λαούς που δε φανατίζονται θρησκευτικά, δεν νιώθουν ανασφαλείς και δεν διακατέχονται από αυτή τη νοοτροπία. Πέρα από τη χειραφέτηση παίζει ρόλο η περιοχή που ζει, μεγαλώνει, ανατρέφεται και ενηλικιώνεται κάποιος. Φερ' ειπείν την ίδια λογική αναπτύσσει κάποιος που ζει σε αγροτική με κάποιον που ζει σε αστική περιοχή; Καμία σχέση. Η αστική ζωή αναφέρεται στο άτομο, στην ατομικότητα, ενώ η αγροτική απαιτεί οικογένεια, συλλογικότητα και ομαδική ζωή. Μπορεί κάποιος να ζει στην πόλη μόνος και να τα καταφέρνει μια χαρά. Στη φύση όμως και στην καρποφορία της χρειάζεται σίγουρα συλλογική βοήθεια. Αλλιώς συμπεριφέρεται εκείνος που ζει στα κρύα, στους παγετώνες και αλλιώς εκείνος που ζει σε μία καυτή περιοχή. Άλλες ανάγκες δημιουργούνται στον έναν, άλλες στον άλλον και όλο αυτό δημιουργεί έναν κανονικότατο κύκλο ζωής. Άλλος νιώθει ασφάλεια μέσα από την ομάδα και άλλος νιώθει καταπίεση, ότι χάνει την ταυτότητά του. Αυτό αλλάζει ως γενική αντίληψη από περιοχή σε περιοχή και αλλάζει και η ανοχή που δείχνει κάθε κοινωνία στη στάση αυτή. Δεν είναι σίγουρα όλοι σε όλα τα ερεθίσματα το ίδιο δεκτικοί. Εμένα προσωπικά με έμαθε η εμπειρία μου ότι κάθε περιοχή που ζεις σου καλλιεργεί μια διαφορετική διάθεση από την οποία όσο και αν προσπαθείς, δεν μπορείς να ξεφύγεις εκτός και αν αλλάξεις χώρα και περιοχή.

Αλλάζω γεωγραφικό πλαίσιο και αλλάζω τρόπο σκέψης και συμπεριφοράς. Αυτό λέει πολλά για τη γεωγραφία και τον τρόπο που σχετίζεται με αυτή ο άνθρωπος.

## Κοιτίδα της ιστορίας

Και ενώ εμείς αναρωτιόμαστε γιατί μας θαυμάζουν οι ξένοι, η απάντηση είναι μία: σ' μας βλέπουν το κενό της ιστορικής τους απουσίας. Την εποχή εκείνη που εμείς δημιουργούσαμε επιστήμες, πολιτική, τέχνη, εκείνοι δεν είχαν να εμφανίσουν τέτοια επιτεύγματα. Είναι σαν να δανείζονται από εμάς λίγη ιστορία. Να βάζουν το κομμάτι τους μέσα στην ύπαρξη. Θετή μητέρα η Ελλάδα σε ορφανά ιστορίας. Αγκαλιά ζεστή σε όσους το έχουν ανάγκη και το θέλουν. Ας μην ξεχνάμε τι σημαίνει Αρχαία Ελλάδα για τη σύγχρονη δυτική κοινωνία. Τι επίδραση είχε όλο αυτό στη διαμόρφωση πολλών πτυχών στην εξέλιξη και στη διάπλαση της κοινωνίας. Εκείνοι αισθάνονται τις ρίζες τους να ξεκινούν από κάπου και εμείς να προσφέρουμε αυτό το κάπου. Άλλοτε κλέβουν, άλλοτε αντιγράφουν αλλά πάντα γνώμονας είναι ένα πράγμα. Η βάση, η καταγωγή από μία πηγή, από μία κοιτίδα που το εύρος της, η ροή της και η συνέχεια γίνονται αισθητά έως σήμερα.

Δεν είναι κακό που οι λαοί μοιραζόμαστε κοινές αξίες. Το κακό είναι που εμείς που τις διαδώσαμε, δε μπορέσαμε να τις αξιοποιήσουμε υπέρ μας. Να γίνουμε ο συνδετικός κρίκος της υπενθύμισης, της αναβίωσης της ιστορικής μνήμης όχι με φυλετικές ή εθνικιστικές προεκτάσεις τρέλας αλλά με ουσία, με παιδεία, με παράδειγμα σκέψης, συμπεριφοράς και σοφίας. Αυτό είναι κάτι που όφειλε να ξεκινά από τα ελληνικά σχολεία.

Η φιλοσοφία δε θα έπρεπε να είναι ένα μάθημα χωρίς ουσία αλλά ένας τρόπος σκέψης, μιας συνύπαρξης ανθρώπων που μαθαίνουν να αλληλοσυνδέονται μέσα από διαδραστικές μεθόδους αντίληψης και προσέγγισης. Στο εξωτερικό γίνεται. Εδώ ακόμα παπαγαλίζουμε. Μαθαίνουμε ιστορία χωρίς να γράφουμε ιστορία. Απλά, τεχνικά, ακούσια. Σαν μηχανάκια σε αυτορρύθμιση. Είναι πολύ τραγικό να ζούμε μια τέτοια παιδεία. Και είναι βέβαιο ότι με τις παρούσες αντιλήψεις, όσα λεφτά και να έχουμε, δε θα αλλάξει τίποτα. Απλά ο καθένας θα κάνει, από έλλειψη παιδείας, την Παιδεία δικό του πείραμα. Ανείπωτη η βλακεία που μας απομακρύνει από τον πολιτισμό, την αυτοεκτίμηση και μη γελιόμαστε και τον σεβασμό από τους άλλους, που μάλλον μας βλέπουν και αναρωτιούνται «πώς είναι δυνατόν οι σύγχρονοι Έλληνες να επιτρέπουν στους εαυτούς τους τέτοια κατρακύλα».

Ευτυχώς που τα μνημεία είναι ακόμα στη θέση τους και τα έργα επίσης και όταν έρχονται οι ξένοι ονειρεύονται τη δική τους ιστορία. Τους φιλοσόφους δεν τους αποστηθίζουμε. Τους καταλαβαίνουμε, τους συζητάμε, τους αναλύουμε, τους κάνουμε βίωμα. Σκοπός της φιλοσοφίας δεν ήταν και δεν είναι η παπαγαλία ή η αντιγραφή. Σκοπός της είναι η αφύπνιση της συνείδησης και η δημιουργία καινοτομίας. Κι εμείς άραγε πού μπαίνουμε σε όλο αυτό; Πουθενά. Κοιμόμαστε και οδηγούμαστε στην αφομοίωση και ίσως στην εξαφάνισή μας.

## Πολίτης του κόσμου

Πολίτης του κόσμου δεν μπορεί να ονομάζεται όποιος βλέπει τον κόσμο με ένα μάτι. Δεν μπορεί να λέγεται εκείνος που καρπώνεται τις συνήθειες της εύνοιας των συστημάτων. Την άνεση, την καλοπέραση, τις μεγάλες αβάντες που δίνουν οι άλλοι. Δεν μπορεί να είναι πολίτης εκείνος που ενδιαφέρεται να ταξιδέψει, να γνωρίσει, να μάθει και να μένει απέξω η ωχρή πλευρά. Πρέπει να γυρίσει και να δει τα πάντα, και με το ένα μάτι και με το άλλο. Να διανύσει χιλιόμετρα σκέψης και επαφής και με τον έναν κόσμο και με τον άλλο. Χωρίς διάκριση. Να ταξιδέψει στο σήμερα, να ταξιδέψει στο αύριο και να το δει από τη μια πλευρά και από την άλλη. Να δει τον πλούτο, την ομορφιά, την απόλαυση αλλά να δει και τα πλεονάσματα σε σχέση με την πλευρά την άλλη.

Πολίτης δε γίνεσαι όταν δεν ξέρεις τι δικαιώματα χάνουν οι άλλοι. Τι εμπόδια, προβλήματα, στενότητες και ελλείμματα ζημιώνονται για χάρη της περιορισμένης, εύγευστης υπεροχής που καρπώνεται μία πλευρά εις βάρος άλλης. Να δει και να καταλάβει. Καλό είναι η ελίτ να ξέρει που πατάει. Και οι πολίτες του κόσμου να έχουν ευρεία γνώση του τι κερδίζεται και τι χάνεται, όχι μόνο στα όρια της καθημερινής ατομικής συνήθειας αλλά και στα όρια της ζωής που φτάνουν άλλοι. Τέτοιοι πολίτες είναι ελάχιστοι, αλλά είναι πραγματικά μεγάλοι.

## Η αξία

Την αξία του την προσδιορίζει ο καθένας διαφορετικά, αν μπορεί. Την υπεραξία του όμως δεν μπορεί να την προσδιορίσει κανείς. Διαμορφώνεται από συγκυρίες που μπορεί να μετατρέψουν την αξία σε χρυσωρυχείο. Είναι κανόνες ειδικοί που δεν εφαρμόζονται αναγκαία όταν θεωρεί κανείς ότι ο κανόνας πρέπει να εφαρμοστεί. Είναι βλέπεις και η αξία έννοια σχετική. Αλλάζει στη στιγμή.

Υπάρχει βέβαια και αξία διαχρονική. Σπάνια αυτή, συνήθως πνευματική και υλική. Ένα διαμάντι δε χάνει την αξία του αν βγήκε στην επιφάνεια τρεις αιώνες πριν. Ίσα ίσα δυναμώνει την αξία αυτή με την παρέμβαση του χρόνου και την κάνει πιο δυνατή. Αν αντέχει το διαμάντι η ύλη τόσο πολύ, αντέχει και μια αξία διαχρονική. Σε κάτι που αντέχει στον χρόνο, βλέπετε, δε λέμε «υπεραξία». Αυτό αποδεικνύει λοιπόν περίτρανα το υπέρ της υπερβολής. Έτσι μάλλον η υπερβολή έχει σχέση εμπορική με την αξία. Μια ιδέα, μια σκέψη, ένα θαύμα, μια εφεύρεση, μια ζωγραφιά, όλα έχουν τη στιγμή που εμφανίζονται αξία σχετική ή μη σχετική με τις απαιτήσεις της στιγμής. Αλλά και την ικανότητα των άλλων να αντιληφθούν την αξία αυτή. Αν είναι για φάρμακο δεν υπάρχει επιλογή, θα το πιεις για να σωθείς. Οπότε η ιατρική υπερισχύει για λόγους ζωής. Αν είναι για τέχνη όμως μπορεί να μην το αντιληφθεί κανείς εκείνη τη στιγμή που το έργο θα δημιουργηθεί. Αν μάλιστα η εποχή που εμφανίζεται η δημιουργία αυτή είναι ωμή, το έργο θα αργήσει να αναγνωριστεί γιατί, απλούστατα τότε κανείς δεν απασχολεί τον νου του με αυτά. Μην το συγκρίνετε με την ιατρική. Είναι θέμα ζωής, επιβίωσης κανονικής, έστω και αν δεν καταλαβαίνει ο άνθρωπος την εφήμερη προοπτική της ατομικής του ζωής. Σαν είδος βέβαια διαιωνίζεται και αυτό κάνει λιγότερο εφήμερη την προοπτική της ζωής. Γι' αυτό και ενστικτωδώς γεννάμε. Το τι αξία δίνουμε και σε αυτό ποικίλλει πολύ. Φερ' ειπείν αν υπάρχει υπογεννητικότητα δίνουμε αξία πολύ. Αν υπάρχει υπερπληθυσμιακή εκπροσώπηση δίνουμε αξία μικρή. Δηλαδή αν είμαστε στην Ευρώπη η γέννα μετράει γιατί δε γεννάμε πολύ. Αν είμαστε στην Κίνα ή στην Αφρική ποιος θα δώσει αξία στη γέννα ζωής όταν σε μια φυλή γεννιέται από μια και μόνο οικογένεια μία ολόκληρη φυλή; Είναι λοιπόν σχετική αξία και η ίδια η ζωή, αναλόγως από πού ξεκινάει κανείς. Βέβαια στην Ευρώπη η ζωή διαρκεί πολύ ενώ σε μία υποανάπτυκτη χώρα, χωρίς υγεία και φάρμακα, δε διαρκεί πολύ αλλά υπάρχει πληθώρα εναλλακτικών.

Η αξία έχει εμπορική βαρύτητα. Μετριέται, ζυγίζεται και ανάλογα με την κατάσταση, τις ανάγκες, την αντίληψη και την εποχή μετράει ή δε μετράει πολύ. Η πνευματική αξία είναι και αυτή εμπορική, δηλαδή πραγματεύσιμη. Απλώς επειδή η ανάγκη της δεν είναι συνήθως της στιγμής, κανένας δεν ασχολείται σοβαρά μαζί της. Όταν όμως προκύψει αδιέξοδο ή ανάγκη που να απαιτεί πνευματική λύση, τότε γνωρίζει τη δύναμη της όπως αυτή γίνεται αντιληπτή τη δεδομένη στιγμή. Γι' αυτό και πολλές φορές κάτι που λέγεται ή γράφεται μία στιγμή μη βολική, καταδικάζεται, καταδιώκεται και εξαλείφεται για να επανέλθει όταν ο άνθρωπος αντέχει ώστε να δεχτεί αυτή την άποψη, αυτή την ιδέα. Άσχετα αν εκείνος που την εξέφρασε ή τη διατύπωσε θα έχει σίγουρα κυνηγηθεί και ταλαιπωρηθεί. Η κοινή λογική, όπως λένε και οι Άγγλοι, δεν είναι τόσο κοινή. Ή δεν συμφέρει να είναι κοινή. Σημασία έχει ότι αυτός που πρωτοπορεί θα ταλαιπωρηθεί γιατί δε θα γίνεται αντιληπτός από το σύνολο της χρονικής του στιγμής.

Δε χρειάζεται να αγανακτεί κανείς. Έτσι είναι η ζωή, η εξέλιξη της αξίας είναι έννοια σχετική. Ο καθένας εξελίσσεται όπως μπορεί ή του δίνεται η δυνατότητα να μπορεί και αναλόγως βάζει μία αξία σε αυτό που γίνεται, που εμπνέεται, που λαμβάνει σάρκα και οστά.

Είναι φοβερό πράγμα η πολυεξειδίκευση. Όλα σχετίζονται σε αυτή τη ζωή. Απλά απορροφημένοι εμείς δεν μπορούμε να δώσουμε βάση στη σκέψη αυτή. Όλα όμως σχετίζονται. Και το καταλαβαίνεις μελετώντας διαφορετικές οπτικές και επιστήμες αυτής της ζωής. Μην ξεχνάμε ότι και οι επιστήμες ξεκινούν με μια προσέγγιση, με μια οπτική πάνω σε ένα κομμάτι της ζωής. Και οι άνθρωποι μελετούν με διαφορετικό κριτήριο την κάθε οπτική. Όχι όλοι οι άνθρωποι. Όσοι είναι σχετικοί με την όποια οπτική. Οι υπόλοιποι συνήθως περνούν, διασχίζουν και προσπερνούν αδιάφορα τη χαρισματική τους ζωή.

Όταν βάλεις κάτω κάθε επιστήμη, κάθε αντίληψη, κάθε οπτική, αρχίζεις και συνδέεις πολλά μεταξύ τους σε μια θεωρία συμπαντική ή τέλος πάντων πιο γενική. Μία οπτική γεωμετρική. Ξέρετε, η γεωμετρία μετράει τη γη και την εξηγεί και μαζί με αυτά εξηγούνται πολλά σπουδαία και μεγάλα πράγματα στη ζωή. Ξεκινάει από μία απλή αφετηρία παρατήρησης για να συνεχίσει σε μία σύνθετη εξήγηση και να καταλήξει, αν καταλήξει βέβαια, σε μία θεωρία κοσμολογική. Βέβαια όταν κάποιος μελετά ξεχωριστά θέματα, δύσκολα βρίσκεται μπροστά από ευρήματα φιλοσοφικής εξήγησης. Γι' αυτό και όλα αυτά συνδυάζονται για να δώσουν μια ερμηνεία συνήθως ολοκληρωμένη, σαφή.

Ίσως όλα να είχαν εξηγηθεί αν δεν είχε επέλθει στην ιστορία η σκοταδιστική φάση. Ποιος την επέβαλλε, με τι κίνητρα και γιατί ο κόσμος που ενώ προχωρούσε δέχτηκε να κάνει πίσω τόσο πολύ, δεν μπορεί με σαφήνεια να εξηγηθεί. Πώς επιβλήθηκε ο σκοταδισμός ενώ ο κόσμος οδηγείτο σε μία κατάσταση ανώτερη, πνευματική; Ποιος φοβήθηκε και γιατί; Η ιστορία είναι περίπλοκη και ο άνθρωπος κάνει μεγάλη παρέμβαση στην ιστορία αυτή. Δική του είναι εξάλλου, αλλά όχι μόνο. Δεν είμαι ικανός να εξηγήσω τις αξίες που διέπουν καθενός τη ζωή αλλά κάτι μου λέει ότι ο άνθρωπος φοβήθηκε πολύ. Αισθάνθηκε ίσως το σύμπαν να αναμετριέται με τη δική του εγωιστική θεώρηση της ζωής. Είδε την αξία του σχετικά μικρή και σάστισε. Γι' αυτό σας λέω, η αξία έχει αξία εμπορική. Τη μετράει ο άνθρωπος με το ζύγι της ζωής και έτσι μένει στάσιμος σε καταστάσεις περιορισμένης αξίας.

Ο άνθρωπος όταν αισθάνεται ότι δεν μπορεί να ανταγωνιστεί την ίδια την αξία του, αντιδρά ως εξής: ή την υποβιβάζει για να νιώσει ανωτερότητα πάνω σε κάτι που δεν μπορεί να ελεγχθεί και έτσι επιστρέφει σε σκοτεινά μονοπάτια μικρονοϊκής αντίληψης, σε σχέδια και σκέψεις που νιώθει ικανός να σταθεί ή αν φοβάται επίσης πολύ θεοποιεί την απόγνωσή του, τη βάζει έτσι σε απόσταση μεγέθους Μοίρας και απαλλάσσεται από την ευθύνη του σε αυτή. Αποκαλεί «θεό» ό,τι δεν αντιλαμβάνεται και τελειώνει εκεί. Το άγνωστο δηλαδή που είναι στον άνθρωπο άγνωστο, ίσως όχι στην ερμηνεία της ζωής. Άγνωστο στη δική μας ερμηνεία, στο δικό μας εύρος αντίληψης. Δεν μπορεί ο άνθρωπος να καθορίσει τη ζωή αυτή σε τόσο υψηλά επίπεδα. Προσπαθεί. Δηλαδή, για να είμαστε ειλικρινείς, προσπαθεί όποιος μπορεί και όσο μπορεί. Δεν έχουν όλοι την ανησυχία αυτή.

Κατά τη γνώμη μου, δεν είναι τόσο δύσκολο να ερμηνευθεί ο κόσμος. Δυσκολεύεται ο άνθρωπος. Και πολλές φορές, μέσα στο αδιέξοδο, η ενασχόλησή του με αυτό που ονομάζουμε καθημερινή τριβή, τον βοηθά να αντέξει ακριβώς αυτό: την τριβή. Ή την ελαχιστότητά του μέσα στο σύνολο της ζωής. Και έτσι αισθάνεται τη ζωή σημαντική στα δικά του μέτρα ζωής. Ο καθένας όπως μπορεί. Αλλά η προσέγγιση αυτή έχει καθαρά στοιχεία, ιδιοτελή, που καμία σχέση δεν μπορούν να έχουν με την ολότητα της ζωής. Μα και ενστικτωδώς όταν βρίσκεται σε δύσκολες στιγμές ο άνθρωπος για να τις αντέξει, να τις ξεπεράσει, ασχολείται με ό,τι πιο απλό και ασύνθετο μπορεί. Δεν αφήνεται σε πιο σύνθετη περιπλοκή. Και έτσι συντηρεί αυτό που μπορεί να συντηρεί. Όμως αυτό και μόνο αφήνει περιθώρια σε κάποιον να πιστεύει σε μία προοπτική ζωής, διαφορετικής από αυτή που αντιλαμβανόμαστε εμείς. Όχι από προκατάληψη ή διάθεση ιδεοληπτική αλλά ως ένα αδιέξοδο που δεν συνάδει με μία γενικότερη αντίληψη και εικόνα ζωής όπως τη βλέπει σφαιρικά κανείς. Αν μπορεί.

Εδώ ίσως να απαντήσουν καλύτερα οι μαθηματικοί και οι φυσικοί. Μπορεί όμως να το κάνει εξίσου και ένας βαθιά σκεπτόμενος άνθρωπος, παρατηρώντας λίγο πιο προσεκτικά τα πράγματα. Γι' αυτό και επιμένω. Η αξία με βάσει όποιο αξιακό σύστημα κανείς θέλει, έχει βάση υλιστική. Μελετάμε την ύλη και βάζουμε το πνεύμα μας, το σπρώχνουμε να μας δώσει ό,τι ερμηνεία μπορεί. Πάντα κινούμαστε με ένα ερέθισμα που μας δίνει η ζωή. Η πνευματική σύνθεση απέχει πολύ από την όποια αξία αντιλαμβανόμαστε εμείς. Υπάρχει περιορισμός σε αυτό που μόνος του ένας άνθρωπος μπορεί να σκεφτεί. Γι' αυτό και ο πιο σοφός παρατηρεί. Προσεκτικά παρατηρεί και έπειτα μελετά αυτό που μπορεί. Και μελετά πολύ για να αποκτήσει έστω και μία άποψη πραγματιστική. Γι' αυτό και δύσκολα μία θεωρία είναι αντικειμενικά διαχρονική. Παραμένει διαχρονική όσο δεν μπορεί ο άνθρωπος να εξελιχθεί σε σχέση με αυτή.

Εάν και εφόσον εξελιχθεί μπορεί κάλλιστα να αλλάξει και η θεωρία, να εκσυγχρονιστεί, να ανατραπεί. Οτιδήποτε μπορεί. Εκείνο που σώζει τον άνθρωπο για να μπορεί να σταθεί σε μια προοπτική είναι η αλλαγή και η προσπάθειά του σε αυτήν.

## Κοινωνία - έγκλημα

Υπάρχουν, ορισμένες φορές, μερικές ιστορίες που είναι δικανικά ανυπέρβλητες. Δηλαδή δεν μπορεί ο νόμος να επιβάλει ούτε ποινές, ούτε αθωώσεις, ούτε ισορροπίες συγκροτημένες και συναινέσεις. Είναι οι υποθέσεις όπου οι κοινωνίες, οι οικογένειες έχουν πλάσει τις δημιουργίες τους, τους θύτες και τα θύματά τους με τέτοια συνοχή και συνέπεια όπου να αναρωτιέσαι γιατί δικάζονται τελικά οι θύτες και την πληρώνουν τα θύματα, και δε δικάζονται οι εκατέρωθεν κοινωνίες και οικογένειες. Δε με συγκινεί η μητέρα που κλαίει έξω από τα δικαστήρια για την ατυχία του παιδιού της. Με εξοργίζει όμως που η μητέρα, ενώ ήξερε τους κινδύνους που το παιδί της διέτρεχε, καθόταν ήσυχη και με τη σειρά της έβαζε το μαχαίρι εκεί που δεν πρέπει: στο παιδί της, όχι μέσα της. Σε μία δίκη φταίει μόνο ο θύτης; Η οικογένεια του θύματος εάν και εφόσον ξέρει και δεν παίρνει θέση δε φταίει; Η αποσιώπηση, η συγκάλυψη, η απάρνηση γεγονότων, για να ικανοποιούνται στερεότυπα και κοινωνικές αντιλήψεις, δεν έχει συνέπειες; Θεωρούμε θήτη τον δράστη και δεν θεωρούμε θύτη τις οικογένειες; Και το θύμα έχει ευθύνες που ίσως δεν καταλαβαίνει. Αλλά το θύμα είναι θύμα. Δεν υπάρχει άλλη καταδίκη, άλλη λέξη. Η οικογένεια του καθενός από εκεί και πέρα που τρέχει, κλαίει, οδύρεται και δεν μπορεί να πιστέψει το δράμα που της συμβαίνει, δε δικάζεται; Δε φταίει;

Μη γελιέστε. Φταίει. Όσο εσείς κι αν ντρέπεστε να το λέτε, ο αφηγητής σας δε ντρέπεται. Φταίει και παραφταίει. Γιατί όταν η οικογένεια είναι σε πραγματική επαφή με το πρόβλημα που έχει, οφείλει να λαμβάνει μέτρα, να προβλέπει, να προλαμβάνει τα άσχημα που μπορεί να φέρει το πρόβλημα. Όχι ότι η ιδιαιτερότητα ενός ανθρώπου είναι πρόβλημα. Όμως όταν ζεις σε μια κοινωνία που δημιουργεί πρόβλημα στην ιδιαιτερότητα, τότε ως γονιός οφείλεις να κάνεις αυτό που πρέπει, αγνοώντας τι λένε οι άλλοι, τι σκέφτονται, τι θέλουν και τι δε θέλουν. Αν δεν το κάνεις, τότε έχεις βάλει τον εγωισμό σου και τα πρέπει πάνω από του παιδιού σου τη σκέπη. Και γονιός τότε δε λέγεσαι. Απλώς έχεις παιδί. Μεγάλη διαφορά.

Δέχομαι στο παραλήρημα αυτό, τη σκληρότητα της κοινωνίας και την άγνοια που διέπει ορισμένους ανθρώπους. Όταν βλέπεις όμως την καταιγίδα να έρχεται κάνεις αυτό που πρέπει για να προστατευθείς. Όταν το βλέπεις στο παιδί σου γιατί δεν το κάνεις; Γιατί το παραβλέπεις; Γιατί ψεύδεσαι; Γιατί δε λαμβάνεις τα μέτρα που πρέπει, αντί να κάθεσαι μετά και σε έναν τάφο ή, στην καλύτερη περίπτωση, σε ένα νοσοκομείο και να κλαίγεσαι; Ποιος θα νοιαστεί όταν το κακό έχει έλθει; Σε τι θα σε έχει σημαδέψει εσένα ατομικά; Γιατί, αν μετανιώσει ποτέ ο θύτης για κάτι που έπραξε, θα μετανιώσει και η άλλη πλευρά ενδεχομένως για κάτι που δεν έπραξε. Και θα μετανιώσει πολύ πικρά. Γιατί η οικογένεια του θύτη θα τον βλέπει. Του θύματος δε θα τον βλέπει.

Δεν μπορεί να γίνει κάποιος προφήτης και να προβλέψει, όμως δεν μπορεί να παριστάνει ότι δε βλέπει κάτι που με τόσο θόρυβο έρχεται. Πέρα από την ευθύνη που φέρει το θύμα ως προς την ανάληψη δράσης ώστε να προστατέψει τον εαυτό του πάνω από όλα και την αδυναμία του εφόσον έχει, γιατί και η οικογένεια δεν κάνει αυτό που πρέπει; Εδώ αναφερόμαστε πάντα σε θύματα αδύναμα γιατί υπάρχουν φορές που το θύμα μπλέκει και παραμπλέκει και απλώς σε ένα καθαρτήριο κολάσεως πληρώνει για αυτά που δεν προβλέπει. Υπάρχουν πολλές υποθέσεις.

Δε λυπάμαι τους συγγενείς που κλαίνε. Δε με αφορά. Δε με ενδιαφέρει. Είναι συνυπεύθυνοι και ευτυχώς που δεν ανήκω στους δικαστές γιατί θα τους τιμωρούσα μαζί με τους θύτες και θα τους πετούσα όλους έξω. Τους μεν γιατί παράβλεπαν, τους δε γιατί δε φιλτράρισαν τις κακές βουλές τους, τις κακές τους προθέσεις.

Το κομμάτι αυτό είναι αφιερωμένο σε όποιον έχει υποφέρει από σκληρότητα και παραβλέψεις. Σε όποιον έχει υπάρξει θύμα και έχει μόνος του παλέψει. Γιατί συνήθως μόνος σου παλεύεις μέσα σε τέτοιες εκλογικεύσεις. Είναι αδιανόητες οι δικαιολογίες που προβάλλουν οι κοινωνίες και οι οικογένειες. Φτηνές, ξεδιάντροπες και κακοβαλμένες. Το καλύτερο που έχουν να κάνουν είναι να πουν την αλήθεια: ότι σε ένα έγκλημα και αυτές φταίνε. Και να πάνε φυλακή γιατί απροκάλυπτα αφήνεται το έγκλημα να πράξει ό,τι θέλει. Και σε αυτό συμβάλλουν οικογένειες.

Η υπόθεση για το θύμα, αν έχει χαθεί, πάει χαμένη και αν δεν έχει, σίγουρα θα έχει υποστεί τις βάρβαρες συνέπειες. Ο ευαίσθητος άνθρωπος πρέπει να προσέχει, γιατί οι άλλοι δεν είναι το ίδιο ευαίσθητοι. Οι κοινωνικοί «άλλοι» δεν είναι πάντα ευαίσθητοι. Η κοινωνία θέτει τους όρους που πολλές φορές τη βολεύει. Αυτό δεν σημαίνει ότι προστατεύει τους πάντες. Δικάζονται οι κοινωνίες και οι οικογένειες. Δεν είναι ανεύθυνες. Καθόλου η θλίψη τους δε με καίει. Με καίνε τα θύματα που χάνονται άδικα γιατί είναι ευαίσθητα. Δεν αναφέρομαι σε όλα τα θύματα. Αναφέρομαι σε όσους δεν είναι με τη συνείδηση και την καρδιά τους μπλεγμένοι αλλά εγκλωβίζονται από αντιλήψεις σιχαμερές και συναινέσεις που σε κάνουν να ντρέπεσαι για τη σιωπή που κραυγαλέα βγαίνει. Η σκέψη και μόνο κάνει τον αφηγητή να υποφέρει.

## Υστεροφημία - Αποβράσματα

Για ποια υστεροφημία μιλάτε; Θέλετε να αφήσετε όνομα στον κόσμο για να σας θυμάται; Από πού και ως πού; Για τα εγκλήματα τα φρικιαστικά που βύθισαν στον πόνο την ανθρωπότητα; Για τη χλιδή που κάρφωσε με τα καρφιά της τη φτώχεια των άλλων; Για τα σφάλματα που διαπράξατε και τα ρίξατε στις πλάτες μας; Γιατί πρέπει ο κόσμος να σας θυμάται; Γιατί φτάσατε μήπως στον Άρη; Για εμάς φτάσατε; Για το καλό της ανθρωπότητας; Δε νομίζω. Ή για να έχετε εναλλακτικό σενάριο σε περίπτωση που τα κάνετε όλα μπάχαλο; Μάλλον. Τι υστεροφημία είναι αυτή άραγε; Υστεροφημία για αποβράσματα, όχι για ήρωες. Αλλά για ελάχιστους, λίγους άσχημους που θα μείνουν στην ιστορία για τα στραβά τους, για τα ελάχιστα καλά και για τα πολλά άσχημα.

## Ποιεί την νήσσαν

Τουτέστιν κάνει την πάπια. Όποιος θεωρητικός αρνείται να βάλει τη θεωρία του σε εφαρμογή, φοβάται και άρα ποιεί την νήσσαν. Είναι μισός επιστήμονας, μισός άνθρωπος διότι αδυνατεί να ωθήσει το πιστεύω του σε δράσει. Αδυνατεί να υπερασπιστεί ακόμη και τη θεωρία του μπροστά σε εκείνους που προκαταλαμβάνουν την αμφισβήτηση. Εξάλλου, από μια τρέλα γεννήθηκε ο κόσμος και το ότι υπάρχουμε μία τρέλα είναι αν το καλοσκεφτείς.

Εκείνος που κάνει τη θεωρία πράξη, παύει να ονομάζεται θεωρητικός, ονομάζεται ιδεαλιστής, πραγματιστής, επαναστάτης. Μιλάμε για πραγματικές θεωρίες, όχι συμφέροντα και μικροπρεπείς ιδιοτέλειες που σκοπίμως ονομάζονται «θεωρίες» προκειμένου να πείσουν τον κόσμο για την εφαρμογή τους. Αυτές είναι κυριολεκτικά απάτες για να παίζουν τον κόσμο σε ένα παιχνίδι κοντόφθαλμων αξιωμάτων. Η ιστορία είναι γεμάτη με ψεύτες και με μεγάλες ψευτιές που πηγαίνουν από γενιά σε γενιά για να ικανοποιούνται ορισμένες οφθαλμαπάτες. Εικονικές αντιλήψεις που ενισχύουν τη θετική περί εαυτού και κόσμου άποψη. Όχι ότι ο κόσμος δεν έχει τα θετικά του, όχι όμως μέσα από μια οφθαλμαπάτη.

Ξυπνάς μια μέρα και έχουν γίνει όλα στάχτη. Εκεί λοιπόν οι πραγματικοί επαναστάτες δειλιάζουν. Δειλιάζουν να δώσουν μία αμφίρροπη και άνιση μάχη με έναν κόσμο που βουλιάζει. Έτσι ξεμείναμε, όχι από υποκινητές ιδεών αλλά από επαναστάτες. Είναι πλέον ελάχιστοι οι άνθρωποι που πιστεύουν πραγματικά σε κάτι ιερό.

Οι πολλοί πιστεύουν σε θεωρίες που στον χρόνο βουλιάζουν, σε εφαρμογές που αποτυγχάνουν στην πράξη. Δεν υπάρχουν ιδεολόγοι επαναστάτες γιατί πήραν τη θέση τους συμφεροντολόγοι αντιρρησίες. Απουσιάζει το καλό που θα γίνει η σπίθα μιας επανάστασης.

Μα ποιόν συμφέρει η επανάσταση; Σίγουρα όχι εκείνον που φοβάται, που αρνείται και δειλιάζει να εφαρμόσει τη θεωρία στην πράξη, όταν βέβαια έχει κάτι καλό να προσφέρει με την επανάσταση. Γιατί επανάσταση για την επανάσταση δεν είναι και σπουδαία πράξη. Γι' αυτό και είναι λίγες, μετρημένες, οι επαναστάσεις. Καταπνίγονται βέβαια πολλές. Οι αποφασιστικές βρίσκουν συνήθως διέξοδο και αποδοχή. Μάλλον η αδικία τις γεννάει αλλά η βούληση τις κάνει πράξη.

Να μην θεωρεί επαναστάτη τον εαυτούλη ο κάθε μουρντάρης επειδή έγραψε ή μίλησε για κάτι. Όχι. Να καθίσει στα αβγά του, στο σύστημά του. Να δηλώσει ότι απλά γράφει, ότι εκτονώνεται και ότι δεν επαναστατεί.

Κοντεύουμε να πιστέψουμε ότι όποιος αντιδρά είναι και ένας χαρισματικός και ένας εν δυνάμει επαναστάτης. Όμως δεν είναι. Είναι ενδεχομένως ένας σκεπτόμενος άνθρωπος που στην πράξη ποιεί την νήσσαν. Γιατί; Γιατί φοβάται τις συνέπειες μιας τέτοιας πράξης. Κανείς δε γλίτωσε σε μια επανάσταση. Όλα αναταράχθηκαν. Μοιράστηκαν και η κακία και τα πάθη.

*Fruste*

Αλλά στο τέλος νίκησε η δράση, δηλαδή ότι κάτι έγινε τελικά.

# Κατήχηση

Κάποτε είπα σε κάποιον που με κούραζε ότι είμαι πολύ αληθινός για να είμαι πιστευτός και πολύ απλός για να είμαι κατανοητός. Όσο και αν ακούγεται οξύμωρο αυτό, είναι αληθινό. Καμιά φορά μας μιλούν με απλά λόγια κι εμείς δεν κατανοούμε. Μας λένε την αλήθεια και δεν την πιστεύουμε. Γαλουχημένοι μέσα το ψέμα και ζώντας σύνθετες καταστάσεις, δε βλέπουμε. Βλέπουμε και δε βλέπουμε. Είναι φυσικό. «Άλλα με μαθαίνουν και άλλα ζω» θα σου πει κάποιος. Από εκεί ξεκινάει το κακό. Σε μαθαίνουν να είσαι τίμιος, σωστός, καλός, και βλέπεις ότι για να επιβιώσεις δεν είναι εφαρμοστέο τίποτα από όλα αυτά, δυστυχώς. Αυτό με τη σειρά του οδηγεί σε κάποια σύγχυση έργων και λόγων. Και δεν είναι σημερινό, είναι διαχρονικό το κακό.

Θα μπορούσε βέβαια να πει κανείς ότι το πρώτο κομμάτι είναι μία προσπάθεια στον πολιτισμό. Τι θα μαθαίνεις τα παιδιά στο σχολείο; Πώς να επιβιώνουν στο κακό; Παιδιά είναι, δε γίνεται αυτό. Παιδιά όμως που όταν μεγαλώσουν ορισμένα από αυτά ή και αρκετά θα διαπρέψουν στο κακό. Θα υπηρετήσουν το κακό, εκείνο που το σχολείο δεν μπόρεσε να αποτρέψει. Γιατί και εσείς και εγώ και όλοι μας εδώ, από παιδιά ξεκινάμε, δε φτάσαμε ενήλικες στο ξαφνικό. Κι όμως οι δρόμοι άλλαξαν και είδαμε πολλά να γίνονται διαφορετικά απ' ό,τι μας είπαν στο σχολείο.

Δεν με θίγει όλο αυτό. Όμως θίγει σίγουρα τη νοημοσύνη και την αξιοπρέπεια των παιδιών, και κυρίως αυτών που έχουν στο μυαλό τους την ευρύτερη κοινωνία ως ένα τοπίο ιδανικό. Και για ορισμένους, ελάχιστους, ίσως να πραγματοποιείται αυτό. Αλλά για τους πολλούς δε συμβαίνει δυστυχώς.

Και μη νομίζετε ότι αυτό περιορίζεται σε επίπεδο θεωρητικό. Δηλαδή ακόμα και αν διδάσκεις θετικό μάθημα και πάλι ο τρόπος εφαρμογής, το μέσο διδασκαλίας παίζει ρόλο σημαντικό. Μαθηματικά, φυσική και ό,τι σχετικό, πώς τα εφαρμόζεις; Με ποιο κριτήριο; Με κριτήριο την εξέλιξη ή για να γίνεις ας πούμε ένας πυρηνικός που μελλοντικά θα μπορεί να φτειάξει καταστροφικά όπλα; Όλα συνδέονται κατά τρόπο σχετικό.

Επίσης, αυτός ο κόσμος δεν είναι ο κόσμος μας. Ο κόσμος που ζείτε εσείς κι εγώ, είναι ένας κόσμος διαφορετικός. Αλλιώς ζουν στον Καναδά, αλλιώς στη Μέση Ανατολή αλλιώς εδώ, παντού αλλιώς. Λίγα είναι τα σημεία που ο τρόπος ζωής συγκλίνει κάπως. Δηλαδή και το ότι μπορείς να βρεις παντού ένα κινητό, αυτό δε λέει κάτι. Απλώς υπάρχει και κατασκευάζεται παντού. Τώρα γιατί το έχει ο καθένας και πώς το χρησιμοποιεί αυτό, αλλάζει τα πράγματα εντελώς.

Να μην προσθέσω τις περιοχές αυτού του κόσμου που δεν έχουν ανάγκη από κινητό γιατί απλά δεν έχουν ούτε καν φαγητό. Βλέπετε, δεν λειτουργεί η παγκοσμιοποίηση ως μέσο ικανοποίησης των πολλών αλλά ως μέσο κυριαρχίας των λίγων στις ζωές των πολλών, που φαινομενικά τις βελτιώνει αλλά όχι στην πραγματικότητα. Μια εικόνα τηλεόρασης, ένα σύγχρονο μέσο υπαρκτό και σε ένα απομακρυσμένο χωριό δε σημαίνει βελτίωση του τρόπου ζωής με τρόπο ουσιαστικό.

Συγχωρέστε την επανάληψη, είμαι εμμονικός. Κρατήστε την ουσία των σκέψεων. Μόνο αυτό.

Έλεγα λοιπόν ότι η παγκοσμιοποίηση δεν είναι κάτι που επινοήθηκε για το καλό των πολλών. Και τελικά κάθε εποχή έχει τον αρχηγό της. Έχει αυτοκράτορα, έχει φεουδάρχη, έχει τίτλους και χίλια δύο αλλά η εξουσία δεν αλλάζει δυστυχώς, είτε αναφέρεται σε αυτοκράτορες, είτε σε πρόεδρο, είτε σε δικτάτορα, είτε σε πρωθυπουργό. Απλά αλλάζει χέρια, δεν αλλάζει σκοπό. Τώρα, στο σύστημα το σημερινό, πρόεδρος, πρωθυπουργός, υπουργοί, όλοι αυτοί είναι, δυστυχώς, υπάλληλοι δεν είναι αξίας άνθρωποι ικανοί να παίξουν καθοριστικό ρόλο. Είναι απλά διαχειριστές, εκπρόσωποι άλλων πραγμάτων και εδώ δυστυχώς. Δε βελτιώνουν πραγματικά αυτό που ζει ο λαός. Εκείνον τον θυμούνται όποτε βολεύει και είναι εμφανές αυτό. Δεν τους απασχολεί. Είναι υπάλληλοι εκπαιδευμένοι με ειδικό τρόπο, συστημικό, πονηρό, να παίζουν έξυπνα παιχνίδια, και πληρώνονται γι' αυτό. Δεν έχουν ούτε χαρίσματα, ούτε πραγματική έγνοια για τον λαό. Κάποιοι ίσως, μεμονωμένα, να νοιάζονται αλλά είναι λίγοι και δεν κάνουν τη διαφορά σε ένα πλαίσιο ισοπεδωτικό.

Πολύ φοβάμαι ότι οι ελευθερίες που προσφέρει το σύστημα στον λαό είναι ελάχιστες μπροστά στο μαρτύριο των ελευθεριών αυτών. Δηλαδή κάποτε υπήρχε και μια ξεκάθαρη εικόνα: ο μονάρχης τύραννος ανήκει στον λαό αλλά δε λογοδοτεί σ' αυτόν. Λογοδοτεί σε ένα ατομικό συμφέρον. Σήμερα πάλι πού λογοδοτεί; Πάντως όχι στον λαό. Μάλιστα κάθε πολιτικός φορέας επαναλαμβάνει και ένα μοτίβο σκέψης, επικοινωνίας με τον γραφικό λαό. Ξέρουμε τι θα πει, πώς, για πόσο καιρό και ούτω καθεξής.

'Όταν ξεκίνησα να γράφω δεν περίμενα ότι θα έφτανα ως εδώ, να σας λέω όλα αυτά. Απορώ και εγώ πώς έφτασα εδώ. Εκείνο όμως που με κάνει να απορώ ακόμα πιο πολύ, είναι πώς δεν έφτασα νωρίτερα ώστε να μοιραστώ όλο αυτό. Δεν ζω κάτι διαφορετικό. Απλώς, επιθυμώντας να γίνω κάποιος μελετώ, μελετώ, μελετώ. Σκέφτομαι και απορώ. Βλέπω τον κόσμο, παρατηρώ, προβληματίζομαι και τελικά φτάνω εδώ. Θα μου πεις βέβαια κατήχηση είναι όλο αυτό, δεν είναι κάτι σημαντικό. Σωστά. Αλλά και η κατήχηση έχει έναν ειδικό ήχο που τον μοιράζομαι μαζί σας...

## Παρελθόν - παρόν - μέλλον

Δωροδοκίες, δολοπλοκίες, ατιμώσεις, προδοσίες, συμφωνίες, ερμηνείες, πόλεμοι, προστριβές, διπλωματίες, συμφορές, κακίες, διακανονισμοί, αυταρχισμός, τιμωρίες, βασανισμός, διαμάχες, προσδοκίες, μικροπολιτικές, εξουσίες, φόνοι, δικτατορίες, εγωκεντρισμός, συμφέροντα, δημαγωγίες, αλυτρωτισμός, υποκινήσεις, χρηματισμός, διαφιλονικίες, ραγιαδισμός, συνωμοσίες, αποκλεισμός, αδικίες, κατασκοπείες, αποπροσανατολισμός...

Μηχανορραφίες, σκλαβοπάζαρο, δουλοπαροικίες, εμπόριο σάρκας, λαών, φιλοδοξίες, σχέδια αδίστακτα, νομοθεσίες, αυθαιρεσίες, εκμετάλλευση, συμπεριφορές άθλιες, συνεργασίες, ψευδορκίες, διαδικασίες, παραδιαδικασίες, παραπλάνηση, ψευδολογίες, απογοήτευση, απολογίες, ψευδαισθήσεις, απορίες, ερωτήματα, συστήματα ελέγχου, τρομοκρατίες, επαναστάσεις, αντιδικίες...

Πραγματικότητα ή ειρωνείες;

## Είδος

Εδώ η συζήτηση υπερβαίνει το φιλολογικό, φιλοσοφικό και θεωρητικό της πλαίσιο. Δεχόμενοι ότι ο άνθρωπος είναι ένα είδος που εμφανίστηκε στην πλανητική ζωή μέσα από συγκεκριμένες διαδικασίες, γεωλογικές, βιολογικές, μακρόχρονες, και ότι σχετικά το κομμάτι της ύπαρξής του είναι μικρότερο από της ύπαρξης του περιβάλλοντός του όπως το γνώρισε ο άνθρωπος, τότε μπορούμε να καταλήξουμε στο συμπέρασμα ότι πέρα από τη βλακεία του, την αλαζονεία και την αυτοκαταστροφικότητά του έχει ημερομηνία λήξης.

Πέραν της αντοχής του πλανήτη στις δοκιμασίες που εμείς τον βάζουμε, η γη βιώνει και τις δικές της αλλαγές. Τις δικές της ρυθμίσεις. Είναι ένας πλανήτης. Βρεθήκαμε υπό ορισμένες ιδανικές συνθήκες πάνω σε αυτό που λέμε «γη» αλλά αυτό δεν αλλάζει τις δικές της συνθήκες. Παγετώνες, σεισμοί, ηφαίστεια, πλημμύρες, γεωλογικές αλλαγές τεράστιου μεγέθους δεν είναι κάτι που σχετίζεται με τον βλάκα άνθρωπο. Έχει ροές η γη και μεταμορφώσεις δισεκατομμυρίων αιώνων, μέσα στις οποίες βρέθηκε και ο άνθρωπος.

Εδώ πλέον καταλαβαίνουμε την προσπάθεια κάποιων για εξεύρεση λύσης, επιβίωσης. Η διαιώνιση του είδους δεν είναι επιστημονικό δεδομένο. Είναι ευχή για παπάδες και θεολογίες, όχι για επιστημονικές εξηγήσεις και ευχολόγια τρίτου τύπου. Δεν εξασφαλίζεται η επιβίωση του είδους απαραιτήτως. Το επιχείρημα «θα ζήσω» είναι τόσο ισχυρό όσο και το επιχείρημα «δε θα ζήσω» και αυτό το βλέπουμε. Δεν είναι τίποτα δεδομένο σε τέτοια ανάλυση.

Ψάχνει ο άνθρωπος σ' αυτό το αδιέξοδο να βρει μια λύση. Όχι ο καθένας. Εκείνος που έχει τη δυνατότητα να ασχολείται ή που τέλος πάντων καταλαβαίνει ότι κάθε είδος άγεται προς στην εξαφάνισή του. Ατομικά και συλλογικά. Δεν ξεχωρίζει η φύση. Δεν μπορώ να ξέρω πώς θα εξελιχθεί η γη και το είδος. Η ριζική αλλαγή πάντως των γεωλογικών θαυμάτων γιατί εδώ μιλάμε για αλλαγές που στον νου μας φαντάζουν θαύματα είναι απρόβλεπτη και κατά πάσα πιθανότητα προβλεπόμενη με ερωτηματικά επιβίωσης για το είδος. Δηλαδή, βγαίνοντας από το πλαίσιο των μικρόνοων προβλημάτων που απασχολούν το είδος, βλέπουμε ότι αργά ή γρήγορα κινδυνεύουμε κατά τη δική μας άποψη ή απλά τελειώνουμε σαν είδος.

Η γεωλογική συνέχεια και εξέλιξη ορισμένων φαινομένων, ανυπέρβλητο σοκ για τον άνθρωπο, δε θα σταματήσει για να βολέψει ο άνθρωπος τα θέλω του. Ίσως από εκεί πηγάζει και η τεράστια ανασφάλεια που έχει. Από ένστικτο, αν σκεφτεί κανείς ότι έτσι τυχαία ήρθε και τυχαία μπορεί να κλείσει. Δεν μπορεί να το ελέγξει αυτό ο άνθρωπος.

Η επιστήμη δεν κοροϊδεύεται. Δεν είναι η επιστήμη μία φιλολογική συζήτηση φαντασμένων υποκειμένων με διανοητικά κίνητρα αγνώστου ταυτότητας. Βασίζεται στη λογική, στην παρατήρηση των πραγμάτων, στη μελέτη, στην επαλήθευση. Και εκεί γίνεται μια σημαντική ανάλυση που επηρεάζει το είδος στην εξέλιξη των πραγμάτων.

Δεν έγινε αυτή η συζήτηση τόσο οριακά και στοιχειοθετημένα όσο γίνεται σήμερα. Με αποδείξεις, όχι δεισιδαιμονίες από άγνοιες και φοβίες. Με επιστημονικές αναλύσεις σοβαρότατου περιεχομένου που δεν επιτρέπουν παρανοήσεις.

Η γη έχει τη ροή της και όπως εμφανίστηκε ζωή, έτσι μπορεί να καταλήξει. Δεν είμαστε οι καθοριστές του είδους. Είμαστε απλά το είδος και υφιστάμεθα ό,τι θα υποστεί και η υπόλοιπη ζωή στον πλανήτη.

Το είδος έτσι και αλλιώς υπόκειται σε φοβερή ανασφάλεια και το έχει αποδείξει με τις τρελές κινήσεις του. Ίσως, ενστικτωδώς, νιώθει την αδύναμή του φύση. Και η απόγνωση δεν είναι λύση. Ο άνθρωπος σε απόγνωση ρέπει στη λάθος λύση, διότι είναι ακριβώς σε απόσταση από τη λύση και τρομάζει απίστευτα. Η γνώση οδηγεί στη λύση, όποια και να είναι η λύση. Ίσως και η αποδοχή ότι δεν υπάρχει λύση γιατί είναι ένα είδος μέσα στη φύση. Δεν είναι ο άνθρωπος όλη η φύση και ας κόπτεται αιώνες τώρα να κυριαρχήσει. Η απόγνωση για λύση επιβίωσης τον οδηγεί στη μη λύση.

Ο άνθρωπος είναι εγωιστής από τη φύση του, ίσως για να αντέξει, να επιζήσει σε κάτι ανεξέλεγκτο, βαρύ, τεράστιο. Αυτό όμως δε θα οδηγήσει τη γη, τη ροή, στη δική του ενδεχομένως ιδανική λύση. Κάνεις δε θα τον ρωτήσει. Η Αποκάλυψη ίσως να είναι αυτή.

Η επιστημονική κοινότητα έχει αντιληφθεί την Κρίση και μάχεται να βρει μια λύση. Έναν πλανήτη, μία νέα ζωή, κάτι για να επιζήσει. Και το αισθάνεται και είναι υποχρεωμένος να βρει στη δική του λογική μια λύση.

Τα δεδομένα όμως δεν αλλάζουν. Η φύση θα τα κανονίσει γιατί αυτή καθορίζει το τελευταίο συμβάν.

## Μικρόκοσμος

Βέβαια ποιόν απασχολεί τι θα γίνει σε δέκα χιλιάδες χρόνια ή σε χίλια αν θέλετε; Είναι πολύ μακριά. Ο καθένας σκέφτεται αυτό που άμεσα τον απασχολεί, που άμεσα τον ενδιαφέρει.

Αν όμως σας ζητήσω να σκεφτείτε λιγάκι τους αιώνες που πέρασαν, αν σας ζητήσω να σκεφτείτε πότε ήσασταν παιδί και πότε μεγαλώσατε, τι θα καταλάβετε; Ότι ο χρόνος τρέχει. Ιλιγγιωδώς τρέχει. Άρα αυτοί οι αιώνες που έρχονται ενδέχεται, λέμε τώρα, να μην είναι και τόσο μακριά όσο νομίζουμε.

Αν βάλεις τώρα και την εξέλιξη της ανθρώπινης σκέψης και παρέμβασης, τότε το αποτέλεσμα έρχεται πιο γρήγορα απ' ό,τι κανείς προσδοκεί.

Αυτά βέβαια είναι πολυτέλειες για όποιον σκέφτεται. Γιατί είναι αλήθεια ότι ο μικρόκοσμος παραμένει, επιμένειν, δε χαρίζει περιθώρια σκέψης.

Το παιδί πρέπει να φάει. Η οικογένεια πρέπει να το θρέψει. Ο εργάτης πρέπει να δουλέψει. Είναι μια ροή που αντισταθμίζει τη σκέψη. Έτσι εγκλωβίζεται ο άνθρωπος σε αυτά που μπορεί να ελέγξει. Προσωρινά, άμεσα, αλλά αυτά ελέγχει.

## Νηπιακή ωρίμανση

Άνθρωποι, λαοί και έθνη ενηλικιώνονται μέσα σε νηπιακή σκέψη. Δεν είναι λίγες οι φορές που γνωρίσατε κάποιον, κάποιους, που μένουν στάσιμοι σε τέτοιες σκέψεις. Δεν ωρίμασαν. Δεν είχαν τη διάθεση να ωριμάσουν. Ίσως δεν τους μεγάλωσαν έτσι. Γενιές μεγάλωσαν έτσι, με νηπιακή σκέψη.

Οι τρεις τελευταίες αναφορές συνδέονται. Μικρόκοσμος, εξέλιξη και ωρίμανση σκέψης. Δεν συνδέονται όσο ο άνθρωπος αρνείται να τις συνδέσει. Είναι μια επίσημη παραδοχή της φθοράς που πρέπει ο άνθρωπος να αντέχει. Να βλέπει την πραγματικότητα όπως έχει, να δέχεται τον αφανισμό της δικής του εξέλιξης. Να μη συνδέει τον εαυτό του με όνειρα που δεν μπορεί να καταφέρει. Να βάζει τον εαυτό του στην κατάλληλη θέση.

Δεν γίνεται να μην παραδεχτεί κανείς τις συνέπειες της εξέλιξης. Δε γίνεται να αρνείται κανείς ότι ο χρόνος τρέχει. Δε γίνεται να νομίζει κανείς ότι κλέβει. Σήμερα έρχεται, αύριο φεύγει. Τόσο απλά, τόσο ήρεμα.

Κακό μαντάτο η ενηλικίωση για όποιον δεν την αντέχει. Πρέπει να υποστείς την παραδοχή ότι αυτά που είχες δεν μπορείς να τα έχεις για πάντα. Καμία φορά συμβαίνει και το αντίθετο. Φερ' ειπείν, ένα παιδί που δουλεύει, θέλει δε θέλει, ωριμάζει. Αντιφατική κατάσταση, στερείται την αγνότητα που κάποια χρόνια ο άνθρωπος δικαιούται να έχει.

Είναι δύσκολο πράγμα η ενηλικίωση και κυριολεκτικά δεν συμφέρει σε όποιον μπορεί να την αποφεύγει. Σηκώνει τα βάρη μιας σκληρής, ωμής πραγματικότητας που καλείται να κουβαλήσει χωρίς δισταγμούς, ανασφάλειες, περιπτύξεις. Είναι μία κατάσταση όπου η τοποθέτηση της ζωής δεν αφήνει περιθώρια συζήτησης. Περιορίζει.

Από την άλλη, το να αρνείσαι την ενηλικίωση σε απομονώνει, δεν σου δίνει επαφή με τον περίγυρο. Όποιον περίγυρο έχεις. Δεν σου δίνει δυνατότητα σύνδεσης, σε αφήνει έξω από το παιχνίδι. Και είναι δικαίωση, θα μου πεις, η ένταξη σε αυτό το παιχνίδι; Είναι τόσο σπουδαία η συμμετοχή σε κάτι που οδηγεί αναπόφευκτα σε συμβιβασμούς εποχής, όποιας εποχής και αν είναι, αφήνοντας τη φαντασία, την ευαισθησία, την αγνότητα εκτός ωρίμανσης; Δεν είναι δικαίωση. Απλά είναι η ανάγκη συνεύρεσης και συνύπαρξης στις κοινωνίες. Ανάγκη ομαλής προσγείωσης. Βέβαια η δική σου ενηλικίωση έχει τις επιλογές της. Μπορείς να επιλέξεις με δική σου ευθύνη πού θα γίνει και πώς θα γίνει. Ποια κοινωνία θα επιλέξεις να ζήσεις. Θα συμβιβαστείς με κάποια πράγματα οπωσδήποτε. Απλώς αλλού οι συμβιβασμοί είναι βαρείς και αλλού σχεδόν ανύπαρκτοι. Ανάλογα με τις κοινωνίες. Οι συντηρητικοί ας πούμε δεν αντέχουν σε προοδευτικές κοινωνίες. Ούτε οι προοδευτικοί σε συντηρητικές. Εκεί πρέπει να γίνει επιλογή. Αν δεν ανήκεις στο γενικό κλίμα, πρέπει να φεύγεις. Αλλιώς θα πιέζεσαι πολύ. Δε θα πείθεις. Θα ρημάζεις προσπαθώντας να πείσεις. Και όταν μία αχτίδα θα φαίνεται στον ορίζοντα, πολύ γρήγορα πάλι θα ζεις στη μαυρίλα, διότι θα σε επηρεάζει το γενικό κλίμα. Αν λάβεις υπόψιν και τη γήρανση, που και αυτή οδηγεί σε συμμάζεμα, σε τακτοποίηση, τότε η προοδευτική ζωή γίνεται ακόμη πιο δύσκολη. Γι' αυτό είναι ελάχιστες οι κοινωνίες που προοδεύουν. Άλλοτε επικρατεί η παράδοση και άλλοτε η συντήρηση. Τεράστιες πλάκες οπισθοδρόμησης και οι δύο συνθήκες. Όποιος βολεύεται, βολεύεται.

Είναι ζόρικο πράγμα η εξέλιξη της σκέψης. Βολεύει ο ύπνος. Γι' αυτό και όποιος ξεβολεύεται ονομάζεται ξύπνιος, δηλαδή έξω από τον ύπνο. Άλλοτε η ενηλικίωση σε βάζει μέσα στον ύπνο και άλλοτε σε βγάζει από τον ύπνο, ανάλογα με τα ερεθίσματα κουβαλάς και με το πού αποφασίζεις τελικά να ζήσεις. Δεν μπορείς να πάρεις μια φιλελεύθερη ύπαρξη και να τη χώσεις σε μοναστήρι. Αν το κάνεις, την έχεις σκίσει. Κάθε κοινωνία περιέχει κανόνες. Από τη φύση της η κοινωνία αναβλύζει κανόνες συντήρησης. Αν τους ακολουθήσεις θα ενηλικιωθείς και θα τους απομυζήσεις. Αν δεν ενηλικιωθείς θα μείνεις στο περιθώριο μιας κρίσης. Εκεί αποφασίζεις σε ποια κοινωνία θα ζήσεις, ποιους κανόνες αντέχεις να κουβαλήσεις, αν έχεις τη λύση.

Είναι μεγάλα τα βάρη της ενηλικίωσης και μάλιστα της συνειδητής, χωρίς απωθημένα, εξαναγκασμούς και συνθήκες διαβίωσης. Γιατί και αυτά επιβάλλουν μία ενηλικίωση με αρνητικές βέβαια αποκλίσεις. Άλλο επιλογή ζωής, άλλο ανάγκη διαβίωσης. Δεν έχουν καμία σχέση οι δύο λύσεις, αν τις έχεις. Ένα μεγάλο κομμάτι αυτού του κόσμου δεν έχει ούτε επιλογή ζωής, ούτε διαβίωσης. Γεννιέται, ζει, πεθαίνει σε μια ορισμένη συνθήκη.

Πάντως καλό είναι ό,τι χαρακτήρα και να έχεις, όποια πνευματική κλίση, να μη μένεις σε νηπιακή ωρίμανση. Καλύτερα να αποφασίζεις τη δύσκολη ωρίμανση. Να γίνεσαι εσύ μέρος της λύσης, αρνητικής και θετικής. Δεν είναι εύκολο πράγμα να κουβαλήσεις τα βάρη μιας πραγματικότητας που δε σε συγκινεί, που δεν τη συνηθίζεις. Αλλά ακόμα και αν σε συγκινεί πάντοτε θα έχεις ελαφρές ενστάσεις, αντιρρήσεις. Κάνεις υπομονή. Έτσι είναι η κοινωνική αντίληψη.

Βέβαια και η αντίδραση είναι μέρος της ενηλικίωσης. Φανταστείτε τι θα γινόταν αν συμβιβάζονταν όλοι με τον Μεσαίωνα και τις ιδεοληπτικές του κρίσεις. Δε θα είχαμε ποτέ ξεφύγει. Εκείνοι όμως που αντέδρασαν είχαν συνειδητοποιήσει ότι κάτι δεν πήγαινε καλά και είχαν εντοπίσει λύση. Αυτό είναι η ωρίμανση: να μη δεχτείς μια ανελέητη και άθλια κατάσταση, σε όποια εποχή, αλλά να αντιδράσεις και να κινητοποιήσεις όλες σου τις δυνάμεις, πνευματικές και σωματικές για εξεύρεση καλύτερης κοινωνικής συμβίωσης. Όλα αυτά στα πλαίσια της ωρίμανσης, της ενηλικίωσης μέσα από κοινωνικές αντιλήψεις.

Αν καταφέρεις να ζεις ελεύθερος χωρίς συμβιβασμούς, μη μιλήσεις. Απόλαυσε. Έγινες μέρος της ιδανικής σου λύσης.

# Πολυγαμία

Ας μη γινόμαστε άλλο γραφικοί. Η πολυγαμία είναι φυσική κατάσταση. Είναι η διάθεση συνεύρεσης με έναν άνδρα, με μια γυναίκα που μας έλκει. Δε χρειάζεται να είναι ο άντρας μας ή η γυναίκα μας στα στερεότυπα του γάμου. Η φύση είναι ελεύθερη να επιλέξει, δεν έχει ετικέτες. Άλλωστε οι ετικέτες μπήκαν μεταγενέστερα, για κοινωνικούς λόγους. Η απομάκρυνση από την πολυγαμία είναι εφικτή, όχι γιατί είναι αρρώστια και άλλες τέτοιες ανόητες σκέψεις αλλά γιατί είναι η επιλογή ενός ανθρώπου που ενδεχομένως εστιάζει σε ένα πρόσωπο που αγαπάει, δένεται, συνηθίζει και πολλές φορές εξαρτάται. Είναι όμως επιλογή. Προκύπτει και από άλλες παρεμβάσεις όπως θρησκείες, προκαταλήψεις, αυταρχισμός, κοινωνίες άδικες ειδικά προς τις γυναίκες, αντιλήψεις παρωχημένες, στρεβλές που δεν έχουν σχέση με την πραγματικότητα του ανθρώπου. Ο άνθρωπος αν δεν μπορούσε να διακρίνει θα πήγαινε και με τη μάνα του αν η φύση τον καλούσε σε πράξεις τέτοιες.

Υπήρχαν και εποχές που για οικονομικούς λόγους εξουσίας επέβαλαν την αιμομιξία. Άσχετα αν ήρθε η επιστήμη να αντιληφθεί τις συνέπειες και σταμάτησαν τις συνήθειες αυτές. Σας εξηγώ λοιπόν ότι πέρα από ηθικούς κώδικες και δεοντολογίες η πολυγαμία είναι στην ανθρώπινη φύση. Δε μιλάμε για συστηματική χρήση. Μιλάμε για την έλξη προσέγγισης που αισθάνονται οι άνθρωποι και την ολοκλήρωσή της ως μία σαρκική συνέπεια. Δε σημαίνει ότι έχει βάρος ή αρνητικά αποτελέσματα, ούτε ότι συμβαίνει συνεχώς. Απλά δεν μπορεί ένα δαχτυλίδι, ένας όρκος, ένα συμβόλαιο να παρέμβει στη φυσική συνέχεια.

## Γυναίκες

Εδώ πρέπει να ομολογήσω ότι έχω αδικήσει πολύ, στο έργο μιλάμε, τις γυναίκες. Δεν με ευχαριστεί η καθιερωμένη διάκριση σε άντρες και γυναίκες. Δεν υπάρχει στις δικές μου έννοιες. Αδικίες όμως που σχετίζονται με γυναίκες σε κοινωνίες ολόκληρες, πολιτισμένες και μη πολιτισμένες, εξακολουθούν δυστυχώς να υπάρχουν. Η αντίληψη res χρηστικής τελείως προέλευσης διέπει μία ιστορία που με ιδιαίτερη μεταχείριση κακής κάκιστης έντασης κακοποιεί και ξεχωρίζει τις γυναίκες. Για μένα είναι ντροπή να πρέπει να αποδείξεις ως άνθρωπος, είτε γυναίκα είτε άντρας, το τι αξίζεις και δεν αξίζεις εφόσον υπάρχεις και η φύση το θέλησε, αλλά άντε να το μεταφέρεις κωδικοποιημένα και με επιχειρήματα στο κεφάλι κάθε αποκοιμισμένου στουρναρόβλαχου που χαίρεται να καρπώνεται οφέλη από αυτές τις διαφορές. Γενεές επί γενεών μεγάλωσαν με ταπεινωτική αντίληψη για τις γυναίκες οι οποίες προικισμένες με το χάρισμα της φύσης να αντέχουν κατάφεραν να ξεπεράσουν και να ξεπερνούν αυτές τις εξευτελιστικές συμπεριφορές και για ακόμη μια φορά να βγαίνουν νικήτριες σε φάσεις δύσκολες, έστω και παρασκηνιακές.

Είναι τάχα κατεργάρες και πονηρές οι γυναίκες ή αναγκάστηκαν να γίνουν για να αμυνθούν στις κατεργαριές με τις οποίες οι άντρες τις περιέλουσαν; Ίσως αυτό είναι επιχείρημα για άλλες εποχές και πιθανώς και για τις σημερινές σε πολλές περιοχές του κόσμου που οι γυναίκες είναι, ή καλύτερα εξακολουθούν να είναι, περιορισμένες. Res.

Στις πολιτισμένες κοινωνίες και όχι από χάρες ιδεολογικές επιτράπηκε η είσοδος στις γυναίκες οι οποίες για να αποδείξουν το αυταπόδεικτο έχουν κάνει θυσίες πολλές. Σε ελάχιστες περιπτώσεις δεν υφίσταται η προκατάληψη, και σε αυτές ακόμη τις περιπτώσεις, κάποια ενδεχομένως σκέψη υπάρχει ως υπόλειμμα από άλλες εποχές. Η ρητορική που θέλει τις γυναίκες περιορισμένες δεν πέρασε και μάλιστα σε πολλές περιπτώσεις άντρες αλλά και γυναίκες εκφράζονται έτσι.

Για άλλη μια φορά υπερίσχυσε η ωμή βία και τα κόμπλεξ που κυριάρχησαν μέσα από ανεξήγητες εμμονές. Δεν έχουν επιλογή οι γυναίκες όπου και αν βρίσκονται, όποιες και αν αυτές είναι παρά να παλεύουν, όπως η φύση τις προίκισε με περίσσιες αντοχές. Μιλάμε πάντα για κοινωνίες άδικες που πολλές πτυχές τους αφορούν και τις γυναίκες. Εκείνες μπορούν οι ίδιες να καθορίσουν τον ρόλο τους, τις αξίες τους, τα θέλω τους, τις σκέψεις τους για εξέλιξη, μιας που οι γυναίκες από τη φύση τους γεννούν τις ιδέες, γεννούν την εξέλιξη και είναι πραγματικά προικισμένες ψυχές.

## Μεσοπόλεμος 21ος αιώνας

Περίεργο, ε; θα λέγατε. Εικοστός πρώτος αιώνας και όμως η ιστορία επαναλαμβάνεται. Το σκηνικό ξαναζωντανεύει με άλλους ρόλους, άλλους θιασάρχες, άλλες φιτιλιές, αλλά με τα ίδια αποτελέσματα.

Η ιστορική μνήμη χάνεται. Τα προβλήματα οδηγούν σε νέο αδιέξοδο. Ο άνθρωπος αναζητά λύσεις επιβίωσης. Λύσεις δεν βρίσκονται. Ο πλανήτης χάλασε. Υπερεκμετάλλευση. Ό,τι ήταν να δώσει το έδωσε. Πολλοί γίναμε. Γεννήσαμε, γεννήσαμε, δε χωράμε. Οι πλούσιοι αρπάζουν, τα θέλουν όλα δικά τους. Ό,τι απέμεινε θέλουν να το αρπάξουν. Δεν υπολογίζουν ανθρώπινο πόνο και άνθρωπο. Κοιτάνε να εκτονώσουν εφήμερα την κατάσταση. Νέο αδιέξοδο. Πολιτικοίυπάλληλοι. Ανταγωνισμοί που ξεχειλίζουν από πάθη. Θεατές άνθρωποι. Κρίση. Ακροδεξιά ανάλυση. Εκμετάλλευση.

Ομοφοβία, ρατσισμός, βία, εγκλήματα, εχθρική διάθεση διάσπαρτη, φόβοι, τρομοκρατία, σύγχυση, πλύση εγκεφάλου, διάλυση. Μην ταράζεστε. Επανάληψη του παρελθόντος είναι ο 21ος αιώνας.

## Αξιολόγηση έργων

Μεροληπτικά και για όσους ενδιαφέρει η συσχέτιση, πρέπει να κάνουμε μία αναφορά έργων. Δε θα ήταν δίκαιο να μείνει απέξω η εξέλιξη. Αφαιρούμε το ηθικό κομμάτι των κινήτρων και των σκοπών και εστιάζουμε στην ύπαρξη έργων. Επίσης αφαιρούμε την τοποθεσία και την κατεύθυνση των έργων για να μελετήσουμε την εξέλιξη ως εξέλιξη. Ξεκαθαρίζουμε την ανάλυση γιατί δεν είμαστε αφελείς να πιστεύουμε ότι οι θαυματουργές ευρεσιτεχνίες της ανθρώπινης φύσης απευθύνονται ίσα και με ίσες προϋποθέσεις. Ένα κομμάτι του κόσμου παίζει σε αυτήν την κατεύθυνση, το άλλο απλά βλέπει.

Αγωγοί, σωλήνες, δορυφόροι, εργοστάσια, αερομεταφορές, εμπόριο θαλάσσης, υπόγειες κατασκευές, τούνελ, αερογέφυρες, σιδηρόδρομοι, τρένα υπερσύγχρονα με ταχύτητες τρελές, γέφυρες τεράστιες, λεωφόροι αεροδιάδρομοι, γερανοί, καλώδια, εγκαταστάσεις υποθαλάσσιες, υπόγειες, υπέργειες, ευρεσιτεχνίες πολλές. Δε γίνεται να μη θαυμάσει κάποιος αυτές τις δημιουργίες. Απίστευτες δημιουργίες και όλες δείχνουν το εύρος της εξέλιξης, μηχανικής, κατασκευαστικής και τεχνολογικής. Προσπάθειες τεράστιες για να γίνουν τα επιτεύγματα αυτά, που πραγματικά συγκινούν. Ομαδικές, συλλογικές, υπεράνθρωπες, επιστημονικές, ιατρικές, καλύπτουν όλες τις έννοιες, όλες τις ανθρώπινες πτυχές.

Δεν είναι τόσο απλό να επιτευχθούν τέτοια έργα. Είναι εικόνες συγκλονιστικές. Να βλέπεις αεροπλάνα θηρία να μεταφέρουν κατασκευές τεράστιες για χρήσεις εμπορικές, διαστημικές, τεχνικές, βοηθητικές και πολλές άλλες ακόμη.

Να βλέπεις σύγχρονα πλοία να δαμάζουν τις θάλασσες με φορτία αξίας μεγάλης, με ειδικές προϋποθέσεις για να μεταφερθούν από το ένα σημείο στο άλλο. Και με επιστήμονες σε θέσεις πολλές να μην κοιμούνται το βράδυ για να ολοκληρώσουν αυτές τις ασύλληπτες κατασκευές. Άνθρωποι εμπορεύονται, φτιάχνουν κοινωνίες, λύνουν προβλήματα, ισορροπούν ελαττώματα, φυσικές καταστροφές και όλα αυτά έχουν μέσα τους τεράστιες ανθρώπινες ροές.

Οι λέξεις δε φτάνουν. Υπάρχουν εικόνες που αντιστοιχούν σε εμπειρίες σχετικές. Δεν είναι μόνο σημερινό το φαινόμενο να βρίσκεσαι στη θέση να λες «άνθρωπος άραγε έκανε τις δημιουργίες αυτές;» Μπορεί να ακούγεται αδιάφορο ή και αφελές αλλά κάπου συμβάλλουν αυτές οι προσπάθειες, δεν είναι σκέψεις. Είναι δημιουργίες πραγματικές που τις βλέπεις, τις βιώνεις, τις επισκέπτεσαι και γίνεσαι για μια στιγμή ένα με αυτές, με το χέρι που τις έφτιαξε, με τον νου που τις επινόησε, τις εμπνεύστηκε και αναρωτιέσαι πώς γίνονται οι προσπάθειες αυτές. Πόσο χαρισματικές σκέψεις δίνουν οι δημιουργίες αυτές.

Δε μου αρέσουν τα όπλα και τα οπλικά συστήματα. Οι ατομικές βόμβες και οι διαστροφές που τις επικαλύπτουν. Αλλά ως δημιουργίες του ανθρώπινου νου τις θαυμάζεις. Όχι τις διαστροφές ή τους σκοπούς που αντιπροσωπεύουν αυτές αλλά την τέχνη του μυαλού να σκέφτεται με πυρήνες, με άτομα, με καλώδια, με υλικό, με ατσάλι, με κεφαλές, με ό,τι θέλεις. Σκέψου πως τα φτιάχνεις. Πως τα συναρμολογείς, πως γίνεσαι δημιουργός στις πνοές αυτές. Δεν αναφερόμαστε στη χρήση αλλά στην προσπάθεια και στο επίτευγμα του ανθρώπου να δημιουργεί. Αν βέβαια σκεφτούμε τις συνέπειες από τέτοιες χρήσεις, τότε εξαλείφονται οι θετικές σκέψεις. Χάνονται μαζί με τις καταστροφικές συνέπειες. Πάντως, ως ευρήματα επιστημονικής δημιουργίας είναι εντυπωσιακές.

Η συσχέτιση χρήσης και δημιουργίας αλλάζει πολλά από τις εντυπώσεις αυτές. Το ποιος απολαμβάνει τα οφέλη των επιτευγμάτων και με τι κόστος, και αυτό με τη σειρά του βάζει σε πολλές σκέψεις. Να μην ξεχνάμε ότι, από την τελειοποίηση σε ορισμένες από αυτές τις δημιουργίες κοντεύουμε να τελειοποιήσουμε και τις δικές μας καταστροφές. Η υπερβολική δραστηριότητα που ανέπτυξε ο άνθρωπος εξάντλησε πολλές φυσικές και μη φυσικές πηγές και έθεσε τον πλανήτη και τον άνθρωπο σε απελπιστικές στιγμές. Όταν μιλάμε για επιτάχυνση της πλανητικής καταστροφής από ανθρώπινη παρέμβαση, εννοείται ότι και εκεί εντυπωσιαζόμαστε από το πού οδηγούν επίσης οι προσπάθειες αυτές. Από τη μία αυτοθαυμαζόμαστε, από την άλλη προβληματιζόμαστε με τις συνέπειες που προκαλούν αυτές οι εντάσεις. Είναι σαν τον Πύργο της Βαβέλ. Εντυπωσιακό ύψος αλλά κάποια στιγμή καταρρέει από το βάρος των υπερβολικών προσδοκιών. Κάτι σαν το άγγιγμα του Ήλιου: εντυπωσιάζεσαι από το αστέρι αλλά δεν πλησιάζεται καν. Αν το πλησιάσεις καίγεσαι.

Δεν είναι διάθεση του αφηγητή να αναχαιτίσει την εξέλιξη ή να τη δαιμονοποιήσει, ασκώντας κριτική αν θέλετε. Επειδή όμως η εξέλιξη τρέχει και οι ταχύτητες, τώρα που μάθαμε, είναι απεριόριστες, τρελές, υπάρχει μία μόνο σκέψη: πώς φιλτράρει κανείς την εξέλιξη, όχι σε σχέση με το είδος της αλλά με τις συνέπειες που ενδεχομένως να έχει κομμάτι της εξέλιξης όπως τη βλέπουμε, πριν φτάσουμε σε αδιέξοδα ή σε λύσεις πιο ριζοσπαστικές.

Η μετοίκηση σε άλλους πλανήτες υπό συνθήκες φυσιολογικές είναι λύσεις πιθανές. Ας μη γελιόμαστε όμως. Όχι για όλους.

Δεν σημαίνει ότι βλάπτει η δημιουργία μιας γέφυρας που διευκολύνει τη μετακίνηση, ή ότι ζημιώνει η κατασκευή ενός έργου χρήσιμου στο εμπόριο και στις μεταφορές. Υλικά βέβαια χρειάζονται και δεν αντλούνται από εργαστήρια αποκλειστικά, αλλά και από τη φύση. Και επίσης γίνονται εις βάρος της φύσης. Να μην ξεχνιόμαστε: παρεμβαίνουμε για να έχουμε αυτές τις διευκολύνσεις. Το θέμα είναι ότι, εφήμερα, βολευόμαστε καλά και κερδίζουμε χρόνο, χρήμα, κούραση και δυσκολίες πολλές. Αν συνεχίσουμε όμως έτσι πόσο θα βολευόμαστε μέσα στις ολοένα αυξανόμενες τεχνητές παρεμβολές; Πόσες χωράει η ύλη που δεν είναι και ανεξάντλητη; Και πόσοι άνθρωποι γίνονται θύματα εκμετάλλευσης για να γίνουν αυτές οι επιτεύξεις; Δεν είναι αδιάφορο να πεθαίνουν άνθρωποι από υποσιτισμό, από εξάντληση για να απολαμβάνουμε λύσεις δημιουργικές; Να φτιάχνουμε αγωγούς, σωλήνες, γέφυρες και άλλες κατασκευές και από την άλλη να κλαίνε οικογένειες θύματα και ανθρώπινες ψυχές;

Δεν ξέρεις αν πρέπει να χαίρεσαι ή να αηδιάζεις όταν γίνεται συσχέτιση των χαρών με τις συνέπειες που τις προκαλούν.

## Τριγμοί - ρωγμές

Λοιπόν, φανταστείτε τη γη ως ένα ενιαίο πράγμα, ως μια συμπαγή οντότητα ύπαρξης χωρίς διαχωριστικές γραμμές, τη θάλασσα ή άλλες φυσικές καταστάσεις. Δεν είναι εικασίες, είναι γεωλογική πραγματικότητα. Αν λοιπόν αυτό συνέβαινε κάποτε, δε θα έπρεπε να μας κάνει εντύπωση η ανάγκη του ανθρώπου να εξερευνήσει τα πάντα. Ίσως ενστικτωδώς, ως μέρος της φύσης, αισθάνεται την προϊούσα φάση και αναζητά να σπάσει τα φράγματα, νοητά και αντιληπτά. Ίσως αυτό φανερώνει και τις ομοιότητες του ανθρώπου σε χαρακτηριστικά ενιαία ανεξαρτήτως φυλής, χρώματος και άλλων ρηγμάτων, χαρακτηριστικά που συνενώνουν το πάζλ.

Δεν έχει σημασία αν είμαστε Έλληνες, Ιάπωνες, Κινέζοι. Σημασία έχει πως σε κάθε πλευρά του κόσμου υπήρχε άνθρωπος που ένιωθε την ανάγκη να ταξιδέψει. Δεν ήξερε πάντα το γιατί. Ήξερε όμως ότι ήθελε να ταξιδέψει. Και έτσι έφτασε κάποια στιγμή, βήμα βήμα, στην εξερεύνηση του συνόλου που σήμερα πλέον με καθαρότητα ξέρει. Το σπασμένο γυαλί που κάποτε κάτι το ένωνε. Και φυσικά και η πνευματική ανάγκη που ξεχωρίζει τον άνθρωπο συνέβαλε, όχι καθοριστικά, αλλά συνέβαλε. Αρχικά μίλησε το ένστικτο, αυτή η ανυπέρβλητη δύναμη. Και έπειτα σίγουρα το δούλεψε, το σκέφτηκε.

Οι περιοχές ανά τον πλανήτη διαφέρουν, αλλά δεν παύουν να είναι γήινες. Έτσι και ο άνθρωπος. Διαφέρει αλλά δεν παύει και αυτός να είναι άνθρωπος. Κάποια κοινά χαρακτηριστικά με όλους τους ανθρώπους έχει. Τώρα, τι πραγματικά προέκυψε και διαμελίστηκε το σύμπαν, κανείς δεν ξέρει. Έτσι βλέπουμε ανθρώπους να ερευνούν αυτή τη διάσταση ποικιλοτρόπως και να εξηγούν με κάποιες επιστημονικές αναλύσεις τι προέκυψε και τι θα προκύψει αν συνεχίσουμε έτσι αλλά και ανεξάρτητα του πώς συνεχίζουμε. Αλλά ο άνθρωπος θέλει να ξέρει, και αυτό προέχει γιατί ορισμένες φορές δεν καταλαβαίνει τι του γίνεται, τι συμβαίνει. Γι' αυτό και ερευνά. Αν είχε την απάντηση δε θα συνέχιζε την έρευνα, θα καθόταν στωικά να χαίρεται το διάστημα της ζωής που του απομένει. Κατά τον αυτό τρόπο αναπαράγεται για να εξασφαλίσει κατά μέρος το δικαίωμα της συνεχούς και αδιάλειπτης έρευνας που οφείλει στον εαυτό του μια απάντηση, την οποία θέλει να έχει. Δεν πρόκειται για σενάρια σκέψης. Έτσι είναι ο άνθρωπος. Η πραγματικότητα έτσι είναι.

Οι τριγμοί, οι ρωγμές, έρχονται να δυσκολέψουν αυτή την έρευνα και τις απαντήσεις που θέλει ο άνθρωπος. Φυσικά δεν είναι η ανακάλυψη ασύλληπτη αλλά δεν αφήνει η ζωή στον άνθρωπο περιθώρια να στέκεται αδιάφορος. Δεν μπορούν σαφώς να εξηγηθούν όλα τα μακραίωνα φαινόμενα μέσα σε λίγα χρόνια. Και μάλιστα πρέπει να καταλάβουμε ότι έχουν γίνει τεράστια βήματα μέσω της έρευνας. Με τεχνολογία, ηλεκτρισμό, επικοινωνία, ταξίδια, εφευρέσεις. Όλα στο βωμό της ένωσης.

Και ενώ η επιστημονική και τεχνολογική έρευνα μας φέρνει πιο κοντά, οι ρωγμές και οι τριγμοί μας διαμελίζουν. Έρχεται λοιπόν και ένα άλλο φυσικό κομμάτι της εξέλιξης. Είναι ο διαμελισμός, η διάλυση που εκεί που το κομμάτι ενώνεται διαλύεται και η έρευνα ξαναρχίζει. Ίσως να μην τελειώσει ποτέ, γιατί όσο και να προσπαθούμε, η έρευνα μας διαμελίζει, μας αφαιρεί την ενότητα της σχέσης. Οι αποστάσεις είναι τεράστιες. Η σφαιρικότητα απαιτεί μεγάλες εμπειρίες ανθρωπίνων βιωμάτων και σκέψης. Δεν είναι τυχαίο που λέμε, «όποιος ταξιδεύει, βλέπει». Βλέπει, συγκρίνει, καταλαβαίνει, ανοίγει τα όρια αντίληψης, ανοίγει τα όρια σκέψης. Ποιος όμως μπορεί συνέχεια να ταξιδεύει, όσο και αν το θέλει; Οι ανάγκες επιβίωσης επηρεάζουν τη σφαιρικότητα της σκέψης. Την καθορίζουν ας πούμε καλύτερα. Δεν απευθύνεται λοιπόν αυτό το κομμάτι έρευνας σε όποιον αντέχει αλλά σε όποιον, με τις σημερινές συνθήκες, έχει τα μέσα να μπορεί να ταξιδεύει και να αντιλαμβάνεται αυτό που βλέπει. Σπουδαία εμπειρία να ταξιδεύεις αλλά ακόμα πιο σπουδαία να αντιλαμβάνεσαι τι βλέπεις. Δεν αρκεί μόνο το ερέθισμα, απαιτεί και τον κατάλληλο τρόπο σκέψης. Το ότι κινείται ας πούμε κάποιος δε σημαίνει ότι απαραίτητα καταλαβαίνει. Μπορεί να κινείται γιατί πρέπει ή γιατί έτσι έμαθε.

Δε συνεπάγεται ευρεία αντίληψη σκέψης. Πολλές φορές συμπίπτει αλλά δεν είναι και δεδομένο.

Οι τριγμοί όσο και να υπάρχουν δεν είναι ανυπέρβλητοι. Είναι δεδομένοι και δυσκολεύουν το έργο της ζωής που πολλές φορές μένει με ρωγμές και σημάδια αλλαγής που δεν έχουν προηγούμενο. Η ζωή όμως συνεχίζεται και ο άνθρωπος επιμένει. Επιζεί κατά πρώτον και κατά δεύτερον επιμένει. Επιμένει να αντέχει παρά τις δυσκολίες, τις απώλειες, τις καταστροφές, τους διαμελισμούς. Επιμένει να πείθει τον εαυτό του να αντέξει, όσο αντέχει.

Γενιές με γενιές αλλάζουν και κάθε μία παίζει τον ρόλο της, όσο αντέχει. Δεν είναι απεριόριστες οι αντοχές. Γι' αυτό και ο άνθρωπος γερνά, ξεκουράζεται, πεθαίνει. Όχι όμως το πνεύμα του. Αυτό δίνει τη σκυτάλη στις επόμενες γενιές, επιμένει. Αλυσίδα που ενώνεται, σπάει, ξανάενώνεται αλλά συνεχίζει στον χρόνο να αντέχει. Ξέρετε, ο χρόνος μας υπερβαίνει. Έχουμε μαζί του σχετική σχέση. Όχι αυτή που φαντάζεται ο καθένας και όπως την εννοεί για να θέτει κάποια όρια στη δραστηριότητά του, στο πέρασμα του. Ό χρόνος τρέχει και μαζί τρέχουν γενεές, επιστήμες, ανακαλύψεις, έρευνες, εφευρέσεις που δε γίνονται ταυτόχρονα γιατί δεν είναι εύκολη μάχη, ούτε κοινή. Δεν είναι συλλογική απαραίτητα η προσπάθεια. Σε κάποια σημεία ναι, όχι όμως ότι ενδιαφέρει όλη την ανθρωπότητα αυτή η έρευνα. Πολλοί απλά ζουν, παλεύουν για να ζήσουν, για να επιβιώσουν. Δεν ξέρεις πότε θα αποδώσει καρπούς η έρευνα. Ίσως ποτέ. Ίσως τυχαία. Ίσως κάποτε. Γι' αυτό και επιμένεις. Ο ρόλος της ελπίδας είναι αυτός: να σου δίνει κουράγιο, όραμα στήριξη, να αντέχεις στη βαρύτητα του χρόνου και στις δυσκολίες που έχει η ζωή. Η ελπίδα σου δίνει τη δύναμη να συνεχίζεις, ενισχύοντας τη βούληση που έχεις μέσα σου. Σκοπός είναι η ένωση.

# Εξομολόγηση

Θα πρέπει να σας πω ότι τίποτα από όλα αυτά δε θα γραφόταν, αν δε με υπέβαλλε η ζωή σε τέτοια δοκιμασία. Δε θα είχατε την ευχαρίστησή μου αν δεν με ταλαιπωρούσε η ίδια η ζωή με παράπονα, αδικία, θλίψη, πίκρα και άλλα τέτοια. Η καλή ζωή που έκανα, η σχεδόν τέλεια, με τις τρυφερές και κρυφές απολαύσεις, δεν με ενέπνεε να ασχοληθώ με τέτοια λόγια. Αδιάφοροι μου ήταν οι άλλοι φυσικά. Αν και έδειχνα τεράστια αγάπη, ειλικρινά ψυχαναγκαζόμουν να δείχνω αυτή την αγάπη. Μην ταράζεστε, είναι αλήθεια. Είναι η συνήθεια του να προσφέρεις χωρίς να δέχεσαι. Είχα μάθει να παίρνω συνέχεια. Ό,τι ήθελα το έπαιρνα, δε μου στερούσε τίποτα κανένας.

Κάποια στιγμή όμως παγιδεύτηκα στη γλυκιά απέραντη ασυνέπεια. Σήκωσα βάρη, γνώρισα την άτιμη όψη της ζωής που μου στερούσε ό,τι με χαρά, άνεση, κόπο κέρδισα. Μου τα έπαιρνε πίσω σιγά σιγά όλα μέχρι τη στιγμή που στέρεψα. Κυριολεκτικά στέρεψα. Στέρεψα από αγάπη, από ενδιαφέρον, από κίνητρα,. Υπέβαλα τον οργανισμό μου σε μια διαδικασία τέτοια που στέρεψα. Επέλεξα αλλά δεν ήξερα τι επέλεγα. Ήμουν εκτός τροχιάς και ρεαλιστικής συνέχειας. Έτσι ξέμεινα στα χέρια σας. Με τίτλο ανάγνωσης. Συγγραφέας.

## Ποικιλότητα σκέψης

Κάπου άκουσα πρόσφατα ότι η λέξη «ανάγκη» δεν υπάρχει σε όλες τις γλώσσες. Δεν εκφράζεται έτσι καλύτερα. Και πραγματικά από μία δυτική πλευρά θεώρησης μου κάνει εντύπωση. Δηλαδή, για τα ίδια πράγματα, υπάρχουν λαοί που είτε δεν έχουν τις ίδιες λέξεις, είτε έχουν άλλες συμπληρωματικές λέξεις, είτε έχουν και δεν αναφέρονται με ιδιαίτερη σημασία σε αυτές τις λέξεις. Και είναι εντυπωσιακό γιατί, σκεφτείτε ότι μία λέξη όπως π.χ. η «ανάγκη» είναι καθοριστικής σημασίας για τη δυτικότροπη σκέψη, καθότι εμείς ζούμε, δουλεύουμε, παράγουμε, δημιουργούμε με ανάγκη. Φανταστείτε τώρα μία θεωρία σκέψης που φτιάχνει ολόκληρη γλώσσα και δεν αναφέρεται σε κάτι τόσο ζωτικό, τόσο δομικό στον δικό μας τρόπο ζωής και διαμόρφωσης σκέψης. Σε κάνει όντως να σκέφτεσαι το πόσο απέχουμε οι άνθρωποι. Γι' αυτό και όποιος ταξιδεύει, αλλάζει γνώμη, αλλάζει θεωρία σκέψης. Μεταλλάσσεται. Γιατί είναι εντυπωσιακό να βλέπεις κάτι δεδομένο στη δική σου θεωρία σκέψης να ανατρέπεται έτσι απλά.

Τι αφαιρεί ή προσθέτει λέξεις; Ο τόπος καταγωγής; Οι συνθήκες διαβίωσης; Η ελλειπτική εξέλιξη της σκέψης; Η λιγότερο ή περισσότερο διάθεση σκέψης; Σε μέρη όπου η ανάγκη είναι κυριαρχικής φύσης, δεν υπάρχει λέξη. Είναι αδιάφορο ή θα έπρεπε να μας ενδιαφέρει; Σίγουρα βέβαια οι προκλήσεις που καλείται να αντιμετωπίσει κάθε φυλή, λαός και έθνος ξεπερνούν τις λέξεις. Υπάρχουν δεδομένοι κίνδυνοι και αξίες, όμως πέρα από εκφράσεις και λέξεις. Εκείνο που διαφοροποιείται τελικά είναι η αξιοποίηση ή μη της ανθρώπινης σκέψης προς μία ή προς άλλη κατεύθυνση. Μεροληπτεί η σκέψη ανάλογα με την κατεύθυνση. Αλλά δεν απαγορεύει η ύπαρξη ή μη μιας λέξης την ύπαρξη μίας άλλης λέξης που να προσδίδει νόημα σε αυτό που μας ενδιαφέρει. Κυριολεκτικά όσο προχωράει κανείς τη σκέψη, σκοντάφτει, πέφτει.

Σκέφτομαι καμιά φορά ότι η παγκοσμιοποίηση έρχεται να καλύψει και αυτό το κενό. Το κενό της απίστευτης ποικιλότητας που σε καθιστά ανάπηρο επικοινωνίας και σκέψης. Δηλαδή επιβάλλεται μία μορφή ροής σκέψης προκειμένου να συνεννοηθούμε τελικά σε αυτό που μας ενδιαφέρει. Βέβαια την παγκοσμιοποίηση δεν την ενδιαφέρει η σκέψη αλλά η επιβολή κοινής σκέψης, προκειμένου να προωθεί δικές της βλέψεις. Αλλά τεχνικά τουλάχιστον, πέρα από τα κίνητρα που σίγουρα δεν είναι ανιδιοτελή αόρατα και ανύπαρκτα, θέτει σε πρώτο επίπεδο μία βάση επικοινωνίας και συναντίληψης σκέψης. Σαφώς βέβαια αυτή η τάση ομογενοποίησης δεν είναι καινούρια. Όλες οι αυτοκρατορίες, βασιλείες πείτε το όπως θέλετε επιδίωκαν σθεναρά την κυριαρχία τους αλλά και κατά κάποιον τρόπο την ολότητα σκέψης στη δική τους βέβαια πλατφόρμα, όπως είναι φυσικό. Ήθελαν όμως όλοι να επιβληθούν σε ένα: στην κοινότητα σκέψης. Να βάλουν έναν φραγμό στην απίστευτη ποικιλότητα που υπάρχει και διχάζει όποιον αυταρχικά θέλει να επιβάλλει ως ανώτερη τη δική του σκέψη. Παρόλα αυτά ιστορικά δεν το καταφέρνει. Έτσι εναλλάσσονται οι κυρίαρχοι της σκέψης αλλά δεν επιβάλλονται εν τέλει. Ένα κομμάτι της δικής τους θεώρησης μένει, παρακαταθήκη. Από άλλους συνεχίζεται, αν αρέσει. Από άλλους ξεχνιέται αν δεν ενδιαφέρει, πάντως στο τέλος δεν επιβάλλεται πολύ. Κυριαρχεί για πέντε, δέκα, το πολύ αιώνες και μετά κάτι άλλο εμφανίζεται που το αντικαθιστά γιατί παρακμάζει, ξεπέφτει.

Έτσι εμείς παλεύουμε τώρα να συνεννοηθούμε με πολιτικές, με λέξεις όταν το εύρος της ποικιλίας δεν μπορεί να το αντέξει. Δεν μπορείς να επιβάλλεις το κρύο σε κάποιον που έχει μάθει να ζει στη ζέστη, ή να επιβάλλεις το αντίστροφο. Δε γίνεται, γι' αυτό και κάθε τέτοια προσπάθεια ξεπέφτει. Αλλά η ανάγκη συνύπαρξης μένει, είτε εκφράζεται, είτε δεν εκφράζεται με κοινές λέξεις.

Εκεί πρέπει να βρούμε μια έντιμη λύση σε σχέση με αυτό που μας ενώνει και μας ενδιαφέρει και να αφήσουμε απέξω αυτό που δεν έχει τόση μεγάλη σχέση με αυτό που μας απειλεί ή μας ενδιαφέρει. Είναι δεδομένο ότι ο άνθρωπος ενώνεται στον κίνδυνο, ότι ψάχνει τέτοιου είδους συνευρέσεις. Τώρα που γνωρίζουμε τον κόσμο θεωρητικά τουλάχιστον και μπορούμε να ταξιδέψουμε, ενδέχεται να μπορούμε να θέσουμε τους εαυτούς μας σε μία κοινή θέση με τους άλλους. Για να προστατέψουμε τους εαυτούς μας και τους άλλους, αν πρέπει. Θεωρητικά πάντοτε γιατί η ζύμωση είναι μια διαδικασία κουραστικής συμβίωσης σκέψεων. Αντίθετα η επιβολή στον δικό μας μικρόκοσμο είναι κάτι βολικό, αλλά εν τέλει καταδικασμένο.

## Υπεύθυνοι

Αν και με την ευθύνη δεν έχω απόλυτα στενή σχέση, θαυμάζω και σέβομαι όσους αισθάνονται και είναι υπεύθυνοι. Όχι σε θέσεις αλλά στη ζωή τους υπεύθυνοι. Αυτοί είναι άνθρωποι που μετρούν με ακρίβεια τις απαιτήσεις και τις ανάγκες που έχει η ζωή και κουβαλούν τα βάρη με ψυχραιμία και καλή θέληση. Δεν είναι εύκολο να είσαι υπεύθυνος. Είναι μια επιλογή που αν και πολλοί τη θέλουν, λίγοι πραγματικά την έχουν ή καλύτερα ακόμα την αντέχουν. Είναι πιο εύκολο να είναι οι άλλοι υπεύθυνοι και εμείς ανεύθυνοι. Μας βολεύει, ξέρουμε πού να στοχεύσουμε. Όμως το δύσκολο είναι να αναλάβουμε με ρεαλισμό αυτό που πιθανώς δε μας βολεύει, αλλά υποχρεωνόμαστε να το έχουμε. Είναι μία στάση ζωής που διαφέρει και όποιος αντέχει δείχνει πραγματικά τη δύναμη ζωής που έχει. Να κουβαλάει θέλει δε θέλει αυτά που έρχονται, που δεν επιλέγονται, να τηρεί υποσχέσεις, να δουλεύει, να ξενυχτάει, να σκέφτεται, να επιμένει, να υπομένει, να ανέχεται και όλα αυτά με συνείδηση της ευθύνης. Όχι γιατί πρέπει αλλά γιατί έχει νοημοσύνη και καταλαβαίνει τι μπορεί και τι δεν μπορεί να έχει και μέχρι πού να διεκδικεί, να αγωνίζεται, να απαιτεί, να προσφέρει.

Καλομαθημένοι, ανώριμοι, ανόητοι που τη ζωή τη θέλουν ή τη βλέπουν ως καλή ή κακή, αναλόγως με τι τους πηγαίνει ή δεν τους πηγαίνει, μικρόψυχοι, αδύναμοι δεν έχουν ενδεχομένως να την αντοχή να δουν τα πράγματα στο ύψος που τους πρέπει. Η ευθύνη και η ανάληψή της, είναι αρετή για όποιον την έχει έμφυτη. Αν και η ευθύνη σπάνια είναι έμφυτη στον άνθρωπο. Συνήθως ζορίζεται και τη μαθαίνει. Οι λέξεις καθήκον, υποχρέωση, δέσμευση περιέχουν πολλή ευθύνη μέσα τους και δεν είναι απαραίτητο ότι όποιος τις αναλαμβάνει ξέρει πάντα τι γίνεται ή τι πρέπει να γίνει σε σχέση με την ευθύνη που έχει. Ξέρει όμως πώς να φέρεται και ξέρει να λειτουργεί σωστά σε κάθε περίπτωση, χωρίς παρεμβολές και άναρχες σκέψεις αλλά με διάθεση και συμπεριφορά προσγειωμένη. Είναι άνθρωποι που την ισορροπία τους, την πειθαρχία τους, τη δυναμική τους, τη ζυγισμένη τους συμπεριφορά και σκέψη, πολύς κόσμος τη ζηλεύει. Πολύ απλά γιατί οι περισσότεροι είμαστε ανεύθυνοι, είτε γιατί μας βολεύει, είτε γιατί ποτέ δε μάθαμε να είμαστε υπεύθυνοι. Όπως και να έχει η ζωή δεν κυλάει εύκολα αν δεν είμαστε υπεύθυνοι. Σκεφτείτε πόσοι είμαστε, τι θέλουμε, πώς το θέλουμε, πώς μεγαλώνει ο καθένας και τι φαντάζεται ο καθένας να έχει. Αν δεν αναλάβει κάποιος ευθύνη σε σχέση με τον εαυτό του και των άλλων τη σχέση, δεν έχει λογική συνέχεια στις πράξεις του και ενήλικη συνέπεια στη σκέψη του.

## Εποχή μαύρη

Δε θα ήταν παράλογο να αναφερθούμε, ίσια και ξεκάθαρα, στην εποχή που διανύουμε, όπου οι ανατροπές διαδέχονται η μία την άλλη. Θετικές είναι λίγες βέβαια. Αρνητικές είναι πολλές. Η εποχή ξεκινάει με άνθηση για να συνεχίσει με κρίση και κοσμογονικές αλλαγές όπως θα λέγαμε. Τι σημαίνει «κοσμογονικές αλλαγές» σε οικονομικό επίπεδο αφού οι αναταραχές ξεκινούν με αφετηρία την ευρεία κατανάλωση που κάθε λαός αντέχει;

Η τεχνολογία ψάχνει απεγνωσμένα να βρει τη λύση σε φυσικό αέριο και πετρέλαιο για να διατηρήσει τα κεκτημένα της αλλά και να προωθήσει την ευημερία στην οποία πιστεύει. Οι ανταγωνισμοί εντείνονται αφού το παιχνίδι παίζεται πλέον σε μία μόνο σκακιέρα όπου οι αντίπαλοι ξέρουν πλέον να παίζουν. Όλοι οι αντίπαλοι παίζουν. Παίζουν ζωές, χρήματα, προνόμια, διαδοχές, ασθένειες, όλα τα παίζουν. Ο κάθε παίκτης με κάτι παίζει. Φυσικά υπάρχουν και τα αδύναμα πιόνια που ουσιαστικά θυσιάζονται ανάλογα με το τι σκοπό θέτει ο κάθε παίκτης. Η ανθρωπότητα όλη παίζει αποχαυνωμένη. Έχει περάσει δύο παγκόσμιους πολέμους, μια απίστευτη άνθηση, μια βιομηχανική ανάπτυξη άνευ προηγουμένου σε χώρες που δεν ήξεραν καν τη λέξη, χάρη στη διάδοση πληροφορίας και σε ένα σύστημα εκμετάλλευσης που προωθεί και βολεύει. Ισχυρές οικονομικές δυνάμεις αναδύονται από εκεί που δεν το περιμένεις. Η Ευρώπη με την παραδοσιακή της μορφή καταρρέει. Οι αποικίες της ανεβαίνουν. Έχουν πια κληρονομήσει γνώσεις εκμετάλλευσης και τις εφαρμόζουν στις δικές τους μάζες, με αυτόνομες προθέσεις. Οι παραδοσιακές συνήθειες αλλάζουν. Μετατοπίζονται οι όγκοι σκέψης σε περιοχές που μέχρι πριν λίγο εθεωρούντο υποανάπτυκτες. Τα κεφάλαια επίσης αλλάζουν χέρια. Το παιχνίδι παίζεται από εργοστασιάρχες, χρηματιστές, οικογενειακές επιχειρήσεις, equities, καμία σχέση με αυτά που επί αιώνες η Ευρώπη συνήθιζε να έχει και να ελέγχει. Οι τυχοδιωκτισμοί είναι ανεξέλεγκτοι. Δεν υπάρχει πολιτική να τους ελέγξει. Πηγαίνει το κεφάλαιο όπου θέλει, όπως θέλει, η διακίνηση είναι ελεύθερη. Δε μας ενδιαφέρει εδώ να κατηγορήσουμε, μας ενδιαφέρει να δούμε απλά τι συμβαίνει.

Υπάλληλοι μετακινούνται σε θέσεις ανά την υφήλιο ανάλογα με το πού παίζεται μια ευκαιρία ή μία ολόκληρη παρτίδα επένδυσης. Χρήμα ρέει σε λάθος τσέπες. Άνθρωποι πλουτίζουν ή χρεοκοπούν ασταμάτητα. Ανεβαίνουν, κατεβαίνουν. Νέο σύστημα. Οπορτουνισμός. Δεν υπάρχει θεωρία σκέψης, υπάρχει μόνο παιχνίδι δράσης και όπου αυτό βγαίνει. Κανείς δεν επεμβαίνει. Όποιος κερδίσει κέρδισε. Όποιος χάσει, έχασε. Οι νταβατζήδες γίνονται πρόεδροι, καταλαμβάνουν πολιτικές θέσεις. Ο καθένας λέει ό,τι του κατέβει. Ηθοποιοί, άσχετοι, επιχειρηματίες, αριστοκράτες, βλάχοι, όλοι παίζουν. Παιχνίδι για όποιον αντέχει. Ηθικοί κανόνες δεν υπάρχουν. Δεν υπάρχουν καν κανόνες. Έπιασες τη θέση; Τα άρπαξες; Τέλειωσες.

Σήμερα έχει, αύριο δεν έχει. Και δεν υπάρχουν και έννοιες. Μια γενική απάθεια διακατέχει τον κόσμο. Αφορίζονται καλοί άνθρωποι, χάνονται έντιμοι, ανήκουν όλα αυτά σε άλλες εποχές, σε άλλες θεωρίες σκέψης. Τώρα μετράμε χρήματα, συμφέροντα, ιδιοτελείς υποθέσεις.

Είναι γελοίο να νομίζει κανείς ότι ο αιώνας που διανύουμε έχει κάτι να επιλέξει. Δεν έχει. Όλα κινούνται αδιάφορα, ανεξέλεγκτα. Ούτε ιερατεία, ούτε συνομωσίες, ούτε τίποτα ώστε να ξέρεις που στοχεύεις. Αόρατες διαδικασίες, αόρατες σχέσεις. Παιχνίδια εκμετάλλευσης και μυαλό να ξέρεις και πώς να επιβιώνεις. Με τιμές, με δόξες, με άνεση, με ό,τι θες. Αδίστακτοι ή εγκλωβισμένοι; Επιλέξτε.

Δεν υπάρχουν αυτοκρατορίες. Υπάρχουν ευκαιρίες. Έτσι παίζουν οι παίκτες.

## Ενέργεια της φύσης

Θαρρείτε πώς μόνο οι άνθρωποι έχουν ενέργεια και αισθήματα πηγάζοντα από τη φύση; Μιλώ για όσους καταστρέφουν υποβιβάζοντας όλα τα υπόλοιπα στοιχεία της φύσης γιατί έτσι τους συμφέρει να λένε ή να σκέφτονται. Έχετε υπόψιν σας πως ό,τι περιλαμβάνεται από τη φύση έχει τη δική του συσχέτιση μαζί της και τη δική του ιδιαίτερη και ευαίσθητη επαφή με ό,τι αντιλαμβανόμαστε ή δεν αντιλαμβανόμαστε να συμβαίνει. Εκδικείται η φύση. Είναι μια έκφραση που δικαιολογεί την αντίδραση της φύσης στην ωμή, ξεδιάντροπη, παρέμβαση του ανθρώπου πάνω σε διάφορα στοιχεία της που με συνέπεια καταστρέφει προκειμένου να ικανοποιεί την απληστία του. Φάρμακα στη φύση, ξερίζωμα στη φύση, αφαίρεση από τη φύση σε ό,τι όμορφο απέμεινε, ψάρια, φυτά, άνθη. Κάψιμο στη φύση. Μόλυνση στη φύση. Σε ό,τι δηλαδή ο άνθρωπος έχει υποτιμήσει. Γιατί διαθέτει τη λογική να αντιληφθεί ότι δε διαφέρει από τα υπόλοιπα στοιχεία της φύσης σε ενέργεια αισθήματα και συσχέτιση. Μιλάμε στα φυτά με αγάπη και αυτά με την ίδια αγάπη ανταποκρίνονται. Φυτρώνουν, ανθίζουν, ομορφαίνουν και όμως όταν αδιαφορήσουμε μαραίνονται, θλίβονται, πέφτουν. Νιώθουν την εγκατάλειψη. Δεν είναι δύσκολο να το καταλάβετε, αρκεί να δημιουργήσετε έναν κήπο. Αρκεί να αγαπάτε να ποτίζετε και θα δείτε τις αντιδράσεις της φύσης. Και αν θέλετε αλλάξτε συμπεριφορά και αρχίστε, αν αντέχετε, να αδιαφορείτε, να βρίζετε. Είναι τόσο απλό το πείραμα και μπροστά στα μάτια μας που δε θέλει και πολλή λογική για να μας μείνει. Σαφώς η αποξένωση και η μακρόχρονη παραμονή σε κτίρια από σίδερο, τσιμέντο και τεχνητή ύπαρξη στοιχείων μας έχει απομακρύνει από την ίδια μας τη φύση. Γι' αυτό και η συμπεριφορά μας φαίνεται εχθρική. Φοβόμαστε έξω από το κλουβί της φυσικής μας ύπαρξης. Την ίδια τη φύση.

Μεγενθύνετε τις διαστάσεις του φόβου και της εκμετάλλευσης και θα νιώσετε την απομάκρυνση από αυτό που φυσικά σας ανήκει. Εννοείται ότι θα αντιδράσει η φύση στην αρνητική σας παρέμβαση όπως αντιδράτε και εσείς οι ίδιοι όταν σας κάνουν κάτι που δε θέλετε. Είστε κομμάτι της, τι δεν μπορείτε να καταλάβετε και συμπεριφέρεστε έτσι;

Δεν σας εκδικείται. Απλά αντιδρά στη δική σας ωμή παρέμβαση. Δράση αντίδραση. Αν τώρα εκείνη μπορεί να απαντήσει με μεγαλύτερη δύναμη, δε φταίει. Αυτή είναι η δύναμή της που εσείς απλά δεν υπολογίζετε.

*Fruste*

## Αυτοπροσδιορισμός

Δεν είναι υπερβολή να πούμε ότι καμιά φορά ο αυτοπροσδιορισμός παίρνει τέτοια διάσταση που ξεπερνάει και την ανάγκη για τροφή. Δεν είναι υπερβολή να ισχυρίζεται κάποιος ότι η αποδοχή και η αυτοσυντήρηση σε κάτι που σε προσδιορίζει, είναι μείζονος σημασίας και έκτασης ζήτημα που δεν αφήνει επιλογές για όποιον τον αφορά και θεωρεί ότι αυτή η αποδοχή από τους άλλους σε κάτι που τον προσδιορίζει είναι απαραίτητη για την ίδια του τη ζωή.

Σκεφτείτε ανθρώπους που άφησαν την τελευταία τους πνοή μέσα σε βάσανα, βασανιστήρια, ταλαιπωρίες, θυσίες μόνο και μόνο για μια στιγμή ελευθερίας σε κάτι που θεωρούσαν αναγκαιότητα της δικής τους ύπαρξης. Είναι μια ανάγκη αναγνώρισης μιας ξεχωριστής οντότητας που δε θέλει να την ισοπεδώνουν ή να την εξαρτούν από άλλες, όσο και να τους ξεβολεύει μια τέτοια κίνηση. Θυμηθείτε πόσοι λαοί, ομάδες, κοινότητες, άνθρωποι, έθνη, επαναστάτησαν για να διεκδικήσουν τη δική τους αναγνώριση στη δική τους ύπαρξη έτσι όπως τη φαντάστηκαν και χωρίς υποκίνηση. Άσχετα αν τέτοιες προσπάθειες πνίγηκαν στο αίμα της στυγνής αντίδρασης, της επιβληθείσας βίας από εκείνους που δε συνέφερε και δε συμφέρει η διαφοροποίηση. Ο αυτοπροσδιορισμός είναι, ουκ ολίγες φορές, κίνητρο για πόλεμο, για διαμάχες, για ανθρώπινες διενέξεις και για ιστορικές ταλαιπωρίες.

Δεν είναι μόνο θέμα επιβίωσης. Ούτε είναι όλοι οραματιστές που ξεκινούν τέτοιες κινήσεις εναντίον όσων δεν τους αναγνωρίζουν το δικαίωμα ύπαρξης. Είναι η από μέσα αναβλύζουσα φωνή που καλεί τον άνθρωπο ορισμένες φορές σε μία άνευ προηγουμένου ελεύθερη ύπαρξη. Ναι, του ζητά να ελευθερώσει την ίδια του την ύπαρξη από τα δεινά μιας άνωθεν δυναστικής παρέμβασης. Παρέμβασης που δεν αντέχει και έτσι απομακρύνεται. Εναντιώνεται στη δική του αίσθηση ύπαρξης. Δεν είναι τυχαίο ότι χωριζόμαστε σε φυλές, έθνη, ομάδες. Και όταν αυτά επικαλύπτονταν από τεράστιες δυνάμεις επιβολής, άντεχαν, υπήρχαν. Και μόλις τους δόθηκε η ευκαιρία διεκδίκησαν. Αυτοπροσδιορίστηκαν. Και ακόμα και μέσα στη φτώχεια τους, τη μιζέρια τους, τη βαριά τους μοίρα, ζήτησαν την απεξάρτηση, την αναγνώριση της τυπικής τους ύπαρξης. Της διαφοροποίησης.

Μπορείτε να καταλάβετε λοιπόν το μέγεθος της εξατομίκευσης, της διαφοροποίησης και της μη ομαλής συνύπαρξης.

Η κακία δε γεννάει έμπνευση, απλά καταστρέφει. Ας αφιερώσουμε λοιπόν και ένα κεφάλαιο στην κακία που μας διακατέχει. Και δείτε ότι όλες οι ευαίσθητες ψυχές έφτιαξαν τέχνη. Αφιέρωσαν όλη τη λεπτότητά τους στη δημιουργία της τέχνης. Δε θα υπήρχε τίποτα να στολίζει αυτόν τον κόσμο αν δεν υπήρχαν άνθρωποι ευαίσθητοι. Αν δεν υπήρχαν άνθρωποι που να αγαπούν αυτό που έχει η ζωή. Αντίθετα οι κακοί άνθρωποι, οι διεστραμμένοι τι προσέφεραν; Πόνους, πληγές, πολέμους, ρουφιανιές και άλλες τέτοιες ιστορίες. Είναι δυνατόν η κακία να εμπνεύσει; Και σε τι να εμπνεύσει; Στις δολοπλοκίες, στα παρασκήνια που καταδικάζουν τον άνθρωπο, γενιές με γενιές, να υποφέρει; Ποιος ευχαριστιέται; Αηδία σκέτη. Ευχαριστιέται σίγουρα αυτός που αξία ζωής δεν έχει παρά χαίρεται να καταστρέφει, να ελέγχει, να επιβάλλει αυτά που θέλει. Ποιος είπε ότι οι κοινωνίες φτιάχνονται, αναβαθμίζονται και βελτιώνονται με τέτοιες πρακτικές; Ποιος έβλαψε και δεν έπαθε, και τι κέρδισε πέρα από εφήμερες στιγμές ικανοποίησης και κενές καρέκλες; Ποιος κουβάλησε υστεροφημία χάρη στις κακές πράξεις που έκανε; Και αν ενέπνευσε, από φόβο ενέπνευσε, όχι από καλή θέληση. Και όμως οι κοινωνίες στηρίζονται σε τέτοιες προσωπικότητες, λες και δεν καταλαβαίνουν τις συνέπειες. Ή πλανώνται άραγε και επιμένουν σε τέτοιες επιλογές; Μάλλον ο φόβος έχει τεράστια δύναμη επιβολής σε κυριαρχικές σχέσεις και έτσι ο άνθρωπος δύσκολα αποδεσμεύεται από τέτοιες επιλογές. Οι κακίες επαναλαμβάνονται και παρασύρουν όλες τις άθλιες ζωές, όλες τις άθλιες σκέψεις. Μη ντρέπεστε. Απλά μη χαίρεστε. Δεν κερδίζετε ουσιαστικά έτσι.

# Λογική

Αξίζει να σημειώσει κανείς ότι η συσχέτιση λογικής και ανθρώπου δεν είναι εύκολη. Γιατί όσο και αν υπάρχει λογική, δε σταθεροποιείται σε μία ενιαία θέση ώστε να λέμε ότι αυτή είναι η Λογική για όλους τους ανθρώπους. Μπορεί κάποιος να μιλήσει για λογική της εποχής έστω και αν παραλογίζεται. Να μιλήσει για λογική συναισθηματική, πνευματική, ψυχική και να την κατηγοριοποιήσει σε διάφορα μέτωπα αλλά κανείς δεν μπορεί να εξηγήσει απόλυτα την πραγματική της χρήση και αίσθηση σε σχέση με αυτό που μας συμβαίνει ή μας συνέβαινε.

Κάθε εποχή έχει τη δική της λογική. Κάθε κοινωνία επίσης. Μία λογική της Ανατολής μπορεί να είναι μία ιεροσυλία της Δύσης, και αντίστροφα. Κατεστημένες αντιλήψεις, κοινωνικές παραδοχές, οικοδόμημα σκέψης που διέπεται από υλικά διαφορετικής λογικής. Στη μία πλευρά η λογική μιας σκέψης υπερέχει, σε μία άλλη κατακρημνίζεται. Ποια είναι η λογική που μας απασχολεί εν τέλει; Μήπως πρέπει να είμαστε Αντιλογικοί για να καταλαβαίνουμε τι και τι δεν είναι μέρος της Λογικής, που πολύς κόσμος αναζητά να έχει;

Δομές. Λογική ως επιχείρημα. Λογική ως τρόπος σκέψης. Λογική ως αξίωμα. Λογική ως κοινότητα θέσης. Πάνω της χτίστηκε Επιστήμη, Φιλοσοφία, Εξέλιξη. Σίγουρα ξεκινάει από ένα κοινό ερέθισμα. Πολλοί το βλέπουν, διαφορετικά το καταλαβαίνουν. Το ερευνούν, το ελέγχουν, προσπαθούν να βγάλουν ένα συμπέρασμα, κάτι που να συμφωνεί η σκέψη. Η ορθή σκέψη. Μορφοποίηση ερεθίσματος και εξέλιξη σε ανάλυση σκέψης. Φαινόμενο ο άνθρωπος. Δίνει μάχη να εξερευνήσει το απλό που διέπει το σύμπαν και την ανθρώπινη σκέψη. Χρησιμοποιεί επιχειρήματα. Τα μετατρέπει. Τα μελετάει. Βάζει στον νου του να ανακαλύψει ό,τι του διαφεύγει. Είναι μικρό το διάβα στη ζωή για να βρει όλες λύσεις στο τι συμβαίνει. Από την άλλη, κανείς δε μας διαβεβαιώνει ότι οι λύσεις που έχει είναι οι λύσεις που του οφείλει το σύμπαν να έχει. Μικρό πλάσμα. Μικρά βήματα. Αναλαμπές. Δοκιμασίες. Δυνατότητες.

Στηρίξαμε τον τρόπο ζωής μας σε ένα συγκεκριμένο μοντέλο εξέλιξης. Επιλέξαμε μία μορφή σκέψης. Επαληθεύτηκε. Η αντοχή της επιτεύχθηκε. Σημασία έχει το ερέθισμα και η ερμηνεία σκέψης που το διέπει. Έπειτα, σημασία έχει να αντιλαμβανόμαστε το ερέθισμα με έναν κοινό τρόπο σκέψης. Από την άλλη αν κάποιος, λόγω έλλειψης ερεθισμάτων, ελλιπούς νοημοσύνης ή περιορισμένης αντίληψης, δεν έχει την ικανότητα να ερμηνεύει αυτό που βλέπει, τότε σε ποιον απέμεινε η διαδικασία αυτή; Σε κάποιους ελάχιστους που επιμένουν και κάποιους ακόμα που ακολουθούν, αναπαράγουν και αντιγράφουν. Η αντιγραφή όμως δε φέρνει νέα στοιχεία στην έρευνα αλλά διατηρεί επαφή με τα ευρήματα που έχουμε. Εμείς όμως θέλουμε να προχωράμε, να συνεχίζουμε και η ανθρωπότητα δεν έχει στο καλάθι της μεγάλο περιθώριο αυθεντικότητας και καινοτομιών. Αντιγραφής έχει. Επανάληψης έχει.

Πρωτοπορίας δεν έχει. Παλεύει με λίγους θαρραλέους σκεπτόμενους που έχει.

Η λογική είναι ερέθισμα ανάλογο με την εποχή και την εξέλιξη της σκέψης. Πρώτα το ερέθισμα. Μετά η σκέψη ή καλύτερα η ερμηνεία της σκέψης. Έπειτα οι συλλογισμοί. Μηχανισμοί συνδέσεων των δεδομένων που μας παρέχει το βίωμα και η διαδικασία που θα οδηγήσει στο συμπέρασμα. Η λογική επιτυγχάνεται κάπως έτσι. Δεν μπορεί όμως η λογική να είναι ίδια κάθε εποχή. Μπορεί όμως η ερμηνεία της, σωστή ή μη σωστή, να είναι αναγκαία για να επιβιώνει κανείς μέσα στις συνθήκες ζωής που έχει. Ο καθένας με τη λογική του, αυτό που λέμε. Η δύναμή της είναι ότι ξεπερνάει το συναίσθημα. Βάζει πάντα τα γεγονότα και τα χαρακτηριστικά της εποχής για να κινήσει τα νήματα μιας ζωής που ξεπερνιέται. Αν ξεπερνιέται όμως η ζωή, ξεπερνιέται και η λογική μιας εποχής. Οπότε τι είναι λογική; Συμμαζεύεται σε μία σκέψη, σε μια λέξη, σε μία έκφραση; Ή μήπως είναι μια πορεία που ακολουθεί τον άνθρωπο μέσα από τη συνολική εξέλιξη και καταλήγει σε συμπεράσματα που μπορεί ή δεν μπορεί να έχει; Δεν είναι βέβαιο ότι κάθε εποχή διακατέχεται από λογική σκέψη. Μπορεί και μια ολόκληρη εποχή να παραλογίζεται και μέσα σε αυτήν να παραλογίζονται οι σκέψεις. Λογικά το παράλογο δε νικιέται.

Λογική του σήμερα, παραλογισμός του χθες. Κάτι που έναν άνθρωπο τον παραλογίζει, άλλον τον ισορροπεί, του οριοθετεί την εξέλιξη. Δεν τον αφήνει ξεκρέμαστο. Εξάλλου δεν είναι εύκολο να ορίσεις το παράλογο σε διαδικασία σκέψης. Δηλαδή να οριοθετήσεις με απόλυτη σαφήνεια ότι αυτή η σκέψη που εκφράζεις σήμερα και δείχνει παράλογη είναι όντως παράλογη και για τις επόμενες γενιές, αφού δοκιμαστεί πρώτα βέβαια. Πολλές παράλογες σκέψεις οδηγήσαν σε κυριαρχικές λογικές μετέπειτα. Ίσως γιατί δεν ήταν αντικειμενικά παράλογες, αλλά εκείνοι που τις εξέφρασαν ήταν προχωρημένης σκέψης, ακατανόητης για την εποχή τους. Δεν στροφάρει εύκολα η σκέψη. Εξάλλου είναι γνωστό ότι οι περισσότεροι βολεύονται σε αυτό που έχουν. Σε αυτό που μαθαίνουν. Όσοι δεν αντέχουν τρελαίνονται, αλλά προχωράνε τη Σκέψη σε ένα επίπεδο όπου οι εποχιακές λογικές καταρρίπτονται για να λάβουν νέες λογικές τη δική τους θέση.

Ποιος τις ερμηνεύει, ποιος τις δέχεται; Οι εποχές που έρχονται; Όχι απαραίτητα. Δεν έχει πάντα σύνδεσμο η εξέλιξη. Διακόπτεται πολλές φορές μέχρι να βρεθεί ο νους που δαιμονίζεται με το ερέθισμα που έχει. Αν τώρα οι άνθρωποι είναι αρκετά ώριμοι να καταλάβουν τα επιχειρήματα της Νέας Σκέψης, μια νέα Λογική διαμορφώνεται με τελείως νέες κοινωνικές σχέσεις. Μπορεί να περάσουν και αιώνες για να ζυμωθεί μια σκέψη. Να περάσουν οι άνθρωποι αδιέξοδα, αποτυχίες, πολέμους μόνο και μόνο για να αισθανθούν ευχάριστα με τις παλιές τους παραδοχές, με τις παλιές τους σκέψεις. Δε θα ήταν εύκολο σε καμία γενιά με περιορισμένη αντίληψη σκέψης που προέρχεται και από την εφήμερη παρουσία ζωής, να φανταστεί την τεράστια αλλαγή που φέρνει η λογική της νέας εξέλιξης. Αυτό συμβαίνει. Σε κάθε γενιά συμβαίνει. Γι' αυτό και εμείς οριοθετούμε τη λογική του σήμερα, του χθες και της επόμενης σκέψης. Αφήνουμε ένα παράθυρο σε ένα παράλογο ανεξερεύνητο. Παράλογο για το χθες, ίσως και για το σήμερα. Όμως όταν ωριμάσει μια σκέψη ενδέχεται να φαίνεται λιγότερο παράλογη η συνέχεια.

## Τέλος...

Είναι ανόητο να περιμένεις τίτλους τέλους σε κάτι που εξελίσσεται. Βιώματα, εμπειρίες, αγώνες, διαδικασίες, δεν έχουν τέλος. Ευχαριστηθείτε το γράψιμο αν αυτό σας αρέσει. Εκλάβετέ το ως ένα σύνολο άρθρων τοποθετημένων σε ένα έργο. Σημασία έχει να βρείτε κάπου αυτό που σας εκφράζει, που μιλάει για σας. Να αφήνει κάτι σ' εσάς. Κανείς δεν προβλέπει τη συνέχεια. Την οσφραίνεται αλλά δεν την προβλέπει. Τη διαισθάνεται, δεν την κατέχει. Δεν έχει σημασία να υπάρχει τέλος. Σημασία έχει να ευχαριστιέσαι το έργο. Δεν αναζητούμε το τέλειο. Δεν έχουμε τέτοιο προνόμιο, αν θέλετε. Αναζητούμε να εξερευνήσουμε το όποιο κίνητρο οδηγεί σε ένα τέλος. Σκοπό τέλος. Μυρίζουμε ο ένας τον άλλο γιατί διαφέρουμε, μοιάζουμε και προσπαθούμε να δούμε τι συμβαίνει. Σκεπτόμενοι άνθρωποι; Απλά προβληματισμένοι; Μια σταγόνα στο όλο πέρασμα. Διαβάστε το αν θέλετε. Δεν είναι σχολικό εγχειρίδιο. Ούτε και τα σχολικά εγχειρίδια δε θα έπρεπε να είναι έτσι. Είναι απλά μια αφήγηση, μια ανάγνωση, ένα θέμα. Μη χάνετε τον χρόνο σας με μεγάλες σοφίες. Ζήστε το σήμερα αφού αντιληφθείτε το χθες και τη συνέχεια. Μετά ξέρετε τι είστε, τι θέλετε. Οι θεωρίες αλλάζουν όπως αλλάζουν τα δεδομένα. Η σκέψη σήμερα είναι ένα τίποτα στη σκέψη που έπεται. Μην πέφτετε στην παγίδα των «πρέπει», των διαπιστώσεων και των τι θέλει ο καθένας. Τεράστιος είναι ο κόσμος. Διανύστε το σύμπαν σας απλά με χαλαρότητα γιατί το σύμπαν αλλάζει συνέχεια. Δεν το προλαβαίνετε. Δεν το ξέρετε. Μη χάνεστε στα λόγια των άλλων. Εστιάστε στην έρευνα και βελτιώστε ό,τι περνάει από το χέρι σας, χωρίς να πιέζεστε για να έχει συνέπεια. Συνείδηση και συνέπεια. Κοιτάξτε μέσα από τον καθρέφτη σας. Από μέσα προς τα έξω. Κοιτάξτε ποιοι είστε και ποιοι πραγματικά θέλετε να γίνετε. Δείτε τι βγαίνει και παλέψτε. Άλλη επιλογή δεν έχετε. Μην αγχώνεστε για το τι λένε οι άλλοι. Σημασία έχει να δώσετε τη μάχη.

Ο Γιάννης Κατσάρας γεννήθηκε στην Καλαμάτα της Μεσσηνίας, όπου και μεγάλωσε.

Στα δεκαοχτώ του αναχώρησε για τη Μεγάλη Βρετανία, προκειμένου να σπουδάσει Πολιτική και Διεθνείς Σχέσεις, στο Πανεπιστήμιο De Montfort του Λέστερ.

Συνέχισε με μεταπτυχιακές σπουδές στη Διπλωματική Ακαδημία του Λονδίνου (DAL) με πρώτο μεταπτυχιακό στις Διπλωματικές Σπουδές και δεύτερο στην Επικοινωνιών Νομοθεσία και Πολιτική, στο Πανεπιστήμιο του Westminster, Λονδίνο.

Ακολούθως, μετέβη στο Παρίσι, στο Τμήμα Γαλλικού Πολιτισμού της Σορβόννης, όπου μελέτησε τη Γαλλική γλώσσα και Λογοτεχνία. Ασχολείται με τη συγγραφή, την έρευνα και τη φιλοσοφική ανάπτυξη.

www.ingramcontent.com/pod-product-compliance
Lightning Source LLC
Chambersburg PA
CBHW030815190426
43197CB00036B/477